Udo Thiedeke (Hrsg.)

Virtuelle Gruppen

Udo Thiedeke (Hrsg.)

Virtuelle Gruppen

Charakteristika und Problemdimensionen

2., überarbeitete und aktualisierte Auflage

Westdeutscher Verlag

Bibliografische Information Der Deutschen Bibliothek
Die Deutsche Bibliothek verzeichnet diese Publikation in der Deutschen Nationalbibliografie;
detaillierte bibliografische Daten sind im Internet über <http://dnb.ddb.de> abrufbar.

1. Auflage Januar 2000
2., überarbeitete und aktualisierte Auflage September 2003

Alle Rechte vorbehalten
© Westdeutscher Verlag/GWV Fachverlage GmbH, Wiesbaden 2003

Lektorat: Barbara Emig-Roller / Nadine Kinne

Der Westdeutsche Verlag ist ein Unternehmen der Fachverlagsgruppe BertelsmannSpringer.
www.westdeutscher-verlag.de

Umschlaggestaltung: Horst Dieter Bürkle, Darmstadt
Druck und buchbinderische Verarbeitung: Rosch-Buch-Scheßlitz
Gedruckt auf säurefreiem und chlorfrei gebleichtem Papier
Printed in Germany

ISBN 3-531-33372-0

Inhalt

II: Mittelbare Unmittelbarkeit: Soziale Motivation, Stabilität und Normativität als Problemdimensionen virtueller Gruppen

Einleitung

Udo Thiedeke

Das Soziale beginnt mit dem Anderen, der uns gegenübertritt, die Vergesellschaftung beginnt jedoch mit der Bildung einer Gruppe.

Soziale Gruppen sind grundlegende Erscheinungsformen der Vergesellschaftung. Als Mitglieder von Gruppen lernen wir notwendige soziale Spielregeln. In Gruppen erfahren wir Unterstützung, Anerkennung und Eingebundenheit, aber auch soziale Einflussnahme, Zwang zur Anpassung und Diskriminierung.

Obwohl sich die Impulse der Gruppenbildung, mit dem Wandel gesellschaftlicher Differenzierung, von familial orientierter Gruppierung auf funktions- und interessengeleitete Formierungsprozesse verlagert haben, bleibt die Gruppe ein eigenständiges Aggregat der Vergesellschaftung. Sie grenzt sich gegen ihre Umwelt durch Grenzen der Kommunikation und Handlungen ab.

Um sich selbst stabilisieren zu können, bedarf die soziale Gruppe aber der Nähe ihrer Mitglieder zueinander. Der Vergesellschaftungsprozess in Gruppen, der überindividuelle Sachverhalte, wie eigene Kommunikationsweisen oder Normen hervorbringt, beruht auf der persönlichen Zuwendung der Mitglieder. Der Bestand einer sozialen Gruppe als eigenständiges Kommunikationssystem ist ohne die zumindest zeitweiligen persönlichen face-to-face Begegnungen ihrer Mitglieder nicht aufrechtzuerhalten. Die Gruppe wird durch die unmittelbaren, diffusen und zeitlich relativ konstanten, persönlichen Kontakte der Gruppenmitglieder konstituiert (vgl. Neidhardt, 1979: 642). Sie ist daher ein überschaubares, 'kleines' Aggregat. Ihre minimale und maximale Größe sind von dieser Möglichkeit zur Unmittelbarkeit und persönlichen Kenntnis bestimmt.

Die soziale Gruppe unterscheidet sich infolgedessen von solchen sozialen Kommunikationssystemen, die durch formale, gesatzte Regeln gebildet und stabilisiert werden. In diese *Organisationen* sind eine wesentlich größere Anzahl an Mitgliedern vergesellschaftet, als in sozialen Gruppen, obwohl sich ihre Mitglieder meist nur zum Teil persönlich kennen. Die Kohäsion einer Organisation beruht auf funktional definierten und formal ausgestalteten Positionen. Die hier vergesellschafteten Personen tragen durch ihre Funktionserfüllung und Anerkenntnis der formalen Regeln zum Bestand der Organisation bei, und nicht durch die persönliche Bekanntschaft und Bindung an andere.

Eine soziale Gruppe unterscheidet sich andererseits aber auch von flüchtigen *Interaktionssystemen*. Sie sind durch die zufällige Anwesenheit anderer Personen und durch spontane soziale Wechselwirkungen gekennzeichnet. Interaktionssysteme bilden keine formalen, gesatzten Regularien aus, die ihren Bestand über längere Zeiträume absichern. Sie zerfallen demzufolge, wenn die Beteiligten nicht mehr anwesend sind.

Zu ihrer Gründung und Fortschreibung sind soziale Gruppen also auf enge soziale Beziehungen persönlich bekannter Mitglieder angewiesen, die sich zumindest zeitweilig physisch treffen.

Wechseln wir nun die Perspektive und wenden wir uns von der sozialen Kommunikation, die in ihrem Kern immer auf face-to-face Orientierungen verweist, ab. Stattdessen soll unsere Aufmerksamkeit der medialen Kommunikation (vgl. Thiedeke, 1997: 320; 1999: 31 f.) gelten, die durch technisch vermittelte Orientierungen der Kommunikationsteilnehmer zustande kommt. Damit wird zugleich ein Perspektivwechsel von realweltlichen, unmittelbaren sozialen Kontakten, zu virtuellen, mittelbaren und künstlichen Kontakten vollzogen.

Anlass für einen solchen Wechsel der Perspektive ist das seit Mitte der 90er Jahre deutliche Wachstum eines globalen, computerbasierten Kommunikationsnetzwerks. Dieses 'Netz der Netze', das sich aus unzähligen institutionellen, öffentlichen und privat zugänglichen Computern zusammensetzt, bietet bisher nicht vorhandene Möglichkeiten zur individuellen und zur Massenkommunikation durch ein einziges Medium. Der dezentrale, kostengünstige und individuelle Zugang zu diesem 'Internet' erlaubt es, ortsunabhängig, aus privaten oder öffentlichen Kontexten heraus zu kommunizieren, und dabei nicht nur Informationen zu rezipieren, sondern selbst als Produzent von Informationen, und als Konstrukteur von virtuellen Kommunikationssystemen aufzutreten.

Das Internet ist aber noch weit mehr. Es ist die Grundlage einer virtuellen Vergesellschaftung, da es z.B. die Konstruktion von 'Schwatzbuden'(Chats), Foren, aber auch von komplexen Erlebnis- und Handlungskontexten im Kommunikationsraum des Mediums ermöglicht, die unabhängig von der dauernden Teilnahme einzelner existieren. Somit sind die Voraussetzungen dafür geschaffen, dass Kommunikationsteilnehmer in diesen Kommunikationsraum in Form von virtuellen Charakteren eintauchen (Immersion), und dort agieren können.

Um die Qualität dieser Kommunikationsform zu verdeutlichen sei betont, dass solche computerbasierten Kommunikationsumgebungen die soziale Teilhabe eines künstlichen Charakters derjenigen realweltlichen Person ermöglichen, die kommuniziert. Nicht ich selbst als präsentes Individuum nehme an der Kommunikation und den Handlungen im Internet teil, sondern ein virtueller Charakter, der von mir gestaltet wurde, und als Repräsentant meiner selbst agiert.

Diese virtuelle Persona kann sich mit der sozialen Person, wie sie in face-to-face Kontakten auftritt, weitgehend decken und sich auf die realweltliche soziale Identität beziehen. Eine solche Kongruenz ist in der Regel dann gegeben, wenn wir im Internet in Arbeitszusammenhängen, festen Freundschaftsbeziehungen oder wirtschaftlichen Kontexten kommunizieren. Hier ist die Kongruenz mit der sozialen Person, oder doch zumindest die eindeutige Rollenzuschreibung erwünscht. Im Rahmen der virtuellen Beziehungen erscheint eine Person, deren realweltlicher Hintergrund auch einer face-to-face Prüfung standhalten würde. Damit ist die Bildung von Vertrauen entlang persönlich und sachlich eindeutig definierter Interessenlagen und Selbstentäußerungen auch bei virtualisierten Kommunikationskontakten möglich.

Aber bei der virtuellen Teilhabe an sozialen Austauschprozessen im Internet kann man ebensogut anonym oder pseudonym in Bezug auf die soziale Position, das Alter, das Geschlecht, oder die Biographie der Person auftreten. Virtuelle Beziehungen, die auf CMC (Computer-mediated Communication) beruhen, sind daher tendenziell instabiler, diffuser und indifferenter, als die gewohnten realweltlichen sozialen Beziehungen. Virtuelle Beziehungen sind mittelbar, eine persönliche, unmittelbare Kenntnis der Teilnehmenden ist untypisch. Die Vertrauensbildung, die auf der definitiven und im Grunde physischen Zurechnung von Normen und Sanktionen, sowie von Zuwendung und Gratifikationen beruht, ist von Unsicherheit begleitet.

Dennoch sind im Internet und bei anderen CMC-Kontakten enge soziale Beziehungen zu beobachten. Manche Netzteilnehmer berichten sogar von stabilen Freundeskreisen, Partnerschaften oder intimen Beziehungen, die sie im Kommunikationsraum des Internet über regionale und über Sprachgrenzen hinweg etablieren konnten. Teilweise dienen diese virtuellen Beziehungen als Vorstufe oder Erweiterung für realweltliche face-to-face Beziehungen, teilweise bleiben sie auf die virtuelle Beziehungsebene beschränkt.

Angesichts dieser Phänomene stellen sich die Fragen, ob sich virtuelle Beziehungen beobachten lassen, die Ähnlichkeiten mit sozialen Gruppen, und vergleichbare Integrationsleistungen wie diese engen sozialen Kommunikationssysteme aufweisen, und wo die Unterschiede zu unmittelbaren sozialen Gruppen liegen? Hinter diesen Fragestellungen tritt ein weiteres Problem in Erscheinung. Die funktional differenzierte, medial kommunizierende Gesellschaft erzeugt wie kein anderer Gesellschaftstyp Rahmenbedingungen, die segmentäre Gruppenbildung (Berufsgruppen, interessengeleitete Gruppen, frei gewählte soziale Verkehrskreise) fördert, ja geradezu erfordern. Die Integrationsleistung der Inklusion in die Gesellschaft wird hier über die freiwillige Assoziation, und die 'Kreuzung sozialer Kreise' (Simmel) in wechselnden Gruppierungen erbracht.

Auf den ersten Blick scheinen virtuelle Beziehungen auch dann, wenn sie als engere gruppenförmige Aggregate auftreten, aufgrund ihrer Mittelbarkeit, des leichten Wechsels der Mitgliedschaft, und ihrer Fluidität der Themen und Interessen desintegrierend zu wirken. Die Beteiligung an sozialen Ressourcen scheint hier gegen geringe Kosten möglich, die stabilisierende Vertrauensbasis erscheint als nur schwach ausgeprägt. Die Inklusionsleistungen der Vergemeinschaftung in virtuellen Gruppen ist daher über die engeren mikro- und mesosozialen Fragestellungen hinaus von einigem Interesse.

Allerdings verläuft die Diskussion solcher Fragestellungen, vor allem mit Bezug auf das Internet, bislang wenig systematisch. Sie ist häufig von großen Erwartungen und Befürchtungen in Hinblick auf die Integrationsleistungen virtueller Beziehungsformen, und weniger von der rationalen Gewichtung der Faktenlage gekennzeichnet. Der Forschungszugang ist dabei durch zwei Probleme erschwert.

Einerseits ist der Gegenstandsbereich mit soziologischen Beobachtungs- und Beschreibungsmitteln, die an der Unmittelbarkeit sozialer Beziehungen orientiert sind, nur schwer zu erfassen. Die Inklusionsleistung virtueller Gruppenbildung wird bei solcher Perspektive verzerrt und den face-to-face Treffen im Vorfeld oder Umfeld virtueller Kontakte zugeordnet. Die Idealtypik virtueller Beziehungsformen ist dann jedoch nicht mehr zu beobachten. Andererseits bereitet die Berücksichtigung der sozio-technischen Spezifika virtueller Beziehungsformen bei der Gewichtung technischer und sozialer Einflusskomponenten Schwierigkeiten. Virtuelle Beziehungen sind aber, was ihre Zugangsbedingungen, ihre Kommunikations-, Stabilitäts- und Erinnerungspotentiale anbelangt, von den technischen Gegebenheiten der CMC, und den technischen Kompetenzen der Teilnehmenden abhängig. In zunehmendem Maße hängt die Qualität solcher Beziehungen sogar von den Fähigkeiten ihrer Mitglieder ab, die Kommunikation selbstständig agierender technischer Systeme (Agenten oder Robots, kurz: Bots) von den virtuell vermittelten sozialen Kommunikationsangeboten zu unterscheiden, oder an die eigene Kommunikation sinnvoll anzuschließen.

Virtuelle Gruppen scheinen sich der Beobachtung und Beschreibung durch ihre Virtualität zu entziehen. Entsprechend diffus gestaltet sich auch die begriffliche Einordnung. Hier ist vor allem eine uneinheitliche, teilweise emphatische Verwendung des Begriffs der Gemeinschaft festzustellen. Dieser Begriff wird häufig aus der angelsächsischen Literatur übernommen, ohne dass die kulturellen Grundlagen des 'community' Begriffs weiter hinterfragt werden. Erschwerend kommt hinzu, dass die geringe Systematisierung von analytischen Beobachtungsdimensionen, und Bescheibungen unterschiedlicher virtueller Beziehungsformen, die Identifikation definitorischer Merkmale der virtuellen Gruppe behindert.

Der vorliegende Band will daher einen Beitrag zur Versachlichung der Beobachtung und Bescheibung des Phänomens der virtuellen Gruppe leisten. Dabei ist es allerdings noch nicht möglich, eine Theorie virtueller Gruppen, ihrer Entstehung, Entwicklungsdynamik und gesellschaftlichen Bedeutung zu formulieren. Aufgrund der genannten Probleme der 'mittelbaren Unmittelbarkeit' solcher Beziehungsformen, ist es derzeit nur ein Raster zur Identifikation enger virtueller Beziehungsformen zu entwerfen, das bei der Beschreibung virtueller Gruppen heurstischen Wert besitzt und zur Systematisierung der Beobachtungen beitragen kann.

Hierbei zeigt sich, dass virtuelle Gruppen ihr Erscheinungsbild sehr rasch zwischen einer organisatorisch/regulatorischen Struktur (z.B. Arbeitsgruppen, MUD-Welten), und dem Erscheinungsbild verteilter Interaktionssysteme (virtuelle Netzwerke) wechseln können. Im Rahmen dieser Strukturierungsmöglichkeiten treten engere virtuelle Kommunikationssysteme auf, die durch wechselseitige Kenntnis der Personae, durch diffuse Mitgliederbeziehungen, eine relative zeitliche Stabilität, und eine identitätsprägende Selbstbeschreibung gekennzeichnet sind. Die Kohäsion dieser virtuellen Gruppe ist allerdings, aufgrund der spezifischen Umweltbedingungen der CMC, beständig in Frage gestellt.

Mit Blick auf die Umweltbeziehungen virtueller Gruppen wird zudem deutlich, dass solche Gruppen nicht als Substitut für soziale, realweltliche Gruppen oder Beziehungsformen anzusehen sind. Sie sind mit diesen vielmehr in einem komplexen Gefüge der Kommunikationen und Handlungen verzahnt. Mitglieder virtueller Gruppen sind in der Regel auch Mitglieder realweltlicher face-to-face Gruppen. Häufig dient die virtuelle Gruppe als Vorbereitung für die Bildung oder als erweiterter Rekrutierungsbereich von face-to-face Gruppen. Hier ist also von einer Ergänzung realer und virtueller Beziehungsformen auszugehen.

Angesichts dieser vielschichtigen Problemlage nähern sich die Beiträge dieses Bandes dem Phänomen der virtuellen Gruppen aus verschiedenen Beobachtungsrichtungen. Im ersten Teil stehen die Identifikation charakteristischer Merkmale, und im zweiten Teil die Erörterung des Phänomens anhand spezifischer Problemdimensionen im Mittelpunkt der Ausführungen.

Um die Charakteristika sinnvoll einordnen zu können, ist es zunächst wichtig, eine Begriffsbestimmung, sowie ein analytisches Raster für die Beobachtung der virtuellen Gruppe selbst zu entwickeln (Thiedeke). Die Situierung der virtuellen Gruppe in einer gruppenspezifischen Umwelt, einem sozialen Kontext, verweist zugleich auf ihre Bestimmtheit durch gesellschaftliche Rahmenbedingungen. Da die Bildung virtueller Beziehungsformen auf sozio-technische Wechselwirkungen zurückzuführen ist, muss erörtert werden, auf welche Weise Veränderungen gesellschaftlicher Bindungsstrukturen und der technischen Kommunikationsmedien das Entstehen von Kommunikations- und Vergemeinschaftungsmöglichkeiten beeinflussen (Dollhausen, Wehner).

Es zeigt sich, dass virtuelle Gruppenbildung auf einer paradoxen Kommunikation über Rahmenbedingungen und Entfaltungsmöglichkeiten in den Computernetzwerken beruht. Diese permanente Selbsttäuschung über die freiheitliche

Gemeinschaftsbildung im 'Cyberspace' engt die Feizügigkeit virtueller Vergesellschaftung ein, und erweitert gleichzeitig ihr Potential zur Grenzüberschreitung in
einem rastlosen Prozess der Suche nach den idealen sozio-technischen Bedingungen virtueller Gruppierung (Brill).

Dabei sind die technischen Rahmenbedingungen der computergestützten
Kontexte, in denen sich soziale Beziehungen ausformen, von entscheidender
Bedeutung vor allem für die Ausprägung von Kommunikationskonventionen.
Entsprechend der zur Repräsentation, Navigation und Kommunikation verfügba-
ren Technologien, formieren sich in den virtuellen Welten unterschiedliche
Kommunikationskulturen. Diese können sowohl den Eindruck enger Verbun-
denheit der Kommunikationsteilnehmer, als auch großer Diskontinuität der
offensichtlich inszenierten Beziehungen entstehen lassen (Becker).

Die Unschärfe der Außengrenzen virtueller Gruppen, ist ursächlich auf die
Infrastruktur- und Organisationspotentiale der computerbasierten Kommunikation zurückzuführen. Die Bildung enger sozialer Beziehungen mit starken Bindungen zwischen den Mitgliedern scheint unwahrscheinlich, da sie räumlich
verstreut und indirekt verknüpft sind. Virtuelle Gruppen im Sinne enger sozialer
Aggregate sind somit nur als Teilphänomen sozialer Netzwerke anzusehen.
Deren soziale Bindungen sind wesentlich lockerer und offener als bei Gruppen,
weisen dafür aber eine größere Reichweite der sozialen Kontakte auf.

Die Gruppenbildung in computergestützten sozialen Netzwerken erscheint
so als sektorale Verdichtung von Beziehungen in egozentrierten sozialen Netzwerken. Sie ist davon abhängig, ob durch CMC eine direkte Verbindung aller
Kommunikationsteilnehmer miteinander, die Konzentration auf gemeinsame
Interessen, oder die Fortschreibung physischer Kontakte über große Distanzen
ermöglicht wird.

Es genügt also nicht, Erwartungen oder Befürchtungen über die soziale
Nähe, oder über die Auflösung und Neubegründung intimer Bindungen zu formulieren, die den sozio-technischen Charakter der Netzwerke unberücksichtigt
lassen. Die Konstitutionsdynamik offener und enger Netzwerke ist vielmehr mit
Blick auf die sechs Faktoren: Dichte, Abgrenzung, Reichweite, Ausschließlichkeit,
soziale Kontrolle und Bindungsstärke in Abhängigkeit zu den Rahmenbedingungen der CMC zu untersuchen (Wellman).

Für die Bildung und Stabilisierung von virtuellen Gruppen ist aber auch der
Einsatz technischer Korrelate für die Steuerungsmedien des Vertrauens charakte-
risch. Diese ersetzen z.B. Signale des Scham- oder Taktgefühls, die in sozialen
Gruppen unmittelbar geäußert werden können. So sind beispielsweise die technischen Ausdrucks- und Kontrollmöglichkeiten des Usenet die zentrale Vorbedingung für die Ausprägung der Aktionsmöglichkeiten, Ressourcen und sozialen

Ordnungsmuster, und damit für die Inklusion oder Exlusion der Akteure in die jeweilige thematische Kommunikationsgruppe. Diese sind in verfahrenstechnische Regularien für menschliche und nicht-menschliche Akteure übersetzt. In Form einer "moralischen Geographie" beziehen sie sich normativ auf die Verantwortung am Funktionieren der Newsgroup. Die Gruppennormen schließen demzufolge die "Technizität" der Gruppenumwelt ein, oder nehmen auf diese Bezug. Sie sind grundlegend an der Anschlussfähigkeit der Kommunikationen orientiert, und in Bezug auf die Einheit der kommunizierenden Gruppe selbstreflexiv angelegt. Die sozio-technische institutionelle Ordnung, durch die die Gruppenbildung im "Nicht-Raum" des Internet ermöglicht wird, konstituiert sich selbstorganisierend nach dem "Münchhausen-Prinzip" (Hoffmann).

Ist damit Entwarnung gegeben? Tragen die virtuellen Sozialformen somit nicht zur weiteren Desintegration moderner Gesellschaften bei? Ist für sie gar ein neues "Heimatgefühl" kennzeichnend? Soweit die Konstitutionsmechanismen der virtuellen Gruppen und Netzwerke derzeit zu überblicken sind, bleibt die Bildung enger, unmittelbarer Gruppen ein unwahrscheinlicher Vorgang, der nur gelingen kann, wenn eine dauerhafte Vermittlung zwischen individueller (exklusiver) und kollektiver (inklusiver) Rationalität sowohl in den Interaktionen, als auch in den (z.B. normativen) Strukturen möglich ist.

In der Praxis bedeutet das: Auch virtuelle Gruppen müssen eindeutige Grenzen gegen die Umwelt aufweisen, ihre Regel- und Sanktionssysteme sind am spezifischen thematischen Kontext der Gruppe auszurichten, und die Selbststeuerung dieser Regularien muss in der Gruppe geleistet werden. Die "Vergemeinschaftung ohne Nähe", die für das Internet typisch ist, scheint aber gerade die Ausformung und das Funktionieren dieser Mechanismen der Inklusion und Exklusion zu erschweren. Für die virtuelle Vergemeinschaftung wäre also die Expansion indirekter Beziehungen charakteristisch.

Empirische Befunde deuten allerdings an, dass die Gemeinschaftsbildung im virtuellen Raum weder eine "imaginierte" und desaggregierte Form von Gemeinschaft ist, noch die Fortsetzung realweltlicher, "heimeliger" Gruppen mit anderen (virtuellen) Mitteln. Virtuelle Vergemeinschaftung entfaltet sich vielmehr in einem Kontinuum, das von uniplexen, bilateralen Beziehungen der Akteure ("personal communities") über dichte Netzwerke ("group communities"), bis zu dauerhaften, starken Gruppen reicht. Letztere sind allerdings eher selten, und vor allem dort anzutreffen, wo sie realweltliche Beziehungsnetze ergänzen. Virtuelle Gruppenbildung deutet damit auf eine neue Form der (exklusiven) Gemeinschaftsbildung hin. In Bezug auf Inklusionsmöglichkeiten wirken virtuelle Beziehungsstrukturen jedoch in Richtung auf die Ausweitung indirekter Beziehungen, und eine weitere "Verselbstständigung des Sozialen" (Heintz).

Aus den oben angeführten Beobachtungen und Befunden geht hervor, dass die virtuelle Vergemeinschaftung und Gruppenbildung spezifische Problemdimensionen aufweist. Diese sind eingehender zu untersuchen, wenn Aussagen über die Qualität, Stabilität und Weiterentwicklung virtueller Gruppen gemacht werden sollen.

Als eine erste Problemdimension konturiert sich dabei die *Motivation zur Teilnahme* an virtuellen Netzwerken und Gruppen. Diese Problemdimension erscheint janusköpfig. Einerseits üben die Möglichkeiten virtueller sozialer Beziehungen eine unwiderstehliche Anziehungskraft auf den User, die Userin am PC aus, sich selbst als Imagoidentität zu inszenieren, und andere aufregende virtuelle Charaktere und Gruppen im Cyberspace zu suchen. Die andere Seite dieser Medaille ist die scheinbar zwangsläufige Verlagerung der sozialen Kontakte von realen zwischenmenschlichen, auf irreale virtuelle Begegnungen, und damit eine zunehmende realweltliche Isolation der 'Netizens'. Hierbei würde sich die soziale Isolation in RL (Real Life) sogar als starke Motivation dazu erweisen, sich noch mehr auf virtuelle soziale Beziehungen einzulassen.

Dieser Sichtweise stehen allerdings erste empirische Ergebnisse zur Teilnahmemotivation an Online-Kommunikationsdiensten wie AOL (America Online) und virtuellen Spiele- und Aktionswelten wie den MUDs und MOOs entgegen. So zeigt sich als Motivation für die Teilnahme an Online-Diensten kaum das Interesse, einen Ersatz für realweltliche soziale Kontakte zu finden: Informations- und Rechercheinteressen sind hier weit stärker motivierend. Interesse an virtuellen sozialen Kontakten und Beziehungen tritt als Motivation für die Kommunikation im Internet vor allem dort zu Tage, wo realweltlich bereits existierende soziale Beziehungen über größere Distanzen und asynchron virtuell fortgesetzt oder 'verlängert' werden können. Teilweise erscheinen die Möglichkeiten zu Online-Beziehungen auch dazu zu motivieren, realweltliche Kontakte und Mitgliedschaften qualitiv zu stabilisieren und zu vertiefen (Hamman).

Ähnliches ist für die virtuellen Spiele- oder Aktionswelten der MUDs und MOOs zu beobachten. Obwohl aufgrund des hohen Simulationspotentials dieser virtuellen Welten - die nicht selten die vollständige Immersion einer konstruierten Spieleridentität in das Environment erlauben - ein Fluchtaspekt vor realweltlichen sozialen Problemen als Teilnahmemotivation zu erwarten wäre, bestätigt sich dies nicht.

Es zeigt sich zwar, dass spezifische Settings von MUDs (MUD-styles) auch unterschiedliche Spielertypen anziehen, diese zeichnen sich allerdings alle durch eine hohe soziale Kontaktbereitschaft aus. Nur für sehr wenige MUD-Teilnehmer/-innen stellen die Interaktionen in digitalen Welten einen Ersatz für realweltliche Beziehungen dar, bzw. sind die MUDs ein Kompensationsmedium zum Aufbau sozialer Netzwerke. Für die große Mehrheit führt 'MUDing' (das Agieren in MUDs) daher zu einer Erweiterung eines bereits breit angelegten sozialen Netzwerks.

Der Einstieg in interaktive virtuelle Welten ist in hohem Maße von spezifischen (Spiel-)Interessen geleitet, wobei vor allem der Aspekt der sozialen Positionierung als 'Spieler' in einem bestimmten 'Welt' und gemeinsame Aktivitäten betont werden. Als Ersatz für realweltliche Motivationen zur Teilhabe an Netzwerken oder Gruppen ist dies nicht zu verstehen, allenfalls als Ergänzung (Götzenbrucker, Löger).

In diesem Zusammenhang deutet sich eine weitere Problemdimension virtueller Gruppen an: Die Frage der Inklusion und Stabilität virtueller Beziehungsformen. Genauer gesagt handelt es sich um das Problem der *Inklusion/Exklusion und der Stabilität*.

Virtuelle Beziehungsformen sind durch ihre technisch hergestellte Mittelbarkeit bestimmt. Kommunikationsteilnehmer können asynchron, anonym oder zumindest pseudonym agieren. Das wirft vor allem für die Bildung enger, gruppenförmiger sozialer Aggregate beträchtliche Probleme auf, was den Einbezug der virtuell repräsentierten Personen anbelangt. Diese treten häufig als digitales Selbst, als Persona in der Art einer konstruierten Identitätsmaske in Erscheinung. Damit ist einerseits eine Reduktion sozialer Exklusivität verbunden, indem individuelle Verhaltensweisen und -merkmale auf semantische Anhängsel der mittelbaren Kommunikation reduziert werden. Andererseits bietet sich die Möglichkeit, im Schutze der verschleierten Individualität hyper-expressiv zu agieren, und virtuelle Netzwerke und Gruppen dort anzugreifen, wo ihre soziale Struktur am verletzlichsten ist: auf der Ebene der individuellen Zurechenbarkeit von Vertrauen.

Neben einem Aspekt der Freiheit, der mit diesem Experimentieren und Arrangieren von kollektiven und indiviuellen Identitäten verbunden ist, liegt hierin auch eine Ursache für die häufige Instabilität virtueller Gruppen. Dem kann nur eine Rückbindung der Handlungsverantwortung an die digitalen Personae entgegenwirken, die sich vielleicht sozio-technisch über Protokolle und Datenbanken virtueller Persönlichkeiten und Aktionen realisieren läßt. Auf diese Weise könnte eine inkludierte 'ganzheitliche' soziale Person als Fixpunkt der Kommunikation und identifizierbarer Handlungspartner in virtuellen Netzwerken und Gruppen in Erscheinung treten (Reid-Steere).

Die Inklusions- und Stabilitätsproblematik resultiert aber nicht nur aus dem devianten Verhalten digitaler Personae, sondern auch aus dem Erfolg virtueller Kommunikation und Gruppen. So zeigt die empirische, begleitende Beobachtung der Newsgroup "rec.arts.tv.soaps" (r.a.t.s.), in der Personen und Handlungen in einer amerikanischen Soap-Opera diskutiert werden, einen deutlichen Wandel der Gruppenbeziehungen, der mit dem Zuwachs an Mitgliedern und Beiträgen zusammenhängt.

In dieser Diskussionsgruppe besteht im Kern eine hohe Identifikation der Teilnehmer mit dem Thema der Gruppe, sowie mit den anderen Teilnehmern und ihren Beiträgen. Allerdings kommen durch den Erfolg der Gruppe beständig 'Neulinge' (Newbies) hinzu, die weder die Gruppengeschichte, die Kommunikationskonventionen, noch die sozialen Beziehungen der 'Oldtimer' kennen. Durch diese wachsende Mitgliederzahl wird die enge Gruppenstruktur destabilisiert.

Als Antwort auf diese Stabilitätsproblematik finden sich Problemlösungen, die denen in realweltlichen, sozialen Gruppen vergleichbar sind. So können funktionale Rollendifferenzierungen ebenso beobachtet werden, wie eine Intragruppendifferenzierung in hermetische soziale Verkehrskreise (Cliquen). Daneben sind aber auch Problemlösungen zu beobachten, die typisch für virtuelle Gruppen sind. Es werden Informationsbereiche, sog. FAQs (Frequently Asked Questions), in der Newsgruppe selbst, oder verknüpfte Web-Seiten im World Wide Web angeboten, auf denen Neulinge Hilfe erfahren und sogar einen virtuellen Begleiter (Sponsor) anfordern können. Diese Informationsbereiche, die weitgehend selbsterklärend arbeiten, bedürfen der ständigen Pflege, und der Aushandlung und Einschreibung neuer gruppenspezifischer Kommunikationsnormen.

Mit der Ausweitung einer virtuellen Gruppe wandelt sich also deren Charakter. Ihre Kommunikationsstrukturen werden (auch technisch) stärker institutionalisiert und organisiert. Anders gesagt: Aus einem überschaubaren 'Heimatdorf' im Netz wird eine Art 'Großstadtdschungel' im Cyberspace (Baym).

Die Stabilitätsproblematik ist eng mit der Problemdimension der *Normbildung und -handhabung* in virtuellen Gruppen verknüpft. Gelingt es, virtuelle Kontakte um ein Thema zu zentrieren, stellt sich eine Regelmäßigkeit der Kontakte ein. Sind Beiträge und Verhaltensweisen eindeutig Personen oder Personae zuzurechnen, so entsteht eine kohäsive Gruppenstruktur. Diese basiert z.B. beim Chat auf einem "virtuellen Territorium", das durch den Themenbereich, die technischen Möglichkeiten, aber auch durch die Verhaltenskonventionen (Netiquette) gegen die Netz-Umwelt abgegrenzt wird.

Die Etablierung und Durchsetzung der normativen Komponente ist von besonderer Bedeutung, aber auch mit spezifischen Problemen verbunden. Die Kommunikation im virtuellen Raum des Internet entfaltet sich in einem Kontinuum, das einerseits basisdemokratische Möglichkeiten der freien Rede und individuellen Expressivität verspricht, andererseits die Mittel für anonyme Attacken, Agitation, Flame-Wars und strenge Diskriminierung bereitstellt.

Virtuelle Gruppen, wie Chat-Foren, die sich der themenspezifischen Diskussion zum Teil heikler sozialer und privater Themen widmen, müssen also eine Position zwischen Freiheit und Regulation finden und diese in akzeptierte Normen übersetzen. Angesichts der Immaterialität der Kommunikationsteilnehmer erscheint die Durchsetzung der Normen jedoch als schwierig. Sanktionen können anscheinend keine eindeutig identifizierbare Person betreffen und letztlich nicht physisch exekutiert werden.

Dem stehen allerdings die tatsächlichen Kommunikationsinteressen und die realisierte Normdurchsetzung in den Chat-Foren entgegen. Die Mitglieder haben durchaus ein großes Interesse daran, sich an der Diskussion zu beteiligen, und erfahren eine positive Selbstbestätigung durch soziale Kontakte, eigene Beiträge oder durch die Übernahme von Funktionsrollen (Netz-Ämter). In der virtuellen Gruppe existieren soziale Gratifikationen, die entzogen werden können. Zum anderen gehört die Verwendung eindeutiger und angemessener Kennzeichnungen (Nicknames) der agierenden Personen und Personae zum Kernbestand der Verhaltensregeln in diesen virtuellen Gruppen. Es wird also Zurechenbarkeit für die Normdurchsetzung hergestellt, und es gibt Möglichkeiten der positiven und negativen Sanktionen, die bis zum dauerhaften Ausschluss von Mitgliedern reichen.

Die virtuellen Gruppen der Chat-Foren sind infolgedessen alles andere als ungeregelte, normfreie Spielplätze. Sie weisen häufg sogar eine stark hierachisierte Normstruktur auf, deren Kontrolle und Durchsetzung teilweise von emotionslosen Hilfsprogrammen (Bots) vollzogen wird. Um dennoch die Flexibilität und Weiterentwicklung der virtuellen Gruppe zu erhalten, haben sich komplexe und gruppenspezifische Aushandlungs- und Verteilungsmodi von Regeln und Einflussmöglichkeiten entwickelt (Döring, Schestag).

Virtuelle Netzwerke, und insbesondere virtuelle Gruppen, sind also keine unregulierten Kommunikationsräume. Das wird gerade dort deutlich, wo eine spezifische Zielerreichung im Mittelpunkt der virtuellen Kontakte steht, wie etwa in virtuellen Arbeitsgruppen. Hier erlaubt CMC eine größere Dezentralität der Mitarbeiter und Ressourcen, eröffnet aber auch die Möglichkeiten zur diffuseren Selbstbeteiligung und eine hierarchische Organisation, die normativ auf Informations- und Medienkompetenz gegründet ist.

Entsprechend der sozio-technischen Eigenart virtueller Beziehungen kann die gruppenspezifische Mediennutzung innerhalb der Gruppe, sowie persönliche Kompetenzen zur Anwendung von CMC, zum Anlaß für die Ausprägung von Verhaltensnormen des gegenseitigen Umgangs (z.B. bei der Nutzung bestimmter Medien und Programme), und für die Festlegung von Statuspositionen und Funktionsrollen werden.

Diese ständige Notwendigkeit, die Verhaltensnormen und die Aneigung der computergestützten Medien in Bezug auf wechselnde Ressourcen, Hierachien und Möglichkeiten der Zielerreichung auszuhandeln, bestimmen in virtuellen Arbeitsgruppen nicht nur die Effektivität der Zielerreichung, sondern auch das Verhältnis von 'schwachen' (offenen) und 'starken' (engen) Bindungen der Mitglieder, und damit den Charakter der virtuellen Beziehungen (Haythornthwaite, Wellman und Garton).

Über die engere Betrachtung der angeführten Problemdimensionen hinaus, deutet sich im Kontext virtueller Arbeitsgruppen ein weiteres Problemfeld an: Die Zumutung sozio-technische Kompetenzen im Umgang mit virtuellen Kommunikationssystemen zu entwickeln und anzuwenden.

Arbeitnehmer, deren Arbeitsplatz beispielsweise in einen Telearbeitsplatz umgewandelt wird, sehen sich fortan nicht nur mit der Problematik konfrontiert, Sach- und Sozialkompetenzen im persönlichen Umeld der Arbeitsbeziehungen aufzuweisen. Sie müssen sich nun auch Kompetenzen der Medienwahl, der Mediennutzung und der Handhabung mittelbarer, technisch vermittelter Sozialkontakte aneignen. Dazu gehört die Kenntnis und Pflege virtueller, formaler und informeller Beziehungen mit ihren Optionen (erhöhtes Partizipationspotential) und Risiken (Kontrollverlust, Statusunsicherheiten). Ebenso sind aber auch eine ausgeprägte Befähigung zur Synchronisation zeitlicher Abläufe erforderlich, um z.B. asynchrone Arbeitsabläufe und Sozialkontakte der Telearbeitssituation zu den bestehenden unmittelbaren Strukturen im Unternehmen und im privaten Umfeld anschlußfähig zu halten.

Obwohl die Virtualisierung von Arbeitsbeziehungen und -gruppen, zumindest in Mitteleuropa, noch Experimentalcharakter hat, und sich daher noch keine eindeutigen und repräsentativen Kommunikationseffekte feststellen lassen (Jäckel, Rövekamp), deutet sich in der Tendenz an, dass virtuelle Beziehungen von den Teilnehmenden mehr Flexibilität und Befähigung zur Selbstorganisation erfordern. Es zeichnet sich zudem eine Herausforderung an die Arbeitsorganisation solcher Art 'virtualisierter' Unternehmen ab. Diese erfahren nicht nur Effizienzsteigerungen, sondern haben auch erhebliche Probleme zu bewältigen, um selbstorganisierte Arbeitsbeziehungen zu koordinieren.

An dieser Stelle schließt sich der Kreis zu den ersten Beiträgen des Bandes. Virtuelle Beziehungen sind kein residuales Spezialphänomen manischer Internet-Nutzer, die sich in belanglosen Chat-Foren oder maniristischen Spielewelten verlieren. Sie werden mit der weiteren Verbreitung von computergestützten

Konsum-, Arbeits- und Freizeitangeboten zu einer alltäglichen Realität, und damit zu einem Faktor, der Einfluss auf die Strukturentwicklung der Gesamtgesellschaft erlangt.

Die sozialwissenschaftliche Forschung wird demzufolge nicht umhin kommen, die virtuellen Formen der Vergemeinschaftung und Vergesellschaftung als eigenständige Sozialformen ernst zu nehmen. So ist abschließend eine (notgedrungen unvollständige) Agenda zur weiteren Forschung zu formulieren. Es besteht auch heute noch - drei Jahre nach Drucklegung der ersten Auflage dieses Bandes - Forschungsbedarf zu den Fragestellungen:

- Wie wird das Enstehen medialer, virtueller Beziehungen durch gesellschaftliche Rahmenbedingungen beeinflusst, und wie wirken virtuelle Beziehungen auf die gesellschaftlichen Differenzierungs- und Inklusionsmechanismen zurück?
- Welche spezifischen Qualitäten unterscheiden virtuelle Netzwerke, Gruppierungen und Gruppen voneinander, und von realweltlichen Beziehungen?
- Wie können sich virtuelle Gruppe angesichts einer hoch kontingenten inneren und äußeren Umwelt bilden und stabilisieren?
- Wie beziehen sich soziale und technische 'Akteure' in virtuellen Sozialformen aufeinander?
- Wie sind virtuelle mit realweltlichen Sozialformen verknüpft?
- In welcher Weise beeinflußt die Virtualisierung sozialer Beziehungen die kulturelle Selbstbeschreibung der Gesellschaft?

Literatur

F. Neidhardt, 1979: Das innere System sozialer Gruppen, in: Kölner Zeitschrift für Soziologie und Sozialpsychologie, 31, 4. S. 639-660.

U. Thiedeke, 1997: Medien, Kommunikation und Komplexität. Vorstudien zur Informationsgesellschaft. Opladen.

U. Thiedeke, 1999: Der Schein des Seins. Mediale Kommunikation und informationelle Differenzierung der Gesellschaft, in: Medien Journal: Medial Turn. Die Medialisierung der Welt, 23, 1. S. 29-40.

I: Zwischen Netzwerk und Gemeinschaft:
Soziale und technische Charakteristika virtueller Gruppen

Virtuelle Gruppen:
Begriff und Charakteristik

Udo Thiedeke

1. CMC als Grundlage virtueller Beziehungen

Angesichts wachsender Computernetze und einer expandierenden computer-gestützten Kommunikation [1] stellen sich die Fragen, ob hierbei spezifische soziale Beziehungsformen auftreten, die eigene Charakteristika aufweisen und wie sich diese Beziehungen soziologisch/begrifflich erfassen lassen?

In der Literatur zur Kommunikation in Computernetzen, tauchen immer wie-der die Begriffe "virtuelle Gruppen" oder "virtuelle Gemeinschaften" auf, wenn es um die Charakterisierung der hier auftretenden Kommunikationsbeziehun-gen geht. Die synonyme Verwendung der Begriffe lässt vermuten, dass es nur eine ungenügend ausgearbeitete sozialwissenschaftliche Begrifflichkeit für die beobachteten Phänomene gibt. Vor allem die Verwendung der Bezeichnung "virtuelle Gemeinschaft", als direkte Übersetzung des angelsächsischen "virtual community" (Rheingold, 1993: 5), weist auf die Unsicherheit hin, die bei der Beobachtung der sozialen Beziehungen in Computernetzen vorherrscht.

Diese begriffliche Indifferenz deutet allerdings auch auf die Charakterstika der beobachteten virtuellen Beziehungen hin. Sie scheinen sich nicht in die Unterteilung sozialer Aggregate nach Interaktionen, Gruppen, Organisationen, Institutionen, Gesellschaften etc. einzufügen. Ihr Interaktionsmedium ist die computergestützte, zumeist textbasierte Kommunikation (CMC = Computer-Mediated Communication), die sich in lokalen (LAN), organisationsspezifischen (Intranet) oder globalen Computerkommunikationsnetzen (Internet) entfaltet.

Die strukturelle Organisation von CMC (zur Übersicht: Rice, 1990; 1992) ist gekennzeichnet von vielfältigen Verbindungsformen. Asynchrone Verbindungen, wie 'E-mail', die 'elektronische Post' oder 'News-Groups', existieren neben syn-chronen Verbindungen, die beispielsweise in Form von 'Bulletin Board Syste-men' (BBS) oder 'Internet Relay Chats' (IRC) auftreten (ausführlich z.B. Scha-de, 1997). Anders als bei den Massenmedien (Presse, Rundfunk, Fernsehen) oder den bereits etablierten Individualmedien (Brief, Telefon, Telefax) liegt bei CMC keine strukturelle Einschränkung der Kommunikationskontakte vor.

---

[1] So wuchs die Zahl der Internet-Host-Computer allein zwischen Juli 1998 und Juli 2002 von über 36 Millionen auf über 162 Millionen Geräte an (genaue Daten finden sich im "Inter-net Domain Survey", Online: http://www.isc.org/ds/WWW-200207/index.html).

Bei Massenmedien sind die Verbindungsmöglichkeiten der Kommunikationsteilnehmer auf die Kommunikationskonstellation 'einer an viele' festgelegt. Individualmedien hingegen stellen eine 'einer an einen (oder wenige)'-Verbindung her. CMC erlaubt jedoch die kommunikative Beziehung von 'einem an viele' (Mailboxen, BBS, Internet Web-Sites) ebenso, wie die Konstellationen 'einer an einen' (E-mail) oder 'viele an viele' (BBS, IRC). Das globale CMC-Medium Internet erscheint demzufolge gleichzeitig als Massen- und als Individualmedium (zur Diskussion: Morris, Organ, 1996).[2]

Die Unterteilung und Sortierung der Kommunikations- und Verbindungsangebote erfolgt nach thematischen Kriterien. Auf diese Weise sind die einzelne Kommunikationskanäle oder -plattformen untergliedert. Sichtbar werden die thematischen Markierungen bei Kontakt mit den Kommunikationskanälen. Sie erlauben eine Grundorientierung der Kommunikationsteilnehmer auf die zu erwartenden Angebote und Beiträge, aber auch auf die im virtuellen Beziehungskontext üblichen kommunikativen Verhaltensweisen (vgl. Döring, Schestag in diesem Band).

'Virtuell' sind diese Kommunikationsbeziehungen, weil sie einerseits nur mittelbar zustande kommen. Die Kommunikationsteilnehmer treten miteinander nicht in physisch unmittelbaren Kontakt. Die Kommunikationsbeziehungen sind andererseits auch deshalb virtuell, weil sie in einer artifiziellen sozio-technischen Kommunikationsumgebung stattfinden, die durch die Kommunikationsteilnehmer selbst konstruiert werden kann (vgl. Thiedeke, 1997: 86, 323).

Virtuelle Kontakte und Interaktionen sind nicht mit erfundenen oder gar irrealen Ereignissen gleichzusetzen. Ihre Virtualität leitet sich vielmehr aus der *Vermöglichung* der gewohnten sozialen Interaktionsbedingungen, bedingt durch die umfassende Digitalisierung der Kommunikationsinhalte, Personen und Umwelten ab (Thiedeke, 2001: 21f.). So fallen bei textbasierter CMC die sozialen Wahrnehmungsparameter von Geschlecht, Alter, Hautfarbe, Statusmerkmale, Gestik und Mimik (auch der bei Telefonkontakten noch gegebenen Sprachgestik) weg, oder werden durch künstlich erzeugte Merkmale ersetzt. In virtuellen Interaktionen ist es beispielsweise möglich, einen höheren oder niedereren sozialen Status durch entsprechende Aussagen zu simulieren, das Alter, das Geschlecht oder den Sprachgestus zu wechseln (Hall, 1992; Stone, 1992). In virtuellen Environments (z.B. virtuellen Spielewelten, MUD's, MOO's, etc.) besteht darüber hinaus die Möglichkeit, 'Imagoidentitäten' (Personae) zu kon-

---

[2] Online-Dokumenten sind im Anhang mit ihrer aktuellen Internet Adresse (URL) aufgeführt. Die Zitation erfolgt ohne Angabe von Seitenzahlen, da nicht alle Online-Dokumente fortlaufende Seitenzahlen aufweisen oder die Internet-Browser den Texten beim Ausdruck je nach individueller Einstellung unterschiedliche Seitenzahlen zuordnen können.

struieren und in diesen selbstgewählten Masken aufzutreten (Rheingold, 1993: 235), oder sogar grafische, digitale Stellvertreter (Avatare) agieren zu lassen (Schroeder, 1997: Online).

2. Charakteristika virtueller Beziehungen

Bereits in der Frühzeit der CMC in den achtziger Jahren wird anhand dieser Kommunikationsspezifik von Kiesler, Siegel und McGuire (1984: 1123 ff.) ein sozialpsychologischer Merkmalskatalog virtueller Beziehungen formuliert. Danach lassen sich virtuelle Interaktionen anhand der Abwesenheit eines regulatorischen Feedback, der dramaturgischen Unsicherheit der Kommunikationsbeiträge, mangelnder sozialer Anhaltspunkte, sowie durch ausgeprägte Anonymität charakterisieren (op. cit.: 1125). Diese Merkmale sind inzwischen anhand weiterer Erfahrungen mit CMC allgemeiner zu formulieren. Danach sind virtuelle soziale Interaktionen durch: *Anonymität, Selbstentgrenzung, Interaktivität* und *Optionalität* gekennzeichnet. Was ist darunter zu verstehen?

– *Anonymität:* Mit Ausnahme offizieller oder formalisierter Kommunikation sind die Kontakte bei CMC zumeist anonym oder doch zumindest pseudonym. Reale Namen, Titel oder Identitätsmerkmale der Teilnehmer können bei CMC nach Belieben verschleiert werden. Das beginnt damit, dass statt des Familienoder Vornamens ein erfundener Name, eine Zahlenkombination oder eine Mischung aus beidem als 'Username' der E-mail Adresse Verwendung findet. Als 'ultima ratio' der Anonymisierung läßt sich auch die Adresse des E-mail Absenders und die Kennung des ursprünglich sendenden Rechners (Host-Mask) entfernen, wenn der Versand den Weg über einen anonymen 'Remailer-Computer' nimmt (Helmers, 1997: Online). Ein solcher, bei Übertragung der E-mails zwischengeschalteter Rechner, entfernt die Absenderadresse aus der elektronischen Nachricht und ersetzt sie durch eine vielstellige Codezahl, anhand derer dann eventuelle Antwortschreiben zugeordnet werden. Dem Empfänger der mail bleibt diese Zuordnungsdatenbank jedoch verborgen.

Erfundene Namen und Imagoidentitäten bestimmen auch die virtuellen Kontakte in IRC's oder MUD's. Persönlichkeitsbilder werden hier als Namenszeichen oder grafische Avatare konstruiert. Bei den konstruierten Namen (Nicknames) kann es sich einfach um andere, sympathisch wirkende Vornamen handeln, oder es werden mythologische, sexuelle oder technische Anspielungen zur Vermittlung kleiner Identitätsgeschichten in die Nicknames eingebaut. Bereits der Name liefert dann Hinweise auf tatsächliche oder vorgestellte Wünsche, Obsessionen, Fähigkeiten oder Traumata. Nach Bechar-Israeli (1995) lassen sich sieben Typen von Namenszeichen unterscheiden, die bei CMC (im IRC) auftreten (siehe nachfolgende Tabelle).

Names und Nicknames bei CMC

Kategorie	Häufigkeit	Beispiele
Realnamen	7.8 %	\<Peggy\>, \<Ralf\>, \<Mueller\>
Selbstbezogene Namen	45.0 %	\<shyguy\>, \<hardsom\>, \<cLoNehEAd\>
technikorientierte Namen	16.9 %	\<datawolf\>, \<processor\>, \<strange_string\>
Natur- oder objektbezogene Namen	15.6 %	\<BlumE\>, \<strange_weather\>, \<dschungel\>
Auf Wortspiele oder Geräusche bezogene Namen	11.3 %	\<whathell\>, \<myTboy\>, \<rrpff\>
An VIP's orientierte Namen	6.1 %	\<elvis\>, \<stalin\>, \<Marilyn\>
Sexuell orientierte oder provozierende Namen	3.9 %	\<bigtoy\>, \<horny4you\>, \<RAF\>

(Übersicht nach Bechar-Israeli; ergänzt durch eigene Beispiele)

Wie aus der prozentualen Verteilung der verwendeten Identitätschiffren zu erse-hen ist, nutzen einige der Befragten mehrere Ressourcen und Namen, um sich in virtuellen Interaktionen auszuweisen. Die Anonymität computergestützter Kommunikation mobilisiert die Experimentierlust beim Konstruieren von Iden-titäten. Bei CMC werden multiple Identitätskonstruktionen begünstigt (z.B. Turkle, 1995: 186ff.; siehe auch Reid-Steere in diesem Band), die bei Bedarf in verschiedenen virtuellen Kontexten z.B. bei wissenschaftlicher E-mail, in MUD Spielumgebungen, bei privaten Chat Sitzungen etc. eingesetzt werden.

Den Kommunikationsteilnehmern der CMC ist damit die Möglichkeit an die Hand gegeben, mit ihren Identitätsgrenzen zu spielen und sich je nach Wunsch hinter wechselnde Masken zurückzuziehen. Die Vielfalt der Verwandlungen ähnelt den Möglichkeiten der Mode (König, 1988), den 'öffentlichen Körper' zu gestalten, geht aber deutlich darüber hinaus, da die Anonymität der kommuni-zierenden Personen die Überschreitung jener Grenzen zulässt, die in der realen Welt physischer Unmittelbarkeit existieren. Das schließt das Überschreiten sozi-aler Rollen und das Spiel mit Rollenerwartungen ein.

Elizabeth Reid führt dafür als Beispiel den Dialog zwischen zwei 'Chattern' (Teilnehmern des IRC) an, die ihre Geschlechtsidentitäten wechseln, um sich bewußt den veränderten Rollenzuschreibungen auszusetzen.

" \<Marion\> I've tried presenting m,yslef as male on occasion - to be honest I found itdull
\<Barf\> Umm, I've gender switched once or twice for about 2hour or so - mainly to lead another male up the garden path as a practical joke; but never a serious gender switch.

<Marion> how did you find being perceived as female?
(...)
<Barf> I did find it mildly irritating that I should get so much attention and be imme-
diately fixated as a sex object simply by pretending to be female.
<Marion> to be honest, I didn´t like being male because I missed the flattery that
women tend to get"
(Orthografie entspricht dem Original. Online: Electropolis. Deconstructing Boundaries).

Es bleibt zu beachten: Die Wirklichkeit der virtuellen Beziehungen, die wirklich
scheint, muss nicht wirklich sein. Die wirkliche Wirklichkeit der Kommunikation
bleibt anonym.

   – *Selbstentgrenzung*: Wie eben angedeutet begünstigt die Anonymität oder
Pseudonymität die Überschreitung sozialer Grenzen. Der Wegfall unmittelbarer
physischer Präsenz erschwert nicht nur die Adressierbarkeit der Kommunikationspartner, es schwinden auch die Möglichkeiten, soziale Sanktionen wie Ausgrenzung, Herabsetzung, Tadel oder gar physische Strafen zu vollziehen.
Obwohl gesellschaftliche Normen weiterhin Gültigkeit haben, verschwindet das
Normsubjekt hinter dem Schleier der Anonymität. Die soziale Selbstvermittlung
ist vom Konformitätsdruck entlastet.

   Verhaltensäußerungen virtueller Kommunikationsteilnehmer können daher
ungehemmter und non-konformer sein, als bei unmittelbaren Kontakten (Kiesler, Sproull, 1986: 1498). Soziale Kontrollinstrumente oder Anzeichen sozialer
Kontrolle, etwa Veränderungen von Gestik und Mimik anderer Teilnehmer, die
vor Grenzüberschreitungen warnen, fehlen bei der überwiegend textgebun-
denen CMC fast völlig (Rice, Love, 1987: 89). So entsteht die Wahrnehmung
eines entgrenzten sozialen Umfeldes, was Anlaß destruktiver Enthemmung und
von 'Netzmißbrauch' sein kann (Kiesler et al., 1984: 1129; Dibbel 1993), ebenso
aber auch eine De-Marginalisierung durch Partizipation ermöglicht (McKenna,
Barg, 1998)

   Die Tendenz zur Selbstentgrenzung bei CMC läßt sich nach Sproull und Kiesler (1991) in den Dimensionen: Kommunikationseffizienz, Partizipation, Verhalten und Entscheidungsverhalten beobachten.

   Bei CMC ist die Kommunikationseffizienz reduziert. Im Vergleich zur face-to-
face Kommunikation wird mehr Zeit zum Austausch von Argumenten benötigt
und es werden weniger inhaltliche Details angesprochen (Walther, Burgoon,
1992). Diese Ineffizienz ergibt sich aus der höheren Emotionalität der Kommunikation, nicht aus mangelnder Zielorientierung (Sproull, Kiesler, 1991: 33f.; 42f.).

   Hingegen ist die Partizipation erhöht. Sind es bei face-to-face Interaktionen
vor allem Personen mit hohem sozialen Status und entsprechendem Habitus,
wie Vorgesetzte, Männer, Gebildete, die besonders häufig an der Kommunika-

tion partizipieren (Jablin, 1987: 389ff.), so ermutigen reduzierte soziale Kontroll-möglichkeit bei CMC auch Personen mit geringerem Status Beiträge oder Diskussionsvorschläge zu wagen. Beispielsweise machen Frauen in CMC Diskussionsgruppen signifikant häufiger als in face-to-face Gruppen die ersten thematischen Vorschläge, auch dann, wenn es sich um einen Personenkreis handelt, der sich sowohl face-to-face als auch virtuell begegnet (op. cit.: 61).

Entsprechende Entgrenzungseffekte sind auch für das Verhalten in virtuellen Beziehungen zu beobachten. Die Grenzen sozial erwünschten und unerwünschten Verhaltens scheinen bei CMC diffuser zu sein. Der Eindruck, bei der Kommunikation zwar miteinander 'verbunden', aber dennoch 'alleine' zu sein, sowie die Möglichkeit eines jederzeitigen, relativ konsequenzenlosen Abbruchs der Verbindung, erlauben die Freisetzung oder gezielte Moderation emotionaler Verhaltensäußerungen (Debatin, 1998; Raybourn, 1998). So äußert sich ein Chatter oder eine Chatterin des IRC in einem anonymen Interview zur 'Exit'-Option der CMC:

> "Also im Chat habe ich halt die Möglichkeit, (...) und das ist die große Freiheit (...), einfach zu gehen, womit die Sache beendet ist. (...) Wenn mich zum Beispiel jemand in einer Kneipe blöd anmacht oder mich nervt, dann kann ich mich ja nicht einfach so in Luft auflösen (...). Aber zum Beispiel auch, wenn mir selbst irgendetwas peinlich war, dann weiß ich, dass ich den Computer einfach ausmachen kann (...). Ich kann einfach gehen und fertig (...)." (Höflich, Gebhardt, 2001: 35).

Die IRC Kommunikation ist daher von höherer Vertraulichkeit zwischen Fremden und ausgeprägter emotionaler Expression der Beiträge gekennzeichnet (Reid, 1991). Positiv bedeutet das einen Zuwachs an Freundlichkeit, Intimität und Zuneigung, negativ fallen aber zunehmende Aggression, Provokation oder die Herabsetzung anderer auf. Unter anderem werden sexuelle Wünsche und Obsessionen offen angesprochen oder für das provokante 'Design' einer Online präsentierten Identität herangezogen (Reid, 1994; Hamman, 1996).

Schließlich bleibt auch das Entscheidungsverhalten von den Möglichkeiten der Selbstengrenzung nicht unbeeinflußt. Bei physischen Begegnungen in denen Statusmerkmale direkt vermittelt und Sanktionen unmittelbar vollzogen werden, ist Entscheidungsverhalten an den Vorgaben Statushöherer orientiert. Diese nutzen die Gelegenheit zur Durchsetzung von Themen und Vorgabe von Entscheidungswegen. In virtuellen Interaktionen, gelingt es Personen mit niedrigem Status nicht nur mehr an der Entscheidungsfindung zu partizipieren, sondern auch die Entscheidungswege durch frühe Beiträge vorherzubestimmen (Sproull, Kiesler, 1991: 62f.)

Dennoch ist es bei virtuellen Beziehungen nicht generell einfacher Konsens über Entscheidungen herbeizuführen. Im Gegenteil, die Teilnehmenden tendieren bei virtuellen Meetings zu extremeren Formulierungen ihrer Positionen, als bei face-to-face Begegnungen. Diese können sogar in Beleidigungen übergehen (op. cit.: 65). Solches spontane und hoch emotionale Verhalten, beim Einbringen und der Verteidigung von Positionen, charakterisiert die Entscheidungsprozesse bei CMC. Es nimmt in dem Maße zu, wie die Anonymität der Komunikationssituation die Selbstentgrenzung fördert (op. cit.: 65).

Eine Einigung auf der Basis selbstentgrenzten Entscheidungsverhaltens führt allerdings zu inhaltlich anspruchsvolleren Ergebnissen, die unkonventionell und kreativ sind (op. cit.: 66f.). Die Selbstentgrenzung bei CMC behindert schnelle Entscheidungsfindung, begünstigt aber die inhaltliche Qualität von Entscheidungsprozessen und Entscheidungen.

– *Interaktivität*: Auf den ersten Blick erscheint es trivial 'Interaktivität' als Charakteristikum von virtuellen Beziehungen der CMC hervorzuheben. Ist nicht jede Kommunikation eine Interaktion, eine wechselnde Bezugnahme von Aktionen und Reaktionen? Die Einführung 'neuer' computergestützter und vernetzter Medien, hat jedoch die Interaktivität als Merkmal der hier stattfindenden medialen Kommunikation hervorgehoben. Zugleich wurde der Begriff diffuser. Auch in den Sozialwissenschaften ist er definitorisch unterbestimmt, oder mit normativen Beteiligungserwartungen überfrachtet.

So wird im Kontext der Wirkungsforschung Interaktivität häufig mit face-to-face Interaktionen gleichgesetzt. Die volle Bandbreite der hier möglichen Sinneswahrnehmungen wird als Idealfall intersubjektiver Verständigung mit virtuellen Interaktionen verglichen, die dann eine defizitäre Interaktivität aufzuweisen scheinen (Goertz, 1995: 477ff.; Rhiem, Wingert, 1995).

Eine positive Begriffsbestimmung der Interaktivität ist hingegen häufig mit affirmativen Erwartungen zu einer engagierten, politisch aufgeklärten Partizipation verknüpft. CMC soll ein Interaktionsumfeld herstellen, das als eine Art 'Hyperöffentlichkeit' egalitäre Partizipation an gesellschaftsrelevanten Entscheidungsprozessen erlaubt (emphatisch Rheingold, 1993: 14). Zumindest sollte die Interaktivität die Qualität einer "auf Egalität basierenden Geselligkeit" (Höflich, 1995: 523) aufweisen.

Solche Vereinheitlichung von CMC zu erwarten, oder gar normative Erwartungen als definitorische Merkmale zur Bestimmung der Interaktivität heranzuziehen, erscheint angesichts der thematischen Segmentierung, entgrenzten Emotionalität und der unbestimmten Dauer virtueller Beziehungen sehr fragwürdig (siehe auch Wehner, 1997: 107).

Interaktivität als Charakteristikum virtueller Beziehungen ist definitorisch demzufolge anders zu fassen. Interaktivität beruht hier auf den sowohl quantitativ als auch qualitativ erweiterten individuellen Möglichkeiten und Notwendigkeiten der Gestaltung und Vermittlung computergestützter Kommunikation. Die Besonderheit der Interaktivität virtueller Beziehungen resultiert aus ihrer Gestaltungstiefe und der Erfordernis selbstorganisierter Konstruktion der Interaktionsfelder (siehe Hoffmann in diesem Band). Interaktive Kommunikationsteilnehmer der CMC sind potentielle Konstrukteure nicht nur der Inhalte, sondern des Mediums selbst.

Werden in den Massenmedien die Inhalte und Identitätsmuster noch durch journalistische Auswahl vorgefiltert und zentral *gesendet*, so fällt die *Konstruktion* sowohl der thematischen Basis von Interaktionen als auch der Konnektivität der Interaktionspartner bei CMC in weit höherem Maße den dezentral verteilten Komunikationsteilnehmern selbst zu. "The receiver controls what is received" (Pfaffenberg, 1996: 369) - mehr noch die Konstruktuere konstruieren die Konstruktionsregeln.

Computergestützte Interaktivität unterscheidet sich aber auch von derjenigen bei Individualmedien, wie Brief, Telefon oder -fax. Sie bezieht sich auf einzelne, bekannte Adressaten aber auch auf größere, teilweise anonyme Publika. Die Kommunikationsteilnehmer müssen diese Doppelbindung von Kontrollgewinn und -verlust berücksichtigen, z.B. dann wenn sie ihre persönlichen 'Schnittstellen' zur virtuellen Kommunikation wie Nick-Names, Internet-Seiten (Homepages, siehe Döring, 2001: 328f.), oder Imagoidentitäten in MUD's (Donath 1997) erstellen. Die Kommunikationsorientierung kann daher weniger auf Allgemeinheit und verallgemeinerte, repräsentative Themen abzielen. Sie richtet sich auf thematische Interaktionsbereiche, die individuell entworfen und konstruiert sind, aber dennoch anschlußfähig für technische Veränderungen und andere soziale Interessen sein müssen, um wahrnehmbar zu bleiben.

> "The virtual city is wholy mediated and synthetic: not only must the environment be created, but also the means of expression, the appearance of the inhabitants, etc. For such an ephemeral environment to be legible it must be given some structure. Metaphor is a powerful design tool in this structuring for it allows us to apply the qualities of the definite and familiar to the novel and amorphous world. The caveat is that the metaphor not be taken too literally - the goal is to achiev a balance between recreating the familiar and exploring what unprecedented possibilities exist in this new world. (Donath, 1997: Online: 8 Conclusion)

Die Egalität kommunikativer Teilhaber ist bei virtuellen Beziehungen eingeschränkt, ihre Operationstiefe dadurch aber paradoxerweise erweitert. Obwohl es sich um mediale Kommunikation handelt, ist der Interaktionsschwerpunkt auf die individuellen Teilnehmer verlagert. Diese müssen nicht nur praktisch, sondern auch reflexiv zwischen der Rezipienten- und Produzentenrolle hin und her wechseln, um in Interaktion mit menschlichen Akteuren und technischen Aktionen den virtuellen Kommunikationsraum entsprechend ihrer individuellen Bedürfnisse formen zu können.

– *Optionalität*: Schließlich ist als Charakteristikum virtueller Beziehungen ihre Optionalität anzuführen. Virtuelle Beziehungen basieren auf einer fast grenzenlosen Vielfalt der Möglichkeiten, um Themen, Interaktionsformen, Identitäten, Kommunikationsumgebungen und Wissensbestände auszuwählen. Das schnelle Wachstum des Internet, insbesondere des World Wide Web, stellt die Grundlage dieser Optionsausweitung dar. [3]

Potenziert wird die Optionalität durch die Vernetzung einzelner Themenbereiche und Beziehungsangebote untereinander. Es ist somit möglich, unterschiedlichste Angebote zu verbinden, wobei die Querverweise die zielgerichtete Suche und Auswahl auch erheblich stören können. Das angestrebte Suchergebnis verliert sich dann im Netz der Optionen wie ein schmaler Pfad im tropischen Regenwald.

Nun kann eingewendet werden, dass Optionalität, sogar 'Multioptionalität' (Gross, 1994), alltäglicher Bestandteil der Lebenswirklichkeit in einer modernen Gesellschaft ist. Als Ergebnis industrieller Modernisierung tritt hier ein Überangebot an Waren, Dienstleistungen und Lebensalternativen auf. Die Möglichkeit virtueller Beziehungen basiert ebenfalls auf diesem Modernisierungsprozess. Sie ist Ausdruck der technisch-industriellen Entwicklung von Kommunikationsangeboten und sie ist, verbunden mit der Kommerzialisierung der Netze, zunehmend von der Angebots- und Nachfragedynamik der Warenproduktion bestimmt.

An dieser Stelle ist jedoch darauf hinzuweisen, dass die Optionalität der virtuellen Beziehungen eine eigene Qualität aufweist, die über die Optionsmuster der Konsumangebote und Gestaltungsmöglichkeiten der Lebensweise hinausgeht. So fallen *alle* Optionen bei den technisch vermittelten virtuellen Beziehungen in einem Zugriffspunkt zusammen. Der Multimediacomputer ist Gestaltungs- und Zugriffsinstrument auf alle Angebote und Ressourcen der CMC. Auch ist dieser Zugriff nur teilweise von Konsuminteressen geleitet. So kommt der aktiven Auswahl und Gestaltung von Angeboten eine wachsende Bedeutung zu (Thiedeke, 1997: 100f.). Ein Umstand, der die Fülle der Auswahl und die Problematik der Reduktion aber noch verstärkt.

Bei virtuellen Kontakten ist der Zuwachs an Optionen, aufgrund der immanenten Vernetzug der Angebote, mit einer Verknüpfung von Themenfeldern

---

[3] Beispielsweise ist man, wenn man an den Newsgroups des Usenet teilnehmen will, mit ca. 70000 Gruppen konfrontiert in denen im Tagesrhythmus neue Artikel erscheinen.

oder Aspekten soziokultureller Milieus verbunden. So ist es beim IRC, dem 'Konversationsmedium' des Internet, üblich mit Teilnehmern aus unterschiedlichen Kulturkreisen zu kommunizieren. Die Kontakte mit fremden Anschauungsweisen und Kulturmustern finden hier eher beiläufig statt, weil diese mittelbar mit den thematischen Angeboten verbunden sind oder sich die kulturelle Identität der Kommunikationsteilnehmer erst in der Interaktion offenbart. Ihnen ist also weit weniger auszuweichen, als in der physischen Realität. Zugleich erlaubt die virtuelle Kommunikationssituation aber eine Distanz zu den Optionen. Der jeweilige Kommunikationsteilnehmer hat mit fremden Ansichten und Lebensweisen Kontakt und verbleibt doch in seiner bekannten physischen Umgebung. Die virtuelle Option bleibt mithin länger geöffnet und sie ist teilrealisierbar. Ihre Flexibilität und Unbestimmtheit fordert damit ein anderes Entscheidungsverhalten heraus. Elizabeth Reid merkt hierzu mit Blick auf die Realisation von Kulturoptionen im IRC an:

> "Cultural differences are celebrated, are made the object of curiosity and excitement, while the interlocutors remain aware of the relativity of their remarks. The ability to appreciate cultural differences and to welcome imerson in them, while retaining a sense of ironic distance from both that visited culture and one´s native culture, is the object of interest". (1991: Online: Electropolis. The IRC Community.)

Durch die Optionalität virtueller Beziehungen konturiert sich das soziale Problem der individuellen Freiheit noch deutlicher, als dies bereits im Prozess der Individualisierung (Beck, 1983: 35ff.) in der modernen Industriegesellschaft der Fall gewesen war. Georg Simmel hat schon zu Beginn des 20. Jahrhunderts sowohl darauf hingewiesen, dass individuelle Freiheit aus dem Wechsel und der Wahlmöglichkeit von sozialen Beziehungen resultiert (1958: 297ff.), als auch darauf, dass diese Beziehungen zunehmend abstrakter werden. Dadurch findet die Vergesellschaftung der Individuen in einem Spannungsverhältnis statt zwischen individuellen Wahlmöglichkeiten und den gesellschaftlichen Erwartungen, die sich in den verschiedenen Vergesellschaftungsformen (Interaktionen, Gruppen, Organisationen, Gesamtgesellschaft) konkretisieren. So fällt auch die Wahl der Zugehörigkeit zu 'sozialen Kreisen' (Simmel, 1992: 456ff.), z.B. zu Arbeitsgruppen, Freundesgruppen, Vereinen oder Organisationen, zunehmend in den Kompetenzbereich der Individuen.

Bei virtuellen Beziehungen ist diese Abstraktion der Vergesellschaftung aufgrund der oben angeführten Spezifika noch weiter vorangeschritten. Die Zugehörigkeit zu sozialen Beziehungen, aber auch die Ablösung von diesen, sind sehr schnell möglich, die Mitgliedschaftsalternativen sind groß und im wesentlichen von individuellen Auswahlkriterien wie Interessen oder Zeitbudget abhängig. Damit erlaubt die Optionalität größere Freiräume in Hinblick auf eine selbstgewählte Lebensgestaltung und Vergesellschaftung, zumal sich 'offline' und 'online' Optionen nicht selten vermischen (Kendall, 1997: 70). Hieraus resultiert aber auch ein höherer Entscheidungsdruck. Individuelle Interaktionen sind komplex, weil mehr und andere Handlungs- und Mitgliedschaftsalternativen als die gerade gewählten vordergründig werden, oder sich sogar erst durch die Auswahl ergeben.

Im Hinblick auf soziale Beziehungen ist die Hypothese zu formulieren, dass dieser zusätzliche Individualisierungsschub durch virtuelle Beziehungsmöglichkeiten zu einer erhöhten Instabilität der Zugehörigkeit und zu einer wachsenden Diffusität von Beziehungsstrukturen, vor allem bei den virtuellen Beziehungen selbst, führt.

Die vier Charakteristika virtueller Beziehungen verdeutlichen, dass es sich bei dieser Beziehungsform um 'mediale' Kontakte handelt, die in hohem Maße mittelbar und in ihren Interaktionsmöglichkeiten durch technische Rahmenbedingungen geprägt sind. Die unmittelbare Kenntnis, das Erkennen der Kommunikations- und Interaktionspartner ist bei virtuellen Beziehungen unmöglich. Es können sogar 'Interaktionspartner' auftreten, die ausschließlich virtuell/technischer Natur sind, wie Software-Agenten oder sog. Bots (einführend zu Agenten Bradshaw, 1997: 3ff.; zu Bots: What Is A Bot ... : Online). Soziale Charakteristika, die 'sozialen Oberflächen', die gewöhnlich zur positionalen oder sympathetischen Einordnung herangezogen werden, bleiben ausgeblendet oder werden simuliert. Trotz dieser Indifferenzen und der Tatsache, dass die Ausprägung der vorgestellten Charakteristika in den verschiedenen virtuellen Kommunikationsumgebungen stark differieren kann, sind bei CMC dennoch soziale Interaktionen zu beobachten. Die Kommunikation der Netze fällt wider Erwarten nicht auseinander oder versinkt im Chaos der Unverständlichkeit. Im Kontext virtueller Kommunikationsumgebungen entstehen längerfristige Beziehungen, die gemeinschaftliche Aktionen und Kooperationen erkennen lassen (z.B. Baym, 1996: 138ff.; Parks, Floyd, 1996: 80ff.; Utz, 2000).

3. Die soziale Gruppe in ihrer soziologischen Beschreibung

Um das Phänomen der virtuellen Beziehungen soziologisch einordnen zu können, und um zu klären, ob es Anhaltspunkte dafür gibt, dass hierbei das eigenständige Aggregat einer 'virtuellen Gruppe' entsteht, sind die soziologischen Merkmale der 'sozialen Gruppe' mit denen virtueller Beziehungsstrukturen zu vergleichen.

Allerdings ist es ein schwieriges Unterfangen, die definitorischen Merkmale einer sozialen Gruppe aus den unterschiedlichen soziologischen Vorschlägen herauszufiltern. Zwar sind Gruppen ein alltägliches soziales Phänomen - wer hat keinen Kontakt zu Familien, Freundes- oder Arbeitsgruppen, die Grenzen zu anderen Formen der Vergesellschaftung lassen sich aber nicht einfach ziehen. Sind das zufällige Zusammentreffen von Personen an einer Bushaltestelle, sind Wirtschaftunternehmen mit ihren Beschäftigten, sind Vereine mit ihren Mitgliedern, Familien mit ihren Angehörigen oder IRC's und MUD's mit ihren Teilnehmern soziale Gruppen im Sinne des soziologischen Gruppentheorems?

Eine umfassende Darstellung der verschiedenen Ansätzen der Gruppensoziologie würde den Rahmen dieser Ausführungen sprengen (ein Überblick findet sich etwa bei König, 1983: 36ff.). Punktuell sind jedoch Problemperspektiven zu benennen, die die Entwicklung eines analytischen Ansatzes des Gruppentheorems verdeutlichen.

Generell zeichnet sich für den Begriff der sozialen Gruppe eine Bedeutungsverlagerung ab. Der Schwerpunkt der Deutung verschiebt sich in der historischen Entwicklung des Theorems von einer gesamtgesellschaftlichen zu einer mikrostrukturellen Wahrnehmung der Gruppe als eigenständiges (Klein-)Aggregat der Vergesellschaftung (op. cit.: 38).

Hintergrund dieser veränderten Perspektive ist der Differenzierungswandel von einer stratifikatorisch, am sozialen Stand orientierten Unterteilung der Gesellschaft zu einer funktionalen Gliederung (Luhmann, 1980: 31). Die soziale Zugehörigkeit der Individuen basiert jetzt nicht mehr auf Abstammung, sondern auf funktionaler Spezialisierung. Ein Wechsel sozialer Positionen, z.B. durch Weiterqualifizierung ist möglich. Dadurch wird auch die individuell 'gewählte' Zugehörigkeit zu sozialen Verkehrskreisen zum Problem gesellschaftlicher Integration. Die freiwilligen Assoziationen rücken ins Blickfeld des Interesses, etwa die differenzierende und integrierende Bedeutung von Berufsgruppen (Durkheim, 1992: 42ff.).

In Deutschland sind es vor allem Georg Simmel und Leopold von Wiese, in deren Arbeiten die Gruppe als eigenständiges soziales Aggregat konturiert wird. Simmels Augenmerk ist hierbei besonders auf die Abhängigkeit sozialer Beziehungsstrukturen von der Anzahl der Mitglieder gerichtet. Zentrum seiner Überlegungen ist das Faktum, dass ein zahlenmäßiger Größenwandel ein qualitativ neues soziales Gebilde entstehen läßt (1992: 63f.).

Simmel zeigt, wie die Beziehungsqualität mit der Zahl variiert. Die Untergrenzen liegt bei zwei Personen. Ohne Alter kann Ego in keine soziale Beziehung eintreten. Genauso gibt es eine numerische Obergrenze, jenseits der eine Gruppe zerfällt. Diese ist nicht exakt in Zahlen zu fixieren, liegt aber wohl dort, wo die Anzahl der Mitglieder es unmöglich werden läßt einen großen Umfang und hohe Dichte der sozialen Beziehungen aufrecht zu erhalten. Soziale Gruppen als Gebilde der engen Wechselwirkungen ihrer Migtglieder sind folglich als quantitativ beschränkte, 'kleine' Aggregate zu denken, deren Größe auch die Qualität ihrer äußeren Beziehungen festlegt (op. cit.: 63f.).

Eine idealtypische Bestimmung von Merkmalen der sozialen Gruppe findet sich jedoch erst bei Leopold von Wiese (1933²: 449). Er benennt als Charakteristika der 'Gruppe': Die relative Dauer und Kontinuität der Beziehungen, die Selbstwahrnehmung als Gruppe, eigene Traditionen und Gewohnheiten, gruppenspezifische Reaktionen auf andere soziale Gebilde sowie das 'Richtmaß' der Gruppe. Letzters meint das normative Vorbild, das in Gestalt einer Person, von Gütern oder Verhaltensäußerungen die Handlungsweise in sozialen Beziehungen beeinflußt (op. cit.: 339f.).

Die hier formulierten analytischen Merkmale einer sozialen Gruppe finden sich auch heute noch in zusammenfassenden Merkmalskatalogen der sozialen Gruppe. So hält Schäfers fest, dass eine Gruppe eine angebbare Zahl von Mitgliedern umfasst, die zur Erreichung eines Gruppenziels längere Zeit kontinuierlich interagieren. Hierbei entsteht eine gruppenspezifische Kohäsion, ein 'Wir-Gefühl' der Gruppenidentität. Um das Gruppenziel zu erreichen formt die Gruppe eine Normstruktur mit charakteristischer Aufgaben- und Rollenverteilung aus (1980: 20). Gruppen können sich demzufolge hinsichtlich Größe, Aufgabenorientierung, Kohäsion, Norm- und Rollenstruktur unterscheiden und lassen sich dementsprechend soziologisch typisieren.

Der Begriff der 'Primärgruppe' (Cooley et al., 1933) markiert einen solchen Gruppentyp. Primärgruppen sind durch enge face-to-face Beziehungen ihrer Mitglieder gekennzeichnet (op. cit.: 23) und weisen eine hohe Intimität des Beziehungszusammenhangs auf. Cooley subsumiert Familien, Spiel- und Freundesgruppen, aber auch Nachbarschaftsbeziehungen und Gemeinden unter diesen Gruppentyp (op. cit.: 24). Die Gruppenmitglieder müssen zwar nicht unbedingt in dauerndem unmittelbaren Kontakt stehen. [4] Primärgruppen sind aber der 'soziale Ort' elementarer Sozialisation und des engen, emotionalen Austauschs.

Eine andere Typisierung der sozialen Gruppe orientiert sich nicht an der Intimität und primären Sozialisationserfahrung in der Gruppe, sondern an der Beobachtung unterschiedlicher Strukturprinzipien. Auf diese Weise lassen sich 'formelle' von 'informellen' Gruppen unterscheiden (Guckenbiehl, 1980: 55).

---

[4] Ellsworth Faris (1932: 41 ff.) weist im Anschluß an die Primärgruppendefintion darauf hin, daß die emotionalen Gruppenbeziehungen auch bei räumlicher Trennung, etwa durch schriftliche Korrespondenz der Mitglieder, aufrechterhalten werden können.

Formelle oder 'formale' Gruppen werden als Untergliederungen formaler Organisationen verstanden. Ihre Struktur, das heißt die Zusammensetzung der Mitglieder, die Zielstellung, die Rollenverteilung und Kommunikationswege sind an explizit ausformulierten und festgelegten Funktionserfordernissen ausgerichtet. Formale Srukturen dienen als vorgegebener Rahmen der Gruppenbildung, -auflösung und -interaktionen.

Die Kategorie der formellen Gruppe entstand im Kontext von Forschungen zur Arbeitsorganisation, die eine möglichst effiziente Verknüpfung technischer Arbeitsbedingungen und Humanressourcen untersuchen sollte. Dabei konnten Elton Mayo und andere bei Beobachtungen in den Hawthorne Werken der Western Electric Company (Chicago, 1930) eine unerwartete Personalisierung der Arbeitsbeziehungen nachweisen. Daran anschließend war es Roethlisberger und Dickson (1939) möglich die Bedeutung dieser 'human relations' im organisatorischen Umfeld darzustellen und zweckrationale, formelle Organisationszusammenhänge von personalen, informellen Beziehungen zu unterscheiden (op. cit.: 558ff.).

Das Verhalten in formalen Arbeitsgruppen richtet sich demnach nicht nur nach der Aufgabenerfüllung. Sobald emotionale Beziehungen entstehen gewinnen soziale Anerkennung und die Einbindung in die sozio-emotionale Gruppenstruktur an Bedeutung. Auf diese Weise zeigte sich, dass eine Vielzahl unterschiedlicher informeller Gruppen innerhalb der formalen Strukturen existieren, die eine eigene informelle Kohäsion und Normstruktur ausbilden (op. cit.: 553f.).

Auffallend ist hierbei eine Korrespondenz zwischen dem Konzept der Primärgruppe, das die Vergesellschaftung in unmittelbaren (Klein-)Gruppen beschreibt und demjenigen der informellen Gruppe. Primärgruppen sind aufgrund ihres intimen Beziehungscharakters als informell strukturiert einzustufen. Soziale Beziehungen bedürfen hier nur in geringem Maße der formalen Strukturierung und Regulation.

Lassen wir die bisherigen Typisierungsversuche der Gruppe Revue passieren, so zeigt sich, dass sich die soziale Gruppe dadurch von anderen sozialen Aggregaten unterscheidet, dass sie Gruppenbeziehungen und -grenzen aufgrund der engen, emotionalen Wechselbeziehungen ihrer Mitglieder ausbildet. Auf dieser Basis entwickelt die Gruppe ihre soziale Identität und unterscheidet sich als relativ überschaubares Gebilde von ihrer sozialen Umwelt.

Weitere Hinweise zum Verhältnis der inneren Gruppenprozesse zu ihrer Umwelt finden sich bei George C. Homans (1950: 81ff.). Homans verwendet den Begriff der Gruppe allerdings unscharf. Gruppen erscheinen bei ihm vor allem als eine Art 'empirischen Settings' zur Beobachtung sozialer Beziehungsstrukturen und -prozesse. So studiert Homans sowohl Arbeitsgruppen, als auch Gemeinden und kleine Ethnien: "as if it were a small group" (op. cit.: 339).

Dennoch sind dort, wo Homans sich auf 'kleinere' Gruppen bezieht, Aussagen über die Umweltbeziehungen von Gruppen zu machen. Anhand von Arbeitsgruppen in einem formalen Umfeld (es sind wiederum Arbeitsgruppen im "bank wiring observation room" des Hawthorne Werks) unterscheidet er das äußere System der Gruppe, verstanden als permeable Grenze zur Umwelt, von ihrem inneren System, den internen sozialen Beziehungs- und Verhaltensmustern.

Das äußere System konkretisiert sich in 'Motiven', 'Arbeiten' und 'pragmatischen Interaktionen' (op. cit.: 90f.). [5] Motive sind die nach außen gerichteten Handlungsantriebe der Gruppenmitglieder (z.B. das Interesse am Verdienst). Arbeit ist die von außen an die Gruppe herangetragene Aufgabenstellung und Leistungsanforderung (z.B. die Vorgabe von zu produzierenden Stückzahlen). Pragmatische Interaktionen meint die zielgerichtete Bezugnahme und den Austausch mit der Umwelt (z.B. Materialanforderungen, Krankmeldungen, Personalfluktuation etc.).

Diese Außenperspektive steht in Korrespondenz zum inneren System der Gruppe. Der äußere Umweltbezug wird hierbei jedoch nicht kongruent, sondern adaptiv in die inneren Systembedingungen übersetzt. So finden die Motive ihre Entsprechung in den 'Gefühlen' der Gruppenmitglieder, die als Antrieb der gruppeninternen Handlungen dienen. Arbeit wird in der Gruppe in 'spontane Handlungsaktivitäten' umgesetzt, wobei diese auch bewußt gegen die äußere Aufgabenstellung gerichtet sein können. Anstatt der nach außen gerichteten, pragmatischen Interaktionen finden sich in der Gruppe 'persönliche, emotionale Interaktionen' zwischen den Mitgliedern.

Homans Beobachtungen liefern wichtige Anhaltspunkte für die Eigenständigkeit des Aggregats der sozialen Gruppe und der spezifischen Adaption von Umweltreizen im inneren System der Gruppe. Jedoch ist dieser Ansatz noch zu sehr auf Gruppen in einer formal strukturierten Umwelt spezialisiert. Darüber hinaus ist die Unterscheidung von innerem Beziehungssystem und Umwelt zu unpräzise, um die Identität und Umweltabhängigkeit der sozialen Gruppe umfassend zu beschreiben.

---

[5] Homans spricht an dieser Stelle zwar von: "Sentiment, Activity und Interaction", (op. cit.: 94f.), grenzt die Bedeutung der Gefühlsorientierung, des Ausdrucks von Einstellungen und der engen sozialen Wechselwirkungen später jedoch deutlich von den äußeren Beziehungen ab (op. cit.: 110f.). Zur besseren Unterscheidung des äußeren vom inneren System werden von mir, zur Kennzeichnung der Außenorientierung der Gruppe, hier die Begriffe "Motiv, Arbeit, pragmatische Interaktionen" verwendet.

Diesen Mangel kann ein analytischer Interpretationsansatz ausgleichen, bei dem die soziale Gruppe als eigenständiges Kommunikationssystem verstanden wird. Friedhelm Neidhardt stellt hierzu fest, dass die Gruppe als spezifischer Sinnzusammenhang von Handlungen in Erscheinung tritt (1979: 641). Handlungen sind für die Gruppe in Form zurechenbarer Kommunikationen konstitutiv. Sie realisieren sich in den persönlichen Äußerungen der Mitglieder.

Durch die wechselseitige kommunikative Bezugnahme der Gruppenmitglieder entsteht ein dauerhaftes und eng verwobenes soziales System, das sich mit seiner sozialen, sachlichen und zeitlichen Kommunikationsidentität gegen andere Kommunikationen abgrenzt (zu den drei Sinndimensionen sozialer Kommunikationssysteme Luhmann, 1984: 122). Ausgeschlossen wird alles, was nicht zum sozialen System, das heißt, zur unmittelbaren Kommunikation der Gruppenmitglieder gehört. Eine Bezugnahme auf diese von der Gruppe unterschiedene Umwelt geschieht nur unter den Bedingungen und mit den Möglichkeiten der Gruppe selbst.

Die Umwelt erscheint demzufolge einerseits als äußere Umwelt, als 'Außenwelt' der Ressourcen, Personen, Werte und Normen, die nicht zur Gruppe gehören, sowie in Form der nach außen vermittelten Ergebnisse der Gruppenprozesse. Sie tritt zum anderen aber auch als innere Umwelt oder 'Innenwelt' auf. Diese innere Umwelt basiert darauf, dass die Gruppenmitglieder nicht vollständig mit all ihren Wünschen, Vorstellungen und Obsessionen im Kommunikationskontext der Gruppe aufgehen können (Neidhardt, 1979: 641). Eine umfassende Selbstvermittlung des Einzelnen ist trotz persönlicher Bekanntheit und der engen Interaktionen in der Gruppe nicht möglich - schon der Zeitaufwand bei der Selbstdarstellung aller Gruppenmitglieder würde die Interaktionen der Gruppe vollständig blockieren. Die Umweltbedingungen, die das Erscheinungsbild der Gruppe prägen sind komplex. Neidhardt unterscheidet drei wichtige äußere Umwelteinflüsse, die maßgeblich auf die Konstitution und die Operationen der Gruppe wirken (op. cit.: 643f.):

1) Handlungsdruck: Anforderungen aus der äußeren Umwelt werden als Handlungsaufgaben oder 'Herausforderungen' für die Gruppe wahrnehmbar. Als innere Reaktion ist eine wachsende Kohäsion der Gruppenmitglieder mit Tendenz zur arbeitsteiligen Aufgabendifferenzierung zu beobachten.

2) Ressourcenverfügung: Die Verfügbarkeit von Ressourcen bestimmt die Ausprägung der Gruppenstruktur, sowie deren Kommunikationsmöglichkeiten. Anhand des Zugangs zu Infrastruktur-, Kommunikations- oder Finanzressourcen stellen sich z.B. schichtspezifische Differenzen der Kommunikations- und Handlungspotentiale ähnlicher Gruppen ein.

3) Mitgliedschaftsalternativen: Austrittsmöglichkeiten oder die Zugehörigkeit der Mitglieder zu mehreren Gruppen haben direkten Einfluß auf die innere Stabilität einer Gruppe. Sind Alternativen gegeben, so besteht ein hoher Legitimationsbedarf für die Existenz der Gruppe, da ein Wechsel der Mitgliedschaft jederzeit möglich ist. Fehlen solche Alternativen, so besteht die Gefahr einer totalen Vereinnahmung der Gruppenmitglieder, wie beispielsweise im Fall von radikalen politischen Gruppen, religiösen Sekten, Gefangenengruppen oder Terrorgruppen.

Das soziale System der Gruppe ist nur 'selektiv' an seine Umwelt gekoppelt. Alle Umwelteindrücke und -anforderungen müssen im Kommunikationssystem der Gruppe interpretiert und an dessen Strukturierung angepasst werden (op. cit.: 645). Das gilt auch für Anregungen, die aus der inneren Umwelt der Gruppe kommen. Persönliche Verhaltensäußerungen und thematische Beiträge müssen zur sachlichen Struktur der Gruppe passen. Sie müssen ebenso soziale Positionen im Beziehungsgefüge der Gruppe berücksichtigen und sie müssen schließlich zur richtigen Zeit gemacht werden und sich in das Zeitbudget der Gruppe einfügen (eine Arbeitsgruppe hat z.B. weniger Zeit sich über das Wohlbefinden der Mitglieder auszutauschen, als eine Freundesgruppe etc.).

Im Inneren der Gruppe bilden sich somit eine eigenständige Systemstruktur und eigene Systemprozesse aus. Die sozialen Beziehungen in der Gruppe beruhen auf der unmittelbaren, persönlichen Bekanntheit der Gruppenmitglieder, der relativen Dauer und Konstanz der Kommunikationsstrukturen der Gruppe und der Diffusität der Mitgliederbeziehungen, was sich in emotionalen und personalisierten Kommunikationsprozessen wiederspiegelt (op. cit.: 642).

Diese definitorischen Merkmale des sozialen Systems 'Gruppe' erübrigen die Diskussion quantitativer Größenbestimmungen. Das Kommunikationssystem der Gruppe erlaubt dann keine emotionale und unmittelbare Verbindung der Mitglieder mehr, wenn die Anzahl der zugehörigen Personen solch enge Interaktionen unmöglich macht. Aufgabenorientierung oder Formalisierung sind nun ebenfalls kein zentrales Definitionskriterium mehr. Die soziale Gruppe kann mehr oder weniger aufgabenzentriert sein, solange die Zielorientierung die Diffusität der Beziehungen nicht überlagert. Eine Formalisierung der Gruppenbeziehungen wird soweit nötig sein, als dadurch die relative Dauer der Interaktionen erhalten bleibt und sie wird dort ihre Grenzen finden, wo durch sie die emotionalen Kontakte eingeschränkt werden.

Die Gruppe läßt sich als soziales System nun auch analytisch und nicht nur deskriptiv von anderen sozialen Systemen unterscheiden (zur Typisierung sozialer Systeme, siehe Luhmann, 1984: 16). So sind Interaktionssysteme im Gegensatz zur sozialen Gruppe durch die Kürze und Instabilität der sozialen Beziehungen, sowie eine nur geringe Emotionalität der Beiträge und Beziehungsmuster gekennzeichnet. Im Vergleich zu Organisationen fällt auf, dass bei diesen die Beziehungsstrukturen strikt formalisiert und auf festgeschriebene Zielperspektiven und Rollenerfordernisse festgelegt sind (Luhmann, 1976[3]: 29ff.). In Gruppen werden Handlungen und Positionen überwiegend sympathetisch oder antipathetisch bewertet, wobei dieser Kommunikationsprozeß nur teilweise explizit verläuft (häufig non-verbal) und sich nicht auf eine codifizierte Satzung stützt.

Infolge der emotionalen Interaktionen kommt es im Kommunikationssystem der Gruppe zu einem Wahrnehmungsüberschuss, der aus den individuellen Selbstentfaltungs- und Expressionsmöglichkeiten der Mitglieder resultiert. Die Mitglieder sind als Personen mehr als nur Teilnehmer an den Gruppeninteraktionen. Dieser Wahrnehmungsüberschuss erhöht die Komplexität der inneren Umwelt der Gruppe (op. cit.: 646f.) und wirkt bezüglich der Eindeutigkeit und Stabilität der Interaktionen als Kontingenzproblem.

Problematisch ist außerdem, dass es für soziale Gruppen keine Möglichkeit einer weitreichenden Formalisierung der persönlichen Beziehungen gibt, ohne die Gruppe in eine Organisation zu verwandeln, in der informelle von formellen Beziehungsstrukturen überlagert werden. Die völlige Entfaltung der Persönlichkeitsdimensionen jedes einzelnen Gruppenmitglieds ist aber ebenso unmöglich. Die soziale Gruppe würde bei totaler Expressivität aller Gefühle und Vorstellungen instabil und zu einem Interaktionssystem zerfallen.

Die Grenzen in der Innenwelt der Gruppe sind daher so zu ziehen und zu moderieren, dass komplexe Beiträge mit minimiertem Kontingenzpotential möglich sind. Entsprechend der emotionalen Bewertung von Austauschprozessen, wirken bei der Modalisierung von Gruppengrenzen emotionale Steuerungsmechanismen, wie die Äußerung von Scham- oder Taktgefühl (op. cit.: 647).

Schamgefühl repräsentiert die Verinnerlichung von Selbstdarstellungsgrenzen der Individualität im Gruppenrahmen. Taktgefühl fungiert als Gegenstück des Schamgefühls. Es ist eine stilisierte Wahrnehmungsausblendung überzogener Selbstdarstellung anderer Gruppenmitglieder (op. cit.: 647). Scham und Takt können implizit oder explizit vermittelt werden, sind in der Gruppe aber immer direkt auf die betroffenen Personen bezogen.

"Tadel, bedeutungsvolles Schweigen, die Objektivierung idiosynkratischer Botschaften ins Unverbindlich-Allgemeine, der abrupte Themenwechsel – dergleichen dürfte zum Repertoir der Reaktionsweisen zählen, mit denen auf unpassende Selbstoffenbarungen reagiert wird. (...) Eine interessante Rolle dürfte in Gruppen für die Verarbeitung von Scham- und Taktverstößen auch die Fähigkeit spielen mit Scherz zu reagieren. Scherz bietet die Möglichkeit zu äußerst behutsamer Kritik, setzt aber emotional gesicherte Bestände hoher Solidarität voraus." (op. cit.: 647)

'Steuerungsmedium' der Gruppeninteraktionen sind geäußerte Gefühle (op. cit.: 650). [6] Auch Gruppenpositionen, denen Rollenbeschreibungen zugeordnet sind (z.B. Anführer, Spaßmacher, Underdog), unterliegen der emotionalen Bewertung. Im Gegensatz zu formalen Organisationen ist in sozialen Gruppen die emotionale Motivation sinnhafter Handlungen für die Stabilisierung des sozialen Systems wichtiger, als die funktionale Aufgabenstellung oder Rollendefinition.

Die affektuelle Kommunikation bedingt zugleich eine hohe Gruppenkohäsion durch ein ausgeprägtes Wir-Gefühl. Dadurch entsteht aber auch ein ausgeprägter Gruppendruck in Hinblick auf gruppenkonformes Verhalten der Mitglieder. Die Verletzung von Gruppengrenzen oder Verstöße gegen die Kohäsionsnormen ziehen wiederum emotionale Sanktionen der Ablehnung oder Ausgrenzung nach sich. Sie betreffen das Mitglied in seiner persönlichen Integrität, nicht seine formale Position oder Rolle.

Die charakteristischen Merkmale der sozialen Gruppe lassen sich nun systematisch zusammenfassen und von denjenigen anderer sozialer Systeme unterscheiden:

Die soziale Gruppe im Vergleich zu anderen sozialen Kommunikationssystemen

	Interaktionssystem	soziale Gruppe	Organisation
Erscheinungsform der Interaktionskontakte	diffus, keine persönliche Kenntnis der Interaktionspartner	diffus, persönliche Kenntnis der Interaktionspartner	formale Kenntnis der Interaktionspartner
soziale Kommunikationsorientierung	reaktiv mittelbar	emotional unmittelbar	funktional mittelbar
Steuerungsmedium der Kommunikation	zufällige Aktionen und Reaktionen	zielgerichtete Gefühlsäußerungen	zielgerichtete Satzungen
zeitliche Stabilität	kurzfristig	relativ dauerhaft	dauerhaft statisch

Damit ist ein analytisches Raster gegeben, anhand dessen auch virtuelle Gruppen idenfiziert und kategorial sowie empirisch mit der soziale Gruppe als Kommunikationssystem verglichen werden können.

---

[6] Soziologisch können keine Aussagen über die intrinsische Qualität der Gefühle - etwa über innere Zufriedenheit oder tatsächlichen Antriebe zur Mitgliedschaft - gemacht werden. Es ist nur möglich gefühlsbetonte Kommunikations*beiträge* zu beobachten. Gefühle werden soziologisch aus einer Perspektive betrachtet, bei der ihre Äußerung in einem sozialen Gefüge erfolgt und den Effekten sozialer Modalisierung unterliegt.

4. Die Spezifik virtueller Gruppen

Empirisch läßt sich feststellen, dass virtuelle Gruppenbildung keinesfalls der Regelfall virtueller Vergesellschaftung ist (siehe z.B. die Beiträge von Heintz oder Götzenbrucker und Löger in diesem Band). Ein großer Teil der CMC gestützten sozialen Kommunikationssysteme läßt sich nicht als virtuelle Gruppe beschreiben, weil die Interaktionsdauer sehr kurz und die Interaktionsdichte reduziert ist. Sporadische E-mail Kontakte, das Durchstreifen der Netze als Voyeur (Lurker), der keine Beiträge macht, die Mehrzahl an Web-Sites, die nur der privaten, öffentlichen oder kommerziellen Selbstdarstellung dienen, sowie flüchtige Kontakte zu Mailinglisten, Foren oder Software-Agenten begründen keine sozialen Erwartungsstrukturen relativer Dauer und diffuser Unmittelbarkeit. [7] Solche kurzfristigen und oberflächlichen virtuellen Beziehungen ähneln den zufälligen Kontakten an Bushaltestellen oder sporadischen Geschäftsbesuchen und sind daher den Interaktionsystemen zuzurechnen.

Weniger eindeutig sind formal organisierte Kommunikationssysteme abzugrenzen. Sofern die CMC hier eine anonymisierte Kommunikation erlaubt, sind die vorgestellten Effekte emotionaler Selbstentgrenzung zu beobachten. Trotz formaler Organisation weisen diese Kommunikationssysteme nicht nur eine Mischung formeller und informeller Beziehungen auf (Garton, 1995), sondern die Tendenz zu informelleren Austauschprozessen, als bei face-to-face Begegnungen.

Dem Systemtyp 'Organisation' sind diese formalen, virtuellen Kommunikationssysteme nur deshalb zuzurechnen, weil ihr Zustandekommen auf formalisierten Aufgabestellungen und Verhaltensregeln gründet (siehe Haythornthwaite, Wellman, Garton sowie Jäckel und Rövekamp in diesem Band). Die organisatorische Satzung ist und bleibt das letztgültige Steuerungsmedium der Kommunikation, nicht die Gefühlsäußerungen der Beteiligten. Droht die emotionale Eigendynamik unter den Bedingungen der Virtualisierung zu groß zu werden, kann unter Bezug auf die formalen Organisationserfordernisse in die Interaktionsprozesse regulierend eingegriffen werden.

Hieraus zu schließen, dass es sich bei CMC gestützten virtuellen Beziehungen entweder um instabile Netzwerke oder organisatorische Arbeitsgruppen handelt und darüber hinaus keine informelle Gruppenbildung möglich ist, wäre

---

[7] Stegbauer und Rausch weisen beispielsweise für acht verschiedene wissenschaftliche Mailinglisten einen Lurker-Anteil zwischen 56 und 81 Prozent nach (Zeitraum: September 1996 - Juni 1998) (2001: 54f.). Dennoch sind Lurker nicht nur als 'tote Masse' zu begreifen. Sie scheinen durch Mehrfachmitgliedschaften und zusätzliche Interessenschwerpunkte in anderen Foren die Reichweite der kommunizierten Inhalte über die jeweilige Grenze der Mailingliste hinaus zu erhöhen (op. cit.: 62).

jedoch voreilig. So sind trotz der großen Mitgliedschaftsalternativen und der 'schweigenden Mehrheit' der Lurker innerhalb eines lockeren Netzwerks sporadischer Interaktionen Kerngruppen auszumachen (z.B. Stegbauer, 2000: 23f.), deren Mitglieder die jeweiligen virtuellen Identitäten der Personae gut kennen und relativ dauerhafte, emotional grundierte Beziehungen zueinander unterhalten (siehe auch Baym; Döring, Schestag in diesem Band). Sofern engere kommunikative Bezüge hergestellt werden, basieren die sozialen Erwartungsstrukturen, genauer gesagt: der sinnhafte Möglichkeitshorizont 'medialer Unmittelbarkeit', auf der Virtualität der Identitäten und Situationen. Exemplarisch betont ein anonymes Chat-Mitglied im Interview:

"Für mich ist es eine komplett andere Ebene, ob ich jetzt jemanden Face-to-Face vor mir habe oder eben im Chat. Im Chat habe ich die Freiheit, mir von dem anderen vorzustellen, was ich möchte. Wenn ich mich jetzt gerne mit einem bestimmten Menschentyp umgebe, dann kann ich mir ja einbilden, mein Gegenüber wäre so, wie ich es gerne hätte." (Höflich, Gebhardt, 2001: 33)

Es ist infolgedessen davon auszugehen, dass sich virtuelle Gruppen dort bilden können, wo eine relative Dauer der Interaktionen möglich ist, eine wechselseitige Identifikation der virtuellen Identitäten stattfindet und Regelwerke sozialer Erwartungsstrukturen ausgeformt werden, die nur begrenzt formalisiert sind. Solche Bedingungen scheinen besonders in den auf synchroner Kommunikation basierenden Foren des Intenet Relay Chat (IRC) und den zeitlich sehr dauerhaften und durch spezielle Erlebnisgeschichten strukturierten virtuellen Kommunikationsumgebungen der MUD's (Multi User Dimensions oder Dungeons) gegeben zu sein. Obwohl Merkmale gruppenförmiger sozialer Systeme z.B. auch in den asynchronen Kommunikationsforen der News-Groups (Kollock, Smith, 1996: Online: 4. Managing the Virtual Commons) oder Mailing-Listen zu finden sind (Stegbauer, Rausch, 1999), sollen daher IRC- und MUD-Kommunikationssysteme im Mittelpunkt der weiteren Betrachtungen stehen.

Die Interaktionskontakte beim Internet Relay Chat (IRC), einer Art virtuellem Diskussions- und Schwatzforum mit überwiegend synchroner Text-Kommunikation, erscheinen paradox. IRC Kontakte sind durchweg als diffus einzustufen. Das IRC Medium ist zwar technisch und thematisch in sog. Kanäle (Channels) gegliedert, diese Kanäle werden aber von einer unbestimmten Anzahl an Kommunikationsteilnehmern frequentiert. Die Teilnehmerzahl kann zwischen zwei und mehreren tausend Teilnehmern schwanken (siehe z.B. Bechar-Israeli, 1995: Online: Introduction). Die Chatter und Chatterinnen melden sich zumeist mit pseudonymen Nicknames an und interagieren mit anderen Personae, aber auch

mit automatischen Komponenten sog. Robots oder kurz 'Bots'. [8] Interaktionskontakte finden also auf einem thematisch orientierten und sozio-technisch
strukturierten Kanal statt, an den sich die Chat-Teilnehmer nach eigenem
Wunsch anschließen.

> "On entering the IRC program, the user ist not at first able to see the activity of other
> connected users. To do so he must join a channel. Channels are created or joined by
> users issuing a command to the IRC program to join a channel. If there is already a
> channel of the specified name in operation, then the user is added to the list of peo-
> ple communicating within that channel; if such a channel does not exist, than IRC
> opens a new channel containing the name of the user who involved it, who may
> then be joined by other users." (Reid, 1991. Online: Electropolis. Internet Relay Chat).

Die Kommunikationsteilnehmer im Chat 'erfinden' sich aufgrund der Selbstkon-
struktion ihrer Kommunikationsidentitäten und machen sich durch Selbstvermittlung miteinander bekannt. Diese tendenzielle Anonymisierung und Selbstentgrenzung fördert emotionale Beiträge. Es fehlen jedoch die körperlichen
Interaktionssignale der Gestik und Mimik ebenso, wie die sozialen Statussignale.
Sympathetische Bezugnahmen sind im textbasierten IRC daher auf thematische,
technische oder stilistische Kompetenzen bezogen (Höflich, Gebhardt, 2001:
32), oder durch formalisierte und ästhetisierte Kommandos, parasprachliche
Emotionszeichen oder Redewendungen ersetzt (Döring, 1999: 99ff.).

So stehen beim IRC verschiedene Kommandos zur Verfügung, um Aktionen
der Teilnehmer auszuführen oder zuzuordnen. Diese Kommandos, die sich in
drei Ebenen untergliedern, werden den jeweiligen Beiträgen vorangestellt.

Die erste Ebene bezeichnet sog. User-Commands, die jedem Teinehmer zur
Verfügung stehen. Sie vermitteln z.B. den Aktionsstatus von Teilnehmern. Etwa
das Kommando <Away:>, das signalisiert, dass der Teilnehmer vorübergehend
'abwesend' ist und deshalb nicht antworten kann. Weitere Kommandos sind
z.B. <Help:> (ruft erklärende Hilfstexte auf), <ignore:> (gefolgt von weiteren
Angaben, blendet bestimmte Beiträge anderer Teilnehmer aus. Werden alle Beiträge ignoriert, blendet sich der Teilnehmer völlig aus der IRC Kommunikation
aus), <join:> (öffnet den Kanal), <Nick:> (verändert den gewählten Nickname).

---

[8] Bots oder andere automatische Kommunikationen agieren nicht nur sporadisch in den
Chat Channels. Schätzungen zufolge erzeugen sie bis zu 70% des Datenvolumens im IRC
(Schade, 1997: 76). Hierbei ist es für menschliche Akteure nicht immer leicht festzustellen,
ob die chattende Persona von einer Person, oder einer Software gesteuert wird. Es bedarf
etwas Erfahrung im 'Meat-Sport', um das herauszufinden: "The inquiry into the "true"
nature of virtual personalities is a part of the meat-sport experienced on-line. Meat sport
can be defined as the attempt to unveil the true personality behind the virtual flesh of the
VP [Virtual Personality; Anmerk., U.Th.]." (Stenslie, 1999: Online).

Die zweite Kommandoebene ist nur 'Chanops' (Channel Operators) zugänglich und dient der Pflege und Verwaltung des Kommunikationsgeschehens im Channel. Beispiele für solche 'Chanop Commands' sind <Invite:> (gefolgt von einem Nickname, lädt bestimmte Teilnehmer zur Diskussion ein), <Kick:> (gefolgt von Channel- und Nickname, schließt Teilnehmer zeitweise vom Kanal aus), <Mode:> (gefolgt von Parametern, definiert den Kanal-Status. z.B. läßt sich der Kanal nur für bestimmte Teilnehmer öffnen oder versteckt betreiben).

Auf der dritten Ebene finden sich schließlich sogenannte 'Oper Commands', wobei 'Oper' für Operator, den Serverbetreiber steht. Er betreut den Computer, auf dem sich die IRC Kommunikation abspielt. Hier finden sich Kommandos wie <Kill:> (gefolgt vom Nickname, bricht für einen Teilnehmer alle Verbindungen zum IRC Server ab), <Wall:> (sendet einen Text an alle IRC Teilnehmer), <Connect:> (Kontrolle der Netzwerkverbindungen des Servers), (ausführliche Übersicht zu Kommandos und Syntax bei Reid, 1991: Online: Electropolis).

Die Hierarchisierung der Kommandoebenen und die damit verbundene Statusdifferenz der IRC Teilnehmer zeigt, dass virtuelle Interaktionen im IRC soziotechnisch reguliert und die Regularien nicht nur formalisiert, sondern strukturell implementiert sind. Es ist zudem das Bemühen festzustellen Mitglieder eines Channels anhand ihrer Nicknames eindeutig zu identifizieren und Verstöße gegen definierte Verhaltensnormen individuell, auf die Persona bezogen zu sanktionieren (siehe Döring, Schestag in diesem Band). Diese Formalisierung wird allerdings durch den Sachverhalt eingeschränkt, dass die Sanktionsmacht nur schwach legitimiert und häufig Gegenstand von Konflikten und informellen Aushandlungsprozessen ist (Döring, 2001a: 124). Das ist darauf zurückzuführen, dass mehrere Faktoren die Mitgliedschaftsalternativen bei IRC Channels erhöhen. So kann man sich bei vielen Kanälen simultan beteilige, ggf. den Nickname wechseln, um als 'neue' Persona zu agieren, oder selbst mittels des <Join:> Kommandos für ein neues Thema einen eigenen Kanal einrichten und als Operator definieren.

Obwohl in der textbasierten Kommunikation des IRC Körpergesten, wie das Hochziehen der Augenbrauen, Räuspern, Lächeln etc. nicht möglich sind enthalten die Beiträge doch einen emotionalen Text, besser: Subtext. Beim Chat stehen textbasierte Emotionssignale zur Verfügung, die von den Kommunikationsteilnehmern beherrscht werden müssen, um diesen Subtext zu vermitteln. Dabei handelt es sich um Emotionszeichen (Emoticons, zusammengesetzt aus: Emotion und Icon), die sich mit Tastaturkürzeln darstellen lassen und, um 90 Grad gedreht gelesen, z.B. ein Gesicht signalisieren, das Freude :-), Trauer :-(, eine herausgestreckte Zunge :-p und andere Gefühlszustände und Aktionen darstellt (siehe zur Übersicht z.B. Sanderson, 1993). Zudem finden kurze Verbalisierungen von Gestik oder Mimik (Asterisken), wie z.B. *rotwerd*, *grins*, *zwinker* oder kommunikationsspezifische Abkürzungen (Akronyme), wie etwa 'LOL' (Laughing Out Loud) u.a. parasprachliche Verwendung (Asteroff, 1987).

Auffallend ist wiederum die Doppelstruktur von Formalität/Informalität bei der Verwendung solcher parasprachlichen Zeichen im IRC. Einerseits gilt es solche vorgegebenen Zeichen zu erlernen und die Form bei ihrer Anwendung einzuhalten. Andererseits werden diese willkürlich eingesetzt, uminterpretiert oder kreativ verändert, was beispielsweise die ständig wachsende Zahl an ornamentalen Emoticons und Akronymen belegt (Argyll, Shields, 1996: 58ff.).

Hierbei entsteht eine für den IRC eigenständige Semiotik (Shank, 1993), die nicht nur der reibungslosen Verständigung, sondern der emotionalen Kohäsion, der so und nur so Kommunizierenden dient. Die spezielle Kommunikationsform und die formelle/informelle Umgangsweise signalisieren eine Zugehörigkeit zur 'Ingroup', ohne, dass dies explizit angesprochen würde. So verfestigt sich ein eigenständiger Soziolekt, der ein 'Wir-Gefühl' nach innen und außen signalisiert und Gruppengrenzen festlegt. Ein Beispiel:

> "<Wizard> Come, brave Knight! Let me cast a spell of protection on you..... Oooops - wrong spell! You don;t mind being green for a while - do you ???
> <Prince> Lioness: please don´t cut him...
> <Storm> *shivers from the looks of lioness*
> <Knight> Wizard: Not at all.
> <Bel_letre> *hahahah*
> <Lioness> Very well, your ecellency.   *looks frustrated*
> <Prince> *falls down laughing*.
> <Knight> Wizard: as long as I can protect thou ass, I´d be utter gratful! :-)
> <Bel_letre> *Plays a merry melody*
> <Storm> *Walks over to linoness and pats her paw*"
> (Reid, 1991: Online: Electropolis. Shared Significances)

Trotz der Stilisierung der Kommunikationsform, trotz der sozio-technisch festgelegten Verfahrensregeln, ist die Kommunikationsorientierung im IRC Channel emotional. Aufgrund der Selbstentgrenzungsmöglichkeiten und bewußter Verwendung emotionaler Subtexte, erscheint sie sogar emotionaler, als beim face-to-face Zusammentreffen unbekannter Personen. [9] Teilnehmer am IRC, die selbst Beiträge machen, werden so fast unwillkürlich in ein Netz emotionaler Anspielungen, Verweise und Zurückweisungen eingesponnen (op. cit.: Online: Electropolis. Shared Significances).

---

[9] Die bei CMC mögliche 'hyperpersonale' Perspektive, soll aktive Erwartungsprojektionen auf andere erleichtern (Walther, 1996).

Aus gruppensoziologischer Perspektive ist wiederum ein Paradoxon festzustellen. Fremde, die translokal über ein technisches Netz miteinander kommunizieren, bilden emotionale, soziale Beziehungen aus, die über explizit formalisierte und stilisierte Gefühlsäußerungen, mit implizitem kreativen Gestaltungspotential vermittelt werden. Formale und technische Regularien dienen dazu, die mittelbare Verbindung der Teilnehmer aufrecht zu erhalten und somit informelle, unmittelbare Beziehungsstrukturen zu ermöglichen.

Eine solche Pradoxie deutet auf die Komplexität der Beziehungsgrundlagen hin. Da hier weder völlig auf die formale noch auf die informale Seite der Strukturierung ausgewichen werden kann, ohne Unmittelbarkeit oder Regelhaftigkeit zu opfern, ist ein Strukturierungsmechanismus notwendig, der positive Erwartungen festlegt, obwohl vollständiges Wissen oder strukturelle Absicherung nicht möglich sind. Die Stabilisierung virtueller Gruppen basiert daher in hohem Maße auf Vertrauen. Vertrauen als Projektion positiver Erwartungen, als riskante Vorleistung (Luhmann, 1989[3]: 23), kann sich im Kontext virtueller Gruppen jedoch auf wenig mehr, als die Stetigkeit emotionaler Äußerungen stützen. Ernsthaftigkeit und Integrität können nur über den Zusammenhang inhaltlicher Aussagen und der hinzugefügten formalen Verweise auf Emotionen verdeutlich werden.

> "The threads binding IRC together as a community are made up of shared modes of understanding, and the concepts shared range from the light-hearted and fanciful to the personal and anguished. The success of this is dependant upon the degree to which users can trust that the issues that they communicate will be well received – they depend on the integrity of users." (Reid, 1991: Online: Electropolis. Shared Significances)

Wesentlich stärker als bei face-to-face Gruppen ist die Vermittlung von Vertrauen zwischen den Teilnehmern, die sich nicht physisch begegnen in virtuellen Gruppen von der offenen Darstellung von Vertrauensbeweisen, oder von Vertrauensmissbrauch abhängig. Wenn sich Gruppen im IRC bilden, so müssen diese das Steuerungsmedium der Gefühle explizit nutzen, um Vertrauen zu moderieren. Die "delikate Balance des Vertrauens" (Reid) ist dabei durch die öffentliche Darstellung von Scham- oder Taktgefühl abgesichert. So ist es im IRC durchaus üblich, dass der Vertrauensbruch, z.B. die ungefragte Nutzung eines fremden Nicknames, öffentliches Zurschaustellen der eigenen Scham zur Folge hat. Hierbei werden zugleich der Vertrauensbruch, die Reue und durch die Selbstveröffentlichung - die nachfolgende Meldung wurde als 'Wallop-Message' an alle Operatoren von IRC Kanälen verteilt - auch die eigene Lauterkeit zur Schau gestellt:

"This was a deceptive, immature thing to do, and I am both embarrassed and asha-
med of myself. I wish to apologizeto everyone I misled, particularly users 'badping'
and 'kired'..." (op. cit.: Online: Electropolis. Social Sanktions).

Ähnlich verhält es sich mit Äußerungen des Taktgefühls. Es genügt im IRC nicht,
höflich über eine mißliebige Äußerung hinwegzugehen, da die soziale Nähe der
face-to-face Begegnung fehlt. Solches 'Schweigen' könnte auch als sozialer oder
technischer Kommunikationsabbruch oder aggressive Ausgrenzung gedeutet
werden. Auch Taktgefühl und Anteilnahme müssen explizit kommuniziert und
bekräftigt werden.

Diese für virtuelle Gruppen spezifische Anwendung der emotionalen Steuerungsmedien findet ihren Niederschlag in einem verschriftlichten Werte- und
Regelkanon, der zusammenfassend als 'Netiquette' (zusammengesetzt aus 'Net'
und 'Etiquette') bezeichnet wird. Die Netiquette beschreibt als Verhaltenscodex
Offenheit, Toleranz und emotionale Nähe als Grundlagen der CMC und umfasst
zugleich Aspekte praktischen Verhaltens und seiner formalen Stilisierung (siehe
zu verschiedenen Formen von 'Netiquetten' Djordjevic, 1996). In der Netiquette
kommt dabei die Wertidee des Netzes der 'kommunikativen Freiheit durch technische Operabilität' (siehe auch Brill in diesem Band) zum Ausdruck. Hinweise
auf knappe Kommunikationsressourcen, Gestaltungsprobleme und Handha-
bungsregeln sind daher grundlegender Bestandteil des Verhaltenscodex und
werden vor allem im allgemeinen Teil benannt:

> "Die Benutzung des Netzes ist ein Privileg und kein Recht, welches bei schlechtem
> Benehmen jederzeit entzogen werden kann. Derartiges schlechtes Benehmen bein-
> haltet die Positionierung von illegalem Material auf einem System, die Benutzung
> von beleidigenden Ausdrücken und Schimpfwörtern sowohl in privaten als auch in
> öffentlichen Nachrichten, das Senden von Nachrichten, die den Verlust von Arbeits-
> zeit und Systemverfügbarkeit bei der Empfängerin verursachen können, das Senden
> von Kettenbriefen und jede andere Verwendung, die eine Überlast am Netzwerk
> verursachen oder die Arbeit anderer stören kann." (Reiser, 1995: Online: Die klassi-
> sche Netiquette.)

Trotz dieser scheinbar fundamentalen Wertorientierung, die im biblischen 'Du
sollst nicht' des Regelkanon kumuliert (Rinaldi, 1994: Online: The Net: User
Guidlines and Netiquette), und entgegen der formellen Fixierung dieser
'Verfassung' der Netzkommunikation, ist das Regelwerk jedoch bestenfalls als
Verhaltensempfehlung anzusehen (Djordjevic, 1996).

So kann die Verwendung obzöner Begriffe, zweideutiger Beiträge oder das
gegenseitige 'Anpflaumen' (Trolling) in den Foren und Gruppen, die sich mit
Cyber-Sex, Flirten oder rüden Spässen befassen, durchaus zum 'guten Ton'

gehören, während dies in anderem thematischen Umfeld ein Verstoß gegen die Netiquette wäre (McLaughlin, et al., 1995). Die Netiquetten sind zwar allgemeinverbindlich formuliert, ihre Anwendung und Sanktionierung bedarf allerdings der kontextuellen Aushandlung.

Paradoxerweise existieren somit zwar formulierte Normen, deren tatsächliche Verbindlichkeit aber indifferent bleibt (Kollock, Smith, 1996), obwohl ein genaues Monitoring der Beiträge und Verhaltensäußerungen im IRC Kanal gut möglich ist und auf die Persona zugrechnet werden kann. Teilweise werden die Normen, bzw. ihre Sanktionen auch durch Bots automatisch sanktioniert (Döring, 2001: 130) und normverletzende Teilnehmer zeitweise oder gänzlich aus dem Kommunikationssystem ausgeschlossen. Die Variation der Identifizierbarkeit seitens der Teilnehmer (Gallery, 2000: 85f.), die Möglichkeit 'auszusteigen' und eigene Kanäle oder Gruppen zu eröffnen und die fragwürdige Legitimität automatischer Sanktionsprozesse, relativieren jedoch die formale Verbindlichkeit der Regeln (Kollock, Smith, 1996: Online: Monitoring and Sanctioning). Normen und Sanktionen in virtuellen Gruppen sind infolgedessen bei aller vordergründigen Formalität moralisch begründet. Sie weisen die Betroffenen auf die Verletzung von 'Anstandsgrenzen' hin und sind persönlich an die Integrität der Persona adressiert.

"These kinds of informal social control mechanisms depend upon moral suasion to have an effect - - they lack any capacity restrict deviant behavior, they can only discourage ist. Nevertheless, many people report that informal sanctions do have a significant effect on their behavior." (op. cit.: Electropolis. Monitoring and Sanctioning)

Die emotionale Erwartungsstruktur des Kommunikationssystems der virtuellen Gruppe im IRC wird aber nicht nur von Aggression, Scham-/Taktgefühlen oder Obszönitäten bestimmt. Als Vermittlungsinstanz und Steuerungsmedium spielt Humor eine ebenso wichtige Rolle. Ähnlich wie in face-to-face Gruppen können Ironie und Witz die Kohäsion stärken, Grenzen informell verdeutlichen und Sanktionen so diskret vollziehen, dass Eskalationen unterbleiben.

Die Wirkung von Humor basiert auf der Irritaton, Verletzung oder Überschreitung von als normal empfundenen situativen Erwartungen (Palmer, 1994). Bei face-to-face Kommunikation ist eine humorige Äußerung zumeist implizit anhand einer speziellen Gestik, Mimik, Intonation, oder der verwendeten Redewendungen zu erschließen (Hymes, 1986: 62). Diese implizite Akzentuierung des Humors ist in der Kommunikationssituation der CMC jedoch inoperabel. Humor muss bei virtuellen Begegnungen durch eine explizite Inkongruenz von Form und Inhalt einer Äußerung betont werden.

Hierzu gibt es verschiedene Möglichkeiten. So können Nicknames ausgewählt werden, die zur Heiterkeit Anlaß geben. Ein Nickname wie <Cliffhanger> oder <Plagiator> ist unschwer als Ausdruck von Selbstironie erkennbar. Wird diese Form des Auftretens, etwa im Kontrast zur thematischen Seriosität des jeweiligen IRC-Kanals, als zu irritierend empfunden, so schlägt freundlich gemeinte Ironie in Zynismus um. Trotz der Entgrenzung müssen die Nicknames, in Bezug auf den Kommunikationskontext, innerhalb einer Bandbreite angemessener Irritation bleiben. Viele Kommunikationsteilnehmer verwenden daher, je nach Anlaß, unterschiedlich stark ironisierte Imagoidentitäten.

Nancy Baym nennt am Beispiel von Diskussionsgruppen zu Soap-Operas weitere Möglichkeiten, um den Humor in virtuellen Beziehungen hervorzuheben:

> "There are, however, some systematic ways in which a frame shift toward humor is indicated, though they are not unique to framing humor. The use of square brackets is one such cue. Other such conventionalized ways of marking humor include punctation, capitalization, extension of letters, formating and repetition. In some cases, such as unanswered questions and their responses, nicknames, and some acronyms, particular forms of humor have been conventionalized. In other cases humor arises in the content itself through the incongruous juxtapositions created rather than through formal features." (1995: Online: Humor in Computer-Mediated Communication. Humor and the Establisment of Group Solidarity and Identity in CMC).

Um Humor im Sinne eines emotionalen Steuerungsmediums einzusetzen, ist in face-to-face Gruppen die Kenntnis der Mitglieder, sowie des Gruppenkontextes vorauszusetzen. Vor allem der kulturelle Kontext muss geläufig sein, aus dem sich die Bedeutung von Gesten, Phrasen oder Tabus ableitet. Dies gilt gleichermaßen in virtuellen Beziehungssystemen, wobei im Internet die angelsächsische Kultur dominiert. Der Grund hierfür liegt in der sprachlichen Vorrangstellung, die Englisch in der Computerkommunikation einnimmt. Damit sind aber zugleich Metaphorik und Sprachspiele vorgegeben, die im angelsächsischen Kulturkreis verwurzelt sind.

Sprachlichen Vorgaben kommt bei CMC, aufgrund der ausgeprägten Textorientierung der Kommunikation, ein zentraler Stellenwert zu. Sie definieren den Rahmen der normalen Kommunikation, sowie die Grenzen der Normalität und Irritation. Dass dennoch eine Teilhabe von Kommunikationsteilnehmern aus unterschiedlichen nationalen und kulturellen Kontexten möglich ist, liegt einerseits an der Akzeptanz des universellen Charakters der englischen 'Netzsprache', andererseits ist die Sprache der Netze selbst bereits eine kreative Spezialform des Englischen, die sich als identitätsstiftender Soziolekt der CMC darstellt und von allen Teilnehmern beständig verändert wird. Die Netzsprache erzeugt eine eigene Normalität und somit eigenständige Irritationsmöglichkeiten, die über nationale Kulturvorgaben hinausreichen.

CMC und besonders die Kommunikationskanäle des IRC sind zudem thematisch und nicht nationalistisch oder ethnisch definiert. Die Teilhabe erfordert infolgedessen auch spezifische Humorverweise, die auf die Themen und Kommunikationsstile des jeweilgen Kanals bezogen sind. Z.B. wirkt ein Teilnehmer des Sesamstraßen-Chat, der sich im akademischen Stil über die Darstellungen der Figuren ausläßt, ebenso erheiternd, wie ein Wissenschaftler, der Beispiele aus seinem Arbeitsumfeld in der Diskussionsgruppe zur meteorologischen Forschung mit <Kermit_d_Frosch> signiert.

Humor erlaubt sowohl den Bezug auf gemeinsame Themen, als auch die spielerische, emotional verbindende Reflexion über eine gemeinsame Kommunikationsgeschichte (Baym, 1995). Durch die emotionale Verbindlichkeit humoriger Äußerungen fundiert das Kommunikationssystem eine eigene Identität, die sich in einem positiven Zugehörigkeitsgefühl vermittelt. So teilt eine Teilnehmerin des von Nancy Baym untersuchten Soap-Opera-Chat mit "the people are warm, funny, and a nice group". Humor ist demzufolge ein wichtiges Steuerungsmedium virtueller Kommunikationssysteme, das die Grenze der Anonymität und technisch distanzierter Interaktivität durchbricht, ohne die Spezifik der CMC Interaktionen zu verwischen. So bleibt etwa das Spiel mit der Anonymität der Nicknames auch in seiner humorvollen Variante erhalten.

Beiträge werden zudem an ihrer Spontaneität und kommunikativen Qualität gemessen, so dass die positive Wirkung 'passender' Beiträge für die Konstruktion und Stabilität des Kommunikationssystems eine zentrale Bedeutung hat. Die Teilnehmer von r.a.t.s. [10] stellen beispielsweise fest:

"I like any post [Beiträge im IRC und in Newsgroups werden als ´Post ´ bezeichnet; U. Th.] that´s thouhtful or humorous. (Jane, November 27, 1991).
I prefer humorous posts (Zoey, December 1, 1991).
A sense of humor seems to be the strangest attraction (Cassie, December 3, 1991).
I suppose the posts I enjoy the most (about r.a.t.s.) are the ones that make me laugh (Joan, December 3, 1991).
Humor and originality are two key ingredients of a good post (Michell, December 13, 1991)." (Baym, 1995: Online: Humor in Computer-Mediated Communication, Overview of Humor).

---

[10] Obwohl dieser Name der Soap-Opera-Gruppe ein Kürzel für 'rec.arts.tv.soaps' ist, spielt er in ironischer Weise auch mit der Verachtung, die Soap-Opera-Fans gewöhnlich entgegenschlägt, indem er auf das englische Wort für 'Ratten' verweist.

Die Performativität humoriger Beiträge konturiert die Individualität der Kommunikationsteilnehmer. Sie unterstützt zugleich die Statuszurechnung auf einzelne Personen im anonymen, virtuellen Kommunikationskontinuum.

"Humor creates and transforms the social structure of the community. It is in part through humorous performance that particular posters overcome the seeming anonymity of the computer medium to develop their own voices. In an ongoing parade of screens of posts which look nearly identical, strong individual voices emerge, gaining recognition, status and enhanced power to shape group consensus. The extent to whoch these voices became recognized is a measure of their skill in creatively reworking the available cultural recources and of their power in shaping the group´s interpretative consensus." (Baym, 1995: Online: Humor and the Establishment of Group Solidarity and Identity in CMC).

Das Auftreten von Humor verdeutlicht, mehr noch als das Auftreten von Aggressionen und Sanktionen, wie die Kommunikation von Gefühlen und ihr Einsatz als diffus wirkendes Steuerungsmedium eine dauerhafte Erinnerungsstruktur gemeinsamer Handlungsepisoden und aufgetretener Identitäten erzeugen, die Grundlage zukünftiger Verhaltenserwartungen ist.

Damit ist ein Hinweis auf die temporale Stabilität der CMC basierten Kommunikationssysteme gegeben. Die virtuellen Beziehungsstrukturen und -prozesse der IRC-Kommunikation sind von relativer Dauer. Die Struktur des Kommunikationssystems hat, anders als bei einem Interaktionssystem, auch dann Bestand, wenn nicht alle Teilnehmer präsent sind, oder zeitgleich partizipieren. Es ist möglich, sich als Teilnehmer zu verschiedenen Zeiten in den IRC einzubringen. Sofern man eine konstante Identität verwendet, ist man dort auch 'bekannt' und kann andere 'Bekannte' wiedertreffen, an vorangegangene Dialoge anknüpfen und Erinnerungen aktivieren (siehe auch Baym; Döring, Schestag in diesem Band). Auf diese Weise entsteht Vertrautheit und, wichtiger noch, eine gemeinsame, überindividuelle Systemgeschichte, die sich aus individuell zurechenbaren Beiträgen konstituiert.

Unterstützt wird diese relative zeitliche Stabilität durch den technischen Rahmen der CMC. So sind die im IRC gemachten Beiträge für eine gewisse Zeit gespeichert - häufig zugleich auf dem Server, also am 'Treffpunkt' der Kommunikationsteilnehmer, und auf dem 'heimatlichen' PC des Teilnehmers. Sie stehen sozusagen gut lesbar 'im Raum' und erlauben den Rekurs auf Vergangenes (Beißwenger, 2002: Online: 2.2 Grundlagen einer trägermedialen Bedingtheit von Kommunikationsvollzügen). Darin unterscheidet sich die CMC von den face-to-face Kommunikationen, bei denen zumeist nicht mitprotokolliert wird und, wenn doch, wie in formalen Organisationen, so beschränkt sich das Proto koll auf zentrale 'Tagesordnungspunkte'. Im IRC wird jedoch jede Äußerung, auch Heiterkeit und Unfug über den Moment hinaus festgehalten. Diese permante 'Erinnerung' des Kommunikationssystems führt dazu, dass das Fehlen von Teilnehmern und ihrer Beiträge erkannt und diese vermisst werden können, obwohl sie physisch nicht anwesend sind. Es besteht allerdings, anders als in Organisationen, keine Anwesenheitspflicht, die über Rollenerwartungen adressiert und letztendlich formal einklagbar ist.

Auf dieser Grundlage bilden sich im IRC virtuelle Kommunikationssysteme mit gradueller Abstufung bezüglich der Dichte ihrer Interaktionen und zeitlichen Stabilität. Gruppenbildung auf der Grundlage von CMC ist daher auch zeitlich virtualisiert, das heißt in ihrem Bestand potentiell instabil.

Wollen wir im IRC tatsächlich virtuelle Gruppen identifizieren, so trifft das nur auf solche Kommunikationssysteme zu, in denen die Imagoidentitäten 'persönlich' miteinander bekannt sind, die Teilnehmer regelmäßig durch Beiträge in Erscheinung treten und auf Beiträge und Identitäten auch wechselseitig und wiederholt informell Bezug genommen wird. An den 'Rändern' des IRC verschiebt sich dieses Erscheinungsbild. Hier tendiert das virtuelle Kommunikationssystem einerseits in Richtung einer organisatorischen Verfestigung mit hoher zeitlicher Stabilität. Dies ist besonders dort zu beobachten, wo die Interaktionen der Chanops und Ops. berührt werden. Deren Interaktionen sind weit stärker formalisiert als diejenigen der chattenden IRC Teilnehmer und sehr stark auf Rollenerwartungen der technischen Betreuung und Regulation des Kommunikationssystems bezogen. Operatoren können sich nicht einfach aus dem Kommunikationssystem zurückziehen, sie würden das Kommunikationssystem selbst destabilisieren. Ihre Unterstützungsfunktion muß per Definition andauern.

Andererseits begünstigt die Kommunikationssituation des IRC auch die Bildung kurzfristiger Interaktionssysteme. Dort, wo eine unüberschaubare Zahl an flüchtigen Besuchern sich kaum selbst beteiligen, entstehen keine dauerhaften emotionalen Bezüge. Auch wenn die sporadischen Kontakte sich häufen, reichen sie alleine nicht aus, um eine Gruppenstruktur zu bilden.

Typisch für soziale Beziehungen im IRC ist daher ihre Ambivalenz. Sie sind zugleich intim und öffentlich. Ihre Umwelt ist möglicherweise schon bald ihre Innenwelt und umgekehrt. Obwohl zeitlich stabilisierte Kommunikationsgrenzen existieren, können sich aufgrund der Variabilität der Teilnahme und Strukturmuster Mitgliedschaftsalternativen oder Umweltressourcen für eine virtuelle Gruppe jederzeit überraschend ändern. Unbeteiligte können plötzlich zum IRC stoßen und verfügen aufgrund der Möglichkeit, gespeicherte Inhalte zu lesen, dennoch über die volle Kenntnis der Gruppengeschichte, der gebräuchlichen soziolektalen Redewendungen, des gebräuchlichen Humors und der Themenanforderungen.

Bildet sich eine virtuelle Gruppe im IRC, so ist sie einer paradoxen Verhaltensanforderung ausgesetzt. Sie muss ihre Kommunikationsgrenzen durch eine hoch spezifische Kommunikation stabilisieren und sie muss diese aufgrund der virtuellen Kommunikationsbedingungen permanent für den allgemeinen Austausch geöffnet halten. Dies, und die sozio-technischen Sonderbedingungen der CMC, begründen ihr amorphes Erscheinungsbild.

Hierbei ist weiter zu beachten, dass virtuelle Gruppenbildungen, oder die Ausformung sozialer Erwartungsstrukturen auch im virtuellen Kommunikationsraum keinesfalls homogen sind. Tatsächlich unterscheiden sich virtuelle Gruppen nicht nur von face-to-face basierten Gruppen, sondern auch untereinander (siehe Döring, Schestag in diesem Band). Abschließend sollen daher Spezifika der MUD Kommunikationssysteme ebenfalls entlang der Analysedimensionen der sozialen Gruppe, von Erscheinungsformen der Interaktionskontakte, sozialer Kommunikationsorientierung, Steuerungsmedium der Kommunikation und zeitlicher Stabilität dargestellt werden.

MUD's sog. Multi-User-Dungeons (oder: Multi-User-Dimensions/-Domains; zur Geschichte der MUD's: Elizabeth Reid, 1994: Online: Cultural Formations in Text-Based Virtual Realities. MUDs: Networked, Interactive Virtual Realities.) sind virtuelle Spiel- oder soziale Interaktionsumgebungen, die ursprünglich aus dem Umfeld des Fantasy Rollenspiels 'Dungeons & Dragons', respektive seiner Computerumsetzung hervorgegangen sind. Grundsätzlich ist ein MUD, anders als ein IRC Kanal, nicht nur ein thematischer Kommunikationskontext, sondern die komplexe Beschreibung einer virtuellen Landschaft.

Obwohl auch MUD's überwiegend textbasiert sind, wird der Text in romanhafter Manier für detaillierte Beschreibungen dieser Kommunikationslandschaft verwendet, in der sich die Kommunikationsteilnehmer bewegen. In einer fortlaufenden Erzählung entstehen Räume, wie etwa Verliese, Zimmer, Hallen aber auch Wege und Landschaften. Die Teilnehmer treffen dabei auf andere Teilnehmer, zu denen sie sich mit Text-Kommandos positionieren und mit denen sie interagieren können (z.B. zuwenden, die Hand geben, Botschaften austauschen etc., siehe zum sog. MUDding Curtis, 1992, sowie Götzenbrucker und Löger in diesem Band). Noch komplexer sind die virtuellen Umwelten der sog. MOO's (MUD, Object-Oriented). In ihnen verfügen die Teilnehmer über erweiterte Programmbefehle oder Hilfsprogramme (Scripte), um die Objektwelt des MOO zu manipulieren oder ihre Personae in der Form von 'Avataren' als komplexe Imagoidentitäten zu gestalten (siehe Becker in diesem Band). Auf diese Weise entsteht ein Beschreibungsuniversum in dem die Teilnehmer die Orte wechseln, durch ihre Aktionen die Umgebung beeinflussen und in dem sie in theatralischen Rollen in Erscheinung treten (Carlstrom, 1992: Online: Better Living Through Language. COMMUNICATIVE MODES).

Aufgrund der Objektorientierung verfügen MOO's z.B. über eigene Beförderungs- und Kommunikationssysteme. Manche MOO's sind mit einem E-Mail-Netz, einem internen IRC, einem eigenen Fernsehen oder gar einem 'Teleport-System' ausgestattet (Marvin, 1996). Die 'äußere' Welt des Internet wiederholt sich im MOO in Objekt- und Funktionsbeschreibungen. Die Konstruktion und Manipulation dieser Welt erfolgt ausschließlich mittelbar symbolisch.

Äquivalent zum IRC finden sich in MUD's und MOO's spezielle Textkommandos, zur Steuerung der Interaktionen. Hier eine kurze Auswahl: <say>, <emote> sind Kommandos, die eine Kommunikation mit unterschiedlicher emotionaler Konnotation einleiten. <page>, gefolgt vom Namen des Teilnehmers und der Nachricht, leitet eine privat adressierte Mitteilung ein, <look>, <examine>, gefolgt von den Namen oder Bezeichnugen der Charaktere oder Objekte, leiten die Beschreibung der Umwelt ein. <get>, <hand to>, <drop> sind Manipulationskommandos von Objekten. <go>, <@join>, <@go>, gefolgt von Namen oder Richtungsangaben, bewegen den Teilnehmer in einen anderen Raum, oder zu einer anderen Person.

Prinzipiell läßt sich feststellen, dass aufgrund ihrer topografischen und interaktionsorientierten Konstruktion MUD und MOO Kommunikationssysteme im Unterschied zum IRC sehr stark binnenstrukturiert sind. In MUD's oder MOO's können zudem manchmal 100 und mehr Personen gleichzeitig synchron agieren (die Zahl synchron chattender Teilnehmer im IRC ist deutlich geringer). Die Gesamtteilnehmerzahl eines MUD kann durchaus 5000 und mehr Personen betragen, wie etwa im 'LambdaMOO' (Marvin, 1996).[11]

Infolge der thematischen, sozialen und räumlichen Strukturierung, sowie der Fülle der Objekte und Manipulationsmöglichkeiten, stehen in MUD's und MOO's umfangreiche soziale Kommunikationsressourcen zur Verfügung. So können Differenzen gebildet, Kommunikationsgrenzen moderiert, eine eigene Geschichte entwickelt werden. Es ist aber auch die Ausformung spezifischer Austauschprozesse oder Institutionen möglich. Beispielsweise können virtuelle Güter (Tokens) erworben oder getauscht, und mit virtuellem Geld (Coins) bezahlt werden. Es finden sich virtuelle Haustiere (Pets) und die Ehe kann für den jeweiligen MUD geschlossen werden (ausführlich Reid 1994: Online: Cultural Formations in Text-Based Virtual Realities. Disinhibition and Social Experience).

Im Laufe der Existenz eines MUD oder MOO entsteht somit eine komplexe virtuelle Kommunikationskultur, die sich durch eigene überindividuelle symbolische Artefakte und Handlungsakte auszeichnet (siehe zur Emergenz eines Rechssystems im LambdaMoo Mnookin, 1996). MUD's und MOO's weisen, zusätzlich

---

[11] LambdaMOO kann mittels Telnet-Sitzung besucht werden: telnet://lambda.parc.xerox.com:8888/

zu ihrer Infra- und Institutionenstruktur, eine eigene kulturelle Semantik auf, die sie in ihrer Charakteristik von den bislang referierten sozialen Systemen oder Interaktionssystemen, Gruppen oder Organisationen deutlich unterscheidet. MUD's erscheinen infolgedessen als eigenständige virtuelle *Gesellschaften* (zum sozialen System 'Gesellschaft' Luhmann, 1984: 555 f.).

Virtuelle Gruppen treten im MUD als ein Teilaspekt innerhalb eines umfassenderen sozialen Kommunikationssystems zu Tage. Anders als im IRC erscheinen virtuelle Gruppen im MUD als segmentäre Kommunikationssysteme, die beispielsweise die Bewohner eines 'Hauses', 'Freundesgruppen', 'Kampfgefährten' oder die Mitglieder einer Arbeitsgruppe zusammenbinden.

Verschwinden im IRC diejenigen Teilnehmer, die gerade keine Beiträge leisten, zusammen mit ihren Anliegen im Restrauschen der Kommunikation, so sind sie z.B. über ihre Zugehörigkeit zu Landschaften, anderen Gruppen oder Institutionen im MUD repräsentiert. Diese Umgebungsbeschreibungen und ihre 'Bewohner' gehören zum Basiswissen über die gemeinsame virtuelle Umwelt. Man könnte beispielsweise eine Expedition in entfernte Räume planen, oder man muß beachten, welche Auswirkungen eigenes Handeln für andere Personae oder Gruppen im MUD haben könnte, in Streitfällen könnte man ein Schiedsgericht anrufen etc. (Mnnokin, 1996: Online: Virtual(ly) Law. Dispute Resolution in LambdaMOO)

Virtuelle Gruppen in MUD's sind demzufolge in ihrem Agieren stark von der Kenntnis dieser überindividuellen Umgebung und, in Bezug auf die Kohäsion der Gruppe, auf die intime Kenntnis der Mitglieder und ein genaues Wissen über die gemeinsame Objektwelt dieser Gruppe abhängig. [12]

MUD Gruppen weisen, deutlicher als ihr Pendant im IRC, die Charakterstika auf, mittels derer eine soziale Gruppe als eigenständiges Kommunikationssystem zu unterscheiden ist. So sind die Interaktionskontakte dieser virtuellen Gruppen diffus und persönlich. Der Begriff 'persönlich' bezieht sich zwar wiederum auf die Kenntnis von Imagoidentitäten, innerhalb der virtuellen Gruppen im MUD 'kennen' sich die Personae untereinander aber sehr genau. Sie können sich anhand differenzierter Kommunikationscharakteristika, sowie aufgrund individueller Identitätsbeschreibungen, und nicht nur über Nicknames und wiederholte Verhaltensweisen, sicher erkennen. Die Diffusität dieser persönlichen Beziehungen kommt in einer Fülle emotionaler Beschreibungen, dem Austausch von Sympathiebeweisen, oder Geschenken zum Ausdruck.

---

[12] Das Anknüpfen enger sozialer Kontakte gelingt in MUD's dann besonders gut, wenn die Teilnehmer sich auf das 'MUDding' einlassen, d.h. vertrauensvoll mit anderen Personae agieren und die kommunikativen sowie parasprachlichen Ressourcen nutzen (Utz, 2000a: Online: Social information processing in MUDs: Types of MUD Players.)

Obwohl auch in MUD's oder MOO's persönliche Beziehungen bis hin zu Freundschaften, Liebesbeziehungen, Ehen wiederum nur auf der Affiliation von inszenierten, virtualisierten Personae basiert, kommen Gefühlen als Steuerungsmedium dennoch zentrale Strukturierungsfunktionen zu. Der Beziehungsstatus kann dabei über spezielle Kommandos von 'Fremden' abgefragt werden und signalisiert so etwaige Beziehungs- oder Gruppengrenzen nach außen. Aufgrund dieser explizit mitlaufenden Metakommunikation treten Gefühlslagen als Beschreibungen umfangreicher Empfindungs-Handlungs-Komplexe in Erscheinung, etwa bei der gemeinsamen Konstruktion von Räumen oder bei der Geschenkübergabe. Wer ein wenig verlegen ist, nutzt beispielsweise das <emote> Kommando um zum Ausdruck zu bringen: "emote looks down at the dirt and makes figure eights with her foot." (Raybourn, 1998: Online: The Quest for Power, Popularity, and Privilege in Cyberspace. The MOO Universe and Spatial Metaphors). Diese Möglichkeiten der Beschreibung von Zugehörigkeiten dienen dazu soziale Kohäsion in der jeweiligen Gruppe zu vermitteln und im engen Interaktionsbereich vertrauensbildend zu wirken, diesen aber auch durch reduzierte Emotionalität gegen die Umwelt abzugrenzen. Die Ausdrucksmöglichkeit hierzu sind in MUD's oder MOO's größer als im IRC (Serpentelli, 1992), wobei gestische Kommandos, die emotionale Nähe vermitteln, mit Abstand am häufigsten zur Metakommunikation genutzt werden (siehe nachfolgende Tabelle).

Häufigkeitsverteilung emotionsorientierter Kommandos in MUD's (Periode 250 Tage)

Verben:

smile	89089	bow	50138	shake	46312
greet	46152	grin	46046	nod	42385
laugh	34063	wave	30875	giggle	20145
sigh	19222	hug	19220	wait	13550
kiss	12212	shrug	10849	kick	9504
poke	9307	chuckle	7401	french	6773
(...) despair	3				

Adverben:

happily	5057	demonically	3763	evilly	3662
sadly	2027	smilingly	1864	deeply	1458
passionately	1143	knowingly	1119	insanely	1096
erotically	950	inanely	926	warmly	905
loudly	891	friendly	834	lovingly	797
(...) egoistically	1				

(vollständig Liste bei Reid, 1994: Online: Cultural Formations. Apendix 5. The Expression of Feelings on 'Nemesis')

Diese komplexen Handlungs- und Kommunikationsmöglichkeiten der Personae, sowie die aufwendig zu konstruierende und zu pflegende virtuelle Welt der MUD's und MOO's, verleihen strukturierten Gruppen eine relative Dauer. Zusätzlich integrierend wirkt hierbei das gemeinsame, selbstorganisierte Konstruieren und Verändern. Im Vergleich zum IRC, dessen Kommunikation sich als Plauderei einem Kneipenbesuch vergleichen läßt, bauen MUDder und MUDderinnen komplexere und dauerhaftere Environments auf oder erwerben sogar virtuellen 'Besitz', der bindend wirkt und Anlaß von Grenzkonflikten ist (Mnookin, 1996: Online: Virtual(ly) Law. Property Rights).

Die zeitliche Stabilität wird zusätzlich dadurch unterstützt, dass in MUD's oder MOO's aufgrund der komplexeren Environments, Inklusionsformen, Geschichten oder sozialen Beziehungsstrukturen, ausgeprägte Rollenformalisierungen und institutionelle Rahmengebung der virtuellen Welt notwendig sind. Ähnlich wie im IRC existiert z.B. in den meisten MUD's und MOO's eine Kommunikationshierarchie, die aber weit stärker als im IRC in die symbolischen Kommunikationsakte und -verweise des inneren sozialen Gefüges eingelassen ist.

So steht an der Spitze der MUD Hierarchie ein 'God'. Die Rede von 'Gott' oder 'Göttern' der MUD's oder MOO's geht noch auf die Fantasy Rollenspiele zurück, wurden aber auch in sog. sozialen MUD's, die nicht dem Rollenspiel dienen, beibehalten. Der Gott hat den MUD eingerichtet und überwacht die Gesamtkonstruktion, sowie den Aktionsverlauf seiner virtuellen Erfindung ist also vor allem für das reibungslose Funktionieren des Computersystems verantwortlich, auf dem sich der MUD realisiert.

Darüber hinaus sind Götter auch in der Lage, die virtuelle Umwelt des MUD's zu manipulieren oder die Persönlichkeitsbeschreibungen der Teilnehmer zu verändern. So ist es möglich, dass ein MUD Gott aggressive Eigenschaften in die Persönlichkeitsbeschreibung von störenden Teilnehmern einträgt, um andere zu warnen, die Störer ggf. auf einem öffentlichen 'Platz' textuell an den 'Pranger' stellt (siehe den Beitrag von Reid-Steere in diesem Band), sowie notfalls ganz aus dem MUD entfernt.

Unterhalb der Hierachieebene der Götter sind die 'Zauberer' (Wizards) angesiedelt. Gewöhnliche Teilnehmer können durch positives Verhalten oder Zahlungen von virtuellem Geld zu Zauberern aufsteigen. Zauberer kennen Wege und Symbole und vermitteln die Kommunikation zu den Göttern. Allerdings sind sie außerstande, das Gesamtsystem zu manipulieren oder Teilnehmer auszuschließen.

Soziologisch präsentiert sich die MUD Welt als eine funktional differenzierte Gesellschaft, die stratifikatorisch camoufliert ist. Funktionseinheiten sind z.B. als 'heilige Räume' getarnt, die Notwendigkeiten technischer Regulation kleiden sich in die Gewänder feudaler Despoten. Regulatorische Eingriffe werden über magische Symbole vermittelt. So dient die Reserviertheit der Götter, die in den 'heiligen Räumen' nur zeitweise zugegen sind und sich nur mittels spezieller Kommunikationsrituale evozieren lassen, schlicht dem Zeitmangement des Systemoperators, der in seinem MUD nicht jede Frage einzeln beantworten kann. Elizabeth Reid schildert die theatralische Darstellung sozio-technischer Kompetenzen denn auch als mittealalterliche Feudalhierachie:

> "In some cases the motivation for the creation of such social barries may simply be to screen out trivial requests from players. (...) The basis of authority on MUDs is as medieval as its theatre. Hierachies are maintained through careful attention to the trappings of power, power which, as did medieval kingship, owes its legitimacy to the favour of the Gods. Distance between the rulers and the ruled is carefully maintained. Special Spaces are created by virtual rulers to cater for and augment the signs of their power. Virtual analogues of sceptres and crowns abound- -most Gods and Wizards carry signs of their rank upon them. Devine authority on MUDs is made manifest in technical miracles and virtual symbols of power." (1994: Online: Cultural Formations. Hierachies of Power on MUDs).

Trotz ihrer arbiträren Genese wird die feudal/magische Hierarchie als Rahmengebung anerkannt und erlangt strukturprägende Kraft. Sie stellt die äußeren Umweltbedingungen der virtuellen Gruppen dar und prägt deren Handlungshorizont, Ressourcenverfügung und Mitgliedschaftsalternativen. Die soziale Kohäsion im gesellschaftlichen Raum der MUD's und MOO's wird im Kern durch eine Hierarchie des technisch/symbolischen Wissens gesichert (zum 'Empowerment' durch Kompetenzen siehe Götzenbrucker, Hummel, 2002). Über die Erfahrungen der intimen Bekanntschaft in virtuellen Zweierbeziehungen oder Gruppen hinaus, gibt es eine nach Anwendungswissen und Kommunikationserfahrung differenzierte gesellschaftliche Einbindung, die auf gemeinsamen Themen und Konstruktionen der virtuellen Welt beruht. Das Differenzierungskriterium der sozialen Beziehungen ist somit, in eine informationelle Dimension hinein erweitert (zur informationellen Differenzierung Thiedeke, 1999: 29 ff.).

Aufgrund dieses äußeren gesellschaftlichen Rahmens werden virtuelle Gruppen in MUD's oder MOO's in eine eigenes kulturelles Kontinuum eingebunden. Sie sind also auch semantisch über geteilte Wertorientierungen und kulturelle Praktiken integriert. Gruppen und Gruppierungen unterscheiden sich demzufolge durch Symbolgebrauch und Beschreibungen deutlich gegen 'Fremde'. Wer Mitglied werden will, muss eine Grenze passieren, Gaststatus erlangen und sich den jeweiligen Gepflogenheiten in der Gruppe anpassen (Smith, 1997: Online: Problems of Conflict Management in Virtual Communities. Disputes among Users).

5. Resümee

Virtuelle Gruppen bilden sich in Abhängigkeit von ihrer virtuellen Umwelt, wie beispielsweise dem IRC oder MUD, mit Variationen in Grenzregime, Mitglieder-rekrutierung und der Ausformung interner Erwartungsstrukturen, als Kommunikationssysteme mit diffusem, persönlichen Bezug der Mitglieder und relativer Dauer. Die virtuelle Gruppe läßt sich soziologisch als virtualisierte Sonderform der sozialen Gruppe beschreiben, wobei soziale Erwartungsstrukturen und die Umweltbezüge 'vermöglicht' sind. Die sozialen Beziehungsstrukturen aber auch die Semantik virtueller Gruppen erscheint dabei paradox, durch mittelbare (mediale) Unmittelbarkeit und Freiheit durch sozio-technische Regulation gekennzeichnet. Virtuelle Gruppen nutzen explizit symbolisierte Gefühle als Steuerungsmedium innerer Prozesse und unterscheiden sich in ihren Systemstrukturen einerseits von flüchtigen Interaktionssystemen und lockeren Netzwerken sowie andererseits von metastabilen, formalen Organisationen. Ihre Spezifik läßt sich wie folgt systematisieren:

Die Spezifik der virtuellen Gruppe im Vergleich zu anderen sozialen Kommunikationssystemen

	Interaktionssystem	soziale Gruppe	virtuelle Gruppe	Organisation
Art der Interaktions-kontakte	diffus, keine persönliche Kenntnis der Interaktionspartner	diffus, persönliche Kenntnis der Interaktionspartner	diffus, persönliche Kenntnis virtueller Interaktionspartner	formale Kenntnis der Interaktions-partner
soziale Kommunika-tionsorientierung	reaktiv mittelbar	emotional unmittelbar	emotional, sozio-technisch mittelbar	funktional mittelbar
Steuerungsmedium der Kommunikation	zufällige Aktionen und Reaktionen	zielgerichtete Gefühlsäußerungen	zielgerichtete Gefühls-äußerungen, technische Bedingungen	zielgerichtete Satzungen
zeitliche Stabilität	kurzfristig	relativ dauerhaft	relativ dauerhaft	dauerhaft statisch

Anders als bei face-to-face Gruppen gibt es in virtuellen Gruppen keine unmittelbaren Kontakte und keine physisch prüfbare Kenntnis der beteiligten Personen. Diese können anonym agieren, als Personae mit selbstgewählten Eigenschaften und wechselndem Status auftreten und sind physischen Gratifikationen und Sanktionen entzogen. Virtuelle Gruppen basieren auf einer fiktiven, besser gesagt artifiziellen, konstruierten Kohäsion. Hieraus resultiert ihre kreative Flexibilität und Leistungsfähigkeit, aber auch ihre Exzentrik und emotionale Enthemmung.

Im direkten Vergleich mit face-to-face Gruppen zeigen virtuelle Gruppen die erwähnten paradoxen Eigenschaften. Sie weisen zugleich eine starke Emotionalisierung der Kommunikation und eine strenge Formalisierung sozio-technischer Kommunikationsregularien auf. Intime Kohäsion, bis hin zu Liebes- und Freundschaftsbeziehungen, entwickelt sich auf der Basis tendenziell mittelbarer, sozial 'getarnter' Kontakte. Rahmengebende Kommunikationsstrukturen sind relativ statisch und hierarchisch organisiert und im Vollzug meist technisch automatisiert - bei gleichzeitig großen Möglichkeiten der Mitglieder sich durch Fluktuation oder 'Identitätswandlung' diesen Regularien zu entziehen. Die Kommunikation erscheint spontan und flüchtig, ist aber verschriftlicht und wird, teilweise auch längere Zeit, archiviert. Gratifikationen und Sanktionen sind persönlich und sympathetisch in einer virtuellen Beziehungsstruktur adressiert.

Die besonderen Rahmenbedingungen der Gruppenbildung bei CMC verweisen auf einen zusätzlichen sozialen Individualisierungsschub, der mit einer voranschreitenden Informatisierung der Gesellschaft einhergeht. Vermittelnde und vernetzte Kommunikationstechnologien sind die Grundlage einer erweiterten individuellen Informationshandhabung, der Selbstgestaltung und -vermittlung eigener Informationen im Rahmen gesellschaftlicher Kommunikation. Damit verlagert sich die Verantwortung für Kommunikationsangebote und deren Folgen auf die Individuen. Mit Blick auf die Bildung und Stabilität virtueller Gruppen bedeutet dies eine erhöhte Diffusität eindeutiger Traditionen, Zugehörigkeiten und sozialer Abgrenzungen, sowie eine Relativierung des dauerhaften sozialen Vertrauens. Das Auftreten virtueller Gruppen ist demzufolge als Indikator für eine sozio-technische Erweiterung sozialer Beziehungen im gesellschaftlichen Maßstab zu betrachten.

Soziale Kohäsion ist unter diesen Bedingungen zwischen medialen Individualististen herzustellen und aufrecht zu erhalten. Dies erklärt in gewissem Maße die paradoxe Situation emotionaler Nähe virtueller Kommunikation, bei gleichzeitiger ausgeprägter Formalisierung der sozio-technischen Kommunikationsformen. Diese Formalisierung beruht jedoch nicht alleine auf der Notwendigkeit technische Fertigkeiten auszubilden, um überhaupt im 'Cyberspace' zu agieren. Sie hat in der Form eines Kommunikationsrituals die wichtige Funktion, die Stetigkeit der sozialen Kontakte überindividuell zu sichern und ist somit als Ersatz für die unmittelbaren Vertrauensbeweise in face-to-face Gruppen zu verstehen. Im ständigen Fluß der virtuellen Kommunikationsbedingungen entstehen so sichere, nur in geringem Maße verhandelbare, Bezugspunkte für die Identität des jeweiligen Kommunikationssystems und sei dies in Form besonderer Emoticons, die nur 'hier' und nicht 'dort' verwendet werden und somit eine soziale 'Heimat' schaffen.

Trotz der Irritationen, die virtuelle Gruppen aufgrund ihrer Charakterstika bei der sozialwissenschaftlichen Beobachtung erzeugen, sind diese Gruppen in ihren unterschiedlichen empirischen Erscheinungsformen als autonome soziale Systeme von virtuellen Interaktionssystemen, Organisationen sowie Gesellschaftsformen zu unterscheiden.

Im Bezug zum RL (Real Life) stellen virtuelle Gruppen eine Erweiterung der Mitgliedschaftsalternativen sozialer Gruppen dar, wobei ihre Virtualität neue Freiheitsgrade sozialer und thematischer Mobilität eröffnet. In Einzelfällen sind sie geradezu als experimentelle Vorstufe für die Bildung und Mitgliedschaft unmittelbarer sozialer Gruppen, Zweierbeziehungen oder Organisationen anzusehen. Virtuelle Gruppen stellen sich demzufolge in allen sozialen Kontexten als Form der Vergesellschaftung dar, deren Kommunikationscharakteristik vom Zusammenspiel sozialer und technischer Faktoren bestimmt ist.

Es erscheint soziologisch daher sinnvoll, das Gruppentheorem zur Beobachtung und Beschreibung auf virtuelle Gruppen anzuwenden. Dies sollte allerdings unter der Prämisse geschehen, weitere Besonderheiten in den sozialen Strukturen und Prozessen dieser spezifischen sozialen Kommunikationssysteme herauszuarbeiten und empirisch zu prüfen. Angesichts der 'Veralltäglichung' virtueller Beziehungen vor allem im Internet, eine drängende und bislang nur selten systematisch angegangene Aufgabe sozialwissenschaftlicher Forschung.

Literatur

K. Argyll, R. Shields, 1996: Is there a Body on the Net?, in: R. Shields, (Hrsg.): Cultures of Internet: Virtual Spaces, Real Histories, Living Bodies, London.

J. F. Asteroff, 1987: Paralanguage in Electronic Mail: A Case Study. Ph.D. Dissertation. Columbia University Teachers College.

N. K. Baym, 1995: Humor in Computer-Mediated Communication. Online: http://www.usc.edu/dept/annenberg/vol1/issue2/baym.htm

N. K. Baym, 1996: The Emergence of Community in Computer-Mediated Communication, in: R. Shields (Hrsg.): Cultures of the Internet: Virtual Spaces, Real Histories, Living Bodies. London. S. 108-183.

U. Beck, 1983: Jenseits von Stand und Klasse? Soziale Ungleichheiten, gesellschaftliche Individualisierungsprozesse und die Entstehung neuer sozialer Formationen und Identitäten, in: R. Kreckel (Hrsg.): Soziale Ungleichheit. Sonderband der Sozialen Welt, Nr. 2. Göttingen. S. 35-74.

H. Bechar-Israeli, 1995: From <Bonehead> To >cloNehEAd>: Nicknames, Play, and Identity on Internet Relay Chat, Online: http://www.usc.edu/dept/annenberg/vol1/issue2/bechar.html

M. Beißwenger, 2002: Getippte 'Gespräche' und ihre trägermediale Bedingtheit. Zum Einfluß technischer und prozeduraler Faktoren auf die kommunikative Grundhaltung beim Chatten, in: I. W. Schröder und St. Voell (Hrsg.): Moderne Oralität. Marburg. Online: http://www.unizh.ch/~elwyss/chat/chat.html

J. M. Bradshaw, 1997: An Introduction to software agents, in: Ders. (Hrsg.): Software Agents. Menlo Park, CA. et al. S. 3-46.

E.-L. Carlstrom, 1992: Better Living Through Language The Communicative Implications of a Text-Only Virtual Environment, or, Welcome to LambdaMOO! Online: http://www.math.grin.edu/~rebelsky/Courses/Tutorial/99F/Copies/carlstrom.html

Ch. H. Cooley, R. C. Angell, C. J. Carr, 1933: Introductory Sociology. New York et al.

P. Curtis, 1992: MUDding: Social phenomenon in text-based virtual realities; in: Intertrek. 3/3. S. 26-34.

B. Debatin, 1998: Analyse einer öffentlichen Gruppenkonversation im Chat-Room. Referenzformen, kommunikationspraktische Regularitäten und soziale Strukturen in einem kontextarmen Medium. Online: http://www.uni-leipzig.de/~debatin/German/Chat.htm

J. Dibbell, 1993: A rape in cyberspace or how an evil clown, a Haitian trickster spirit, two wizards, and a cast of dozens turned a database into a society. Village Voice, 36-42. Online: ftp://ftp.lambda.moo.mud.org/pub/MOO/papers/VillageVoice.txt

V. Djordjevic, 1996: Von "emily postnews" zu "help manners". Netiquette im Internet. WZB Discussion Paper FS II 98-105, Wissenschaftszentrum Berlin.

N. Döring, 1999: Sozialpsychologie des Internet. Die Bedeutung des Internet für Kommunikationsprozesse, Identitäten, soziale Beziehungen und Gruppen. Göttingen et al.

N. Döring, 2001: Persönliche Homepages im WWW. Ein kritischer Überblick zum Forschungsstand, in: Medien & Kommunikationswissenschaft. 49/3. S. 325-349.

N. Döring, 2001a: Belohnungen und Bestrafungen im Netz: Verhaltenskontrolle in Chat-Foren, in: Gruppendynamik und Organisationsberatung. 32/2. S. 109-143.

J. S. Donath, 1997: Inhabiting the virtual city: The design of social environments for electronic communities, MIT. Onlinet: http://judith.www.media.mit.edu/Thesis.

E. Durkheim, 1992: Über soziale Arbeitsteilung. Studien über die Organisation höherer Gesellschaften. Frankfurt/M. (1893).

A. DuVal Smith, 1997: Problems of Conflict Management in Virtual Communities. Online: http://www.advs.net/cinc.htm

E. Faris, 1932: The Primary Group: Essence and Accident, in: American Journal of Sociology, 38. S. 41-50.

H. Gallery, 2000: "bin ich-klick ich" - Variable Anonymität im Chat, in: Caja Thimm (Hrsg.): Soziales im Netz. Sprache, Beziehungen und Kommunikationskulturen im Internet. Opladen, Wiesbaden. S. 71-88.

L. Goertz, 1995: Wie interaktiv sind Medien? Auf dem Weg zu einer Definition von Interaktivität, in: Rundfunk und Fernsehen, 43. S. 477-493.

G. Götzenbrucker, R. Hummel 2002: Das Netz der Netzwerke. Selbstorganisation im Internet. Manuskript.

P. Gross, 1994: Die Multioptionsgesellschaft. Frankfurt/M..

H. L. Guckenbiehl, 1980: Formelle und informelle Gruppe als Grundformen sozialer Strukturbildung, in: B. Schäfers (Hrsg.): Einführung in die Gruppensoziologie. Heidelberg. S. 51-67.

J. R. Hall, 1992: The capital of cultures: a nonholistic approach to status, situations, class, gender, and ethnicity, in: M. Lamont, M. Fournier (Hrsg.): Cultivating differences: Symbolic boundaries and the making of inequality. Chicago. S. 131-151.

R. B. Hamman, 1996: Cyborgasm. Cybersex Amongst Multiple-Selves and Cyborgs in the Narrow-Bandwidth Space of America Online Chat Rooms, Clochester. Online: http://www.sozio.demon.co.uk

S. Helmers, 1997: A Brief History of anon.penet.fi - The Legendary Anonymous Remailer, in: Computer-Mediated Communication Magazine. Sept./1997. Online: http://www.december.com/cmc/mag/1997/sep/helmers.html

J. R. Höflich, 1995: Vom dispersen Publikum zu "virtuellen Gemeinschaften". Plädoyer für einen erweiterten kommunikationswissenschaftlichen Blickwinkel, in: Rundfunk und Fernsehen, 43. S. 518-537.

J. R. Höflich, J. Gebhardt, 2001: Der Computer als Kontakt und Beziehungsmedium. Theoretische Verortung und explorative Erkundungen am Beispiel von Online-Chats, in: Medien & Kommunikationswissenschaft. 49/1. S. 24-43.

G. C. Homans, 1950: The human group. New York, Burlingame.

D. Hymes, 1986: Models of the interaction of language and social life, in: J. J. Gumperz, D. Hymes (Hrsg.): Directions in sociolinguistics: The ethnography of speaking. New York. S. 35-71.

F. M. Jablin, 1987: Formal organization structure, in: F. M. Jablin, K. H. Roberts, L. W. Porter (Hrsg.): Handbook of organizational communication, Newbury Park, CA. S. 389-419.

S. Kiesler, J. Siegel, T. W. McGuire, 1984: Social psychological aspects of computer-mediated communication, in: American Psychologist 39/10. S. 1123 - 1134.

S. Kiesler, L. Sproull, 1986: Reducing Social Context Cues: Electronic Mail in Organizational Communication, in: Management Science, 32/11. S. 1492-1512.

R. König, 1983: Die analytisch-praktische Doppelbedeutung des Gruppentheorems. Ein Blick in die Hintergründe, in: R. König, F. Neidhardt, M. R. Lepsius (Hrsg.): Gruppensoziologie, Sonderband der KZfSS, Nr. 25. Opladen. S. 36-64.

R. König, 1988: Menschheit auf dem Laufsteg. Die Mode im Zivilisationsprozeß. Frankfurt/M.

P. Kollock, M. Smith, 1996: Managing the virtual commons. Online: http://www.sscnet.ucla.edu/soc/Faculty/Kollock/papers/vcommons.htm

N. Luhmann, 1976[3]: Funktionen und Folgen formaler Organisation. Berlin.

N. Luhmann, 1980: Gesellschaftsstruktur und Semantik. Bd. 1. Frankfurt/M..

N. Luhmann, 1984: Soziale Systeme. Grundriß einer allgemeinen Theorie. Frankfurt/M.

N. Luhmann, 1989[3]: Vertrauen: Ein Mechanismus der Reduktion sozialer Komplexität. Stuttgart.

L-E. Marvin, 1996: Spoof, Spam, Lurk and Lag: the Aethetics of Text-based Virtual Realities. Worlds made with Words. Online: http://www.usc.edu/dept/annenberg/
vol1/issue2/marvin.html

E. Mayo, 1930: The Western Electric Company Experiment, in: The Human Factor, Bd.
VI, 1.

K. Y. A. McKenna, J. A. Barg, 1998: Coming out in the age of the Internet: Identity 'de-
marginalization' from virtual group participation, in: Journal of Personality and
Social Psychology. 75/3. S. 681-694.

M. L. McLaughlin, K. K. Osborne, C. B. Smith, 1995: Standards of conduct on Usenet,
in: S. G. Jones (Hrsg.): CyberSociety: Computer-mediated community and communication. Thousand Oaks, CA. S. 90-111.

J. L. Mnookin, 1996: Virtual(ly) Law: The Emergence of Law in LambdaMOO, in: Journal
of Computer-Mediated Communication. 2/1. Online: http://www.ascusc.org/
jcmc/vol2/issue1/lambda.html

M. Morris, Ch. Organ, 1996: The Internet as Mass Medium, Viewing the Internet as
Mass Medium, Journal of Communication. 46/1. Online: http://www.usc.edu/cgi-
bin/verity/x90f5255f-15684/Search/11378664/28

F. Neidhardt, 1979: Das innere System sozialer Gruppen, in: Kölner Zeitschrift für Soziologie und Sozialpsychologie, 31/4. S. 639-660.

J. Palmer, 1994: Taking humor seriously. London.

M. R. Parks, K. Floyd, 1996: Making Friends in Cyberspace, in: Journal of Communication. 46/1. S. 80-97.

B. Pfaffenberger, 1996: 'If I Want It, It's OK': Usenet and the (Outer) Limits of Free
Speech, in: The Information Society. 12. S. 365-386.

E. M. Raybourn, 1998: The Quest for Power, Popularity, and Privilege in Cyberspace:
Identity Construction in a Text-Based Multi-User Virtual Reality. Online: http://
www.cs.unm.edu/%7Eraybourn/moo5d%7E1.htm

E. M. Reid, 1991: Electropolis: Communication and Community On Internet Relay Chat.
Online: http://www.ee.mu.oz.au/papers/emr/electropolis.html

E. M. Reid, 1994: Cultural Formations in Text-Based Virtual Realities. Online: http://
www.ee.mu.oz.au/papers/emr/cult-form.html

C. Reiser, 1995: Die klassische Netiquette. (Deutsche Übersetzung von: A. H. Rinaldi,
1994: The Net: User Guidelines and Netiquette) Online: http://www.ping.at/
guides/netmayer/ oder: http://www.fau.edu/rinaldi/netiquette.html/

R. E. Rice, G. Love, 1987: Electronic Emotion: Socioemotional Content in a Computer-
Mediated Communication Network, in: Communication Research, 14/1. S. 85-108.

R. E. Rice, 1990: Computer-mediated communication system network data: Theoretical
concerns and empirical examples, in: International Journal of Man-Machine Studies. 32/6. S. 627-647.

R. E. Rice, 1992: Contexts of research on organizational computer-mediated communication: a recursive review, in: M. Lea (Hrsg.): Contexts of computer-mediated Communication. New York. S. 113-144.

U. Riehm, B. Wingert, 1995: Multimedia. Mythen, Chancen und Herausforderungen.
Karlsruhe.

H. S. Rheingold, 1993: The Virtual Community. Homestanding on the Electronic Frontier. Reading MA.

F. J. Roethlisberger, W. J. Dickson, 1939: Management and the Worker. An Account of a Research Program Conducted by the Western Electric Company, Hawthorne Works, Chicago. Cambridge, MA.

D. Sanderson, 1993: Smileys: Express Yourself Sideways. Sepastopol, CA.

O. Schade, 1997: Dienste im Internet, in: B. Batinic (Hrsg.): Internet für Psychologen. Göttingen. S. 49-88.

B. Schäfers (Hrsg.), 1980: Einführung in die Gruppensoziologie. Geschichte - Theorien - Analysen. Heidelberg.

R. Schroeder, 1997: Networked Worlds: Social Aspects of Multi-User Virtual Reality Technology. Online: http://www.socresonline.org.uk/2/4/5.html

J. Serpentelli, 1992: Conversational structure and personality correlates of electronic communication. Haverford. Online: ftp://parcftp.xerox.com/pub/MOO/papers/conv_structure.txt.

G. Shank, 1993: Abductive multiloguing the semiotic dynamics of navigating the net, in: The Archanet Electronic Journal of Virtual Culture, 1/1.

G. Simmel, 1958: Philosophie des Geldes. Berlin.

G. Simmel, 1992: Soziologie. Untersuchungen über die Formen der Vergesellschaftung. Georg Simmel Gesamtausgabe Bd. II, hrsg. v. O. Rammsted. Frankfurt/M.

L. Sproull, S. Kiesler, 1991: Connections: new ways of working in the networked organization, Cambridge, MA.

Ch. Stegbauer, A. Rausch, 1999: Ungleichheit in virtuellen Gemeinschaften, in: Soziale Welt. 50. S. 93-110.

Ch. Stegbauer, 2000: Begrenzung und Strukturen internetbasierter Kommunikationsgruppen, in: Caja Thimm (Hrsg.): Soziales im Netz. Sprache, Beziehungen und Kommunikationskulturen im Internet. Opladen, Wiesbaden. S. 18-38.

Ch. Stegbauer, A. Rausch, 2001: Die schweigende Mehrheit - "Lurker" in internetbasierten Diskussionsforen, in: Zeitschrift für Soziologie. 30/1. S. 48-64.

S. Stenslie, 1999: Body surf & Meat sport. Online: http://www.heise.de/bin/tp/issue/dl-artikel.cgi?artikelnr=2051&rub_ordner=inhalt&mode=html

A. R. Stone, 1992: Will the real body please stand up?: Boundary stories about virtual cultures, in: M. Benedikt (Hrsg.): Cyberscape: First Steps. Cambridge, MA.

U. Thiedeke, 1997: Medien, Kommunikation und Komplexität. Vorstudien zur Informationsgesellschaft. Opladen.

U. Thiedeke, 1999: Der Schein des Seins. Mediale Kommunikation und informationelle Differenzierung der Gesellschaft, in: Medien Journal: Medial Turn. Die Medialisierung der Welt, 23, 1. S. 29-40.

U. Thiedeke, 2001: Fakten, Fakten, Fakten. Was ist und wozu brauchen wir Virtualität?, in: DIE Zeitschrift für Erwachsenenbildung III/2001 "Virtuelle Bildung". S. 21-24.

S. Turkle, 1995: Life on the Screen: Identity in the Age of the Internet. New York.

S. Utz, 2000: Soziale Identifikation mit virtuellen Gemeinschaften - Bedingungen und Konsequenzen. Lengerich et al.

S. Utz, 2000a: Social Information Processing in MUDs: The Development of Friendships in Virtual Worlds. Online: http://www.behavior.net/JOB/v1n1/utz.html

J. B. Walther, J. K. Burgoon, 1992: Relational Communication in Computer-Mediated Communication, in: Human Communication Research. 19. S. 55-88.

J. B. Walther, 1996: Computer-Mediated Communication: Impersonal, Interpersonal and Hyperpersonal Interaction, in: Communication Research. 23. S. 3-43.

o.N., o.J.: What Is A Bot and What Is A Bot Not. Online: http://bots.lockdowncorp. com/

J. Wehner, 1997: Interaktive Medien - Ende der Massenkommunikation?, in: Zeitschrift für Soziologie. 26/2. S. 96-114.

L. von Wiese, 1933²: System der Allgemeinen Soziologie als Lehre von den sozialen Prozessen und sozialen Gebilden der Menschen. München, Leipzig.

Virtuelle Gruppen - Integration durch Netzkommunikation?
Gesellschafts- und medientheoretische Überlegungen

Karin Dollhausen und Josef Wehner

Die explosionsartige Verbreitung von Computern und Online-Anschlüssen sowie der rasante Zuwachs von netzvermittelten Kommunikationen hat der wissenschaftlichen Diskussion über den sozialen Wandel seit Mitte der 90er Jahre neue Anstöße geliefert. Denn es war und ist unschwer zu erkennen, dass mit den gestiegenen Möglichkeiten zur orts- und zeitübergreifenden Kommunikation mittels elektronischer Medien eine enorme Erweiterung, Beschleunigung und Intensivierung des gesellschaftlichen Kommunikationsprozesses einhergeht und dass sich Kommunikationsprozesse zunehmend vor dem Hintergrund eines weltweit funktionierenden medialen Informations- und Kommunikationsnetzwerk etablieren (vgl. Krotz 2001). Die Rede war und ist von einer globalen Kommunikationsgesellschaft, in der die Medienkommunikation und speziell die netzvermittelte Kommunikation von zentraler Bedeutung ist, weil sie in alle erdenklichen Schichten des individuellen und kollektiven Seins hineinreicht.

So verstanden ist es nur folgerichtig, dass von weitreichenden Transformationen der modernen Kultur ausgegangen werden muss, sei es in Form komplexer Informationslagen aufgrund von dezentral organisierten, gleichzeitig stattfindenden Echtzeitkommunikationen im Netz, sei es in Form neuartiger schriftsprachlicher Modalitäten, sei es in Form einer neuartigen Selbstpräsentation der Kommunizierenden im Netz. Mit der Behandlung derartiger Themen wurde und wird in der sozialwissenschaftlichen Diskussion darauf aufmerksam gemacht, dass die gesellschaftliche Relevanz speziell des vernetzten Computers als Kernstück der elektronischen Medien, weit über seine Bedeutung als technisches Artefakt zur Steigerung menschlicher Handlungen und Denktätigkeiten hinausgeht. Es sind nicht nur die technischen Informationsverarbeitungskapazitäten, sondern die Möglichkeiten, in künstliche Erfahrungswelten einzutauchen und sich weltweit elektronisch zu vernetzen, die den Computer zum Schlüsselmedium der modernen Gesellschaft und Kultur machen.

Eine, mit dieser Erkenntnis eng verwobene und für Soziologen zentrale Frage betrifft den Aufbau und die Pflege sozialer Bindungen und Beziehungen unter sich verändernden Bedingungen der Möglichkeit zur Teilnahme an gesellschaftlichen Kommunikationsprozessen. Bereits in den 90er Jahren wurden Begriffe, wie „virtuelle Gruppen" und „elektronische Gemeinschaften" geprägt, mit

denen auf die Notwendigkeit eines zumindest in Teilen grundsätzlichen Über-
denkens tradierter soziologischer Annahmen über das Zustandekommen, den
Erhalt und die Veränderung von sozialen Beziehungen aufmerksam gemacht
wurde. Insbesondere von technik- und mediensoziologischer Seite wurde gefordert, die herkömmlichen subjekt- und kommunikationszentrierten Begriffe des
Sozialen um Objekte und (Medien-)Techniken zu erweitern (vgl. Latour, 1998;
Knorr-Cetina, 1998). Das Soziale, so der Tenor dieser Argumentation, lasse sich
nicht mehr, wie in Durkheimscher Denktradition, ausschließlich aus dem Sozialen heraus erklären. Vielmehr seien bei der Beobachtung und Beschreibung
sozialer Sachverhalte und Probleme auch die materialen, medientechnischen
Bedingungen des Zustandekommens von Kommunikation zu berücksichtigen.
Unterstützt wurde diese Argumentation durch technik- und mediensoziologi-
sche Studien. Diese versuchten das technische Medium 'Computer' nicht mehr
in techniktheoretischer Tradition als 'Objekt', 'Verfahren', als 'technische Struktur' oder kurz: als wie auch immer geartete 'externe' Bedingung des Handelns
und Kommunizierens zu begreifen, sondern als 'Aktionskomplexe', die Realität
eigenständig vermitteln und verändern (vgl. Dollhausen, Hörning, 1997). Entsprechend kritisch wurde ein von der Sozialtheorie verwalteter, technikfreier
Begriff des 'Sozialen' behandelt, der - so Werner Rammert (1998: 19) - die "medialen Träger des Sozialen derart in den Hintergrund drängt, dass ihre mitprä-
gende, strukturierende Kraft nicht mehr mitreflektiert werden kann". Mit der hier
nur skizzierten Kritik drängt sich zugleich die Frage auf, wie technische Medien
in den soziologischen Beschreibungen des Sozialen auftauchen können, bzw.
wie der Zusammenhang zwischen technischen Medien und Sozialität soziologisch präzisiert werden kann.

Die Forderung nach einem erweiterten Verständnis des Sozialen und nach
der Berücksichtigung der konstitutiven Rolle technischer Medien hat vor allem
zur Intensivierung der sozialwissenschaftlichen Diskussion über die gesellschaftliche Bedeutung elektronischer Medien und speziell des Netz-Mediums Internet
(vgl. Neverla, 1998) geführt. Dabei ist die Diskussion bis heute durch typische
Bestimmungsunsicherheiten gekennzeichnet: Probleme tauchen bereits bei der
Festlegung des Gegenstands auf. Wer sich beispielsweise auf das World Wide
Web (WWW) bezieht und nach den kommunikationsstrukturellen Spezifika fragt,
kommt zu ganz anderen Ergebnissen als derjenige, der sich mit speziellen Ausschnitten des Kommunikationsgeschehens im Netz, so z.B. mit sogenannten
'Schwatzrunden' (chat-groups) oder mit virtuellen Spielumgebungen (sog.
MOO's und MUD's) im Internet beschäftigt. Insbesonders Computernetze sper-
ren sich gegen ihre Beschreibung als technische Verbreitungsmedien, deren
Funktion - ähnlich den Massenmedien - vorrangig in der Informationsdistribu-
tion und in der Steigerung von Informationsvermittlungskapazitäten, sowie in

der Erhöhung der kommunikativen Erreichbarkeit der Gesellschaftsmitglieder zu sehen ist. Dagegen spricht bereits die Interaktivität des 'Netz-Mediums', die sowohl für Verbreitungs- und Konsumzwecke medialer Produkte wie auch für hoch individualisierte Kommunikationsformen offen ist. Benutzer des Netz-Mediums sind nicht mehr - wie im Fall der Massenmedien - zum passiven Konsum vorgefertigter Medienprodukte gezwungen. Vielmehr können sie sich aktiv in das mediale Geschehen einmischen und als 'Netzteilnehmer' in körperlosen Informations- und Kommunikationszirkeln ('virtuelle Gemeinschaften') über alle erdenklichen Themen debattieren, oder sich einfach nur bei der Lösung eines Problems von unsichtbaren Helfern unterstützen lassen (vgl. Kiesler, 1997).

Solche Merkmale dürften auch mitverantwortlich sein für die feststellbaren Unterschiede zwischen den theoretischen und methodischen Annäherungsversuchen. Während in einigen Untersuchungen die Ansicht vertreten wird, Kommunikationsweisen und soziale Struktureffekte 'im Netz' ließen sich in Analogie zu sozialen Phänomenen außerhalb der elektronischen Netze rekonstruieren (vgl. Helmers et al., 1998), dienen andere dem Ziel, das Neu- und Andersartige netzvermittelter Kommunikation in möglichst radikaler Differenz zu vertrauten Kommunikationspraktiken herauszuarbeiten (vgl. Esposito, 1995a+b; Fuchs, 1998; Krämer, 1996). Auffallend ist auch, dass vielfach versucht wird, Prozesse der Kollektivierung in erster Linie in den elektronischen Netzen aufzuspüren (vgl. Thimm, 2000). In dieser Perspektive wird speziell das Internet zum umfassenden 'Kulturraum', der von interessierten Nutzern besiedelt wird, die ihre virtuellen Beziehungen durch eigenwillige Normen und Wertvorstellungen organisieren, die nur im Netz Geltung beanspruchen können. Man zeigt sich beeindruckt von den computer- bzw. netztechnisch eröffneten Darstellungs- und Kommunikationsmöglichkeiten, vernachlässigt dabei jedoch die Analyse der Zusammenhänge zwischen 'realen' und sog. 'virtuellen' Interaktionsprozessen.

Einen weiteren Ansatzpunkt zur Bearbeitung der Frage nach der sozialen Bedeutung speziell des Netz-Mediums bietet die Diskussion über den Wandel sozialer Integration. Was die Vertreter dieser Diskussion bei aller Verschiedenheit in der Wahl theoretischer Zugänge verbindet, ist das Bild einer posttraditionalen Gesellschaft. In ihr gehen die althergebrachten kollektiven und gruppenspezifischen Sinnfundamente (Familie, Nachbarschaft, Schicht, Klasse) unwiderruflich verloren. Demnach folgen Herstellung und Erhalt sozialer Bindungen immer weniger vorgeschriebenen gesellschaftlichen Mustern. Stattdessen sind sie als entscheidungsabhängige Leistungen der Alltagsakteure zu verstehen (vgl. Beck et al., 1996). Wir werden im folgenden zu erkunden versuchen, welche Rolle elektronische Computernetze in diesem Prozess der Enttraditionalisierung und Individualisierung spielen könnten. Dabei bewegen wir uns in einem Argumentationszusammenhang, in dem der gesellschaftliche Strukturzerfall und die Freiset-

zung individueller Akteure mit der Strukturbildung und Reintegration von Alltags-
akteuren in Verbindung gebracht werden. Wir zielen also auf ein Verständnis,
das es ermöglicht, die als problematisch erfahrene Erosion traditioneller Deu-
tungs- und Handlungsmuster und die damit einhergehende starke Subjektzen-
trierung der Lebensführung, als den relevanten gesellschaftlichen Hintergrund
für das Zustandekommen und den Erhalt anderer, d.h. 'virtualisierter' sozialer
Bindungen zu interpretieren.

1. Modernisierung und soziale Integration

Zu den zentralen Themen der Modernisierungsforschung gegen Ende des 20.
Jahrhunderts gehört die Diagnose einer "Individualisierung" der Gesellschaft.
Schon Mitte der 70er Jahre sprach Lepsius (1974) von der Auflösung "sozialmora-
lischer Milieus", die noch in der Industriegesellschaft die gesellschaftliche Einbettung des Individuums bzw. die "Einheit von 'objektiven' Lebenslagen und
'subjektiven Lebensweisen' zu verbürgen schienen" (Eickelpasch, 1998: 14).
Den fortschreitenden Zerfall der Orte und Strukturen kollektiver Vergesellschaftung im Blick, betonen Individualisierungstheoretiker wie Beck (1986) die wachsende Selbstzuständigkeit der Individuen im Hinblick auf kognitive, moralische
und materielle Fragen der alltäglichen Lebensführung.

    Wenn von Individualisierung die Rede ist, dann sind empirische Nachweise
der Herauslösung des Individuums aus tradierten sozialen Zusammenhängen
nicht weit - seien es sinkende Mitgliederzahlen in Kirchen, Parteien und
Gewerkschaften, seien es steigende Scheidungsraten oder die Identitätspro-
bleme von Migranten und ethnischen Gruppierungen. All diese Gemeinschaftsformen, denen lange Zeit zugestanden wurde, die soziale Zugehörigkeit und ein
gemeinsames, soziokulturelles Verständigtsein einer Mehrheit von Gesellschafts-
mitgliedern zu gewährleisten, scheinen im Individualisierungsprozess einem
unaufhaltsamen Bedeutungsverlust unterworfen zu sein. Das heißt nicht, dass
diese ehemals als gegeben angesehenen sozialen Formen wegfallen. Vielmehr
büßen sie im fortschreitenden Modernisierungsprozess ihre vormalige Plausibilität als solidaritätsstiftende Sozialformen ein. Ihre Tauglichkeit zur dauerhaften
Regelung sozialer Beziehungen und zur wechselseitigen Abstimmung individueller Handlungsmöglichkeiten wird fraglich.

    Die Beobachtung nachlassender 'innerer' Bindungskraft von tradierten
Gemeinschaftsformen geht einher mit der Beobachtung steigender Options-
spielräume zur individuellen Lebensgestaltung (vgl. Gross, 1994) und der damit
wachsenden Bedeutung der Eigenleistung der Individuen bei der Gestaltung
ihrer Biographie. Entsprechend können soziale Beziehungen und Zusammenschlüsse nicht mehr wie selbstverständlich auf 'äußere' Notwendigkeiten und

strukturelle Zwänge zurückgeführt, sondern müssen zunehmend als Resultate individueller Entscheidungen und Wahlhandlungen angesehen werden. In der Terminologie Giddens' (1990) werden die alltäglichen sozialen Beziehungen aus gewachsenen lokalen Interaktionskontexten und Traditionen herausgelöst, 'entbettet' ("dis-embedding"). Soziale Beziehungen gestalten sich zunehmend flüchtiger; sie etablieren sich unabhängig von räumlich gebundenen Integrationsformen, doch werden sie zugleich immer abhängiger von Strategien der symbolischen Selbstbehauptung und individuellen Absetzung gegenüber Anderen. Der in diesem Sinn entfesselte Aufbau personaler und kollektiver Identitäten verlangt ein aktives Grenzmanagement und ist damit existentiell einer Politisierung unterworfen (vgl. Hitzler, Pfadenhauer, 1998).

Mit Blick auf die Gesamtgesellschaft werden die Konsequenzen von Entstrukturierungs- und Individualisierungsprozessen zunächst als Potenzierung von lebensstilbezogenen Ein- und Ausstiegschancen, als Zunahme von vertikaler und horizontaler Mobilität und als Anstieg von individuellen Wahl- und Entscheidungslasten beobachtbar. Als mögliche Fluchtpunkte dieser Entwicklung tauchen hier entweder die Vision eines fröhlichen, unverbundenen Nebeneinanders unterschiedlicher Lebenspraxen oder aber die Endzeitvorstellung einer Ellbogengesellschaft auf, in der jeder ohne Rücksicht auf den anderen nur noch seinen Vorteil sucht. Welcher Blickrichtung man hier auch folgen möchte, beide verweisen auf das unübergehbare Aufbrechen gesellschaftlicher Einheit und auf die irreversible Pluralisierung soziokultureller Orientierungen, die keine gesamtgesellschaftliche Wechselseitigkeit mehr zulassen. Verloren geht ein normativer Überbau, der das unüberschaubar gewordene Geflecht soziokultureller Orientierungen zu einem verständlichen und transparenten Ganzen integrieren könnte (vgl. Berger, 1997).

So wichtig und zutreffend solche Diagnosen und Zukunftserwartungen auch sein mögen - ihnen ist vorzuhalten, dass sie solange einseitig argumentieren, wie sie nicht auch Prozesse der Wiedergewinnung von sozialen Bindungen und der Wiedereinbettung individuellen Handelns in soziale Zusammenhänge ("re-embedding") berücksichtigen (Giddens, 1990). Wie aber läßt sich die Neuformierung sozialer Zusammenhänge vorstellen, ohne den unhintergehbaren Zweifel an gegebenen institutionellen Ordnungen und traditionellen Modi der Vergesellschaftung leichtfertig auszublenden?[1] Erste Anhaltspunkte, um hier zu einer Antwort zu kommen, bietet der gegenwärtige Diskurs über die neuen elektronischen Medien.

2. Elektronische Medien

Überwiegend wird der vernetzte Computer im sozialwissenschaftlichen Diskurs als ein Medium behandelt, das alle Barrieren der Beziehungsaufnahme sprengt (vgl. die Beiträge in: Jones, 1995; 1998; Kiesler, 1997). Grundlegend wird dies damit begründet, dass mit dem Wegfall der massenmedialen Interaktionssperre zwischen Sender und Empfänger in den Computernetzen nicht nur einer unbegrenzten Zahl von Teilnehmern die Möglichkeit gegeben wird, ein auf persönliche Interessen abgestimmtes Informationsangebot zu erstellen, sondern auch jeder prinzipiell die Chance erhält, die Rolle des Rezipienten mit der des Kommunikators zu tauschen. Ein weiteres wichtiges Argument ist, dass Computernetze es einerseits erlauben, Raum- und Zeitbarrieren zu vernachlässigen, die bislang angesichts begrenzter Zeit- und Finanzressourcen eine Beziehungsaufnahme verhinderten. Andererseits erlaubt computerbasierte Kommunikation auch das Umgehen sozialer Hindernisse, beispielsweise von Autoritäts-, Status- und Machtunterschieden, die asymmetrische Beziehungsverhältnisse begründen (Sproull, Kiesler, 1991).[2]

In diesen Kontext ordnet sich die Beobachtung ein, dass äußerliche Merkmale wie Geschlecht, Alter, Aussehen, ebenso wie sichtbare und hörbare Hinweise auf den sozialen Status in der überwiegend schriftbasierten Medienkommunikation an Bedeutung verlieren. Hierdurch eröffnen sich Freiräume für ungewöhnlich enthemmte und emotionalisierte Kommunikationsformen. Identitäten können erfunden und spielerisch erprobt werden (vgl. Becker in diesem Band;

---

[1] Bekanntermaßen hat Beck darauf hingewiesen, dass Individualisierung nicht einseitig als Befreiung von traditionellen Zwängen, sondern "als Anfang eines neuen Modus der Vergesellschaftung" zu denken ist, "als eine Art 'Gestaltwandel' oder 'kategorialer Wandel' im Verhältnis von Individuum und Gesellschaft" (1986: 205). Prozesse der Re-Integration verdanken sich vor allem sog. sekundären Institutionen, wie z.B. dem Arbeitsmarkt oder dem Sozialstaat. Traditionelle Bindungen und Versorgungsbezüge werden demnach eingetauscht gegen neue Abhängigkeiten (Arbeitsmarktlagen, Bildungsangebote, Konsumzwänge etc.). Der Begriff der Individualisierung meint nach Beck kein voluntaristisches Gesellschaftsverständnis, sondern Formen der Vergesellschaftung mit neuartigen Zumutungen und Zwängen. Wir kommen im Abschnitt über "virtuelle Bindungen" darauf zurück.

[2] Gut untersucht ist dieser Zusammenhang bislang nur im Hinblick auf die Printmedien, die nach heutigen Erkenntnissen diese Entwicklung als entscheidende Weichensteller eingeleitet haben. Diese Medien erlauben nicht nur eine Distanz gegenüber der Welt der Erfahrungsgegenstände, sondern darüber hinaus - aufgrund ihrer Funktion als Speichermedium - auch gegenüber den symbolischen Formen der Vergegenwärtigung der äußeren Welt. Sie tragen damit maßgeblich zur Entstehung des modernen Kritikverständnisses bei (vgl. Ong, 1987).

Turkle, 1995). Zudem kann im Netz zwischen Sender und Empfänger, zwischen Autor und Leser, zwischen dargestellter Welt und Darstellung nicht mehr klar unterschieden werden. Indem jeder die Möglichkeit hat, sich in den Vollzug einer technisch vermittelten Kommunikation einzumischen, nimmt er nicht mehr nur auf das Reale, auf die dargestellte Welt Bezug, sondern auch auf die Repräsentationen anderer Kommunikationsteilnehmer. Dadurch können kommunikative Beiträge, wie das prominente Beispiel Hypertext zeigt, einer fortlaufenden Veränderung unterworfen werden, was die Zurechnung eines Kommunikats auf einen Urheber enorm erschweren kann. Zumindest ist jede Kommunikation - nicht zuletzt aufgrund ihrer Verschriftlichung - auf die von ihr aktualisierten Differenzen hin thematisierbar. Hierdurch wird der Blick für die mögliche Vielfalt und Gleichwertigkeit der kommunikativen Beiträge im Netz geschärft. Computermedien dehnen auf diese Weise den Bereich des Kontingenten aus. Sie lenken die Aufmerksamkeit auf die Entscheidungsabhängigkeit der aktualisierten Kommunikation und damit auf die Unterscheidbarkeit jeweils aktualisierter und nicht aktualisierter Kommunikation (Esposito, 1998). Daher muß auch jeder, der im Netz Kontroll- oder Übersichtsansprüche stellt oder behauptet, eine unangreifbare Beobachterperspektive gefunden zu haben, mit unerbittlicher Kritik rechnen.

Ferner kann mit Hilfe der Computernetze die Erreichbarkeit der Teilhabenden innerhalb eines bestehenden sozialen Netzwerkes beträchtlich gesteigert werden. Potentiell ist nun jede Person zu jeder Zeit in kürzester Zeit erreichbar, selbst dann, wenn sie keinen festen Arbeitsplatz oder Wohnsitz hat. Auch lassen sich soziale Beziehungsgeflechte erweitern, ohne dass ihre kommunikative Dichte darunter leiden muß, und es bieten sich jetzt bislang unbekannte Möglichkeiten der Mehrfachvernetzung an, indem mit elektronischer Hilfe an verschiedenen, mitunter räumlich weit verstreuten Kommunikationszirkeln partizipiert werden kann (zusammenfassend: Wellman, 1996; 1997 in diesem Band). Der vergleichsweise geringe zeitliche und finanzielle Aufwand ermutigt dazu, sich an verschiedenen Kommunikationszirkeln zu beteiligen und Nutzen daraus zu ziehen, dass Netzteilnehmer gleichzeitig in verschiedenen anderen Computernetzwerken präsent sind und auf diese Weise für Informationen sorgen können, die anders kaum verfügbar wären. Hier ist es oft nur ein einzelner Teilnehmer eines Netzwerkes, der als Brücke zwischen seinem und anderen Netzwerken fungiert und so dafür sorgt, dass Verbindungen zwischen verschiedenen elektronischen Zirkeln und Foren hergestellt werden ("cross-cutting ties"), die ohne die Möglichkeit der elektronischen Vernetzung nicht bestehen würden. Vor allem durch Mehrfachvernetzung eröffnen sich den Netzteilnehmern Zugangsmöglichkeiten zu anderen Netzteilnehmern und Informationen, die sich im Beziehungsgeflecht enger persönlicher Bindungen in der Regel nicht gewinnen lassen. Seit längerem weiß man, dass Beziehungen zu solchen entfernteren Netzwerken wichtig sein können für die berufliche und soziale Mobilität (vgl. Granovetter 1973). Deshalb ist zu erwarten, dass Mehrfachvernetzungen an Attraktivität gewinnen werden.

Computernetze sind also nicht auf die Realisierung eines Typs von sozialer Beziehung festgelegt, vielmehr scheinen sie sich dadurch auszuzeichnen, dass sie unterschiedliche Beziehungsformen unterstützen können. So macht beispielsweise Wellman (1999) darauf aufmerksam, dass das Internet ein breites Spektrum strukturell differenzierbarer Vernetzungsmöglichkeiten bereit hält. 'Virtuelle Gruppen' bilden darin nur eine Möglichkeit der Vernetzung neben vielen anderen. Sie zeichnen sich dadurch aus, dass jeder Netzteilnehmer nicht nur die Möglichkeit hat, mit jedem anderen Teilnehmer eines elektronischen Netzwerks zu kommunizieren, sondern dies auch faktisch tut. Davon zu unterscheiden sind etwa gruppenförmige Sozialzusammenhänge, die das Netz nutzen, um Bindungen zu Mitgliedern auch dann aufrecht zu erhalten, wenn diese aufgrund räumlicher Trennung nur selten anwesend sind. Es handelt sich dabei um soziale Beziehungen, die sich nicht ausschließlich auf den "virtuellen Raum" beschränken (wie es z.B. im Kontext von virtuellen Spielwelten, sogenannten MOOs und MUDs der Fall ist), sondern diesen zu bestimmten Zeiten als einen zusätzlichen Kommunikationsraum nutzen. Die medienvermittelte Herstellung sozialer Beziehungen erlaubt stets auch realweltliche soziale Beziehungsaufnahmen, die wiederum durch Kommunikation in Computernetzen fortgesetzt werden können usw.

Ganz anders verhält es sich mit jenen elektronischen Kommunikationszusammenhängen, in denen beispielsweise ältere Menschen, Experten, Manager, Emigranten, Arbeitslose, Lesbierinnen und Schwule jeweils für sie relevante Themen und Problemsituationen diskutieren können (vgl. Furlong, 1989). Solche Diskussionszusammenhänge sind in der Regel thematisch festgelegt. Jeder kann sich grundsätzlich beteiligen, sofern er sich nur an das jeweils vorgegebene Thema hält. Von ihrer kommunikativen Struktur gleichen sie schwach integrierten 'uniplexen' Beziehungen (siehe auch Götzenbrucker, Löger in diesem Band), wie wir sie beispielsweise lange Zeit nur in Vereinen, Verbänden oder Selbsthilfegruppen vorfanden (vgl. Baym, 1998). Die elektronische Vernetzung beruht hier auf der Grundlage gemeinsamer oder ähnlicher Merkmale (z.B. Geschlecht, Alter) und/oder ähnlicher Freizeit- und Konsumorientierungen und/oder gemeinsamer Problemlagen und Selbstverständnisse (z.B. Ausländersein) (Wellman, 1999: 186). Umgekehrt bleiben diese gemeinsamen, subjektzentrierten Grundlagen der Beziehungsaufnahme oft ungenutzt, solange nicht geeignete Kommunikationstechniken gefunden werden, die räumliche, zeitliche sowie auch konventionell eingelebte soziale Hindernisse der Beziehungsaufnahme

überwindbar machen. Dabei ist zu berücksichtigen, dass in solchen Kommunikationszusammenhängen bereits aufgrund ihrer Teilnehmerzahl die für den
Zusammenhalt und die Identität einer Gruppe erforderliche Dichte der kommunikativen Interaktionen nicht erreicht wird. Es mangelt ihnen an der für Gruppenbeziehungen typischen, engen emotionalen Bindung. Ihre relative Offenheit für
Ein- und Austritte widerspricht der für die soziale Gruppe typischen Grenzzie-
hung zwischen einem Innen und einem Außen.

Festzuhalten bleibt, dass durch die neuen interaktiven Medien Kommunikationsmöglichkeiten angeboten werden, die über das Kommunikationsformat
der Gruppe weit hinausgehen. Möglicherweise liegt der Reiz der Computernetze darin, den bekannten Zwängen der Gruppe (diffuse Beziehungen, dauerhafte Bindungen etc.) zu entkommen, und die Möglichkeiten zu nutzen, zwischen verschiedenen Formen der Vernetzung wählen zu können. Sog. virtuelle
Gruppen scheinen jedenfalls im Vergleich zu realweltlichen sozialen Gruppen
von geringerer Dauer, thematisch festgelegter und auch im Hinblick auf die
(Nicht-)Teilnahme unverbindlicher zu sein (vgl Becker in diesem Band). Das zeigt
sich vor allem dort, wo als 'Gruppe' oder 'Gemeinschaft' sich bezeichnende
Konfigurationen in elektronischen Netzwerken einen Spielcharakter haben und
somit leichtere Ein- und Ausstiegsoptionen bieten als realweltliche Gruppenkon-
texte. Möglicherweise dient hier das Modell der sozialen Gruppe auch als Orien-
tierungsvorlage, die im Zuge der Kultivierung des Internets eigenwilligen Interpretationen unterworfen sein wird (vgl. Neverla, 1998), so dass nicht angenommen werden muss, dass Gruppenbildungsprozesse im Internet dasselbe bedeuten, wie Gruppenstrukturen außerhalb des Mediums. Hinweise darauf liefern
zumindest Studien zur Telearbeit (vgl. Goll, 2002).

Es bleiben deshalb grundsätzliche Zweifel, ob mit dem Konzept der 'sozialen Gruppe' die Unterschiedlichkeit der Beziehungen in den elektronischen Netzen hinreichend erfasst und rekonstruiert werden können.

Folgt man dieser Argumentation, dann stellt sich die Frage neu, welche Formen sozialer Bindungen durch die neuen Medien angeregt und unterstützt werden, bzw. welchen neuen Formen sozialer Bindungen die neuen Medien eine
Entfaltung erlauben. Einen für unsere Zwecke instruktiven Anknüpfungspunkt bilden die Diskussionen über soziale Netzwerke und Vernetzungsprozesse. Sie verlagert das soziologische Interesse von der Identifikation spezifischer sozialer Formationen, wie z.B. Gruppen oder Gemeinschaften, auf die Rekonstruktion der
Herstellung und den dynamischen Erhalt sozialer Bindungen und Zusammenhänge.

3. Soziale Netzwerke

Bei der Beobachtung sozialer Netzwerke geht es nicht so sehr um die Beschreibung von mehr oder weniger homogenen, dauerhaften und nach außen hin geschlossenen Ensembles von Personen mit vergleichbaren Attributen (wie z.b. Bildung, Einkommen, Alter, Geschlecht). Prozesse der Vernetzung zu beobachten bedeutet vielmehr, das Verhalten von sozialen Akteuren, seien es Personen, seien es Gruppen, Organisationen oder auch Staaten, aus dem Beziehungsgeflecht heraus zu erklären, in das die jeweils in den Blick genommenen Akteure verwickelt sind (vgl. für Organisationen etwa: Ortmann, Sydow, 2001). Im Brennpunkt des Interesses steht die Erklärung des Verhaltens von Akteuren aus ihrer Stellung in einem Beziehungsgefüge sowie aus den mit dieser Stellung verbundenen Zugängen zu Ressourcen (z.B. Informationen) (vgl. Wellman, 1983). In dieser Betrachtungsweise sind Vernetzungsprozesse keine typisch 'spätmodernen' Erscheinungen, sondern basale Modi der Vergesellschaftung (vgl. z.B. Collins, 1988: 411 f.; Nohria, 1992; Schenk, 1983). Allerdings scheint für die Entwicklung moderner Gesellschaften charakteristisch zu sein, dass sich in ihnen der Schwerpunkt des 'networking' - parallel zu gesellschaftlichen Differenzierungs-, Pluralisierungs- und Individualisierungsprozessen und der damit verbundenen Wählbarkeit sozialer Kontakte - zunehmend von "starken" auf sogenannte "schwache Beziehungen" verlagert.

Schwache Bindungen ("weak ties") - ein Begriff, der vor allem durch den Wirtschaftssoziologen Granovetter (1973) in die Diskussion gebracht wurde - kommen nicht durch äußeren Zwang oder durch formale Mitgliedschaft zustande; sie setzen vielmehr auf Seiten der Akteurever gleichbare Betroffenheiten und ähnliche Neigungen sowie die Bereitschaft voraus, über eben diese Betroffenheiten und Neigungen zu kommunizieren. Die Zugehörigkeit und Teilhabe an Netzwerken mit schwachen Bindungen sind das stets vorläufige Resultat des kommunikativen Engagements ihrer Teilhabenden. Solche sozialen Netzwerke unterscheiden sich deshalb von familiären, freundschaftlichen oder nachbarschaftlichen Sozialzusammenhängen, deren Bindungen vergleichsweise diffus und langfristig festgelegt sind.

Die Verschiebungen von starken zu schwachen Bindungen werden - in anderer Terminologie - bereits im frühen Diskurs der Moderne thematisiert. So beschreibt etwa Simmel (1989: 237 ff.), wie Individualität und Wahlfreiheit im Handeln sich erst dadurch einstellen, dass der einzelne einen Knotenpunkt vielfältiger sozialer Gruppierungen bildet. Personen werden einzigartig, indem sie in verschiedenen Kontexten (Familie, Beruf, Verein) in unterschiedliche Rollen schlüpfen und diese in sich vereinen. Während prämoderne Kontexte nur wenige Personen umfassen, die relativ stark auf das gemeinschaftliche Leben konzentriert und von der sozialen Umgebung abgeschottet sind, vervielfältigen sich in modernen Gesellschaften die Kontexte, aus denen sich Beziehungen entwickeln können. Es gibt nun ungleich mehr Möglichkeiten, funktionale, thematisch und situativ spezifizierbare Beziehungen aufzunehmen. Dadurch kommt es zu einer Abschwächung von Solidargemeinschaften, während flüchtige, interessen- und präferenzengesteuerte Beziehungen an Bedeutung gewinnen. Die vormals weitgehend vorgegebenen Kontexte und 'starken', kaum aufkündbaren sozialen Bindungen werden nun allmählich durch ein vergleichsweise 'schwaches', sich auf freiwilliger Wahl gründendes Assoziationswesen ergänzt und damit in ihrer Bedeutung relativiert. Der Nutzwert dieser Form sozialer Bindungen besteht entsprechend weniger in der Erzeugung kollektiver Solidarität, als vielmehr in der Herstellung und Bestätigung individueller Autonomie und Mobilität.

Wichtig für den vorliegenden Zusammenhang ist, dass Netzwerke weder ein externes Zwangsmittel, das die Kommunikation an sich unabhängiger Akteure in eine bestimmte Richtung dirigiert, noch ein Produkt 'strukturfrei' kommunizierender Akteure darstellen (vgl. Messner, 1995; Fligstein, 1996). Ihre Akteure sindkeine Vollzugsorgane übergeordneter Strukturen ("oversocialized actor"). Ebensowenig dürfen die Spielräume im Umgang mit sozialen Strukturen als beliebig vergrößerbar angenommen werden ("undersocialized actor"). Netzwerke sind sowohl der Horizont möglicher sozialer Beziehungen, der die Aktualisierung sozialer Bindungen ermöglicht, als auch das Produkt der sich in Beziehung setzenden Akteure. Netzwerkstrukturen kommen mithin im Vollzug kommunikativer Beziehungen immer schon zur Anwendung, und indem sie sie 'benutzen', reproduzieren die kommunizierenden Akteure zugleich diese Strukturen. Soziale Netzwerke ermöglichen einerseits soziale Bindungen auf einem vergleichsweise 'schwächeren', d.h. weniger rigide geregelten Niveau und eröffnen damit relativ große Wahlfreiheiten. Andererseits begrenzen sie die Varianz sozialer und individueller Aktivitäten. Soziale Vernetzungen stehen also für Übergänge von traditionalen festen Bindungen in fluidere, auf vergleichbaren Lebenslagen und Problemsituationen der Teilnehmer beruhenden Sozialformen, die gleichwohl den einzelnen mit entsprechenden Realitätsdeutungen und Handlungsorientierungen versorgen können.

Soziale Netzwerke sind deshalb in struktureller Hinsicht nicht deckungsgleich mit der sozialen Gruppe. Diese gilt in der Soziologie als ein soziales System, "dessen Sinnzusammenhang durch unmittelbare und diffuse Mitgliederbeziehungen, sowie durch relative Dauerhaftigkeit bestimmt ist" (Neidhardt, 1980: 105). Das Merkmal der Unmittelbarkeit von Beziehungen trägt dem Umstand Rechnung, dass Gruppen in Interaktionsprozessen zustande kommen, die die gemeinsame Anwesenheit der Interaktionspartner voraussetzen.

Dadurch sind Gruppen grundsätzlich als 'Kleingruppen' definiert, die sich von anderen, größeren Systemaggregaten wie Organisationen oder Verbänden unterscheiden lassen. Das Merkmal der Diffusität verweist auf die relative Offenheit gruppeninterner Interaktionsbeziehungen für die Vielschichtigkeit ihrer Teilnehmer und unterschiedliche Ausdrucks- und Darstellungsmittel. Gruppen geben Raum nicht nur für starke emotionale Bindungen, sondern auch für persönliche Selbstdarstellungen, sowie persönlich gefärbte und als 'persönlich' erlebte Bindungen. Von diesen Vorzügen können jedoch immer nur relativ wenige profitieren. Gruppen verlangen eine zahlenmäßige Begrenzung (Tyrell, 1983: 84). Nur so ist die ihnen zugeschriebene Verdichtung von interaktiven Beziehungen und wechselseitige intime Kenntnis der Teilnehmer praktisch realisierbar; und nur so ist für die Teilnehmer das gruppencharakteristische 'Wir-Gefühl' erfahrbar.

Aus Sicht der Netzwerktheorie lassen sich Gruppenbeziehungen in dieser traditionellen Form als 'strong ties' verstehen, so wie sie auch im Kontext enger persönlicher Netzwerke vorkommen. Vor allem hier finden sich Beziehungen, die zahlenmäßig begrenzt, relativ dauerhaft und verbindlich geregelt sind. Demgegenüber scheinen schwache Beziehungsnetzwerke auch ohne die Qualitäten der Diffusität und dauerhaften gemeinsamen räumlichen Situierung (Anwesenheit) auszukommen, ja, gerade dadurch ihre Vorzüge entfalten zu können. Dem entspricht die Feststellung, dass soziale Netzwerke, zumal schwache Bindungen, die sich auf der Grundlage gemeinsamer Interessen und Themen bilden, ungewöhnlich kommunikationsabhängig sind. Sie verlangen, dass die Elemente des Systems sich stetig aufeinander beziehen und auf diese Weise stabile Interaktionsmuster bilden. Bricht die Kommunikation zusammen oder gehen wichtige Knotenpunkte verloren, droht eine Auflösung des Netzes. Soziale Netzwerke ermöglichen also Orientierungen auf eine Weise, die einerseits dem Teilhabenden mehr Freiräume lassen als traditionelle normativ integrierte Gruppenstrukturen. Andererseits sind sie riskanter, da sie auf eine fortlaufende aktive Unterstützung durch ihre Teilnehmer angewiesen sind.

Der Zerfall sozialer Klassenkulturen und familiarer Beziehungsgefüge hat eine Entwicklung freigesetzt, die sich als Wandel der Institutionen 'Gemeinschaft' und 'sozialer Gruppe' rekonstruieren lässt (vgl. Wolfe, 1993: 164 ff.). Die nicht mehr allein auf intellektuelle Zirkel beschränkte, sondern mittlerweile zur Alltagsgewissheit gereifte Einsicht in den Verlust nichtauflösbarer Orientierungsrichtlinien führt dazu, dass traditionelle Formen der Handlungskoordination, wie sie sich mit dem Konzept der Gruppe verbinden, an Überzeugungskraft verlieren. Gleichzeitig kündigen sich Alternativen, wie die Idee der sozialen Vernetzung, als neue Führungsgröße kommunikativer Beziehungen an, die sich dadurch auszeichnen, dass sie vergleichsweise weniger dauerhaft und verbindlich organisiert sind. Während jedoch die soziologischen 'Klassiker' der Moderne bei der Bestimmung der Voraussetzungen für die Bewegungsfreiheiten des modernen Individuums vornehmlich an strukturelle Neuerungen in den Bereichen Politik und Wirtschaft, oder an die Verstädterung der Lebenswelt dachten, beziehen sich heute die Annahmen über die Möglichkeiten der interessengesteuerten Aufnahme sozialer Beziehungen vor allem auf die neuen elektronischen Medien und hier in besonderer Weise auf das Internet.[3] Wir wollen abschließend diesen Zusammenhang ein wenig genauer betrachten und dabei auch den gesellschaftliche Rahmen, in dem sich die wechselseitigen Beziehungen zwischen technischen Medien und sozialen Vernetzungen entfalten können, mitberücksichtigen.

4. Virtuelle Bindungen

Während in der Gründerphase kapitalistischen Wirtschaftens der einzelne Arbeiter noch ganz der disziplinierenden Kontrolle durch den Fabrikbesitzer unterlag und einer engen Anbindung an die maschinelle, räumlich-physikalische Umwelt seines Arbeitsplatzes unterworfen war, belegen aktuelle Studien über Prozesse der (zwischen-)betrieblichen Restrukturierung (Stichworte sind hier: 'Neue Produktionskonzepte', 'Reflexivierung der Betriebe' oder 'Virtuelle Unternehmen', vgl. Jäckel, Rövekamp in diesem Band), wie sich die einstmals vergleichsweise unflexible Fremdkontrolle der Arbeitskraft in eine individuelle Selbstkontrolle verwandelt (vgl. Voß, Pongratz, 1998). Die rechtlose Situation des Lohnarbeiters im Frühkapitalismus, welche zwischenzeitlich in der Hochphase des Fordismus und des Wohlfahrtsstaats in verrechtlichte Arbeitsbeziehungen transformiert wurde, scheint sich augenblicklich - zumindest in hochtechnisierten Industriezweigen - in einen permanenten Aushandlungsprozess zwischen Auftraggeber und -nehmer zu verwandeln (vgl. Picot et.al., 1996).

Dem entspricht der Wandel eines Alltags, der sich durch vergleichsweise starke lokale Anbindungen, sowie verbindlich und dauerhaft geregelte Sozialverhältnisse auszeichnete, in einen Alltag, der durch eine ungewöhnliche Varianz der Lebensstile, eine bislang unbekannte Mobilität und relativ schwache soziale

---

[3] Freilich setzt diese Entwicklung schon vor dem Internet ein. Bereits die Massenmedien machen den einzelnen von lokalen, räumlich gebundenen Informationssystemen (etwa: Personen des sozialen Nahbereichs) unabhängiger. Besonders das Fernsehen schwächt die Abhängigkeit von lokal verfügbaren Informationsangeboten durch die Schaffung eines raumübergreifenden informationellen Horizonts ohne spezifische Zugangsprivilegien (Meyrowitz, 1987).

Bindungen geprägt ist. Der mobile und "flexible Mensch" (Sennett, 1998), der ständig in Bewegung bleibt, keine Verpflichtungen eingeht und starke Bindungen vermeidet, ist sowohl ein Ergebnis wie auch eine Voraussetzung der gegenwärtig zu beobachtenden Dynamisierung der Ökonomie und der sich daraus ableitenden räumlichen und sozialen Änderungszumutungen. Erst heute, unter Bedingungen einer "virtuellen Wirtschaft" (Brill, de Vries, 1998) scheint sich Becks Diktum zu bewahrheiten, dass "der einzelne selbst (...) zur lebensweltlichen Reproduktionseinheit des Sozialen (wird)" (Beck, 1986: 209).

Solange noch jeder vergleichbare Rollen einnahm, konnten sich Erwartungsmuster bilden, die Intra- und Interrollenkonflikte verhinderten, so wenn z.B. der Inhaber einer Berufsrolle als Familienmitglied im Haushalt nicht übermäßig in die Pflicht genommen wird. Durch die steigende Rollendifferenzierung entfällt diese Möglichkeit übergreifender sozialer Regelungen. Das Abstimmungsproblem verlangt in immer mehr Fällen personengebundene, das heißt individuelle Lösungen. Dem entspricht eine von den USA ausgehende, sich langsam auch in Europa durchsetzende Semantik des sich selbst wie ein Unternehmen managenden 'flexiblen Menschen'. Sie kann als eine Antwort auf Prozesse des gesellschaftlichen Wandels in Richtung einer generell gesteigerten Mobilitäts- und Wettbewerbsorientierung angesehen werden (vgl. Hasse, 1998).

Insbesondere die Auflösungstendenzen tarifpolitischer Institutionen, die betriebliche Ausgliederung von Arbeitskräften sowie die Formen einer erzwungenen wirtschaftlichen Selbständigkeit von Einzelakteuren tragen dazu bei, dass eine über lokale Anbindungen definierte Sässigkeit als Leitmodell alltäglicher Lebensführung immer weniger überzeugt. Die Idee einer stabilen und überschaubaren sozialen Nahwelt, die Raum für die Herausbildung langfristiger Beziehungen und gruppenspezifischer 'Wir-Gefühle' bietet, wirkt angesichts der geographischen wie sozialen Mobilitätszumutungen für viele nicht mehr zeitgemäß. Firmen- oder Arbeitsteamwechsel scheinen deshalb nicht nur innerbetrieblich starke Bindungen und Loyalitäten zu verhindern, sondern auch, wie Sennett (1998) beobachtet, einen Habitus zu favorisieren, für den relativ flüchtige, leichter aufkündbare Formen der Gemeinsamkeit zur Normalität werden. Ihn flankiert eine Alltagssemantik der Vernetzung, die dabei ist, Vorstellungen sozialer Integration, die an Dauer und Verbindlichkeit orientiert sind, zu verdrangen, indem sie - ähnlich wie in der Wirtschaft die Idee aufgabenbezogener und zeit-

lich befristeter Zusammenarbeit ("Projekt") propagiert wird - die Idee der lose
gekoppelten, thematisch begrenzten und zeitlich befristeten Bindungen in den
Vordergrund rückt.[4]

Medientechnische Entwicklungen wie das Internet spielen in diesem
Zusammenhang eine eminent wichtige Rolle; sie erscheinen als die "(...) Risiko-
gewinner derjenigen Beziehungsrisiken (...), die viele Autoren gegenwärtigen
zwischenmenschlichen Beziehungen zuschreiben (...)" (Knorr-Cetina, 1998: 83).
Bereits die Massenmedien haben in entscheidender Weise Prozesse der Modernisierung angestoßen, insbesondere dadurch, dass sie durch die gesellschafts-
weite Rezipierbarkeit ihrer Produkte ein Gegengewicht zu Prozessen der funktionalen Differenzierung geschaffen haben (vgl. Wehner 1997). Allerdings haben
Funk und Fernsehen als programmgebundene, d.h. vor allem: auf einen festen
Zeittakt der Sendung festgelegte Medien eine Angleichung medienbezogener
Konsumstile unterstützt, während die neuen interaktiven Medien in die Gegen-
richtung wirken. Indem die Massenmedien spezifische Rezeptionssituationen
entstehen liessen - man denke hier an das inzwischen in Vergessenheit geratene
allmorgendliche Zeitunglesen oder an das abendliche Ritual der Nachrichtenre-
zeption durch die Tagesschau - wurde gleichzeitig die Tages-/Wochenordnung
einer gewissen zeitlichen Rythmisierung unterworfen. Dagegen unterstützen
Computernetze und Multimedia-Prozesse die Auflösung massenorientierter
Angebotsstrukturen und Rezeptionsformen zugunsten spezialisierter Angebots-
strategien und individueller Nutzungsmöglichkeiten. Sie ermöglichen ein neues
Verhältnis zwischen alltäglicher Lebensführung und Erwerbsarbeit.

So fördern Computernetze die Zunahme flexibler Arbeitszeiten und
Beschäftigungsformen (Zeitarbeit, Outsourcing etc.). Sie bieten damit nicht nur
den Unternehmern, sondern auch den Beschäftigten neuartige Handlungs- und
Gestaltungschancen. Wer diese nutzen will, hat allerdings ungewöhnliche Anforderungen an die individuelle Beweglichkeit, Qualifizierung und Lebensführung
zu akzeptieren. Die Mobilitätsbereitschaft, wie sie durch die Flexibilisierung von
Erwerbsarbeitszeiten und den Arbeitsplatzwechsel geforderte wird, bringt das
Problem mit sich, dass sich die Zeitordnungen und Tagesabläufe der Betroffenen
immer stärker unterscheiden. Gruppenförmige Beziehungen, die ein relativ

---

[4] Ähnliche Beobachtungen machen Peter Wagner und Zygmunt Bauman, wenn sie in Anlehnung an Schumpeter vom "unternehmerischen Selbst" sprechen, das nicht mehr auf
einen gesicherten Platz in der Gesellschaft hofft, sondern sich diesen erstreitet (Wagner,
1995: 243 f.), oder von einer "postmodernen" Existenzweise, die darauf beruht, sich nicht
festzulegen, sich nicht fest zu binden und immer wieder neue Ziele zu suchen (Bauman,
1997: 130 f.). "Der Angelpunkt der postmodernen Lebensstrategie", so Bauman, "heißt
nicht Identitätsbildung, sondern Vermeidung jeglicher Festlegung" (Bauman, 1997: 146).

hohes Maß an gemeinsamen Aktivitäten voraussetzen, verlieren aufgrund dieser Entwicklungen wichtige sozialstrukturelle Erfolgsvoraussetzungen. Es wird nun immer schwieriger, langfristige enge Bindungen oder gar Gruppenzusammenhänge zu gründen und aufrecht zu erhalten. Als Ausweg bieten sich Beziehungen und Gruppenerlebnisse an, die sich durch Flüchtigkeit, Kurzlebigkeit und leichte Aufkündbarkeit auszeichnen (vgl. Hitzler, Pfadenhauer, 1998).

Computernetze unterstützen auch diesen Trend, indem sie es einerseits gestatten, die Suche nach Informationen, Bildungs- und Kontaktangeboten, die Abwicklung geschäftlicher Transaktionen, und das Bedürfnis nach Geselligkeit in die neuen elektronischen Netze hinein zu verlagern, um so eine größtmögliche Raum- und Zeitsouveränität zu gewinnen. Vor diesem Hintergrund erklärt sich die Attraktivität virtueller Interaktionen aus der Möglichkeit in den Computernetzen manche Beziehungen stärker als je zuvor nach Bedarf und Interesse zu aktivieren, andere dagegen in einem vorübergehenden Zustand der Latenz zu halten. Der andere ist aufgrund der Raum und Zeit marginalisierenden Wirkung der Netze jederzeit - berücksichtigt man die Möglichkeit, Nachrichten zu hinterlegen - erreichbar, als Kommunikationspartner 'virtuell' verfügbar. Hierbei ist es zunächst von untergeordneter Bedeutung, ob dieser andere nur im Netz als virtueller Kommunikationspartner, oder aber auch im "wirklichen Leben" anzutreffen ist. Jede im elektronischen Netz realisierte kommunikative Beziehung verweist auf einen Möglichkeitsraum nicht-aktualisierter, latenter Beziehungen, die bei passender Gelegenheit aktualisierbar sind. Man kann sich so einerseits schneller auf wechselnde Umgebungen und Anforderungen einstellen, andererseits den Raum für die Herstellung sozialer Kontakte verschaffen. Realweltliche (langfristige) Beziehungen und lokale Einbindungen werden dadurch nicht ersetzt, wie manche Kritiker befürchten. Eher ist davon auszugehen, dass sie an Bedeutung und Distinktionswert gewinnen, da es immer schwieriger wird, sie zu gründen und aufrechtzuerhalten. Allerdings verlieren sie an Verbindlichkeit, da sie es zulassen müssen, dass bei Bedarf alternative Orte aufgesucht und wechselnde Bindungen eingegangen werden.

So gesehen stellen Beziehungen in und um das Internet herum eine Reaktion auf die widersprüchlichen Anforderungen dar, die sich aus dem Bedürfnis nach Orientierung und sozialen Kontakten einerseits, und den Flexibilitätsanforderungen der neuen Ökonomie andererseits ergeben. Sie versprechen Schritt zu halten mit generellen Erwartungen an lebensweltliche Einstellungen und Beziehungsformen in einer sich stetig dynamisierenden Gesellschaft und gehören so zu den kulturellen Erfolgsbedingungen neuer Organisationskonzepte in der Wirtschaft. Durch Vernetzungen können sich die Teilnehmer aus tradierten kontextuellen Bezügen herauslösen. Lokale, räumlich festgelegte und dauerhafte Bindungen sowie Formen des Informierens lassen sich aufgrund überregionaler, mitunter weltweiter Kommunikationsmöglichkeiten tendenziell marginalisieren. Sie verlieren ihre Selbstverständlichkeit und Fraglosigkeit. Andererseits erfahren ortsunabhängige, technische Möglichkeiten der Vernetzung eine Aufwertung. Handlungs- und Orientierungsmöglichkeiten werden nun immer weniger von der Stelle im Raum und damit von lokalen Bedingungen, sondern von der Stellung in verschiedenen Netzwerken abhängig (vgl. Lash, 1996). Solche auf hochtechnisierte Infrastrukturen angewiesenen 'postsozialen' Vergemeinschaftungsangebote (Knorr-Cetina, 1998) dürften in einer Gesellschaft, die immer mehr Mitgliedern zumutet, soziale Bindungen an berufsbiographischen Wendepunkten zu lockern, trotz räumlicher Trennung zu erhalten oder sie zu lösen, um neue zu gründen, immer wichtiger und auch interessanter werden.

5. Schlussbemerkung

In den voranstehenden Überlegungen wurde versucht zu zeigen, dass Computernetze nicht der Ort sind, an dem vertraute Konzepte und Strukturen des sozialen Miteinander wiederhergestellt werden, wie sie sich beispielsweise mit dem Begriff der sozialen Gruppe verbinden. Statt dessen wurde der Überlegung nachgegangen, dass sich in den elektronischen Netzen eine Entwicklung fortsetzt, die seit geraumer Zeit bereits in realweltlichen Kontexten festzustellen ist. Der Prozess der Erosion fester Bindungen und unumstößlicher Wahrnehmungs- und Deutungsmuster hat dazu geführt, dass alltagsweltliche Beziehungsmuster sich immer flüchtiger und kurzfristiger gestalten. Dieser unter dem Stichwort der 'Vernetzung' gefasste soziale Wandelungsprozess ist eng mit den tiefgreifenden Veränderungen in den Beziehungen zwischen Unternehmern und Arbeitnehmern in der Wirtschaft verbunden. Insofern diese verhandlungsabhängiger werden, wird der einzelne mit Mobilitätszumutungen konfrontiert, die er auf der Ebene der alltäglichen Lebensführung durch die Bereitschaft zu abgeschwächten sozialen Bindungen aufzufangen hat. Vor diesem Hintergrund läßt sich das vermehrte Aufkommen 'virtueller Beziehungen und Netzwerke' als derzeit höchste Steigerungsform wählbarer sozialer Bindungen interpretieren. Dementsprechend ordnen wir diese Entwicklung ein in den für die Moderne insgesamt charakteristischen Trend einer Steigerung des Auflösungs- und Rekombinationspotentials sozialer Strukturen. Hierbhei geht es auch um die Schaffung von Möglichkeiten der flexiblen Gestaltung und kreativen Modellierung von Kommunikationsbeziehungen, die sich in die Entwicklungs- und Veränderungsdynamik der modernen Gesellschaft einzupassen vermögen. Dass mit dieser Entwicklung auch realweltliche und kleinräumige soziale Bindungen und Beziehungen ihre vormals angenommene "Natürlichkeit" verlieren und den Charakter von bewusst gestaltbaren "Realexperimenten" entwickeln können, ist anzunehmen.

Literatur

Z. Bauman, 1997: Flaneure, Spieler und Touristen. Hamburg.

N. K. Baym, 1998: The emergence of On-Line Community, in: St. G. Jones, (Hrsg.): CyberSociety 2.0 Revisiting Computer-Mediated Communication and Community. Thousand Oaks, London, New Delhi. S. 35-69.

U. Beck, 1986: Die Risikogesellschaft. Frankfurt/M.

U. Beck, A. Giddens, S. Lash, 1996: Reflexive Modernisierung. Eine Kontroverse, Frankfurt/M.

U. Beck, 1996: Wissen oder Nicht-Wissen? Zwei Perspektiven "reflexiver Modernisierung", in: U. Beck, A. Giddens, S. Lash: Reflexive Modernisierung. Eine Kontroverse, Frankfurt/M.. S. 289-315.

P. L. Berger (Hrsg.), 1997: Die Grenzen der Gemeinschaft. Konflikt und Vermittlung in pluralistischen Gesellschaften. Ein Bericht der Bertelsmann Stiftung an den Club of Rome. Gütersloh.

A. Brill, M. de Vries, 1998: Virtuelle Wirtschaft. Virtuelle Unternehmen, virtuelle Produkte, virtuelles Geld und virtuelle Kommunikation. Opladen, Wiesbaden.

R. Collins, 1988: Theoretical Sociology. New York.

K. Dollhausen, K.-H. Hörning, 1997: Metamorphosen der Technik. Der Gestaltwandel des Computers in der organisatorischen Kommunikation. Opladen, Wiesbaden.

R. Eickelpasch, 1998: Struktur oder Kultur? Konzeptionelle Probleme der soziologischen Lebensstilanalyse, in: F. Hillebrandt, G. Kneer, K. Kraemer (Hrsg.): Verlust der Sicherheit? Lebensstile zwischen Multioptionalität und Knappheit. Opladen, Wiesbaden. S. 9-25.

E. Esposito, 1995a: Interaktion, Interaktivität und die Personalisierung der Massenmedien, in: Soziale Systeme. Zeitschrift für soziologische Theorie, 1. S. 225-260.

E. Esposito, 1995b: Illusion und Virtualität: Kommunikative Veränderungen der Fiktion, in: W. Rammert, (Hrsg.): Soziologie und Künstliche Intelligenz. Produkte und Probleme einer Hochtechnologie. Frankfurt/M., New York. S. 187-217.

E. Esposito, 1998: Fiktion der Realität und Realität der Medien, in: S. Krämer, (Hrsg.): Medien Computer Realität. Frankfurt/M. S. 187-217.

N. Fligstein, 1996: Markets as Politics. A Political and Cultural Approach to Market Institutions, in: American Sociological Review, 61. S. 656-673.

P. Fuchs, 1998: Realität der Virtualität - Aufklärungen zur Mystik des Netzes, in: A. Brill, M. de Vries, (Hrsg.): Virtuelle Wirtschaft. Virtuelle Unternehmen, virtuelle Produkte, virtuelles Geld und virtuelle Kommunikation. Opladen, Wiesbaden, S. 301 322.

M. S. Furlong, 1989: An electronic community for older adults: The Senior Net network, in: Journal of Communication, 93. S. 145-153.

A. Giddens, 1990: The Consequences of Modernity. Stanford.

M. Goll, 2002: Arbeiten im Netz. Kommunikationsstrukturen, Arbeitsabläufe, Wissensmanagement, Wiesbaden

M. Granovetter, 1973: The Strength of Weak Ties, in: American Journal of Sociology, 78. S. 1360-1380.

P. Gross, 1994: Die Multioptionsgesellschaft. Frankfurt/M.

R. Hasse, 1998: Wettbewerb, Vernetzung, Isomorphie - Entwicklungsperspektiven der "Organisationsgesellschaft" (unveröffentlichtes Manuskript).

S. Helmers, U. Hoffmann, J. Hofmann, 1998: Internet... The Final Frontier: Eine Ethnographie, WZB Discussion Paper FS II 98-112. Berlin.

A. Hitzler, M. Pfadenhauer, 1998: Konsequenzen der Entgrenzung des Politischen: Existentielle Strategien am Beispiel "Techno", in: K. Imhof, P. Schulz, (Hrsg.): Die Veröffentlichung des Privaten - Die Privatisierung des Öffentlichen, Opladen. S. 165-179.

U. Hoffmann, 1997: Panic Usenet Netzkommunikation in (Un-)Ordnung. WZB Discussion Paper FS II. Berlin. S. 97-106.

St. G. Jones, (Hrsg.), 1995: CyberSociety. Computer-Mediated Communication and Community. Thousand Oaks, London, New Delhi.

St. G. Jones, (Hrsg.), 1998: CyberSociety 2.0 Revisiting Computer-Mediated Communication and Community. Thousand Oaks, London, New Delhi.

K. Jurczyk, G. G. Voß, 1995: Zur gesellschaftsdiagnostischen Relevanz der Untersuchung von alltäglicher Lebensführung, in: Projektgruppe "Alltägliche Lebensführung" (Hrsg.): Alltägliche Lebensführung. Arrangements zwischen Traditionalität und Modernisierung. Opladen. S. 71-120.

S. Kiesler (Hrsg.), 1997: Culture of the Internet. Mahwah, NJ.

F. Kippele, 1998: Was heißt Individualisierung? Opladen.

K. Knorr-Cetina, 1998: Sozialität mit Objekten. Soziale Beziehungen in post-traditionalen Wissensgesellschaften, in: W. Rammert, (Hrsg.): Technik und Sozialtheorie, Frankfurt/M., New York. S. 83-120.

S. Krämer, 1996: Vom Myhos "Künstlicher Intelligenz" zum Mythos "Künstliche Kommunikation" oder: Ist eine nicht-anthropomorphe Beschreibung von Internet - Interaktionen möglich?, in: S. Münker, A. Roesler (Hrsg.): Mythos Internet, Frankfurt/M. S. 83-107.

F. Krotz, 2001: Die Mediatisierung kommunikativen Handelns. Der Wandel von Alltag und sozialen Beziehungen, Kultur und Gesellschaft durch die Medien, Wiesbaden.

S. Lash, 1996: Reflexivität und ihre Dopplungen: Struktur, Ästhetik und Gemeinschaft, in: U. Beck, A. Giddens, S. Lash (Hrsg.): Reflexive Modernisierung Eine Kontroverse, Frankfurt/M. S. 195-288.

B. Latour, 1998: Über technische Vermittlung. Philosophie, Soziologie, Genealogie, in: W. Rammert (Hrsg.): Technik und Sozialtheorie, Frankfurt/M., New York. S. 29-82.

M. R. Lepsius, 1974: Sozialstruktur und soziale Schichtung in der Bundesrepublik Deutschland, in: R. Löwenthal, H.-P. Schwarz, (Hrsg.): Die zweite Republik. 25 Jahre Bundesrepublik - eine Bilanz. Stuttgart. S. 263-288.

D. Messner, 1995: Die Netzwerkgesellschaft. Wirtschaftliche Entwicklung und internationale Wettbewerbsfähigkeit als Problem gesellschaftlicher Steuerung. Köln.

J. Meyrowitz, 1987: Die Fernsehgesellschaft. Weinheim. Basel.

F. Neidhardt, 1980: Das "innere System" sozialer Gruppen und ihr Außenbezug, in: B. Schäfers, (Hrsg.): Einführung in die Gruppensoziologie. Heidelberg. S. 105-126.

I. Neverla, 1998: Das Medium Denken. Zur sozialen Konstruktion des Netz-Mediums, in: Dies. (Hrsg.) Das Netz-Medium. Kommunikationswissenschaftliche Aspekte eines Mediums in Entwicklung. Opladen, Wiesbaden, S. 17-36.

N. Nohria, 1992: Introduction: Is a Network Perspective a Useful Way of Studying Organizations?, in: N. Nohria, R. G. Eccles (Hrsg.): Networks and Organizations. Boston. S. 1-22.

W. J. Ong, 1987: Oralität und Literalität. Zur Technologisierung des Wortes. Opladen.

G. Ortmann, J. Sydow, (Hrsg.), 2001: Strategie und Strukturation. Strategisches Management von Unternehmen, Netzwerken und Konzernen, Wiesbaden.

A. Picot, R.Reichwald, R.T. Wigand, 1996: Die grenzenlose Unternehmung. Wiesbaden.

W. Rammert, 1998: Technikvergessenheit der Soziologie?, in: W. Rammert (Hrsg.): Technik und Sozialtheorie. Frankfurt/M., New York. S. 9-28.

M. Schenk, 1983: Das Konzept des sozialen Netzwerkes, in: F. Neidhardt (Hrsg.): Gruppensoziologie. Perspektiven und Materialien. Opladen. S. 88-105.

G. Simmel, 1989: Über soziale Differenzierung, Georg Simmel: Gesamtausgabe Band 2. Frankfurt/M.

R. Sennett, 1998: Der flexible Mensch. Die Kultur des neuen Kapitalismus. Berlin.

L. Sproull, S. Kiesler, 1991: Connections. New ways of working in the networked organization. Cambridge, MA.

C. Thimm, 2000: Soziales im Netz. Sprache, Beziehungen und Kommunikationskulturen im Internet, Opladen/Wiesbaden.

S. Turkle, 1995: Life on the screen. New York.

H. Tyrell, 1983: Zwischen Interaktion und Organisation. Gruppe als Systemtyp, in: F. Neidhardt (Hrsg.): Gruppensoziologie. Perspektiven und Materialien, Sonderband der Kölner Zeitschrift für Soziologie und Sozialpsychologie, Nr. 25. Opladen. S. 75-87.

G. G. Voß, H. J. Pongratz, 1998: Der Arbeitskraftunternehmer. Eine neue Grundform der Ware Arbeitskraft, in: Kölner Zeitschrift für Soziologie und Sozialpsychologie, 1. S. 131-158.

P. Wagner, 1995: Soziologie der Moderne: Freiheit und Disziplin. Frankfurt, M., New York.

J. Wehner, 1997: Das Ende der Massenmedien? Visionen und Wirklichkeit der neuen Medien, Frankfurt/M., New York.

B. Wellman, 1983: Network Analysis: Some Basic Principles", in: Sociological Theory, 1. S. 155-199.

B. Wellman, J. Salaff, D. Dimitrova, L. Garton, M. Gulia, C. Haythornthwaite 1996: Computer Networks as Social Networks: Collaborative Work, Telework, and Virtual Community, in: Annual Review Sociological, 22. S. 213-238.

B. Wellman, 1997: An elektronic group is virtually a social network, in: S. Kiesler, (Hrsg.): Culture of the Internet. Mahwah, NJ. S. 179-208.

B. Wellman, M. Gulia, 1999: Virtual communities as communities: Net surfers don't ride alone, in: M. A. Smith, P. Kollock (Hrsg.): Communities in Cyberspace. London. S. 167-194.

A. Wolfe, 1993: The Human Difference. Animals, Computers, and the Necessity of Social Science. Berkely, Los Angeles.

Paradoxe Kommunikation im Netz:
zwischen virtueller Gemeinschaft, Cyberspace und virtuellen Gruppen

Andreas Brill [1]

'Virtual communities' zählen zu den aktuellen Faszinosika massenmedialer Zukunftsprojektionen. Wie man hört und liest, sollen sie sowohl Inbegriff einer Demokratisierung der Gesellschaft, [2] als auch eins der vielversprechendsten Reservoirs für wirtschaftliche Profite in der Netzgesellschaft sein. [3] Bei nüchterner Betrachtung kann solche Emphase zunächst nur überraschen: Wie und wieso soll die am Traditionsbestand des Dorfes orientierte Form der Gemeinschaft ausgerechnet im Zeitalter der allseits proklamierten Globalisierung zur Zukunftsvision erhoben werden? Auch ein kurzer Blick auf die Geschichte des Gemeinschaftsgedankens verleiht den neuen Versprechungen nicht gerade intuitive Plausibilität. War das Gemeinschaftsideal im 19. Jahrhundert noch als Gegenmodell zur funktionalen Differenzierung der Gesellschaft normativ aufgeladen worden, [4] so zeigte sich recht schnell, dass es sich (man ist geneigt zu sagen: selbstverständlich) nicht gegen den Strom der durch Codierung technisierten System-Kommunikationen von Wirtschaft, Politik, Wissenschaft oder Recht durchsetzen konnte. Was, so muss man also wohl zunächst fragen, gibt dann jetzt Anlass zur Hoffnung auf ein Revirement einer gesellschaftlich prägenden Bedeutung dieser Sozial-Form?

Der Hoffnung generierende Unterschied findet sich bereits in der Formel, auf die die Protagonisten der entsprechenden Konzepte ihre Vorstellung gebracht haben: es geht um *Virtuelle* Gemeinschaft. Durch diese Verknüpfung mit Virtualität wird das traditionelle Idealbild der Gemeinschaft mit einer hochaktuellen Semantik verbunden. Virtualität - so die massenmediale 'Selbstverständlichkeit' - steht formelhaft für die neuen Medien Computer und Internet, und damit zugleich für die Zukunft der Gesellschaft und die Antizipation

---

[1] Für Kritik und Anregungen danke ich Achim Brosziewski, Daniel Diemers, Peter Groß, Tania Lieckweg und - für die hervorragende editorische Betreuung - Udo Thiedeke.

[2] Howard Rheingold (1993) und daran anschließend beispielsweise Wolfgang Coy (1993) entwerfen das Szenario einer virtuellen Agora, die durch die Virtuelle Gemeinschaft weltumspannend realisierbar sein soll.

[3] So die McKinsey-Berater Hagel/Armstrong (1997) in ihrem Bestseller "Net Gain".

[4] Exemplarisch verkörpert in der verklärenden Soziologie von Tönnies.

sozialen Wandels.[5] So leicht sich solche Selbstverständlichkeiten analytisch bezweifeln lassen, so sehr prägen sie doch die massenmediale Kommunikation. Man liest in Überschriften von "Virtuellen Goldgräbern" oder "Virtuellen Klomauern",[6] kann sich zunächst zwar kaum vorstellen, was damit konkret gemeint sein soll, dass es aber thematisch um Computer und Internet, Zukunftsfragen und in irgendeiner Weise auch um gesellschaftlichen Wandel geht, kann und muss man wissen. Auch im Fall der Virtuellen Gemeinschaft greift dieser formelhafte Kurzschluß: Sachlich sollen sich Virtuelle Gemeinschaften durch ihr Operieren im Medium Internet auszeichnen. Zeitlich gelten sie als Zukunftsvision, die bereits umgesetzt wird. Und sozial werden sie gar als Lösung des gesellschaftlichen "Primärproblems" (Luhmann, 1995: 261) von Inklusion/Exklusion verhandelt: Durch 'virtual communities' soll es endlich möglich werden, dass *alle* Menschen *individuell* gesellschaftlich relevant sein können. Es geht um nicht weniger, als die Einlösung der fundamentalsten Versprechung der Moderne. Und das allein sollte Anlass genug sein, die Ideenwelt der Virtuellen Gemeinschaft, die Gründe für ihre offensichtliche Attraktivität - und natürlich vor allem: die Tragfähigkeit ihrer Versprechungen - aus theoretischer Perspektive zu hinterfragen.

Ein wichtiger Faktor für die Popularität der Virtuellen Gemeinschaft ist ihre 'Aktualität': Sie präsentiert sich als Utopie, die bereits verwirklicht wird. Man kann, so die Protagonisten des Konzepts, bereits sehen, dass Virtuelle Gemeinschaft machbar ist. Auch ihre nach wie vor prominenteste Darstellung im gleichnamigen Buch von Howard Rheingold (1993) hebt auf die Gleichzeitigkeit von Zukunftsvision und bereits beobachtbarer Praxis ab. Exemplifiziert wird diese These von Rheingold durch den ständig mitlaufenden Verweis auf die 'Well-Mailbox', ein Internetforum für Einwohner San Franciscos. Die Virtuelle Gemeinschaft wird so einerseits als *nachträgliches Etikett* für eine emphatische Praxis und andererseits als *Extrapolation* dieser Praxis in die gesellschaftliche Zukunft entworfen.

So sehr diese Doppelung der Virtuellen Gemeinschaft in operative Praxis und Zukunftsvision ihren aufmerksamkeitsfördernden Reiz ausmacht, so sehr ist es analytisch notwendig, diese Momente voneinander zu unterscheiden. Konzepte, Ideen oder Ideologien sind stets Beschreibungsleistungen. Als solche *können* sie - so eine der Kybernetik 2. Ordnung abgewonnene These - nicht mit der von ihnen beobachteten Umwelt identisch sein, weil sie durch den Operati-

---

[5] Für eine ausführliche Analyse der Virtualitätssemantik, ihre Selbstverständlichkeiten und immanenten Paradoxien vgl. Brill (1999).
[6] Vgl. Die Zeit,1998a; 1998b. Im ersten Fall geht es um Internetaktien, im zweiten Fall eröffnet der Autor des Artikels eine amüsante Analogie zwischen "Latrinalien" (Graffitis in öffentlichen Toilettenzellen) und den Bulletin Boards des Internet.

onsmodus des jeweils beschreibenden Systems konditioniert sind (v. Foerster, 1981). Beschreibungen, auch idealisierte, verdanken sich den Operationen von Beobachtern, sie existieren immer nur im Ereigniszusammenhang des beschreibenden Systems (Luhmann, 1997: 883). Demnach ist, wenn man der Virtuellen Gemeinschaft auf die Spur kommen will, zu allererst zu klären, *welches* System und vor allem: *wie*, das heisst, durch welche ermöglichenden Einschränkungen dieses System seine Ideenwelt generiert.

1. Historischer Kontext: die Cyberspace-Bewegung

Das Konzept der virtuellen Gemeinschaft schließt mit seinen Idealen direkt und explizit an die sogenannte 'Cyberkultur' an. Pierre Lévy (1997, 1996) hat darauf aufmerksam gemacht, dass diese Kultur ihrerseits Produkt einer *sozialen Bewegung* ist und hat zugleich die Idee der Virtuellen Gemeinschaft als eines ihrer zentralen Momente ausgemacht.[7] Es dürfte sich also lohnen, etwas weiter auszuholen, um dieser Bewegung des 'Cyberspace' und ihren Verbindungen mit der Virtuellen Gemeinschaft auf die Spur zu kommen.

Ausgangspunkt des Cyberspace war die Hacker-Bewegung, die wiederum fest in der US-amerikanischen Studentenbewegung der 60iger Jahre verwurzelt war. Dort wurde in den oppositionellen Milieus der Colleges das bürgerliche Freiheitsideal radikalisiert und zunächst als "guerillia war against the uptight mainframe-computer information priesthood" (Sterling, 1992: 57) inszeniert. Freiheit wurde als Befreiung von der Beherrschung durch Technik aufgefaßt und schien folgerichtig durch den 'Einbruch' in die Informationselite operationalisierbar. Damit hatte die Bewegung sowohl ihr Protestthema - informational zementierte Machtverhältnisse - als auch eine Strategie - Hacking - gefunden. Allerdings kam ihr mit der Etablierung des Personalcomputers schon bald das Thema abhanden. Denn obwohl die Technik seitdem, zumindest in den USA, weitgehend verfügbar ist, bestanden die Machtverhältnisse, gegen die man angetreten war, nach wie vor. Die Formel 'Zugang-zur-Technik = Befreiung' ließ sich so nicht länger halten. Auf diese Aushöhlung ihres Programms reagierte die Bewegung allerdings nicht mit Auflösungserscheinungen, sondern einer (von ihr selbst kaum bemerkten) Akzentverschiebung: nicht *Befreiung von* der Beherrschung durch Technik, sondern *Freiheit durch* die Beherrschung der Technik wurde zum mobilisierenden Leitmotiv.[8]

---

[7] Allerdings problematisiert Lévy weder das Verhältnis von Kultur und Bewegung, noch lotet er die kommunikativen Konsequenzen seiner Bewegungsthese aus.
[8] Mobilisierung ist die Basaloperation Sozialer Bewegungen (vgl. Ahlemeyer, 1989).

Mit dieser Wendung vollzieht sich ein grundlegender Wandel in der Dynamik der Bewegung. Das Protest-Thema - informationale Machtverhältnisse - wird durch *Fundamentalopposition zur Gesellschaft* ersetzt. Aus der Protestbewegung wird eine Gegenbewegung. Zwar distanziert sich auch der Cyberspace nach wie vor innerhalb der Gesellschaft - also kommunizierend - von der Gesellschaft und kopiert damit das Differenzierungsmuster der sogenannten Neuen Sozialen Bewegungen (Frauen-, Friedens- oder Ökologische Bewegung: vgl. Luhmann, 1996). Aber, das ist der entscheidende Unterschied, seine Mobilisierung entzündet sich nicht mehr an einem spezifischen Problem - Gleichberechtigung, atomare Bedrohung oder Umweltverschmutzung - sondern richtet sich allgemein gegen die Gesellschaft und gegen Politik, Wirtschaft und Massenmedien im besonderen. Die Diffusität dieser Fundamentalopposition wird durch zwei mobilisierende Momente aufgefangen: Zum einen knüpft die Bewegung an das gesellschaftlich fest verankerte Freiheitsideal an und zum anderen verspricht sie die Einlösung dieser Freiheitsideologie durch die Durchsetzung der Bewegung selbst. Man wartet nicht, dass andere Adressen der Gesellschaft (z.B. Politik) den Protest gegen die Gesellschaft in Interventionen umsetzen; man setzt auf sich selbst. So kann in Insider-Magazinen wie *Mondo 2000* oder Wired verkündet werden, "was bis zur Jahrtausendwende getan werden muss" (Sobchack, 1996: 332). Notwendig scheint lediglich die Mobilisierung einer kritischen Masse von Insidern.[9]

Durch diese Transformation der Mobilisierungsfrage ergeben sich allerdings Folgeprobleme wie von selbst. Vor allem muss konkretisiert werden, *wie* Computer- und Internet-Technik zur Verbesserung der gesellschaftlichen Verhältnisse einzusetzen sind. Durch ihre Radikalisierung des Freiheitsideals macht die Bewegung die Beantwortung dieser Frage jedoch fast unmöglich: Das Insistieren auf absoluter individueller Freiheit wird zum selbst-produzierten Festlegungsverbot, denn jede Normierung erscheint als Einschränkung der Freiheit. In dieser radika-

---

[9] Mit dieser Behandlung des Mobilisierungsproblems befindet sich die Cyberspace-Bewegung in einer bemerkenswerten Parallellage zum Sozialismus und vor allem zur Jugendbewegung des ausklingenden 19. Jahrhunderts. War die Jugendbewegung eine "Gegenbewegung zum sich rasch industrialisierenden und verstädternden Deutschland" (Schafers, 1983: 110), tritt der Cyberspace als Gegenwelt zur sich globalisierenden Gesellschaft auf. Sollte dort dem Problem der Anonymisierung durch "das Wandern in Schülergruppen" entgegengewirkt werden (op. cit.: 115), erscheinen hier politische, wirtschaftliche und massenmediale Macht und Dominanz durch Kommunikation im Internet attackierbar. Mit der Soziologie-üblichen Unterscheidung zwischen alten und neuen Sozialen Bewegungen, wäre der Cyberspace demnach als 'neue Alte Soziale Bewegung' zu begreifen.

len Zuspitzung mündet die Kommunikation des Cyberspace in ein Programm des Programmverzichts (Rötzer, 1996), und wird damit zugleich zur Selbstblockade.

Doch auch dieses Problem verschiebt sich mit der weiteren Entwicklung der Bewegung, diesmal durch *Differenzierung*. Die Bewegung geht nicht mehr im Digitalen Underground der Hacker auf, sie differenziert sich in die Teilbewegungen der Hacker, Cracker, Cyberpunks, Phreaks oder - als neuere Spielart - Extropianer. Jedes dieser Labels steht für ein spezifisches Programm der Umsetzung des Freiheitsideals: Aushebelung des Knappheitspostulats der Wirtschaft durch die Verbreitung 'freier Software' (Hacker), Anschläge auf großtechnische Systeme (Cracker) oder die Verbindung von Technologiefixierung mit radikal marktwirtschaftlicher Orientierung (Extropianer). [10] Verfolgt werden diese Programme jeweils durch hochgradig rigide Normierungen interner Kommunikation. Teilweise sind die Normen der Teilbewegungen kodifiziert - z.B. die Prinzipien der Extropianer in ihrer "Transhumanist Declaration" [11] - teilweise werden sie eher implizit mitgeführt, wie z.B. die ownership customs der Hacker (Raymond, 1998). Doch obwohl sich so das Paradox normierter Freiheit in den Teilbewegungen reproduziert, kommt es nun nicht mehr zur Selbstblockade der Kommunikation: Das Paradox bleibt in den Kommunikationen der Teilbewegungen verdeckt, weil die je eigenen Normen mit denen der anderen Teilbewegungen kontrastiert werden. Während die Restriktionen der Hackerkultur als Befreiung vom "unverantwortlichen Terrorismus" der Cracker erscheinen [12] tauchen Hacker in der Beobachtung der Cracker als bloße Prolongation der Softwareindustrie und damit als zu bekämpfende Stabilisatoren von Machtverhältnissen auf. Die wechselseitige Abgrenzung ermöglicht die Beschreibung des je eigenen Programms als Instituierung des Freiheitsideals.

Paradoxerweise sichern so die *Unterschiede* der Teilbewegungen die *Einheit* des Cyberspace. Dahinter steckt kein Kalkül, keine Taktik oder Strategie. Die Invisibilisierung von Paradoxien läßt sich ganz im Gegenteil nur latent, durch

---

[10] Entscheidend sind die Programme. Ihre Zuordnung zu den entsprechenden Labels ist in vielen Fällen vor allem in und zwischen den Teilbewegungen stark umstritten. Gerade dieser Streit um Identitäten und Differenzen und die Behauptung von begrifflichen Territorien ist allerdings ein Indiz für den programmatischen Differenzierungsprozeß innerhalb der Hacker-, bzw. nun: Cyberspace-Bewegung. Zum Programm und der Geschichte der Hacker s. Levy (1984). Eine materialreiche Beschreibung der Cracker-Kultur - dort bezeichnender Weise noch unter dem Label Hacker - findet sich in Sterling (1992).

[11] http://www.extropy.org/extprn3.htm

[12] So Eric Raymond, einer der aktuellen Stars der Szene (http://tuxedo.org. ˜ esr/faqs/hakker-howto.html).

Nicht-Beobachtung, aufrecht erhalten. [13] Diese Latenz wird im Cyberspace durch seine Differenzierung 'gesichert': die wechselseitige Beobachtung der Teilbewegungen lenkt von der Beobachtung der paradoxen Fundierung des einenden Ideals ab. Daß dies gelingt, ist weder zwangsläufig, noch sicher. So lange aber die Paradoxie latent bleibt, kann sich das Spannungsfeld von Freiheit und Normierung als Bewegungsmoment des Cyberspace reproduzieren. Und in genau diesem Spannungsfeld ist auch die Virtuelle Gemeinschaft plaziert.

2. Systemkontext: zwischen virtueller Gemeinschaft und Cyberspace

Die Konzepte der Virtuellen Gemeinschaft knüpfen an die Cyberspace-Bewegung an, indem sie ihrerseits die Realisierung des Freiheitsideals im Virtualitätsmedium Internet versprechen. Während aber in den übrigen Teilbewegungen das Freiheitspostulat zu mehr oder weniger radikalen Formen des medialen Anarchismus stilisiert wird, wird es mit der Idee der Virtuellen Gemeinschaft an die andere Seite der bürgerlichen Ideologie - den *Gleichheitsgedanken* - rückgebunden. Die Virtuelle Gemeinschaft - so wird postuliert - bietet ihren Mitgliedern eine soziale Heimat jenseits der gesellschaftlichen Grenzen von Geschlecht, Rasse, Alter oder Aussehen (Reid, 1991), also gleiche Inklusionschancen für alle Menschen. Damit wird das Freiheitsideal des Cyberspace nicht verabschiedet, ihm wird nur ein anderer Platz im Kommunikationsgefüge eingeräumt: Freiheit soll *innerhalb der Gemeinschaft* erreichbar sein.

Als eines der beiden wichtigsten Momente dieser Plazierung von Freiheit, wird die *Anonymität* der beteiligten Personen in der Internetkommunikation angesehen (z.B. Goetzenbrucker, 1998). Anonymität gilt als Medium der freien Gestaltbarkeit der eigenen Person, weil sie Möglichkeiten eröffnet, alternative Versionen des sozialen Selbst zu erfinden (Baym, 1998: 54), um damit zugleich die Kontrolle über Zeitpunkt und Inhalt der Öffnung ("self-disclosure") des Individuums in der Kommunikation zu gewinnen (Haythornthwaite et al., 1998: 16). Solche Überlegungen stellen auf eine Lockerung der strukturellen Kopplung zwischen psychischen Systemen und ihrer sozialen Personifizierung ab. Ermöglicht wird diese Lockerung durch das Medium: die Intransparenz der Bildschirme kappt den sozialen Zugriff auf das Psychische. Umgekehrt werden für Kommunikationsteilnehmer Möglichkeiten der Abweichung von sozialen Erwartungen erhöht. Der Spielraum für individuelle Selbstinszenierung wird ausgedehnt. Die

---

[13] Eine intentionale Invisibilisierung wäre ihrerseits paradox, denn jede Intention würde die Beobachtung der Paradoxie, also ihre Sichtbarmachung(!) implizieren. Soziale Bewegungen sind deshalb wie auch andere soziale Systeme auf die "Nicht-Beobachtung der sie ermöglichenden Latenz" (Japp, 1993: 246) angewiesen.

Virtuelle Gemeinschaft erlaubt scheinbar "unverfälschte Geselligkeit" (Roesler, 1997: 185) - die Freiheit, die-, der- oder dasjenige zu sein, was man wählt.

Das zweite zentrale Moment von Freiheit innerhalb der Virtuellen Gemeinschaft wird in der *Optionalität* der Gemeinschaftsbindungen verortet. Jeder 'User' soll wählen können, wo er sich und seine Maske(n) plaziert bzw. in welchen Gemeinschaftskontext er sich einklinkt. Voraussetzung für diese 'Wahlfreiheit' ist die Pluralisierung des Konstrukts Virtuelle Gemeinschaft. Dafür wird McLuhans (1964) Metapher vom 'global village' umgeschrieben: Das Netz sei zwar keine dörfliche Gemeinschaft, wohl aber eine Vielzahl von Dörfern, die durch das Netz jeweils die Welt umspannen (Wellmann, 1997: 185). Die Grenzen dieser Dörfer werden thematisch konstituiert: Im Usenet sind es die Foren, in IRC´s die Kanäle, anhand derer der User beobachten kann, wo gemeinschaftliche Anknüpfungschancen erwartbar sind. So tritt die freie Themenwahl an die Stelle der räumlichen Zwangsgemeinschaft des Dorfes und endlich scheinen Gemeinschaft und Freiheit vereinbar.

Mit diesen Anknüpfungen an die Vorstellung einer im Internet realisierbaren Umsetzung des Freiheitsideals, koppelt sich die Kommunikation der Virtuellen Gemeinschaft direkt an das zentrale Mobilisierungsmoment des Cyberspace. Sie kopiert dieses Ideal allerdings nicht identisch - sie gibt ihm eine spezifische Form, indem sie einerseits die Norm der Anonymität an das Gemeinschaftsideal rückbindet, und andererseits Freiheit als freie Wahl der Einbindung in eine Vielzahl von Gemeinschaften rekonstruiert. Das Konstrukt der Virtuellen Gemeinschaft wird so zu einem eigenen Bewegungsmoment, das im Sog der mobilisierenden Ideale des Cyberspace quasi 'mitläuft'. Das Verhältnis zwischen Cyberspace und Virtueller Gemeinschaft entspricht damit dem, was in der Bewegungsforschung als Differenzierung in 'harten Kern' und 'Mitläufer' verhandelt wird (Japp, 1993: 235). Wichtigstes Differenzierungskriterium sind die unterschiedlichen Radikalitätsstufen, die jeweils erreicht werden. So wie die Mitläufer der Ökologiebewegung zwar Demonstrationspräsenz zeigen, aber nicht zu Anschlägen auf das Bahnnetz der 'Castor-Transporte' bereit sind, reproduziert die Virtuelle Gemeinschaft das den Cyberspace mobilisierende Moment einer normativ geprägten Gegenwelt im Internet, aber eben nicht als Guerillakrieg gegen Informationseliten, sondern als individuelle Selbstverwirklichung in den privaten Inklusionswelten virtueller Gemeinschaftsdörfer. So, wie die Mitläufer der Ökologiebewegung zwar für Mülltrennung und gegen Kernenergie sind, aber keine radikale Senkung des Lebensstandards als Folge eines ökologisch normierten Umbaus der Wirtschaft propagieren, betreibt die Virtuelle Gemeinschaft keine Fundamentalopposition zur Gesellschaft, sondern zelebriert die Möglichkeit, aus dieser *vorübergehend zu entfliehen*, um dann in die Welt der Betriebe und Fernsehberichte zurückzukehren. Opposition wird in Eskapismus (vgl. Goetzenbrucker, Löger in diesem Band) transformiert, die Gegenwelt im Internet nicht als Ablösung, sondern als Erweiterung gesellschaftlicher Strukturen verfolgt: Virtuelle Gemeinschaft erscheint als Freiraum von der Gesellschaft innerhalb der Gesellschaft, als Alternative in Form *zusätzlicher* Inklusionsmöglichkeiten.

Mit diesen Beobachtungen läßt sich nun auch die eingangs angemahnte Unterscheidung zwischen der operativen Praxis und der Ideenwelt der Virtuellen Gemeinschaft präzisieren. Operativ ist die Virtuelle Gemeinschaft, als Mitläufer des Cyberspace, eine *soziale Bewegung*. Diese soziale Bewegung produziert die *Ideenwelt* der Virtuellen Gemeinschaft als idealisierte Beschreibung gesellschaftlicher Zukunft. Das heißt dann zugleich, dass die Ideale Virtueller Gemeinschaft ihrerseits durch die kommunikativen Konditionierungen der sozialen Bewegung geprägt sind. Konkret ist die Ideenwelt der Virtuellen Gemeinschaft demnach das Produkt eines Kommunikationskontexts, der *mobilisiert*, indem er die Einlösung der Freiheitsideologie durch seine eigene Durchsetzung verspricht. Diese Fundierung hat weitreichende Konsequenzen. Vor allen Dingen setzt Mobilisierung voraus, dass Kontingenzen der Ideenwelt latent bleiben, dass also ihre Beobachtung verhindert wird (Japp, 1993: 234). Soziale Bewegungen sind auf Reflexionsblockaden angewiesen: Ein vom Relativismus des 'es-geht-auch-anders' infiziertes Ideal könnte kaum die Massen mobilisieren, die für die gesellschaftliche Durchsetzung einer sozialen Bewegung notwendig sind. Eine soziale Bewegung muss ihre Ideenwelt als Selbstverständlichkeit darstellen können. Und die theoretisch spannende Frage ist dann: Wie gelingt ihr das?

Wenn man diese Frage für die Soziale Bewegung 'Virtuelle Gemeinschaft' stellt, stößt man zunächst vor allem auf Probleme. Denn mit ihrer Einbettung im Cyberspace ist die Virtuelle Gemeinschaft in nur schwer zu kaschierenden Ambivalenzen verankert: Einerseits besteht im Medium der Mobilisierungskommunikation - Durchsetzung des Freiheitsideals durch Internetkommunikation - Einheit, andererseits beruhen die verschiedenen Programmierungen auf unüberbrückbaren Differenzen (Freiheit/Gemeinschaft - Opposition/Eskapismus).

Diese Widersprüche reproduzieren sich auch in der Ideenwelt der Virtuellen Gemeinschaft. Das Freiheitsideal ist nicht in der anarchistischen Zuspitzung der übrigen Teilbewegungen vertretbar; es muss in den Gemeinschaftskontext hineinrelationiert werden. Trotzdem bleibt es - das macht die Einheit der Bewegung aus - eine zentrale Mobilisierungsressource. Die immanente Spannung zwischen Gemeinschaftsideal und radikaler Freiheitsideologie wird so zum sich ständig reproduzierenden Problem der Sozialen Bewegung Virtuelle Gemeinschaft [14] und damit zugleich zum Anlass für fortwährende Meta-Kommunikation.

Ein illustratives Beispiel ist der "Skandal der Net-abuse". In Folge der E-mail-Bombardierung von Usenet-Gruppen (vulgo: Spam), haben sich zum Schutz der Usenet-Gemeinschaften Abwehrforen etabliert, die im Extremfall einen 'Usenet Death Penalty' - den Ausschluß vom Usenet - bewirken können. Wie von selbst entstand daraufhin die Gegenbewegung der 'Freedom Knights', die auf dem Ideal der "absoluten Redefreiheit" besteht. [15] Während einerseits das Gemeinschaftsideal die Formulierung kommunikativer Restriktionen nach sich zieht (am prominentesten: die Netiquette), widersprechen andererseits diese Restriktionen dem Freiheitsideal des Cyberspace und umgekehrt.

Diese Widersprüchlichkeiten können kaum überraschen: der Widerstreit zwischen Freiheits- und Gemeinschaftsideal muss seit Hegel als die fundamentale Paradoxie der modernen, bürgerlichen Ideologie gelten. Verblüffend ist dann eher, dass sich diese Ideologie in eben jenes Medium hineinkontinuieren lässt, das von vielen Medientheoretikern und Philosophen als Medium der *Postmoderne* gefeiert wird (z.B. Welsch, 1991: 303). Einer, wenn nicht der entscheidende Faktor für diese Entwicklung, kann in der Etablierung der Virtualitäts-Semantik vermutet werden, also in jener massenmedialen Formel, die es als *selbstverständlich* erscheinen lässt, dass sich die Strukturen der Gesellschaft durch die Medien Computer und Internet wandeln werden. Genau diese Selbstverständlichkeit macht dann die Paradoxien und Anachronismen der Ideologie einer Virtuellen Gemeinschaft unsichtbar und eröffnet der Bewegung ihre Mobilisierungspotentiale: Die Virtualisierung der Konzepte reicht offensichtlich aus, um sie mit neuer Plausibilität auszustatten; die Virtualitäts-Semantik sichert die Latenz ihrer Widersprüche. Und damit liegt dann auch die Vermutung nahe, dass hier - im Verhältnis der Bewegungskommunikation zur Virtualitätssemantik - sowohl die Widersprüche und Kontingenzen der Ideenwelt Virtuelle Gemeinschaft, als auch die Mechanismen und Konsequenzen ihrer Invisibilisierungen - ihr Latenzschutz - zu verhandeln sein werden.

---

[14] Manuel Castells (1997: 357) spricht im selben Zusammenhang von der Spannung zwischen der (freiheitlichen) "me culture and the communal dreams of each individual".

[15] Eine ausführlichere Darstellung der Geschichte und Problematik der Net-abuse und ihrer Folgen findet sich bei Hoffmann, 1997: 250 ff.

3. Ideenwelt zwischen Virtualität und Gemeinschaft

Das Konzept der Virtuellen Gemeinschaft knüpft direkt an die Sachdimension von Virtualität an: Das 'Virtuelle' der neuen Gemeinschaftsform ist ihr Operieren im Medium Internet. 'The medium is the message' bzw. diesmal ist es die Verheißung, die durch die Kopplung an das Ideal der Gemeinschaft realisiert werden soll. Aber bereits aus dieser Verbindung zwischen Virtualitätsmedium Internet und Gemeinschaftsideal ergeben sich grundlegende Widersprüche.

3.1 Sachdimension: "Global Village"

In seiner paradigmatischen Idealform hebt das Gemeinschaftskonstrukt auf die Totalinklusion von Menschen durch räumliche Verbundenheit ab. Schon Tönnies Gegenüberstellung von Gemeinschaft und Gesellschaft fokussierte Lokalität als zentrale Bedingung für die Entstehung von Gemeinschaften (vgl. auch Paetau, 1997: 105). Demnach ist räumliche *Zwangsinklusion*, und nicht Wahlfreiheit des gemeinschaftlichen Zusammenhangs, ihr konstitutives Moment. Kritiker haben entsprechend hervorgehoben, dass das Konzept der Virtuellen Gemeinschaft das eigene Ideal usurpiert, weil es auf der Lockerung der Verbindung von Teilnehmern beruht (z.B. Healy, 1997: 61). Angelegt ist diese *Lockerung* im Medium Internet, weil es durch die weltweite Verknüpfung von Kommunikationsteilnehmern die De-Lokalisierung von Kommunikation ermöglicht. So wird mit der Idee der Virtuellen Gemeinschaft das de-lokalisierende Medium (Virtualität) mit einer lokalitätsabhängigen Sozialstruktur (Gemeinschaft) verbunden und damit zugleich ihre Fundamentalparadoxie begründet, die mit dem Schlagwort vom 'Global village' (McLuhan) auch ganz offen zur Schau getragen wird.

Die Protagonisten des Konzepts sehen dann in dieser vermeintlichen Schwäche auch gerade seine Stärke: "The strength of weak ties is that they connect people from otherwise disparate communities" (Haythornthwaite et al., 1998: 16).

Die Überzeugungskraft der Virtuellen Gemeinschaft wird, innerhalb der Bewegung, in ihrer Ermöglichung der Freiheit von räumlichen Restriktionen gesehen. Daß damit der Gemeinschaftsgedanke dem Freiheitsideal geopfert wird, indem die Paradoxie von entgrenzendem Virtualitätsmedium und zwangskonstituierter Gemeinschaftsform einseitig in Richtung Freiheit aufgelöst wird, wird ebenfalls bestritten: "Community need no longer be defined in terms of neighborhoods ... [since] there has been a paradigmatic shift toward definitions in terms of social networks" (Wellman, 1997: 185).

Durch diese Positionierung des Gemeinschaftsproblems wird die sachliche Paradoxie *zeitlich* verdeckt: Widersprüche zwischen Virtualitätsmedium und Gemeinschaftsideal erscheinen irrelevant, weil letzteres als historisch überholte Vorstellung verabschiedet und durch einen medien-kompatiblen Gemeinschaftsbegriff (Netzwerke) ersetzt wird. Virtuelle Gemeinschaften werden als Gemeinschaften der Zukunft betrachtet, die sich nicht an den Zumutungen traditioneller Begriffsbestände abarbeiten müssen.

3.2 Zeitdimension: "The Future is Now"

Aber auch in der Zeitdimension lassen sich Widersprüche beobachten. Einerseits stilisiert sich die Virtuelle Gemeinschaft zur *Zukunft* der Gesellschaft, die durch die Bewegung selbst, also durch Mobilisierung realisierbar erscheint. Andererseits kann die Bewegung nur in der *aktuellen* Gesellschaft mobilisieren. Die Zukunft lässt sich nur gegenwärtig realisieren und auch diese Paradoxie wird in der Bewegung selbstbewußt mitkommuniziert: The Future is now! [16]

So formal die Herleitung dieser Paradoxie erscheinen mag, so radikal prägt sie doch den Alltag der Bewegung. Vor allem die Opposition zu Wirtschaft, Politik und Massenmedien wird zum ständigen Spannungsfeld von Zukunftsideal und gegenwärtigem Mobilisierungsdruck. Das Gemeinschaftsideal lässt sich nur als Gegenwelt zu aktuellen Machtverhältnissen, der foranschreitenden Ökonomisierung von Information und den Selektivitäten der Presse vorantreiben. Kommerzialisierung, Regulierung und Zentrierungen medialer Aufmerksamkeit widersprechen den Verheißungen der "Virtuellen Agora" (Rheingold, 1993) und werden deshalb aufs hartnäckigste abgelehnt und bekämpft. [17] Andererseits ist die Soziale Bewegung 'Virtuelle Gemeinschaft' im Zuge ihrer aktuellen Mobilisierung auf genau diese Strukturen der Gesellschaft angewiesen. Nur wenn es gelingt, in den Massenmedien genügend Aufmerksamkeit auf die eigene Sache zu lenken, entsteht das notwendige Mobilisierungspotential. Und die Kommerzialisierung des Netzes wird selbst in den radikalen Kreisen der Hacker und Cracker als Voraussetzung für den Erfolg der eigenen Sache verhandelt: "die elektronische Informations- und Kommunikationsindustrie braucht einen neuen aktiven Konsumenten oder sie wird absterben" heißt es im Cracker-Magazin *Mondo 2000*. [18] Einerseits verlangt Mobilisierung die Öffnung des Mediums für die (rest-

---

[16] Vgl. z.B. Jordan, 1996: 52 ff.

[17] Am prominentesten die sogenannte Magna Charta des Cyberspace (abgedruckt in Bollmann, Heibach, 1996: 111 ff.).

[18] Zitiert nach Sobchack, 1996: 332.

liche) Gesellschaft und andererseits birgt genau diese Öffnung das Risiko der ökonomischen, politischen und massenmedialen Unterwanderung der Bewegung.

Daß in diesem Widerspruch kein *zwangsläufiges* Scheitern gesehen wird, liegt am Vertrauen in das eigene Potential, in die bewegende Anziehungskraft der Ideale der Virtuellen Gemeinschaft. Dieses Vertrauen erscheint plausibel, weil die Virtuelle Gemeinschaft die Einlösung der fundamentalsten Ideologien der modernen Gesellschaft selbst verspricht: Freiheit und Gleichheit. Damit verankert sich die Bewegung nicht nur in der aktuellen Gesellschaft, sondern zugleich in den Träumen und Idealen ihrer Vergangenheit (Roesler, 1997: 171). Aber auch dieser Widerspruch einer rückwärts gerichteten Zukunftsvision bleibt durch eine Verschiebung der Sinndimension unbemerkt: Die Ideale der Vergangenheit scheinen in der Zukunft realisierbar, weil die Virtuelle Gemeinschaft als die dafür notwendige Gesellschaftstruktur (Sozialdimension) betrachtet wird.

3.3 Sozialdimension: "Erfolgreiches Scheitern"

In der Sozialdimension beschreibt sich die Soziale Bewegung ´Virtuelle Gemeinschaft´ als ein Strukturmoment der zukünftigen Gesellschaft. Damit zieht sie Sach- und Zeitdimension gleichsam zusammen: Die Virtualität der Gemeinschaftsform (Sachdimension) gilt als Zukunft (Zeitdimension) gesellschaftlicher Struktur (Sozialdimension). Mit dieser Engführung kulminieren dann zugleich die Paradoxien, die ihre Ideale prägen. Und selbst dafür hat sich mit dem Stichwort des 'erfolgreichen Scheiterns' in der Bewegung eine Letztformel etabliert.

Wie meist im Virtualitätskontext ist die Rede vom 'erfolgreichen Scheitern' zunächst auf ein technisches Problem gemünzt: die Gefahr einer Überlastung der Übertragungskapazitäten durch das Wachstum der Nutzergesamtheit. [19] Ganz ähnlich wird auch für die Virtuelle Gemeinschaft argumentiert: Mit zunehmender Mobilisierung (Erfolg der Bewegung) droht zugleich der "Culture-Clash", die Verwässerung der Ideale der Virtuellen Gemeinschaft (Scheitern der Bewegung) aufgrund der Heterogenität der Netzbevölkerung. Der Erfolg der Virtuellen Gemeinschaft liegt dann aber schon definitorisch im Scheitern, weil sie genau diese Heterogenität als Umsetzung ihres Freiheitsideals zur eigenen Norm erhebt. Ihre Identität gründet im "concern for diversity" (Reid, 1991) ihre Verankerung in der Cyberspace-Bewegung und seinem radikalen Freiheitsideal zwingt geradezu, Diversität auch in der Form einer Konterkarierung des Gemeinschaftsideals zum Ideal zu erheben und damit die Selbstaufhebung ihrer Ideale letztlich als Erfolg zu beschreiben.

---

[19] Vgl. z.B. Helmers et al., 1996: 14.

Aus analytischem Blickwinkel betrachtet erscheint die Ideenwelt der Virtuellen Gemeinschaft als Kulmination immanenter Widersprüche, die sich letztlich auf ihr gespanntes Verhältnis zur Cyberspace-Bewegung zurückführen lassen. Das Paradox *normierter* Freiheit prägt alle Dimensionen der Virtuellen Gemeinschaft: 'Globale Gemeinschaft' oszilliert zwischen gemeinschaftlicher Zwangsinklusion und de-lokalisierter Freiheit. Die 'gegenwärtige Zukunft' zieht das freiheitliche Idealbild gesellschaftlicher Zukunft und die Mobilisierungsnotwendigkeiten der Bewegungskommunikation zu einem Widerspruch zusammen. Und 'erfolgreiches Scheitern' bringt die Fundamentalparadoxie eines sich selbst aushebelnden Freiheitsideals formelhaft auf den Punkt. Was an diesem Arrangement am meisten überrascht, ist die offene Markierung der Widersprüche in der Bewegung. Wo im harten Kern des Cyberspace das Spannungsfeld von Freiheit und Normierung durch die wechselseitige Beobachtung der Teilbewegungen im nicht-beobachteten Latenzbereich der Kommunikation verbleibt, wird es in der Virtuellen Gemeinschaft schlagworthaft bezeichnet. Es wird sogar als die eigentliche Stärke des mobilisierenden Idealbilds der Bewegung vorgeführt. Widersprüche erscheinen nicht als Blockaden. Die Bewegung suggeriert im Gegenteil durch eine Art 'best-of-both-worlds' Semantik, dass die sich widersprechenden Seiten - Freiheit/Gemeinschaft - durch die Virtuelle Gemeinschaft *gleichzeitig* realisierbar seien. Was paradox erscheint, werde möglich. Und wer das bezweifelt, wird auf die bereits bestehenden Virtuellen Gemeinschaften verwiesen!

Die Plausibilisierung der paradoxen Ideenwelt der Virtuellen Gemeinschaft erfolgt über den Verweis auf die Vielzahl funktionierender communities – sei es das "Well", "Echo" oder "MediaMoo". [20] Es ist demnach die bereits erwähnte Pluralisierung des Gemeinschaftsideals in die Aktualität einer Vielzahl von virtual communities, also Virtuelle Gruppen, durch die die Paradoxie des erfolgreichen Scheiterns letztlich überwindbar scheint. Diese *Identitätsunterstellung* kann in der Bewegung vor allem überzeugen, weil Gruppen ihrerseits auf einer "Verpersönlichung" der Kommunikation beruhen und sich über Zusammengehörigkeit ausdifferenzieren. [21] Gruppen scheinen damit im kleinen das zu leisten, was die Gemeinschaft für die gesamte Gesellschaft verspricht.

---

[20] Für das "Well" siehe Rheingold, 1993, für "Echo" siehe Jordan, 1996, für das "MediaMoo" siehe Bruckman, Resnick, 1993.

[21] Zusammengehörigkeit ist für Max Weber (1956: 25) das Kriterium für Vergemeinschaftung und - mit Hartmann Tyrell (1983: 81) - zugleich Medium der Bildung von Gruppen. Verpersönlichung der Kommunikation kann mit Friedhelm Neidhardt (1979: 1983) als "zentrales Sinnmoment" des Systemtyps Gruppe betrachtet werden und ist zugleich konstitutives Moment der Idealbilder von Gemeinschaft.

In der Begrifflichkeit der eingangs bemühten Unterscheidung zwischen idealisierter Beschreibung und operativer Praxis sind 'Virtuelle Gruppen' als Praxis zu beschreiben, die die Soziale Bewegung 'Virtuelle Gemeinschaft' als Realisierung ihrer Ideenwelt beobachtet. Die kybernetische Unterscheidung von Beobachtungsoperation, Beobachtung und beobachteter Umwelt legt es dann nahe, zunächst nach den *Unterschieden* zwischen Bewegung, Ideenwelt und Virtuellen Gruppen zu fragen. Wenn man so beobachtet, fällt vor allem auf, dass die Bewegung nicht in Virtuellen Gruppen aufgeht und auch nicht aufgehen kann. Zum einen reproduzieren nicht alle Virtuellen Gruppen die Ideale der Virtuellen Gemeinschaft. Es gibt Virtuelle Gruppen, für die Freiheits-, Gleichheits- und Gemeinschaftsideale keine Rolle spielen - z.B. wissenschaftliche Themenforen. Es gibt auch Gruppen, die das genaue Gegenteil der Ideale der Gemeinschaftsbewegung verfolgen - z.B. rechtsradikale Foren wie "Aryan Nations" oder "The American Guardian". Zum anderen beschränkt sich die Kommunikation Virtueller Gruppen, auch wenn sie sich selbst als "imagined communities" beobachten und beschreiben, nicht auf die Ideale der Bewegung. Virtuelle Gruppen gehen nicht im Normenkatalog der Virtuellen Gemeinschaft auf: Participants pick and choose from what is available, at times using things in unexpected ways, at times not using some of the possibilities" (Baym 1998, 50).

Die operative Praxis Virtueller Gruppen ist weder mit den Idealen, noch der mobilisierenden Kommunikation der Virtuellen Gemeinschaft identisch. Schon aus systemimmanenten Gründen kann die Kommunikation einer sozialen Bewegung nicht in Gruppenkommunikation aufgehen: Während Gruppen auf der Verpersönlichung von Kommunikation beruhen, muss eine Bewegung fast vollständig von den Persönlichkeiten ihrer Teilnehmern absehen, um mobilisieren zu können (Luhmann, 1997: 851). Dieser Unterschied der autopoietischen Reproduktion von Gruppen und Bewegungen wird in der Virtuellen Gemeinschaft übersehen, weil sie sich zunächst mit ihren Idealen - Freiheit und Totalinklusion der Kommunikationsteilnehmer - verwechselt und zugleich diese Ideale in Virtuellen Gruppenbildungen operativ realisiert sieht.

4. Die Virtuelle Gemeinschaft zwischen Bewegung und Gruppen

Analytisch wird man sich den Hoffnungen, die in der Virtuellen Gemeinschaft verkörpert sind, kaum anschließen können. Ihre rhetorische Emphase, die *Begeisterung* für die eigenen Ideale, macht sie blind für die Unterschiede zwischen der mobilisierenden Ideenwelt der sozialen Bewegung 'Cyberspace', und der tatsächlich beobachtbaren Kommunikation Virtueller Gruppen. [22] Und es ist zugleich diese Verwechslung von Ideenwelt und Gruppenkommunikation, die die Latenz der immanenten Widersprüche der Virtuellen Gemeinschaft sichert, denn alle offen gelegten Paradoxien erscheinen überwindbar, weil "Well", "Echo" und "MediaMoo" scheinbar bereits ermöglichen, was die Bewegung verspricht. So voraussetzungsvoll und ihrerseits widersprüchlich diese 'Selbstverständlichkeit' der Virtuellen Gemeinschaft analytisch erscheint, so sehr gelingt es ihr, andere zu begeistern und damit zu mobilisieren. Allen Dekonstruktionen und Beschwörungen der Postmoderne zum Trotz, zeugt das Mobilisierungspotential der Virtuellen Gemeinschaft vor allem davon, dass die Vorstellung einer freien Gesellschaft, die alle Menschen in sich einbezieht, so sehr Leitbild der modernen Gesellschaft bleibt, dass sie nur allzu leicht die Widersprüchlichkeiten der Verheißung ihrer Realisierung übersieht. Ein neues Medium und eine griffige Semantik reichen aus, um den Träumen der amerikanischen und französischen Revolution neue Flügel zu verleihen. Die 'Netzrevolution' wird geradezu herbeigesehnt. [23]

Die Mobilisierung und massenmediale Resonanz der Virtuellen Gemeinschaft bleibt ihrerseits nicht ohne Effekte. Vor allem erhöht sie die Attraktivität der Teilnahme an Virtuellen Gruppen, denn mit der Identitätsformel 'Virtuelle Gemeinschaft = Virtuelle Gruppen' werden die Versprechungen der Bewegung zugleich in die Vielzahl von Usenet-Foren, IRCs, MUDs und MOOs hineinprojeziert. Die Bewegung mobilisiert, indem sie Gruppenbildungspotentiale verspricht, und indem sie mobilisiert, steigert sie Gruppenbildungspotentiale. Dabei ist virtuelle Gruppenbildung zunächst ein hochgradig unwahrscheinlicher Sachverhalt. Udo Thiedeke (in diesem Band) hat diese Unwahrscheinlichkeit anhand der Paradoxien Virtueller Gruppen herausgearbeitet. Während Gruppenbildung auf der relativen Konstanz von Zugehörigkeit beruht, eröffnet das Medium die Möglichkeit, Gruppen ständig zu wechseln. Während Gruppen auf der Verpersönlichung von Kommunikation beruhen, sind Internet-Kontakte aufgrund der Intransparenz der Bildschirme hochgradig anonymisiert. Und während Gruppenbildung schließlich auf der Emotionalisierung und Personalisie-

---

[22] Begeisterung beruht stets auf Nichtbeobachtung und mangelnder Distanz (vgl. Baecker, 1998; Derrida, 1996) und ist deshalb ein äußerst wirksames Medium des Latenzschutzes.
[23] Udo Thiedeke hat mich darauf aufmerksam gemacht, daß auf diese Weise nicht nur "die historischen Freiheitsideale 'reanimiert', sondern durch die paradoxe Strukturierung einer 'mittelbaren Unmittelbarkeit' quasi idealistisch auf Dauer gestellt werden. Die Realitätsprüfung, die etwa in der französischen Revolution in den Terror des Direktoriums mündet, wird hier einfach übersprungen - indem man z.B. einen 'gescheiterten MUD' aufgibt und einen neuen erfindet." (Zitat aus unserer E-mail Korrespondenz).

rung von Kommunikation beruht, sind fast alle Internetdienste durch Offenheit und Öffentlichkeit charakterisiert. Die Qualitäten des Internet - Optionalität, Anonymität und Offenheit - konterkarieren systematisch die Erfordernisse gruppenspezifischer Kohäsion.

Das Internet entkoppelt, worauf Gruppen angewiesen sind. Und trotzdem entstehen Virtuelle Gruppen. Trotzdem ist eine emphatische Praxis beobachtbar, in der die Kommunikation in bulletin-boards, chat-lines, MUDs und MOOs hochgradig emotional, persönlich und stabil ist (Thiedeke in diesem Band; Baym, 1998). Was analytisch angesichts der Widersprüche zwischen Virtualitätsmedium Internet und der sozialen Spezifik von Gruppen als unwahrscheinlich erscheint, erweist sich empirisch als operativ tragbar und für die Beteiligten als geradezu selbstverständlich: "Committed participants ... have no problem in accepting that communities exist online and that they belong to them." (Haythornthwaite et al, 1998: 12).

Mit dieser Beobachtung der *Selbstbeobachtung* Virtueller Gruppenkommunikation läßt sich zugleich erklären, wie die Unwahrscheinlichkeit Virtueller Gruppenbildung in ihre operative Selbstverständlichkeit transformiert wird: Die Ideale und mobilisierenden Kommunikationen der Virtuellen Gemeinschaft statten IRCs, MUDs und MOOs mit den Versprechungen aus, die User motivieren, an ihnen teilzunehmen und sich in der Kommunikation zu öffnen. Die Semantik der Virtuellen Gemeinschaft plausibilisiert das Funktionieren Virtueller Gruppen, so wie die Existenz Virtueller Gruppen die Ideenwelt der Virtuellen Gemeinschaft plausibilisiert.

Die Widersprüche und Spannungsfelder sind damit nicht aus der Welt, sie sind ganz im Gegenteil ein wesentliches Moment der Kommunikation Virtueller Gruppen. Konstanz, Emotionalität und Persönlichkeit lassen sich nur durch kommunikative Rigiditäten, also Konterkarierungen des Freiheitsideals, sicherstellen. Man kann seine Persönlichkeit - den 'Avatar' - wählen, aber wenn man in der Kommunikation einer Virtuellen Gruppe anschlussfähig bleiben will, muss die Maske stabil bleiben (vgl. Thiedeke in diesem Band). Personen bleiben somit auch im Virtuellen gruppenspezifische Konstruktionen, die vernetzte Psychen nur abstreifen können, indem sie sich aus der Kommunikation ausklinken. Inklusion bleibt, aller individuellen Freiheitsrhetorik zum Trotz, soziale Zumutung. Auch Emotionalität läßt sich in IRCs herstellen, indem man aus öffentlichen in private Kanäle wechselt. Voraussetzung für diese Verbindung der Offenheit der Kanäle und Privatheit der Kommunikation ist aber die normative Regelung, dass private Kanäle, obwohl dies technisch möglich ist, nicht abgehört werden. Auch die emotionale Kohäsion der Virtuellen Gruppe setzt die Normierung ihrer Kommunikation - also abermals: Einschränkung von Freiheit - voraus.

Man kann vermuten, dass es angesichts dieser Spannungen langfristig zu Enttäuschungen der Ideale und damit auch zu einer Schwächung der Anziehungskraft Virtueller Gruppen kommen wird. Allerdings zeigt die Geschichte des Internet zugleich, wie sich das zirkuläre Wechselspiel von Ideenwelt und Gruppenstruktur trotzdem kontinuieren ließe: durch die Entstehung neuer Internet-Dienste, die dann die Möglichkeit einer Erfüllung von Freiheits- und Gleichheitsideal abermals plausibilisieren würden. So wie zur Zeit MUDs und MOOs das versprechen, was E-mail und Usenet nicht bewerkstelligen konnten, würden in Zukunft andere Dienste an ihre Stelle treten usw. Ein Effekt dieser Dynamik könnte die weitere Erhöhung der gesellschaftlichen Attraktivität von Internet-Kommunikation sein. So wie E-mail und World Wide Web immer mehr zu Normalformen gesellschaftlicher Kommunikation werden, könnten auch Chats und ihre potentiellen Nachfolger bald zum kommunikativen Inventar des sozialen Alltags werden. Damit sind zwar weder eine Befreiung noch die Vergemeinschaftung der Kommunikation zu erwarten, aber folgenlos werden solche Entwicklungen auch nicht sein.

Literatur

H. W. Ahlemeyer, 1989: Was ist eine soziale Bewegung? in: Zeitschrift für Soziologie, 18, 1989. S. 175-191.

D. Baecker, 1998: Begeisterte Unternehmer, in: G. Walger, (Hrsg.): Wittener Jahrbuch für ökonomische Literatur 1998. Marburg. S. 201-212.

N. Baym, 1998: The Emergence of On-Line Community, in: St. G. Jones, (Hrsg.): Cybersociety 2.0 - Revisiting Computer-Mediated Communication and Community, Thousand Oaks, London, New Delhi. S. 35-68.

S. Bollmann, Ch. Heibach (Hrsg.), 1996: Kursbuch Internet. Anschlüsse an Wirtschaft und Politik, Wissenschaft und Kultur, Mannheim.

A. Brill, 1999: Virtualität und Gesellschaft - Selbstverständlichkeiten und Paradoxien einer neuzeitlichen Semantik. Mimeo.

A. Bruckman, M. Resnick, 1993: Virtual Professional Community: Results from the Media-MOO Project, Online: ftp://ftp.uni-koeln.de/institute/soziologiesem/cmc/bruckman.93.zip (19.1.1999)

W. Coy, 1993: Die Entfaltung programmierbarer Medien, in: J. Paech, A. Ziemer (Hrsg.): Digitales Fernsehen - eine neue Medienwelt? Mainz. S. 45-54.

J. Derrida, 1996: Marx Gespenster, Frankfurt/M..

Die Zeit, 1998a: Virtuelle Goldgräber. Nr. 51, 10.12.1998. S. 38.

Die Zeit, 1998b: Die Kultur des Mißverstehens. Von afrikanischen Hoflinguisten, virtuellen Klomauern und der Reinkarnation der Bierflasche. Nr. 53, 22.12.1998. S. 33.

H. v. Foerster, 1981: Observing Systems. Seaside, CA.

G. Goetzenbrucker, 1998: Online Communities - Leben im Netz. Integrationsleistungen Neuer Technologien am Beispiel von MUDs. Vortrag, KW-Tagung.

J. Hagel III, A. G. Armstrong, 1997: Net Gain - Profit im Netz. Wiesbaden.

C. Haythornthwaite, B. Wellman, L. Garton, 1998: Work and Community via Computer-Mediated Communication, in: J. Gackenbach (Hrsg.): Psychology and the Internet. San Diego. Deutsch in diesem Band.

D. Healy, 1997: Cyberspace and Place: The Internet as Middle-Landscape on the Electronic Frontier, in: D. Porter (Hrsg.): Internet Culture. New York. S. 55-71.

S. Helmers, U. Hoffmann, J. Hofmann, 1996: Netzkultur und Netzwerkorganisation. Das Projekt "Interaktionsraum Internet". WZB-Paper, FS II. Berlin. S. 96-103.

U. Hoffmann, 1997: ´Imminent Death of the Net Predicted!´ Kommunikation am Rande der Panik, in: B. Becker, M. Paetau, (Hrsg.): Virtualisierung des Sozialen. Die Informationsgesellschaft zwischen Fragmentierung und Globalisierung. Frankfurt/M., New York.

K. P. Japp, 1993: Die Form des Protests, in: D. Baecker (Hrsg.): Probleme der Form, Frankfurt/M. S. 231-251.

K. Jordan, 1996: Die Büchse der Pandorra, in: St. Bollmann, Ch. Heibach (Hrsg.): Kursbuch Internet. Anschlüsse an Wirtschaft und Politik, Wissenschaft und Kultur, Mannheim. S. 42-55.

P. Lévy, Pierre, 1996: Cyberkultur. Universalität ohne Totalität, in: St. Bollmann, Ch. Heibach (Hrsg.): Kursbuch Internet. Anschlüsse an Wirtschaft und Politik, Wissenschaft und Kultur. Mannheim. S. 56-82.

P. Lévy, 1997: Die kollektive Intelligenz. Eine Anthropologie des Cyberspace. Mannheim.

St. Levy, 1984: Hackers: Heroes of the Computer Revolution. Delta.

N. Luhmann, 1995: Inklusion und Exklusion, in: ders.: Soziologische Aufklärung 6: Die Soziologie und der Mensch. Opladen. S. 237-264.

N. Luhmann, 1996: Protest. Neue soziale Bewegungen und Systemtheorie. Frankfurt/M.

N. Luhmann, 1997: Die Gesellschaft der Gesellschaft. Frankfurt/M.

M. McLuhan, 1964: Die magischen Kanäle. Düsseldorf (1992).

F. Neidhardt, 1979: Das innere System sozialer Gruppen, in: Kölner Zeitschrift für Soziologie und Sozialpsychologie, 31. S. 639-659.

F. Neidhardt, 1983: Themen und Thesen zur Gruppensoziologie, in: ders. (Hrsg.): Gruppensoziologie. Perspektiven und Materialien. Opladen. S. 12-34.

M. Paetau, 1997: Sozialität in virtuellen Räumen? In: B. Becker, M. Paetau (Hrsg.): Virtualisierung des Sozialen: die Informationsgesellschaft zwischen Globalisierung und Fragmentierung. Frankfurt/M., New York. S. 103-134.

E. Raymond, 1998: Homesteading the Noosphere. Online: http://tuxedo.org/~esr/writings/homesteading/homesteading.txt (19.1.1999)

E. Reid, 1991: Electropolis: Communication and Community on Internet Relay Chat, Honour's Thesis 1991 (University of Melbourne, Department of History). Online: ftp://ftp.uni-koeln.de/institute/soziologiesem/cmc/reid.91.zip (19.1.1999)

H. Rheingold, 1993: The Virtual Community. Homesteading on the Electronic Frontier. Reading. MA.

A. Roesler, 1997: Bequeme Einmischung. Internet und Öffentlichkeit, in: St. Münker, A. Roesler, Alexander (Hrsg.): Mythos Internet. Frankfurt/M. S. 171-192.

B. Schäfers, (1983): Gruppenbildung als Reflex auf gesamtgesellschaftliche Entwicklungen am Beispiel der deutschen Jugendbewegung, in: F. Neidhardt (Hrsg.): Gruppensoziologie. Perspektiven und Materialien. Opladen. S. 10-125.

V. Sobchack, 1996: Demokratisches Franchise und elektronische Grenze, in: R. Maresch (Hrsg.): Medien und Öffentlichkeit. München. S. 324-336.

B. Sterling, 1992: The Hacker Crackdown: Law and Disorder on the Electronic Frontier, New York.

H. Tyrell, 1983: Zwischen Interaktion und Organisation. Gruppe als Systemtyp, in: F. Neidhardt (Hrsg.): Gruppensoziologie. Perspektiven und Materialien. Opladen. S. 77-87.

M. Weber, 1956: Wirtschaft und Gesellschaft. Köln, Berlin.

B. Wellman, 1997: An Electronic Group is Virtually a Social Network, in: S. Kiesler (Hrsg.): Culture of the Internet. Mahwah, NJ. S. 179-205.

W. Welsch, 1991: Unsere postmoderne Moderne. Weinheim.

Kommunikationskulturen im Internet:
dargestellt am Beispiel virtueller Netzwerke in MUDs und MOOs

Barbara Becker

1. Motivation

Posttraditionale Gesellschaften sind durch Tendenzen einer zunehmenden Individualisierung, Fragmentierung und funktionalen Ausdifferenzierung gekennzeichnet. Traditionelle Kontexte fungieren nicht länger als Rahmenbedingungen, innerhalb derer sich Identitäten herausbilden können, herkömmliche Rollenzuweisungen verlieren an Glaubwürdigkeit und bieten kaum noch Stabilisierungsfunktionen für die betroffenen Individuen. Stattdessen scheint Identität mehr und mehr zum Produkt individueller Gestaltung und ästhetischer Inszenierung zu werden, und persönliche Biographien sind immer seltener durch Kontinuität sondern vielmehr durch sprunghafte Ereignishaftigkeit gekennzeichnet (Hitzler, 1994; Keupp, 1996). Verstärkt wird eine derartige Tendenz durch gegenwärtig beobachtbare Anforderungen des Arbeitsmarktes, denenzufolge die Arbeitnehmer Flexibilität, Mobilität und Veränderungsbereitschaft zeigen sollen. Konkret wird erwartet, dass sich die Betroffenen den vermeintlichen Erfordernissen des Arbeitsmarktes so weit zu fügen haben, dass er, bzw. sie, jederzeit bereit sind, den Wohnort zu wechseln, neue Berufsperspektiven zu entwickeln und dementsprechend ihr soziales Netz immer wieder neu aufzubauen (Sennett, 1998).

In solchen Zeiten geraten traditionelle Bindungen ins Wanken (Giddens, 1990). Die Flüchtigkeit von Freundschaft, das Aufbrechen traditioneller Gemeinschaften und die schwindende Bedeutung von räumlicher Nachbarschaft hat Folgen: Konfrontiert mit der immer mehr um sich greifenden Notwendigkeit, das bisherige Lebensumfeld zu verlassen, können sich häufig lediglich schwache soziale Bindungen entwickeln (vgl. Dollhausen, Wehner in diesem Band), die nicht länger in einer gemeinsamen Lebenswelt verwurzelt sind, sondern vielmehr durch lediglich situativ übereinstimmende Interessen und kurzfristig geteilte Kontexte gekennzeichnet sind. An die Stelle vergangenheitsbezogener Kontinuität tritt die aktivitätsbezogene Gegenwart. Diese kann zwar zu emotionalen Intensitäten führen, die jedoch oftmals keinen dauernden Bestand haben (Bauman, 1997). Die damit einhergehende Kontingenz von Beziehungen und die Vorläufigkeit sowie ständige Wandelbarkeit von sozialen Bindungen aufgrund erzwungener Mobilität, führen zu veränderten Formen von Sozialität, die weniger durch Stabilität, Kontinuität und Tradition bestimmt sind, als vielmehr durch Offenheit, Fragilität und Diskontinuität (Bauman, 1997). Dieser, durch veränderte gesellschaftliche Bedingungen hervorgerufene Wandel von sozialen Beziehungen impliziert jedoch auch die Möglichkeit individueller Wahl, mit wem, wie und wo man kommunizieren will und welche Form sozialer Bindung man präferiert. Die Selektion der Zugehörigkeit zu sozialen Kreisen fällt damit immer mehr in den Kompetenzbereich der Individuen (vgl. Thiedeke in diesem Band).

Betrachtet man vor diesem Hintergrund die aktuelle Literatur über die gesellschaftspolitischen Auswirkungen elektronischer Kommunikationsmedien, so sieht man sich mit einem Spektrum höchst unterschiedlicher Interpretationen konfrontiert: Auf der einen Seite wird hervorgehoben, dass die elektronischen Kommunikationsnetzwerke zu einer weiteren Fragmentierung von Gesellschaft führen können, da die sich in Netzen entwickelnde Form von Sozialität durch Flüchtigkeit, Oberflächlichkeit und Vergänglichkeit gekennzeichnet sei (Poster: 1995). Auf der anderen Seite wird die soziale Bindekraft der interaktiven Kommunikationsmedien unterstrichen und darauf verwiesen, dass sich in elektronischen Netzen neue soziale Systeme, etwa in Form sogenannter virtueller Gemeinschaften oder virtueller Gruppen herausbilden, die milieuübergreifende und grenzüberschreitende Kontakte ermöglichen und insofern der Fragmentierung von Gesellschaft entgegenwirken könnten (Lyons, 1997; Jones, 2000).

Der folgende Beitrag knüpft an diese Diskussion an. Auf der Basis einer empirischen Studie wurde der Frage nachgegangen, welche Form von sozialer Bindung sich durch elektronische Kommunikationsnetzwerke herausbildet, inwieweit sich Vergleiche zu bekannten, realweltlich verankerten Formen von Sozialität herstellen lassen, und in welcher Weise die jeweils verfügbare Technik auf die spezifische Ausprägung solcher Formationen Einfluss nimmt.

2. Methodischer Zugang

Obwohl bereits eine Fülle an Literatur zu möglichen gesellschaftlichen und sozialen Auswirkungen des Internet existiert, ist die empirische Basis der entsprechenden Deutungen und Diagnosen immer noch relativ dünn. Dementsprechend lassen sich nur erste vorsichtige Einschätzungen über Prozesse des sozialen Wandels abgeben, die mit der zunehmenden Verbreitung elektronischer Kommunikationsnetzwerke einhergehen können.

Der vorliegende Beitrag versteht sich in erster Linie als Versuch, die empirische Basis derartiger Diagnosen zu erweitern. Anknüpfend an Debatten, denen zufolge sich in elektronischen Netzen neue Formen von Sozialität herausbilden, wurde untersucht, welche spezifischen sozialen Prozesse sich in Kommunikationszusammenhängen beobachten lassen, die in der Literatur als 'virtuelle Gemeinschaften' oder 'virtuelle Gruppen' bezeichnet werden (vgl. Kollock, Smith, 1998; Kolko, Reid, 1998; Roberts, 1998; Schroeder 2001; Keil-Slawik 2001). Ohne im Einzelnen auf die problematische Begriffsbildung einzugehen, die derartigen Zuschreibungen häufig zugrundeliegt (siehe Thiedeke in diesem Band), erfolgte in der hier vorgestellten empirischen Analyse eine Konzentration auf folgenden Aspekt: So scheint sich die Kommunikation in bestimmten virtuellen kommunikativen Netzwerken durch eine gewisse Regelhaftigkeit auszuzeichnen, die darauf schliessen lässt, dass innerhalb solcher Formationen explizit formulierte, sowie implizit existierende Vereinbarungen darüber existieren, welche Form des Verhaltens erlaubt bzw. unerlaubt ist. Dies legte die Vermutung nahe, dass derartige Übereinstimmungen einen wesentlichen Faktor bei der Entwicklung sozialer Kohärenz innerhalb derartiger Gefüge darstellen (vgl. hierzu auch: Opielka, 1996; Kollock, 1998), da sie nicht nur die Verständigung der Teilnehmer eines solchen Kommunikationsnetzwerkes erleichtern, sondern darüber hinaus ein gewisses Mass an sozialer Verbindlichkeit erzeugen (Lenke, Lutz, Sprenger, 1995). Ob entsprechende Regelhaftigkeiten in Form von kontextspezifischen Verhaltens-Ritualen (Goffmann, 1981; Knoblauch 1998) oder aber als Kommunikationskonventionen (vgl. Lenke, Lutz, Sprenger, 1995) zum Tragen kommen, ist dabei zunächst von sekundärem Interesse. Entscheidend war vielmehr, zu überprüfen, ob diese Phänomene Ähnlichkeiten mit gruppenspezifischen Prozessen aufzeigen, wie wir sie aus realweltlichen Zusammenhängen kennen und ob entsprechende Analogisierungen überhaupt sinnvoll und legitim sind.

Im Einzelnen fokussierte die Untersuchung auf folgende Fragen:

1. Ausgehend von der, durch erste Beobachtungen gestützten Vermutung, dass der soziale Zusammenhalt innerhalb eines spezifischen online-Szenarios immer wieder neu kommunikativ erzeugt werden muss, wurde untersucht, ob eine entsprechende Bindung und Verbindlichkeit der Kommunikationsteilnehmer durch die Etablierung kontextabhängiger Kommunikationskonventionen und -rituale erzeugt wird.

2. Da die jeweiligen Netzwerke zumeist auf unterschiedlichen technischen Bedingungen der Repräsentation, Kommunikation und Navigation basierten, lag die Vermutung nahe, dass die jeweiligen technischen Voraussetzungen die Art der Kommunikation und die Spezifität der jeweiligen Konventionen beeinflusste (vgl. auch Benford, 1995). So wurde analysiert, in welcher Weise die verfügbare Technologie die Kommunikationskultur in den verschiedenen online-Szenarien

prägte, und inwieweit die soziale Bindung innerhalb derartiger Umgebungen durch Verfügbarmachung eines breiten Spektrums technologischer Möglichkeiten der Kommunikation und Repräsentation erhöht wird (siehe auch Bowers, 1996).

3. Generell sollte zur Diskussion gestellt werden, ob die Existenz von Kommunikationskonventionen und -ritualen es berechtigt erscheinen lässt, diese sozialen Formationen im Netz als soziale Netzwerke zu bezeichnen, die in Beziehung zu setzen sind zu "realweltlichen" Sozialgefügen (vgl. auch Heintz in diesem Band).

In der hier vorgestellten empirischen Studie erfolgte eine Konzentration auf die Untersuchung sogenannter MUDs und MOOs (Curtis, 1996), da diese in der Literatur, insbesondere des amerikanischen Sprachraums, immer wieder als prototypische virtuelle Gruppierungen angesehen werden (Wellman, 1999; Kolko, Reid, 1998). Obwohl diese Szenarien häufig weder durch thematische Fokussierungen, noch durch parallel stattfindende "realweltliche" Treffen charakterisiert sind, scheinen sie - der entsprechenden Literatur zufolge - bei vielen Mitspielern ein Gefühl der sozialen Bindung hervorzurufen (Turkle, 1995; Reid, 1996). MUDs und MOOs sind virtuelle Spiel- und Konversationsumgebungen, die weltweit zugänglich sind, sofern man über die notwendigen technologischen Voraussetzungen, wie etwa den Zugang zum Internet, verfügt. MUDs und MOOs erlauben nicht nur das gemeinsame Spielen im Netz, sondern ebenso die beliebige Kontaktaufnahme mit anderen jenseits der üblichen Beschränkungen des jeweiligen sozialen Umfeldes. Insofern scheinen sie ein interessantes Feld für die empirische Exploration sich herausbildender sozialer Strukturen in elektronischen Netzwerken zu sein.

Im Rahmen der Studie wurden drei unterschiedliche MOOs auf der Basis der oben beschriebenen Fragen untersucht. Diese Szenarien sind keine Spiele im herkömmlichen Sinne, wie dies etwa für die meisten MUDs der Fall ist; vielmehr handelt es sich bei den ausgewählten MOOs um Konversationsumgebungen, in denen die Teilnehmer mit anderen Personen in unterschiedlicher Weise in Kontakt treten, und sich darüber hinaus an der Ausgestaltung der virtuellen Räume beteiligen können. Zwei Forscherinnen (teilweise kam ein dritter Forscher hinzu) verbrachten insgesamt ca. 60 Stunden als teilnehmende Beobachterinnen in folgenden Umgebungen, die sich durch jeweils unterschiedliche technische Voraussetzungen auszeichnen:

- LambdaMOO (LM): Die Repräsentation der Benutzer und die Kommunikation zwischen den Mitspielern ist auf den Austausch von Texten beschränkt. Dabei gibt es bestimmte Kommandos, die jeweils unterschiedliche Botschaften ermöglichen (so erlaubt z.B. der <emote> Befehl die textliche Beschreibung von Bewegungen, Handlungen und körperlichen Aktionen im virtuellen Raum, der <say> Befehl liefert eine Botschaft an alle Mitspieler und mit dem <whisper> Befehl lassen sich bilaterale, private 'Gespräche' führen).

- AlphaWorld (AW): Die Benutzer werden durch Texte und durch sogenannte Avatare, d.h. graphisch repräsentiert. Es handelt sich um Ganzkörper-Avatare, die alle etwa gleich aussehen. Durch Mausklick und Nutzung der Cursor-Tasten können sich diese Avatare im virtuellen Raum bewegen; zudem können sie Primitvgesten wie winken, springen und tanzen vollführen. Die Kommunikation mit anderen Mitspielern erfolgt über den Austausch von Texten, die sowohl oberhalb des jeweils kommunizierenden Avatars auf dem Bildschirm erscheinen, als auch in einem davon unabhängigen eigenen Bildschirmfenster.

- Onlife!Traveller (OT): Die Repräsentation der Mitspieler erfolgt über Text und über Avatare. Diese Avatare sind entweder graphisch aufbereitete 'Standard-Köpfe' bzw. andere graphische Repräsentationen wie Pflanzen oder Tiere, die aus einem Katalog verschiedener Avatare ausgewählt, und durch Farb- und Grössenveränderungen vom Spieler geringfügig modifiziert werden können. Den Avataren ist es möglich, auf Mausklick eine graphische Primitivmimik der Köpfe mit vier unterschiedlichen emotionalen Reaktionen zu zeigen: Glück, Trauer, Ärger und Überraschung. Die Avatare lassen sich im Raum in verschiedene Richtungen bewegen und zusätzlich um die eigene Achse rotieren. Die Kommunikation mit anderen Nutzern erfolgt über Audio oder über Text., d.h. man spricht über Mikrophon miteinander oder tauscht Texte aus.

Der methodische Ansatz der Untersuchung lässt sich am ehesten - und dies mit aller Vorsicht - als ethnomethodologischer Zugang beschreiben (vgl. hierzu Geertz, 1983, aber auch Helmers, Hoffmann, Hofman, 1998). Da wir uns mit der generellen Schwierigkeit konfrontiert sahen, zu selten über Kontrollgruppen zu verfügen, nur in Ausnahmefällen mit den Mitspielern in realweltlichen Kontexten zu kommunizieren und auf Beobachtungen und Interpretationen angewiesen zu sein, wurde versucht, sowohl in der Position einer Beobachterin als auch einer Teilnehmerin mit jeweils unterschiedlichen Rollen (Mann, Frau, alt, jung, attraktiv, unscheinbar, Künstlerin, Informatiker), Daten zu sammeln, diese zu vergleichen und zu deuten. Derartige Untersuchungen müssen sich daher immer mit dem Problem auseinandersetzen, lediglich Einschätzungen und erste vorsichtige Interpretationen vorlegen zu können.

3. Kommunikationskonventionen in elektronischen Netzwerken: Darstellung der empirischen Untersuchungsergebnisse

Konventionen über die Art, wie und in welcher Form auf elektronischem Wege miteinander kommuniziert werden sollte, existieren nahezu in allen virtuellen Kommunikationskontexten, ob es sich um Newsgroups, Mailinglisten oder aber MUDs und MOOs handelt (Vgl. Hoffmann, 1997; Baym, 1995). Derartige Konventionen können globale Verhaltensrichtlinien beinhalten, beispielsweise Vorgaben sein, denenzufolge die Nutzer keine zu langen Mails absenden sollten und kein aggressives Verhalten (Flaming) zeigen dürfen (Baym, 1995). Neben diesen, für die Netzkommunikation insgesamt geltenden Konventionen lassen sich für jedes online-Szenario einige spezifische Kommunikationsrituale und -normen aufzeigen (siehe auch Döring, Schestag in diesem Band), die einerseits durch die jeweils verfügbare Technologie geprägt sind, andererseits aber auch auf eine je eigene Kommunikationskultur der spezifischen Umgebung verweisen.

Da sich derartige Spezifika eines Kommunikationsnetzwerks häufig eher implizit äußern und oftmals nur durch langfristige Beobachtungen, zumeist aber erst durch Mitgliedschaft in einer solchen Gruppe explorieren und erfahren lassen, erfolgte in dieser Studie zunächst eine Konzentration auf die Analyse expliziter bzw. klar identifizierbarer Kommunikationskonventionen, wie sie beispielsweise in Begrüssungs- und Verabschiedungsritualen, Interaktionsmustern und expliziten Sanktionsformen zum Ausdruck kommen.

Generell liess sich nachweisen, dass in allen der untersuchten MOOs klare Konventionen darüber existieren, wie man miteinander kommunizieren sollte (vgl. auch Becker, Mark, 1998; Kauppinen et al., 1998; Schroeder 2001). Mitspieler der jeweiligen Umgebungen befolgen diese Konventionen in der Regel schon deshalb, weil sie andernfalls mit Negativreaktionen der anderen Nutzer rechnen müssen. Konkret ergab sich folgendes Bild:

3.1 Begrüßung und Anerkennung

Begrüßungsrituale in MOOs haben eine wichtige Funktion für den Kommunikationsverlauf. Mit der Begrüßung signalisiert der jeweilige Teilnehmer, dass er an der bereits stattfindenden Konversation partizipieren möchte. Insbesondere in online-Umgebungen, die keine graphischen Repräsentationen aufweisen, sondern lediglich textbasierte Selbstdarstellungen erlauben, wird zudem durch die

Begrüßung die eigene Präsenz verdeutlicht. Während in online-Szenarien mit graphischen Repräsentationen (Avatare) die Präsenz eines Kommunikationsteilnehmers durch die Plazierung seines Avatars in einer spezifischen virtuellen Räumlichkeit markiert wird, erfordern die rein textbasierten Szenarien derartige Begrüßungsrituale als Signal dafür, dass man kommunikationsbereit ist. Gleichermassen erwarten alle Teilnehmer eine Reaktion der Anderen, etwa durch Erwiderung der Begrüßung oder durch ein Verschieben der Avatare, um dem Neuankömmling Platz zu machen. Derartige Konventionen erzeugen bereits zu Beginn eines Kommunikationsprozesses ein gewisses Mass an Verbindlichkeit.

In den MOOs OT und AW wird darüberhinaus über Audio und Text deutlich gemacht, ob und in welcher Weise man mit dem anderen in Kontakt treten möchte. Vor allem in OT erleichtert die Möglichkeit der Audiokommunikation die Kontaktaufnahme mit anderen, weil man diese direkt ansprechen kann. Die Untersuchung zeigte zudem, dass die face-to-face Positionierung der Avatare ein Gefühl der Verbindlichkeit für die Kommunikationssituation erhöht. Dies wird zusätzlich verstärkt durch die auditive Kontaktaufnahme, weil die Präsenz des Anderen hierdurch deutlicher in Erscheinung tritt, und Möglichkeiten der Täuschung, etwa in Form des beliebten 'genderswapping' (Geschlechtsrollenwechsels) durch Identitfikation der Stimmlage eingegrenzt werden.

In allen MOOs herrscht zudem die konventionelle Vereinbarung, dass man deutlich kundtut, wann und warum man das virtuelle Szenario verlässt. So gilt es als unhöflich - und dies ist beispielsweise in LM als explizite Konvention formuliert -, die Verbindung einfach zu unterbrechen, ohne dies klar zu artikulieren. Zumeist wird auch erwartet, dass man die Gründe angibt, warum man die Unterhaltung abbricht und wann man wiederzukommen gedenkt. Diese Konvention hat naheliegenderweise eine wichtige Funktion beim Versuch, soziale Kohärenz und Verbindlichkeit herzustellen. Wenn Personen jederzeit, unbemerkt und unbegründet ein Szenario verlassen würden, könnte sich weder Vertrauen in das jeweilige Gegenüber noch ein Gefühl der Kontinuität für den jeweiligen Kommunikationszusammenhang entwickeln.

Entsprechend liessen sich in allen drei online-Umgebungen angepasste Verhaltensweisen finden, da sich in den meisten Fällen die Teilnehmer einer Unterhaltung von ihren jeweiligen Gesprächspartnern in aller Deutlichkeit verabschiedeten, und nahezu immer Gründe für den Abbruch der Unterhaltung angaben. In Fällen, in denen dies versuchsweise von den Beobachterinnen nicht gemacht wurde, reagierten die anderen Konversationsteilnehmer verärgert, und fragten nach den Gründen für ein solches Verhalten. Begrüßungs- und Verabschiedungskonventionen scheinen also in diesen Netzwerken, in denen der Zusammenhalt

menhalt stets neu kommunikativ erzeugt werden muss, eine wichtige Funktion für die Entwicklung sozialer Bindung zu haben.

3.2 Interaktions- und Abgrenzungsstrategien

In den virtuellen Konversationsumgebungen bilden sich innerhalb der jeweils zugänglichen 'Räume' immer wieder kleine 'Kommunikationskollektive' heraus, die manchmal, auch über die jeweilige konkrete Kommunikationssituation hinaus, Bestand haben. Benutzt man den gleichen Avatar oder den gleichen Nickname, wird man teilweise von Kommunikationsteilnehmern erneut angesprochen, mit denen man bereits Dialoge geführt hat. Ähnliches gilt für Kommunikationkonstellationen, die sich hin und wieder in ähnlicher Weise wie in zurückliegenden Kontakten zusammenfinden, z.B. durch ähnliche Positionierungen von bereits bekannten Avataren. Die Bildung solcher Konfigurationen, und die Suche nach einer gewissen Stabilität und Kontinuität solcher Formationen, scheinen weitere wichtige Faktoren beim Zustandekommen sozialer Kohärenz in virtuellen Kontexten zu sein.

In den graphischen MOOs ist die Herausbildung derartiger Formationen relativ deutlich durch die Positionierung der Avatare markiert (Jeffrey, Mark, 1998). So bilden sowohl in AW wie auch in OT die Avatare von Teilnehmern, die ein 'Kollektiv' bilden, zumeist kreisförmige Anordnungen, in denen die Mitglieder ihre Avatare jeweils in eine face-to-face Position bringen. Auf dem Bildschirm ist somit für den externen Betrachter ein Kommunikationskollektiv unschwer durch seine entsprechende grafische Darstellung erkennbar. Neuen Mitspielern, die durch die Positionierung ihrer Avatare ihr Interesse an einer Integration in eine solche Formation signalisieren, wird durch eine sichtbare Öffnung (die Avatare der KollektivTeilnehmer werden neu positioniert, um dem Neuankömmling Platz zu machen) gezeigt, ob sie in den jeweiligen Zirkel aufgenommen werden. Andererseits kann durch die Positionierung der Avatare auch verdeutlicht werden, wenn ein Kommunikationskollektiv nicht gestört werden will und keine Einmischung durch andere duldet. Der Kreis der Avatare wird in einem solchen Fall nicht geöffnet und die Avatare werden so positioniert, dass sie sich von dem neuen Teilnehmer abzuwenden scheinen. Für jeden Neuankömmling ist so relativ leicht wahrnehmbar, wo sich geschlossene Kollektive gebildet haben und ob man in eine solche Konfiguration integriert werden kann (vergleichbar etwa der Situation auf einer Party in realen Räumen: Harrison, Dourish, 1996).

Im rein textbasierten LM ist es deutlich schwieriger, die Existenz derartiger Formationen ausfindig zu machen und zu entscheiden, ob man akzeptiert oder ausgegrenzt wird. Hier entscheidet einzig und allein die Textinformation darüber, welche speziellen Interaktionen zwischen den Teilnehmern stattfinden und wo man innerhalb eines solchen Kollektivs positioniert ist. Da die Kommunikation häufig in grosser Geschwindigkeit stattfindet, verliert man hier leicht den Überblick über bestehende Kommunikationsszirkel und Integrations und Ausgrenzungssignale.

Konventionen legen also fest, dass bestehende Kollektive respektiert werden müssen und man sich nicht einfach in bestehende Kommunikationsprozesse drängen kann. Dies wird auch deutlich durch die Negativreaktion bei Nichtbeachtung dieser Konvention: Eine Beobachterin positionierte ihren Avatar trotz abweisender Reaktionen der anderen Avatare in einen graphisch repräsentierten Zirkel, dessen Teilnehmer deutlich gemacht hatten, dass sie eine Störung nicht wünschten. Die Beobachterin wurde per Audio und Text deutlich zurechtgewiesen, da sie nicht respektiert hatte, dass über die Positionierung der Avatare eine Abgrenzung des Kollektivs gegenüber anderen Teilnehmern markiert wurde.

3.3 Die Privatsphäre

Konventionen über die Respektierung solcher Kommunikationszirkel verdeutlichen, dass Privatheit - trotz der weitgehenden Öffentlichkeit und Transparenz des Kommunikationsablaufs - auch innerhalb virtueller Szenarien ein zu schützender Wert ist. Dies stellt sich in textbasierten MOOs anders dar, als in graphischen MOOs, und ist partikular durch die jeweils verfügbare Technologie gesichert. In LM existiert beispielsweise ein <whisper> Befehl, der bilaterale Kommunikation ermöglicht und insofern die Privatsphäre schützt. Hier können Leute miteinander Botschaften austauschen, ohne dass dies für jedermann sichtbar und zugänglich ist.

Auch in den graphischen MOOs ist die Respektierung der Privatsphäre eine von allen akzeptierte Konvention. Bilaterale Konversationen und der Wunsch, nicht gestört zu werden, können hier durch graphische Zusatzkonventionen noch unterstrichen werden. So positionierten Personen, die einen privaten Dialog wünschten, ihre Avatare nicht nur abseits der anderen Teilnehmer, sondern zudem stellten sie diese auf den Kopf, um zu verdeutlichen, dass sie keine Störung durch andere wünschten. Als eine Beobachterin dennoch versuchte in den Dialog einzubrechen, und ihren Avatar ebenfalls in umgekehrte Position brachte, reagierten die anderen Mitspieler äußerst verärgert und harsch: "Scram!".

Andere Möglichkeiten, die Privatsphäre einer Kommunikationssituation zu wahren, bestehen darin, den Kommunikationskanal zu wechseln, z.b. in OT von Text auf Audio umzuschwenken oder aber eine andere Sprache zu wählen, z.B. statt der üblicherweise benutzten englischen Sprache die französische oder spanische Sprache zu nutzen, sofern der jeweilige Dialogpartner diese Sprache beherrscht.

Die Möglichkeit, private Dialoge zu führen, obwohl die online-Umgebungen zunächst wie öffentliche Räume wirken, verstärkt sicherlich den emotionalen Zusammenhalt innerhalb solcher Konversationsräume. Bedingt durch die mannigfaltige Vernetzung der einzelnen Teilnehmer untereinander, entsteht in diesen Umgebungen über verschiedene bilaterale Kontakte mit manchmal erstaunlich hoher Intensität, offensichtlich sukzessive eine, trotz aller Fragilität nicht zu unterschätzende Form von sozialer Bindung (vgl. etwa Turkle, 1995). Deren Bedeutung für die Teilnehmer außerhalb dieser Szenarien müsste jedoch noch überprüft werden.

3.4 Sanktionen

Wie bereits aus den oben angeführten Beispielen ersichtlich, wird auf die Befolgung der Konventionen von den Teilnehmern eines virtuellen Szenarios nahezu immer mit grossem Nachdruck geachtet. Dabei werden die entsprechenden Sanktionen in den vornehmlich auf Textkommunikation ausgerichteten MOOs zumeist über Sprache vermittelt. Ob durch massive verbale Attacken, öffentliche Zur-Schau-Stellung (siehe auch den Beitrag von Reid-Steere in diesem Band) durch Versendung allgemein lesbarer Textmessages, ob durch Ironisierung und Lächerlichmachen, oder aber durch Abbruch der Verbindung seitens des Moderators oder der Moderatorin: Fehlverhalten, ob dies nun in Anwendung nichtüblicher Emoticons, in unangepasstem Sprachstil, in Nichtverabschiedung oder aber in Durchbrechung der Privatsphäre besteht, wurde in allen beobachteten Fällen stets durch Sanktionen 'geahndet'.

In den graphischen MOOs existiert darüber hinaus die Möglichkeit, durch Neu-Positionierung der Avatare zu verdeutlichen, wann das Verhalten des jeweiligen Kommunikationspartners auf Missbilligung stößt. Der Kommunikationsteilnehmer kann das Gesicht des Avatars abwenden, eine räumliche Distanz zwischen den Avataren herstellen oder aber durch Einsatz der verfügbaren Primitvmimik der Avatarköpfe Ärger zum Ausdruck bringen. Dabei fiel auf, dass die Reaktionen teilweise übertrieben hart und aggressiv waren. Beispielsweise erntete eine Beobachterin, die sich eines 'falschen' Slangs bediente, eine äußerst

barsche Reaktion, in der man sie aufforderte, das Szenario zu verlassen, wenn sie
nicht dazu in der Lage sei, sich an die Kommunikationskonventionen zu halten.
Ähnliches ist andere Untersuchungen zu entnehmen, in denen Fälle beschrieben werden, wo die Benutzung eines Gross- statt eines Kleinbuchstabens am
Anfang einer Textmessage zu übertrieben negativen Reaktionen der Dialogpartner führte. Offensichtlich haben diese Konventionen eine ungemein wichtige
Funktion für die Entstehung sozialer Bindungen.

3.5 Die Substitution nonverbaler Interaktionsformen

Betrachtet man nun die elektronischen Kommunikationsprozesse in den hier
beschriebenen Szenarien unter der Perspektive, inwieweit hier körperliche Ausdrucksmodi zum Tragen kommen, so ergibt sich ein eher düsteres Bild. Dies ist
vor allem bedeutsam vor dem Hintergrund der Einsicht, dass Körperbotschaften
wichtige Indikatoren zur Entschlüsselung der Botschaft des Gesagten sind. Die
für Interaktionsprozesse wichtige Einschätzung von Interaktionspartnern ist
offensichtlich mit einer Orientierung an nonverbalen Zeichen und ihre Interpretation gekoppelt. Nonverbale Eindrücke überlagern, ergänzen und erschüttern
dabei teilweise die verbalen Aussagen. Bei der Betrachtung nonverbaler Zeichen
in Kommunikationsprozessen lassen sich die Ebenen der Substitution (Gesten
entsprechen und ersetzen Worte), der Amplifikation (Gesten verstärken Aussagen), der Modifikation (Gesten zeigen anderes, widerspruchsvolles auf) und Kon-
tradiktion (Gesten widersprechen dem Gesagten) unterscheiden (vgl. Meyer et
al., 2000). Nonverbale Symboliken sind metakommunikative Beigaben, die
jeden Dialog begleiten. Sie entschärfen Verbalattacken durch ein diesen wider-
sprechende Mimik, sie stellen Sympathiebekundungen in Frage durch eine kon-
tradiktorische Körperhaltung. Dabei ist die Tatsache interessant, dass, obwohl
man sich zunehmend über den Scheincharakter jeder (realweltlichen wie virtuellen) Inszenierung, auch jener von Authentizität, Emotionalität und Betroffenheit
im Klaren ist (vgl.etwa Fischer-Lichte 2000), doch nach wie vor gilt, dass nonverbale Reaktionen als authentische Mitteilung über emotionale Befindlichkeiten
und individuelle Einstellungen eines Interaktionspartners gedeutet werden.
   Generell ist der Bereich des Nonverbalen eine Dimension mit einem hohen
Mass an Unbestimmtheit, d.h. die körpergebundenen Zeichen können sich jenseits des erstrebten Effekts entfalten und Kommunikationsintentionen jäh durch-
brechen. Sie können aber auch eine Art ständig mitlaufender Verstehenskon-
trolle darstellen, die untermalen, was der Sprecher jeweils sagt. D.h. die nonver-

bale läuft parallel zur verbalen Kommunikation und kann als ihr Metatext gedeutet werden. Nonverbale Zeichen konstituieren Bedeutung neben oder jenseits der verbalen Äusserungen - dies ist gerade in alltäglichen Kommunikationsprozessen von Bedeutung (vgl. Knoblauch 1998).

Dieses vielschichtig nutz- und einsetzbare Zeichenrepertoir für Kommunikationsprozesse fehlt in den hier angesprochenen virtuellen Szenarien. Die partikulare Substitution durch Emoticons, Primitivmimiken der Avatare, abgehackte Bewegungen der Körperrepräsentationen bleibt rudimentär gegenüber der Vielschichtigkeit der Kommunikationsprozesse, die sich durch die "intercorporeality" (vgl. Dreyfus, 2001) von präsenten, den gleichen Raum bzw. Kontext teilender Körper ergibt. "Two human beings conversing face to face depend on a subtle combination of eye movement, head motion, gesture, and posture" (op cit.: 58).

Auch die anvisierte Koppelung von Technologie wie 3d-Bildern, Stereoklang etc. kann diese Form geteilter räumlicher Präsenz und kontextueller Einbettung nicht ersetzen. Den Körper in seiner mannigfaltigen Gebärde, insbesondere in seiner räumlichen Positionalität und Situiertheit (vgl. Waldenfels, 1999) zu erfassen, ist mit gegenwärtig verfügbaren Technologien nicht möglich. Virtuellen Kommunikationsprozessen mangelt es also an jener so bedeutsamen Dimension körperlicher Ausdrucksmöglichkeiten. Die sprachliche und graphische Substitution wird nur selten kreativ gestaltet, zumeist erschöpft sich dieses Zeichenrepertoir in redundanten simplifizierenden und uniformisierenden Repräsentationen.

4. Interpretation der Ergebnisse: Lassen sich MUDs und MOOs als soziale Netzwerke bezeichnen?

Wenn wir uns nun um eine Deutung der empirischen Ergebnisse unserer Studie bemühen und dabei unsere drei Ausgangsfragestellungen erneut in den Blick nehmen, ergibt sich ein ambivalentes Bild. So ist zunächst zu vermuten, dass die Existenz von jeweils kontextspezifischen Kommunikationskonventionen ein wichtiger Faktor für das Zustandekommen eines Gefühls sozialer Bindung innerhalb dieser Konversationsumgebungen ist. Die Teilnehmer scheinen sich weitgehend mit diesen Konventionen zu identifizieren und sie als normative Basis ihres kommunikativen Verhaltens zu begreifen. Insofern tragen Konventionen mit dazu bei, dass innerhalb solcher Kommunikationsnetzwerke ein sozialer Zusammenhang entsteht, weil sich die Teilnehmer implizit wie explizit darauf einigen, welches Verhalten als akzeptabel bzw. nicht akzeptabel gilt. Über die Existenz derartiger Konventionen werden offensichtlich auch manche Schwächen von online-Formationen aufgefangen. So zieht die Tatsache der Anonymität des jeweiligen Dialogpartners das Problem nach sich, dass man nie genau weiss, wer das jeweilige Gegenüber ist und ob man diesem vertrauen kann. Dementsprechend sind die sich in virtuellen Szenarien entwickelnden Beziehungen oft fragil und unbeständig. Möglicherweise wird durch Kommunikationskonventionen und -rituale das sich üblicherweise in face-to-face Beziehungen entwickelnde Gefühl für die Glaubwürdigkeit des anderen substituiert, weil das gemeinsame Befolgen solcher Regeln ein Gefühl von Verbindlichkeit erzeugt, durch das sich soziale Kohärenz entfalten kann. Am Beispiel der Verabschiedungsrituale in den verschiedenen Szenarien wird dies besonders deutlich, aber ebenso an der Relevanz, die spezifische Sprachmuster und 'in-Jokes' in diesen Kontexten haben, sowie an der Rigidität der Sanktionen bei 'Fehlverhalten'. Kodifizierte Ausdrucksformen, klar festgelegte Konventionen und kontextspezifische Rituale haben somit eine wichtige Funktion für die Aufrechterhaltung der Kommmunikation und die Entstehung von sozialer Bindung in derartigen Umgebungen.

Auch die zweite Eingangsfrage lässt sich auf der Basis der empirischen Beobachtungen nicht eindeutig beantworten. So blieb unklar, ob sich mit einer Zunahme der Variationsbreite von Kommunikationskanälen und Darstellungsmäglichkeiten die soziale Bindekraft innerhalb dieser Szenarien erhöht, weil sich ein vielschichtiges Bild ergab.

In OT, einem MOO, das mit Avataren, Audiokanal und Text das reichste Spektrum an Darstellungs- und Kommunikationsmöglichkeiten bietet, hätte meiner Vermutung zufolge das größte Mass an sozialer Verbindlichkeit und Bindung existieren müssen. Dies bestätigte sich jedoch nur zum Teil. Zwar scheinen sich die Teilnehmer in weitem Masse mit ihren Avataren zu identifizieren und sich durch diese repräsentiert zu fühlen. Und ebenso scheint es so, als ob die Integration des Audiokanals das Gefühl für die soziale Präsenz des anderen intensiviert und damit die Entstehung der sozialen Bindung verstärkt (Lombard, Ditton, 1997). Ob sich daraus aber der Schluss ableiten lässt, dass hier die soziale Kohärenz am stärksten ausgeprägt ist, konnte nicht abschliessend geklärt werden.

Die Hypothese, dass sich mit einer Erweiterung der technischen Möglichkeiten der Repräsentation und Kommunikation die soziale Bindung innerhalb solcher Netzwerke erhöht, wurde zudem durch die Tatsache widerlegt, dass in AW kaum soziale Kohärenz beobachtbar war. Meiner Annahme zufolge hätte nämlich AW mit seinen Möglichkeiten graphischer Darstellung und textbasierter Kommunikation ein höheres Mass an sozialer Bindung der Teilnehmer aufzeigen müssen, als das rein textbasierte LM. Dem war aber offensichtlich nicht so. Die Kommunikation in AW war relativ oberflächlich und unpersönlich, engere soziale Beziehungen liessen sich selten beobachten. Das Mass an sozialer Verbindlichkeit erschien gering. Im rein textbasierten LM war dagegen zu beobachten, dass sich die Mitglieder häufig sehr verbunden miteinander fühlten. Die Existenz verbindlicher Konventionen, die in diesem MOO besonders klar formuliert und besonders strikt eingehalten wurden, lässt sich hier offensichtlich auf gemeinsam ausgehandelte Verhaltenserwartungen zurückführen, die tatsächlich einen von allen geteilten Konventionsrahmen darzustellen scheinen. Diese Tatsache ist vielleicht ein Grund dafür, dass sich trotz der Beschränkung der Darstellungs- und Kommunikationsmöglichkeiten ein hohes Mass an Verbindlichkeit und sozialer Bindung in diesem Szenario beobachten liess, was in entsprechenden Beschreibungen und Reaktionen der Mitspieler zusätzlich zum Ausdruck kam.

Dies lässt den Schluss zu, dass die Variationsbreite von Kommunikations- und Darstellungsoptionen zwar den Dialog erleichtern kann, und zumindest zu Anfang das Gefühl von Verbindlichkeit für den Kommunikationsverlauf bei den Teilnehmern verstärkt. Doch kann dies insgesamt wohl nicht als vorrangiges Kriterium für die Entwicklung eines Zusammengehörigkeitsgefühls in derartigen virtuellen Konfigurationen gelten.

Zudem sollte die Untersuchung zeigen, ob sich spezifische Kommunikationskulturen auf der Basis der jeweils verfügbaren Technik herausbilden, da unterstellt wurde, dass die technischen Potentiale Rituale und Konventionen prägen und formen. Obwohl auch diese Frage nicht letztgültig geklärt werden konnte, hat es den Anschein, als beeinflusse die jeweilige Technologie, z.B. die graphische Erscheinungsform der Avatare, ihre Bewegungs- und Expressionsmöglichkeiten und die Nutzung spezifischer Kommunikationswege die jeweilige Kommunikationskultur innerhalb eines Szenarios.

Ein typisches Beispiel ist die Relevanz der Positionierungen und Bewegungen der Avatare in OT, die eine wichtige Rolle bei der Präsentation der jeweiligen Reaktion und Einstellung gegenüber einem Dialogpartner spielen. Hier hat sich eine spezifische Kommunikationskultur entwickelt, die in anderen MOOs nicht beobachtet werden konnte.

So spielt beispielsweise in AW die Positionierung der Avatare zur Repräsentation von Emotionen keine grosse Rolle. Obwohl auch hier die Avatare bewegt werden konnten, werden Gefühle nahezu ausschliesslich über Text mitgeteilt. Dies ist wohl zum grossen Teil darauf zurückzuführen, dass die Avatare in AW ständig unkoordinierte Eigenbewegungen ausführen, die derart irritierend sind, dass sich diese Darstellungsform nicht als adäquates Mittel der Präsentation individueller Reaktionen eignet.

Die ausgefeilte Kommunikationskultur in LM, wo über Jahre hinweg ein eigener Sprachstil und eine detaillierte, über Emoticons realisierte Darstellungsform für Gefühle entwickelt wurde, lässt sich damit wiederum nicht vergleichen. Beschränkt auf den Austausch von Texten zur Präsentation der eigenen Befindlichkeit haben Nutzer Substitutionsstrategien entwickelt, die aufgrund mannigfaltiger Eigenarten einer eigenen Kommunikationskultur vergleichbar sind und eine wichtige Funktion zur Entstehung sozialer Bindung haben. Wie bereits oben erwähnt, kann die Unkenntnis der jeweiligen Kommunikationskultur zu Nichtbeachtung oder gar zum Ausschluss von Teilnehmern führen.

Auch die dritte Ausgangsfrage, ob man bei den beobachteten Prozessen tatsächlich von sozialen Netzwerken im uns bekannten Sinne sprechen kann, bzw. ob entsprechende Bezeichnungen sinnvoll oder eher irreführend sind, kann aufgrund des noch dünnen empirischen Materials nicht abschliessend beantwortet werden. Die bisherigen Untersuchungsergebnisse zeigen ein ambivalentes Bild.

So lässt die Tatsache, dass innerhalb solcher Kommunkationszirkel klar identifizierbare Konventionen existieren, die von den meisten Teilnehmern wahrgenommen und mehr oder minder befolgt werden, den Schluss zu, dass es sich hier um soziale Prozesse handelt, die eine Nähe zu uns bekannten Formen von sozialen Gruppen zeigen. Einzelbefragungen von Nutzern ausserhalb der jeweiligen MOO-Kommunikation bestätigten dies, weil sie darauf verwiesen, dass derartige Konventionen als normatives Gerüst einer solchen Kommunikationsumgebung dienen und ein hohes Mass an Verbindlichkeit unter den Teilnehmern erzeugen. Auch die Herausbildung kontextspezifischer Kommunikationskulturen und eigenwilliger Rituale lässt Vergleiche zu mit milieuspezifischen Attitüden und Verhaltensweisen, die für soziale Gruppen in realweltlichen Umgebungen oftmals eine identitätsstiftende Funktion haben und offensichtlich ähnlich bedeutsam sind für Mitglieder einer online-Konversationsumgebung.

Doch lassen sich auch eine Reihe an Argumenten anführen, die gegen einen solchen Vergleich sprechen. An prominenter Stelle ist hier vor allem die oftmals typische Anonymität der Kommunikationsteilnehmer zu nennen. Auch wenn MOO-Besucher mit gleichen Avataren oder gleichen Nicknames in der jeweiligen Umgebung auftreten und sich in dieser Form häufiger begegnen, so birgt das Fehlen der physischen Präsenz des jeweiligen Gegenüber doch stets die Gefahr der Täuschung in sich. Dies erschwert den Aufbau stabiler, vertrauensvoller Beziehungen und damit auch die Herausbildung eines verlässlichen sozialen Netzes, wie es für eine Gruppe im uns bekannten Sinne wohl immer noch typisch ist (vgl. Kollock, 1996, aber auch Thiedeke in diesem Band). Die fehlende Eindeutigkeit und Identifizierbarkeit der jeweiligen Kommunikationsteilnehmer, die häufige Kurzlebigkeit von online-Kontakten und die imaginativen, spielerischen Aspekte des Umgangs miteinander, markieren somit einige grundlegende Differenzen, die Analogisierungen zwischen realweltlichen Gruppierungen und jenen Prozesse im Netz problematisch erscheinen lassen. So bleibt es meiner Ansicht nach eine offene Frage, ob es sinnvoll ist, MOOs und MUDs als 'virtuelle Gruppen' zu bezeichnen, oder ob nach neuen begrifflichen Kategorien zu suchen ist.

5. Resümee

Da es schwierig ist, grundlegende Charakteristika von realweltlich situierten sozialen Netzwerken zu bestimmen, und die Distinktion zwischen offenen, lokkeren und engen kohärenten sozialen Gebilden kaum überzeugend zu vollziehen ist, bleibt eine Beantwortung der Ausgangsfrage letztlich unbefriedigend. So kann die Existenz sozialer Kommunikationskonventionen als Hinweis darauf gewertet werden, dass sich hier eine Form sozialer Verbindlichkeit findet, die auf einen Zusammenhalt der Kommunikationsteilnehmer schliessen lässt. Andererseits stellen andere Beobachtungen diese Vermutung wieder in Frage.

Die Anonymität der Kommunikationsteilnehmer erschwert ein für die Stabilität sozialer Netzwerke notwendiges Vertrauen zueinander, da man trotz ausführlicher textlicher Beschreibung und überzeugender Selbstinszenierungsprozesse nie genau weiss, wer das jeweilige Gegenüber eigentlich ist, so lange man sich nicht im "real life" begegnet ist. Der Andere erweist sich häufig als Produkt phantasmatischer Vorstellungen - die immer wieder berichteten Schockeffekte (vgl. Turkle 1995) als Folge konkreter Begegnungen deuten darauf hin.

Wenn aber das Vertrauen ineinander als kohärenzstiftendes Element offener wie auch geschlossener sozialer Netzwerke begriffen wird (vgl. Reid 1998), dieses jedoch aufgrund der Absenz der körperlichen Ausdrucksmodi und der fehlenden Kalkulierbarkeit eines leiblichen Gegenüber nur schwer aufzubauen ist, können allemal situativ sich bildende soziale Konfigurationen entstehen, die nur in seltenen Fällen Bestand haben, nämlich zumeist dann, wenn sich virtuelle Begegnungen mit realweltlichen verknüpfen (Beispiel: the WELL).

MOOs scheinen somit ein merkwürdiges Zwischenreich zu repräsentieren zwischen uns bekannten Formen von Sozialität und neuen Kommunikationsformen, die in ihrer Besonderheit noch näher exploriert werden müssen. Erschwert wird eine Deutung der beobachtbaren Prozessse noch zusätzlich durch den Umstand, dass MOOs in sehr vielschichtiger Form existieren und jeweils unterschiedliche Bedürfnisse der Teilnehmer zu treffen scheinen. Ob Fluchtwelt oder Probebühne für alltagsästhetische Inszenierungen (vgl. Becker 2000), ob Szenario zur Entwicklung von Kompensationsstrategien und zur Exploration möglicher Andersartigkeit, ob Abenteuerspiel oder Konversationsumgebung, ob Ergänzung zu realweltlichen Arbeitskontexten, Untermauerung bereits existierender Beziehungen oder fiktive Erzähl-Umgebung: Sowohl die technischen Ausgestaltungen wie auch die sozialen Hintergründe sind derart variationsreich, dass eine eindeutige Aussage über die soziale Relevanz deartiger Gebilde gegenwärtig kaum möglich erscheint.

Literatur

Z. Bauman, 1997: Flaneure, Spieler und Touristen. Essays zu postmodernen Lebensformen. Hamburg.

N. K. Baym, 1995: The Emergence of Community in Computer-Mediated Communication, in: St. G. Jones (Hrsg.): CyberSociety. Thousands Oaks, London, New Dehli. S. 35-68

B. Becker, 2000: Elektronische Kommunikationsmedien als neue "Technologien des Selbst?", in: E. Huber (Hrsg.): Technologien des Selbst, Frankfurt/M.

B. Becker, G. Mark, 2001: Social conventions in Computer-mediated Communication: A Comparison of Three Online Shared Virtual Environments", in: R. Schroeder (Hrsg.): The Social Life of Avatars. London.

S. Benford, C. Greenhalgh, D. Snowden, A. S. Bullock, 1995: A public poetry performance in a collaborative virtual environment. Proc. Of the 5th European Conference on CSCW. Dordrecht. S. 125-140.

J. Bowers, J. Pycock, J. O'Brien, 1996: Talk and embodiment in collaborative virtual environments. Proc. of CHI'96. ACM Press.

P. Curtis, 1996: Mudding: Social Phenomena in text-based virtual realities, in: M. Stefik (Hrsg.): Internet Dreams: Archetypes, Myths, and Metaphors, Cambridge, MA. S. 265-292.

J. Donath, 1998: Identity and deception in the virtual community, in: P. Kollock, M. Smith (Hrsg.): Communities in Cyberspace. London. S. 29-59.

M. A. Dosey, M. Meisels, 1969: Personal space and self-protection. Journal of Personality and Social Psychology, 11. S. 93-97.

S. Duncan, D. W. Fiske, 1977: Face-to-Face Interaction. Hillsdale.

E. Fischer-Lichte, I. Pflug (Hrsg.) 2000: Inszenierung von Authentizität, Tübingen 2000.

C. Geertz, 1983: Dichte Beschreibung. Beiträge zum Verstehen kultureller Systeme. Frankfurt/M.

A. Giddens, 1990: The Consequences of Modernity. Cambridge, MA.

E. Goffman, 1981: Forms of Talk. Oxford.

S. Harrison, P. Dourish, 1996: Re-Place-ing Space: The roles of place and space in collaborative systems, in: M. Ackerman (Hrsg.): Proc. of the ACM 1996 CSCW Conf., Nov. 16.-20. Boston, MA.

S. Helmers, U. Hoffmann, J. Hofmann, 1998: Internet - The final Frontier: Eine Ethnographie, WZB Papers FS II. Berlin. S. 98-112.

R. Hitzler, 1994: Zur subjektiven Aneignung von Lebensstilen, in: G. Fröhlich, I. Mörth (Hrsg.): Das symbolische Kapital der Lebensstile. Zur Kultursoziologie nach Pierre Bourdieu. Frankfurt/M., New York.

U. Hoffmann, 1997: Imminent death of the net predicted, in: B. Becker, M. Paetau (Hrsg.): Virtualisierung des Sozialen. Frankfurt/M. S. 223-256.

P. Jeffrey, G. Mark, 1998: Social navigation and personal space: An empirical study in virtual environments. Proceedings of International Workshop on Personalised and Social Navigation in Iinformation Space (IFIP WG13.2), Stockholm, March 16.-17. (SICS Technical Report T98:02, 1998), Stockholm: Swedish Institute of Computer Science (SICS). S. 24-38.

St. G. Jones (Hrsg.), 1995: CyberSociety. Computer Mediated Communication and Society. Thousands Oaks, London, New Delhi.

K. Kauppinen, A. Kivimaki, T. Era, M. Robinson, 1998: Producing Identity in Collaborative Virtual Environments, in: VRST'98: Symposium on Virtual Reality Software and Technology. Taipei, Taiwan, ACM.

R. Keil-Slawik (Hrsg), 2001: Digitale Medien und gesellschaftliche Entwicklung, Münster.

H. Keupp, 1996: Bedrohte und befreite Identitäten in der Risikogesellschaft, in: A. Barkhaus, et al. (Hrsg.): Identität, Leiblichkeit, Normativität. Frankfurt/M. S. 280-403.

H. Knoblauch, 1998: Pragmatische Ästhetik. Inszenierung, Performance und die Kunstfertigkeit alltäglicher Interaktion, in: H. Willems, M. Jurga (Hrsg.): Inszenierungsgesellschaft. Ein einführendes Handbuch. Opladen/Wiesbaden. S. 305-324.

B. Kolko, E. Reid, 1998: Dissolution and Fragmentation: Problems in On-Line-Communities, in: St. G. Jones, (Hrsg.): Cybersociety 2.0. Revising Computer-Mediated Communication and Community. London.

P. Kollock, 1996: Design principles for online communities, in: The Internet and Society: Harvard Conference Proceedings. Cambridge, MA.

P. Kollock, M. Smith (Hrsg.), 1998: Communities in Cyberspace, Berkeley.

N. Lenke, H. D. Lutz, M. Sprenger, 1995: Grundlagen sprachlicher Kommunikation. München.

M. Lombard, T. Ditton, 1997: At the heart of it all: The concept of presence. Journal of Computer Mediated Communication 3/2. Online: http://www.ascusc.org/jcmc/vol3/issue2/lombard.html

D. Lyons, 1997: Cyberspace-Sozialität: Kontroversen über computervermittelte Beziehungen, in: G. Vattimo, W. Welsch (Hrsg): Medien - Welten - Wirklichkeiten. München. S. 87-105.

T. Meyer, R. Ontrop, C. Schicha (Hrsg.), 2000: Die Inszenierung des Politischen, Opladen.

M. Opielka, 1996: Gemeinschaft und Gesellschaft. Unveröffentlichte Dissertation. Bonn.

M. Poster, 1995: The Second Media Age. Cambridge.

E. Reid, 1996: Communication and community on Internet Relay Chat: constructing communities, in: P. Ludlow (Hrsg.): High Noon on the Electronic Frontier, Cambridge, MA.

T. L. Roberts, 1998: Are News-Groups virtual Communities? Proceedings of CHI 1998, Los Angeles, April. S. 360-367.

R. Schroeder (Hrsg.), 2001: The Social Life of Avatars, London.

G. Schulze, 1992: Die Erlebnisgesellschaft. Kultursoziologie der Gegenwart. Frankfurt/M., New York.

R. Sennett, 1998: Der flexible Mensch. Die Kultur des neuen Kapitalismus. Berlin.

S. Turkle, 1995: Life on the Screen. New York.

B. Waldenfels, 1999: Sinnesschwellen, Frankfurt/M.

B. Wellman, M. Gulia, 1998: Net Surfers don't ride Alone: Virtual Communities as Communities, in: P. Kollock, M. Smith (Hrsg.): Communities in Cyberspace, Berkeley.

Die elektronische Gruppe als soziales Netzwerk [1]

Barry Wellman

Bei der Analyse sozialer Netzwerke wird die soziale Struktur als musterartige Anordnung der Netzwerkteilnehmer und ihrer Beziehungen erfasst. Ziel der Analyse ist es, grundlegende Strukturmuster zu beschreiben, ihren Einfluß auf andere Variablen zu erklären und Veränderungen der sozialen Strukturen zu erfassen. So wurden bei der Analyse sozialer Netzwerke Methoden zur Erfassung struktureller Muster und der Zusammenhänge zwischen unterschiedlichen Beziehungsmustern, zur Analyse der Implikationen die strukturelle Muster für das Verhalten von Netzwerkteilnehmern haben, sowie zur Untersuchung der Auswirkungen, die von den Merkmalen und sozialen Beziehungen der Teilnehmer auf die soziale Struktur der Netzwerke ausgehen, entwickelt. In den vergangenen drei Jahrzehnten hat die Netzwerkanalyse eine Reihe sozialwissenschaftlicher Konzepte, Erkenntnisse und Methoden hervorgebracht (vgl. Berkowitz, 1982; Wellman, 1988b; Scott, 1991; Wasserman, Faust, 1993). So konnten die Forscher die Bedeutung sozialer Netzwerke für die interpersonale Unterstützung (vgl. Wellman, 1992), die Struktur von Aufständen und anderen politischen Auseinandersetzungen (vgl. Tilly, 1984), die Verteilung und Ansiedlung von Migranten (vgl. Salaff, Fong, Wong, 1999), die Verknüpfung eigentlich unvereinbarer Mitarbeiter am Arbeitsplatz, sowie beim Zusammenschluß zunächst unabhängig erscheinender Organisationen (vgl. Nohria, Eccles, 1992) nachweisen.

Mit Hilfe des Netzwerkansatzes können soziale Beziehungen untersucht werden, die weder den Gruppen, noch den isolierten Dyaden zuzurechnen sind. Anstatt sich zwischen der Zuordnung zu Gruppenmitgliedschaft oder sozialer Isolation entscheiden zu müssen, können eine ganze Reihe von Strukturvariablen in die Analyse einbezogen werden, wie z.B. Dichte und Clusterbildung eines Netzwerks, Grad der Abgrenzung, Mannigfaltigkeit oder Beschränkung in Bezug auf Größe und Heterogenität, enge Spezialisierung oder breit angelegte Multiplexität der Beziehungen, sowie Einfluß von indirekten Beziehungen und Positionen im sozialen Netzwerk auf das Verhalten. So könnte beispielsweise die Tatsache, dass A und B online interagieren, unter dem Aspekt einer offline bestehenden untergeordneten Stellung von B gegenüber dem Firmenchef C zu inter-

---

[1] Der Originalbeitrag ist erschienen in: Sara Kiesler (Hrsg.), 1997: Culture of the Internet. Mahwah, NJ. Lawrence Erlbaum. Übersetzung und Abdruck mit freundlicher Genehmigung des Verlags.

pretieren sein. Die Beobachtung von Beziehungen im Rahmen eines sozialen Netzwerks anstatt einer Gruppe bietet somit die Möglichkeit, die Beziehungskontexte in die Untersuchung mit einzubeziehen.

Zwar muß jede Studie an irgendeinem Punkt an irgendeiner Population ansetzen, viele Netzwerkanalysen behandeln jedoch formale Gruppengrenzen, wie sie z.B. in Form von Abteilungen einer Organisation oder amtlich festgelegten Stadtteilgrenzen vorgegeben sind, nicht als echte soziale Grenzen. Stattdessen werden die sozialen Beziehungen der zu untersuchenden Personen verfolgt, unabhängig davon, in welche Richtung sich diese Beziehungen entfalten, und mit wem die Personen zusammenkommen. Erst danach wird untersucht, ob diese Beziehungen tatsächlich formale Gruppengrenzen überschreiten. Formale Gruppengrenzen werden somit als wichtige Variablen der Untersuchung behandelt und nicht als die a priori feststehenden Grenzen der Untersuchung.

Die Unterscheidung zwischen Gruppe und sozialem Netzwerk führt zu der Frage, welchen Einfluß die spezifischen Merkmale computerunterstützter sozialer Netzwerke auf das Verhalten der Nutzer und auf die sozialen Systeme, in die diese Netzwerke eingebettet sind, haben.[2] So wie das Local Area Network (LAN) nur eine mögliche Form eines Computernetzwerks darstellt, ist die Gruppe nur eine Form eines sozialen Netzwerks. Genauer gesagt: eine Gruppe ist ein soziales Netzwerk, dessen Bindungen eng auf einen abgegrenzten Bereich beschränkt und dicht verknüpft sind, so dass fast alle Netzwerkmitglieder direkt miteinander in Beziehung stehen. Natürlich gibt es solche dichten und eng abgegrenzten Arbeits- und Gemeinschaftsgruppen. Daneben finden sich jedoch auch andere Formen von Arbeits- und Gemeinschaftsnetzwerken, in denen die Beziehungen lose sind und nur ein geringer Teil der Kollegen oder Mitglieder einer Gemeinschaft direkt miteinander verbunden ist. Diese Beziehungen weisen eher die Tendenz auf, sich in der Art eines Spinnennetzes in viele Richtungen zu verzweigen, als sich zu einem dichten Knoten zusammenzuziehen.

So kann z.B. eine bestimmte Anzahl von Personen, die zusammen agieren - am Arbeitsplatz, im Lokal oder in einem Internet-Diskussionsforum - entweder als Gruppe, oder als soziales Netzwerk untersucht werden. Im ersten Fall wird davon ausgegangen, dass Mitgliedschaft und Grenzen der Gruppe bekannt sind. Hier kann der Frage nachgegangen werden, wie wichtig eine Gruppe für ihre Mitglieder ist, wie sie geleitet wird, und wie es zu Entscheidungen kommt und ihre Mitglieder kontrolliert werden. Abgesehen von Laborbedingungen werden sich die Forscher jedoch immer mit dem in der realen Welt auftretenden Pro-

---

[2] Obwohl beide, 'Gruppe' und 'Netzwerk', in Wirklichkeit soziale Netzwerke sind, ist ihre begriffliche Unterscheidung im Alltagsdiskurs weit verbreitet.

blem konfrontiert sehen, dass im Laufe der Zeit Mitglieder zur Gruppe hinzu-
kommen oder diese verlassen. Werden solche Entitäten hingegen als soziale
Netzwerke betrachtet, kann die Frage nach Mitgliedschaft und Grenzen offen
bleiben. Die häufige Teilnahme an einem Internet-Diskussionsforum kann z.B.
als Kriterium für die Mitgliedschaft, jedoch auch als Indikator indirekter Beziehungen (und Ressourcenströme) betrachtet werden, die Mitglieder zu anderen
außerhalb der Gruppe unterhalten. Die Beziehungsmuster sind hierbei Untersuchungsgegenstand, anstatt als vorgegebene Tatsache behandelt zu werden.

Definitionsgemäß unterhalten Nutzer von Computernetzwerken untereinander soziale Beziehungen, die in soziale Netzwerke eingebettet sind. Dennoch
konzentrierte sich die Analyse von Online-Beziehungen bei der Erforschung
"computervermittelter Kommunikation" häufiger auf Dyaden, als auf die umfassenderen sozialen Netzwerke, in die diese Dyaden eingebunden sind. Die Beziehungen zu anderen haben einen starken Einfluss auf soziale Ressourcen, Mobilität, Zufriedenheit, Arbeitsgewohnheiten und viele andere wichtige Aspekte des
Lebens einer Person. Folglich ist es sinnvoll, neben der feinmaschigen Analyse
von Online-Dyaden auch die soziale Netzwerkanalyse zum Verständnis von
Online-Beziehungsmustern einzusetzen. [3]

Um Informationen über computerbasierte soziale Netzwerke sammeln zu
können, ist zuerst festzulegen, ob das gesamte oder nur das egozentrierte Netzwerk analysiert werden soll. Bei den häufiger durchgeführten Analysen von
gesamten Netzwerken werden Informationen über die relevanten Beziehungen
innerhalb einer Population zusammengetragen, wobei sowohl die Bedeutung
der Beziehung, als auch die Population durch den Untersuchenden definiert
werden. Unsere Forschungsgruppe untersucht z.B. die Online- und Offline-Beziehungen zwischen einer Reihe von Computerwissenschaftlern der Universität
(vgl. Haythornthwaite, Wellman, Mantei, 1995; Haythornthwaite, Wellman,
1996b) und einer kleinen Organisation (vgl. Garton, 1995). Zu diesem Zweck
wurden Untersuchungsdaten vor und nach der Einführung von Videokonferenzen erhoben. Bei jeder Befragung wurden alle Mitglieder der Organisation gebeten anzugeben, wie häufig sie zu diesem Zeitpunkt mit jedem anderen Netzwerkteilnehmer Kontakt hatten. Bei der Frage nach diesen Interaktionen ging es
um die Bewertung unterschiedlicher Arten von Beziehungen wie 'Supervision'
oder 'geselligem Beisammensein nach der Arbeit'. Dabei wurde jeweils
getrennt für die verschiedenen Kommunikationsmodi, wie: E-Mail, Videokonferenz, informelle persönliche Begegnung ohne vorherige Terminabsprache, und

---

[3] Ich danke Sara Kiesler, auf deren Anregungen die Argumentation der letzten beiden
Absätze beruht.

formelles persönliches Treffen mit vorheriger Terminabsprache,[4] die von den Teilnehmern genutzt wurden, nach der Häufigkeit der Interaktionen mit jedem Netzwerkmitglied in jeder Art von Beziehung (Supervision usw.) gefragt. Diese Daten werden nun mit Hilfe verschiedener Methoden der Netzwerkanalyse in Verbindung mit Aufzeichnungen aus der ethnographischen Feldforschung und ausführlichen Interviews analysiert.[5]

Unsere Forschungsgruppe untersucht auch die egozentrierten (oder persönlichen) Netzwerke jedes Teilnehmers, d.h. eine Anordnung von Bindungen, die vom Standpunkt einer Person aus definiert werden, die im Zentrum dieser Bindungen steht. Statt das gesamte Netzwerk aus der gottähnlichen Perspektive eines außenstehenden Beobachters zu zeigen, erlauben egozentrierte Analysen eine ptolemäische Sichtweise auf Netzwerke, wie sie vom jeweiligen Individuum wahrgenommen werden (vgl. Wellman, 1993). Typischerweise werden Standard-Befragungsmethoden eingesetzt, um in einer Stichprobe die Befragten jedes Mitglied ihres persönlichen Netzwerks unter folgenden Gesichtspunkten beschreiben zu lassen: soziale Merkmale der Netzwerkmitglieder (wie Alter und Geschlecht), Merkmale der Beziehung zwischen jedem Mitglied und dem Befragten (z.B. Verwandtschaft oder Freundschaft, Häufigkeit des Kontakts, Art der gebotenen Unterstützung) und (weniger zuverlässig) Merkmale der Beziehung (falls überhaupt vorhanden) zwischen jeweils zwei Netzwerkmitgliedern eines jeden Befragten.

Im Zusammenhang mit Überlegungen, wie der Ansatz des sozialen Netzwerks zur Untersuchung von Online-Interaktions-Mustern genutzt werden kann, sind zwei miteinander verknüpfte Fragen relevant:

1. Welchen Einfluß haben verschiedene Muster sozialer Netzwerkbeziehungen sowohl auf Online-, als auch auf Offline-Interaktionen?

2. Welchen Einfluß hat die computerunterstützte Kommunikation auf die Muster sozialer Beziehungen?

In der vorliegenden Arbeit soll daher diskutiert werden, inwieweit Computernetzwerke verschiedene soziale Netzwerke am Arbeitsplatz und in der Gemeinschaft unterstützen. Zuerst werde ich hierzu die Zusammenhänge computerunterstützter sozialer Netzwerke anhand zweier entgegengesetzter Idealty-

---

[4] Es fiel auf, dass in beiden Organisationen Telefon, Fax oder schriftliche Korrespondenz kaum eine Rolle spielten.

[5] Das am weitesten verbreitete Programm für die Netzwerkanalyse ist UCINet (Borgatti, Everett, Freeman, 1994). Weitere Programme sind Gradap (Sprenger, Stockman, 1995), Multinet (Richards, 1994) und Structure (Burt, 1991). Diese Programme laufen alle unter DOS. Weniger spezialisierte Standard-Statistikprogramme wie SAS und SPSS (Haythornthwaite, Wellman, 1996a; Wellman 1992) sind jedoch ebenfalls für die Netzwerkanalyse geeignet.

pen: dichte, abgegrenzte Gruppen und lockere, offene Netzwerke, darstellen. Dann werde ich zeigen, wie einige der grundlegenden Konzepte der sozialen Netzwerkanalyse für das Verständnis von Online-Beziehungen genutzt werden können. Abschließend werde ich – ausgehend vom Ansatz des sozialen Netzwerks – Forschungsschwerpunkte für zukünftige Studien zu computervermittelter Kommunikation und computerunterstützten sozialen Netzwerken skizzieren.

Gruppen und Netzwerke als Gemeinschafts- und Arbeitsform

Bislang neigen Sozialwissenschaftler ebenso wie die Öffentlichkeit dazu, dichte, abgegrenzte Gruppen als die erstrebenswerte Gemeinschafts- und Arbeitsform anzusehen, und gleichzeitig zu befürchten, dass der technologische Wandel, die Industrialisierung und die Urbanisierung eine so starke Isolierung des Menschen mit sich brächten, dass schließlich in den Massengesellschaften entfremdete, vereinsamte Individuen entstünden (z.B. Nisbet, 1962). Solche Befürchtungen werden auch heute noch laut, wenn Analytiker versuchen, die sozialen Konsequenzen einer immer weiteren Verbreitung der computervermittelten Kommunikation zu prognostizieren (z.B. Stoll, 1995). Viele Forschungsergebnisse zeigen jedoch, dass in der heutigen Gesellschaft dichte, abgegrenzte Gruppen und lockere, offene Netzwerke als Arbeits- und Gemeinschaftsformen nebeneinander existieren. Tatsächlich kann ein- und dieselbe Person in beide Vergesellschaftungsformen eingebunden sein, wenn sie zwischen verschiedenen Arbeitsgruppen und Gemeinschaften hin- und her wechselt, oder wenn diese Arbeitsgruppen und Gemeinschaften sich als Reaktion auf äußere Bedingungen oder innere dynamische Prozesse verändern. Dennoch gibt es systematische Unterschiede zwischen der Zugehörigkeit zu dichten, abgegrenzten Gruppen als Arbeits- und Gemeinschaftsform, und der Zugehörigkeit zu lockeren, offenen Netzwerken, in denen die aktiven Teilnehmer häufig die Position verändern.

Dichte, abgegrenzte Gruppen

Arbeit: Die Vorstellungen davon, wie Arbeit organisiert ist, haben sich seit dem vorindustriellen, von Adam Smith geprägten Bild von der kleinen Gruppe eng miteinander verbundener Arbeiter weiterentwickelt. Mit Beginn der industriellen Revolution wich dieses Bild allmählich der Vorstellung von großen Arbeitermassen, die in differenzierten bürokratischen Strukturen organisiert waren und deren hierarchische Beziehungen sich immer weiter verzweigenden Bäumen glichen. Doch selbst bei strengster hierarchischer Gliederung bilden sich kleine Gruppen einzelner Arbeiter im Inneren der Organisation, die Strukturen wechselseitiger Unterstützung aufweisen (vgl. Thompson, 1967). In Werkstätten, Fabriken und Büros finden sich häufig dichte, abgegrenzte Gruppen, in denen eine begrenzte Anzahl von Personen vollständig miteinander verbunden ist, um eine gemeinsame Aufgabe zu erfüllen, seien dies nun eine Gruppe von Handwerkern, eine Reihe von Fließbandarbeitern oder eine kleine Firma für Software-Entwicklung. Diese Gruppen können fester Bestandteil der Organisation sein, oder aber einen vorübergehenden Zusammenschluss innerhalb einer großen Organisation zur Lösung spezifischer Aufgaben darstellen, wie z.B. das Team, das in der Firma 'Data General' zur Entwicklung eines neuen Minicomputers eingesetzt wurde (vgl. Kidder, 1981). Die Arbeit in diesen Gruppen zeichnet sich äußerlich durch offene Arbeitsräume aus, die den Teammitgliedern vollständigen Sicht-, Hör- und Körperkontakt ermöglichen. Von den Mitgliedern im Team wird diese Situation häufig metaphorisch als "Arbeiten im Goldfischglas" ("working in a fishbowl") beschrieben. Fast die gesamte Kommunikation ist nach innen gerichtet, findet sozusagen innerhalb des 'Goldfischglases' statt. Diese Gruppensituation ist typisch für kleine Neugründungen in der Computerbranche, in denen jeder Programmierer Teil eines permanenten visuellen, akustischen und elektronischen Netzwerks ist (vgl. Coupland, 1995). Sowohl online, als auch face-to-face kommt es dabei häufig zu sich überschneidenden Gesprächen (siehe auch: Haythornthwaite et al., 1995).

Gemeinschaft: Stärker noch, als die Vorstellungen von der Zusammenarbeit ist jene, von einer gesunden Gemeinschaft durch das Vorhandensein einer dicht verknüpften, eng abgegrenzten Gruppe geprägt. Forschungsergebnisse zeigen, dass Gemeinschaften trotz des traumatischen Wandels der Modernisierung auch weiterhin gedeihen. Die Menschen haben nach wie vor Beziehungen zu ihren Nachbarn, besuchen ihre Verwandten und helfen einander. Diese Beziehungen sind notwendige Zufluchtstätten vor äußerem Druck, Quellen interpersonaler Hilfe beim Umgang mit großen bürokratischen Institutionen und ein probates Mittel, um die Sicherheit der Straßen zu gewährleisten (vgl. Wellman, 1988a).

Eine Argumentationslinie in der Auseinandersetzung mit computervermittelter Kommunikation ist durch die unkritische Überhöhung der dichten, abgegrenzten, dorfähnlichen Gruppe als Gemeinschafts- und Arbeitsform gekennzeichnet. Viele betrachten sie als Segen für die Entfremdeten und Isolierten, die nun nicht länger vor dem Fernsehbildschirm kauern müssen. Stattdessen ist der Videobildschirm zum magischen Kommunikator geworden, der den Leuten die Möglichkeit bietet, mittels Online-Diskussionsgruppen, Bulletin-Board-Systemen, virtuellen Chat-Rooms, und ähnlichem mit neuen Freunden rund um den

Globus sinnvoll in Kontakt zu treten (vgl. Rheingold, 1993; Wellman, Gulia, im Druck). So sagte z.B. Phil Patton voraus, dass:

"[die] computervermittelte Kommunikation ... auf elektronischem Wege das errei-chen wird, was auf asphaltierten Straßen nicht möglich war, nämlich uns zu verbin-den statt uns zu spalten, uns ein "Fahrzeug" zur Verfügung zu stellen und uns den-noch nicht vom Rest der Welt zu isolieren" (1986: 20).

Wie der Mitbegründer der Electronic Frontier Foundation vorhersagte:

"befinden wir uns mit der Entwicklung des Internet und der zunehmenden Verfüg-barkeit von Kommunikation zwischen vernetzten Computern inmitten des folgen-reichsten technologischen Umbruchs seit der Eroberung des Feuers". Und weiter: "ich wünsche mir die Fähigkeit zur vollständigen Interaktion mit dem Bewußtsein, das versucht, mit meinem zu kommunizieren ... Wir sind dabei, einen Raum zu schaf-fen, der den Menschen unseres Planeten genau diese Art von Kommunikationsbe-ziehung ermöglicht" (Barlow, Birkets, Kelly, Slouka, 1995: 36; 40).

Lockere, offene Netzwerke

Arbeit: Viele Menschen arbeiten in der Praxis weder an entfremdenden Massen-arbeitsplätzen, noch in kleinen, dichten und abgegrenzten Arbeitsgruppen, und viele Organisationen setzen sich nicht nur aus segmentierten, hierarchisch struk-turierten Gruppen zusammen. Sie erfüllen ihre Aufgaben häufig in locker zusam-menhängenden, offenen Organisationen mittels selektiver Kontakte zu anderen Personen im Rahmen wechselnder Gruppierungen (vgl. Kling, Jewett, 1994; Star, 1993; Weick, 1976). Diese Personen unterhalten Arbeitsbeziehungen, die routi-nemäßig über Abteilungsgrenzen hinweg reichen, und sind in vielfältige hierar-chische Strukturen eingebunden, die durch die Zeit und die jeweiligen Aufga-ben untergliedert werden. Die relativ autonom arbeitenden Mitglieder dieser lose verknüpften, offenen Netzwerke bauen unablässig und routinemäßig wech-selnde Beziehungen zu den Personen auf, mit denen sie den Tag über zu tun haben, wenn sie von einem Projekt zum nächsten übergehen, oder unterschied-liche Ressourcen benötigen. Dieser Arbeitsmodus findet sich häufig bei den Angehörigen freier Berufe, die zahlreiche, oft unvorhersehbare Kontakte mit Kol-legen innerhalb und außerhalb ihrer eigenen Organisation aufnehmen müssen. Typisch ist die Situation eines Maklers, der als Mittler zwei Fremde in einer Trans-aktion, z.B. bei der Vermittlung von Aktien, Häusern oder Ehepartnern, zusam-menbringt. (vgl. Abbott, 1988). In gleicher Form sind auch "wissenschaftliche Gemeinschaften" strukturiert, die sich aus weit voneinander entfernt arbeitenden Akademikern mit ähnlichen Forschungsinteressen zusammensetzen (vgl. Star, 1993; Walsh, Bayama, 1996; Carley, 1990; Kaufer, Carley, 1993). Doch nicht nur in den freien Berufen wird auf diese Weise gearbeitet. Ähnliche Interaktionsformen finden sich bei Managern in einigen großen Organisationen, Arbeitern mit breitem Verantwortungsbereich, sowie Selbstständigen wie z.B. Lastwagenfahrern (vgl. Shrum, 1990). Äußerlich durch abgeschlossene Büros (oder Arbeitszimmer zuhause) gekennzeichnet, erledigen diese Personen ihre individuellen Kontakte und einen Großteil ihrer Arbeit in relativer Privatsphäre. Kollegen, die sie sprechen wollen, müssen vielleicht anklopfen oder hoffen, dass das Telefon abgenommen wird. Diese Personen sind nicht Mitglied in einer allumfassenden Gruppe, sondern haben begrenzte Interaktionen mit vielen verschiedenen Mitgliedern ihrer Netzwerke, entweder in Zweierkonstellationen oder in kleinen, häufig wechselnden Gruppierungen (vgl. Burt, 1992).

Gemeinschaft: So wie lose verbundene Netzwerke als Formen der Zusammenarbeit in den Industrieländern eine immer größere Verbreitung finden, treten auch lose verknüpfte, offene Gemeinschaften zunehmend in Erscheinung. Die großen Veränderungen in den sozialen, wirtschaftlichen und politischen Systemen führten zwar nicht zur Zerstörung von Gemeinschaft, wirkten jedoch bis tief in die Kontexte, in denen sich der Alltag abspielt, hinein (vgl. Fischer, 1984). Seit den 60er Jahren stellen Soziologen fest, dass dichte, abgegrenzte Nachbarschafts- und Verwandtschaftsbeziehungen häufig nur noch einen Teil der umfassenden Gemeinschaftsnetzwerke einer Person ausmachen, da Beziehungen durch Auto, Flugzeug, Telefon und computervermittelte Kommunikation über große Entfernungen aufrecht erhalten werden können. So, wie Zusammenarbeit sich nicht mehr nur über feste Arbeitsgruppen definiert, definiert sich auch Gemeinschaft nicht mehr nur über Nachbarschaftsbeziehungen. Ein Paradigmenwechsel hat stattgefunden, weg von Definitionen über Ort und Solidarität, hin zu Definitionen über soziale Netzwerke. Die Gemeinschaften haben sich verzweigt und bilden nun komplexe Netzwerke aus Verwandten, Freunden und Arbeitskollegen, die nicht notwendigerweise in der Nachbarschaft leben müssen. Obwohl die Welt kein globales Dorf ist (McLuhan, 1962), kann das ´Dorf´ eines Einzelnen sehr wohl den Globus umspannen (vgl. Wellman, 1988a; 1994).

Die Forschung mußte lernen, dass solche Gemeinschaften: 'häuslich' sind, wenn sie eher vom Zuhause einer Person, als von relativ frei zugänglichen öffentlichen Räumen, wie z.B. Kneipen, Cafés oder Plätzen, ausgehen; dass sie 'privat' erscheinen, wenn sie mehr vom Individuum als von einem Kollektiv, wie z.B. der Verwandtschaft oder Sippe, ausgehen; als 'spezialisiert' anzusehen sind, wenn verschiedene Bindungen verschiedene Arten von Ressourcen bieten; 'lose verknüpft' in Erscheinung treten, wenn die meisten Mitglieder eines Netzwerks nicht eng miteinander verbunden sind; 'fragmentiert' auftreten, weil die meisten Personen in einer Vielzahl spezialisierter vielfältiger Gemeinschaften Mitglied sind, und nicht von einer einzigen allumfassenden Gemeinschaft vereinnahmt werden (vgl. Wellman, 1994).

Diese Erscheinungsweise von Gemeinschaft läßt erahnen, wie viele soziale Beziehungen über das Internet und andere Formen computerunterstützter sozialer Netzwerke unterhalten werden. Aus der Privatsphäre ihres Zuhauses heraus stellen die Leute Online-Verbindungen zu den Mitgliedern von Newsgroups und anderen, häufig spezifischen Formen virtueller Gemeinschaften, her (vgl. Danet, et al., 1995). Es liegt in der Natur solcher virtuellen Gemeinschaften, dass jeder mit jedem direkt verbunden ist - jeder kann alle Beiträge lesen -, durch die Größe und Fragmentierung der Gemeinschaft gibt es jedoch nur wenige enge Bindungen zwischen den Mitgliedern. Computerunterstützte soziale Netzwerke zerstören also nicht Gemeinschaft, sondern sind Reaktion, Widerhall und Weiterentwicklung der Gemeinschaftsformen, die in den Industrieländern ohnehin bereits vorherrschend geworden sind (vgl. Wellman, Gulia, 1998).

Merkmale sozialer Netzwerke bei computervermittelter Kommunikation

Die Unterscheidung zwischen dichten, abgegrenzten Gruppen und lose verbundenen, offenen Netzwerken ist zwar ein häufig zitierter Idealtypus, jedoch lassen sich soziale Netzwerke auf weit komplexere und variantenreichere Art und Weise beschreiben. Im folgenden sollen sechs Charakteristika sozialer Netzwerke, die zum Verständnis sozialer Online-Beziehungen und deren Organisation beitragen, in ihren Zusamenhängen diskutiert werden. Diese sechs Merkmale sind: Dichte, Abgrenzung, Reichweite, Ausschließlichkeit, soziale Kontrolle und Bindungsstärke. Da viele dieser Merkmale miteinander verknüpft sind, richtet sich die Gliederung der Diskussion danach, wie sich die Merkmale in dichten, abgegrenzten Gruppen, oder lockeren, offenen Netzwerken manifestieren (siehe auch: Mantei, Wellman, 1995).

Dichte

Soziale Netzwerke: Haben alle Netzwerkmitglieder mit allen anderen Kontakt, oder ist jeder Einzelne das Zentrum einer einzigartigen, lose verknüpften sozialen Welt? In dichten, abgegrenzten Gruppen gibt es ein beträchtliches Maß an

Kommunikation unter den Mitgliedern.[6] Der leichte Zugang begünstigt inner- halb der Gruppe das Entstehen von Verbindungen zwischen allen Mitgliedern. Fast alle Kontakte zwischen den Mitgliedern die möglich sind, werden in der Regel auch realisiert. Ein klassisches Beispiel sind die von Bott (1971) beschriebe- nen, dicht verknüpften Netzwerke einer Londoner Familie, in der Eltern und Geschwister Ehemänner und Ehefrauen so stark kontrollierten, dass diese ein unabhängiges Leben anstrebten.

Im Gegensatz dazu kommunizieren in lockeren, offenen Netzwerken nur wenige Mitglieder direkt und häufig miteinander. So kam unsere Forschungs- gruppe bei einer Studie über Freundeskreise in Toronto zu dem Ergebnis, dass die Dichte in diesen Gemeinschaften bei 0,33 lag, d.h., nur ein Drittel aller mög- lichen freundschaftlichen Bindungen zwischen den engen Freunden einer durchschnittlichen Person wurde tatsächlich realisiert (vgl. Wellman, Carrington, Hall, 1988). Der daraus resultierende Kommunikationsmangel zwischen den engen Freunden hat zur Folge, dass sich die Person im Zentrum des Netzwerks stärker bemühen muss, jede Beziehung einzeln aufrechtzuerhalten. Andererseits verschaffen ihr die strukturellen Leerstellen in ihrem Netzwerk jedoch mehr Bewegungsfreiheit (vgl. Burt, 1992).

---

[6] Die Netzwerkdichte ist eine Variable (zwischen 0,00 und 1,00), die das Verhhältnis der tat- sächlich realisierten im Bezug zu allen möglichen Bindungen (zwischen jeweils zwei Netz- werkmitgliedern) beschreibt. In einem sehr dicht geknüpften Netzwerk mit einer Dichte von ungefähr 1,00 wäre jeder Punkt mit jedem anderen verbunden. (In einem interperso- nalen Netzwerk wäre dann jedes Mitglied direkt mit jedem anderen verbunden). In der Graphen-Theorie (und der Analyse sozialer Netzwerke) würde ein solches vollständig ver- knüpftes Netzwerk als Gruppe bezeichnet. In der Praxis sind in der Regel nur sehr kleine Netzwerke vollständig verknüpft, die Forschung beschäftigt sich also meist mit dichten Netzwerken, in denen sehr viele der möglichen Verbindungen auch tatsächlich bestehen. Es gibt keine Standarddefinition, ab wann ein Netzwerk als 'dicht' verknüpft gilt (die Defi- nition stellt sich als Kontinuum dar). Die meisten Forscher sprechen jedoch ab einer Dichte von 0,67 (zwei Drittel aller möglichen Verbindungen sind realisiert) von einem dichten Netzwerk. Lose verknüpfte Netzwerke sind am anderen Ende des Kontinuums anzusiedeln, dort, wo es wenige Verbindungen zwischen den Netzwerkmitgliedern gibt. Die grundlegende Methode zur Bestimmung der Netzwerkdichte besteht im Aufstellen einer Matrix, in der die Mitglieder des Netzwerks durch sich überschneidende waage- rechte und senkrechte Spalten definiert sind. Eine '1' bedeutet das Vorliegen einer Bin- dung, eine '0' bezeichnet ihr Fehlen. (Aus rechentechnischen Gründen wird in der Haupt- diagonalen häufig eine '1' eingetragen, d.h. eine Person wird als 'mit sich selbst verbun- den' dargestellt. Dadurch wird die Weiterverarbeitung der Matrix erleichtert, z.B. um Aus- sagen über indirekte Verbindungen zu machen). Weiterführende Informationen zur Bestimmung der Dichte sind: Wasserman, Faust, 1993 zu entnehmen).

Computernetzwerke: Computervermittelte Kommunikation unterstützt sowohl dichte, abgegrenzte Gruppen, als auch lockere, offene Netzwerke. Dichte Gruppen werden unterstützt, wenn jeder Teilnehmer einer Computerkonferenz die Beiträge aller anderen Teilnehmer liest und beantwortet, und alle somit online direkt miteinander verbunden sind. Zielgerichtete Projektgruppen, MUDs (Multi User Dimensions), die auf Rollenspielen aufbauen, und einige Newsgroups weisen dorfähnliche Strukturen auf, wenn sie die Aufmerksamkeit ihrer Teilnehmer fesseln (vgl. Kollock, Smith, 1996). Arbeitsgruppen, die computervermittelte Kommunikation einsetzen, verfügen somit über ein höheres Maß an Kommunikation als jene, die sie nicht einsetzen (vgl. Bikson, Eveland, 1990), obschon ein hohes Maß an Online-Kommunikation zu einer Reduzierung der persönlichen und telefonischen Kontakte führen kann (vgl. Finholt, Sproull, 1990; Finholt, Sproull, Kiesler, 1990). Die Funktionen 'Weiterleiten' und 'Kopieren' (forward and copy) der meisten elektronischen Mail-Systeme (E-Mail) tragen ebenfalls zur Erhöhung der Netzwerkdichte bei. Das Weiterleiten von Beiträgen an Dritte schafft indirekte Verbindungen zwischen zuvor nicht miteinander verbundenen Personen, da diese sich ihrer gemeinsamen Interessen bewußt werden. Da das Antworten so einfach ist, kann aus einer solchen indirekten Verbindung schnell eine direkte werden.

Dicht verknüpfte Online-Gruppen begünstigen auch die gegenseitige Unterstützung, wobei der Austausch von Hilfeleistungen häufig ein komplexes Netz wechselseitiger Beistandsbeziehungen unter mehreren Gruppenmitgliedern bildet. Die Motive zum Anbieten von Hilfe liegen in einem Computernetzwerk teilweise in den Normen einer verallgemeinerten Reziprozität und Gruppenzugehörigkeit begründet. Personen mit starker Bindung an die Online-Gruppe sind eher bereit, teilzunehmen und anderen zu helfen, selbst wenn diese vollkommen unbekannt sind (vgl. Kollock, Smith, 1996; Constant, Sproull, Kiesler, 1996).

Computernetzwerke bieten gute Voraussetzungen für die Mitgliedschaft in lockeren, offenen Netzwerken. Anwender können private E-Mails schnell an jede beliebige Adresse schicken, an mehreren Computerkonferenzen teilnehmen, und Beiträge für unterschiedliche Gespräche und Aktivitäten ohne Schwierigkeiten an getrennte persönliche Verteilerlisten senden. Außerdem können die Nutzer die Intensität ihrer Teilnahme in verschiedenen Arbeitsgruppen und Gemeinschaften variieren, um sich in einigen aktiv, in anderen nur gelegentlich zu engagieren.

Abgrenzung

Soziale Netzwerke: Der Grad der Abgrenzung bezieht sich auf den Anteil der Bindungen, die nur innerhalb der Grenzen des sozialen Netzwerks realisiert werden (vgl. Laumann, Marsden, Prensky, 1983). Jedes Netzwerk ist durch eine bestimmte Population definiert, sei dies der Arbeitsplatz, die Nachbarschaft, eine Anzahl an Organisationen (Organisationen können ebenso miteinander verbunden sein, wie Individuen), oder das globale Gesellschaftssystem. Netzwerke können abgegrenzte Gruppen oder durchlässige, sich verzweigende Netzwerke mit weit ausgreifenden Kontakten der Teilnehmer sein. In eng abgegrenzten Netzwerken verbleiben (fast) alle Beziehungen innerhalb der Population. Beziehungen, die Populationsgrenzen überschreiten, werden in der Regel nur von einigen 'Pförtnern' unterhalten, z.B. vom Leiter einer Arbeitsgruppe, der im Auftrag der Gruppe routinemäßig Kontakt mit dem übrigen Teil der Organisation, der Nachbarschaft usw. hat. Der Grad der Abgrenzung einer Gruppe hat eine große Bedeutung für den Informationsfluß, die Infektionsgefahr und die Verfügbarkeit sozialer Ressourcen. So haben z.B. die engen Grenzen um die Netzwerke der AIDS-Infizierten in den USA die Ausbreitung der Krankheit in der Gesamtbevölkerung limitiert (Laumann, et al., 1994).

Im Gegensatz dazu unterhalten Mitglieder lose abgegrenzter (oder 'offener') Netzwerke viele Bindungen nach außen zu Nichtmitgliedern. Sie sind nicht so stark auf das Innere des Netzwerks orientiert. Da viele Bindungen nach außen weisen, ist das Netzwerk selbst in der Regel lose verknüpft. So sind z.B. Einkäufer und Handelsvertreter häufig an den Rändern der Organisation für die sie arbeiten angesiedelt, und entwickeln, auf Kosten der Loyalität zu dieser Organisation, starke Bindungen an ihre Geschäftspartner (Bristor, 1987; Dorsey, 1994).

Netzwerke verbinden nicht nur Personen, sondern auch Gruppen miteinander; wenn zwei Gruppen miteinander durch Bindungen verknüpft sind, liegen nicht nur interpersonale Beziehungen ("interpersonal links"), sondern auch Beziehungen zwischen Gruppen ("intergroup links") vor (Breiger, 1974: 181, bezeichnete dies als "Dualität von Personen und Gruppen"). Überdies lassen sich Netzwerke als "Netzwerke von Netzwerken" einstufen (Craven, Wellman, 1973), das heißt, sie können Individuen, Gruppen, Organisationen und Nationen verbinden. Wenn also Mitglieder zweier unterschiedlicher Arbeitsgruppen oder Organisationen miteinander in Beziehung treten, ist ihre interpersonale Bindung gleichzeitig eine Bindung zwischen Gruppen oder Organisationen. So sind z.B. die größten amerikanischen Unternehmen durch die Mitgliedschaft ihrer Direktoren im Vorstand der jeweils anderen in einem dicht verknüpften Netzwerk miteinander verbunden (vgl. Levine, 1986; Mintz, Schwartz, 1985). Die Logik und

Analyse dieser Netzwerke gleichen jener von Computernetzen: Konnektivität zwischen LANs erzeugt ein Organisationsnetzwerk, Verbindungen mit dem Internet unterstützen die Ausprägung von Computernetzwerken zwischen Organisationen.

Computernetzwerke: LANs und WANs (Wide Area Networks) können durch Computerkonferenzen und Verteilerlisten, in denen jeder Teilnehmer Beiträge an alle senden, bzw. von allen erhalten kann, dichte, abgegrenzte Gruppen unterstützen. Tatsächlich ziehen viele Organisationen enge Grenzen um ihre Computernetzwerke, um zu verhindern, dass Informationen den Bereich der Organisation verlassen, und um einem Eindringen von außen zuvor zu kommen. Durch technische Restriktionen können solche engen Grenzen noch verstärkt werden. Zur Zeit unterstützen Multimedia-Systeme wie 'Cavecat' und seine Abkömmlinge, 'Telepresence' und 'Corel Vision' nur Videokonferenzen mit wenigen Teilnehmern, die über die notwendige Ausrüstung verfügen. Die Teilnehmer wissen, wer zur Interaktion mittels (schmalbandigem) Video in der Lage ist, und können dann über Computerbefehle Videolinks mit einer anderen Person oder sogar einer kleinen Gruppe herstellen (vgl. Mantei et al., 1991; Buxton, 1991).

Viele Computernetze unterstützen offene soziale Netzwerke, da mit Hilfe von privater E-Mail und Computerkonferenzen einfach und kostengünstig Beziehungen mit weit entfernt lebenden Bekannten aufrecht erhalten und neue Bindungen mit Unbekannten aufgebaut werden können. Solche 'schwachen Bindungen' (weak ties) ermöglichen in der Regel eher Kontakte zu unterschiedlichen sozialen Kreisen und eignen sich somit besser als Quellen neuer Informationen (vgl. Granovetter, 1982). Über Verteilerlisten, Computerkonferenzen, weitergeleitete Mitteilungen von Freunden, die: "glauben, dass das für Dich interessant sein könnte", und direkte E-Mail von Fremden ("ein gemeinsamer Freund empfahl mir, mit Ihnen Kontakt aufzunehmen") können Informationen hier auch ungefragt ankommen.

Die, im Vergleich zu den persönlichen Begegnungen oder Telefongesprächen, geringere soziale Präsenz bei der E-Mail erleichtert es, mit Unbekannten Kontakt aufzunehmen, weil hier weniger Bedenken bestehen, die Kontaktaufnahme könnte als rücksichtslose Störung empfunden werden, oder könnte ein persönliches Risiko darstellen (vgl. Stoll, 1995).

Die Bereitschaft, sich online zu engagieren, steht in Gegensatz zum Verhalten in face-to-face Situationen, in denen Zuschauer zögerten, Fremden zu helfen (Untersuchung für Amerika siehe: Latané, Darley, 1976). Zuschauer sind jedoch eher bereit zu intervenieren, wenn sie die einzigen Anwesenden sind und sich bei Schwierigkeiten leicht zurückziehen können. In Analogie dazu werden

Online-Hilferufe von Personen gelesen, die allein vor ihrem Bildschirm sitzen. Selbst wenn die Bitte an eine Computerkonferenz gerichtet ist und nicht als persönliche E-Mail auftritt, kann ein Rezipient den Eindruck haben, er sei der Einzige, der Hilfe leisten könne. In Computerkonferenzen können selbst kleine Beistandsbekundungen wie eine "Gute-Besserung-Mail" oder ein anderes "Cyber-Trostpflaster" in der Summe den Zusammenhalt einer Gruppe bestätigen. Jede dieser Handlungen wird online von der ganzen Gruppe wahrgenommen und trägt zum Erhalt einer Norm der 'einschließenden gegenseitigen Unterstützung' in der Organisation oder Gemeinschaft bei (vgl. Rheingold, 1993).

Im Verlauf sozialer Prozesse kann es in lose verknüpften Netzwerken zur Entwicklung engerer Grenzen kommen. Computernetze können dazu beitragen, neue Mitarbeiter in Kommunikationskanäle und -kultur zu integrieren und ihr Engagement zu erhöhen (in der Anfangsphase kann zur Vertrauens- und Konsensbildung allerdings physische Nähe notwendig sein). Solche Netzwerke verknüpfen weit verstreute Akademiker, Techniker, Verwaltungsfachleute oder Kaufleute zu: "hochgradig kohäsiven und kooperativen ... Gruppen, ... [die] geographisch verstreut und dennoch koordiniert [sind]" (Carley, Wendt, 1991: 407; siehe auch: Eveland, Bikson, 1988; Rice, Steinfield, 1994; Sproull, Kiesler, 1991; Steinfield, 1986; Walsh, Bayma, 1996). So traten vor dem Aufkommen der E-Mail räumlich getrennte Forscher nur selten als Koautoren in Erscheinung (vgl. Galegher, Kraut, Egido, 1990).

Durch Computernetze werden die Grenzen von Arbeitsgruppen, Organisationen und Gemeinschaften häufig verwischt oder verschoben. Sie dienen Organisationen zur Unterstützung beim Aufbau von Arbeitsteams, die Grenzen zwischen verschiedenen Einheiten überbrücken, sie erleichtern die Koordination heterogener Organisationen bei gemeinsamen Projekten und ermöglichen es, Käufer und Verkäufer aus verschiedenen Organisationen schnell zusammenzubringen. Computernetze helfen Personen, einen Vorrat an potentiell nützlichen Kontakten außerhalb ihrer Arbeitsgruppe, Organisation oder Gemeinschaft zu pflegen, die Informationen, technische Hilfe oder emotionale Unterstützung bieten können. So stammt z.B. über die Hälfte der E-Mails einer Organisation von unbekannten Absendern, aus anderen Gebäuden, oder von Leuten außerhalb der eigenen Arbeitsgruppe oder Hierarchie (Finholt, Sproull, 1990; Sproull, Kiesler, 1991).

Das Internet ist ein extremes Beispiel für ein offenes Netzwerk. Die Grenzen der Population gehen gegen unendlich und befinden sich ständig im Fluß, so dass es unmöglich ist, sie zu einem bestimmten Zeitpunkt zu analysieren. Die Erfassung aller Internet-Beziehungen (oder Hyperlinks) ist aufgrund dieser Rahmenbedingungen zwar nicht zu erreichen, durch die Analysen egozentrierter Beziehungen kann jedoch die Art der Verbindungen in einer Stichprobe von Internet-Nutzern erforscht werden. Eine weitere Methode zur Untersuchung des Internet (und anderer offener Netzwerke) ist die Erforschung der Ressourcenflüsse. So führt unsere Forschungsgruppe derzeit in Analogie zur "small world"-Studie von Milgram (1967) eine Untersuchung durch, in der zufällig ausgewählte Internet-Nutzer gebeten werden, versuchsweise Kontakt mit einer Zielperson aufzunehmen, die ihnen bekannt oder unbekannt sein kann. Ist die Person ihnen nicht bekannt, so sind sie angehalten, unsere Mail an jemanden aus ihrem sozialen Netzwerk weiterzuleiten, sowie eine Kopie der Mail an uns zurück zu senden. Auf diese Weise können wir den Fluß der Mails durch das Internet verfolgen und feststellen, wie dicht zwei Knoten in Bezug auf die zu ihrer Verbindung erforderlichen Links beieinander liegen. (vgl. Dantowitz, Wellman, 1996; siehe auch: Schwartz, Wood, 1993).

Reichweite

Soziale Netzwerke: Die Reichweite eines Netzwerks beschreibt Größe und Heterogenität der Population innerhalb der Netzwerkgrenzen.[7] Mit dem Wachstum der Population ergibt sich mithin die Basis für eine größere Heterogenität der sozialen Merkmale der Teilnehmer (vgl. Wellman, Potter, 1999), sowie für eine verstärkte Komplexität der strukturellen Bindungsmuster im Netzwerk. Dichte, abgegrenzte Netzwerke weisen fast immer eine geringe Reichweite auf, da ein großes Netzwerk sich relativ rasch öffnet. Mit steigender Teilnehmerzahl vergrößert sich auch die Grundlage für mehr Heterogenität innerhalb des Netzwerks. Zusammen mit dem arithmetischen Anstieg der Teilnehmerzahl ist ein geometrischer Zuwachs bei der Zahl der Verbindungen zu beobachten, die notwendig sind, um die vollständige Konnektivität aufrecht zu erhalten.

---

[7] Die *Reichweite* setzt sich aus der Größe des Netzwerks und seiner Heterogenität zusammen, und verweist auf die unterschiedlichen Arten von Netzwerkteilnehmern (vgl. Burt, 1983). Im Gegensatz zur Dichte des Netzwerks existiert jedoch für die Reichweite keine Standarddefinition. In einer neueren Studie unserer Forschungsgruppe (vgl. Wellman, Potter, 1999) bestimmten wir die Reichweite zuerst durch die getrennte Ermittlung der Netzwerkgröße (einfache Zählung) und der Netzwerkheterogenität. Die Heterogenität des Netzwerks ist selbst ein komplexes Maß, das wir über die Gewichtung der standardisierten Heterogenität in Bezug auf a) kontinuierliche Variablen, wie etwa die Ausbildungsdauer - gemessen mittels Standardabweichung -, und b) kategorisierte Variablen, wie den Rollentyp (Verwandter, Freund etc.), - ermittelt nach Schuessler's Index qualitativer Abweichung (vgl. Mueller, Schuessler, Costner, 1970) festlegten. Nachdem die Faktorenanalyse ergab, dass die Reichweite als Faktor sowohl die Größe, als auch die Heterogenität des Netzwerks umfaßt, entwickelten wir ein Maß, das sich aus der standardisierten Größe und Heterogenität zusammensetzt.

Während in dichten, engen Netzwerken mit geringer Reichweite bestehende Ressourcen gut erhalten werden können, erleichtern lockere, offene Netzwerke mit großer Reichweite den Zugriff auf zusätzliche Ressourcen. Hier ist die Teilnehmerzahl und -heterogenität gegeben, die eine große Bandbreite des Ressourcenzugriffs erlaubt. Solche großen und heterogenen Netzwerke weisen in der Regel eine ausgeprägte strukturelle Komplexität auf. Anstelle einer gleichmäßigen Verteilung der Beziehungen (wie in dicht verknüpften Netzwerken) treten die Bindungen in Netzwerken mit großer Reichweite häufig als Cluster auf, die nur über wenige Brücken miteinander in Verbindung stehen (vgl. Granovetter, 1973). Ressourcen (wie z.B. Informationen) sind in diesen Netzwerken eher ungleichmäßig verteilt, und die Teilnehmer, deren Bindungen Brücken zu anderen Clustern darstellen, verfügen als eine Art 'Pförtner' über mehr Macht, werden aber auch mit mehr Misstrauen betrachtet. In der Untersuchung von Espinoza (1999) in Santiago, Chile, sind Stadtviertel (Barrios) ein gutes Beispiel für die Vorzüge und Grenzen eines Netzwerks mit geringer Reichweite. Die kleinen, homogenen Netzwerke aus Verwandtschaft und Nachbarschaft eignen sich hervorragend für gegenseitige Unterstützung, sind aber von geringem Wert, wenn es darum geht, außerhalb des Barrios eine Stelle zu finden.

Computernetzwerke: Computernetzwerke vergrößern die Reichweite sozialer Netzwerke, da sie eine größere Zahl und Bandbreite von Beziehungen ermöglichen. Durch die Möglichkeit zur asynchronen Kommunikation, und die von der Entfernung unabhängige Kostenstruktur überbrücken Computernetzwerke räumliche Grenzen und ermöglichen damit die Kommunikation über unterschiedliche Zeitzonen hinweg, sowie den aktiven Kontakt in ansonsten nur latent vorhandenen Beziehungen. Zahl und Heterogenität der sozialen Kontakte lassen sich durch Teilnahme an Computerkonferenzen oder Weiterleiten von Informationen über Verteilerlisten enorm steigern. Es ist anzunehmen, dass über Computernetze eine größere Anzahl von Beziehungen gepflegt werden kann, als dies im persönlichen Kontakt möglich wäre. Computerkonferenzen und Verteilerlisten führen zu durchlässigen, sich ständig verschiebenden Mitgliederkreisen, in denen intensivere Beziehungen durch private E-Mail fortgesetzt werden. Die resultierende zahlenmäßige Ausdehnung und Nähe des persönlichen Online-"Kommunikationspublikums" kann zu Begegnungen mit immer unterschiedlicheren Leuten führen (vgl. Lea, Spears, 1995). So stammten z.B. vier Fünftel der E-Mails einer großen, räumlich verstreuten Organisation von elektronischen Gruppen und nicht von Individuen (vgl. Finholt, Sproull, 1990; Sproull, Kiesler, 1991). In einer anderen Organisation bildete ein Online-Arbeitsteam mehr Unterkomitees und konnte seine Mitglieder besser für seine Aktivitäten motivieren, als ein Offline-Team (vgl. Bikson, Eveland, 1990).

Der relative Mangel an sozialer Präsenz in Online-Kontakten begünstigt Beziehungen zu Personen, die ganz andere sozialen Merkmale haben als jene, mit denen jemand normalerweise persönlich zusammentrifft. Gleichzeitig erhalten die Teilnehmer mehr Kontrolle über Zeitpunkt und Inhalt ihrer Selbstentäußerungen (self-disclosures) (vgl. Walther, 1996). Häufig ist vom Kommunikationspartner nur die Unterschrift bekannt, die minimale, manchmal sogar irreführende Informationen liefert (Slouka, 1995). Dadurch können sich Beziehungen leichter auf der Grundlage gemeinsamer Interessen entwickeln und werden nicht bereits am Anfang durch Unterschiede im sozialen Status gehemmt (vgl. Hiltz, Turoff, 1993[2]). Bei fehlenden sozialen und physischen Anhaltspunkten können sich Personen online durch den Austausch ihrer Mitteilungen kennenlernen und erst später den Entschluss fassen, ihre Beziehung durch Telefongespräche oder persönliche Begegnungen auf die Offline-Ebene auszuweiten (vgl. King, 1994). Die Bindung an Computergemeinschaften mit gleichen Interessen kann größer werden, als jene an die physische Nachbarschaft; in einer Studie zeigte sich ein starkes Gefühl der Verpflichtung gegenüber Online-Gruppen, die als langfristig stabil wahrgenommen wurden (vgl. Walther, 1994).

Somit sind computerunterstützte soziale Netzwerke eine Fortsetzung jenes anhaltenden Trends zur Bildung von Gemeinschaften und Arbeitsgruppen, die sich über gemeinsame Interessen, statt über räumliche Nähe in der Nachbarschaft oder am Arbeitsplatz konstituieren (vgl. Fischer, 1984; Wellman, Leighton, 1979). Die in Online-Beziehungen fehlenden Hinweise auf den sozialen Status fördern das Entstehen sozial heterogener Verbindungen über hierarchische oder andere Statusbarrieren hinweg (vgl. Eveland, Bikson, 1988; Sproull, Kiesler, 1991). (Dadurch kann jedoch auch die Bildung kulturell homogener Netzwerke gefördert werden, da diese sich aus Personen mit ähnlichen Sorgen und Wertvorstellungen zusammensetzen, siehe: Lea, Spears, 1992). Die relative Gleichheit der Personen bei Online-Kontakten kann sozial Benachteiligten mehr Einflussmöglichkeit geben, da über Geschlecht, Alter, Rasse, ethnische Zugehörigkeit, Lebensstil, sozioökonomischen Status, berufliche Stellung oder Gruppenzugehörigkeit kaum offen gesprochen wird (vgl. Culnan, Markus, 1987; Hiltz, Turoff, 1993). Auf der anderen Seite verändern sich Online-Beziehungen, sobald die sozialen Merkmale der anderen Teilnehmer bekannt werden (Weisband, Schneider, Connolly, 1995). Man denke nur an die Erfahrung von "Amy" in Douglas Couplands Roman Microserfs (1995: 334): "Verrate Dein Geschlecht im Internet und Du wirst platt gemacht" (siehe auch: Herring, 1996; Shade, 1994).

Ausschließlichkeit[8]

Soziale Netzwerke: Hier stellt sich die Frage: Findet die Interaktion hauptsächlich in einer bilateralen Konstellation statt, oder sind ihre individuellen Kontakte für ein größeres Publikum verfügbar? Die Kontrolle, die Kollegen und Mitglieder einer Gemeinschaft über den Zugang zu den übrigen Teilnehmern haben, variiert zwischen wenig Kontrolle/freier Zugang in dichten, abgegrenzten Gruppen und viel Kontrolle/eingeschränkter Zugang in lockeren, offenen Netzwerken. Neben der unterschiedlichen Verfügbarkeit über den Kontakt mit Netzwerkmitgliedern können sich auch die Bedingungen, unter denen eine Person gestört werden kann (Privatsphäre) und/oder unter denen andere Zugang zu ihrer Arbeit bekommen können (z.B. Kontrolle über Files) unterscheiden.

In dichten, abgegrenzten Gruppen gibt es in der Regel relativ wenig Auswahl hinsichtlich der Netzwerkmitglieder und auch wenig Kontrolle über Zugang und Interaktionen. Typische Beispiele sind Verwandtschaftsbeziehungen, abgeschiedene Dörfer und zielgerichtete Arbeitsteams, in denen erwartet wird, dass jeder mit den ihm zugeteilten Personen arbeitet und mit den Nachbarn eine Gemeinschaft bildet. Mitglieder solcher Gruppen teilen ihre Aktivitäten mit allen anderen in der Gruppe, und viele Diskussionen und Interaktionen werden von allen beobachtet, ohne dass irgendein normativer Anspruch auf Privatsphäre geäußert würde. Ein klassisches Beispiel ist die Beschreibung der Arbeiter im "bank wiring room" in einem Werk der 'Western Electric Company', wo die Arbeiter dafür sorgten, dass potentielle 'Quotenbrecher' nicht so schnell arbeiteten, dass die Produktionsnormen stiegen (vgl. Roethlisberger, Dickson, 1939). Im Gegensatz dazu räumen lockere, offene Netzwerke ihren Mitgliedern mehr Spielraum ein hinsichtlich der Verfügung über Personen, Orte und Zeiten der Interaktionen. In solchen Netzwerken finden sich in der Regel verstärkt physische Barrieren, die Zugang und Interaktionen beschränken. Die Arbeit findet hier häufig zuhause statt, wo der Zugang nur nach Einladung möglich ist; für einen Nordamerikaner wäre es höchst ungewöhnlich, ohne vorherige Einladung und Anklopfen hier einfach hereinzuplatzen (vgl. Michelson, 1976). Aufgrund der Koordinierungsschwierigkeiten in lockeren, offenen Netzwerken ist die übliche Konstellation der Interaktionen bilateral, und viele Informationen bleiben innerhalb einer Zweiergruppe, oder werden gezielt mit ähnlich denkenden lose verknüpften Netzwerkmitgliedern geteilt.

---

[8] Mein Dank gilt Marilyn Mantei, die diesen Terminus vorgeschlagen hat.

Computernetzwerke: Je nach ihrem Aufbau können Computernetzwerke dichte, abgegrenzte Gruppen oder lockere, offene soziale Netzwerke unterstützen. So wurde z.B. für die Systeme von 'Cavecat' und 'Telepresence' eine Software entwickelt, die das Geräusch des Anklopfens erzeugte, wenn jemand mit einem anderen Teilnehmer eine Videokonferenz abhalten wollte (vgl. Mantei et al., 1991; Buxton, 1991). Auf der anderen Seite konnten Teilnehmer in diesem System ihren "Türenstatus" bestimmen, um eine Videokonferenz ohne Anklopfen (Tür-Icon weit offen), mit Anklopfen (Tür-Icon angelehnt) oder gar nicht (Tür-Icon geschlossen) zuzulassen. Einfacher wäre es natürlich gewesen, Software zu entwickeln, in der kein Anklopfen notwendig ist und somit den in dichten, abgegrenzten Gruppen üblichen direkten Zugang zu ermöglichen. Viele Computernetzwerke in Organisationen bieten außerdem die Möglichkeit zu erfahren, wer relevante Beiträge gelesen hat, wobei mindestens ein Softwareprogramm auch Bitten um Antwort und weitere Schritte strukturiert (vgl. Winograd, 1988). Dagegen können unerwünschte Mitteilungen durch Software-Filter (wie durch menschliche Assistenten auch) aussortiert werden, obwohl das Internet (wie die Telefonanlage) technisch die Möglichkeit bietet, Beiträge an alle zu senden.

Eher makroskopisch betrachtet fördert die Verbreitung computerunterstützter sozialer Netzwerke den gegenwärtigen Trend von dichten, abgegrenzten Gruppen, hin zu lockeren, offenen Netzwerken und wirkt diesem Trend gleichzeitig entgegen. Indem computervermittelte Kommunikation Leute an den Monitor fesselt, und von persönlichen Beziehungen in der Öffentlichkeit abhält, verstärkt sie in gewissem Maß private, ausschließende Beziehungen. Andererseits ist genau das ganz im privaten stattfindende Fernsehen die häufigste Freizeitaktivität in den Industrieländern. Computervermittelte Kommunikation kann somit tatsächlich Gemeinschaft fördern, da Computernetzwerke öffentliche Computerkonferenzen genauso wie den Austausch privater E-Mails unterstützen. Da jeder Teilnehmer einer Computerkonferenz alle Beiträge lesen kann - so, als ob eine Gruppe im Café oder offenen Büro Gespräche führte - können Gruppen von Personen zwanglos miteinander plaudern und die Freunde ihrer Freunde kennenlernen. "Die Tastatur ist mein Café," sagte William Mitchell (1995: 7).

Soziale Kontrolle

Soziale Netzwerke: Wie werden Kontakte und Beziehungen einer Person durch äußere Faktoren gefördert, begrenzt und kontrolliert? Bei der Arbeit kann eine Person in flache, matrixartige oder baumartig verzweigte hierarchische Organisationen eingebunden sein. Ihr Leben in der Gemeinschaft kann einer umfassenden sozialen Kontrolle durch gleichrangige oder einflußreiche Personen unterworfen sein, oder sie kann sich vielleicht zwischen mehreren jeweils einseitig ausgerichteten Gemeinschaften hin- und herbewegen, und ihre Teilnahme in einem Netzwerk vor den jeweils anderen geheim halten. Kontrollen zur Erreichung normativen Sozialverhaltens in dichten, abgegrenzten Gruppen werden in der Regel durch Gruppenzwang, Vorgesetzte am Arbeitsplatz und einflussreiche Persönlichkeiten der Gemeinschaft durchgesetzt; dadurch wird sichergestellt, dass die Teilnehmer zur Erfüllung klar definierter kollektiver Aufgaben zusammenarbeiten.

In lockeren, offenen Netzwerken gibt es aufgrund der schwächeren Konnektivität untereinander weniger soziale Kontrolle. Aufgrund der größeren Fragmentierung dieser Netzwerke besteht die Möglichkeit, dass Teilnehmer Bereiche des Netzwerks, in denen sie unerwünscht sind, meiden können. Es gibt keine einzelnen Vorgesetzten oder einflussreichen Persönlichkeiten, und häufig besteht nur wenig Kontakt zu statushöheren Teilnehmern. Hier handelt es sich weniger um eine von außen disziplinierte Truppe, vielmehr werden lose miteinander verbundene Mitarbeiter und Gemeinschaftsmitglieder durch internalisierte Normen und standardisierte organisatorische Verfahren kontrolliert (vgl. Abbott, 1988; Suttles, 1968). So sorgt beispielsweise der Kommunikationsfluß durch komplexe soziale Netzwerke in der 'Blue'-Organisation für Disziplin: Arbeitsabläufe werden organisiert und die Aufgabenerfüllung sichergestellt (Wellman, et al., 1996).

Computernetzwerke: Es liegt in der Natur der Sache, dass zwischen dem Wunsch des Managements nach Kontrolle und jenen E-Mail-Attributen, die eine Schwächung der Netzwerkgrenzen verursachen, ein Konflikt besteht. Manager in lose verknüpften, offenen Arbeitseinheiten befürchten, die Kontrolle über Informationen und Arbeitsabläufe zu verlieren, wenn sie E-Mail-Systeme einrichten, die "Intranets" der Organisation mit der Außenwelt des Internet verbinden und Mitarbeitern erlauben, private Online-Gespräche zu führen. Sie haben Angst, dass durch Computernetze die Kontrolle unterminiert wird, da sich die Verbreitung von (Fehl-)Informationen und somit auch von Gerüchten, Beschwerden, Witzen und subversiven Beiträgen beschleunigt (Finholt, Sproull, 1990; Zuboff, 1984). Selbst wenn informelle E-Mails in einer Organisation explizit erwünscht sind, werden sie von vielen Managern doch mit Misstrauen betrachtet. Daher überwachen Systemverwalter in vielen Fällen die Online-Aktivitäten der Mitarbeiter und nehmen E-Mail und Files genauer unter die Lupe. So förderten z.B. in einer Organisation Netzwerkadministratoren die "angemessene" Nutzung des Computernetzes und verwarnten jene, die es für Freizeitaktivitäten oder für Zwecke einsetzten, die nicht die Organisation betrafen (vgl. Orlikowski, et al., 1995). Da solche Maßnahmen Mitarbeiter, die selbstständiges Arbeiten schätzen und alternative Stellenangebote haben, der Firma entfremden können, hat sich stillschweigend die Norm durchgesetzt, dass E-Mail als privat respektiert wird, es sei denn, der Zugang zu Online-Dokumenten ist zwingend erforderlich, der zuständige Mitarbeiter ist krank oder nicht erreichbar, bzw. es besteht der Verdacht auf unerlaubtes Arbeitsverhalten (vgl. Sipior, Ward, 1995).

Ebenso kann die E-Mail-Kommunikation aber auch zur Ausweitung der Kontrollen durch die Manager eingesetzt werden, eine Praxis, die sich an der Verweigerungshaltung der Mitarbeiter erkennen läßt; so weigerten sich einige Mitarbeiter einer Außenfiliale grundsätzlich, an ein Multimedia-Kommunikationssystem angeschlossen zu werden, das es der Zentrale erleichtert hätte, sie im Blickfeld zu behalten (vgl. Wellman et al., 1996). Sproull und Kiesler (1991: 160) vertraten die Auffassung, dass Versuche, computerunterstützte soziale Netzwerke zur Stärkung der zentralen Kontrolle einzusetzen, zu Konflikten in der Organisation führen können. Nach ihrer Ansicht könnten sich in Zukunft Managementmethoden in Richtung lockere, offene Netzwerke entwickeln, in denen: "Leute in mehreren Gruppen mitarbeiten, wenn Gruppen aus ausschließlich elektronisch kooperierenden Mitgliedern bestehen und sich weichere Strukturen ohne Managementdirektiven herausbilden" (160). Die begrenzte soziale Präsenz bei computerunterstützter Kommunikation begünstigt darüber hinaus die ungehemmten Äußerungen, nonkonformen Verhaltensweisen und unterschiedlichen Meinungen, die für locker verbundene, offene Netzwerke typisch sind (vgl. Hiltz et al., 1978; Siegel, et al., 1986; Sproull, Kiesler, 1991; Lea, Spears, 1992; Walther, Anderson, Park, 1994).[9]

Die lockere, offene Natur des Internet ermöglicht es Personen, die mit einer Interaktion unzufrieden sind, zwischen verschiedenen Computerkonferenzen und privaten elektronischen Beziehungen hin und her zu wechseln. Sie können in einigen Umgebungen eine würdevolle Rolle spielen, in anderen jedoch ein heftiger "Flamer" (der per E-Mail beleidigt), "Spammer" (der per E-Mail "Schrott" an viele Gruppen schickt) oder "Cyberpunk" sein. Wenn Teilnehmer mehreren sozialen Netzwerken angehören, werden sie nicht ausschließlich durch ein einziges in ihren Verhaltensweisen bestimmt. Die enge Fokussierung von Computerkonferenzen erleichtert es Teilnehmern, in spezialisierten Beziehungen auch Risiken einzugehen, wobei solche Beziehungen vielleicht nur in einem einzigen einseitig ausgerichteten sozialen Online-Netzwerk möglich sind. Einige computerunterstützte soziale Netzwerke ermöglichen es den Teilnehmern, anonym zu bleiben oder Nicknames (Tarn-Namen) zu verwenden, wenn sie sich offen äußern, oder verschiedene Rollen ausprobieren wollen. Durch diese Möglichkeit

---

[9] Diese beiden Abschnitte gehen auf eine Zusammenfassung von Laura Garton zurück.

lassen sich, bei gleichzeitiger Wahrung der Privatsphäre (und Schutz der Teilnehmer vor Racheakten), öffentliche Kommunikationsnetzwerke aufrecht erhalten. Solche Netzwerke sind häufiger in virtuellen Gemeinschaften zu finden, obwohl sie auch in Arbeitszusammenhängen einige Vorteile für den freien Ideenfluß bieten (Bechar-Israeli, 1995; Hiltz, Turoff, 1993 [2]).

Stärke der Bindungen

Soziale Netzwerke: Die Stärke der Bindungen ist ein mehrdimensionales Konstrukt, das die Variablen einer Beziehung einschließt, die in der Regel miteinander korrelieren. Es handelt sich um die Variablen: soziale Nähe, Freiwilligkeit "Multiplexität" (Breite) und in geringerem Maße die Kontakthäufigkeit (vgl. Granovetter, 1982; Wellman, Wortley, 1990). [10]

Starke Bindungen bieten gewöhnlich in Form von: emotionaler Unterstützung, Waren und Dienstleistungen, Geselligkeit und Zusammengehörigkeitsgefühl, mehr soziale Unterstützung, als schwache. Sie ermöglichen auch eine größere Bandbreite derartiger sozialer Ressourcen (vgl. Wellman, 1992). Schwache Bindungen sind jedoch keineswegs wertlos. Gerade ihre Schwäche sorgt dafür, dass hier in der Regel Personen miteinander verbunden sind, die gesellschaftlich stärker differieren als jene, die durch starke Bindungen miteinander in Beziehung stehen. Somit stellen schwache Bindungen Brücken zu anderen sozialen Welten dar und bieten Zugang zu neuen Informationsquellen und anderen Ressourcen (vgl. Granovetter, 1982; 1995).

In dichten, abgegrenzten Gruppen sind Beziehungen paradoxerweise häufig sowohl durch Unfreiwilligkeit, als auch durch soziale Nähe gekennzeichnet. Unfreiwillige Gruppen, wie z.B. abgeschiedene Dörfer und unternehmensseitig zusammengestellte Arbeitsgruppen, entstehen, weil die Situation Bindungen

---

[10] Der Terminus *starke Bindungen* wurde von Mark Granovetter (1973) geprägt, der in seinem klassischen Aufsatz starke und schwache Bindungen als entgegengesetzte Pole eines Kontinuums beschrieb. Nach seiner Auffassung sind starke Bindungen durch eine Kombination von Intimität (oder sozialer Nähe), Freiwilligkeit, Multiplexität (Interaktionen in einer Vielzahl von Kontexten, d.h. multiple Rollenbeziehungen) und häufigem Kontakt gekennzeichnet. Unsere Forschungsgruppe kam in Untersuchungen persönlicher Gemeinschaften in Toronto jedoch zu dem Ergebnis, dass nur Intimität, Freiwilligkeit und Multiplexität so eng miteinander assoziiert waren, dass sie in einem zusammengesetzten Maß der *Bindungsstärke* zu verwenden sind (vgl. Wellman, Wortley, 1990). Die Häufigkeit des Kontakts war getrennt zu betrachten, da Personen oft Nachbarn oder Kollegen trafen, mit denen sie keine engen Beziehungen unterhielten und die die sich nicht freiwillig ausgesucht hatten. Bisher gibt es noch kein Standardmaß für die Bindungsstärke; in der Forschung wird in der Regel eine Kombination der oben diskutierten Variablen verwendet.

begünstigt, und nicht, weil Personen sich für das Zusammensein entscheiden. Dennoch erzeugen der häufige Kontakt und die große Bandbreite gemeinsamer Aktivitäten in diesen Gruppen eine hohe soziale Intimität, ob die Teilnehmer dies nun wollen oder nicht.

Im Gegensatz dazu werden Beziehungen in lockeren, offen Netzwerken in der Regel freiwillig eingegangen; hier sind die Teilnehmer auf der Basis gemeinsamer Interessen und gegenseitiger Vorteile zusammengekommen. Dies gilt für die meisten Freundschaftsbeziehungen, jedoch auch für Arbeitsbeziehungen, wenn z.B. Angehörige freier Berufe relativ frei entscheiden können, wen sie konsultieren, oder wenn es Managern freigestellt ist, Freiwillige für die Mitarbeit in einem Arbeitsteam anzuwerben. Durch diese Verfügungsfreiheit entstehen gewisse Kosten, da jede Bindung separat aufrecht erhalten werden muß, während die ausgeprägteren sozialen Kontrollen in dichten, abgegrenzten Gruppen bereits diesen Aufwand zum gößten Teil reduzieren. Da jede Bindung separat funktioniert, haben Bindungen in lockeren, offenen Netzwerken meist eine größere Bandbreite, was gemeinsame Aktivitäten, gegenseitige Unterstützung und Häufigkeit des Kontakts angeht, als jene in dichten, abgegrenzten Gruppen.

Computernetzwerke: Kann das Medium die Mitteilung unterstützen? Die Forschung zeigt, dass Online-Bindungen trotz der in der computervermittelten Kommunikation begrenzten sozialen Präsenz, oft stark sind und die Mitglieder regelmäßigen Kontakt haben, der ihnen Unterstützung und Geselligkeit ermöglicht (vgl. Sproull, Kiesler, 1991). Online-Beziehungen treten in allen virtuellen Gemeinschaften und vielen Arbeitssituationen als freiwillige Beziehungen auf. Leichtigkeit und örtliche Ungebundenheit des E-Mail-Kontakts erleichtern wiederkehrende und langfristig stabile Kontakte ohne die Gefahr des Bindungsverlustes, der so häufig mit örtlicher Mobilität einhergeht.

Diente E-Mail nur als Mittel zum Informationsaustausch, gäbe es nur eng spezialisierte und keine breit angelegten Online-Beziehungen von hoher Multiplexität. Wer online kommuniziert, unterhält jedoch eine Vielzahl unterschiedlicher Bindungen, z.B. für Informationsaustausch, Geselligkeit, emotionale Unterstützung, Bereitstellung von Dienstleistungen und Erzeugung eines Zusammengehörigkeitsgefühls (vgl. Hiltz, Johnson, Turoff, 1986; Walther, 1994). Obwohl z.B. die Mehrheit der älteren Nutzer des "SeniorNet" angaben, dass sie sich an das Netz angeschlossen hatten, um es zur Informationssuche zu nutzen, hatte sich fast die Hälfte von ihnen auch deshalb ins Netz begeben, um dort Geselligkeit zu finden - und die beliebteste Aktivität war das Chatten mit anderen (vgl. Furlong, 1989). Eine andere Online-Konferenz, "Systers", war ursprünglich für den Informationsaustausch zwischen Computerwissenschaftlerinnen konzipiert worden, entwickelte sich jedoch bald zu einem Forum für die Vernetzung und den Austausch von Hilfeleistungen (vgl. Sproull, Faraj, 1997). Die Mitglieder eines Computerforschungslabors an der Universität nutzen E-Mail extensiv für emotionale Unterstützung. Da sie viel Zeit online verbringen, ist es für sie selbstverständlich, ihre Probleme einer vertrauten Person per E-Mail mitzuteilen. Ferner ist es den Vertrauten nach Erhalt eines Online-Hilferufs problemlos möglich, über das Netz Unterstützung anzubieten (vgl. Haythornthwaite et al., 1995).

Obwohl computerunterstützte soziale Netzwerke auch breit angelegte Beziehungen von hoher Multiplexität unterstützen, fördern sie dennoch in besonderem Maße die Entstehung spezialisierter Beziehungen. Das Internet begünstigt spezialisierte Beziehungen, da es einen marktorientierten Ansatz beim Auffinden sozialer Ressourcen in Online-Beziehungen unterstützt. Wesentlich leichter, als in fast allen anderen Situationen, können Personen im Internet, E-Mails und Newsgroups surfen, und sicher und bequem von zuhause oder vom Büro aus mit geringem Aufwand und Zeitverlust im Web nach Ressourcen suchen. Teilnehmer können sich in spezialisierten Internet-Konferenzen und kommerziellen Diensten unverbindlich umsehen, bevor sie sich entscheiden, an einer Diskussion teilzunehmen (vgl. Bechar-Israeli, 1995). Beziehungen in diesen Konferenzen sind häufig eng definiert, wenn auch die Angabe der E-Mail-Adresse in den meisten Beiträgen die Grundlage für die Entwicklung von Beziehungen mit höherer Multiplexität schafft.

Weisen solche Online-Beziehungen genügend soziale Intimität auf, um starke Bindungen zu sein? Einige Bedenken, ob durch Online-Kommunikation starke Bindungen aufrecht erhalten werden können, gehen von falschen Voraussetzungen aus, da sowohl begeisterte Befürworter, als auch Kritiker dazu neigen, diese Beziehungen als Beziehungen anzusehen, die ausschließlich online funktionieren. Diese Technikfixierung führt dazu, dass sie die vielen Beschreibungen von Gemeinschafts- und Arbeitsbeziehungen ignorieren, die sowohl online als auch offline funktionieren, und in denen E-Mail nur ein Kommunikationsmittel unter anderen ist. Viele Online-Kontakte finden zwischen Personen statt, die sich bei der Arbeit oder in der Gemeinschaft auch persönlich begegnen. Genau wie beim Telefon und Fax können bei der E-Mail mit ihrer geringeren sozialen Präsenz starke Bindungen zwischen Personen aufrecht erhalten werden, die sich ursprünglich persönlich begegneten. Der Austausch von E-Mails überschneidet sich mit persönlichen Begegnungen, überbrückt dabei Leerstellen und dient dazu, sich zu verabreden. Gespräche, die im einem Medium begonnen wurden, können im anderen fortgesetzt werden. In einer Organisation kommunizieren Büroangestellte per E-Mail, während sie Seite an Seite arbeiten. So können sie privat plaudern, während sie den Anschein vermitteln, am Computer zu arbeiten (vgl. Eveland, Bikson, 1988; Finholt, Sproull, 1990; Garton, 1995; Haythornthwaite et al., 1995; Hiltz, Turoff, 1993 [2]).

Können ausschließlich online unterhaltene Beziehungen stark sein? Einige Wissenschaftler vertreten die Auffassung, dass die vergleichsweise geringe soziale Präsenz in der computervermittelten Kommunikation aufgrund mangelnder physischer und sozialer Anhaltspunkte, und aufgrund des Fehlens eines sofortigen Feedbacks, alleine keine starken Bindungen aufrecht erhalten kann. Andere behaupten, dass computervermittelte Kommunikation so reich ist, dass genügend Intimität erzeugt werden kann (siehe zusammenfassend: Garton, Wellman, 1995; Sproull, Kiesler, 1991). Tatsächlich gibt es viele Beschreibungen von Personen, die sich in Online-Beziehungen sehr stark engagieren, manchmal sogar auf Kosten von Familienbeziehungen im realen Leben (vgl. Hiltz, Turoff, 1993[2]; Barlow, 1995; Rheingold, 1993; Kling, 1995). So hatten z.B. einige Teilnehmer einer Computerkonferenz mit der Zeit den Eindruck, ihre engsten Freunde wären die Mitglieder dieser Online-Gruppe, obwohl sie diese selten oder nie persönlich trafen (vgl. Hiltz, Turoff, 1993[2]).

Viele Online-Bindungen sind vermutlich "intime Sekundärbeziehungen", das heißt, mäßig starke, informelle Bindungen mit häufigem Kontakt und gegenseitiger Unterstützung, wobei diese Bindungen nur in einem spezialisierten Bereich funktionieren (vgl. Wireman, 1984). Mit der Zeit können sich daraus in einigen Fällen persönlichere und intimere Beziehungen entwickeln. Möglicherweise führt die begrenzte soziale Präsenz und asynchrone Natur der computervermittelten Kommunikation nur zu einer langsameren Entwicklung starker Bindungen, und Online-Interaktionen erweisen sich mit der Zeit als genauso gesellig und intim, wie persönliche Interaktionen (vgl. Walther, 1995).

Computerunterstützte soziale Netzwerke: ein Wunschzettel für die Forschung

Es gibt mehr Arten von Netzwerken im Äther oder auf der Erde als sich jene, die immer nur von "groupware" sprechen, träumen lassen. Aber kündigt die computerunterstützte Ausbreitung offener, spezialisierter Netzwerke tatsächlich das Ende der westlichen Zivilisation an, wie wir sie kennen? Viele von jenen, die befürchten, eine virtuelle Gemeinschaft wäre keine "reale" Gemeinschaft, und computerunterstützte Zusammenarbeit erzeuge Entfremdung, verwechseln den idyllischen Mythos von Gemeinschaft und Arbeit mit der gegenwärtigen Realität. Gemeinschaftliche Bindungen sind bereits räumlich verstreut, lose verknüpft, inhaltlich spezialisiert und hochgradig mit Telekommunikation (Telefon und Fax) assoziiert. Virtuelle Gemeinschaften treiben diesen Trend vielleicht noch etwas weiter voran, fördern andererseits jedoch auch die persönliche Begegnung von Gemeinschaftsmitgliedern.

Auch die Arbeit hat immer weniger mit einer Gruppenaktivität zu tun, und wird immer mehr zu einem Netzwerkphänomen, da die Bedeutung des räumlichen Zusammenseins durch die Verschiebung von der Produktions- zur Informationsfunktion immer geringer wird. Viele arbeiten in mehreren Arbeitsteams statt in solidarischen Gruppen, und können mit Kollegen, die über das ganze Land verstreut sind, genauso zusammenarbeiten wie mit Kollegen, die im Sessel nebenan sitzen. Die Arbeit wird vom Informationsfluss im Computer vorangetrieben, nicht vom Bürovorsteher, der die "Schneckenpost" des Tages austeilt. Es ist klar, dass Computernetzwerke lockere, offene Netzwerke genauso gut - manchmal sogar besser - unterstützen, als dichte, abgegrenzte Gruppen. Dennoch hat die sich noch im Anfangsstadium befindende systematische Erforschung computerunterstützter sozialer Netzwerke mehr Fragen aufgeworfen, als - auch nur annäherungsweise - beantwortet. In der Literatur zu diesem Thema gibt es bisher zu viele auf Behauptungen und anekdotischen Einzelfällen beruhende Argumente, und zu viele Forschungsarbeiten ignorieren den sozialen Kontext, in dem Online-Kommunikation stattfindet. Das Thema ist von großer Bedeutung, und zwar praktisch, wissenschaftlich und politisch. Antworten sind noch nicht gefunden, im Gegenteil, es wird gerade erst damit begonnen, die Fragen zu stellen. Im folgenden sind einige grundlegende Fragen versammelt, die auf die Agenda der weiteren Forschung zu setzen wären.

Modalitäten

1. Welches sind die Modalitäten der Internet-Nutzung? Inwieweit nutzen Personen private E-Mail, Gruppen-E-Mail, Verteilerlisten oder USENET-Newsgroups? Wie verbinden sich diese verschiedenen Modalitäten in den Routinehandlungen des Einzelnen? Inwieweit sind sie mit der Nutzung von Websites, z.B. einer persönlichen Homepage, Hyperlinks zu anderen Teilnehmern und frei zugänglichen Online-Dokumenten verbunden?
2. Inwieweit sind Online-Beziehungen und virtuelle Gemeinschaften selbstständige Kommunikationsmodi oder Teil anderer Kommunikationsmodi wie persönliche Begegnung, Telefongespräch oder schriftliche Kommunikation?

Dichte

3. Welche Struktur haben virtuelle Gemeinschaften und computerunterstützte kooperative Arbeitsteams? Wie dicht sind sie verknüpft? Gibt es eine Tendenz zu Gruppen- und Clusterbildung, und wenn ja, nach welchen Prinzipien?

Abgrenzung

4. Haben Online-Beziehungen eine natürliche Entstehungsgeschichte? Wie werden sie begründet, stabilisiert, weiterentwickelt oder beendet?
5. Wie viele Personen nutzen das Internet zur Zeit? (Genaue Angaben sind schwierig, da das Internet eigentlich das "Netz der Netze" darstellt, so dass Knoten und Personen getrennt gezählt werden müßten.) Welche sozialen Merkmale weisen die Teilnehmer auf?
6. Wie vernetzt ist die Online-Welt? Wie viele Schritte wären online nötig, um jeden Teilnehmer mit jedem anderen zu verbinden (eine Neuauflage der ursprünglich von Milgram (1967) gestellten "small world"-Frage)? Wie viele Schritte wären online nötig, um die ganze Welt zu verbinden (eine Frage, die ursprünglich von Rapoport 1957 offline untersucht wurde)?

Skalierung

7. Wie setzen sich die persönlichen Online-Netzwerke von Personen hinsichtlich der Ähnlichkeit sozialer Merkmale zusammen?
8. Inwieweit basieren Online-Beziehungen auf gemeinsamen Interessen, ähnlichen sozialen Merkmalen, oder auf der bloßen Notwendigkeit zu häufiger Kommunikation (wie zwischen Nachbarn oder Kollegen)?
9. Erhalten sozial benachteiligte Personen (wie Frauen, Angehörige von offensichtlichen Minderheiten, isoliert lebende Personen, Bewohner ländlicher Gegenden und Personen mit geringem Bildungsgrad) durch Online-Netzwerke mehr oder vielleicht weniger Macht? Wie viele von ihnen sind Mitglied in computerunterstützten sozialen Netzwerken? Falls sie Mitglied sind, wie stark ist ihr Engagement?
10. Können computerunterstützte soziale Netzwerke die Grundlage einer politischen Mobilisierung auf der Basis nicht-territorialer gemeinsamer Interessen bilden? Können solche Netzwerke Informationen liefern, die Macht verleihen und ist es möglich, online teledemokratische gemeinschaftliche Foren aufzubauen, um das staatsbürgerliche Bewusstsein zu fördern? (Siehe die Diskussionen in: Johnson-Lenz, Johnson-Lenz, 1993; Hiltz, Turoff, 1993; Ogden, 1994.) Sind bestehende Machtstrukturen offen für solche Herausforderungen?
11. Unter welchen Umständen steht der Austausch privater E-Mails am Arbeitsplatz und in der Gemeinschaft im Schatten öffentlicher Foren wie z.B. Computerkonferenzen?
12. Können Überwachungsagenturen in Zukunft einfache Mittel zur Kontrolle von Online-Kommunikation entwickeln und diese automatisieren, um die

gegenwärtige Abhängigkeit von arbeitsintensiven Verfahren zu überwinden? Wird eine solche Überwachung, wenn sie erfolgreich ist, dazu führen, dass Online-Beziehungen, die auf heikle Themen spezialisiert sind, allmählich aussterben?

Soziale Kontrolle

13. Inwieweit hat die Ausbreitung computerunterstützter Zusammenarbeit die grundlegenderen Strukturen von Organisationen, in denen diese Form der Zusammenarbeit eine große Rolle spielt, verändert?
14. Wie verbreitet ist abweichendes Online-Verhalten, wie z.B. Belästigung oder Hacken? Welche Formen sind derzeit vorherrschend?

Stärke der Bindungen

15. Wie sind persönlichen Online-Netzwerke hinsichtlich der Stärke der Beziehungen aufgebaut?
16. Wie stabil sind Online-Beziehungen? Wie stark ist die Fluktuation in virtuellen Gemeinschaften? Welches Verhältnis besteht zwischen dem Engagement in virtuellen Gemeinschaften, computerunterstützten kooperativen Arbeitsteams und dem Offline-Engagement?
17. Wie verbreitet ist die aktive Mitgliedschaft in mehreren virtuellen Gemeinschaften und Arbeitsteams? Gibt es eine Tendenz zu bestimmten Mustern bei Mehrfachmitgliedschaft, wie z.B. der Erhalt eines Gleichgewichts zwischen instrumentalem und affektivem Engagement?
18. Wie treten Online-Beziehungen inhaltlich in Bezug auf das Angebot an Geselligkeit, Informationen und verschiedenen Arten instrumentaler und affektiver Unterstützung in Erscheinung?

Dank

Laura Garton, Caroline Haythornthwaite, Sara Kiesler und Marilyn Mantei gaben mir hervorragende inhaltliche und redaktionelle Ratschläge beim Schreiben dieses Beitrags. Ebenfalls profitiert habe ich von den stetigen anregenden Kommentaren einiger anderer Mitglieder unserer Forschungsgruppe zur Untersuchung computerunterstützter sozialer Netzwerke: Janet Salaff, Dimitrina Dimitrova, Milena Gulia und Emmanuel Koku. Unsere Forschungsarbeit wurde unterstützt vom Social Science and Humanities Research Council of Canada, Bell Canada und dem Information Technology Research Centre. Dieser Beitrag ist Philip J. Stone III gewidmet, dem ich es verdanke, dass ich 1965 das erste Mal online war.

Literatur

A. Abbott, 1988: The systems of professions: An Essay on the division of expert labor. Chicago.

J. P. Barlow, 1995: Is there a there in cyberspace?, in: Utne Sammelband, März-April. S. 50-56.

J. P. Barlow, S. Birkets, S. Kelly, K., & Slouka, M., 1995: What are we doing on-line, in: Harpers, August. S. 35-46.

H. Bechar-Israeli, 1995: From <Bonehead> To >cLonehEAd>: Nicknames, Play, and Identity on Internet Relay Chat, in: Journal of Computer-Mediated Communication, 1, 2. Online: http://www.usc.edu/dept/annenberg/vol1/issue2/bechar.html

S. D. Berkowitz, 1982: An introduction to structural analysis: The network approach to social research. Toronto.

T. Bikson, J. D. Eveland, 1990: The interplay of work group structures and computer support, in: J. Galegher, R. Kraut, C. Egido (Hrsg.): Intellectual teamwork: social and technological foundations of cooperative work. Hillsdale, NJ. S. 245-290.

S. Borgatti, M. Everett, L. Freeman, 1994: UCINet4. Columbia, SC.

E. Bott, 1971: Family and social network. London.

R. Breiger, 1974: The duality of persons and groups, in: Social Forces, 53. S. 181-190.

J. Bristor, 1987: Buying networks: A model of positional influence in organizational buying. Unveröffentlichte Dissertation an der School of Business, Universität Michigan, Ann Arbor.

R. Burt, 1983: Range, in: R. Burt, M. Minor (Hrsg.): Applied network analysis. Beverly Hills, CA. S. 176-194.

R. Burt, 1991: Structure 4.2. New York: Columbia Universität, Center for Social Sciences.

R. Burt, 1992: Structural holes. Chicago.

B. Buxton, 1991: Telepresence: Integrating shared task and personal spaces. Papier zur Groupware´91 Konferenz, Oktober 1991. Amsterdam.

K. Carley, 1990: Structural constraints on communication: The diffusion of the homophoric signal analysis technique through scientific fields, in: Journal of Mathematical Sociology, 15, 3/4. S. 207-246.

K. Carley, K. Wendt, 1991: Electronic mail and scientific communication, in: Knowledge, 12, 4. S. 406-440.

D. Constant, L. S. Sproull, S. Kiesler, 1996: The kindness of strangers: the usefulness of electronic weak ties for technical advice, in: Organization Science, 7/2. S. 119-135.

D. Coupland, 1995: Microserfs. New York.

P. Craven, B. Wellman, 1973: The network city, in: Sociological Inquiry, 43. S. 57-88.

M. J. Culnan, M. L. Markus, 1987: Information technologies, in: F. Jablin, L. L. Putnam, K. Roberts, L. Porter (Hrsg.): Handbook of organizational communication. Newbury Park, CA. S. 420-443.

P. Danet, T. Wachenhauser, H. Bechar-Israeli, A. Cividalli, Y. Rosenbaum-Tamari, 1995: Curtain Time 20:00 GMT: Experiments in Virtual Theater on Internet Relay Chat, in: Journal of Computer Mediated Communication, 1, 2. Online: http://www.usc.edu/dept/annenberg/vol1/issue2/contents.html

A. Dantowitz, B. Wellman, 1996: The small world of the Internet. Papier für die Tagung der Kanadischen Vereinigung der Soziologie und Anthropologie. St. Catherines, Ontario. Juni 1996.

D. Dorsey, 1994: The force. New York.

V. Espinoza, 1999:Social networks among the urban poor. Inequality and integration in a Latin American city, in: B. Wellman (Hrsg.): Networks in the global village. Boulder, CO.

J. D. Eveland, T. Bikson, 1988: Work group structures and computer support, in: ACM Transactions on Office Information Systems, 6. S. 354-379.

T. Finholt, L. Sproull, 1990: Electronic groups at work, in: Organization Science, 1/1. S. 41-46.

T. Finholt, L. Sproull, S. Kiesler, 1990: Communication and performance in ad hoc task groups, in: J. Galegher, R. Kraut, C. Egido (Hrsg.): Intellectual teamwork: Social and technological foundations of cooperative work. Hillsdale, NJ. S. 291-325.

C. Fischer, 1984: The urban experience. Orlando, FL.

M. S. Furlong, 1989: An electronic community for older adults: The SeniorNet network, in: Journal of Communication, 39/3. S. 145-153.

J. Galegher, R. Kraut, C. Egido (Hrsg.), 1990: Intellectual teamwork: Social and technological foundations of cooperative work. Hillsdale, NJ.

L. Garton, 1995: An emprical analysis of desktop videoconferencing and other media in a spatially distributed work group. Center for Information Technology Innovation. Laval, Quebec.

L. Garton, B. Wellman, 1995: Social impacts of electronic mail in organizations: A review of the research literature, in: Communication yearbook, 18. S. 434-453.

M. Granovetter, 1973: The strength of weak ties, in: American Journal of Sociology, 78. S. 1360-1380.

M. Granovetter, 1982: The strength of weak ties: A network theory revisited, in: P. Mardsen, N. Lin (Hrsg.): Social structure and network analysis. Beverly Hills, CA. S. 105-130.

M. Granovetter, 1995: Getting a job: A study of contacts and careers. Chicago.

C. Haythornthwaite, B. Wellman, M. Mantei, 1995: Work relationships and media use: A social network analysis, in: Group Decision and Negotiation, 4/3. S. 193-211.

C. Haythornthwaite, B. Wellman, 1996a: Transforming ego-centered network data to whole network data. Universität von Toronto: Centre for Urban Community Studies. Toronto.

C. Haythornthwaite, B. Wellman, 1996b: Which kinds of network members communicate by email or face-to-face for what kinds of work? Universität von Toronto: Centre for Urban Community Studies. Toronto.

S. Herring, 1996: Gender and democracy in computer-mediated communication, in: R. Kling (Hrsg.): Computerization and controversy. Zweite Auflage. San Diego, CA. S. 476-489.

S. R. Hiltz, K. Johnson, G. Agle, 1978: Replicationg Bales problem solving experiments on a computerized conference: A pilot study. Forschungsreport Nr. 8. New Jersey Institute of Technology: Computerized Conferenzing and Communications Center. Newark.

S. R. Hiltz, K. Johnson, M. Turoff, 1986: Experiments in group decision making: Communication process and outcome in face-to-face versus computerized conferences, in: Human Communication Research, 13/2. S. 225-252.

S. R. Hiltz, M. Turoff, 1993 [2]: The network nation. Cambridge, MA.

P. Johnson-Lenz, T. Johnson-Lenz, 1993: Community brain-mind: groupware tools for healthy civic life. Papier für die Healthy Communities Networking Summit, Dezember 1993. San Francisco, CA.

D. Kaufer, K. Carley, 1993: Communication at a distance: The influence of print on sociocultural organization and change. Hillsdale, NJ.

T. Kidder, 1981: The soul of a new machine. Boston.

S. King, 1994: Analysis of electronic support groups for recovering addicts, in: Interpersonal Computing and Technology, 2/3. S. 47-56.

R. Kling, T. Jewett, 1994: The social design of worklife with computers and networks: An open natural systems perspective, in: advances in Computers, 39. S. 239-293.

R. Kling, 1995: Social relationships in electronic forums: Hangouts, salons, workplaces and communities. Universität von Kalifornien, Department of Information and Computer Sciences and Public Policy Research Organization. Irvine.

P. Kollock, M. Smith, 1996: Managing the virtual commons: Cooperation and conflict in computer communities, in: S. Herring (Hrsg.): Computer-mediated communication. Linguistic, social, and cross-cultural perspectives. Amsterdam. S. 109-128.

B. Latané, J. Darley, 1976: Help in a crisis: Bystander response to an emergency. Morristown, N.J.

E. Laumann, P. Marsden, D. Prensky, 1983: The boundary specification problem in network analysis, in: R. Burt, M. Minor (Hrsg.): Applied Network analysis. Beverly Hills, CA. S. 18-34.

E. Laumann, J. Gagnon, R. Michael, S. Michaels, 1994: The social organization of sexuality: sexual practices in the United States. Chicago.

M. Lea, R. Spears, 1992: Paralanguage and social perception in computer-mediated commuication, in: Journal of Organizational Computing, 2/3 - 4. S. 321-341.

M. Lea, R. Spears, 1995: Love at first byte? Building personal relationships over computer networks, in: J. T. Wood, S. Duck (Hrsg.): Understudied relationships: Off the beaten track. Thousand Oaks, CA. S. 197-233.

J. Levine, 1986: Levine's atlas of world corporate interlocks. Hanover, NH.

M. Mantei, R. Baecker, A. Sellen, W. Buxton, T. Milligan, B. Wellman, 1991: Experiences in the use of a media space. Papier zur CHI'91 Conference, April-Mai 1991. New Orleans. S. 203-208.

M. Mantei, B. Wellman, 1995: From groupware to netware: Implications for CSCW design. Universität von Toronto: Departments of Computer Science and Sociology. Toronto.

M. McLuhan, 1962: The Gutenberg galaxy: The making of typographic man. Toronto.

W. Michelson, 1976[2]: Man and his urban environment. Boston.

S. Milgram, 1967: The small-world problem, in: Psychology Today, 1. S. 62-67.

B. Mintz, M. Schwartz, 1985: The power structure of american business. Chicago.

W. Mitchell, 1995: City of bits: Space, time and the infobahn. Cambridge, MA.

J. Mueller, K. Schuessler, H. Costner, 1970: Statistical Reasoning in Sociology. Boston.

R. Nisbet, 1962: Community and power. New York.

N. Nohria, R. G. Eccles (Hrsg.), 1992: Networks and organizations. Boston.

M. Ogden, 1994: Ploitics in a parallel universe: Is there a future for cyberdemocracy?, in: Futures, 26/7. S. 713-729.

W. J. Orlikowski, J. Yates, K. Okumara, M. Fujimoto, 1995: Shaping electronic communication: The metastructuring of technology in the context use, in: Organization Science, 6/4. S. 423-444.

P. Patton, 1986: Open road. New York.

A. Rapoport, 1957: Contribution to the theory of random and biased net, in: Bulletin of Mathematical Biology, 19. S. 257-277.

H. Rheingold, 1993: The virtual community: Homestanding on the electronic frontier. Reading, MA..

R. Rice, C. Steinfield, 1994: Experiences with new forms of organizational J. E. Andriessen, R. Roe (Hrsg.): Telematics and work. East Sussex, England. S. 109-136.

W. Richards, 1994: Multinet. Simon Fraser Universität, Department of Communication Studies. Burnaby, BC., Kanada.

F. Roethlisberger, W. J. Dickson, 1939: Management and the worker. Cambridge, MA.

J. Salaff, E. Fong, S. L. Wong, 1999: Using social networks to exit Hong Kong, in: B. Wellman, (Hrsg.): Networks in the Global Village. Boulder, CO.

M. Schwartz, D. C. M. Wood, 1993: Discovering shared interests among people using graph analysis of global electronic mail traffic, in: Communities of the ACM, 36. S. 76-89.

J. Scott, 1991: Social network analysis. London.

L. R. Shade, 1994: Is sisterhood virtual? Women on the electronic frontier, in: Transactions of the Royal Society Canada, Serie VI, 5. S. 131-142.

W. Shrum, 1990: Status incongruence among boundary spanners: Structure, exchange, and conflict, in: American Sociological Review, 55. S. 496-511.

J. Siegel, V. Dubrovsky, S. Kiesler, T. W. McGuire, 1986: Group processes in computer-mediated communication, in: Organizational Behaviour and Human Decision Processes, 37. S. 157-187.

J. Sipior, B. Ward, 1995: The ethical and legal quandary of email privacy, in: Communications of the ACM, 38, 12. S. 48-54.

M. Slouka, 1995: War of the worlds: Cyberspace and the high-tech assault on reality. New York.

C. J. A. Sprenger, F. Stokman, 1995: Gradap 2. Groningen, Niederlande.

L. Sproull, S. Kiesler, 1991: Connections. New ways of working in the networked organization. Cambridge. MA.

L. Sproull, S. Faraj, 1997: Atheism, sex, and databases: The Net as a social technology, in: S. Kiesler (Hrsg.): Culture of the Internet. Mahwah, NJ. S. 35-43.

S. L. Star, 1993: Cooperation without consensus in scientific problem solving: Dynamics of closure in open systems, in: S. Easterbrook (Hrsg.): CSCW: Cooperation or conflict. Berlin. S. 93-106.

C. Steinfield, 1986: Computer-mediated communication in an organizational setting: Explaining task-related and socio-emotional uses, in: Communication Yearbook, 9. S. 777-804.

C. Stoll, 1995: Silicon snake oil: Second thoughts on the information highway. New York.

G. Suttles, 1968: The social order of the slum. Chicago.

J. Thompson, 1967: Organizations in action. New York.

C. Tilly, 1984: Big structures, large processes, huge comparisons. New York.

J. B. Walther, 1994: Anticipated ongoing interaction versus channel effects on relational communication in computer-mediated interaction, in: Human Communication Research, 20/4. S. 478-501.

J. B. Walther, 1995: Relational aspects of computer-mediated communication: Experimental observations over time, in: Organization Science, 6/2. S. 186-203.

J. B. Walther, 1996: Computer-mediated communication: impersonal, interpersonal and hyperpersonal interaction, in: Communication Research, 23/1. S. 3-43.

J. B. Walther, J. F. Anderson, D. W. Park, 1994: Interpersonal effects in computer-mediated interaction: A meta-analysis of social and antisocial communication, in: Communication Research, 21/4. S. 460-487.

J. P. Walsh, T. Bayama, 1996: Computer networks and scientific work, in: Social Studies of Science, 26/4. S. 661-703.

S. Wasserman, K. Faust, 1993: Social network analysis: Methods and applications. Cambridge, England.

K. Weick, 1976: Educational organizations as loosely coupled systems, in: Administrative Science Quarterly, 21. S. 1-9.

S. P. Weisband, S. K. Schneider, T. Connolly, 1995: Computer-mediated communication and social information: Status salience and status difference, in: Academy of Management Journal, 38/4. S. 1124-1151.

B. Wellman, 1988a: The community question re-evaluated, in: M. P. Smith (Hrsg.): Power, community and the city. New Brunswick, NJ. S. 81-107.

B. Wellman, 1988b: Structural analysis: From method and metaphor to theory and substance, in: B. Wellman, S. Berkowitz (Hrsg.): Social structures: A network approach. Cambridge, England. S. 19-61.

B. Wellman, 1992: Which types of ties and networks give what kinds of social support?, in: Advances in Group Processes, 9. S. 207 - 235.

B. Wellman, 1993: An egocentric network tale, in: Social Networks, 17/2. S. 423-436.

B. Wellman, 1994: I was a teenage network analyst: The route from the bronx to the information highway, in: Connections, 17/2. S. 28-45.

B. Wellman, B. Leighton, 1979: Networks, neighborhoods and communities, in: Urban Affairs Quarterly, 14. S. 363-390.

B. Wellman, P. Carrington, A. Hall, 1988: Networks as personal communities, in: B. Wellman, S. D. Berkowitz (Hrsg.): Social structures: A network approach. Cambridge, England. S. 130-184.

B. Wellman, S. Wortley, 1990: Different strokes from different folks: Community ties and social support, in: American Journal of Sociology, 96. S. 558-588.

B. Wellman, J. Salaff, D. Dimitrova, L. Garton, C. Haythornthwaite, 1994: The virtual reality of virtual organizations, Papier für das Jahrestreffen der American Sociological Association, August 1994. Los Angeles.

B. Wellman, J. Salaff, D. Dimitrova, L. Garton, M. Gulia, C. Haythornthwaite, 1996: Computer networks as social networks: Collaborative work, telework, and virtual community, in: Annual Review of Sociology, 22. S. 213-238.

B. Wellman, M. Gulia, 1998: Net surfers don't ride alone, in: P. Kollock, M. Smith (Hrsg.): Communities in Cyberspace. London. S. 163-190.

B. Wellman, S. Potter, 1999: The elements of personal communities, in: B. Wellman (Hrsg.): Networks in the global village. Boulder, CO. S. 331-366.

T. Winograd, 1988: A language/action perspective on the design of cooperative work, in: Human-Computer Interaction, 3/1. S. 3-10.

P. Wireman, 1984: Urban neighborhoods, networks, and families. Lexington, MA.

S. Zuboff, 1984: In the age of the smart machine: The future of work and power. New York.

Übersetzt von Marianne Brosche

Neues vom Baron Münchhausen.
Die institutionelle Selbstorganisation bei der Bildung virtueller Gruppen im Usenet

Ute Hoffmann

1. Vergemeinschaftung im Medium Computer

Unser Umgang mit Computern - was wir mit ihnen machen und wie wir über sie denken - hat sich in den vergangenen Jahren drastisch verändert. Wir behandeln sie heute nicht mehr so sehr als Maschinen, die auf unsere "Befehle" hin "Daten verarbeiten", sondern zunehmend als Medien der Interaktion mit anderen Menschen. Millionen von Menschen kommunizieren über Computernetze, um ihr Wissen zu erweitern oder anderen zur Verfügung zu stellen, Gespräche zu führen und Ideen und Gefühle mitzuteilen. Computer sind ein "neues Medium" in zweierlei Hinsicht.

Elektronische Netze ermöglichen zum einen eine Vielfalt kommunikativer Aktivitäten jenseits herkömmlicher Formen der Individual- und Massenkommunikation: Mailing-Listen, Chat-Kanäle, die Spielwelten der Multi User Dungeons (MUDs), und die Newsgroups des Usenet sind einige der bekannteren Formen der Interaktion in Netzen. Der Computer unterscheidet sich zum zweiten in der Technologie der Kommunikation von den alten Medien. Der Computer ist ein "operatives Medium", also Medium *und* Maschine (Esposito, 1993), oder, anders gesagt, ein "Medium *aus* der Maschine" (Schelhowe, 1997). In dieser, mediale und technologische Aspekte integrierenden Sichtweise, lässt sich auch vom Computer als einem "programmierbaren Medium" (Coy, 1994), oder "instrumentalen Medium" (Nake, 1993) sprechen. Im Zusammenspiel von Übertragung und Verarbeitung erscheint der Computer als "ein Mittler, der nicht nur verbindet und verknüpft, wie das jedes Medium tut, sondern auf das Verbundene auch verändernd einwirken kann" (Nake, 1993: 182).

Die "telematische Interaktivität" (Esposito, 1995) der Netzkommunikation erlaubt es den Benutzern, eine aktive Rolle zu übernehmen und in die technischen Transformationen, die das mediale Produkt bei seiner Vermittlung erfährt, einzugreifen. Für die Nutzer eröffnet sich so ein Möglichkeitsraum symbolischer Tätigkeit, in dem die verfügbaren Zeichenmittel, über die Interaktion mit anderen Teilnehmern hinaus, auch für die Interaktion mit Sachstrukturen und technischen Prozessen genutzt werden können. Der Kontrollbereich der Benutzer dehnt sich aus und die Kommunikationsakte nehmen - mehr oder wenig ausgeprägt - Züge technischen Handelns an. Kommunikative Aktivität als technisches

Handeln zeichnet sich durch drei Eigenschaften aus: Sie richtet sich auf das Medium als Artefakt, steht in einem künstlichen Wirkzusammenhang und ist in ihrem Ablauf fixiert.

Angesichts dieser spezifischen kommunikativen Situation in elektronischen Netzen scheint mir der Vorschlag gerechtfertigt, die von Udo Thiedeke in diesem Band diskutierten Charakteristika virtueller Beziehungen - Anonymität, Selbstentgrenzung, Interaktivität und Optionalität - um das Merkmal der *Technizität* zu erweitern. Dies gilt umso mehr, als die wachsenden Eingriffsmöglichkeiten der Benutzer in das mediale Produkt und seine Vermittlung nur die eine Seite der Medaille innerhalb der Netzkommunikation sind. Die andere Seite telematischer Interaktivität liegt in der steigenden Bedeutung, die der Technik als Bestandteil sozialer Beziehungen zukommt. Grundlegende Fragen in der Bildung und sozialen Organisation virtueller Gruppen werden von der technischen Netz-Infrastruktur und den Systemeigenschaften der jeweiligen Dienste entscheidend mitgeprägt.

Der vorliegende Beitrag befasst sich mit der Technizität telematischer Interaktivität in ihrer Bedeutung für virtuelle Vergemeinschaftung am Beispiel des Usenet.[1] In der Literatur finden sich zahlreiche, mehr oder weniger ausgearbeitete Hinweise zu den gestaltenden Einflüssen der Usenet-Technik auf die kommunikativen Aktivitäten im Netz. Zum einen bezieht sich dies auf das Usenet als Ganzes, soweit es als *eine* elektronische Gemeinschaft begriffen wird. Hauben und Hauben (1997) etwa führen die basisdemokratische "Natur" des Usenet auf seine Wurzeln in der Unix-Kultur zurück. Für Pfaffenberger (1996: 381) ist die Tradition des Free-Speech dem Netz keineswegs in die Wiege gelegt, sondern vielmehr das Resultat von Machtverschiebungen infolge technischen Wandels: "(...) the power of system administrators [was] steadily undermined by technological change." Ähnlich argumentiert Hardy (1993): "It is interesting to note that changes in the social structure of Usenet were tracable to changes in the software."

Die Technologie der Kommunikation spielt zum zweiten eine wichtige Rolle bei der sozialen Organisation einer Vielzahl von virtuellen Gruppen, in denen sich jeweils spezifische kommunikative Lebenswelten herausgebildet haben. So kommt beispielsweise Holly Patterson (1996) bei der teilnehmenden Beobachtung der Gruppe "alt.good.morning" zu dem Schluss: "The computer is an essential and necessary component of this community." Nancy Baym schließt aus ihrer Studie der Gruppe "rec.arts.tv-soaps": "R.a.t.s. [rec.arts.tv-soaps] is

---

[1] Der Text stützt sich auf Arbeiten, die mit finanzieller Unterstützung der Volkswagen-Stiftung im Rahmen der Projektgruppe Kulturraum Internet am Wissenschaftszentrum Berlin für Sozialforschung durchführt wurden (vgl. Helmers, Hoffmann, Hofmann 1998; Hoffmann 1997, sowie zur Arbeit der Projektgruppe allgemein http://duplox.wz-berlin.de).

highy influenced by the structure of Usenet and the newsreaders through which it is read and written." (Baym 1995: 145; vgl. auch Baym 1998, sowie ihren Beitrag in diesem Band). Gegen den Versuch von Baym, bestimmte Gepflogenheiten einer Newsgroup als einen Hinweis auf eine virtuelle Gemeinschaft zu lesen, argumentiert Goltzsch (1997): Solche Eigenheiten dürften nicht als Indiz für eine Gemeinschaft missverstanden werden, da sie durch das Medium erzwungen würden. Der soziologische Blick auf das Usenet und seine Technik, so Goltzsch, solle sich daher weniger auf das Innenleben von Gruppen, als vielmehr auf den Umgang mit den Grenzen zur (Netz-)Umwelt richten: Wie werden sie durchgesetzt und wie werden sie durchbrochen?

Im folgenden wird die Technizität der Kommunikation im Usenet unter zwei Aspekten näher beleuchtet. Zunächst skizziere ich die Anatomie des Usenet-Artikels. Im Mittelpunkt steht dabei die Frage, was das Medium als Artefakt seinen Nutzern zu tun erlaubt: Welche Ausdrucks- und Kontrollmöglichkeiten liegen den virtuellen Beziehungen im Usenet zugrunde? Daran anschließend wende ich mich der Bildung virtueller Gruppen im Usenet zu: Welche Akteure, Regeln und Ressourcen sind im Spiel, wenn es um das "Treffen verbindlicher Entscheidungen" geht? Gibt es charakteristische Muster sozio-technischer Ordnung? Abschließend klärt sich die Frage, warum Baron Münchhausen eine passende Allegorie für die Form der selbstregulierten sozialen Ordnung, die im Usenet entstanden ist, darstellt.

2. Interaktion im Usenet als neue Form elektronischer Schriftlichkeit

Das Usenet ermöglicht "multilaterale asynchrone interaktive" Kommunikationen (Bins, Piwinger 1997: 38) und ist als text-basierte Form der telematischen Interaktivität der E-mail und den Mailing-Listen verwandt. Die Nutzer versenden "Artikel" an thematisch ausgerichtete Newsgroups. Die teilnehmenden Systeme tauschen die Artikel - die News - in regelmäßigen Abständen untereinander aus. Ein Artikel, der auf einem Usenet Host abgeschickt - "gepostet" - wurde, steht meist innerhalb von Stunden auf jedem anderen System zur Verfügung, und kann dort gelesen und beantwortet werden. Das Usenet ist ein Overlay-Netz, das auf der technischen Infrastruktur bestehender Computernetze aufbaut. Im Herbst 1997 wurde das tägliche Newsaufkommen auf über 200.000 Artikel in mehr als 70.000 Gruppen geschätzt. Die Eintrittsbarrieren sind niedrig: um teilzunehmen, reicht die Verfügung über einen Newsreader oder ein anderes Programm, mit dem man die News lesen und Artikel beisteuern kann, sowie der Zugang zu einem News Server über einen kommerziellen Internet Service Provider, oder eine Universität. Wer sich als News Administrator betätigen möchte, kann die dazu nötige Software aus dem Netz kostenlos herunterladen.

2.1 Anatomie des Usenet-Artikels

Ein in der techniksoziologischen Diskussion relativ neuer Theoriestrang begreift den Computer aus der Entwicklung der semiotischen Technisierung (Schrift, Druck, Schreibmaschine, Computer, Computernetze). Im Lichte dieses Ansatzes erscheint die Interaktion im Netz als eine neuartige Form "elektronischer Schriftlichkeit".[2] Unter den verschiedenen Arten der Netzkommunikation ist das charakteristische am Usenet-Artikel sein hybrider Charakter: Er befördert einerseits eine Mitteilung und ist andererseits ein technisches Objekt, das mit spezifischen Regeln und Prozeduren versehen ist.

Artikel 1 (siehe nächste Seite) zeigt eine typische Usenet-Kommunikation. Der Inhalt soll hier weniger interessieren, als der Aufbau. Er besteht aus dem Nachrichtenkopf (*Header*), dem eigentlichen Textteil (*Body*) und - optional - einer Signatur. Diese drei Teile bestehen aus den gleichen Zeichenmitteln (aus Zeichen, die im ASCII-Code darstellbar sind), repräsentieren jedoch drei verschiedene Zeichenausdrücke. Im *Body* befindet sich die aktuelle Mitteilungsebene. Die *Signatur* erfüllt die Funktion einer elektronischen Visitenkarte und dient der Selbstdarstellung des Absenders. Der *Header* schließlich, der teilweise vom Absender eines Artikels und teilweise von seinem Newsreader-Programm angelegt wird, beinhaltet einerseits den operativen Text, den die Netnews Software für den Transport des Artikels benötigt, und liefert andererseits den Lesern des Artikels Kontextinformationen über seine Herkunft. Zurechenbare Identitäten spielen eine Schlüsselrolle für virtuelle Gemeinschaften. Im Spiel mit der Ambiguität virtueller Beziehungen wird der Header zum Austragungsfeld für Täuschungsmanöver, ihre Enttarnung und Bestrafungsaktionen. Hier setzt auch die Operation von Filterprogrammen ("Kill files") an, mit denen die Teilnehmer am Usenet unerwünschte Mitteilungen ausblenden können.[3] Solche Filterprogramme stellen insofern eine soziale Technologie dar, als sie den Teilnehmern einer Newsgroup erlauben, ohne direkten Kontakt als Gruppe zu handeln und dadurch über Inklusion bzw. Exklusion von anderen zu entscheiden.

---

[2] Zu Interaktionen im Netz als intertextuellem Kommunikationsprozess vgl. etwa Krämer 1997 oder Wehner 1997. Allgemeiner zur Konzeptualisierung von Technik als Zeichensystem und zum Computer als semiotischer Maschine siehe: Mill, 1998.
[3] Über Täuschung im Rahmen virtueller Beziehungen im Usenet vgl. Donath, 1999.

Artikel 1

header

```
Path: fu-berlin.de!fu-berlin.de!newsfeed.nacamar.de!news.maxwell.
syr.edu!tank.news.pipex.net!pipex!warm.news.pipex.net!pipex!gecm.
com!usenet
From: Stephen C <nospam@gecm.com>
Newsgroups: sci.aquaria
Subject: Re: apple snails/crabs
Date: Wed, 16 Jun 1999 07:32:27 +0100
Organization: GEC-Marconi
Message-ID: <376744FB.100C@gecm.com>
References: <DtF93.610$hh4.4352@newsfeed.slurp.net>
NNTP-Posting-Host: bigears.dsge.edinbr.gmav.gecm.com
Content-Type: text/plain; charset=us-ascii
Content-Transfer-Encoding: 7bit
X-Mailer: Mozilla 3.01C-GECMMTL (WinNT; I)
Xref: fu-berlin.de sci.aquaria:32164
```

body

```
SmemoML wrote:
>
> Does anybody know much about apple snails?  Could they eat off
> of some lettuce, because I think that they are herbivores, and
> do bad in planted aquariums because of that. Also, what size of
> a tank could they live in, and be healthy? Do they emit much
waste?

Apple snails will eat vegetable matter in particular algae, but
primarily they are scavengers and like flake foods scattered on
the surface. If you are worried about plants try Java fern,
which is apparently bitter to fish or Anubias sp. which is quite
tough.  They can live quite happily (and breed) in a 24 x 12 x 12
tank but to grow them to full size, about the size of a tennis
ball
you will need a larger tank. They do not emit too much waste but
if they die (as with all snails) remove them from the tank quickly,
they emit nasty suff when they decay.
```

signature

```
--
Stephen
~ ~ ~ ~ ~ ~ ~ ~ ~ ~ ~ ~ ~ ~ ~ ~ ~ ~ ~ ~ ~ ~ ~ ~ ~ ~ ~ ~ ~ ~ ~ ~
E-mail: stephen dot cuthbertson at gecm dot com
VISIT: http://www.planetcatfish.com/not_catfish
```

Artikel 2 (siehe unten) ist ebenfalls eine typische Usenet-Kommunikation. Der Inhalt ist eine Metakommunikation über die konstitutiven Regeln beim Gebrauch des Mediums. Zur Debatte steht mit der Frage, wem es zusteht einen Artikel zu löschen, das allgemeine Problem, welche Arten von Mitteilungshandlungen im Usenet erlaubt sind, und wer darüber entscheidet. Im Unterschied zu Artikel 1 trägt dieser Artikel eine digitale Unterschrift. Damit ist der Absender authentifiziert und Fälschungen in seinem Namen weitgehend ausgeschlossen. Der kryptographische Schlüssel ist neben dem Header eine weitere Form operativen Textes.

Artikel 2

```
From: fluffy@macconnect.com (Fluffy(R))
Subject: Re: What is this all about?
Date: 09 Apr 1997 00:00:00 GMT
Message-ID: <fluffy-0904970207580001@accs-as39-dp03.nwrk.grid.net>
References: <3349924B.399D@idt.net>
Organization: Ruler of All Usenet
Newsgroups: alt.censorship,news.admin.censorship,alt.
motherjones,talk.
politics.misc,alt.uunet.anti-trust,alt.webgod,alt.spam,alt.
journalism,
alt.cyberspace,misc.legal

-----BEGIN PGP SIGNED MESSAGE-----

In article <3349924B.399D@idt.net>, boursy@idt.net
plaintively meowed:

> J.D. Baldwin wrote:
>>
>> There is no "integrity" to the "From:" line.
>
> That's simply untrue.  In fact the cancel mechinism built in
> was specifically designed for posters to be able to cancel
> their own messages--someone else forging their email identity
> is clearly system abuse and morally indefensible.

That is simply untrue.  In Fact the Cancel Mechanism built in
was specifically designed for Posters *and their site
administrators* to be able to cancel Messages.  An Administrator
*must* employ the Poster's Address to cancel a Message, therefore
what you call 'forged' Cancels are explicitly allowed by RFC 1036
and in RFC 850 before it.

Meow,
Fluffy
```

```
-----BEGIN PGP SIGNATURE-----
Version: 2.6.3
Charset: noconv
Comment: Public Key at http://www.macconnect.com/~fluffy/
pgp-pubkey.asc

iQCVAwUBM0sx4cbziQAzdTzZAQH38QQApcyHwh0/JXVeXQSJnML3DlHHqMRP2U
3jHTxYIqSdsSThPwHRowVkZNWcZw/Bp8CzskKdz5t23+s1mhrnYwevpRO8l0lZ
cGDxEotYnbz/Yf0H57TiInl0t/ALvxNZs5y94loI8HjE6RaccZG/lMM3JD5IUv
WQ8Ppejf/er5KJvPk=
=4Tnw
-----END PGP SIGNATURE-----
```

Bei Artikel 3 (siehe unten) handelt es sich um eine Kontrollnachricht ("control message"), die als solche durch eine zusätzliche Zeile im Header kenntlich ist (Control: newgroup alt.support.fluffy). Die Nachricht wendet sich an die Host-Computer des Netzes. Control Messages sind ein Gesuch an die Usenet Hosts und ihre Administratoren, eine spezifizierte Aktion auszuführen – hier eine neue Newsgroup einzurichten. Steuernachrichten sind ebenfalls operativer Text. Jede Nutzerin, jeder Nutzer kann solche Nachrichten verschicken; sie werden auch auf demselben Weg wie normale Artikel verbreitet. Im Unterschied zu diesen adressieren sie jedoch einen anderen "finalen Interpretanten" (Mill, 1998: 105 ff.). Richten sich normale Artikel nämlich an andere Usenet-Teilnehmer, um Anschlusskommunikationen auszulösen, ist eine Kontrollnachricht eine operative Vorschrift für nicht-menschliche Akteure mit dem Ziel, den Newsstrom zu editieren.

Artikel 3

```
Path: fu-berlin.de!fu-berlin.de!newsfeed.berkeley.edu!dispose.
news.demon.net!demon!news.demon.
co.uk!demon!dawnmist.demon.co.uk!not-for-mail
From: christi@dawnmist.demon.co.uk
Newsgroups: alt.config,alt.support.fluffy
Subject: cmsg newgroup alt.support.fluffy
Control: newgroup alt.support.fluffy
Date: Sun, 06 Jun 1999 19:20:08 GMT
Organization: Elmyra's Home for Terminally Stressed Pets
Approved: christi@dawnmist.demon.co.uk
Message-ID: <928696808.14464.0.nnrp-04.d4e568d1@news.demon.co.uk>
References: <dUB*vSQ0n@news.chiark.greenend.org.uk>
Reply-To: christi@chiark.greenend.org.uk
NNTP-Posting-Host: dawnmist.demon.co.uk
X-NNTP-Posting-Host: dawnmist.demon.co.uk:212.229.104.209
X-Complaints-To: abuse@demon.net
Xref: fu-berlin.de control.newgroup:168909
```

```
For your newsgroups file:
alt.support.fluffy                scatterbrained people talk about
                                  fluffy things

Charter:

alt.support.fluffy is a forum for those who feel themselves
to be fluffy or scatterbrained to discuss all things fluff-
related in a supportive and friendly manner.  Advertising,
spam (excessive cross-posting and multi-posting) and flames
(personal attacks) are not appropriate for this group.
Should any such posts become a problem, the right to implement
retromoderation designed to ensure that posts to the group
conform to the charter is reserved.

This newsgroup has no connection with Fluffy (R) the Cat
- ruler of all Usenet.  Other than being owned by him, that is.
--
Christi Alice Scarborough - http://www.chiark.greenend.org.uk/
~christi/
Not a member of the Lusty Wench Cabal (TINC)    Caffeine != Sheep
"Taken out of context I must seem so strange" Ani DiFranco
```

2.2 Kommunikationsprotokolle als moralische Geographie von Verantwortlichkeiten

Das in den drei Beispielen vorgestellte Datenformat des Usenet-Artikels entstand im Jahr 1983 und ist bis heute im Grundsatz gültig geblieben. Dieses Format ist in einem Kommunikationsprotokoll spezifiziert.[4] Die in diesem Protokoll enthaltenen Vorgaben an die Entwickler von News Servern und Readern stellen zum einen Mindestanforderungen der Interoperabilität dar. Zum anderen sind sie ein ganz wesentlicher Ort, an dem über die Lokalisierung von Handlungsfähigkeiten im Usenet (vor-)entschieden wird. Der in den Protokollspezifikationen definierte "technische Kern" des Usenet ist dadurch zugleich unlösbar in eine "moralische Geographie" (Akrich, 1992) eingebunden. Sie definiert rund um den Usenetartikel eine Akteurswelt, die vom "poster", "posting agent", "in-

---

[4] Newsbezogene Internetstandards existieren für den Austausch von Artikeln zwischen den einzelnen Sites (vgl. Kantor, Lapsley 1986), sowie für das Artikelformat (vgl. Horton 1983; Horton, Adams, 1997; Spencer, 1997). Als Online-Quelle zu den für das Usenet relevanten Kommunikationsprotokollen und darauf bezogene Reformvorhaben siehe: http://www.landfield.com/usefor/

jecting agent", "relaying agent", "serving agent" bis zum "reader" und "reading agent" reicht, und die unterschiedslos menschliche ("poster") und nicht-menschlichen Aktoren ("posting agent") umfasst, denen bestimmte, aufeinander bezogene Rollen und Verantwortlichkeiten zugewiesen sind.

Innerhalb dieser "moralischen Geographie" wird etwa definiert, von welchen Aktoren ein bestimmtes Handlungsprogramm legitim ausgeführt werden kann.[5] "The cancel message ... MAY be issued by entities which processed the target article(s) while it was still a proto-article (ie. posters, posting agents, moderators and injecting agents). Other entities MUST NOT use this method to remove articles". Es wird verlangt, dass die Software den Handlungsspielraum der Akteure so einschränkt, dass nur legitime Aktanden die Möglichkeit zu seiner Ausführung haben: "Posting Agents meant for use by ordinary posters SHOULD reject any attempt to post an article which Cancels, Supersedes or Replaces another article if the target article not by the poster." Die Letztverantwortung für den korrekten Zustand eines Artikels wird nicht dem Poster, sondern dem "injecting agent" zugewiesen. "An injecting agent is responsible for taking a proto-article from a posting agent and either forwarding it to a moderator or injecting it into the relaying system for access by readers. As such an Injecting Agent is considered responsible for ensuring that any article it injects conforms with the policies and rules of this document and any newsgroups that an article is posted to. To this end injecting agents MAY cancel articles which they have previously injected."

Die in den Kommunikationsprotokollen definierten Handlungsprogramme repräsentieren einen Grundbestand an technischen Normen und sozialen Regularien im Sinne einer "default policy". Sie berühren die Handlungsbedingungen aller Teilnehmer am Usenet vor jeder weiteren Verabredung über Kommunikationsregeln innerhalb einzelner virtueller Gemeinschaften. Trotz ihrer fundamentalen Bedeutung haben sie "nur" den Status von Empfehlungen. Ihre Geltung läßt sich nicht vorschreiben oder erzwingen, sondern beruht auf freiwilliger Akzeptanz. "Default policy" wird in dem Maß als Handlungsrahmen für virtuelle Beziehungen im Usenet wirkungsmächtig, indem sie das Resultat als legitim empfundener, auf einen breiten Konsens ("rough consensus") zielender Prozeduren der Standardentwicklung, ist und sich auf menschliche und nicht-mensch-

---

[5] News Article Format, draft-ietf-usefor-article-02, Usefor Working Group, 1999 ("grandson of 1036").

liche Aktoren stützen kann, die vertrauenswürdig sind.[6] Die in den Kommunikationsprotokollen eingelassene "moralische Geographie" von Verantwortlichkeiten ist im Kontext virtueller Gemeinschaftsbildung das Korrelat zur Vertrauensbildung, die in physischen Gruppen über face-to-face Zurechnungen erfolgt.

3. Kontrolle im Netz

Innerhalb des Usenet gilt unangefochten nur eine Basisregel: die lokale Verfügungshoheit der einzelnen Sites über die eigenen Rechner. Governance im Usenet kennt kein identifizierbares Subjekt, sondern beruht auf "verteilten" Formen der Koordination, die ohne Hierarchie und mit einem Minimum an zentralen Funktionen und Regeln auskommen. Ordnungsbildung im Usenet beruht darauf, dass es unter den Teilnehmern ein komplexes Wissen darüber gibt, welche Regeln und Prozeduren zu einem gegebenen Zeitpunkt mit welcher Art von Artikeln "legitim" verknüpft sind (und welche Scherze damit "erlaubt" sind und welche nicht).[7] Während "default policy" einen Grundbestand an netzweiten Akteuren und Regularien abdeckt, ist die Geltungsreichweite von "policy" heute auf die Ebene der Hierarchien begrenzt.[8]

So, wie alle Kommunikationen im Usenet die Form eines Artikels haben, und alle Artikel sich an eine Newsgroup wenden, so gehört jede Newsgroup einer bestimmten Hierarchie an. Hier werden "verbindliche Entscheidungen" getroffen, hier wird translokale Koordination organisiert und von hierarchiespezifischen Koordinierungsinstanzen ausgeführt. Dies betrifft auch die Bildung neuer Gruppen, die - je nachdem welcher Hierarchie die Gruppe angehören soll - auf ganz unterschiedliche Weise ablaufen kann.

---

[6] So kommentiert ein Teilnehmer der Usefor-Mailingliste das Arbeitsprogramm einzelner Aktoren: "The whole point of distinguishing between injecting agents and others is that posting agents (of which there are many millions worldwide) are in general not to be trusted. They include all sorts of spammers (amateurish or professional) who may try to hide the true source of the article. We are placing a duty on injecting agents to be able to vouch for the correctness of the From (or Sender or whichever) line, and we are proposing to provide them with an Originator-Info header in which they can testify to what they are vouching for. So if something comes in that is suspicious (...) then it is the injecting agent that is supposed to work out what, if anything has gone wrong (since it is the last point where all the relevant information is available)." (Lindsey, usefor-Mailingliste, 11.2.1998, http://www.landfield.com/usefor/)

[7] Über die Funktion von Humor im Usenet vgl. Baym 1995, Smith et al. 1995 und Tepper 1997.

[8] "A 'policy' is a rule intended to facilitate the smooth operation of a network by establishing parameters which restrict behaviour that, whilst technically unexceptionable, would nevertheless contravene some accepted standards of 'Good Netkeeping'." (draft-ietf-usefor-article-02).

3.1 Die toponymische Ordnung des Usenet

Jede Newsgroup hat einen Namen, der aus mehreren, durch Punkte voneinander getrennten Komponenten besteht. An erster Stelle stehen die Hauptkategorien wie comp, soc, net, alt oder de. Alle Gruppen, die diesen Teil ihres Namens gemeinsam haben, gehören derselben Top-Level-Hierarchie an. Gruppen, die in den ersten beiden Segmenten übereinstimmen, bilden gemeinsam eine Second-Level-Hierarchie etc. Innerhalb des hierarchischen Namensbaums verzweigt sich der radial in alle Richtungen ausgreifende und kontinuierlich fortgeschriebene Text des Usenet sachlich in mehr oder weniger spezialisierte Themenfelder und räumlich in eine Vielzahl von Überlappenden, lokalen, regionalen, nationalen und weltweiten Arenen. Der Kommunikationsraum des Usenet wird durch seinen Namensraum strukturiert. Die Ordnung dieses Namensraums - die toponymische Ordnung - ist das Herzstück des Usenet.[9] Namensfragen haben im Usenet für virtuelle Gruppen eine zentrale Bedeutung aus den folgenden vier Gründen:

1) Das Namensschema stellt "Adressabilität" (Fuchs, 1997) her. Die Teilnahme am Usenet bietet seinen Nutzern die Chance, Anschluss an Kommunikationszusammenhänge zu finden, die ihnen in anderen Medien verschlossen sind. Die Kehrseite dieser Chance ist das Problem der Selektion von Kommunikationsadressen. Denn, so Brill, de Vries, 1998: 292: "Adressen für Kommunikation zu finden und die Möglichkeit zu haben, selbst als Adresse für Kommunikationen zu fungieren, stellt eine Voraussetzung für das Entstehen von Aufmerksamkeit und damit von Kommunikation überhaupt dar."

2) Hat sich innerhalb einer Newsgroup durch kontinuierliche und dichte Kommunikation eine elektronische Gemeinschaft gebildet, markiert der Gruppenname das Territorium dieser Gemeinschaft. Namen haben in der raumlosen Welt des Usenet die identitätsverbürgende Funktion einer Grenze (Kollock, Smith, 1996). Werden die Grenzpfähle verrückt, wie dies beispielsweise bei der Reorganisation bestehender Gruppen durch ihre Aufsplittung in Untergruppen der Fall ist, führt dies häufig zu Konflikten.

3) Über den Namen einer Newsgroup erschließt sich ihre Zugehörigkeit zu einem bestimmten, durch die Top-Level-Kategorie angezeigten "Selbstverwaltungsbezirk" innerhalb des Usenet. Diese Bezirke unterscheiden sich teilweise markant in den Formen der Bewirtschaftung des eigenen Namensraums. In einigen Hierarchien wird über die Einrichtung neuer Gruppen abgestimmt, andere Hierarchien leben von schlichten Prinzipen, wie etwa die "alt"-Hierarchie ("use

---

[9] Zur "Toponymie" als Kunde von den Ortsnamen vgl. das Stichwort: "Names" in der Encyclopaedia Britannica.

common sense") oder die "free"-Hierarchie ("absolutely NO rules"). Andere verfügen über spezielle Funktionsrollen, wie z.B. die "hierarchy czars" im Usenet-II,
oder haben besondere Aufsichtsorgane installiert, etwa das UK Usenet Commit-
tee.

4) Schließlich dient der hierarchisch strukturierte Namensraum als Ansatz-
punkt für technische Operationen der News Software. Nach dem hierarchischen
Muster des Namensbaums speichert ein News Server die eintreffenden Artikel:
Jede Newsgroup korrespondiert ein eigenes Unterverzeichnis. Unser allererster
Beispielartikel aus der Gruppe sci.aquaria würde etwa auf einem Unix-Sy-
stem im Verzeichnis /usr/spool/news/sci/aquaria/ abgelegt. Die
Substitution der Punkte durch Striche signalisiert, dass ein Wechsel der Materialität stattgefunden hat: der semantische Raum des Newsgruppenbaums wurde
in den digitalen Raum der Software "übersetzt". Die Software dient dabei wie
die Newsreader mit ihren "Kill file" Programmen als soziale Technologie, mit der
über Inklusion oder Exklusion - hier allerdings von ganzen Gruppen - entschieden wird.

In der Toponymie des Usenet überkreuzen und verketten sich klassifikatori-
sche, regulative und operative Prozesse der Lenkung von Kommunikationsströ-
men. Das macht den Namensraum einerseits zum "invisible glue" (John Gilmo-
re), zum unsichtbaren Bindemittel des Netzes. Andererseits ist der Name einer
Newsgroup dadurch, dass sich in ihm mehrere Ordnungsebenen überlappen,
ein Grenzobjekt und daher auch ein bevorzugter Konfliktherd. Ein solcher exem-
plarischer Namenskonflikt ereignete sich jüngst innerhalb der "Big 8"-News-
groups.[10] Es ging um die Ordnung der "rec.arts-Hierarchie", die im Sommer
1998 über 100 verschiedene Themengruppen umfasste und sich vorwiegend an
Kino- (rec.arts.movies.*), Theater- (rec.arts.theatre.*) und Fernsehinteressierte
(rec.arts.tv.*) wendet (vgl. den Beitrag von Nancy Baym in diesem Band zur Newsgroup "rec.arts.tv-soaps"). In dieser Hierarchie sollte eine unmoderierte Newsgroup mit dem Namen "rec.arts.superman" eingerichtet werden. Diese neue
Gruppe sollte der medienübergreifenden Diskussion von Superman dienen,
und die bestehenden Gruppen "alt.comics.superman", "alt.tv.lois-n-clark", "rec.
arts.comics.dc.universe" und "rec.arts.comics.other-media" ergänzen. Dieser
Vorschlag leitete eine Kontroverse ein, die sich über mehrere Wellen erstreckte,
die Gemüter erhitzte und schließlich im November 1998 nach dem Austausch
von über 600 Artikeln mit der Einrichtung der Gruppe "rec.arts.sf.superman"
beendet wurde.

---

[10] Zu den "Big 8"-Hierarchien zählen die Top-Level-Domains: "comp, humanities, misc,
news, rec, sci, soc, talk". Diese Hierarchien entstanden 1986/87 und bilden den Kern des
heutigen Usenet. In den Jahren davor gab es mit "net" nur eine netzweite Kategorie.

Im Konflikt um "rec.arts.superman" waren grundsätzliche Fragen der Architektur des "Big 8"-Namensraums angeschnitten: Wofür ist die dritte Stelle im Namensschema bestimmt? Gibt es eine derartige Bestimmung überhaupt, und wer befindet darüber? Den Kern des Konflikts um "rec.arts.superman" bildeten die Opportunitätskosten von unterschiedlichen Grenzlinien zwischen virtuellen Gruppen. Bei der Einrichtung einer neuen Gruppe geht es mit Wahl eines Namens um die Kunst, Gestaltungsentscheidungen so zu treffen, dass für Kommunikationen ein ausbaufähiger Raum *geschaffen* wird. Den Proponenten der neuen Gruppe "rec.arts.superman" kam es vor allem auf die Sichtbarkeit ihres Themas an. Daher zielten sie auf eine möglichst hohe Stelle in der Namenshierarchie. Die Gegner dieses Vorschlags stimmen dagegen darin überein, dass die dritte Namenskomponente ("third-level hierarchy") der Kategorisierung der Art von Dingen vorbehalten sein sollte, zu der das Thema der Newsgroup zählt, und nicht einzelnen Phänomenen. Als solche Kategorien-Bezeichnungen boten sich Medien oder Genres an. In diese Richtung zielten eine Reihe von Kompromissvorschlägen wie: "rec.arts.*comics*.superman", "rec.arts.*multiple-media*.superman", "rec.arts.*pop-culture*.superman" oder "rec.arts.*adventure*.superman". Mit "rec.arts.sf.superman" setzt sich schließlich das *Genre* in der Ordnung der Namensgebung durch.

3.2 "Namespace management" als institutionelles Feld

Das heutige Verfahren bei der Einrichtung von "Big 8"-Gruppen hat eine längere Entwicklungsgeschichte. In den ersten Jahren des Usenet entstanden neue Gruppen auf informellem Wege. Sobald ein Artikel an eine bis dahin unbekannte Gruppe gepostet wurde, wurde diese bei den einzelnen Servern automatisch eingerichtet. In der nächsten Stufe kamen Kontrollmitteilungen zum Einsatz, und der Automatismus wurde durch eine Anfrage an die Administratoren von Newsservern ersetzt, die Gruppe einzurichten. 1983 bildete sich mit der Newsgruppe "net.news.group" ein Diskussionsforum für Namensfragen bei der Einrichtung neuer Gruppen. Mit der regelmäßig geposteten Liste "List of Active Newsgroups" wurde zeitgleich ein Verzeichnis "offizieller" Gruppen eingeführt.
Nach dem Great Renaming (1986/87), bei dem das noch heute gültige Namensschema eingeführt wurde, bildeten sich in der Administration des Netzes weitgehend hierarchiespezifische Regularien und Prozeduren heraus. Für die "Big 8"-Hierarchien wurde die unmoderierte Gruppe "news.groups" zum Sam-

melbecken für Namensdebatten und -entscheidungen.[11] Seit Ende der 80er Jahre definieren schriftlich niedergelegte Richtlinien feststehende Ein- und Austrittspunkte für das Verfahren, die Dauer für Debatten wurde begrenzt. Die Einrichtung einer Gruppe setzt eine Abstimmung voraus, deren Durchführung seit 1993 in den Händen der Usenet Volunteer Votetakers liegt. Eine weitere kollaborative Instanz ist mit "group-admin@isc.org" entstanden. Hierbei handelt es sich um die autorisierte Versandadresse für die gruppenbezogenen Kontrollmitteilungen innerhalb der "Big 8"-Hierarchien. Im Jahr 1996 wurden digitale Signaturen für Kontrollmitteilungen eingeführt. Neuere Versionen der News-Software (INN1.5) erleichtern den Administratoren die Verwaltung des Newsbestands vor Ort, indem automatisch ein Abgleich mit den Verzeichnissen der "active groups" bestimmter Usenet Sites durchgeführt werden kann. Ein Entwurf zur (Neu-)Regelung des Gruppenbildungsprozesses innerhalb der "Big 8"-Hierarchien verzeichnete im Frühjahr 1998 siebenundzwanzig Schritte auf dem Weg zu einer neuen Gruppe. Es bietet sich ein Bild von Verstetigung und Ausbau, stattgefunden hat ein "Wandel durch Integration". Neue Elemente werden eingemeindet, alte hingegen kaum ausgeschieden.

Das Management des Namensraums, das hier für die "Big 8"- Hierarchien skizziert wurde, ist ein institutionelles Feld. Das Konzept des "institutionellen Feldes" (Knoblauch, 1995: 249-252) bezeichnet ein für die konstitutiv dezentrale Sozialwelt des Usenet charakteristisches Ordnungsmuster. Institutionelle Felder umfassen einen Strauß von *materiell heterogen* Elementen. So sind etwa beim Management des Namensraums Elemente der News Server Software mit Gebrauchstexten und ausdiffenzierten Funktionsrollen zu einem Netzwerk von Aktoren assoziiert.

3.3 Modi sozio-technischer Kontrolle

Kommunikationsprotokolle definieren einen Handlungsrahmen für Interaktionen im Usenet. Institutionelle Felder regeln die Modalitäten, nach denen innerhalb einzelner Selbstverwaltungsbezirke "wichtige Entscheidungen" getroffen

---

[11] Die Gruppe "news.groups" ist der strategisch relevante Ort der Selbstthematisierung der "Big 8"-Hierarchien im Usenet, das Szenerie und Objekt der Kommunikation gleichermaßen ist. Wenn die toponymische Ordnung das Herz des Usenet ausmacht, dann schlägt es hier unter den "news.groupies", wie die regelmäßigen Teilnehmer dieser Gruppe genannt werden: "(...) But for the folks to whom USENET gives something good and worthwhile, and who stick around and keep using it, eventually there tends to come a point where you end up in news.groups. It can be maddening, a frustrating ordeal, this is true - but, in many ways, it's the gateway to a sense of ownership of USENET. And once you have that, I don't know if you ever look at it the same way." (news.groups, 20.8.1998).

werden. Als Ressourcen der Ordnungsbildung gibt es im Usenet einen Grundbestand an Texttypen und -ebenen, mit denen sich kommunikativ handeln läßt
("do things with words"). Dieser Grundbestand umfasst drei Kontrollmodi, die
sich in Anlehnung an ein in der Organisationsforschung geprägtes Konzept als
Kontrolle erster, zweiter und dritter Ordnung bezeichnen lassen. Ein "institutionelles Feld" entsteht dadurch, dass Kontrollformen erster und zweiter Ordnung
miteinander verkoppelt und zu mehr oder weniger komplexen Handlungsketten
integriert werden.

"Kontrolle erster Ordnung" meint im Usenet jene textuellen Formen der
Verhaltenssteuerung (von menschlichen und nicht-menschlichen Akteuren), die
über die Programmierung und Einstellung von Software realisiert werden (können). Dazu zählen etwa Kontrollmitteilungen und digitale Signaturen; Spezifika-
tionen in Protokollen; Konfigurationsdateien von News Servern; "Patches", d.h.
nachträgliche Ergänzungen der Server-Software; Moderatorenprogramme oder
Cancelbots zum Löschen unerwünschter Artikel. *"Kontrolle zweiter Ordnung"*
realisiert sich über verschriftlichte Regelwerke oder Listen, die quasi-offiziellen
Charakter haben. Bei der Einrichtung von Gruppen sind Beispiele dafür etwa
"Request for Discussion"-Artikel, der "Call for Votes", die "List of New Groups"
und das "Config Files FAQ". Es handelt sich um Gebrauchstexte, die regelmäßig
gepostet werden, oder ritualisiert bei bestimmten Gelegenheiten zum Einsatz
kommen. *"Kontrolle dritter Ordnung"* vollzieht sich narrativ – über Geschichten
und Episoden, in denen Vorstellungen darüber kommuniziert und verhandelt
werden, was als "natürlich" und "angemessen" betrachtet wird, und warum das
Netz so geworden ist, wie es ist. Solche Geschichten und Episoden können sich
etwa um Präzedenzfälle, Netzlegenden, "clueless newbies" ranken, und als
kühle Argumentation oder Flame auftreten. Hierzu gehören auch Benimm-An-
leitungen wie "Emily Postnews Answers your Questions on Netiquette", die
1983 zum ersten Mal gepostet wurde.[12]

Im Verlauf der Usenet-Entwicklung ist eine Ausweitung des zweiten Kontrollmodus mittels offizieller Dokumente für bestimmte Handlungsfelder
erkennbar. Darin spiegelt sich eine zunehmende Formalisierung und verfahrens-
mäßige Normierung, die sich in einer wachsenden Zahl aufklärender Dokumente niederschlägt. Als noch stärker ausgeprägt erweist sich die Ausweitung
beim Kontrollmodus erster Ordnung. Auf diese Beobachtung läßt sich die These
stützen, dass im Usenet softwaretechnische Lösungen organisatiorischen vorge-
zogen werden. Das darf nicht dahingehend verstanden werden, als ob Nutzer

---

[12] Zur Usenet-Netiquette vgl. Djordjevic 1998; über korrektive Episoden im Gefolge von
Netiquette-Verletzungen vgl. McLaughlin et al. 1995 und Smith et al. 1998.

und Administratoren zunehmend von der Technik gegängelt würden. Vielmehr kommt darin zum Ausdruck, dass immer mehr Prozesse "im Hintergrund" ablaufen (können), und sich die Interventionsmöglichkeiten von Nutzern und Administratoren gleichermaßen, allerdings nicht unbedingt symmetrisch erweitern. Die Vermehrung von Ressourcen beim Kontrollmodus erster Ordnung bedeutet, dass die Handlungsfähigkeit sowohl von menschlichen, als auch von nichtmenschlichen Akteuren zunimmt. "Agency", das Ensemble an Fähigkeiten, im Usenet mit Worten zu handeln, wächst, und bleibt dabei verteilt.

4. Das Münchhausen-Syndrom

Mit dem Usenet-Artikel hat sich eine neue kommunikative Gattung herausgebildet. Die Eigenheiten und Ausdrucksformen der mit diesem Genre text-basierter Netzkommunikation verknüpften Wissensbestände und Traditionen konstituieren einen eigenständigen öffentlichen Sozialraum. Innerhalb des Kommunikationsraums Usenet wirkt das Prinzip der institutionellen Selbstorganisation als Handlungsrahmen, in dem sich stabile virtuelle Gruppierungen bilden können. Institutionelle Selbstorganisation läßt sich auf mehreren Ebenen beobachten. Über Kommunikationsprotokolle erfolgt auf den tieferliegenden Schichten der Netztechnik eine Lokalisierung von Handlungsfähigkeiten bei menschlichen und nicht-menschlichen Akteuren. Die Akteure werden damit zugleich in eine "moralische Geographie" von Verantwortlichkeiten eingebunden. Gilt diese Art von "Default policy" netzweit, werden "verbindliche Entscheidungen", etwa im Hinblick auf die Einrichtung von Gruppen, zunehmend auf der Ebene von Hierarchien getroffen, die dadurch zu Selbstverwaltungsbezirken werden. In manchen dieser Bezirke haben sich "institutionelle Felder" herausgebildet, wozu die Ausdifferenzierung bestimmter Funktionsrollen und Funktionsgemeinschaften und die Verschmelzung von Kontrollformen unterschiedlicher Art zu integrierten Handlungsketten gehört. Ebenso wie Hierarchien können sich die einzelnen Newsgroups eigene Regularien setzen. Darüber hinaus verfügen sie über die Fähigkeit, ihre eigenen Grenzen zur Umwelt zu verändern, indem sich etwa eine Gruppe teilt.

Im Gegensatz zu einer populären Mythologie, die sagt, im Usenet herrsche ein Mangel an Ordnung, erscheint das Usenet im Licht der hier angestellten Betrachtungen auf seine Weise wohlgeordnet. Innerhalb der kooperativen Anarchie des Usenet ist stellvertretendes Handeln durch Technik ein wesentliches Element innerhalb der Handlungsmöglichkeiten sozialer Gruppen.[13] Die hand-

---

[13] In der soziologischen Analyse von Stellvertreterverhältnissen ist die Rolle von Technik noch kaum untersucht. Zum stellvertretenden Handeln allgemein vgl. Weiß 1998.

lungskoordinierende Funktion nicht-menschlicher Akteure spielt eine wesentlich bedeutungsvollere Rolle, als differenzierte Organisationsstrukturen und formale Regelsysteme. Solche, in die Software gewissermaßen "eingebaute" Handlungsroutinen haben jedoch nur dann eine Chance auf Akzeptanz, wenn sie auch eine "Opt out"-Option einräumen: wenn also die Autonomie der einzelnen Sites und ihrer Administratoren respektiert wird. Anders gesagt: Anschlusshandlungen basieren auf Vertrauens- und nicht auf Hierarchiebeziehungen. Technische Stellvertretung hat jedoch keineswegs eine ausschließlich integrierende und verbindende Funktion. Nicht-menschliche Akteure können ebensogut einzelnen Nutzern oder Gruppen dazu dienen, sich von anderen entschiedener abzugrenzen, etwa durch den Einsatz von Filtern wie "kill files".

Die Teilnehmer an den Interaktionen im Usenet sind in alle ihnen zugänglichen Kommunikationsprozesse eingeschlossen, wenn auch auf verschiedene Weise. Zu den kommunikativen Traditionen des Usenet gehört ein auf vielen Wegen überliefertes, komplexes Wissen um Regeln und Prozeduren im Umgang mit dem Medium. Nicht alle Teilnehmer verfügen über dieses Wissen und viele bemühen sich auch nicht darum. In der Handhabung des Usenet läßt sich eine "Benutzersicht", aus der das Medium zwar durchlässig, aber eben auch weitgehend autoaktiv erscheint, ebenso einnehmen, wie eine "Hackersicht", die sich auf die Eingriffsmöglichkeiten in den Datenverarbeitungsprozess richtet. Hohe technische Kompetenz und Kontextwissen bleiben jedoch auch bei zunehmend bedienungsfreundlichen Benutzeroberflächen Bedingungen für eine aktive Teilhabe. So haben in der Regulierung des Netzes vor allem die Stimmen Aussicht auf Gehör, die an seine kulturellen und technischen Traditionen anzuknüpfen wissen. Und virtuelle Gruppen erreichen umso mehr soziale Dichte und Stabilität, je besser ihre Mitglieder die technischen Möglichkeiten des Mediums auszuschöpfen wissen.

Beurteilt man vor diesem Hintergrund das Usenet nach der Maßgabe, dass ein Medium umso besser ist, je weniger es sich im Prozeß der Übertragung oder Verbreitung einer Mitteilung bemerkbar macht, je geringer also das Rauschen ist, mit dem sich das Medium als Medium zur Geltung bringt, mag das Usenet als wenig erfolgreich gelten. Im Usenet sehen sich die Nutzer in erheblichem Ausmaß genötigt, sich im kommunikativen Handeln der Funktionsweise und Materialität des Mediums selbst zuzuwenden. Dies nicht zuletzt vor allem deshalb, weil die Arten, in der Verständigungs- und Steuerungsprobleme bearbeitet werden, nur gering ausdifferenziert sind. Die Administration des Netzes betreffende Angelegenheiten werden als Thema wie andere auch behandelt, und innerhalb dafür eingerichteter Newsgroups bearbeitet. Kontrollmitteilungen haben das Format normaler Artikel. Das Usenet ist ein ausgeprägt selbstreflexives Medium - es steuert sich, administriert sich und kommuniziert über sich selbst mit netzeigenen Mitteln.

Das Netz hat den Erwartungshorizont vergangener Zukünfte immer wieder überschritten: "Imminent Death of the Net Predicted!", der 1983 zum ersten Mal ausgerufene, unmittelbar bevorstehende Kollaps des Netzes, wird seitdem immer wieder lustvoll durchgespielt. Als offenes und dezentrales Netz ist das Usenet darauf ausgelegt, das Prinzip der institutionellen Selbstorganisation als konstitutive Regel seiner Nutzung unter wechselnden Umständen stets von neuem revitalisieren zu müssen. Bislang hat es das Usenet stets vermocht, sich am eigenen Schopf aus dem Sumpf zu ziehen, ganz wie Baron Münchhausen in seiner vielleicht berühmtesten Geschichte:

"Ein andres Mal wollte ich über einen Morast setzen, ... sprang ... zu kurz und fiel nicht weit vom andern Ufer bis an den Hals in den Morast. Hier hätte ich unfehlbar umkommen müssen, wenn nicht die Stärke meines eigenen Armes mich an meinem eigenen Haarzopfe, samt dem Pferde, welches ich fest zwischen meine Knie schloß, wieder herausgezogen hätte."

Literatur

M. Akrich, 1992: The De-Scription of Technical Objects, in: W. E. Bijker, J. Law (Hrsg.): Shaping Technology/Building Society. Studies in Sociotechnical Change, Cambridge, MA. S. 205-240.

N. K. Baym, 1995: The Performance of Humor in Computer-Mediated Communication, in: Journal of Computer-Mediated Communication, 2, 1. Online: http://shum.huji.ac.il/jcmc/vol1/issue2/baym.html.

N. K. Baym, 1998: The Emergence of On-line Community, in: St. G. Jones (Hrsg.): CyberSociety 2.0: Revisiting computer-mediated communication and community, Newbury Park, CA. S. 35-68.

E. Bins, B.-A. Piwinger, 1997: Newsgroups. Weltweit diskutieren. Bonn. Online: http://www.detebe.org/usenet-buch

A. Brill, M, de Vries, 1998: Cybertalk - Die Qualitäten der Kommunikation im Internet, in: A. Brill, M. de Vries (Hrsg.): Virtuelle Wirtschaft. Opladen. S. 266-300.

G. A. Bürger, o.J.: Wunderbare Reisen zu Wasser und zu Lande. Feldzüge und lustige Abenteuer des Freiherrn von Münchhausen, wie er dieselben bei der Flasche im Zirkel seiner Freunde selbst zu erzählen pflegt. Online: http://gutenberg.aol.de/buerger/muenchhs/muench04.htm

W. Coy, 1994: Aus der Vorgeschichte des Mediums Computer, in: N. Bolz, F. Kittler, C. Tholen (Hrsg.): Computer als Medium. München. S. 19 38.

V. Djordjevic, 1998: Von "emily postnews" zu "help manners". Netiquette im Internet, WZB discussion paper FS II 98 - 105. Wissenschaftszentrum Berlin.

J. S. Donath, 1999: Identity and Deception in the Virtual Community, in: P. Kollock, M. Smith (Hrsg.): Communities in Cyberspace, London. S. 29-59. Online: http://judith.www.media.mit.edu/Judith/Identity/IdentityDeception.html.

E. Esposito, 1993: Der Computer als Medium und Maschine, in: Zeitschrift für Soziologie, 5, 22. S. 338-354.

E. Esposito, 1995: Interaktion, Inteaktivität und die Personalisierung der Massenmedien, in: Soziale Systeme. Zeitschrift für soziologische Theorie, 2/1. S. 225-260.

P. Fuchs, 1997: Adressabilität als Grundbegriff der soziologischen Systemtheorie, in: Soziale Systeme. Zeitschrift für soziologische Theorie, 1/3. S. 57-79.

P. Goltzsch, 1997: Das soziale Paradox der Technik illustriert am Usenet. Hausarbeit (MA) im Fachbereich Soziolgie. Universität Hamburg 1997. Online: http://www.minerva.hanse.de/use/

H. E. Hardy, 1993: The History of the Net. Master's Thesis, School of Communications, Grand Valley State University, Allendale, MI. Online: ftp://umcc.umich.edu/pub/users/seraphim/doc/nethist8.txt

M. Hauben, R. Hauben, 1997: Netizens. On the History and Impact of Usenet and the Interne, Los Alamitos, CA.

S. Helmers, U. Hoffmann, J. Hofmann, 1998: Internet... the Final Frontier: eine Ethnographie. Abschlußbericht des Projekts: "Interaktionsraum Internet: Netzkultur und Netzwerkorganisation in offenen Datennetzen". WZB Discussion Paper FS II 98-112, Wissenschaftszentrum Berlin. Online: http://www.duplox.wz-berlin.de

U. Hoffmann, 1997: 'Imminent Death of the Net Predicted!' Kommunikation am Rande der Panik, in: B. Becker, M. Paetau (Hrsg.): Virtualisierung des Sozialen. Die Informationsgesellschaft zwischen Fragmentierung und Globalisierung, Frankfurt/M. S. 223-256.

M. R. Horton, 1983: Standard For Interchange of Usenet Messages (RFC 850), Juni 1983. Online: http://www.landfield.com/rfcs/rfc850.html

M. R. Horton, R. Adams, 1987: Standard For Interchange of Usenet Messages (RFC 1036), Dezember 1987. Online: http://www.landfield.com/rfcs/rfc1036.html

B. Kantor, P. Lapsley, 1986: Network News Transfer Protocol. A Proposed Standard for the Stream-Based Transmission of News (RFC 977), Februar 1986. Online: http://www.landfield.com/rfcs/rfc977.html

H. Knoblauch, 1995: Kommunikationskultur. Die kommunikative Konstruktion kultureller Kontexte. Berlin.

P. Kollock, M. Smith, 1996: Managing the Virtual Commons: Cooperation and Conflict in Computer Communities, in: S. Herring (Hrsg.): Computer-Mediated Communication: Linguistic, Social, and Cross-Cultural Perspectives. Amsterdam. S. 109-128.

S. Krämer, 1997: Vom Mythos 'Künstliche Intelligenz' zum Mythos 'Künstliche Kommunikation' oder: Ist eine nicht-anthropomorphe Beschreibung von Internet-Interaktionen möglich?," in: S. Münker, A. Roesler (Hrsg.): Mythos Internet. Frankfurt/M. S. 83-107.

U. Mill, 1998: Technik und Zeichen. Über semiotische Aktivität im technischen Kontext. Baden-Baden.

F. Nake, 1993: Von der Interaktion. Über den instrumentalen und medialen Charakter des Computers, in: F. Nake (Hrsg.): Die erträgliche Leichtigkeit der Zeichen. Ästhetik, Semiotik, Informatik. Baden-Baden. S. 165-189.

H. Patterson, 1996: Computer-Mediated Groups. A Study of a Culture in Usenet. Texas A&M University (Disseration). Online: http://www.sci.tamucc.edu/~hollyp/pubs/dis/dissert.html

B. Pfaffenberger, 1996: 'If I Want It, It's OK': Usenet and the (Outer) Limits of Free Speech," in: The Information Society, 4/12. S. 365-386.

H. Schelhowe, 1997: Das Medium aus der Maschine. Zur Metamorphose des Computers. Frankfurt/M.

Ch. B. Smith, M. McLaughlin, K. K. Osborne, 1995: Conduct Control on Usenet, in: Journal of Computer-Mediated Communication, 4/2. Online: http://207.201.161.120./jcmc/vol2/issue4/smith.html.

Ch. B. Smith, M. McLaughlin, K. K. Osborne, 1998: From Terminal Ineptitude to Virtual Sociopathy: How Conduct is Regulated on Usenet, in: F. Sudweeks, M. McLaughlin, S. Refaeli (Hrsg.): Network & Netplay. Virtual Groups on the Internet. Cambridge, MA. S. 95-112.

H. Spencer, o.J.: News Article Format and Transmission (RFC 1036BIS). Online: http://www.chemie.fu-berlin.de/outerspace/netnews/son-of-1036.html

M. Tepper, 1997: Usenet Communities and the Cultural Politics of Information, in: D. Porter (Hrsg.): Internet Culture. New York. S. 40-54.

J. Wehner, 1997: Medien als Kommunikationspartner. Zur Entstehung elektronischer Schriftlichkeit im Internet, in: L. Gräf, M. Krajewski (Hrsg.): Soziologie des Internet. Handeln im elektronischen Web-Werk. Frankfurt/M. S. 125-149.

J. Weiß, 1998: Handeln und handeln lassen. Über Stellvertretung. Opladen.

Gemeinschaft ohne Nähe?
Virtuelle Gruppen und reale Netze[1]

Bettina Heintz

Der sozialwissenschaftliche Diskurs zum Internet beschert uns neue Mythen und beglückt uns mit tröstlichen Versprechen - angesichts der im südlichen Deutschland diagnostizierten Auflösung wärmender Gemeinschaften, die das Individuum ungeschützt in die unendliche Weite globalisierter Zusammenhänge entläßt, kann sich der forschende Online-Beobachter in die Geborgenheit virtueller Gemeinschaften zurückziehen, und von dort aus seinen realweltlichen Kollegen in der "Gesellschaft" von der Rückkehr der "Gemeinschaft" berichten. Hundert Jahre, nachdem die Klassiker der Soziologie die gesellschaftliche Zersetzung der Gemeinschaft und die irreversible Versachlichung persönlicher Beziehungen prognostiziert hatten, diagnostizieren die an ihnen geschulten Soziologen die Emergenz traditioneller Gemeinschaftsformen, sei es auch nur virtuell. Howard Rheingolds Hymne an die Herzenswärme der Mitglieder des Computernetzes WELL - ein "local village" im südlichen Kalifornien - ist das populäre Beispiel dafür (Rheingold, 1994).[2] Das Internet wird zur ultimativen Rettung vor den Folgeproblemen der Moderne - es ermöglicht Heimatgefühl trotz zunehmender Anonymisierung, Lokalität im Dickicht der Städte, persönliche Bindungen trotz Zunahme indirekter Beziehungen, und es überschreitet soziale und kulturelle Grenzen, indem es die Seelen der Menschen in dem einen weltumspannenden "globalen Dorf" zusammenführt. Die Grundlage für diese Gemeinschaftsrhetorik ist theoretisch relativ unbedarft und empirisch nicht sonderlich fundiert. Theoretisch beruht sie auf einer nachgerade überholten Gemeinschafts-/Gesellschaftsdichtomie und empirisch auf vereinzelten Fallstudien zu virtuellen Gruppen, die trotz globalem Anspruch vor allem in den USA verankert sind.

---

[1] Der Aufsatz entstand im Zusammenhang mit einem vom Schweizerischen Nationalfonds, im Rahmen des sozialwissenschaftlichen Schwerpunktprogramms "Demain la Suisse" finanzierten Projekts mit dem Titel "Virtuelle Vergemeinschaftung. Zur Sozialwelt des Internet". Das Projekt ist ein Teilprojekt des von mir konzipierten Projektverbundes "Individualisierung und Integration". Zur näheren Information: http://sozweber.unibe.ch/ii/intro_d.html

[2] Es versteht sich von selbst, dass weibliche Seelen für die "behagliche, kleine Welt" (Rheingold, 1994: 11) der elektronischen Gemeinschaften besonders empfänglich sind, vgl. dazu - überaus authentisch - Weise 1996.

Im folgenden Beitrag soll der Frage nachgegangen werden, ob es im Netz tatsächlich zu einer "virtuellen Vergemeinschaftung" kommt, und was "Gemeinschaft" unter den Bedingungen einer Gesellschaft, die in zunehmendem Maße durch indirekte Beziehungen gekennzeichnet ist, überhaupt meinen kann. Mit dieser Frage schließe ich an eine Problemstellung an, die im deutschsprachigen Raum im Rahmen der (systemtheoretischen) Differenzierungstheorie und der Individualisierungsthese diskutiert wird, und in den USA im Kontext der Netzwerkanalyse unter dem (doppelsinnigen) Begriff des Wandels der "community" auch empirisch untersucht wurde. In den ersten beiden Teilen werde ich einen kurzen Überblick über diese Diskussion geben, um damit einen Rahmen abzustecken, der es erlaubt, die Frage nach dem theoretischen (und empirischen) Status von virtuellen Gruppen in einen größeren Zusammenhang zu stellen. Als Brücke zwischen den skizzierten theoretischen Perspektiven, und als Anschluss zur Internetproblematik, dient mir Craig Calhouns relationaler Ansatz und seine Überlegungen zur technischen Infrastruktur der Moderne. Das Fazit ist eine Revision des Gemeinschaftsbegriffs: Anstatt Gemeinschaft als spezifische Lebensform aufzufassen, die durch Zusammengehörigkeit und eine enge Mitgliederbindung charakterisiert ist, begreife ich Gemeinschaft als ein Kontinuum, das von lockeren Netzwerken bis zu gruppenförmig organisierten Beziehungen reicht.

Virtuelle Gruppen bilden sich in einer Umwelt, die sich in verschiedener Hinsicht von realweltlichen Bedingungen unterscheidet und die Entstehung von stabilen Gruppen eher unwahrscheinlich erscheinen läßt. Darauf gehe ich in einem dritten Teil ein. Im vierten Teil präsentiere ich erste Ergebnisse aus einer Studie, in der die persönlichen Netzwerke von Personen, die die Kommunikationsdienste des Internet intensiv nutzen, erhoben wurden. Im Mittelpunkt steht die Frage, inwieweit es im Netz zu einer "virtuellen Vergemeinschaftung" kommt, und worin sich Online-Netze von realweltlichen Beziehungsstrukturen unterscheiden. Im fünften und letzten Teil fasse ich die Argumentation noch einmal zusammen.

1. Gemeinschaft und die Verselbstständigung des Sozialen

Die Soziologie hat seit ihren Anfängen versucht den Prozess der Modernisierung in oft dichotom konzipierten Sequenzmodellen einzufangen. Die Analyselogik ist die einer scharfen Kontrastierung, in vielen Fällen unterlegt mit einer Klage des Verlusts: "Gesellschaft" tritt an die Stelle von "Gemeinschaft"; unpersönliche und funktional spezialisierte Kontakte lösen persönliche und umfassende Beziehungen ab; expressive "mechanische" Solidarität wird durch eine sachlich motivierte "organische" Solidarität ersetzt, die Zusammenhalt nicht mehr über Gemeinsamkeit herstellt, sondern über funktional notwendigen Tausch; an die Stelle solidarischer Gemeinschaften tritt Vereinzelung und Konkurrenz. Diese Liste von Kontrastpaaren ließe sich noch lange weiterführen. Sie beruht auf der Annahme, dass enge persönliche Beziehungen, und eine über dichten Kontakt und normative Gemeinsamkeit gestiftete Integration unwiderbringlich abgelöst werden durch eine Vergesellschaftungsform, die auf Unpersönlichkeit, rationalem Kalkül und funktionaler Ausdifferenzierung beruht, mit der Folge einer zunehmenden Entfremdung zwischen der Lebenswelt der Individuen und den verselbstständigten ökonomischen und politischen Institutionen, die nach eigenen Gesetzen operieren, und sich individuellen Eingriffen weitgehend entziehen. Nur vor dem Hintergrund eines solchen Sequenzmodells macht die in Internetkreisen prominente These einer "Rückkehr von Gemeinschaft" Sinn: Online-Beziehungen ermöglichen jene Nähe, die realweltlich unwiderruflich verloren ist.

Je nach theoretischer Ausrichtung liegt der Fokus auf der Gemeinschafts- oder auf der Gesellschaftsseite der Dichotomie. Insbesondere im Rahmen der deutschsprachigen Diskussion lassen sich eine differenzierungstheoretische und eine subjektorientierte Perspektive unterscheiden. Die subjektorientierte Perspektive thematisiert den Aspekt der (schwindenden) Sozialintegration und übersieht dabei, dass jenseits der individuellen Lebenswelten soziale Gefüge entstanden sind, deren Funktionsweise sich aus der Teilnehmerperspektive allein nicht erklären läßt; die differenzierungstheoretische Perspektive legt das Schwergewicht genau auf jene, und vernachlässigt, dass Gesellschaft sich nicht auf die Operationsweise funktional spezialisierter Teilsysteme reduzieren läßt. Ich möchte im folgenden die spezifische Begrenztheit der beiden Perspektiven am Beispiel der Individualisierungsthese und der systemtheoretischen Differenzierungstheorie kurz erläutern, wobei ich den Schwerpunkt auf die Integrationsfrage lege.[3]

Aus der Sicht der Differenzierungstheorie kommt es im Zuge der Modernisierung zu einer grundlegenden Änderung der Differenzierungsform. Während sich das Kommunikationsgeschehen in vormodernen Gesellschaften primär an Rangunterschieden orientiert, ist es in modernen Gesellschaften funktionsspezifisch differenziert. Funktional differenzierte Subsysteme treten an die Stelle einer auf Rangunterschieden beruhenden Sozialorganisation und lassen Ungleichheit,

---

[3] Die Reduktion der soziologischen Theoriefamilien auf zwei kontrastierende Theorieprogramme ist zugegebenermaßen außerordentlich grob, und das gilt erst recht, wenn man die Vielfalt der subjektbezogenen Perspektive(n) auf die Einfalt der Individualisierungsthese reduziert (vgl. dazu die differenzierenden Überlegungen von Tyrell, 1998).

als ein die Funktionssysteme übergreifendes gesellschaftliches Strukturierungsprinzip, in den Hintergrund treten. Differenzierung nach funktionalen Gesichtspunkten impliziert, dass es weder ein Steuerungszentrum, noch eine übergreifende Perspektive gibt: moderne Gesellschaften sind "polykontexturale" Gesellschaften. Die Funktionssysteme sind über einen je eigenen binären Code definiert, der ihre Operationen steuert. Luhmann spricht deshalb auch von "distinctions directrices" (Luhmann, 1994). Diese binäre Codierung ermöglicht eine enorme Komplexitätsreduktion: alles, was der Fall ist, ist - z.B. im Falle des Wahrheitsmediums - entweder wahr oder falsch (und nicht noch zusätzlich halbwahr oder schön). Eine Folge davon ist die prinzipielle Unübersetzbarkeit der Systemperspektiven: systemübergreifenden Konsens kann es in funktional differenzierten Gesellschaften nicht mehr geben. Systemintegration ist nur in Form struktureller Koppelung denkbar, d.h., als wechselseitige Einschränkung der Freiheitsgrade von Funktionssystemen (Luhmann, 1995a: 238). Damit grenzt sich Luhmann sowohl von konsens-, wie auch von medientheoretischen Integrationsmodellen ab. In modernen Gesellschaften kann Konsens höchstens noch ein Element der gesellschaftlichen Selbstbeschreibung sein (wozu dann eben auch sozialwissenschaftliche Konsenspostulate gehören). Auch der Einsatz von Kommunikationsmedien verhilft nicht zu "Systemintegration": die symbolisch generalisierten Kommunikationsmedien sind bei Luhmann strikt teilsystemspezifisch definiert, d.h., sie erklären die Fortsetzung der Kommunikation innerhalb der Funktionssysteme, aber nicht zwischen diesen (vgl. dazu ausführlicher: Heintz, 1999: Kap. 7).

Individuen nehmen an Funktionssystemen als "Personen" teil - als Adressaten von teilsystemspezifischer Kommunikation (Luhmann, 1995b). Der dazu gehörige Begriff ist jener der "Inklusion".[4] Adressen der Inklusion sind Personen, und über die Regeln der Inklusion entscheidet jedes Teilsystem in eigener Regie. Die Tatsache, dass Individuen immer nur partiell - nur mit einem Teil ihres sozialen Lebens - in die einzelnen Funktionssysteme integriert sind, schenkt ihnen Freiräume und entlastet die Systeme von Irritationen durch "fremde" Kommunikationen. Das Individuum interessiert ausschließlich in seiner spezifischen Publikums- oder Leistungsrolle - als Patient oder Arzt, aber nicht als Wähler, Ehefrau und schon gar nicht als Mensch mit seinen individuellen Eigenschaften. Folglich muss der Ort, an dem sich der Einzelne als unteilbares Individuum erfahren und inszenieren kann, außerhalb der Funktionssysteme liegen, das heißt: im Exklusionsbereich. Individualität verdankt sich mit anderen Worten der Exklusion, und

---

[4] Das Begriffspaar Inklusion/Exklusion ersetzt bei Luhmann den klassischen Begriff der Sozialintegration; Sozialintegration nimmt nun die Bedeutung des Zugangs zu Funktionssystemen an (Luhmann, 1997: 618 ff.).

sie konstituiert sich über Ansprüche (Luhmann, 1989; 1995c). Es ist die Differenz zwischen Sein und Wollen, die meine Einzigartigkeit ausmacht, und was ich will, ergibt sich aus dem Vergleich mit anderen. Ähnlich wie Simmel begreift auch Luhmann Individualisierung und (funktionale) Differenzierung als gegenseitiges Steigerungsverhältnis: Individualisierung ist ein Produkt funktionaler Differenzierung und bildet gleichzeitig eine notwendige Voraussetzung für das selektive und autonome Funktionieren der Teilsysteme.

Auch die systemtheoretische Differenzierungstheorie hat ihren eigenen Code: was sich nicht unter die Perspektive der Funktionssysteme bringen läßt, sich jenseits von diesen befindet, oder quer zu ihnen liegt, wird kaum thematisiert. Dazu gehören vor allem der Komplex sozialer (Schimank, 1998) und geschlechtlicher Ungleichheit (Heintz, Nadai, 1998); soziale Kollektive, Gruppen beispielsweise, die außerhalb der Funktionssysteme angesiedelt sind (Münch, 1997: 93 f.), und schließlich all jene Kommunikation, die sich keinem Funktionssystem zuordnen läßt - die "Kommunikation au trottoir sozusagen" (Luhmann 1986: 75). Genau diese Fragen stehen im Zentrum von subjektbezogenen Konzeptualisierungen, auf die ich am Beispiel der Individualisierungsthese kurz eingehen möchte.

Im Gegensatz zur systemtheoretischen Differenzierungstheorie liegt der Fokus der Individualisierungsthese auf der Gemeinschaftsseite der Dichotomie. Übersetzt in die Sprache der Systemtheorie: während die Differenzierungstheorie ihr Schwergewicht im Inklusionsbereich hat, und den Exklusionsbereich nur am Rande - als die "andere Seite" der Unterscheidung - mitbedenkt, beschäftigt sich die Individualisierungsthese vor allem mit diesem. Der Bezugspunkt - die "Systemreferenz" - ist nicht mehr die Gesellschaft, sondern das Individuum. Im Zentrum stehen Fragen der Lebensplanung (Hitzler, Honer, 1994), der Ausbalancierung multipler Rollenanforderungen bzw. Inklusionen (Rerrich, 1994), oder der biographischen Unsicherheit angesichts zunehmender Wahlmöglichkeiten (Wohlrab-Sahr 1992). Individualisierung ist allerdings ein Passepartout-Begriff, der sich ungefähr für alles, was einem Soziologen an gesellschaftlichen Veränderungen auffallen mag, verwenden läßt: Für die Zunahme häuslicher Querelen (Beck-Gernsheim, 1992), den temporären und freiwilligen Charakter von Vereinigungen (Lau, 1988), die ambivalenten Unabhängigkeitsbestrebungen von Frauen (Beck-Gernsheim, 1983), die Deinstitutionalisierung von Erwerbsbiographien (Berger, 1995) oder die abnehmende Erklärungsrelevanz klassischer soziodemographischer Variablen (Hradil, 1990), um nur einige Trends zu erwähnen, die unter dem Titel "Individualisierung" erforscht wurden. Die Vertreter der Individualisierungsthese springen flott zwischen den verschiedenen Ebenen hin und her, und lassen so einen komplexen Mehrebenen-Prozeß letztlich in einem einzigen Konzept kollabieren. "Individualisierung" meint einen makrostrukturellen Wandlungsprozess ("die Auflösung und Ablösung industriegesellschaftlicher Lebensformen durch andere"), wie auch die Mikroebene individueller Handlungen ("in denen die Individuen ihre Biographie selbst herstellen müssen") und zu guter letzt auch noch die Mesoebene sozialer Kollektive ("und zwar ohne die einige basale Fraglosigkeiten sichernden, stabilen sozial-moralischen Milieus").[5] Entsprechend fällt es oft schwer, die Sache selbst von ihren möglichen Ursachen oder Folgen abzugrenzen. Ist, um ein Beispiel zu erwähnen, der Verlust an unhinterfragten Normen eine Ursache der Individualisierung, das Phänomen selbst, oder dessen Folge -, und ist der Begriff überhaupt notwendig? (Vgl. dazu erfreulich eindeutig: Jagodzinski, Klein, 1998).

Im Gegensatz zu Luhmann, der Individualisierung ähnlich wie Simmel differenzierungstheoretisch begründet, ist die differenzierungstheoretische Perspektive bei Ulrich Beck weitgehend verloren gegangen. Die Auswirkungen der Funktionssysteme auf die Gestaltung des Lebenslaufes werden zwar thematisiert (vgl. etwa Beck, Beck-Gernsheim, 1994: 20 ff.), sie geraten aber nur als (standardisierende) Rahmenbedingungen individuellen Handelns in den Blick, eine eigenständige Behandlung ihrer Dynamik und Funktionsweise fehlt, ganz abgesehen davon, dass der verwendete Institutionenbegriff mehr als unklar ist (u.a. Junge, 1996) Integration meint folglich vor allem Sozialintegration, verstanden als Einbindung des Einzelnen in soziale Kollektive. Es geht, um an David Lockwoods berühmte Formulierung anzuschließen, nicht um das Verhältnis zwischen den Teilen eines sozialen Systems, sondern um die Beziehungen zwischen den Handelnden (Lockwood, 1969). Der Individualisierungsprozess höhlt, so die These, traditionelle Bindungen und normative Vorgaben aus, und zwingt die Individuen zur Freiheit der Entscheidung und zur Übernahme von Verantwortung für die Folgen ihres Tuns. Oder systemtheoretisch gesprochen: im Zuge der Modernisierung findet ein Wechsel des Zuschreibungsmodus von "Erleben" zu "Handeln" statt - "Individualität wird gesellschaftlich institutionalisiert" (Kohli, 1988: 36).

Obschon die Vertreter der Individualisierungsthese mit Nachdruck betonen, Individualisierung sei nicht automatisch mit Desintegration gleichzusetzen - meine also: "*nicht* Atomisierung, *nicht* Vereinzelung, *nicht* Vereinsamung, *nicht* das Ende jeder Art von Gesellschaft" (Beck, Beck-Gernsheim, 1993: 179) - gibt es bislang kaum Untersuchungen, die den postulierten Wandel der Sozialintegration von der Zwangseinbindung zur "Wahlvergemeinschaftung" (Lau, 1988) auch empirisch belegen, (ganz abgesehen davon, dass der Begriff der Sozialinte-

---

[5] Dies alles in einem einzigen Satz in Beck, Beck-Gernsheim 1993: 179.

gration ähnlich beliebig verwendet wird, wie der Individualisierungsbegriff).[6] Damit bleibt die Frage nach neuen (oder alten) Formen der Gemeinschaftsbildung in der Individualisierungsdiskussion ähnlich unterbelichtet, wie in der Differenzierungstheorie, wenn auch aus anderen Gründen. Während die Differenzierungstheorie in diesem Zusammenhang theoretisch blind ist, wird diese Frage in der Individualisieriungsdiskussion zwar angesprochen, aber kaum empirisch untersucht: allen Beteuerungen zum Trotz wird Individualisierung faktisch mit Vereinzelung gleichgesetzt.[7]

Systemtheoretische und subjektorientierte Perspektive sind in gewissem Sinne komplementär: was die Differenzierungstheorie in Termini von Funktionssystemen analysiert, beschreibt die Individualisierungsthese aus der Perspektive der betroffenen Individuen. Entsprechend sind in den letzten Jahren einige Vorschläge gemacht worden, wie systemtheoretische und subjektorientierte Perspektive aneinander anzuschließen wären (Nassehi, 1997; Schimank, 1998). Der am besten ausgearbeitete Vorschlag stammt jedoch nach wie vor von Jürgen Habermas, der in seiner Theorie kommunikativen Handelns versucht hat, die beiden Seite der Dichotomie in einem Gesellschaftsmodell zu integrieren (Habermas, 1981).

Modernisierung heißt für Habermas auf der einen Seite Enttraditionalisierung der Lebenswelt im Sinne einer kommunikativen Verflüssigung lebensweltlicher Gewissheiten ("Rationalisierung der Lebenswelt") und auf der anderen Seite die Herausbildung einer normfreien, ausschließlich über Medien integrierten Sphäre ("System"). Beide Prozesse stehen in einem wechselseitigen Steigerungsverhältnis. Moderne Gesellschaften haben dementsprechend eine duale Struktur: sie sind weder aus der Binnenperspektive der Gesellschaftsmitglieder zu erklären, noch lassen sie sich auf das subjektfreie Operieren von sozialen Systemen reduzieren, sondern umfassen beides - "Lebenswelt" und "System", "Gemeinschaft" und "Gesellschaft". Der Unterschied liegt im Modus ihrer Integration: während die Sphäre der Lebenswelt über normatives Einverständnis bzw.

---

[6] Vgl. etwa Heitmeyer (1997), der im Anschluß an Lockwood zwischen System- und Sozialintegration unterscheidet und unter Sozialintegration dann alles, was einem dazu einfallen mag, subsummiert: Zugehörigkeit zu sozialen Milieus, direkte über Kommunikation vermittelte Beziehungen und "funktionale Systemintegration", d.h. die Teilhabe an Funktionssystemen - Luhmanns "Inklusion" mit anderen Worten.
[7] Vgl. exemplarisch die Heitmeyersche Kausalkette, die von der durch den Individualisierungsprozess gewonnenen Freiheit in drei haarscharf gedachten Schritten bei der Vereinzelung anlangt (Heitmeyer, 1994: 46).

kommunikative Verständigung integriert ist (Sozialintegration), vollzieht sich die Handlungskoordination im Systembereich jenseits des Bewusstseins der Akteure über symbolisch generalisierte Medien (Systemintegration). Kommunikation sichert Zusammenhalt, weil sie "Einsicht" stimuliert, Geld und Macht, weil sie durch Sanktionen "gedeckt" sind und auf "empirisch motiviertem Gehorsam" beruhen (Habermas, 1981/II: 269 ff.). Damit schließt Habermas an die verbreitete Vorstellung an, dass gesellschaftliche Ordnung gemeinsame (normative und kognitive) Orientierungen voraussetzt, er modifiziert dieses "Konsenspostulat" (Schimank, 1992) aber dahingehend, dass Integration im Falle moderner, differenzierter Gesellschaften nicht mehr ausschließlich auf Konsens beruhen kann, sondern zusätzlich über Mechanismen hergestellt werden muss, die nicht Handlungsorientierungen aufeinander abstimmen, sondern Handlungsfolgen vernetzen.[8]

Habermas' duales Gesellschaftskonzept hat vielfältigste Kritik nach sich gezogen, die vom Vorwurf der Reifikation des Lebensweltkonzepts über die Kritik einer überzogenen Dissoziation von Lebenswelt und System, bis hin zum Vorwurf eines unnötigen Kotaus vor der Systemtheorie reicht (vgl. u.a. Honneth, Joas, 1986, sowie diverse Aufsätze in Giegel, 1992). Ein gerade auch für die Internet-Problematik wichtiger Ergänzungsvorschlag stammt von Craig Calhoun (Calhoun, 1991; 1992).

Calhoun setzt an die Stelle von Habermas' Lebenswelt-/System-Dualität die Unterscheidung zwischen direkten und indirekten Beziehungen, und hebt damit ähnlich wie Giddens die Bedeutung des Raumes für die Sozialorganisation hervor. Direkte Beziehungen sind die Basis der Sozialintegration, indirekte der Kitt der Systemintegration. Im Gegensatz zu direkten Beziehungen, die auch im Falle funktionaler Spezialisierung auf persönlichem Kontakt beruhen, sind indirekte Beziehungen über soziale Verfahren (z.B. Weisungsketten) und technische Infra-

---

[8] Habermas' Definition der Systemintegration bleibt allerdings ambivalent: einerseits erzeugen Medien, gestützt durch ein spezifisches Sanktionspotential, bei den Individuen das Motiv, den Erwartungen entsprechend zu handeln, andererseits besteht ihr Integrationsbeitrag darin, dass sie "über die funktionale Vernetzung von Handlungsfolgen nicht-intendierte Handlungszusammenhänge" schaffen (Habermas, 1981/II: 179). Während die erste Explikation bei den Individuen und ihren Handlungsorientierungen ansetzt, und sich damit an die Vorgaben von Parsons hält, löst sich die zweite von der Bezugnahme auf intendiertes Handeln und definiert medienvermittelte Integration als einen funktionalen Mechanismus, der die Binnenperspektive transzendiert und sich gewissermaßen "hinter dem Rücken" der Beteiligten vollzieht.

struktursysteme vermittelt und über verschiedene Räume aufgespannt.[9] Moderne Gesellschaften zeichnen sich durch eine zunehmende Kluft zwischen der Welt direkter Beziehungen und einer davon abgelösten Sphäre indirekter Beziehungen aus, die sich individuellen Eingriffsmöglichkeiten weitgehend entziehen. Indirekte Beziehungen lösen direkte nicht ab, sie transformieren sie aber hinsichtlich ihrer Bedeutung und Reichweite.[10]

Die Zunahme indirekter Beziehungen erweitert den potentiellen Bezugskreis. An die Stelle der Zugehörigkeit zu gelebten Gemeinschaften tritt die bloß symbolische Teilnahme an Kollektiven, die über externe und in vielen Fällen zugeschriebene Kriterien definiert sind. Im Anschluss an Benedict Anderson (1996) bezeichnet Calhoun solche symbolischen Gemeinschaften als "imaginierte Gemeinschaften". Während Gruppen auf direkten und diffusen Beziehungen beruhen (vgl. Thiedeke in diesem Band), bleiben die Mitglieder von imaginierten Kollektiven untereinander anonym, und definieren sich über einzelne kategoriale Attribute - Nationalität, Geschlecht, ethnische Zugehörigkeit etc. Identität und Gemeinschaftsgefühl beruhen nicht auf persönlichem Kontakt, sondern auf einer rein mentalen Konstruktion gemeinsamer Zugehörigkeit. Insofern sind imaginierte Gemeinschaften nicht Gruppen, sondern kategoriale Konstrukte (mit allerdings beträchtlicher Handlungsrelevanz). Dennoch bieten imaginierte Gemeinschaften symbolischen Rückhalt in einer Welt, die als zunehmend anonym empfunden wird. Sie sind symbolische Substitute für fehlende realweltliche Zugehörigkeiten, indem die Semantik und Symbolik einer

---

[9] Direkte Beziehungen beruhen auf face-to-face Kontakt, und können entweder funktional spezialisiert (sekundäre Beziehungen) oder diffus sein, d.h., die ganze Person ansprechen (primäre Beziehungen). Bei den indirekten Beziehungen unterscheidet Calhoun zwischen Beziehungen, die im Prinzip in direkte Beziehungen transformierbar sind (tertiäre Beziehungen) und solchen, bei denen dies ausgeschlossen ist, weil zumindest ein Teil der Betroffenen von der Relationierung nichts weiß (quartäre Beziehungen). Als Beispiel für tertiäre Beziehungen nennt Calhoun die Relation zwischen Konsumenten und Produzenten, anonyme Überwachungssysteme sind ein Beispiel für quartäre Beziehungen Das Spezifische an indirekten Beziehungen ist die Tatsache, dass die soziale Dimension der Relationierung nicht mehr sichtbar ist (Calhoun, 1992: 216). Insofern haben indirekte Beziehungen einen ähnlichen Effekt, wie die Technisierung sozialer Regulative: das Soziale wird "externalisiert" und damit unsichtbar gemacht, vgl. dazu Joerges, 1989.
[10] Wie ersichtlich, weist Calhouns Argumentation einige Ähnlichkeit mit Giddens Umformulierung der Mikro-/Makro-Differenz auf (Giddens, 1988: 192 ff.). Anstatt zwischen Aggregationsebenen bzw. gesellschaftlichen Sphären zu unterscheiden, wird Gesellschaft als Netzwerk von Beziehungen (Calhoun) bzw. Handlungen (Giddens) begriffen, die sich jedoch hinsichtlich ihrer "Raum-Zeit-Distanzierung" unterscheiden.

alle Differenzen überbrückenden Gemeinsamkeit die faktische soziale und räumliche Distanz vergessen läßt. Verbreitungsmedien und einheitsstiftende Symbole spielen in diesem Zusammenhang eine zentrale Rolle. [11]

Beide Entwicklungen - die Expansion indirekter Beziehungen, sowie die zunehmende Bedeutung imaginierter Gemeinschaften - setzen eine komplexe technische Infrastruktur voraus: Transport- und Kommunikationstechnologien, die der Überbrückung von räumlichen und sozialen Distanzen dienen, und ohne deren Einsatz "die funktionale Vernetzung von Handlungsfolgen zu stabilen nicht-intendierten Handlungszusammenhängen" (Habermas) niemals möglich wäre. Im Gegensatz zu Habermas, der den symbolisch generalisierten Medien die alleinige Last der Systemintegration aufbürdet, entwickelt Calhoun eine "technikfundierte" Theorie der Moderne und bezieht damit eine löbliche Gegenposition zur üblichen Sachabstinenz der Soziologie. In der soziologischen Theorie wurde lange nicht zur Kenntnis genommen, in welchem Ausmaß soziale Ordnung auf Technik angewiesen ist, angefangen von der gerätetechnischen Umsetzung sozialer Disziplinierungsmaßnahmen (vgl. z.B. Latour, 1992), bis hin zur Bedeutung von Transport- und Kommunikationssystemen für die Entstehung von raum- und zeitübergreifenden sozialen Gebilden, seien das nun globale Märkte, multinationale Organisationen oder imaginierte Gemeinschaften (u.a. Mayntz, 1993). Davon abgesehen haben technische Infrastruktursysteme aber auch eine wichtige sozialintegrative Funktion, indem sie die Aufrechterhaltung von direkten Beziehungen über weite geographische Distanzen hinweg ermöglichen. Darauf weisen insbesondere netzwerkanalytische Untersuchungen hin, wie sie vor allem im angelsächsischen Bereich im Anschluss an die klassischen *community studies* durchgeführt wurden.

2. Die Variabilität von Gemeinschaft. Netzwerke und Gruppen

Im Gegensatz zur deutschsprachigen Diskussion, die dem Wandel der sozialen Integration empirisch nur wenig Aufmerksamkeit geschenkt hat, wurde dieser im angelsächsischen Bereich breit, und unter Zuhilfenahme netzwerkanalytischer Methoden untersucht. Theoretisch orientiert sich die Netzwerkanalyse an einer strukturalen Handlungstheorie, die das Verhalten von Individuen nicht über kategoriale Zugehörigkeiten, sondern über ihre Position in einem konkreten Beziehungsnetz erklärt (zu den theoretischen Annahmen der Netzwerktheorie

---

[11] Das offensichtlichste Beispiel einer imaginierten Gemeinschaft ist die Nation, aber auch die Frauenbewegung kann als imaginierte Gemeinschaft bezeichnet werden, sofern dem Zusammengehörigkeitsgefühl keine kommunikative Binnenstruktur entspricht (vgl. Wobbe, 1999).

vgl. u.a. Emirbayer, Goodwin, 1994). Empirisch hat sie sich einerseits aus der kulturanthropologischen Forschung, andererseits aus der Sozialpsychologie entwickelt. Methodisch wird zwischen egozentrierten (oder persönlichen) und Gesamtnetzwerken unterschieden (vgl. als Überblick: Jansen, 1999). Persönliche Netzwerke erfassen die Beziehungen einer Person (Ego), Gesamtnetzwerke die Beziehungen zwischen den Akteuren innerhalb einer abgrenzbaren sozialen Einheit. Für die hier interessierende Frage sind vor allem die persönlichen Netzwerke relevant.

Ausgangspunkt der netzwerkanalytischen *community*-Studien ist die Frage nach dem Zusammenhang zwischen Modernisierung und sozialer Integration. Führt Modernisierung (in der Regel über die Gemeindegröße operationalisiert) zu einer Auflösung ("community lost"), zu einer Beibehaltung ("community saved") oder zu einem Gestaltwandel ("community liberated") der persönlichen Netzwerke (Wellman, 1979: 1204 ff.)? Die Ergebnisse der verschiedenen, in den USA und Kanada durchgeführten Untersuchungen, weisen darauf hin, dass Individuen nach wie vor in sozialen Netzwerken verankert sind. Von Vereinzelung kann also keine Rede sein. Trotz Zunahme sekundärer und indirekter Beziehungen zeichnen sich die meisten Netzwerke durch multiplexe und enge Bindungen ("strong ties") aus.

Wie aus der Studie von Fischer (1982) hervorgeht, sind die Netzwerke in Städten nicht weniger multiplex als in Dörfern, sie sind jedoch teilweise anders zusammengesetzt: Zu den primären Bezugspersonen gehören auch Freunde, nicht nur Verwandte. Dies gilt insbesondere für Personen mit hoher Bildung und qualifizierten Berufen. Zusätzlich zeigt sich eine Tendenz zu einer internen Differenzierung der Netze: Während die Netzwerke im dörflichen Kontext relativ geschlossen sind, kommt es in den Städten zu einer partiellen Fragmentierung in Teilnetze, die untereinander nur schwach verbunden sind. Unabhängig von der Gemeindegröße haben vor allem der Bildungsgrad und das Alter einen Einfluss auf die Netzwerkstruktur: jüngere Personen mit hoher Bildung haben größere Netzwerke, die insbesondere auch Personen umfassen, zu denen keine verwandtschaftliche Beziehung besteht. Die in vielen Untersuchungen nachgewiesenen Geschlechterunterschiede verringern sich oder verschwinden, sobald Variablen wie Familienstand, Bildung, Berufstätigkeit etc. kontrolliert werden (Moore, 1990). Der einzige Unterschied, der bestehen bleibt, ist der starke Verwandtschaftsbezug weiblicher Netzwerke. Generell besteht eine Tendenz zu homosozialen Beziehungen, dies gilt insbesondere für Netzwerke, die frei gewählt sind. Diese "erworbenen" Netzwerke weisen gleichzeitig eine geringere Dichte auf: die Beziehungen sind vorwiegend bilateral, die Alteri kennen sich untereinander nur selten.

Diese Ergebnisse lassen sich allerdings nicht umstandslos auf andere Länder übertragen. Gemäß der Studie von Schenk sind die Netzwerke in Deutschland kleiner und dichter, d.h. die Alteri kennen sich in vielen Fällen auch untereinander (Schenk, 1995: 107 ff.). Schwache Beziehungen sind relativ selten, zu einem überwiegenden Teil bestehen die Netzwerke aus multiplexen und starken Beziehungen. Ähnlich wie in der Untersuchung von Wellman haben viele Netzwerke eine Doppelstruktur: sie bestehen einerseits aus Verwandtschafts-, andererseits aus Freundesbeziehungen. Entscheidende Faktoren sind das Alter und der Bildungsgrad: jüngere Personen haben, ähnlich wie im amerikanischen Kontext, größere und sozial heterogenere Netze, die teilweise auch schwache Beziehungen umfassen. Stadt-Land-Unterschiede spielen eine nur geringe Rolle, und wenn ein Einfluss besteht, dann verläuft er gerade *nicht* in jene Richtung, die von den Vertretern der Individualisierungsthese postuliert wird: Die Netzwerke in den Großstädten sind kleiner, dichter und multiplexer als dörfliche Netzwerke.

Insgesamt gesehen weisen die netzwerkanalytischen Untersuchungen darauf hin, dass Individuen auch in modernen Gesellschaften in persönliche Netzwerke eingebettet sind. Verwandtschaftsbeziehungen spielen nach wie vor eine große Rolle, sie werden jedoch ergänzt durch Beziehungen, die frei gewählt sind, sich in ihrer Multiplexität und emotionalen Nähe aber kaum von verwandtschaftlichen Beziehungen unterscheiden. Weder sind die Individuen in modernen Gesellschaften beziehungslose, frei flottierende Monaden, noch werden die primären Beziehungen durch schwache und funktional spezialisierte Beziehungen abgelöst. Schwache Beziehungen spielen zwar eine Rolle, jedoch vor allem an den Rändern des primären Netzwerkes, und unter bestimmten Kontextbedingungen: eher auf dem Dorf, als in der Stadt, und in der Stadt vor allem bei jüngeren und gebildeten Personen.

Diese Ergebnisse legen es nahe, Vergemeinschaftung als ein Kontinuum zu begreifen, das von bilateralen Beziehungen, über Netzwerke mit hoher Dichte, bis hin zu Gruppen reicht. Bereits Edward Laumann hat in seiner 1973 erschienenen Studie, die für die quantitative Netzwerkforschung Pioniercharakter hatte, zwischen Netzwerken unterschieden, in denen sich die Alteri untereinander kennen ("interlocking networks"), und suchen, und solchen, in denen dies nicht der Fall ist ("radial networks"). Wellman und Gulia (1999) führen in ihrer Diskussion virtueller Netzwerke ein ähnliches Konzept ein, indem sie zwischen "group communities" und "personal communities" unterscheiden. "Personal communities" sind persönliche Netzwerke, in denen Ego im Zentrum strahlenförmig - oder eben: radial - angeordneter Beziehungen steht. Er hat viele, und unter Umständen auch enge Beziehungen, aber diese haben ausschließlich bilateralen Charakter. Demgegenüber sind "group communities" Netzwerke, in denen sich die Bezugspersonen auch untereinander kennen, d.h., es sind Netzwerke mit hoher Dichte. "Group communities" können Ausgangspunkt einer Gruppenbildung sein, sie sind aber nicht mit Gruppen identisch. Ähnlich wie in Gruppen stehen die Mitglieder in einer direkten Beziehung, die unter Umständen auch eng und multiplex sein kann, im Unterschied zu Gruppen sind "group communities" aber nicht auf ein bestimmtes Ziel ausgerichtet und entwickeln keine eigene Identität. Die Integration in Gruppen bildet so gesehen eine Art "Extremform" von Vergemeinschaftung.

Eine ähnliche Auffassung vertritt auch Craig Calhoun, der in seiner Auseinandersetzung mit dem *Community*-Begriff vorgeschlagen hat, Gemeinschaft als Variable zu begreifen und sie in strukturellen Termini zu beschreiben. Er bezieht sich damit kritisch auf den klassischen Gemeinschaftsbegriff, der Gemeinschaft statisch als spezifische Lebensform begreift - als "morally valued way of life" - und primär über die subjektive Dimension der Verbundenheit, Solidarität und Zugehörigkeit definiert (Calhoun, 1980: 107). Dieser - auch in der deutschen Individualisierungsdiskussion vorherrschenden - Auffassung von Gemeinschaft stellt Calhoun eine an der Netzwerktheorie orientierte, relationale Konzeption entgegen, die Gemeinschaft in Termini sozialer Beziehungen beschreibt. Das subjektive Gefühl der Zusammengehörigkeit hat mit anderen Worten eine strukturelle Basis, und es ist diese, an die eine Definition von Gemeinschaft anschließen muss. Je nach Typus und Vernetzungsgrad von Beziehungen kann ein Beziehungsnetz mehr oder weniger "Gemeinschaftscharakter" haben. Gemeinschaft im herkömmlichen Sinn wird damit zu einem "high-end value of a complex variable measuring the extent to which people are knit together as social actors" (Calhoun, 1983: 897).

Die Definition von Gemeinschaft als Variable, an deren einem Endpunkt dichte, enge und multiplexe Beziehungen stehen, die auf der subjektiven Ebene zu einem Gefühl von Zusammengehörigkeit führen, schließt all jene Gemeinschaftsformen aus, die nicht auf direkten Beziehungen beruhen - jene Kollektive also, die Calhoun im Anschluß an Anderson als "imaginierte Gemeinschaften" bezeichnet (siehe Abschnitt 1). Das heißt konkret, dass eine "nationale Wir-Gruppen-Identität der Bürger" keine Gemeinschaft darstellt (Kreckel, 1994), und die Tatsache, dass Lebensstile soziale Zugehörigkeiten markieren, reicht ebensowenig aus, um sie als neue Formen der Vergemeinschaftung zu bezeichnen (Hörning, Michailow, 1990). Ähnliche Alltagspraktiken und ästhetische Präferenzen sind allein zu wenig, um die These zu rechtfertigen, dass "Lebensstile" oder "Milieus" für die betroffenen Individuen gemeinschaftsbildende Funktion haben, und damit mehr sind, als statistisch gewonnene Beobachterkonstrukte.

Gleichzeitig zeigen die netzwerkanalytischen Untersuchungen, welche Bedeutung technische Infrastruktursysteme für die Aufrechterhaltung von sozialen Netzwerken besitzen. Moderne Verkehrs- und Kommunikationsmittel machen es möglich, Beziehungen auch über größere Distanzen aufrechtzuerhalten. Darauf hat insbesondere Wellman in seiner ersten East York-Studie hingewiesen (Wellman, 1979). Wie oben ausgeführt, zeichnen sich die persönlichen Netzwerke nach wie vor durch enge und multiplexe Beziehungen aus, doch sind die Beziehungen nicht mehr ausschließlich lokal verankert, sondern verteilen sich auf verschiedene geographische Räume. Ihre Aufrechterhaltung setzt damit eine komplexe technische Infrastruktur voraus. [12] Mit dem Aufkommen des Internet hat die Verbindung über räumliche Distanzen eine neue Dimension bekommen. Damit stellt sich die Frage, ob computervermittelte Kommunikation eine ähnliche Funktion besitzt wie die traditionellen Kommunikationsmittel, oder ob sie zu neuen und eigenständigen Sozialformen führt. Auf die Wünschbarkeit einer netzwerkanalytische Untersuchung von Online-Beziehungen wird zwar immer wieder hingewiesen (vgl. etwa Gräf, 1997; Wellman, 1997; Wellman, Gulia 1999), bislang gibt es meines Wissens jedoch keine Studien, die die Auswirkungen der Online-Kommunikation auf die soziale Einbindung im "virtuellen" und "realen" Raum systematisch untersuchen. Die im vierten Teil präsentierten Ergebnisse sind ein erster Schritt in diese Richtung.

3. Virtuelle Gruppen: die Unwahrscheinlichkeit des Unwahrscheinlichen

Die meisten Internet-Autoren lassen keinen Zweifel daran, dass es sich bei den von ihnen untersuchten Gruppen um "wirkliche" Gruppen handelt, die sich nicht grundsätzlich von realweltlichen unterscheiden. Ich möchte im folgenden einen anderen Zugang wählen, nämlich die Unwahrscheinlichkeit virtueller Gruppenbildung in den Mittelpunkt stellen. Weshalb sollten sich Menschen, die einander nie gesehen haben, über kulturelle Grenzen hinweg zusammenschließen, und mit dem alleinigen Hilfsmittel einer (extrem reduzierten) schriftlichen Sprache persönliche Beziehungen und eine gemeinsame Identität aufbauen, zumal es in vielen Fällen keineswegs klar ist, wer sich hinter dem Nickname verbirgt, und ob der Gesprächspartner überhaupt ein Mensch ist? Welche Voraussetzungen müssen gegeben sein, damit das Unwahrscheinliche wahrscheinlich wird?

---

[12] In einer Reanalyse dieser Daten hat Wellman diese Schlussfolgerung allerdings wieder etwas relativiert (Wellman, 1996).

Die Unwahrscheinlichkeit virtueller Gruppenbildung ergibt sich einerseits aus den Spezifika computervermittelter Kommunikation und andererseits daraus, dass die Hürden für kooperatives Verhalten im Internet noch um einiges höher sind, als in der Realwelt. Während face-to-face Kommunikation auf ein breites Spektrum von non-verbalen Kommunikationshilfen zurückgreifen kann - Gesten, Blicke, Kleider etc. -, ist die computervermittelte Kommunikation auf ein Medium beschränkt. Von den für die elementare Interaktion zentralen Komponenten des Ausdruckshandelns - Anwesenheit, persönliche Erscheinung, Gestik und Sprache (Geser, 1990) - ist nur die Sprache geblieben, und zwar in verschriftlichter Form. [13] Damit fehlen wichtige Indizien, die in der Realwelt Verständigung und Orientierung erleichtern. Zudem gibt es keine gemeinsame Außenwelt, auf die man sich bei Verständigungsschwierigkeiten beziehen könnte - im Sinne eines: Schau doch selber! Dieses Fehlen einer gemeinsamen Welt außerhalb der Textwelt des Internet ist mit ein Grund dafür, weshalb Wahrheitsfindung und Vertrauensbildung zu einem Problem werden. Es gibt keine Außenwelt, an der sich die Äußerungen der Teilnehmenden über sich und ihre Umwelt überprüfen ließen. Angesichts der Hinfälligkeit eines Korrespondenzkriteriums muss auf andere Verfahren zurückgegriffen werden, um die Wahrheit einer Aussage zu beurteilen. Ein wichtiges Kriterium ist Konsistenz: es ist die Stimmigkeit der Geschichte, die zum Kriterium dafür wird, ob jemand die Wahrheit sagt. [14] Insbesondere in thematisch ausgerichteten Gruppen kommt noch ein anderer Mechanismus hinzu, der aus der Wissenschaftsforschung hinlänglich bekannt ist: Vertrauen tritt an die Stelle persönlicher Überprüfung, und die Basis für Vertrauen ist Reputation, die, ähnlich wie in der Wissenschaft, zum "Symptom für Wahrheit" wird (Luhmann, 1970: 237). Die Quellen der Reputation können variieren. Es ist jedoch zu vermuten, dass sie in vielen Fällen die Form fachlicher bzw. technischer Expertise annimmt. [15]

---

[13] Die mediale Eindimensionalität computervermittelter Kommunikation kann je nach kulturellem Kontext unterschiedliche Auswirkungen haben. So vermutet Aoki (1994), dass die Durchsetzung computervermittelter Kommunikation in Kulturen wie der japanischen, wo nichtsprachliche Zeichen für die Kommunikation eine größere Rolle spielen, als im Westen, auf besondere Schwierigkeiten stößt.

[14] Vgl. dazu Perrolle (1991) und exemplarisch die in Internetkreisen berühmte Geschichte des Psychiaters, der auf überzeugende - und das heißt eben: konsistente - Weise die Rolle einer behinderten Frau annahm (van Gelder, 1991; Stone, 1995: Kap. 3).

[15] Ein instruktives Beispiel für die Bedeutung von persönlichem Vertrauen und technischer Reputation ist Jon Postel, der bis zu seinem Tod vor einem Jahr im Rahmen der Internet Assigned Numbers Authority (IANA) für die Vergabe der Parameter für die Internetprotokolle verantwortlich war. Die hohe Legitimation der IANA beruhte praktisch ausschließlich auf dem persönlichen Vertrauen in Jon Postel, vgl. Gillett, Kapor 1997: 32.

Angesichts der Beschränktheit computervermittelter Kommunikation stellt sich die Frage, wie (und ob) unter diesen restringierten Bedingungen Kommunikation möglich ist, bzw. welche Gegenmechanismen entwickelt werden, um die strukturellen Schwächen computervermittelter Kommunikation auszugleichen. Eine Reihe von Strukturmerkmalen virtueller Beziehungen lassen sich vor diesem Hintergrund interpretieren: die relativ hohe soziale Homogenität der Gesprächszirkel, die Bildung virtueller Gruppen entlang gemeinsamer Interessen, die Tendenz, Online-Kommunikation durch Offline-Kontakte zu ergänzen, und die Ausbildung einer netzspezifischen Sprache in Form von sog. "Emoticons" oder "Smileys". Diese Mechanismen mögen die virtuelle *Interaktion* erleichtern, für die Bildung stabiler *Gruppen* reichen sie meiner Ansicht nach nicht aus (vgl. zu dieser Unterscheidung: Tyrell, 1983). Dazu müssen weitere Bedingungen gegeben sein, die im Netz noch seltener erfüllt sind, als in der Realwelt.

Was also sind die Voraussetzungen erfolgreicher Gruppenbildung? Welche Strukturmerkmale weisen Gruppen auf, denen es gelungen ist, eine stabile Identität und eine hohe Mitgliederbindung zu erreichen? Oder in einer etwas anderen Terminologie: wie gelingt es Gruppen, die Spannung zwischen individueller und kollektiver Rationalität zu überwinden? Das ist die Ausgangsfrage eines instruktiven Aufsatzes von Peter Kollock und Marc Smith (1996).

Gruppen haben nur dann Bestand, wenn sich ihre Mitglieder aktiv an der Produktion und Reproduktion der gruppenspezifischen Ressourcen beteiligen. Welcher Art diese Ressourcen sind, variiert zwar je nach Gruppe, allen Gruppen gemeinsam ist jedoch das Problem der Beziehung zwischen individueller und kollektiver Rationalität. Was für den Einzelnen rational sein kann, kann für das Kollektiv langfristig zerstörerisch sein, d.h., jede Gruppe ist mit dem Problem des Trittbrettfahrens konfrontiert. Dies gilt auch für virtuelle Gruppen. Wer sich in einer virtuellen Gruppe nur Informationen beschafft, ohne selbst zum Informationspool beizutragen, leistet nichts für die Erneuerung der gruppenspezifischen Ressourcen. Würden sich viele so verhalten, wäre der Fortbestand der Gruppe langfristig in Frage gestellt. Unter welchen Bedingungen kommt es dennoch zu einer (Re-)Produktion kollektiver Güter?[16] Im Anschluss an Elinor Ostrom (1990) unterscheiden Kollock und Smith sieben Strukturvoraussetzungen erfolgreicher Gemeinschaften.[17] Die von Ostrom zusammengetragenen Strukturmerkmale

---

[16] In thematisch orientierten Gruppen ist Information das wichtigste Kollektivgut, in sozialen Gruppen ist es die Kommunikation selbst.

[17] Genaugenommen bezieht sich Ostrom in ihrer Studie auf "common pool ressources", nicht auf Kollektivgüter. Der Unterschied zwischen "common pool resources" und Kollektivgütern liegt in der Nutzung von Gütern: im ersten Fall werden die Güter im Rahmen eines Nullsummenspiels verteilt, im zweiten nicht.

lassen sich grob in drei Gruppen zusammenfassen: 1) Gruppengrenzen: erfolgreiche Gemeinschaften sind nach außen deutlich abgrenzt, d.h., zwischen Gruppenmitgliedern und Außenstehenden existiert eine klare, und für alle sichtbare
Trennung. Nur unter dieser Voraussetzung können einzelne für ihr Verhalten
haftbar gemacht werden. 2) Kontextbezogenheit: die Regel- und Sanktionssysteme haben keinen allgemeinen Charakter, sondern sind auf die Bedürfnisse
und spezifischen Bedingungen der Gruppe abgestimmt. 3) Selbststeuerung: die
gruppenspezifischen Normen und Sanktionsmaßnahmen wurden in einem
demokratischen Prozess entwickelt, anstatt von oben, bzw. von außen aufok-
troyiert zu sein (Ostrom, 1990: 88 ff.).

Wie Kollock und Smith am Beispiel des *Usenet* zeigen, sind diese drei
Bedingungen im Internet in unterschiedlichem Maße erfüllt (vgl. auch Kollock,
1996). 1) Die meisten Kommunikationsgruppen zeichnen sich durch weiche
Inklusionsbedingungen und problemlose Exit-Optionen aus. Wer will, kann teilnehmen bzw. die Gruppe wieder verlassen. Abgesehen von moderierten Gruppen, die eine persönliche Anmeldung erfordern, und dem berühmten <*kill*>
Befehl gibt es kaum Verfahren, um die Mitgliedschaft zu kontrollieren. In Chats
und MUDs stellt sich zudem das Problem der Anonymität: exkludiert wird nur
die Persona, nicht die Person (vgl. anschaulich: Dibbell, 1993). 2) Obschon jede
Gruppe ein eigenes Normen- und Sanktionssystem entwickeln kann, gibt es eine
Reihe von übergreifenden Regeln, die auf der Ebene des jeweiligen Kommunikationsdienstes formuliert sind, und den Spielraum lokaler Normbildung ein-
schränken.[18] 3) Inwieweit die gruppenspezifischen Regelsysteme in einem
demokratischen Meinungsbildungsbildungsprozess ausgehandelt werden, variiert zwischen den einzelnen Kommunikationsdiensten. Während die meisten
News- und Chat-Groups eine relativ demokratische Struktur aufweisen, sind viele
MUDs hierarchisch organisiert. Dies gilt insbesondere für die Adventure-MUDs
(Reid, 1999). Die Regeln werden von oben - von den *gods* und *wizards* - gesetzt,
die auch allein zuständig sind für die Überwachung ihrer Einhaltung. Im Gegensatz allerdings zu realweltlichen Gruppen ist die soziale Kontrolle - das *monitoring* - im Internet sehr viel einfacher zu handhaben. Handeln ist in der Regel
öffentliches Handeln, d.h. für alle sichtbar und im Gegensatz zu mündlichen
Gesprächen problemlos dokumentierbar. Virtuelle Gruppen haben mit anderen
Worten ein schriftlich fixiertes Gedächtnis.

---

[18] Hier bestehen zwischen News- und Chat-Groups allerdings beträchtliche Unterschiede.
Das *Usenet* hat sehr viel mehr und präzisere Verfahren entwickelt als z.B. das IRC (siehe
Hoffman in diesem Band). Während z.B. ein neuer Kanal praktisch jederzeit eröffnet werden kann, hat jemand, der eine neue Newsgroup gründen will, eine Reihe von Formalien
zu beachten, die auf der Ebene des Kommunikationsdienstes festgelegt sind.

Während sich die soziale Kontrolle relativ einfach handhaben läßt, ist die Sanktionierung abweichenden Verhaltens um einiges voraussetzungsreicher. Im Gegensatz zur Realwelt sind einige Sanktionsformen ausgeschlossen (physische Strafen), andere nicht institutionalisiert (z.B. Bußen), dritte Formen sind schließlich nur im Internet möglich (MacKinnon, 1997). Dazu gehören insbesondere technisch vermittelte Sanktionen, die allerdings in vielen Fällen nur den Systemoperatoren zugänglich sind: Teilnehmer, die gegen die Gruppennormen verstoßen, können über eine entsprechende Änderung der Software in ihren Rechten, d.h., in ihrem Handlungsspektrum beschränkt, oder ganz ausgeschlossen werden. "Regierende Techniken" ersetzen die Techniken des Regierens. [19] Abgesehen von technischen Sanktionen, die dem "basic user" in der Regel nicht zugänglich sind, entwickeln virtuelle Gruppen auch soziale Verfahren, um normverletzendes Verhalten zu ahnden. Dazu gehört etwa die besonders in den MUDs verbreitete Taktik der öffentlichen Brandmarkung, oder die Anforderung, sich persönlich kenntlich zu machen, um die Zurechenbarkeit von Handlungen sicherzustellen. Im Gegensatz zu den technischen Sanktionen, die in die Software eingelagert, und damit dem diskursiven Prozeß weitgehend entzogen sind, bilden sich soziale Sanktionen in der Regel in einem offenen Meinungsbildungsprozess heraus. [20]

Insgesamt gesehen scheinen die von Kollock und Smith beschriebenen Voraussetzungen stabiler Kooperation im Internet weniger erfüllt zu sein, als in der Realwelt. Zusammen mit den oben beschriebenen strukturellen Schwächen computervermittelter Kommunikation stellen sie für die Bildung und Stabilität virtueller Gruppen eine beträchtliche Hürde dar. Von daher drängt sich die Vermutung auf, dass Online-Beziehungen nur selten gruppenförmig organisiert sind, sondern eher den Charakter von relativ lockeren Netzwerken haben. [21] Das heißt, Newsgroups sind nicht in jedem Fall "richtige" Gruppen, und dasselbe gilt für Chats. Eher scheint es so zu sein, dass die durch die sozialwissenschafliche Literatur prominent gewordenen Gruppen: "rec.arts.tv.soaps" (Baym 1995; siehe

---

[19] Den Begriff der "regierenden Techniken" habe ich dem für die Internetproblematik außerordentlich informativen Schlussbericht der Projektgruppe: "Kulturraum Internet" entnommen (Helmers, Hoffmann, Hofmann, 1998).

[20] Vgl. als Beispiel die von Dibbell (1993) beschriebene Reaktion auf eine "virtuelle Vergewaltigung", die anschaulich zeigt, wie soziale Probleme im Netz gelöst werden, und wie sehr technische und soziale Regulative und Sanktionen interferieren. Ähnlich auch Morningstar und Farmer (1991), die am Beispiel von 'Habitat' zeigen, wie ein und derselbe Konflikt in einem Fall technisch entschieden, im anderen Fall sozial geregelt wurde.

[21] Vgl. Dollhausen und Wehner in diesem Band, die, wenn auch anders begründet, zu einem ähnlichen Schluss gelangen.

auch Baym in diesem Band), "LambdaMOO" (Mnookin, 1997), "MicroMUSE" (DuVal, Smith, 1999), "Phish.net" (Watson, 1997) etc., die Ausnahme sind. Sehr viel verbreiteter sind vermutlich netzwerkartige Beziehungen, in denen die einzelnen News- oder Chatgroups nur den Status eines Treffpunkts haben, ohne selbst ein eigenständiges soziales System zu bilden. Die in der Internet-Literatur verbreitete methodische Strategie, bereits bestehende Gruppen zum Untersuchungsfokus zu machen, birgt die Gefahr in sich, die Bedeutung virtueller Gruppen für die Online-Kommunikation zu überschätzen. Die Tatsache, dass es auch schwächere Formen der virtuellen Integration geben kann, wird dabei systematisch übersehen. Wechselt man dagegen die Perspektive und nimmt die persönlichen Netzwerke der individuellen User zum Ausgangspunkt, so zeigt sich, wie ich im nächsten Abschnitt ausführen werde, dass im Internet schwache und bilaterale Beziehungen überwiegen.

4. Persönliche Netzwerke im Netz

Im folgenden sollen erste Ergebnisse einer netzwerkanalytischen Studie zu den Formen und Intensitätsgraden virtueller Beziehungen präsentiert werden.[22] Im Mittelpunkt stand dabei die Frage, inwieweit es zur Ausbildung von virtuellen Beziehungsnetzen kommt, und worin sich diese von den realweltlichen Netzwerken unterscheiden? Schließen sich virtuelle und realweltliche Beziehungen gegenseitig aus, oder trägt die virtuelle Kommunikation zu einer Verfestigung realweltlicher Beziehungsstrukturen bei und umgekehrt?

Die Studie wurde in der Schweiz durchgeführt und beruht auf einer Erhebung der persönlichen Netzwerke von Personen, die die Kommunikationsdienste des Internet intensiv nutzen (n = 101). Das Sampling erfolgte über ein zweistufiges Verfahren. In einem ersten Schritt wurde ermittelt, welche der in der Schweiz präsenten Gruppen überhaupt aktiv sind und kontinuierlich genutzt werden. Bei den Newsgroups wurde die Aktivität über eine Abfrage der Inhaltsverzeichnisse, bei den Chatgroups mittels temporärer Logins erhoben. Aus den auf diese Weise ermittelten aktiven Gruppen wurden für die Untersuchung zwei Newsgroups (ch.talk, ch.comp) und drei Chatgroups (SWIX-chat, SFDRS-chat, MICS-chat) ausgewählt. Um bloße Gelegenheitsuser auszuschließen, wurden in einem zweiten Schritt für jede Gruppe die Nutzungsfrequenzen erhoben (Anzahl Beiträge bzw. logins während eines bestimmten Zeitraums). Aus den aktiven Usern wurde für jede Gruppe eine Zufallsstichprobe gezogen. Im Falle der

---

[22] Ich danke Christoph Müller, der die Daten erhoben und die Berechnungen, die diesem Abschnitt zugrunde liegen, durchgeführt hat.

Newsgroups erfolgte die Kontaktierung über die angegebenen E-mail-Adressen, bei den Chats wurden die Personen direkt angesprochen. Da die Ausfallrate relativ hoch war, musste die Stichprobe um weitere Personen aus dem Kreis der aktiven User ergänzt werden. In ungefähr der Hälfte der Fälle ist die Samplinggruppe gleichzeitig auch die persönlich wichtigste Gruppe. Ingesamt gaben 29% eine Newsgroup, 61% einen Chat bzw. ICQ und 10% einen MUD als ihre wichtigste Gruppe an. Während bei den Nutzern von Newsgroups kognitive Motive im Vordergrund stehen, d.h. Fachdiskussionen und der Austausch von Information, überwiegen bei Chattern soziale Motive: Es geht vor allem darum, neue Leute kennenzulernen und bereits bestehende Beziehungen zu pflegen, sich zu unterhalten und mit der eigenen Identität zu experimentieren.

Das Durchschnittsalter der Befragten beträgt 23 Jahre, die jüngsten sind 14, die ältesten über 50. Nur 11% sind Frauen. Über die Hälfte befindet sich noch in Ausbildung, die meisten sind nicht verheiratet und nur wenige haben Kinder. 56% der Befragten wohnen noch bei den Eltern. Der Bildungsstatus ist vergleichsweise hoch: über ein Viertel hat eine Universität besucht. Ein Drittel arbeitet in einem informatiknahen Beruf, oder absolviert eine informatikbezogene Ausbildung. Die User von News- und Chatgroups unterscheiden sich allerdings in ihrem Sozialprofil: Die Nutzer von Newsgroups sind häufiger bereits berufstätig, eher verheiratet und haben einen höheren Bildungsstatus. Chats ziehen umgekehrt mehr Jugendliche, aber auch mehr Frauen an. Das Internet wird von den Befragten intensiv genutzt. Im Durchschnitt verbringen sie fast 20 Stunden pro Woche im Internet, das Maximum liegt bei 75 Stunden. In der Regel werden mehrere Dienste genutzt - am häufigsten das Web (97%) gefolgt von Chats (78%), Newsgroups (58%) und MUDs (19%). Chatter verbringen rund fünf Mal mehr Zeit in virtuellen Gruppen, als die Nutzer von Newsgroups. Bei der Internetnutzung generell sind die Unterschiede geringer (15 versus 20 Stunden).

Die persönlichen Netzwerke der Befragten wurden über sog. "Namensgeneratoren" erhoben. Namensgeneratoren sind Fragen, die dazu dienen, über spezifische Stimuli die Namen der für die befragten Person relevanten Alteri zu ermitteln. Da vor allem die virtuellen Netzwerke interessierten, enthielt der Fragebogen eine Reihe von Namensgeneratoren, die sich spezifisch auf mögliche Online-Alteri bezogen. Dies führt dazu, dass das Online-Netz unter Umständen überrepräsentiert ist.[23] Insgesamt wurden 13 Namensgeneratoren verwendet, drei wurden bei der Auswertung nicht berücksichtigt. Von den verbleibenden

---

[23] Bislang hat sich bei der Erhebung persönlicher Netzwerke keine verbindliche Operationalisierung durchgesetzt. Je nach Fragestellung werden andere und unterschiedlich viele Namensgeneratoren verwendet, was die Vergleichbarkeit der einzelnen Studien erschwert.

zehn Namensgeneratoren bezog sich einer ausschließlich auf Offline-Kontakte (Verbringen der Freizeit), drei Namensgeneratoren waren unspezifisch (Bsp. Diskussion persönlicher Beziehungen),[24] vier bezogen sich ausschließlich auf Online-Kontakte (Bsp. "Wer steht auf Ihrer ICQ-Liste"?) und über zwei Namensgeneratoren wurde erhoben, welche Online-Personen der Interviewte auch offline kennt. Die Befragten gaben teilweise sehr viele Personen an; die durchschnittliche Netzgröße lag bei 21 Nennungen.[25] Wie in den meisten netzwerkanalytischen Untersuchungen üblich, wurde der Kreis auf ein kleineres Netz - in unserem Fall auf maximal 20 Personen - reduziert, zu denen über sog. "Namensinterpretatoren" weitere Informationen erhoben wurden. Nach dieser Reduktion lag die durchschnittliche Netzgröße bei 16 Personen.

Wie von der Untersuchungsanlage her zu erwarten war, gaben die meisten Befragten eine relative hohe Zahl von Online-Alteri an. Ausschließlich virtuelle Beziehungen sind jedoch ebenso selten, wie exklusiv realweltliche (24% gegenüber 26%); sehr viel häufiger finden die Kontakte sowohl offline, wie auch online statt, d.h., man trifft sich in beiden Welten. Im Gegensatz zu den klassischen Kommunikationsmitteln gehen Offline-Kontakte den Online-Beziehungen nicht notwendigerweise voraus, in vielen Fällen ist die Reihenfolge genau umgekehrt: Wer sich im Netz kennengelernt hat, wird sich früher oder später auch offline treffen (vgl. ähnlich auch: Parks, Floyd, 1996). Zu 67% der Alteri, die Ego als wichtigste Online-Partner angibt, bestehen auch Offline-Kontakte. Mehr als die Hälfte davon waren ursprünglich ausschließlich virtuelle Beziehungen. Das Netz ist mit anderen Worten eine hervorragende Option, um den Kreis möglicher Beziehungen über den unmittelbaren sozialen und geographischen Raum hinaus zu erweitern. Es ermöglicht Begegnungen, die realweltlich kaum zustande gekommen wären. In vielen Fällen gehen die "sekundären" Offline-Kontakte über punktuelle Treffen hinaus und nehmen die Form von relativ engen Beziehungen an, jedenfalls gemessen an der Häufigkeit, mit der man sich trifft. Gut 30% der Online-Alteri, mit denen man mindestens einmal pro Woche im Netz Kontakt hat, trifft man in ähnlicher Frequenz auch offline. So gesehen ist die Frage, welche Beziehungsform wichtiger ist, falsch gestellt: Online-Vertrautheit und Offline-Kontakte stützen sich gegenseitig und tragen gemeinsam zur Intensivierung von Beziehungen bei.

---

[24] Bei Kontakten, die in beiden Welten möglich sind (z.B. die Diskussion persönlicher Probleme), wurde nachgefragt, ob es sich um Online- oder Offline-Beziehungen handelt.
[25] Im Vergleich zu anderen Untersuchungen sind das sehr große Netze. Dies liegt teilweise an den verwendeten Namensgeneratoren und teilweise an der spezifischen Stichprobe.

Offline-Netze weisen in der Regel allerdings eine andere Qualität auf, als Online-Beziehungen: sie sind enger, multiplexer und sozial homogener. Fast 50% der Offline-Alteris werden als persönlich nahestehend beschrieben, bei den Online-Kontakten sind es nur 11%. "Strong ties" sind also selten.[26] Dies heißt aber nicht, dass es im Netz keine persönlichen Gespräche gibt und sich die Diskussionen auf belanglose Konversation oder Informationsaustausch beschränken. Von den Alteri, mit denen man über Persönliches spricht, sind immerhin 10% primär virtuelle Kommunikationspartner und mit 40% haben die Befragten ebenso häufig Online- wie Offline-Kontakt. Dazu passt auch, dass die Online-Beziehungen zumindest im Chat-Bereich eine relativ hohe Stabilität haben: über 80% der Chatter geben an, innerhalb der für sie wichtigsten Gruppe immer mit denselben Personen Kontakt zu haben. Bei den Nutzern von News-Groups wechseln die Gesprächspartner dagegen häufig.

Offline-Kontakte zeichnen sich nicht nur durch engere, sondern auch durch multiplexere Beziehungen aus, Online-Beziehungen sind dagegen funktional spezialisierter.[27] Bei den Offline-Beziehungen haben 55% multiplexen Charakter gegenüber nur 30% bei den Online-Beziehungen.[28] Hier gibt es allerdings deutliche Unterschiede zwischen News- und Chatgroups: Die Online-Beziehungen von Chattern sind um einiges multiplexer als jene der Newsgroup-Nutzer. Die beiden Netze unterscheiden sich auch hinsichtlich ihrer sozialen Homogenität:

---

[26] Die Stärke der Beziehung wurde über die persönliche Verbundenheit erhoben. Granovetter, der diese Dimension in die Diskussion eingeführt hat, definiert "strong ties" primär über Beziehungsnähe ("emotional intensity" und "intimacy") (Granovetter, 1973: 1361). In den empirischen Untersuchungen wird die Stärke der Beziehung häufig über eine Kombination von Dauer, Kontakthäufigkeit und emotionaler Nähe gemessen (vgl. etwa Schenk, 1995: 101) oder - nicht unproblematisch - faktisch mit Multiplexität gleichgesetzt (Nauck, et al. 1997: 486).

[27] Uni-/Multiplexität wurde darüber erhoben, in wie vielen verschiedenen Zusammenhängen, d.h. bei wie vielen Namensgeneratoren die jeweiligen Alteri genannt wurden. Dabei wurde zusätzlich zwischen Online- und Offline-Beziehungen unterschieden. In beiden Bereichen konnten die Alteri maximal je vier Funktionen abdecken (Bsp. für den Offline-Bereich: Verbringen der Freizeit, Diskussion persönlicher Probleme, Geben bzw. Nehmen von Computerhilfe). Als uniplex wurden Beziehungen charakterisiert, in denen Alteri in nur einem Zusammenhang erwähnt wurden, ansonsten wurden sie als multiplex eingestuft.

[28] Es ist allerdings zu berücksichtigen, dass Multiplexität relativ weit gefasst wurde. Fasst man das Kriterium für Multiplexität strenger, indem nur jene Ego-Alteri-Beziehungen als multiplex eingestuft werden, in denen die Alteri in mindestens drei verschiedenen Zusammenhängen erwähnt werden, so ergibt sich ein etwas anderes Bild: von den Offline-Beziehungen haben nur noch 22% multiplexen Charakter, bei den Online-Beziehungen sind es 10%.

Von Ego aus betrachtet sind die Online-Netze heterogener als die Offline-Netze, der Unterschied ist allerdings relativ gering. In der Realwelt hat man vor allem mit Personen Kontakt, deren Lebenssituation ähnlich ist, die, um eine typische Konstellation zu erwähnen, am gleichen Ort wohnen (64%), gleich alt (65%) und ebenfalls in Ausbildung sind (78%), noch zuhause leben (82%) und keine Kinder haben (84%). Einzig die Bildung wirkt wenig selektiv: Die Bildungsheterogenität ist in beiden Netzen relativ hoch. Homosoziale Beziehungen überwiegen zwar auch im Netz, doch kommt es etwas häufiger zu Kontakten mit Personen, die in einer anderen beruflichen und familiären Situation leben. Die Vermutung, dass Online-Kommunikation die Tendenz zur sozialen Enklavenbildung weiter verstärkt (vgl. etwa: Calhoun, 1998; Lockard, 1997), kann auf der Basis dieser Daten nicht bestätigt werden.

Auch wenn die Online-Beziehungen in einigen Fällen durchaus engen und multiplexen Charakter haben, so kann daraus noch nicht auf dichte virtuelle Netzwerke geschlossen werden. Die Beziehungen haben unter Umständen rein bilateralen Charakter, sind also "personal communities" und nicht "group communities" (vgl. Abschnitt 2). Multilaterale Beziehungen lassen sich über die "Dichte" eines Netzwerkes erfassen, d.h. über das Verhältnis zwischen realisierten und prinzipiell möglichen Beziehungen zwischen den Alteri. [29] In Offline-Netzen kommt es etwas häufiger vor, dass sich die Alteri auch untereinander kennen, in virtuellen Netzen überwiegen dagegen bilaterale Beziehungen. Dies gilt insbesondere für die Nutzer von Newsgroups, die virtuellen Netze von Chattern haben dagegen eine ähnliche Dichte, wie die realweltlichen Beziehungsnetzen. "Group communities" bilden sich - wenn überhaupt - nur im Chat-Bereich. Ein entscheidender Faktor ist dabei die Zeit, die man im Netz verbringt: Wer viele Stunden in der virtuellen Gruppe verbringt, hat eher ein virtuelles Netz, dem ein Cliquencharakter im Sinne von Wellmans "group community" zukommt.

"Group communities" sind keine Gruppen. Sie liegen gewissermaßen im Mittelbereich zwischen ausschließlich "radialen" Beziehungen (Laumann) und der Integration in eine virtuelle Gruppe. Abgesehen von E-mail ist die Kommunikation im Internet zwar mehrheitlich gruppenförmig organisiert, technisch gese-

---

[29] Um die Dichte des Netzwerkes zu ermitteln, wurde der befragten Person ein Blatt mit den Namen der von ihm genannten Alteri vorgelegt, mit der Bitte, anzugeben, welche Alteri sich auch untereinander kennen, und ob es sich um ausschließlich virtuelle oder um ausschließlich realweltliche Beziehungen handelt, oder ob sich die Alteri online wie auch offline kennen. Die Dichte eines Netzwerkes kann zwischen 0 und 1 variieren. Eine maximale Dichte (= 1) ist dann gegeben, wenn alle Alteri auch untereinander Kontakt haben. Die auf diese Weise ermittelte Dichte sagt allerdings nichts über die Stärke der Beziehungen aus. Es kann sich auch um flüchtige Bekanntschaften handeln.

hen ist es jedoch problemlos möglich, innerhalb einer Gruppe kleinere Gesprächszirkel aufzubauen, oder die Kommunikation ganz zu privatisieren (z.B. über die Eröffnung eines privaten Kanals oder den ´whisper´-Befehl). So gesehen ist es durchaus vorstellbar, dass jemand eine Kommunikationsgruppe intensiv nutzt, ohne an die Gruppe selbst eine starke Bindung zu haben. Die Kommunikationsgruppen haben in diesem Fall eine ähnliche Funktion, wie die Kneipe in der Nachbarschaft. Sie sind ein Ort, an dem man Leute trifft, ohne selbst ein eigenständiges soziales System zu bilden. Die Integration in eine Gruppe geht mit anderen Worten über die Einbindung in ein Netzwerk hinaus und markiert den Extrempunkt virtueller Vergemeinschaftung (siehe Abschnitt 2).

Mit der hier gewählten Methode läßt sich die Gruppenbindung nicht direkt ermitteln. Dazu hätte man zusätzlich für jede Gruppe das Gesamtnetzwerk erheben müssen. Es ist jedoch zu vermuten, dass zwischen Gruppenbindung und der aktiven Partizipation an Prozessen, die die Gruppe insgesamt betreffen, eine enge Beziehung besteht. Eine solche aktive Partizipation kann vieles umfassen und unterschiedlich ausgeprägt sein: Sie reicht von einer Beteiligung an Abstimmungen über Moderationen, bis hin zum Status eines *wizard* oder privilegierten Users. Die Ergebnisse weisen darauf hin, dass ein solches Engagement selten vorkommt: Nur ein Viertel der Befragten hat jemals an Aktivitäten teilgenommen, die über die übliche Nutzung hinausgehen. Zwischen Chattern und Nutzern von Newsgroups besteht in dieser Hinsicht kein Unterschied. Dies stützt die in den vorangehenden Abschnitten formulierte Vermutung, dass Online-Beziehungen nur selten gruppenförmig organisiert sind, sondern eher die Form von relativ lockeren Netzwerken annehmen.

5. Schlussfolgerungen

Mit den in den ersten beiden Abschnitten skizzierten Überlegungen wurde ein begrifflicher Rahmen umrissen, um die Frage nach dem theoretischen (und empirischen) Status von Online-Beziehungen in einen größeren Zusammenhang zu stellen. Folgt man der Argumentation von Craig Calhoun, so ist mit dem Internet keine Wiedergewinnung von Gemeinschaft verbunden, sondern gerade umgekehrt eine weitere Expansion indirekter Beziehungen (vgl. ausführlich: Calhoun, 1998). Online-Beziehungen sind, so Calhoun, indirekte und in vielen Fällen funktional spezialisierte Beziehungen, die technisch vermittelt sind und nicht auf direktem Kontakt beruhen. Insofern ist das Internet nur die vorläufig letzte Stufe einer dramatischen Ausweitung der technischen Infrastruktur, die die Entstehung indirekter Beziehungen erst möglich machte. Wenn überhaupt, weisen virtuelle Gruppen eher Ähnlichkeit mit imaginierten Gemeinschaften auf, als mit realweltlichen Gruppen: Das Zusammengehörigkeitsgefühl beruht auf einer abstrakten und kategorialen Gemeinsamkeit - dem Interesse an Computerfragen, oder der Zugehörigkeit zur gleichen Profession -, ohne durch umfassende persönliche Beziehungen gedeckt zu sein.[30] Im Gegensatz zu Calhouns Argumentation legen viele Einzelfallstudien zu virtuellen Gruppen den Eindruck nahe, dass es im Internet tatsächlich zur Gruppenbildung kommt und virtuelle Gruppen viele Eigenschaften mit realweltlichen Gruppen teilen: Zusammengehörigkeitsgefühl, kollektive Identität und diffuse Beziehungen (siehe Abschnitt 3).

Wer hat recht? Markieren Online-Beziehungen tatsächlich eine "Rückkehr von Gemeinschaft" oder sind sie bloß ein weiterer Schritt in Richtung indirekter Beziehungen? Haben Chat- und Newsgroups tatsächlich Gruppenstatus oder sind sie nicht eher imaginierte Kollektive, und ähnlich wie diese bloß ein Simulacrum von Gemeinschaft? Die präsentierten Ergebnisse legen den Schluss nahe, dass beide Auffassungen nicht so recht greifen wollen. Online-Beziehungen lassen sich weder imaginierten Gemeinschaften zuschlagen, noch sind sie eine Fortsetzung realweltlicher Gruppenstrukturen mit anderen Mitteln. Stattdessen scheinen sie eine eigenständige Sozialform zu begründen, die zwischen realweltlichen Gruppen und imaginierten Gemeinschaften steht.

Anstatt Gemeinschaft statisch als spezifische Sozialform zu verstehen, und sie über die subjektive Dimension der Mitgliederwahrnehmung zu definieren, habe ich vorgeschlagen, Gemeinschaft als ein Kontinuum zu begreifen, das von wenigen bilateralen Beziehungen, über dichte Netzwerke, bis hin zu Gruppen reicht: "Community (...) is a mode of relating, variable in extent" (Calhoun, 1998: 391). Die im letzten Abschnitt vorgestellten Ergebnisse bestätigen, dass die Frage der virtuellen Vergemeinschaftung differenziert betrachtet werden muss. Die Tatsache, dass jemand viel Zeit in den Kommunikationsdiensten des Internet verbringt, gibt noch keinen Aufschluss über die Form virtueller Vergemeinschaftung. Die virtuelle Integration kann von uniplexen und bilateralen Beziehungen ("personal communities") über dichte Vernetzungen ("group communities"), bis hin zu dauerhaften Bindungen an eine bestehende virtuelle Gruppe reichen.

Am verbreitetsten sind Netzwerke, in denen Ego zu verschiedenen Personen Kontakt hat, ohne dass sich diese untereinander kennen (personal communities). Diese Beziehungen können teilweise allerdings durchaus intensiv sein. Davon abzugrenzen sind virtuelle Netzwerke, in denen die Alteri auch unterein-

---

[30] In der Internet-Literatur wird zwar relativ häufig auf Andersons Konzept der imaginierten Gemeinschaft verwiesen, meistens allerdings in einer sehr reduzierten Lesart (vgl. etwa: Baym, 1998: 39; Jones, 1997: 17; oder auch Tepper 1997: 47.).

ander Kontakt haben (group communities). In vielen Fällen bilden sich solche Netzwerke innerhalb bestehender Kommunikationsgruppen, sie können aber auch gruppenübergreifend sein. Die Kommunikationsgruppen haben in diesem Fall eine ähnliche Funktion wie die Kneipe in der Nachbarschaft. Sie sind ein Ort, an dem man Leute trifft, ohne selbst ein eigenständiges soziales System zu sein. Die Bildung "echter" Gruppen mit klaren Grenzen gegen außen, und einer eigenen Identität ist gewissermaßen die letzte Stufe, die - entgegen der in der Internet-Literatur verbreiteten Perspektive - ein eher marginales Phänomen zu sein scheint (siehe Abschnitt 3). Entsprechend selten ist eine virtuelle Vergemeinschaftung, die die Form einer starken Gruppenbindung annimmt.

Generell zeigen die Ergebnisse, dass die Befragten durchaus über virtuelle Netzwerke verfügen, diese aber häufig realweltlich abgestützt sind. Die Tatsache, dass exklusive virtuelle Beziehungen relativ selten sind, weist darauf hin, dass die beschriebenen strukturellen Defizite computervermittelter Kommunikation über Offline-Kontakte ausgeglichen werden (müssen). Gemeinschaft ohne Nähe scheint es auch im Internet kaum zu geben, zumindest nicht in einem kleinräumigen Kontext wie der Schweiz. Die virtuellen Beziehungen haben zudem ein anderes, gewissermaßen "schwächeres" Profil, als die realweltlichen Beziehungsnetze. Im Vergleich zu realweltlichen Netzwerken sind virtuelle Beziehungen funktional spezialisierter, d.h. uniplexer, weniger eng und haben eher bilateralen Charakter. Gleichzeitig verschafft das Internet jedoch Zugang zu einem potentiell unerschöpflichen Reservoir an schwachen Beziehungen, die, ähnlich wie es Granovetter (1973) postuliert hat, für diverse Funktionen genutzt werden können (vgl. Constant, et al., 1996).

Online-Beziehungen treten nicht an die Stelle realweltlicher Beziehungsnetze, sondern ergänzen sie. Insofern ist die Annahme, dass computervermittelte Kommunikation zu Isolation führt, ähnlich verfehlt, wie die Vorstellung eines unwiderbringlichen Gemeinschaftsverlusts. Sie ist nichts weiter, als die virtuelle Neuauflage der altbekannten These einer zunehmenden Vereinzelung im Zuge der Modernisierung. Das Internet führt weder zur einer Rückkehr von Gemeinschaft, noch zu deren endgültiger Zerstörung, sondern ermöglicht eine neue Form von Beziehungen - allerdings nur oder vor allem im Exklusionsbereich (vgl. Abschnitt 1). Für den Inklusionsbereich dagegen scheint Calhouns Diagnose zuzutreffen. Das Internet ist hier Teil einer zunehmend globalen Informations-Infrastruktur, die die Expansion indirekter Beziehungen potenziert und die "Verselbstständigung des Sozialen" einen gewaltigen Schritt vorantreibt. Die virtuellen Netzwerke, die die Individuen in ihrer Freizeit knüpfen, nehmen sich vor diesem Hintergrund geradezu idyllisch aus.

Literatur

B. Anderson, 1996: Die Erfindung der Nation. Frankfurt/M.

K. Aoki, 1994: Virtual Communities in Japan. Online: http://www.unikoeln.de/themen/ cmc/litlist/htlm

N. K. Baym, 1995: From Practice to Culture on Usenet, in: S. L. Star (Hrsg.): The Cultures of Computing. Oxford. S. 29-52.

N. K. Baym, 1998: The Emergence of On-line-Community, in: St. G. Jones (Hrsg.): CyberSociety 2.0. Revisiting Computer-Mediated Communication and Community. London. S. 35-68.

U. Beck, E. Beck-Gernsheim, 1993: Nicht Autonomie, sondern Bastelbiographie, in: Zeitschrift für Soziologie, 22/3. 5. 178-187.

U. Beck, E. Beck-Gernsheim, 1994: Individualisierung in modernen Gesellschaften - Perspektiven und Kontroversen einer subjektorientierten Soziologie, in: U. Beck, E. Beck-Gernsheim (Hrsg.): Riskante Freiheiten. Frankfurt/M. S. 10-42.

E. Beck-Gernsheim, 1983: Vom "Dasein für andere" zum Anspruch auf ein Stück "eigenes Leben". Individualisierungsprozesse im weiblichen Lebenszusammenhang, in: Soziale Welt, 34/2. S. 307-339.

E. Beck-Gernsheim, 1992: Arbeitsteilung, Selbstbild und Lebensentwurf. Neue Konfliktlagen in der Familie, in: Kölner Zeitschrift für Soziologie und Sozialpsychologie, 44/2. S. 273-291.

P. A. Berger, 1995: Mobilität, Verlaufsvielfalt und Individualisierung, in: P. A. Berger, P. Sopp (Hrsg.): Sozialstruktur und Lebenslauf. Opladen. S. 65-84.

C. Calhoun, 1980: Community: Toward a Variable Conceptualization for Comparative Research, in: Social History, 5. S. 105-129.

C. Calhoun, 1983: The Radicalism of Tradition, in: American Journal of Sociology, 88. S. 886-914.

C. Calhoun, 1991: Indirect Relationships and Imagined Communities: Large-Scale Social Integration and the Transformation of Everyday Life, in: P. Bourdieu, J. Coleman (Hrsg.): Social Theory for a Changing Society. San Francisco. S. 95-130.

C. Calhoun, 1992: The Infrastructure of Modernity: Indirect Relationships, Information-Technology, and Social Integration, in: N. Smelser, H. Haferkamp (Hrsg.): Social Change and Modernity. Berkeley, CA. S. 205-236.

C. Calhoun, 1998: Community without Propinquity Revisited: Communication Technology and the Transformation of the Urban Public Sphere, in: Sociological Inquiry, 68/3. S. 373-397.

D. Constant, L. Sproull, S. Kiesler, 1996: The Kindness of Strangers: The Usefulness of Electronic Weak Ties for Technical Advice, in: Organization Science, 7/2. S. 119-135.

J. Dibbell, 1993: A Rape in Cyberspace, in: Village Voice, 38/51. Dezember. 5. S. 36-42. Online: gopher: well.sf.ca. us Directory: community

A. DuVal Smith, 1999: Problems of Conflict Management in Virtual Communities, in: M. Smith, P. Kollock (Hrsg.): Communities in Cyberspace. London. S. 134-166.

M. Emirbayer, J. Goodwin, 1994: Network Analysis, Culture, and the Problem of Agency, in: American Journal of Sociology, 99/6. S. 1411-1454.

C. S. Fischer, 1982: To Dwell among Friends. Personal Networks in Town and City. Chicago.

H. Geser, 1990: Die kommunikative Mehrebenenstruktur elementarer Interaktionen, in: Kölner Zeitschrift für Soziologie und Sozialpsychologie, 42/2. S. 207-231.

A. Giddens, 1988: Die Konstitution der Gesellschaft. Frankfurt/M.

H.-J. Giegel (Hrsg.), 1992: Kommunikation und Konsens in modernen Gesellschaften. Frankfurt/M.

S. E. Gillett, M. Kapor, 1997: The Self-Governing Internet: Coordination by Design, in: B. Kahin, J. H. Keller (Hrsg.): Coordinating the Internet. Cambridge, MA. S. 3-38.

L. Gräf, 1997: Locker verknüpft im Cyberspace - Einige Thesen zur Änderung sozialer Netzwerke durch die Nutzung des Internet, in: L. Gräf, M. Krajewski (Hrsg.): Soziologie des Internet. Frankfurt/M. S. 99-124.

M. Granovetter, 1973: The Strength of Weak Ties, in: American Journal of Sociology, 78. S. 1360-1380.

J. Habermas, 1981: Theorie des kommunikativen Handelns. Zwei Bände. Frankfurt/M.

B. Heintz, 1999: Die Innenwelt der Mathematik. Zur Kultur und Praxis einer beweisenden Disziplin. Wien et al.

B. Heintz, E. Nadai, 1998: Geschlecht und Kontext. De-Institutionalisierungsprozesse und geschlechtliche Differenzierung, in: Zeitschrift für Soziologie, 27/2. S. 75-93.

W. Heitmeyer, 1994: Das Desintegrations-Theorem, in: W. Heitmeyer (Hrsg.): Das Gewalt-Dilemma. Frankfurt/M. S. 29-69.

W. Heitmeyer, 1997: Gibt es eine Radikalisierung des Integrationsproblems? in: W. Heitmeyer (Hrsg.): Was hält die Gesellschaft zusammen? Frankfurt/M. S. 23-65.

S. Helmers, U. Hoffmann, J. Hofmann, 1998: Internet... The Final Frontier: Eine Ethnographie, WZB-Papers, Nr. FS II 98-112.

R. Hitzler, A. Honer, 1994: Bastelexistenz. Über subjektive Konsequenzen der Individualisierung, in: U. Beck, E. Beck-Gernsheim (Hrsg.): Riskante Freiheiten. Frankfurt/M. S. 307-315.

A. Honneth, H. Joas (Hrsg.), 1986: Kommunikatives Handeln. Frankfurt/M.

K. H. Hörning, M. Michailow, 1990: Lebensstil als Vergesellschaftungsform, in: P. A. Berger, S. Hradil (Hrsg.): Lebenslagen, Lebensläufe, Lebensstile, Soziale Welt, Sonderband 7. Göttingen. S. 501-521.

S. Hradil, 1990: Individualisierung, Pluralisierung, Polarisierung. Was ist von den Klassen und Schichten geblieben? In: R. Hettlage (Hrsg.): Die Bundesrepublik. Eine historische Bilanz. München. S. 111-138.

W. Jagodzinski, M. Klein, 1998: Individualisierungskonzepte aus individualistischer Perspektive, in: J. Friedrichs (Hrsg.): Die Individualisierungsthese. Opladen. S. 13-32.

D. Jansen, 1999: Einführung in die Netzwerkanalyse. Opladen.

B. Joerges, 1989: Technische Normen - soziale Normen? In: Soziale Welt, 40/1, 2. S. 242-258.

St. G. Jones, 1997: The Internet and its Social Landscape, in: St. G. Jones (Hrsg.), Virtual Culture. London. S. 7-35.

M. Junge, 1996: Individualisierungsprozesse und der Wandel von Institutionen, in: Kölner Zeitschrift für Soziologie und Sozialpsychologie, 48/4. S. 728-447.

M. Kohli, 1988: Normalbiographie und Individualität: Zur institutionellen Dynamik des gegenwärtigen Lebenslaufregimes, in: H.-G. Brose, B. Hildebrand (Hrsg.): Vom Ende des Individuums zur Individualität ohne Ende. Opladen. S. 33-53.

P. Kollock, 1996: Design Principles for Online Communities. Online: http://www.sscnet.ucla.edu/soc/faculty/kollock/papers/design.htm

P. Kollock, M. A. Smith, 1996: Managing the Virtual Commons: Cooperation and Conflict in Computer Communities, in: S. Herring (Hrsg.): Computer-Mediated Communication: Linguistic, Social, and Cross-Cultural Perspectives. Amsterdam. S. 109-128.

R. Kreckel, 1994: Soziale Integration und nationale Identität, in: Berliner Journal für Soziologie, 4/1. S. 13-20.

B. Latour, 1992: Where are the Missing Masses? The Sociology of a Few Mundane Artifacts, in: W. E. Bijker, J. Law (Hrsg.): Shaping Technology/Building Society. Studies in Sociotechnical Change. Cambridge, MA. S. 225-258.

Ch. Lau, 1988: Gesellschaftliche Individualisierung und Wertwandel, in: H. O. Luthe, H. Meulemann (Hrsg.): Wertwandel - Faktum oder Fiktion? Frankfurt/M. S. 217-234.

E. O. Laumann, 1973: Bonds of Pluralism. The Form and Substance of Urban Social Networks. New York.

J. Lockard, 1997: Progressive Politics, Electronic Individualism and the Myth of Virtual Community, in: D. A. Porter (Hrsg.): Internet Culture. London. S. 219-232.

D. Lockwood, 1969: Soziale Integration und Systemintegration, in: W. Zapf (Hrsg.): Theorien des sozialen Wandels. Köln. S. 124-137.

N. Luhmann, 1970: Selbststeuerung der Wissenschaft, in: N. Luhmann: Soziologische Aufklärung, Bd. 1. Opladen. S. 232-252.

N. Luhmann, 1986: Ökologische Kommunikation. Opladen.

N. Luhmann, 1989: Individuum, Individualität, Individualismus, in: N. Luhmann: Gesellschaftsstruktur und Semantik, Bd. 3. Frankfurt/M. S. 149-258.

N. Luhmann, 1994: "Distinctions Directrices". Über Codierung von Semantiken und Systemen, in: N. Luhmann: Soziologische Aufklärung, Bd. 4. Opladen. S. 13-31.

N. Luhmann, 1995a: Inklusion und Exklusion, in: N. Luhmann: Soziologische Aufklärung, Bd. 6. Opladen. S. 237-264.

N. Luhmann, 1995b: Die Form "Person", in: N. Luhmann: Soziologische Aufklärung, Bd. 6. Opladen. S. 142-154.

N. Luhmann, 1995c: Die gesellschaftliche Differenzierung und das Individuum, in: N. Luhmann: Soziologische Aufklärung, Bd. 6. Opladen. S. 125-141.

N. Luhmann, 1997: Die Gesellschaft der Gesellschaft. Zwei Bände. Frankfurt/M.

R. C. MacKinnon, 1997: Punishing the Persona: Correctional Strategies for the Virtual Offender, in: St. G. Jones (Hrsg.): Virtual Culture. London. S. 206-235.

R. Mayntz, 1993: Grosse technische Systeme und ihre gesellschaftstheoretische Bedeutung, in: Kölner Zeitschrift für Soziologie und Sozialpsychologie, 45/1. S. 97-108.

J. L. Mnookin, 1997: Virtual(l)y Law: The Emergence of Law in LambdaMOO, in: Journal of Computer-mediated Communication. Online: http://jcmc.huji.ac.il/vol.2/issue1/

G. Moore, 1990: Structural Determinants of Men's and Women's Personal Networks, in: American Journal of Sociology, 55. S. 726-735.

Ch. Morningstar, F. R. Farmer, 1991: The Lessons of Lucasfilm's Habitat, in: M. Benedikt (Hrsg.): Cyberspace. First Steps. Cambridge, MA. S. 273-302.

R. Münch, 1997: Elemente einer Theorie der Integration moderner Gesellschaften, in: W. Heitmeyer (Hrsg.): Was hält die Gesellschaft zusammen? Frankfurt/M. S. 66-112.

A. Nassehi, 1997: Inklusion, Exklusion-Integration, Desintegration. Die Theorie funktionaler Differenzierung und die Desintegrationsthese, in: W. Heitmeyer (Hrsg.): Was hält die Gesellschaft zusammen? Frankfurt/M. S. 113-148.

B. Nauck, A. Kohlmann, H. Diefenbach, 1997: Familiäre Netzwerke, intergenerative Transmission und Assimilationsprozesse bei türkischen Migrantenfamilien, in: Kölner Zeitschrift für Soziologie und Sozialpsychologie, 3. S. 477-499.

E. Ostrom, 1990: Governing the Commons: The Evolution of Institutions for Collective Action. Cambridge, MA.

M. R. Parks, K. Floyd, 1996: Making Friends in Cyberspace, in: Journal of Computer-mediated communication. Onlinet: http://jcmc.huji.ac.il/vol.1/issue4

J. A. Perrolle, 1991: Conversations and Trust in Computer Interfaces, in: Ch. Dunlop, R. Kling (Hrsg.): Computerization and Controversy. Boston, et al.. S. 350-363.

B. Peters, 1993: Die Integration moderner Gesellschaften, Frankfurt/M.

E. Reid, 1999: Hierarchy and Power: Social Control in Cyberspace, in: M. Smith, P. Kollock (Hrsg.): Communities in Cyberspace, London. S. 107-135.

M. S. Rerrich, 1994: Zusammenfügen, was auseinanderstrebt. Zur familialen Lebensführung von Berufstätigen, in: U. Beck, E. Beck-Gernsheim (Hrsg.): Riskante Freiheiten. Frankfurt/M. S. 201-218.

H. Rheingold, 1994: Virtuelle Gemeinschaft. Bonn, et al..

M. Schenk, 1995: Soziale Netzwerke und Massenmedien. Untersuchungen zum Einfluss persönlicher Kommunikation. Tübingen.

U. Schimank, 1992: Spezifische Interessenkonsense trotz generellem Orientierungsdissens. Ein Integrationsmechanismus polyzentrischer Gesellschaften, in: H.- J. Giegel (Hrsg.): Kommunikation und Konsens in modernen Gesellschaften. Frankfurt/M. S. 236-275.

U. Schimank, 1998: Funktionale Differenzierung und soziale Ungleichheit: die zwei Gesellschaftstheorien und ihre konflikttheoretische Verknüpfung, in: H.-J. Giegel (Hrsg.): Konflikt in modernen Gesellschaften. Frankfurt/M. S. 61-88.

A. R. Stone, 1995: The War of Desire and Technology at the Close of the Mechanical Age. Cambridge, MA.

M. Tepper, 1997: Usenet Communities and the Cultural Politics of Information, in: D. A. Porter (Hrsg.): Internet Culture. London. S. 39-54.

H. Tyrell, 1983: Zwischen Interaktion und Organisation I: Gruppe als Systemtyp, in: F. Neidhardt (Hrsg.): Gruppensoziologie. Kölner Zeitsclrrift für Soziologie und Sozialpsychologie, Sonderband 25. Opladen. S. 75-87.

H. Tyrell, 1998: Zur Diversität der Differenzierungstheorie. Soziologiehistorische Anmerkungen, in: Soziale Systeme, 4/1. S. 119-149.

L. Van Gelder, 1991: The Strange Case of the Electronic Lover, in: Ch. Dunlop, R. Kling
(Hrsg.): Computerization and Controversy. Boston, et al.. S. 364-375.

N. Watson, 1997: Why We Argue About Virtual Community: A Case Study of the
Phish.Net Fan Community, in: St. G. Jones (Hrsg.): Virtual Culture. Identity and
Communication in Cybersociety. London. S. 102-132.

E. R. Weise, 1996: A Thousand Aunts With Modems, in: L. Cherny, E. R. Weise (Hrsg.):
Wired_Women. Seattle. S. vii-xv.

B. Wellman, 1979: The Community Question, in: American Journal of Sociology, 84.
S. 1201-1231.

B. Wellman, 1996: Are Personal Communities Local? A Dumptarian Reconsideration, in:
Social Networks, 18. S. 347-354.

B. Wellman, 1997: An Electronic Group is Virtually a Social Network, in: S. B. Kiesler
(Hrsg.): Cultures of the Internet. Mahwah NJ. S. 179-205.

B. Wellman, M. Gulia, 1999: Virtual Communities as Communities: Net Surfers Don't
Ride Alone, in: M. A. Smith, P. Kollock (Hrsg.): Communities in Cyberspace. London. S. 167-194.

B. Wellman, P. J. Carrington, A. Hall, 1988: Networks as Personal Communities, in:
B. Wellman, St. D. Berkowitz (Hrsg.): Social Structures: a Network Approach, Cambridge. S. 130-184.

Th. Wobbe, 1999: Neue Grenzen des Geschlechterverhältnisses. Frauenpolitik im globalen Erwartungshorizont der Weltgesellschaft, in: C. Honegger, St. Hradil, F. Trax-
ler (Hrsg.): Grenzenlose Gesellschaft, Bd. 2. Opladen. S. 181-197.

M. Wohlrab-Sahr, 1992: Über den Umgang mit biographischer Unsicherheit - Implikationen der "Modernisierung der Moderne", in: Soziale Welt, 43, 2. S. 217-236.

II: Mittelbare Unmittelbarkeit:
Soziale Motivation, Stabilität und Normativität als
Problemdimensionen virtueller Gruppen

Computernetze als verbindendes Element von Gemeinschaftsnetzen.
Studie über die Wirkungen der Nutzung von Computernetzen auf bestehende soziale Gemeinschaften

Robin B. Hamman

Einleitung

Viele Sozialwissenschaftler haben über die Entwicklung von Online-Gemeinschaften geschrieben. Online-Gemeinschaften sind Gemeinschaften, die sich im Cyberspace bilden. Häufig bestehen diese Gemeinschaften nur aus Personen, die einander niemals Offline begegnet sind. In den vierzehn Jahren, in denen ich an der Online-Kommunikation teilnahm, war ich in Dutzenden solcher Online-Gemeinschaften Mitglied und habe hunderte Nutzer getroffen, die Computernetze in erster Linie dazu benutzten, um andere Nutzer zu treffen und mit ihnen neue Online-Beziehungen aufzubauen. Die Forschungsergebnisse, die ich in diesem Artikel vorstellen werde, zeigen allerdings, dass viele Nutzer des Internet-Dienstes AOL (America Online) sich ein AOL-Zugangskonto verschaffen, um Informationsrecherche zu betreiben, und mit Personen aus ihren bereits vorhandenen sozialen Netzwerken zu kommunizieren. Dieses Verschwinden der Unterscheidung zwischen Online- und Offline-Gemeinschaften steht im Kontrast zur Mehrzahl der 'gängigen' Vorstellungen über Online-Gemeinschaften und deutet auf weitreichende Veränderungen hin, die auch für unser Verständnis des Begriffs "Gemeinschaft" von Bedeutung sind.

Der vorliegende Artikel basiert auf den Ergebnissen einer Untersuchung von Nutzern des populären Online-Dienstes America Online (AOL), die ich vor kurzem durchgeführt habe. Die Untersuchung befasst sich in erster Linie mit der Motivation der AOL-Nutzer, genauer gesagt, mit der Fragestellung, ob soziale Isolation oder Einsamkeit die Nutzer motiviert haben, sich an ein Computernetz anzuschließen und es zu benutzen. Den zweiten Untersuchungsschwerpunkt bildet die Thematisierung der Vorlieben, die die AOL-Nutzer bei der Gestaltung ihrer Online-Zeit an den Tag legten. Schließlich setzt sich der Forschungsansatz mit der Frage auseinander, wie die online verbrachte Zeit sowohl die Nutzer als Individuen, als auch ihre bereits offline existierenden Freundschaften, sozialen Netzwerke und Gemeinschaften beeinflusst.

Die Ergebnisse dieser Untersuchung deuten darauf hin, dass viele AOL-Nutzer sich deshalb an den Online-Service anschließen, um Informationssuche zu betreiben, und um über Computer vor allem mit den Leuten zu kommunizieren, die sie schon offline kennen, und nicht, um sich mit Unbekannten online zu treffen und mit ihnen neue Freundschaften anzuknüpfen. Des weiteren hat die Studie gezeigt, dass die Online verbrachte Zeit die Gruppensolidarität stärken kann, wenn CMC (= computer-mediated communication: computervermittelte Kommunikation) dazu genutzt wird, mit den Mitgliedern bereits vorhandener gesellschaftlicher Netzwerke zu kommunizieren. Diese Ergebnisse stehen im Widerspruch zur Meinung einer Vielzahl von Theoretikern und Forschern, die davon ausgehen, dass computervermittelte Kommunikation zum Zerfall vorhandener sozialer Gemeinschaften führen könne - eine Erkenntnis, die besonders in der jüngsten "HomeNet-Studie" im Vordergrund steht.

Gemeinschaft - ein mehrdeutiger Begriff

Abgesehen von der wiederkehrenden Beschreibung von Gemeinschaft als einer 'Gruppe von Leuten' herrscht in den Sozialwissenschaften nur wenig Übereinstimmung bei der Definition des Begriffs "Gemeinschaft". So schreibt Poplin:

"Von ihren Anfängen als Disziplin an war die Soziologie durch die Inkonsistenz und Mehrdeutigkeit ihrer grundlegenden Terminologie belastet (...) der Begriff 'Gemeinschaft' fällt in diese Kategorie. Als ein Bestandteil des soziologischen Vokabulars wurde dieser Begriff in so vielen Bedeutungen benutzt, dass er nur noch als Sammelbegriff beschrieben werden kann." (1979[2]: 3)

Auch das "Oxford Dictionary of Sociology" stellt fest: "Die Mehrdeutigkeit des Begriffs 'Gemeinschaft' lässt jede kohärente soziologische Definition von Gemeinschaften und daher die Festlegung der Reichweite und Grenzen ihrer empirischen Untersuchung unmöglich erscheinen." (Marshall, 1994: 75)

Üblicherweise findet der Begriff 'Gemeinschaft' im Alltag in verschiedenen nichtwissenschaftlichen Bedeutungen Verwendung. Hieraus resultiert die terminologische Mehrdeutigkeit und Verwirrung, die immer dann auftritt, wenn wir versuchen, den Begriff sozialwissenschaftlich zu definieren. Nachfolgend sind einige gängige Beispiele der vielfältigen Möglichkeiten aufgeführt, wie der Begriff 'Gemeinschaft' oder seine Derivate, wie beispielsweise: 'Gruppe', 'Gemeinde', 'Gesellschaft', außerhalb der sozialwissenschaftlichen Literatur verwendet wird.

- In der Werbung: "Kaufen Sie im Lebensmittelgeschäft in *ihrer Gemeinde* ein. Wir schaffen Arbeitsplätze für die Leute vor Ort."
- Bei der Namensgebung von Gebäuden: Das "unabhängige örtliche *Gemeinschaftsaltenheim*".
- Zur Charakterisierung einer Stadt oder ihrer Einwohner: "Die *Gemeinschaft der Liverpooler* (Liverpudlians) zeichnet sich durch einen ausgeprägten Stolz aus".
- Wenn über Minderheiten wie "*die Gemeinschaft der Schwarzen*" oder "*Schwulengemeinschaft*" gesprochen wird.
- Wenn ein Gefühl der Zusammengehörigkeit in einer Gruppe von Freunden oder Arbeitskollegen beschrieben wird.
- Wenn abstrakte, weltweit auftretende Gruppen beschrieben werden. Zum Beispiel die "*Gemeinschaft der Akademiker*", die aus Tausenden von Akademikern besteht, die über Rundschreiben, Zeitschriften und andere direkte oder indirekte Formen zwischenmenschlicher Kontakte miteinander in Verbindung stehen.

Während der nichtwissenschaftliche Gebrauch des Gemeinschaftsbegriffs Missverständnisse herbeiführt, wenn der Begriff in sozialwissenschaftlichen Texten benutzt wird, liegt ein anderer wichtiger Grund für die Mehrdeutigkeit seiner Definition innerhalb der Sozialwissenschaften darin begründet, dass sich gerade das gesellschaftliche Konstrukt, das der Begriff abbilden soll, kontinuierlich verändert und weiterentwickelt. Darüber hinaus wurde der Begriff durch seinen politischen Gebrauch in vielen Texten mit einer impliziten Wertladung versehen.

Die Veränderungen des gesellschaftlichen Konstrukts, das wir Gemeinschaft nennen, die in erster Linie durch technologischen, sozioökonomischen und politischen Wandel in der Gesamtgesellschaft verursacht wurden, sind von so bekannten Theoretikern wie Durkheim, Marx, Weber und anderen beschrieben worden. So beschreibt zum Beispiel Durkheim die Veränderungen, die auftraten als sich die frühen, agrarisch geprägten Gesellschaften, die zum größten Teil auf verwandtschaftlichen Beziehungen und geographischer Nähe (mechanische Solidarität) basierten, zu modernen, städtisch orientierten Industriegesellschaften entwickelten, in denen die Gemeinschaften auf gemeinsamen Interessen und geographischer Nähe (organische Solidarität), aber nicht notwendigerweise auf Verwandtschaftsbeziehungen beruhen.

Für Marx beruhen die sozialen Bindungen moderner Gemeinschaften auf Geld, auf seinem Erwerb und den Ungleichheiten, die durch seine Knappheit verursacht werden. Nach Marx bilden sich spezifische Gruppen entlang sozialer Klassenunterschiede, die wiederum vom Kapital und der Akkumulation von Vermögen bestimmt werden.

Für die 'Neue Linke' der 60er und 70er Jahre war 'Gemeinschaft' gleichbe-
deutend mit einer Organisationsform von Personen mit spezifischer Interessen-
lage. Beispielsweise wurde die Schwulen-Gemeinschaft San Francisco gegründet, um eine soziale Bewegung zu unterstützen, deren Ziel es war, die Rechte
von Homosexuellen durchzusetzen und formal zu sichern. Für die Revolutionäre
des Mai 68 in Frankreich war 'Gemeinschaft' eine Alternative zur kapitalistischen
Konsumhaltung (Barbrook, 1995: 91-114). Für fast jeden Gesellschaftstheoretiker
und Aktivisten, der den Begriff 'Gemeinschaft' benutzt, ist damit eine politische
Bedeutung und Agenda verbunden.

Die hier angeführten Beispiele sind keinesfalls als vollständige Aufstellung
der Verwendungen des Begriffs 'Gemeinschaft' im Laufe des letzten Jahrhunderts anzusehen. Dennoch verweisen diese begrenzten Ausführungen darauf,
wie viele konkurrierende Konzepte des Begriffs - je nachdem, von wem er
benutzt wird, vom Zeitpunkt seines Entstehens und von den Zwecken, die damit
verfolgt werden – existieren. Die Entwicklung der Schrift, die Mechanisierung,
die wachsende Differenzierung der sozialen Schichtung, die Gesellschaftsstruktur, die Zersiedelung von Lebensräumen usw. haben zu Veränderungen der
Gemeinschaften beigetragen und die Art und Weise beeinflusst, in der wir sie
begrifflich erfassen. Zum Begriff 'Gemeinschaft' finden sich in den Sozialwissenschaften infolgedessen Dutzende, wenn nicht gar Hunderte von unterschiedlichen Definitionen. Ich haben an dieser Stelle bereits kurz darauf hingewiesen,
dass einige dieser Definitionen auf politischen Standpunkten beruhen. Aufgrund
der vielen divergierenden politischen Standpunkte ist es jedoch bislang unmöglich gewesen, zu einer konsensuellen soziologischen Definition des Begriffs zu
gelangen. Aufgrund dieser Mehrdeutigkeit kommt Freilich zu folgendem Schluß:

"Da eine notwendige Voraussetzung der Wissenschaft die Eindeutigkeit ihrer Terminologie ist, müssen wir daraus schließen, (...) dass 'Gemeinschaft' zum gegenwärtigen Zeitpunkt ein nicht-wissenschaftlicher Begriff ist, sofern er nicht in jeder Veröffentlichung, in der er verwendet wird, neu definiert wird." (1963: 118.).

Gerade deshalb ist es wichtig, hier zuerst eine eindeutige soziologische Definition des Begriffs 'Gemeinschaft' vorauszuschicken, bevor ich fortfahre.

Gemeinschaft

In dem bisher möglicherweise besten Versuch, die verschiedenen Definitionen
von Gemeinschaft auf einen Nenner zu bringen, unterzog George Hillery Jr. 94
soziologische Definitionen des Gemeinschaftsbegriffs einer qualitativen und
quantitativen Analyse (Hillery, 1955: 111). Er ermittelte in dieser Stichprobe 16

verschiedene definitorische Konzepte (op. cit.: 115), von denen nur eines allen 94 Definitionen gemein war: sie alle befassen sich mit Personen (op. cit.: 117). Unabhängig davon gibt es jedoch andere Themenbereiche, in denen die Mehrzahl der von Hillery untersuchten Studien Übereinstimmungen aufwiesen. Hillery stellte fest, dass:

> "Von den 94 Definitionen 69 darin übereinstimmen, dass sich das Leben einer Gemeinschaft gewöhnlich durch soziale Interaktionen, eine gemeinsame Örtlichkeit, und eine gemeinschaftliche Bindung oder Bindungen auszeichnet". (Op. cit.: 118)

Auch Poplin stellt mit Bezug auf eine jüngere Untersuchung von 125 soziologischen Definitionen des Begriffs 'Gemeinschaft' fest, dass sich die oben definierten Aspekte, abgesehen von einigen marginalen Änderungen im Laufe der Jahre und des Gebrauchs, in der Mehrzahl der Definitionen wiederfinden (Poplin, 1979[2]: 8).

Im Interesse einer Klärung des Ansatzes, um weiteren Verwirrungen vorzubeugen, und um hier nicht Dutzende unterschiedlicher Definitionen vorzustellen habe ich mich dafür entschieden, auf der Grundlage von Hillary's Analyse des Begriffs 'Gemeinschaft' eine präzise Definition zu entwickeln. Demzufolge soll sich der soziologische Begriff der 'Gemeinschaft' hier beziehen auf: 1) eine Gruppe von Personen, 2) die in sozialen Interaktionen stehen, 3) einige gemeinsame Bindungen zwischen sich und den anderen Mitgliedern der Gruppe aufweisen 4), und die schließlich zeitweise einen gemeinsamen Ort frequentieren. Zugunsten einer eindeutigen und hoffentlich vorurteilsfreien Definition des Begriffs verzichte ich bewusst auf seine historischen und politischen Implikationen. Wenn ich im weiteren also von 'Gemeinschaft' spreche, so beziehe ich mich auf den unpolitischen Begriff einer sozialen Entität, die durch alle vier genannten Aspekte charakterisiert wird.

Im weiteren werden wir sehen, dass Gemeinschaft im Laufe der Jahre durchaus nicht verschwunden ist, wie einige Gesellschaftstheoretiker annehmen, sondern dass sie sich verändert hat. Die Arbeiten von Barry Wellman (siehe Wellmans Beitrag in diesem Band) und anderen zeigen vielmehr, dass sich Gemeinschaft zunehmend privatisiert. Privatisierte Gemeinschaften treten in der Form von Netzwerken und vernetzten Gemeinschaften in Erscheinung, die wahrscheinlich mehr auf Individuen, als auf nachbarschaftlichen Beziehungen beruhen. Die Ursache dieser Verschiebung von ortsgebundenen Gemeinschaften in Richtung auf private Gemeinschaftsnetze liegt in der Privatisierung der öffentlichen Räume begründet, die einst für die Entwicklung von Gemeinschaften wichtig waren. Infolge des Fehlens von öffentlichen Versammlungsplätzen, die häufig die Entwicklung geographisch determinierter Gemeinschaften begünstigen,

wird das Internet zu einem praktischen, rationellen und unterstützenden Hilfsmittel für jene zwischenmenschliche Kommunikation, die für die Stabilität privater, auf Individuen basierender Gemeinschaftsnetzwerke, von großer Bedeutung
ist.

Demographischer Wandel bei den Nutzern von Computernetzen

Mit der sprunghaften Zunahme der Nutzerbasis der Online-Dienste und des
Internet, geht auch eine Veränderung ihres demographischen Erscheingsbilds
einher. Viele dieser neuen Nutzer sind durch andere Ursachen motiviert, online
zu gehen, als ihre Vorgänger. Vor wenigen Jahren noch waren die meisten Nutzer der Computernetze Akademiker, Bastler, Netzpioniere (netheads) und Tech-
nophile - eben die Personen, die die Computerindustrie 'early adopters' nennt.
Im Gegensatz dazu sind heute viele der Netznutzer ganz normale Leute, die sich
nicht besonders für die Technologie interessieren, außer wenn sie beruflich
damit zu tun haben und Computernetze als Arbeitsmittel einsetzen.

Obgleich Computernetze für die meisten Bereiche der Gesellschaft gänzlich
unerreichbar bleiben, ist der Zugang zu einem Online-Dienst oder Internet für
manche Gruppen und innerhalb einiger Gemeinschaften inzwischen fast
genauso alltäglich, wie der der Besitz eines Telefons. Computergestützte Kommunikation (CMC) wird zunehmend von den Mitgliedern solcher 'normalen'
Gemeinschaften genutzt.

Von manchen Kreisen der Massenmedien, und von einigen wenigen Akademikern, wird darauf hingewiesen, dass diese Nutzung von Computernetzen auf
Kosten des Offline-Gemeinschaftslebens ginge. Sie führen dabei an, dass sich
die Nutzer von Computernetzen von ihren Freunden, Familien und Kollegen in
ihrer lokalen Gemeinschaft ausschließlich zugunsten der neu entdeckten Online-Gemeinschaften abwenden. Anhand der Stichprobe von AOL-Nutzern, die
an der vorliegenden Studie teilnahmen, konnte ich diesen Befund nicht verifizie-
ren. Meine Erkenntnisse belegen vielmehr, dass die Motivation, AOL zu benutzen, von der Notwendigkeit zur Informationssuche für wissenschaftliche und
berufliche Zwecke, oder von der Möglichkeit zur Kommunikation mit Mitgliedern bereits vorhandener Offline-Gemeinschaften ausging. Keiner der AOL-Nutzer in meiner Untersuchung zeigte irgendein Interesse, einen Bedarf oder ein
Verlangen, online neue Bekanntschaften zu machen, neue Online-Gemeinschaften aufzubauen, oder an deren sozialen Online-Experimenten teilzunehmen. Obwohl ich der Ansicht durchaus zustimme, dass es einige Nutzer von
Computernetzen wie AOL gibt, die diese Netze dafür nutzen, online Leute zu
treffen und neue Gemeinschaften mit Personen aufzubauen, die sie offline nie
getroffen haben, scheint die Mehrheit der Teilnehmer an dieser Studie die Com-

puternetze dazu zu nutzen, bestimmte forschungs- oder arbeitsbedingte Aufgaben zu lösen und um zu kommunizieren. Wenn sie damit fertig sind, loggen sie sich aus.

Forschungsergebnisse zur sozialen Bedeutung von CMC

Das Internet und andere Computernetze werden zunehmend in der Industrie, im Beruf und im Privatleben benutzt. Computernetze erleichtern uns viele Alltagsaufgaben wie Informationssuche, Forschung und Kommunikation. Beispielsweise haben sowohl Presse, Erzieher, als auch Computerunternehmen darauf hingewiesen, dass es der Online-Unterricht geographisch weit entfernten Studenten erlaubt, an Kursen der besten Fachleute teilzunehmen (Hamilton, Miller, 1997; Spender, 1995: 146). Das Internet bringt uns aber nicht nur Bildung ins Haus, es verbindet uns auch mit einer umfassenden Informations-Bibliothek, die anderswo nicht so leicht zur Verfügung steht.

Es besteht infolgedessen kein Mangel an akademischen und theoretischen Arbeiten, die das Internet und andere Computernetze in einem positiven Licht erscheinen lassen. Tatsächlich konnten die meisten Forscher, die im Cyberspace empirische Feldforschung betrieben haben, feststellen, dass die Beteiligung an Computernetzen mit einer Reihe von möglichen Vorteilen verbunden ist. Bekannt sind beispielsweise die Berichte über die Freiheit der anonymen Nutzer des Internet, mit multiplen Selbst-Identitäten (Turkle, 1996; siehe auch den Beitrag von Elizabeth Reid-Steere in diesem Band) und ihrem Geschlecht (Stone, 1995) zu experimentieren, oder politische Macht (Schmitz, 1997) zu erlangen, zu der sie andernfalls nie Zugang gehabt hätten.

Trotz all dieser positiven Effekte der Nutzung von Computernetzen gibt es immer noch Beobachter, die davon ausgehen, dass dies sowohl für die Individuen, als auch für die Gesellschaft schädlich ist. So sind die weit verbreiteten Artikel mit gefährlichen Inhalten, wie Bastelanleitungen für Bomben, Angebote von Kinderpornographen im Internet, Agitation von Neo-Nazis, Hassgruppen und anderen gesellschaftlichen Außenseitern, schwer zu übersehen. Es ist durchaus gerechtfertigt, das Internet als einen gefährlichen Ort anzusehen, jedoch mit der Einschränkung, dass wir wohl zugeben müssen, dass eine Bibliothek oder unsere Heimatstraßen mindestens ebenso gefährlich oder gar noch gefährlicher sind. Computernetze ermöglichen den Leuten, Zugang zu potentiell gefährlichen Inhalten zu erlangen, aber diese Informationen sind genauso in Buchgeschäften und Bibliotheken zu bekommen. Ebenso dürfte die Gefahr für Kinder, Pädophile online zu treffen, nicht größer, wahrscheinlich sogar geringer sein, als offline. Der springende Punkt ist darin zu sehen, dass Kinder AOL oder das Internet möglichst nicht alleine benutzen sollten, genausowenig wie man sie alleine das

Spätprogramm im Fernsehen anschauen, oder unbeaufsichtigt auf der Straße spielen lassen sollte. Gefahren lauern überall, aber nichts macht Computernetze gefährlicher, als die Offline-Welt.

Bisweilen geht der Zeitgeist dahin, die Nutzer von Computernetzen als technologisch orientierte Sonderlinge (Nerds) zu betrachten, die meist nur wenige, oder gar keine Freunde haben. Hierzu ein Beispiel aus dem Alltag: Eine populäre Getränkemarke in Großbritannien startete unlängst eine Werbekampagne, die suggeriert, dass 'trendige' Leute ihre Produkte trinken, während mitleiderregende Sonderlinge in billigen Mänteln der Sorte 'Trainspotter' lieber das Internet benutzen. In den USA ist von einem Geschäft in der Nähe von Fort Myers, Florida zu hören, dessen gängigster Artikel ein T-Shirt mit dem Aufdruck: "what part of http://www.getalife.com don't you understand?" ist.

Angesichts solcher Ansichten, die von der Mainstream-Kultur getragen werden, ist es nicht überraschend, dass die populären Medien hellhörig wurden, als die Autoren der 'HomeNet-Studie' von der Carnegie-Melon-Universität feststellten, dass Internet-Nutzung nach Selbstauskunft der Befragten zu einem erhöhten Maß an gesellschaftlicher Isolation und Depression führen kann. Ich werden später noch genauer auf die systematischen Schwächen der 'Home-Net-Studie' eingehen, die ein bezeichnendes Licht auf die Validität dieser Studie werfen.

Auch andere haben die Existenz des negativen Image von Computernetz-Benutzern als sozial isolierte Sonderlinge wahrgenommen. Howard Rheingold schreibt dazu, es gab in den späten 80er Jahren: "Einen Medien-Mythos, der die Leute, die Computer benutzten, um zu kommunizieren, als schwächliche Sonderlingen darstellte, denen jegliche Sozialität fehlte und deren Online-Kommunikationen roboterartig und gefühllos waren." (Rheingold, 1998: Online-Dokument). Dieser 'Medien-Mythos', wie Rheingold ihn nennt, hatte Einfluss auf die Arbeit einer ganzen Reihe von Gesellschaftstheoretikern und Sozialwissenschaftlern.

Kritische Stimmen zu den negativen sozialen Folgen von CMC

Michael Heim warnt davor die Realität so durch Simulationen zu ersetzen, wie es Jim Morrison von den "Doors" 1969 beschrieb: "Es könnte eine Zeit kommen in der wir den Wetterbericht einschalten, um einen Eindruck vom Regen zu haben" (Heim, 1993: 82). Heim warnt weiter, dass: "die Technologie die direkten zwischenmenschlichen Beziehungen verdrängt. Während uns die Geräte eine größere persönliche Unabhängigkeit erlauben, zerstören sie gleichzeitig die vertrauten Netzwerke direkter sozialer Kontakte (Op. cit.: 100). Allerdings versäumt es Heim, die Gültigkeit dieser Aussage nachzuweisen oder aufzuzeigen.

In "Data Trash" warnen Kroker und Weinstein vor der erhöhten Einsamkeit der Mitglieder in Online-Gemeinschaften, wenn sie schreiben:

"Die 'virtuelle Gemeinschaft' der elektronischen Vernetzung übt deshalb heute eine solche charismatische Anziehungskraft aus, weil wir uns wie ein abstürzendes Raumschiff in die brennende Atmosphäre der einsamen (virtuellen) Masse stürzen. Damit ist heute nicht mehr David Riesman's berühmtes Bild der 'einsamen Masse' gemeint, das er für das moderne Amerika dieses Jahrhunderts entwarf, sondern telematisch orientierte Individuen, die sich um Bildschirmereignisse drängen (an Computerbildschirmen, Fernsehgeräten, High-End-Stereoanlagen) und bereit sind, Mitglieder einer virtuellen Gemeinschaft zu werden. Dies ist eine technologisch erzeugte Gemeinschaft, die keine andere Existenz hat, als die einer perspektivischen Scheinwelt und im Sinne des Mediennetzes als gewaltsames, aber technisch immer weiter perfektionierbares Kraftfeld (der 'perfekte Klang', 'mehr Speicherkapazität') wirkt, um die innere Einsamkeit zu überdecken. Die Anziehungskraft der elektronischen Vernetzung entfaltet sich umgekehrt proportional zur Trennung der Leute voneinander, des transformierten Symbols von der menschlichen Spezies und des digitalisierten Körpers von dem verlassenen Ort des organischen Körpers. Folglich lautet die herrschende ideologische Formel der virtuellen Kultur: Elektronische Verbindung an der (selbstbezüglichen) Spitze und organische Trennung von unten." (1994: 39)

Obgleich Heim, Kroker und Weinstein eloquente Warnungen über die Gefahren der Online-Kommunikation, oder: "unseren Willen zur Virtualität", wie es Kroker nennt, aussprechen, hat keiner von ihnen die eigenen Theorien je einer Prüfung mittels empirischer, sozialwissenschaftlicher Methoden unterzogen.

Die erwähnte "Home-Net-Studie", die in den Vereinigten Staaten durchgeführt wurde, hat in den Medien große Aufmerksamkeit erregt. Die Ergebnisse der Studie waren der Sonntagsausgabe der New York Times vom 25. Okt. 1998 sogar die Schlagzeile: "Traurige, einsame Welt im Cyberspace entdeckt" auf der Titelseite wert. Ähnliche Schlagzeilen wurden von allen größeren Nachrichtenagenturen einschließlich AP, CNN und BBC verbreitet. Nach Aussage der Forscher an der Carnegie-Melon-Universität: "untersucht die Studie soziale und psychologische Auswirkungen des Internet auf 169 Personen in 73 Haushalten während ihrer ersten ein bis zwei Online-Jahre". Die Ergebnisse zeigen, dass

"eine verstärkte Nutzung des Internet mit dem Rückgang der familialen Kommunikation im Haushalt der Teilnehmer der Studie, mit einem Rückgang ihrer gesellschaftlichen Kontakte und wachsender Depression und Einsamkeit verbunden war. Diese Erkenntnisse haben Auswirkungen auf die Forschung, die Gesetzgebung und die Gestaltung von Technologien." (Kraut, et al., 1998: Online-Dokument).

Trotz dieser Behauptungen und der großen Aufmerksamkeit seitens der Medien:

> "sind die statistisch signifikanten Veränderungen, die den Forschern zufolge zu
> beobachten waren, eher gering - nur etwa ein Prozent Anstieg der Depressionen bei
> Personen, die eine Stunde in der Woche online verbringen". (Rosenburg, 1998:
> Online-Dokument)

Obschon den Verfassern Beifall dafür gezollt werden sollte, dass sie zur richtigen
Zeit ein solches Forschungsvorhaben durchgeführt haben, weist ihr Forschungs-
design einige schwerwiegende Fehler auf. Die Validität der Untersuchungsergebnisse der Studie wurden aufgrund dieser Schwächen im Design von einigen
renommierten Autoren in Frage gestellt.

Die Studie basiert auf Daten, die in einer Stichprobe von 256 Mitgliedern
aus 93 Familien, aus vier Schulen, und mehreren Nachbarschaftsgruppen in der
Region Pittsburgh erhoben wurden. Die Befragten waren Mitglieder von Famili-
en, die bisher zu Hause keinen Zugang zu Computernetzen hatten. Ihnen wurde
dafür, dass sie an der Studie teilnahmen, kostenlos eine Computerausstattung
zur Verfügung gestellt, eine zweite Telefonleitung, sowie ein Internet-Zugang
eingerichtet, und darüber hinaus ein Training angeboten. Es ist anzunehmen,
dass diese Ausstattung und das in Aussicht gestellte Training im Wert von mehreren tausend US-Dollar der Hauptgrund für die Probanden war, um online zu
gehen und an der Studie teilzunehmen. Im Gegensatz dazu dürften die meisten
Nutzer von Computernetzen sicherlich nicht vom Versprechen auf freie Rech-
nerausstattung und einem entsprechenden Training motiviert sein, online zu
gehen. Da die Teilnehmer an der "Home-Net-Studie" eine völlig andere Motivation für die Online-Vernetzung hatten, als der überwiegende Teil der Computer-
netz-Benutzer, lassen sich die Erkenntnisse der Studie kaum über die Population
der Studie hinaus verallgemeinern.

Darüber hinaus ist es möglich, dass einige Teilnehmer der "Home-Net-Studie" in hohem Maße durch das Training beeinflusst waren, das sie vor Beginn
der Studie durchlaufen haben. Beispielsweise ist denkbar, dass man sie dazu
anleitete, das Internet für den Zugang zu anonymen Chat-Räumen im Internet-
Dienst "Yahoo" zu nutzen, oder Webseiten mit unterhaltenden Inhalten aufzusuchen, anstatt ihren Internetzugang dazu zu benutzen, sich wirklichen Online-
Gemeinschaften anzuschließen oder Verbindungen zu Leuten aufzunehmen,
die ihnen schon offline bekannt waren. Es ist sehr gut möglich, dass dieses Training sie veranlasste, das Internet auf eine Weise zu nutzen, die dazu führte, dass
sie sich gesellschaftlich isoliert fühlten. In der "Home-Net-Studie" wurden die
unterschiedlichen Beweggründe, die für den Online-Zugang in der heterogenen
Population der Internet-Nutzer auszumachen sind, ausgeblendet. Zudem wurde

die Tatsache nicht berücksichtigt, dass das Geschenk von Computerausstattung, Internet-Zugang und Training im Wert von mehreren tausend Dollar unerwartete und unvorhersehbare Konsequenzen in Bezug auf die Art und Weise der Internet-Nutzung durch die Studienteilnehmer haben könnte.

Eine weitere Schwäche der "Home-Net-Studie" besteht darin, dass die Daten nur im Rahmen eines Pre-Test-Fragebogens, und einer einzelnen nachfolgenden Befragung zwischen der 12. und 24. Woche erhoben wurden. Bedenkt man die Konzeption des Forschungsprojekts als Longitudinalstudie, so hätte man mehrere Fragebogenerhebungen durchführen müssen, um die Validität der Ergebnisse bewerten zu können. Äußere Faktoren, die zwischen der 12. und 24. Woche der Studie auftraten, und die Teilnehmer der Stichprobe vielleicht dazu veranlasst hätten: "Veränderungen bezüglich ihrer sozialen Eingebundenheit und psychologischen Befindlichkeit" zu berichten, wurden nicht untersucht. In seiner Kritik schreibt Rosenburg im 'Salon-Magazin' weiter, dass: "die Forscher die Leute nur zweimal befragten (...) wodurch keine ausreichend breite Datenbasis vorlag, um die Einflüsse anderer Faktoren (Jahreszeit, ökonomische Lage, zufällige persönliche Krisen) auszugleichen." (Rosenburg, 1998: Online).

Möglicherweise konnten die Forscher, die die "Home-Net-Studie" durchführten, infolgedessen nicht alle äußeren Faktoren wie lokale wirtschaftliche Einflüsse, oder das Wetter kontrollieren. Sie hätten deshalb weitere Schritte unternehmen müssen, um zu untersuchen, ob solche äußeren Faktoren gegebenenfalls als Ursache für den, von den Probanden selbst festgestellten, leichten Anstieg von Depressionen und gesellschaftlicher Isolation anzusehen sein könnten. So stellt Rosenburg fest:

> "Dass die Forscher keine Vorstellung davon haben, wodurch die Untersuchten sozial ausgegrenzt wurden. Lag die Ursache dafür in dem, was was sie im Netz gefunden haben, oder war die Tatsache dafür verantwortlich, dass sie vor einem Computer-Monitor saßen, anstatt sich der Gartenarbeit zu widmen, oder Ball zu spielen. Ist die Zunahme von 'Einsamkeit und Depression' durch das Internet selbst verursacht, oder einfach nur durch die Nutzung eines Computers, unabhängig davon, ob das Modem angeschaltet war, oder nicht? Die Studie kann darüber keine Aussagen machen." (Rosenburg, 1998: Online-Dokument).

Die Zunahme der selbstberichteten Einsamkeit und Depression um ein Prozent bei den Teilnehmern ist kaum signifikant, besonders wenn man bedenkt, wie klein die Stichprobe der untersuchten Nutzer war.

In der Studie bleibt des weiteren die Möglichkeit unberücksichtigt, dass die Beschäftigung mit dem Internet für die Teilnehmer der Studie vielleicht nur der Anstoß dazu war, sich der schon bestehenden Unzulänglichkeiten in ihren Offline-Beziehungen bewusst zu werden. Online-Kommunikation kann oft zu einer verbesserten Selbstwahrnehmung führen, da bekannt ist, dass die Leute sehr offen und selbstkritisch sind, während sie online sind (Hamman, 1996). Diese neue Selbstwahrnehmung könnte der Anlass für das beschriebene erhöhte Niveau der Depression, Isolation und Einsamkeit unter den Befragten sein. Ähnliches gilt für die Wahrnehmung, online einen größeren Freundeskreis als offline zu haben. Diese Wahrnehmung kann bei der untersuchten Person zu dem Eindruck führen, dass in ihrem Offline-Leben etwas fehlt. Aufgrund dieser methodischen Probleme der Home-Net-Studie ist es unmöglich, einen ursächlichen Zusammenhang zwischen Internetnutzung und erhöhter Depression, sowie Einsamkeit festzustellen.

Die Tatsache, dass hier davon ausgegangen wird, dass Offline-Beziehungen, die durch face-to-face Interaktionen herbeigeführt werden, qualitativ besser sind, als online Beziehungen, ist ebenfalls kritisch zu bewerten. Die Studie legt hierbei das existierende (durch den Pre-Test festgestellte) Kommunikationsniveau in den beteiligten Familien als Maßstab zugrunde, und geht von der Annahme aus, dass ein erhöhtes Kommunikationsniveau zwischen den Familienmitgliedern stets positiv zu bewerten ist. Der Maßstab ist in dieser Form unangemessen, da nicht berücksichtigt wird, dass viele Leute die interfamiliäre Kommunikation in vieler Hinsicht als negativ empfinden. Aus dem Blickwinkel des unglücklichen Ehegatten, des misshandelten Kindes, oder des sozial isolierten Individuums erscheint Online-Kommunikation sicherlich nützlicher und positiver als der Großteil der eigenen Offline-Kommunikation.

Die Validität der Carnegie-Melon-Studie, deren Ergebnissen zufolge Personen durch die Nutzung des Internet ihre soziale Anteilnahme reduzieren, und eine Verschlechterung ihres psychologischen Wohlbefindens eintritt, wird durch mehrere wichtige Gesichtspunkte in Frage gestellt. Die Erkenntnisse der Studie sind nicht reliabel, und können nicht verallgemeinert werden, da: 1) die Stichprobe einer Population untersucht wird, die sich aus Personen zusammensetzt, die in der Vergangenheit nur einen geringen oder gar keinen Zugang zu Personal-Computern oder zum Internet hatten, und deren Motivation, online zu gehen, sich deutlich von derjenigen der Mehrzahl der Benutzer unterscheidet; 2) sich die Studie auf Fragebogendaten stützt, die nur an zwei Zeitpunkten erhoben wurden; 3) sich die Ergebnisse auf einen nicht signifikanten, durch die Probanden selbst berichteten, einprozentigen Anstieg der Einsamkeits- und Isolationsgefühle stützen und 4) die Studie den positiven Effekt der Offline-Kommunikation (besonders innerhalb von Familien) im Vergleich zur Online-Kommunikation überschätzt. Howard Rheingold stellt daher fest: "Nachdem ich den Untersuchungsbericht gelesen habe, (...) kann ich nicht feststellen, dass die "Home-Net-Studie" irgendeinen signifikanten Beweis für die Annahme liefert, dass der

Cyberspace die Fundamente der Zivilgesellschaft untergräbt." (Rheingold, 1998: Online-Dokument)

Die Ergebnisse meiner eigenen Untersuchung von AOL-Benutzern steht im deutlichen Gegensatz zu den oben angeführten Kritiken, einschließlich der "Home-Net-Studie". In meiner Untersuchung habe ich mehr als 200 Stunden über einen Zeitraum von vier Monaten damit zugebracht, Teilnehmer des Online-Dienstes AOL zu beobachten. Die Daten wurden dabei sowohl durch E-mail-Fragebögen, als auch durch Online-Interviews erhoben. Nach Hine (1998) sollten im Idealfall einige der Daten, die von den Befragten online selbst geliefert wurden, bei einem derartigen sozialwissenschaftlichen Forschungsvorhaben im Cyberspace durch eine nachfolgende persönliche Telefonbefragung verifiziert werden. In meinem Fall ließen die beschränkten Ressourcen an Zeit und Geld dies allerdings nicht zu.

Im Verlauf meiner Untersuchung habe ich mit ungefähr 100 AOL-Benutzern gesprochen. Die große Mehrheit der Teilnehmer an der Studie waren Bürger der Vereinigten Staaten, was die dortige Bedeutung von America Online widerspiegelt. Da ich Methoden der Gelegenheitsauswahl nutzte, um einen breiten Querschnitt von Benutzern zu erhalten, reichte das Alter der Teilnehmer von 15 bis 76 Jahren. Die Verteilung nach Geschlecht war nahezu ausgewogen; zudem waren die untersuchten Nutzer über ein breites Spektrum der Bildung und der sozialen Schichtzugehörigkeit verteilt. Die Mehrzahl der Befragten nutzte den Computer seit über drei Jahren, und fast alle hatten bereits seit mindestens einem Jahr einen Online-Zugang, obwohl eine kleine Gruppe erst seit sechs Monaten über Online-Erfahrungen verfügte. Überraschenderweise beeinflußten Geschlecht, Alter, soziale Schicht, Bildung, Beschäftigung und Computererfahrung die Ergebnisse meiner Studie nicht. Das heißt, es entstanden keine differenzierten Muster, die von den Ergebnissen der Gesamtstichprobe abwichen.

Alle Befragten gaben ihr Einverständnis zur Teilnahme, nachdem ihnen für die gesamte Untersuchung Anonymität zugesichert worden war. Ich hatte für die Untersuchung diejenigen AOL-Mitglieder ausgesucht, die bereit waren, ihre Gefühle über Gemeinschaft, Online-Gemeinschaft, und Freundschaft offenzulegen. Dazu mußte ich einige Zeit in Chat-Rooms verbringen, die Nachrichten an öffentlichen 'Schwarzen Brettern' lesen, die kommunizierenden Personen über das Mitgliederverzeichnis von AOL ausfindig machen, und sie später privat kontaktieren.

Die Benutzer des Online-Dienstes wurden von mir individuell so ausgewählt, um eine möglichst heterogene demographische Schichtung zu erfassen und unterschiedliche Erfahrungsniveaus in der Benutzung von Computernetzen widerzuspiegeln. Als Ethnograph verwendete ich bei dieser vergleichenden und explorativen Studie eine Auswahlmethode, die die Forschungsinteressen des Forschers offenlegt und in die Studie mit einbringt. Diese Methode ist in der Sozialforschung immer dann allgemein akzeptiert, wenn wenig über die Population der Stichprobe bekannt ist, wie im vorliegenden Fall. Es ist gemeinhin nicht anzuraten, die Ergebnisse einer auf diese Weise durchgeführten Untersuchung zu verallgemeinern. Die Ergebnisse sind jedoch als wertvoller und notwendiger Ausgangspunkt für spätere Studien zu betrachten.

Die Veränderung des Gemeinschaftsbegriffs

Weiter oben in diesem Artikel wurden der Begriff und das Konzept von 'Gemeinschaft' ausführlicher besprochen. Barry Wellman, Sozialwissenschaftler an der Universität von Toronto, ist als einer der ersten auf die gegenwärtige Verlagerung der Gemeinschaften von geographischen Bindungen zu privat organisierten Netzwerken eingegangen. Wellman schreibt, dass heute: "Die Leute via Electronic Mail und Telefon mit Freunden plaudern, oder im kleinen Kreis in Privatwohnungen zusammenkommen, anstatt sich wie früher in Parks, Cafes, und an Straßenecken mit den anwesenden Nachbarn zu treffen." (Wellman, 1995: 1)
Wellman bezeichnet dies als die 'Domestizierung' und 'Privatisierung' von Gemeinschaft. Durch den Fordismus wurden Arbeit und Arbeiter organisatorisch getrennt, und die Beschränkungen der Bebauungspläne haben eine Situation entstehen lassen, in der sehr viele große Entfernungen zurücklegen müssen, um zur Arbeitsstätte zu gelangen (Op. cit.: 1). Die meisten von uns legen den Weg zur Arbeit alleine zurück, so dass die Möglichkeit zu zufälligen Treffen vermindert wird, da wir nur wenig Zeit gemeinsam in öffentlichen Räumen verbringen. Ungenutzte öffentliche Räume werden häufig privatisiert, und im selben Maße, wie der öffentliche Raum, in dem die Mitglieder der Gemeinschaft sich frei versammeln können, verschwindet, vollzieht sich auch das Gemeinschaftsleben zunehmend im Privaten. Wellman schreibt dazu:

> "Telefone, Autos, Flugzeuge, und Electronic Mail haben es den Leuten ermöglicht, über große Entfernungen aktive Beziehungen zu Freunden und Verwandten aufrechtzuerhalten. Doch führen diese Technologien in erster Linie zu einer Privatisierung, da Telefone und Electronic Mail im allgemeinen nur zwei Personen miteinander verbinden und in den meisten Autos, bei Fahrten von einer Privatgarage zur anderen, nur ein oder zwei Personen sitzen." (Op. cit.: 1)

Wellman führt des weiteren an, dass die Duchschnittswohnung, besonders in den Vororten, heute größer ist, als jemals zuvor. Dies macht das private Zuhause zu einem idealen Ort für kleine, geschlossene Zusammenkünfte.

Wellman ist nicht der einzige, der den Verlust an öffentlichen Räumen für die Gemeinschaft bemerkt. Auch Ray Oldenburg beschreibt den Rückgang des öffentlich zugänglichen Raumes, der den Gemeinschaftsmitgliedern für informelle Treffen zur Verfügung steht. Er nennt diese Räume: "die beliebten guten Orte", da seiner Ansicht nach solche Orte die "zentralen Schauplätze des informellen öffentlichen Lebens" sind (Oldenburg, 1997 [2]: 16). Die "beliebten guten Orte" sind der dritte wichtige Ort im Leben der Gemeinschaftsmitglieder nach dem ersten Ort (dem Zuhause), und dem zweiten Ort (der Arbeitsstelle). Nach Oldenburg ist die Existenz eines "beliebten guten Ortes" oder "dritten Ortes" notwendig, um die Vitalität und den Zusammenhalt von Gemeinschaften zu erhalten. Fehlen solche "dritten Orte", so nehmen die Interaktionen zwischen den Mitgliedern der Gemeinschaft ab, und das gemeinsame Band zwischen den Mitgliedern zerreißt fast gänzlich. (Oldenburg, 1997: xxiii; 72).

Nach Oldenburg nimmt die Zahl dieser "dritten Orte" in den Städten der westlichen Welt seit einiger Zeit beständig ab; ein Phänomen, das besonders ausgeprägt in den Vereinigte Staaten zutage tritt. Überall in den Städten der USA wächst die Bevölkerung der Vororte rasch, während die Bevölkerung der Innenstadt relativ konstant bleibt oder gar zurückgeht. Die Vorortbewohner befinden sich damit nicht mehr in der Nähe der Orte, die traditionell als "dritte Orte" genutzt werden, wie etwa ein Geschäft, eine Kneipe, oder ein Café in der unmittelbaren Nachbarschaft. Oldenburg dazu: "Häuser allein erzeugen noch keine Gemeinschaft, und die typische Gliederung der Wohngebiete hat sich als hinderlich für die Entstehung von Strukturen oder die Nutzung des Raums außerhalb der für die Vororte typischen Häuser und Straßen erwiesen." (1997 [2]: 4). Oder wie Richard Goodwin beklagt, in den Vororten: "gibt es praktisch keinen Ort, an dem es möglich wäre, zufällig mit Nachbarn zusammenzutreffen - keine Kneipe, kein Tante-Emma-Laden oder Park." (1974: 38). Es konnte sogar nachgewiesen werden, dass die Architektur unserer Städte das zufällige Zusammentreffen von Gemeinschaftsmitgliedern zunehmend beeinträchtigt (Davis, 1992).

Wellman weist des weiteren darauf hin, dass immer weniger Leute sich die Mühe machen, die wenigen "dritten Orte" aufzusuchen, die ihnen noch zur Verfügung stehen. Er schreibt:

"Die jährlichen Kinobesuche sind in Kanada von durchschnittlich 18,2 im Jahre 1952 auf 3,2 im Jahre 1987 zurückgegangen. Die Einkaufszentren in den Vorstädten ähneln in keinster Weise der klassischen Agora in Athen oder den vorindustriellen öffentlichen Plätzen. Sie regen zu schnellem Umsatz und Konsum an, nicht jedoch zu einem gemütlichen Plausch. Im Gegensatz zum öffentlichen Raum der vergangenen Jahrhunderte dienen diese Räume, die sich in Privatbesitz befinden und profitorientiert sind, in erster Linie dem Verkauf von Waren für den privaten Hausgebrauch. (1995: 1)

Für Oldenburg und Goodwin steht fest, dass mit dem Verschwinden gemeinschaftlicher Räume auch die Gemeinschaften, die einst diese Räume nutzten, im
Rückgang begriffen sind. Oldenburg, Goodwin und zahllose andere weisen
darauf hin, dass in den Stadtteilen ein merklicher Verlust des Gemeinschaftsge-
fühls auftritt, wo ein solcher "dritter Ort" weggefallen ist.

Das bedeutet allerdings nicht unbedingt, dass die Gemeinschaft nicht mehr
existiert. In seinen Untersuchungen zu sozialen Netzwerken beobachtet Wellman unter diesem Gesichtspunkt Personen, die nicht mehr die "dritten Orte"
bevölkern und stellt fest, dass sich die Interaktion zwischen den Gemeinschaftsmitgliedern, anstatt völlig zu verschwinden, vom physikalischen Raum in Räume
verlagert, die von den neuen Technologien geschaffen wurden: "Privatisierung
bedeutet, dass die Leute andere Gemeinschaftsmitglieder aktiv kontaktieren
müssen, um miteinander in Verbindung zu bleiben, anstatt öffentliche Orte aufzusuchen, um dort zu warten, ob irgendwelche Freunde und Bekannte vorbei-
kommen." Wellman führt im folgenden die Ergebnisse seiner eigenen Forschungsgruppe an:

"Wir konnten feststellen, dass nur achtzehn Prozent der Personen, mit denen jeder
Ost-Yorker aktiv enge soziale Bindungen unterhält, im selben Stadtteil wohnen. Fünf-
undzwanzig Prozent leben außerhalb der Metropole (Toronto), und viele davon
leben sogar mehrere Autostunden oder eine Flugreise entfernt, in Vancouver oder
Yorkshire (Wellman, Carrington, Hall, 1988). Die Gemeinschaft wird daher von Autos,
Telefonen, Flugzeugen und E-Mail aufrechterhalten und nicht von Leuten, die ihre
Nachbarn zu Fuß zu Hause besuchen. Unsere Untersuchung zeigt beispielsweise,
dass die Leute mehr Umgang mit und emotionale Unterstützung durch Freunde und
Verwandte haben, die irgendwo im Großraum Toronto wohnen, als von ihren Nachbarn (Wellman, Wortley, 1990). In diesem Sinn ist die Nachbarschaftsgemeinschaft
ein Mythos, der eine nostalgische Sehnsucht nach der Vergangenheit widerspiegelt.
Tatsächlich ist es die Sehnsucht nach einer Vergangenheit, die es vielleicht nie gegeben hat, da einige Forschungsergebnisse darauf hindeuten, dass auch in vorindustriellen Zeiten sehr viele Bindungen über große Entfernungen existierten (Wellman und
Wetherell 1996)." (1995: 1)

Weiter oben in diesem Artikel wurden bereits einige Kritiken zu möglichen negativen Effekten für die Gemeinschaft aufgeführt, die von der computergestützten
Kommunikation ausgehen sollen. Zum Beispiel wurde Heim zitiert, der davon
ausgeht, dass: "die Technologie die direkten zwischenmenschlichen Beziehungen zunehmend ersetzt. Während uns die Geräte eine größere persönliche
Unabhängigkeit erlauben, zerstören sie gleichzeitig die vertrauten Netzwerke
direkter sozialer Kontakte." (Heim, 1993: 100). Wir finden eine ähnlich negativ
besetzte Kritik bei Kroker und Weinstein, die glauben, dass: "telematisch orien-

tierte Individuen, [die] sich um Bildschirmereignisse drängen (an Computerbildschirmen, Fernsehgeräten, High-End-Stereoanlagen) und bereit sind, Mitglieder
einer virtuellen Gemeinschaft zu werden." (1994: 39)

Dieser Kritik an der computervermittelten Kommunikation stehen die Ergebnisse der Arbeiten Wellmans diametral entgegen. Für ihn gehören Gemeinschaften, die sich in erster Linie auf "dritte Orte" und Stadtteile stützen der Vergangenheit an, wenn sie überhaupt jemals existiert haben. Gemeinschaften bestehen weiter, aber sie werden durch eine Vielzahl von Technologien einschließlich
dem gedruckten Wort, den Transportmitteln und neuen Kommunikationstechnologien getragen. Computervermittelte Kommunikation ist nur eine der vielen
Technologien, die von Leuten in bestehenden Gemeinschaften genutzt werden,
um zu kommunizieren, und somit die gemeinschaftlichen Bindungen über
große Entfernungen aufrechtzuerhalten.

In der vorliegenden Studie habe ich die befragten Einzelpersonen als Ausgangspunkt für die Netzgemeinschaften genommen, und nicht die Netzwerke
selbst. Wenn ich von Netzgemeinschaften spreche, gehe ich also vom privaten
Beziehungsnetzwerk eines Individuums aus. Diese privatisierte Version der Netzgemeinschaft kann in ihrer Gesamtheit von anderen geteilt werden, oder auch
nicht.

So besteht mein persönliches Netzwerk aus Mitgliedern meiner eigenen
Familie, Leuten, die ich durch E-Mail oder andere Formen der Online-Kommunikation kenne, Leuten, die ich auf meinen Reisen getroffen habe, und Leuten, die
ich an verschiedenen Universitäten und bei verschiedenen Konferenzen kennengelernt habe. Wir sind eine Gruppe von Personen, und ich bin das Binde-
glied dieser Gemeinschaft, obwohl sich in vielen Fällen die Interessen der Mitglieder meiner persönlichen Netzgemeinschaft überschneiden. Einige Personen
in dieser Netzgemeinschaft stehen in direktem Kontakt miteinander, andere
nehmen ausschließlich durch mich an den Interaktionen teil. Unsere Interaktionen finden in einem gemeinschaftlichen Bereich statt, obwohl dieser Bereich
überwiegend elektronisch hergestellt ist. Unsere Kommunikation findet meist
auf der Basis elektronischer Kommunikationstechnologien wie Telefon und
Internet statt, obwohl es Mitglieder meines Netzwerks gibt, mit denen ich regelmäßig persönlich zusammentreffe. Dies ist meine eigene, private Netzgemeinschaft, und es gibt niemanden auf der Welt, der genau der gleichen Gemeinschaft wie ich angehört, obwohl es einige Menschen gibt, die weite Teile dieser
Gemeinschaft mit mir teilen.

Ein Ansatz, der ein privates Netzwerk von den Individuen her begreift, ist
durchaus mit der weiter oben vorgestellten Definition von Gemeinschaft in Einklang zu bringen. Netzgemeinschaften bestehen aus einer Gruppe von Personen. Mitglieder der Gemeinschaft teilen mindestens eine gemeinsame Bindung,

auch wenn es sich nur um ein Individuum innerhalb der Netzgemeinschaft handelt, das sie kennen. Sie interagieren miteinander, auch wenn dies manchmal indirekt durch einen Mittelsmann geschieht. In Netzgemeinschaften kann der gemeinsame Ort offline und greifbar sein, oder es kann sich um einen elektronisch geschaffenen Raum handeln, wie beim Telefonieren oder bei Online-Kontakten. Für viele Mitglieder von Netzgemeinschaften sind face-to-face Treffen selten, so dass sie vornehmlich damit beschäftigt sind, sich in elektronischen Räumen zusammenzuschließen um dort eine Gemeinschaft aufzubauen.

Ergebnisse der Studie

In der umfangreicheren Studie, die diesem Artikel zugrunde liegt, werden die ethnographischen Fallbeschreibungen von mehreren Individuen dargestellt. Aus Gründen des beschränkten Umfangs ist es mir hier allerdings nur möglich, allgemein auf die Ergebnisse dieser Untersuchung einzugehen. Nahezu alle AOL-Benutzer, die an dieser Studie teilgenommen haben, waren ursprünglich durch die Notwendigkeit wissenschaftlich und beruflich bedingter Online-Recherchen und dem Kommunikationsbedürfnis mit Mitgliedern ihrer bereits bestehenden gemeinschaftlichen Netzwerke motiviert, einen AOL-Zugang zu erwerben. Keiner der Befragten aus der Stichprobe von über 100 Nutzern berichtete, dass er zu AOL gekommen sei, um hier neue Freundschaften zu schließen.

Laut Aussage der Befragten wurden sie nicht nur durch die Notwendigkeit zur Online-Recherche oder zur Kommunikation mit Mitgliedern ihrer vorhandenen Netzwerke zur Teilnahme an AOL motiviert, sondern diese Interessen standen auch nach mehreren Monaten oder sogar Jahren der Online-Nutzung weiterhin im Mittelpunkt ihrer Aktivitäten. Von den Dauernutzern gaben nur 10% an, dass sie mindestens einmal versucht haben, über ihren AOL-Online-Zugang neue Freundschaften zu schließen. Dies bleibt auch hier eine sekundäre Motivation für die kontinuierliche Nutzung des Dienstes, die der Recherche und Kommunikation mit Mitgliedern bereits vorhandener sozialer Netzwerke nachgeordnet war.

Die Mehrheit, 75% der Untersuchten, berichtete, dass ihre privaten sozialen Netzwerke funktionstüchtig sind, und dass sie mit der Zahl und Tiefe ihrer zwischenmenschlichen Beziehungen zufrieden seien. 19% der Untersuchungsteilnehmer stimmten der Aussage zu, dass sie sich "manchmal sozial isoliert fühlen", 5% antworteten auf eine Weise, die keine Rückschlüsse darauf zuläßt, ob sie sich jemals sozial isoliert fühlen oder nicht, und 1% der Befragten bestätigten, dass sie "sich immer sozial isoliert oder alleine fühlen".

Da es als ganz natürlich anzusehen ist, dass die Mehrzahl der Leute sich ab und an in ihrem Leben sozial isoliert fühlen, erscheint die Aussage der oben erwähnten 19% der Befragten nicht überraschend oder irritierend. Jeder einzelne Befragte in der Studie hatte das Gefühl, dass die Nutzung von AOL ihm geholfen hat, seine Offline-Beziehungen aufrechtzuerhalten. In der Tat konnte ich keinen Hinweis darauf finden, dass die Nutzung von AOL die sozialen offline-Netzwerke beeinträchtigt oder zur tatsächlichen gesellschaftlichen Isolation dieser Benutzer geführt hätte. Wenn überhaupt, so scheint die computervermittelte Kommunikation durch Dienste wie AOL oder Internet den Leuten zu helfen, trotz räumlicher und zeitlicher Hindernisse Teil gemeinschaftlicher Netzwerke zu bleiben. Wenn sich allerdings eine Person entschließt, ihre Zeit online zu verbringen, sei es für Arbeit oder Freizeit, so reduziert dies die Zeit, die diese Person für andere Zwecke zur Verfügung hat. Viele Unternehmen haben diesen Sachverhalt registriert und beschränken für ihre Angestellten, die das Internet nutzen, die Zeit, die diese online verbringen können. Wenn eine Person ihre Freizeit online verbringt, so geht das zugleich auf Kosten der Freizeit, die offline verbracht wird. So gaben auch 97% der in dieser Studie Befragten an, dass die online verbrachte Zeit auf Kosten von Aktivitäten wie Fernsehen oder Lesen ginge. Für sie bedeutete jede Stunde, die sie während ihrer Freizeit online verbrachten, eine Stunde weniger vor dem Fernseher oder mit Lesen zu verbringen. Diese Online-Zeit wurde von den Nutzern verwendet, um den Mitgliedern ihrer bestehenden sozialen Netzwerke E-Mails zukommen zu lassen, diese Personen beim Online-Chat zu treffen, oder um eigene Recherchen durchzuführen.

Schlussfolgerungen

Die AOL-Nutzer, die an dieser Studie teilnahmen, waren keine sozial isolierten Individuen, die verzweifelt Kontakt suchten, wie von Kritikern computergestützter Kommunikation behauptet wird. Ihre Motivation basierte nicht auf sozialer Isolation oder Einsamkeit, sondern vielmehr auf der Leichtigkeit, mit der sie Informationen online abrufen, und in Verbindung mit ihren Offline-Freunden, Kollegen und Verwandten bleiben konnten, die zunehmend selbst über E-Mail-Accounts oder Webseiten verfügten. Für einige von ihnen war der Umzug von Mitgliedern ihres Freundes- und Bekanntenkreises ein Grund für die Online-Kommunikation, wobei sie feststellten, dass dies nicht das Ende der sozialen Kontakte bedeuten musste. Viele, die über den Cyberspace forschen, berichten von der Problemlosigkeit, mit der die Grenzen der Entfernung durch Computernetze überwunden werden, was besonders dort deutlich wird, wo die Mitglieder eines gemeinschaftlichen Netzwerks auch über Tausende von Meilen hinweg miteinander kommunizieren können.

Die wenigen Teilnehmer der Untersuchung, die von sozialer Isolation sprachen, gaben größtenteils an , dass dies nur zeitweise zutraf, und dass die Online-Verbindung ihnen die Hoffnung gab, in ihrem Alltagsleben neue, dauerhafte Offline-Kontakte und Freundschaften aufzubauen. Das ist eine durchaus realistische Hoffnung: Viele Mitglieder von Online-Gemeinschaften pflegen Kontakte, die oft als "körperliche Treffen" ("flesh meets") bezeichnet werden. Sie kommen mit Leuten zusammen, die sie vorher persönlich kannten, oder auch nicht. Manche schaffen es, dass ihre Online-Bindungen so stark werden, dass sie offline zu Geschäftspartnern oder Ehepaaren werden (Fall, 1997: 2). Mit anderen Worten: Sogar für die Minderheit der Befragten, die berichteten, dass sie sich manchmal sozial isoliert fühlen, ist die Nutzung von Computernetzen keine Zeitverschwendung.

Für alle, die Zugang zu Computernetzen wie AOL haben, kann CMC eine rationelle Kommunikationsform mit den Mitgliedern ihrer bestehenden gemeinschaftlichen Netzwerke darstellen. Obwohl CMC dazu genutzt werden könnte, neue Online-Kontakte und -Freundschaften zu suchen, ist eine solche Nutzung der Computernetze seltener, als ursprünglich vermutet.

Literatur

B. Anderson, 1987[4]: Imagined Communities: Reflections on the Origin and Spread of Nationalism. London.

R. Barbrook, 1995: Media Freedom: The Contradictions of Communications in the Age of Modernity. London. Online: http://www.hrc.wmin.ac.uk/ (siehe die "theory"-Links).

J. R. Beniger, 1987: Personalization of Mass Media and the Growth of Pseudo-Community, in: Communication Research, 14/3. S. 352-371.

D. S. Bennahum, 1998: Archive The Hot New Medium Is ... E-Mail. in: Wired. Ausgabe: 6.04 - April. Onlinet: http://www.wired.com/wired/archive/6.04/es_lists_pr.html

I. A. Boal, 1995: A Flow of Monsters: Luddism and Virtual Technologies, in: J. Brook, I. A. Boa (Hrsg.): Resisting the Virtual Life: The Culture and Politics of Information. San Francisco. S. 3-17.

H. Bromberg, 1996: Are MUDs Communities? Identity, Belonging and Consciousness, in: R. Shields (Hrsg.): Virtual Worlds. Cultures of Internet: Virtual Spaces, Real Histories, Living Bodies. London. S. 143-152.

A. Bruckman, R. Mitchel, 1995: The MediaMOO Project: Constructionism and Professional Community, in: Convergence, 1/1. S. 94-109. Online: http://asb.www.media.mit.edu/people/asb/convergence.html

S. Case, 1997: Community Update from Steve Case. (E-mail an die AOL-Mitglieder) Online auf AOL verfügbar, Stichwort: 'Community Update', 6. Januar 97.

A. P. Cohen, 1985: The Symbolic Construction of Community. Chichester, Sussex.

J. O'Connell Davidson, D. Layder, 1994: Methods, Sex and Madness. London.

M. Davis, 1992: City of Quartz: Excavating the Future in Los Angeles. New York.

S. Doheny-Farina, 1996: The Wired Neighborhood. New Haven, Conneticut.

V. Dubrovsky, 1985: Real-time computer conferencing versus Electronic mail. Verhandlungen der human factors society, 29. S. 381.

J. Ellul, 1964: The Technological Society. (1954). Aus dem Französischen von J. Wilkinson. London.

J. Fernback, B. Thompson, 1995: Computer-Mediated Communication and the American Collectivity: The Dimensions of Community Within Cyberspace. Präsentiert auf dem Jahrestreffen der: International Communication Association, Albuquerque, New Mexico. Online: http://www.rheingold.com/

N. Fielding, 1993: Ethnography. Researching Social Life. Hrsg. v. N. Gilbert. London. S. 154-171.

J. Foster, 1990: Villains: Crime and Community in the Inner City. London.

M. Freilich, 1963: Toward an Operational Definition of Community. Rural Sociology 29/ 118, June.

H. L. Fuller, 1996: Computer-Mediated Communications Networks and the Organizational Life of Schools. Online: http://www.december.com/cmc/1996/sep/fuller.html.

L. Garton, C. Haythornthwaite, B. Wellman, 1997: Studying Online Social Networks, in: Journal of Computer Mediated Communication. 3/1. Online: http://jcmc.huji.ac.il/vol3/issue1/garton.html

C. Geertz, 1973: The Interpretation of Cultures: Selected Essays. New York.

R. N. Goodwin, 1974: The American Condition. The New Yorker, 28. Januar. S. 38.

M. Gulia, B. Wellman, 1998: Net Surfers Don't Ride Alone: Virtual Communities As Communities. in: P. Kollock, M. Smith (Hrsg.): Communities in Cyberspace. New York. S. 163-190.

K. Hafner, M. Lyon, 1996: Where Wizards Stay Up Late: The Origins of the Internet. New York.

K. Hafner, 1997: The Epic Saga of The Well: The World's Most Influential Online Community, in: Wired Mai: 5, 05. Online: http://www.wired.com/5.05/well

K. Hamilton, S. Miller, 1997: Internet U - No Ivy, No Walls, No Keg Parties, in: Newsweek, 10. März 1997. S. 12.

R. Hamman, 1996: Cyborgasms: Cybersex chat amongst multiple selves and cyborgs in the narrow-bandwith space of AOL chat rooms. MA Thesis, Universität von Essex, Department of Sociology.

M. Hammersley, P. Atkinson, 1995[2]: Ethnography. London.

B. W. Hancock, 1986: Loneliness: Symptoms and Social Causes. Lanham, Maryland.

M. Heim, 1993: The Metaphysics of Virtual Reality. Oxford.

G. A. Hillery Jr., 1955: Definitions of Community: Areas of Agreement. Rural Sociology, 20. S. 111-123.

Ch. Hine, 1998: Virtual Ethnography? Conference Paper: IRISS 1998. Universität von Bristol. Online: http://www.sosig.ac.uk/iriss/papers/paper16.htm

Ch. M. Judd, E. R. Smith, L. H. Kidder, 1991[6]: Research Methods in Social Relations. Fort Worth, TX.

I. Katz, 1996: Trail of Cyber-sex, Lies and Floppy Disks Ends in Divorce Suit, in: The Guardian, 3. Februar.

R. Kraut, M. Patterson, V. Lundmark, S. Kiesler, T. Mukophadhyay, W. Scherlis, o. J.: Internet Paradox: A Social Tecnology that Reduces Social Involvement and Psychological Well-Being? Erscheint in: American Psychologist, Nr. 53/9. Online: http://homenet.andrew.cmu.edu/progress/HN.impact.10.htm

A. Kroker, M. A. Weinstein, 1994: Data Trash: The Theory of the Virtual Class. New York.

D. Lyon, 1997: Cyberspace Sociality: Controversies Over Computer-Mediated Relationships, in: B. Loader (Hrsg.): The Governance of Cyberspace. London. S. 23-37.

G. Marshall, 1994: The Concise Oxford Dictionary of Sociology. Oxford.

D. P. Mead, 1998: Telecommuting: After 25 Years, Finally Ready for Prime Time. Weiss-Buch veröffentlicht bei: Telecommuting Success, Inc. Online: http://www.telsuccess.com/primetime.htm

D. R. Monette, Th. J. Sullivan, C. R. DeJong, 1994[3]: Applied Social Research: Tool for the Human Services. Fort Worth, TX..

A. Motluk, 1997: Trust me, I'm a computer, in: New Scientist 2102, 4. Oktober. S. 11.

N. Negroponte, 1995: Being Digital. London.

A. Nott, F. K. Andrew, 1998: Lethal Weapons, in: Manchester Evening News, 10. Oktober. S. 1

R. Oldenburg, 1997[2]: The Great Good Place: Cafes, coffee shops, community centers, beauty parlors, general stores, bars, hangouts and how they get you through the day. New York.

L. A. Peplau, D. Perlman, 1982: Perspective on Loneliness, in: L. A. Peplau, D. Perlman (Hrsg.): Loneliness: A Sourcebook of Current Theory, Research and Therapy. New York. S. 1-20.

D. E. Poplin, 1979[2]: Communities: A Survey of Theories and Methods of Research. New York.

R. Putnam, 1996: The Strange Disappearance of Civic America, in: The American Prospect v.24, Winter. Online: http://epn.org/prospect/24/24putn.html.

M. Resnick, A. Bruckman, 1995: The MediaMOO Project: Constructionism and Professional Community, in: Convergence, 1, 1. Online via Email: asb@media.mit.edu or: mres@media.mit.edu.

H. Rheingold, 1994: The Virtual Community: Surfing the Internet. London.

H. Rheingold, 1996: A Slice of My Life in My Virtual Community, in: P. Ludlow (Hrsg.): High Noon on the Electronic Frontier: Conceptual Issues in Cyberspace. Cambridge, MA.. S. 413-436.

H. Rheingold, 1998: Misunderstanding New Media, in: Feed Magazine, 26. Oktober. Online: http://www.feedmag.com/essay/es102lofi.html

G. Ritzer, 1993: The McDonaldization of Society. London.

S. Rosenburg, 1998: Sad and Lonely in Cyberspace: Why the new net depression study is something to get bummed about, in: Salon Magazine, 26. Oktober. Online: http://www.salonmagazine.com/21st/rose/1998/09/03straight.html

J. Schmitz, 1997: Structural Relations, Electronic Media, and Social Change: The Public Electronic Network and the Homeless, in: St. G. Jones (Hrsg.): Virtual Culture: Identity and Communication in Cybersociety. London. S. 80-101.

J. Schofield, 1997: The New Seekers, in: The Guardian, (London/Manchester) 6. November. Online-Supplement. S. 2-3.

R. Sennet, 1973: The Brutality of Modern Families, in: H. Z. Lopata (Hrsg.): Marriages and Families. New York. S. 81.

Ch. B. Smith, 1997: Online. Internet. Casting the Net: Surveying an Internet Population June 1997, in: Journal of Computer Mediated Communication (JCMC), Ausgabe 3.1. Online: http://www.ascusc.org/jcmc/vol3/issue1/smith.html

R. A. "Sandy" Stone, 1995: The War of Desire and Technology at the Close of the Mechanical Age. Cambridge, MA.

D. Spender, 1995: Nattering on the Net: Women, Power and Cyberspace. North Melbourne. Australien.

F. Toennies, 1965^2: Community and Society (Gemeinschaft und Gesellschaft). Aus dem Deutschen von Ch. P. Loomis. New York.

S. Turkle, 1996: Virtuality and its Discontents: Searching for Community in Cyberspace, in: American Prospect, v.24, Winter. Online: http://epn.org/prospect/24/24turk.html S. 50-57.

The Open University, 1980: Community: Study Section 20 (Sektion 3: Comparison and Change).

N. Watson, 1997: Why We Argue About Virtual Community: A Case Study of the Phish.Net Fan Community, in: St. G. Jones (Hrsg.): Virtual Culture: Identity and Communication in Cybersociety. London. S. 102-133.

R. S. Weiss, 1973: Loneliness: The Experience of Emotional and Social Isolation. Cambridge, MA.

B. Wellman, 1995: The Privatization of Community. Präsentiert auf der Konferenz: Urban Regions in a Global Context, Universität von Toronto, 19-20. Oktober. Online via E-Mail erhalten: wellman@epas.utoronto.ca

Übersetzt von: Udo Thiedeke und Helga Schenk

Online Communities:
Struktur sozialer Beziehungen und Spielermotivationen am Beispiel von Multi User Dimensions

Gerit Götzenbrucker, Bernd Löger

1. Forschungsinteresse

Im Zuge einer empirischen Studie über "Integrationsleistungen Neuer Technologien am Beispiel von Multi User Dimensions" wurde ein Schwerpunkt der
Untersuchung auf die Beobachtung jener Konstellationen gelegt, die zur Etablierung sozialer Beziehungen in interaktiven Spielewelten beitragen. Es wird
hier einerseits versucht zu klären, welche Spezifika virtueller Welten welche
Spielertypen anziehen, und welche Motivlagen beim Einzelnen jeweils vorherrschend sind. Die hier vorgelegten Ergebnisse geben darüber hinaus Auskunft
über die Struktur und Größe egozentrierter sozialer Netzwerke von MUD-Teil-
nehmern (im MUD und außerhalb *in real life*), sowie über die Konvergenz von
online- und *offline*-Beziehungen, und damit Anhaltspunkte zur Klärung folgender Fragen: Ist es Vereinzelung, die das Eintauchen in virtuelle Welten motiviert? Führen virtuelle Beziehungskonstellationen zur Abkapselung von realweltlichen Beziehungen? Dienen MUDs der Kompensation realweltlicher Defizite? Oder sind MUDs eine zeitgemäße Form der Kommunikation, die neben
andere tritt? Führt MUDing zur Erweiterung egozentrierter Netzwerke? Können
aus virtuellen Kontakten stabile Beziehungen mit realweltlichem Bezug entstehen? Werden virtuelle soziale Netze in realweltliche Netzwerke überführt?

1.1 Was ist unter MUDs zu verstehen?

MUDs (*multi user dungeons* oder *dimensions* oder *domains* oder *dialog*) und
MOOs (MUDs *object oriented*) sind ursprünglich auf Fantasy-Rollenspielen
basierende Spiel- und Konversationsräume im Internet, die sich durch synchrone Kommmunikationsmodalitäten auszeichnen. MUDs (in unserem Fall
als Bezeichnung für alle MUDs, MOOs und *multi user environments* verwendet) sind virtuelle, imaginäre Räume (technisch gesehen interaktive, auf objek-
torientierter Programmierung basierende Datenbanken), die durch spezielle
Milieus, räumliche Ungebundenheit und Internationalität der Nutzergemein-
schaft charakterisiert sind. Integration in die MUD-Umwelt findet durch die
Schöpfung einer oder mehrerer virtueller imaginärer Charaktere statt, (sog. ava-

tare), die beliebige Zustände annehmen können (z.B. geschlechtslos, menschlich, abstrakt, plural), und mit Hilfe derer die Spieler sich im Zuge von Handlungs-, Kommunikations- und Programmieraktivitäten profilieren können. Ziel ist es hierbei, in der Hierarchie des MUD aufzusteigen, wobei die erreichte Stufe mit Ausdrucks- und Eingriffsmöglichkeiten korrespondiert. Die höchste erreichbare Stufe ist gottähnlich. Ebenfalls von großem Einfluss sind die (Administratoren)ränge der Gildenführer (*dukes*) und Zauberer (*wizards*). MUDs sind so gesehen als dynamische, modellierbare Kommunikationsplattformen zu definieren, im Rahmen derer prinzipiell alle Teilnehmer zur Veränderung und Ausformung beitragen können.

Im Laufe der letzten 20 Jahre entwickelte sich eine Vielzahl unterschiedlicher MUD-*styles*:

1) *Adventure*-MUDs und *combat styles*: werden durch das Ziel besimmt Rätsel zu lösen (metaphorisch gesehen die "Suche nach dem heiligen Gral") und Kämpfe gegen rivalisierende Clans, Monster, Zauberer etc. zu bestehen;

2) *Organizational*-MUDs: sind Kommunikationsplattformen zur Kreation internationaler Arbeits- und Diskussionsräume;

3) *Social*-MUDs, *tiny styles*: können als themen- und interessenbasierte Kommunikationsräume mit Programmierfunktionen bezeichnet werden;

4) *Chat-environments* sind Kommunikationsräume ohne Programmiermöglichkeit.

5) *Educational*-MUDs: treten als interaktiven Lernumgebungen immer häufiger in Erscheinung. Allen *styles* ist die kollektive Kreation von Geschichten, Mythen und (Um)welten durch die Teilnehmer gemeinsam.

Generell eröffnen MUDs vielfältige Verhaltens- und Handlungsoptionen:

a) *Konstruieren:* Wie etwa die Erfindung von persönlichen virtuellen Identitäten, um die Mitgliedschaft zu erlangen, zudem die Konstruktion von Räumen und Dingen (Objektprogrammierung) zur Vergrößerung des eigenen Einflusses auf die jeweilige Spiel- bzw. Konversationsumwelt.

B) *Navigieren:* Die Orientierung in und Kontrolle über die MUD-Umwelt ist als unerläßliche Voraussetzung für Aktionen und Interaktionen in MUDs anzusehen.

C) *Kommunizieren:* Die Schöpfung von MUD-Identität(en), Objekten und Räumen impliziert darüber hinaus sprachliche Kommunikation: einerseits geschriebene Konversation in Interaktionen mit anderen Nutzern, andererseits programmsprachliche Beschreibung von Objekten und Räumen.

Die relative *Unbegrenztheit* der Räume, Objekte und Identitäten in MUDs sorgen dafür, dass 'freies' MUD *playing* (im Gegensatz zu *gaming* [1]) ein Ziel in sich ist, das weder durch Vorhersehbarkeit noch Endlichkeit determiniert wird, wobei die Vielfältigkeit der Handlungs-, Gestaltungs- und Interpretationsmöglichkeiten unterschiedlicher Teilnehmer ein dynamisches und komplexes, kaum zentral steuerbares 'Miteinander' entstehen läßt (was einen wesentlichen Unterschied zu herkömmlichen Computerspielen darstellt). Durch raumzeitliche Einheit des Spieles/der Konversation entsteht Tele-Sozialität (Vgl. Grassmuck, 1995: 53 f.), das heißt, ein auf das Environment bezogenes synchrones "Handeln in der Zeit".

2. Forschungszugang

Vor dem Hintergrund der unterschiedlichen MUD-styles und -Milieus wurden im Rahmen des interdisziplinären Forschungsvorhabens "Integrationsleistungen Neuer Technologien am Beispiel von MUDs" 1999/00 neben Integrationspotentialen, Teilnahmemotivationen und Nutzertypen auch der Aufbau sozialer Beziehungen in MUDs thematisiert. Die Analysen dreier MUD-environments, die nach den Kriterien *social* versus *combat style* und textbasiert versus grafisch ausgewählt wurden (*organizational*- und *educational*-MUDs mußten aufgrund der geringen Verbreitung ausscheiden), ergänzen Expertengespräche. Vor allem die ausführlichen teilstandardisierten IRL-Interviews [2] mit 40 österreichischen MUDern erbrachten Datenmaterial, das den Zusammenhang von MUDing und real life *behaviour* erhellen soll.

MUDs eignen sich relativ gut zur Analyse der Etablierung sozialer interessenzentrierter Beziehungen, zumal die synchronen Kommunikationsmöglichkeiten generell den Verständigungs- und Verständlichkeitsaspekt begünstigen, der spezielle thematische Bezug in einem MUD (anders als in gewöhnlichen Chat-Kanälen) die Spieler inhaltlich verbindet, und die MUDs inhärente Zielsetzung der Profilierung Allianzen mit anderen Spielern geradezu herausfordert.

---

[1] *Gaming* ist im Zusammenhang mit herkömmlichen Computerspielen als endliche, zielgerichtete und semi-interaktive Tätigkeit zu beschreiben, da lediglich auf das Spiel und nicht auf andere Spieler Bezug genommen wird.
[2] IRL bedeutet *in real life*; Im Gegensatz zu Interviews *on screen* - wie sie in den meisten MUD-Studien wegen der leichteren Auffindbarkeit und Zugänglichkeit der Personen bevorzugt werden - liefern persönliche Gespräche einerseits authentisches Aussagematerial, andererseits wichtige Hintergrundinformationen über die Lebensstile der Interviewten.

2.1 Theoretische Implikationen

Die im Zusammenhang mit *virtual* (MUD) *communities* vielfach diskutierten Ansätze sind dem *Lebenssimulations-Konzept* (welches von sozialphilosophischen über sozialanthropologische bis hin zu psychologischen Interpretationen reicht), oder dem *Eskapismus-Konzept* (kommunikationswissenschaftlich dem *uses and gratifications approach* folgend) zuzuordnen, woraus spezifische Funktionen von MUDs abgeleitet werden.

LEBENSSIMULATION
- Therapeutische Funktion von MUDs und *chat-environments* (vgl. Turkle, 1984 und 1998; Nguyen, Jon, 1996; Fleissner ,1997; Rejzlik, 1998 u.a.) gefördert durch Anonymität, Entkörperlichung z.B. Erfahrungen bezüglich Geburt, Leben, Tod; hinsichtlich Geschlechterbeziehungen, familiären Beziehungen; Probehandeln.
- Identitätsstiftende Funktion von MUDs und *chat-environments* (vgl. Bruckman, 1992; Turkle, 1998; Curtis, 1992; Reid, 1994; Bromberg, 1996; Becker, 1997; Sandbothe, 1997; Vogelsang, 2000; Funken, 2000; Döring 2000; Goritschnigg, et al., 2003; Kühl, 2003 u.a.).
Role-playing: Ausbilden multipler Persönlichkeiten; fluide Identitäten
gender swapping: Beliebiger Wechsel des Geschlechts,
empowerment: Handlungsermächtigung zur Schöpfung/Kreation,
mastery: Machterreichung auf Basis des Leistungsprinzips.
- Auf- und Ausbau sozialer Netzwerke durch MUDs und Chat-environments (vgl. Parks, 1996; 1997; Gräf, 1997; Utz, 1999; Heintz, in diesem Band; Vlach 2001). Beziehungsaufbau, Kompensation von (realweltlichen) Defiziten.
- Ausdifferenzierung sozialer Konventionen und Normen (vgl. Döring, Schestag; Becker, in diesem Band; Götzenbrucker 2001).

ESKAPISMUS
- Unterhaltungsfunktion von MUDs und Chat-environments (vgl. Buddemeier, 1993; Herz, 1995; Tasche, 1997; Rejzlik, 1998 u.a.) Anregung der Phantasie; Ablenkung von realweltlichen Problemlagen.
- Suchtverhalten bezüglich MUDs und Chat-environments (vgl. Curtis, 1992; Sempsey, 1995; 1998; Turkle, 1998 u.a.) Spiel und/oder Konversation als Droge; Negation realweltlicher Problemlagen.

In unserem Forschungszusammenhang sollen Integrationspotentiale von MUDs diskutiert werden, die auf folgenden Ansätzen basieren:
    1) MUD Objekte sind zum einen vor dem Hintergrund systemischer Zusammenhänge zu begreifen: sowohl als *Agenturen von Integrationsleistungen* (u.a. der Vermittlung von Werten), als auch als *integrierende Teilsysteme* eines größeren Gesellschaftssystems. In diesem Zusammenhang ist die Funktion *egozen-*

trierter sozialer Netzwerke anzusprechen, zumal Gesellschaft dem einzelnen gegenüber nicht unmittelbar, sondern in Form konkreter Kommunikations- und Interaktionspartner gegenübertritt (Gräf, 1997: 99). Zum einen können Strukturparameter (Größe, Dichte, Verbundenheit) sozialer Netzwerke über den Anteil der starken Beziehungen (*emotional support*) Auskunft geben, zum anderen bestimmen Relationen (Homogenität, Kongruenz) den Verflechtungsgrad der Beziehungen innerhalb eines sozialen Netzwerkes.

Primärgruppenbeziehungen verlieren unter heutigen gesellschaftlichen Rahmenbedingungen (Multioptionsgesellschaft u.ä. vgl. Bühl, 1997) eindeutig an Gewicht und werden zunehmend durch uniplexe Beziehungen (im Sinne eines erweiterten sozialen Netzwerkes) ergänzt. Die freie Wahlmöglichkeit von Beziehungen, die nicht selten auf der Grundlage gemeinsamer, geteilter Interessen basieren, unterstützt die Heterogenität der sozialen Netzwerke. In funktional differenzierten Gesellschaften sind diese sozialen Netzwerke durch geringe Multiplexität (d.h. Personen treten nicht in mehreren Rollen wie z. B. Berufs-, Freizeit und Vertrauensrolle im sozialen Netzwerk auf) und geringe Dichte (ein Großteil der genannten Netzwerkpersonen kennen einander nicht) gekennzeichnet – was jedoch nicht ausschließt, dass hohes *envolvement* und *committment* (für in unserem Fall virtuelle soziale Netzwerke) gegeben sind. Aber gerade uniplexe Beziehungen gelten oftmals als Ersatz für geringere Netzwerkdichte, indem zu wenigen Schlüsselpersonen Kontakte gepflegt werden, die sich oftmals durch große Intimität auszeichnen (vgl. Schenk, 1983: 97 ff.; Schenk, 1995).

In Abgrenzung zu gruppensoziologischen Ansätzen, im Rahmen derer integrative Leistungen vorrangig "primären" Beziehungskonstellationen zugeschrieben werden (primär im Sinne von hohem Anteil an multiplexen Beziehungen wie beispielsweise in familiären Beziehungen) und dadurch uniplexe Kontakte tendentiell unberücksichtigt bleiben, soll in diesem Forschungsvorhaben die gesamte Bandbreite sozialer Beziehungen Berücksichtigung finden - mit zusätzlichem Augenmerk auf "virtuelle" Beziehungen.

Es gilt außerdem Hinweisen nachzugehen, die besagen, dass soziale Netzwerke in MUDs kaum auf Beziehungen außerhalb derselben verweisen (vgl. Parks, 1996), was als Indikator einer funktionalen Differenzierung der Lebenswelt zu deuten wäre. Innerhalb von MUDs sind zwar, aufgrund der augenscheinlich relativen Unverbindlichkeit der Beziehungen (gefördert durch Anonymität, Raumungebundenheit, Entkörperlichung), eher Überlappungen schwacher Beziehungen gegeben, sie können sich aber mittels persönlicher face-to-face Kontakte zu starken Beziehungen entwickeln. Durch die Möglichkeiten computervermittelter Kommunikation in MUDs können sich persönliche Netzwerke, bei (vielleicht) gleichzeitiger Verringerung der Dichte, durchaus vergrößern. Dies bedeutet, dass soziale Netze in Teilnetze zergliedert werden, wobei die Interessenshomogenität innerhalb der Teilnetze zunimmt (MUDer bilden in den bereits untersuchten Fällen zumeist eine Interessenshomogene *community*), bei gleichzeitiger Steigerung der Heterogenität zwischen den Teilnetzen (vgl. Gräf, 1997).

2) Zum anderen stellen sich MUDs als *identitätsstiftende Objekte* dar: handlungstheoretischen Ansätzen zufolge ist das Individuum als Teil seiner Lebenswelt zu begreifen, welches damit beschäftigt ist, Wissen über die 'Welt' zu erlangen, wobei Wissen immer aus individuellen Interpretationsmöglichkeiten, sog. 'intentionalen Akten' resultiert. Soziales Handeln kommt durch Fremdverstehen ('ego' versteht die Intention von 'alter') zustande, welches an die Fraglosigkeit des 'lebensweltlichen' Wissens, an kongruente Erfahrungshorizonte, gebunden ist. Es kann angenommen werden, dass sich in MUD-Welten, ebenso wie in realweltlichen Lebensbezügen, spezifische 'konsensfähige Deutungsschemata', geteilte *Wissensbezüge* ausbilden, die soziale Zugehörigkeit vermitteln und Integrationsfähigkeit auf der Ebene der Persönlichkeiten (Nutzer) ausbilden.

Daran anküpfend stellt sich einerseits die Frage nach den *spezifischen kulturellen Formationen*, die Menschen überhaupt einen Zugang zu MUDs verschaffen. [3] Andererseits sind MUDs Ausdruck dieser sozialen Praxis - *bedingte kulturelle Formation* (vgl. das Habitus-Konzept von Bourdieu, 1982).

So gesehen kann, dem lebensweltlichen Konzept folgend, das von kongruenten Sinnhorizonten (vgl. Reid, 1994), geteiltem lebensweltlichem Wissen, und gemeinsamer sozialer Praxis ausgeht, behauptet werden, dass MUD-Welten ihre Nutzer auch durch *geteilte Interessen* (vgl. Bühl, 1997; Jones, 1995; Helmers, 1994; Höflich, 1996; Utz, 1996; Becker, Mark, 1998; Utz, 1999; Götzenbrucker 2001; Vlach 2001 u.a.) funktional integrieren.

3. Ergebnisse
3.1 MUD-styles

Für unsere Forschungszwecke wurden, wie schon vorweggenommen, die Spieler dreier unterschiedlicher MUD-styles befragt. Eine kurze Beschreibung soll Einblick in unterschiedliche Milieus und die Praxis des MUDing geben:

SILBERLAND
Silberland ist ein klassisches TextMUD, in welchem die Beschreibung des environments, die Repräsentation der Figuren und die Navigation im Spiel ausschließlich

---

[3] Beispielsweise gelten *connectivity* und eine spezifische Aneignung von Technologie als Voraussetzung - wobei von geschlechts-, generations- und schichtspezifisch segmentierten Aneignungsweisen und Computerverständnissen ausgegangen werden muss (vgl. Bühl, 1997: 43), die Praxis des individuellen Lebensvollzuges kann als darüber hinausweisende Komponente gesehen werden.

textbasiert erfolgt, so gesehen rein sprachliche Schöpfung sind. Dieses deutschsprachige österreichische MUD ist via telnet abrufbar und wird derzeit von ca. 350 Spielern (zumeist Österreicher und Deutsche) frequentiert. Obwohl den *adventure styles* zuzurechnen - wird es als eines der freundlichsten MUDs in Europa gehandelt. Das Ambiente ist als mittelalterliche Fantasy- und Sagenwelt zu beschreiben, angelehnt an J. R. R. Tolkiens "Herr der Ringe" (in Spielerkreisen ein Kultbuch). Silberland-Spielern ist es explizit verboten, Mitspieler anzugreifen oder zu töten. Vielmehr gilt als ungeschriebenes Gesetz das Gebot der Freundlichkeit. Obwohl weder ein ausdrückliches Spielziel, noch eine durchgängig handlungsleitende story auszumachen sind, scheint das MUD fesselnd und "suchtverdächtig" (Zitat eines Befragten). Der Spielsinn wurde einhellig dahingehend beschrieben, einen Charakter bzw. Charaktere möglichst geschickt und/oder originell auszugestalten, gewissermaßen "hochzubringen", um in komplexere Spielebenen vorzudringen und mehr Macht und Einfluss im Spiel zu gewinnen (Zauberkräfte und Kampfkräfte auszubauen). Der Aufstieg der Charaktere wird nach einem Punktesystem bewertet: Spielerpunkte gibt es für das Töten von Monstern, sog. NPCs (*non playing characters*) oder das Lösen von quests (Rätseln). Erst ab einer gewissen Punktezahl darf man einer der Spielergilden, wie beispielsweise den "Paladinen" (besonders ehrenhafte Ritter), beitreten. In Administratorenränge, d.h. höhere Positionen mit Programmiererlaubnis (Magier), steigt nur auf, wer von höherrangigen Spielern ernannt wird.

In Silberland existieren mehrere, separat zu aktivierende Kommunikationskanäle wie *chat*-Kanäle der einzelnen Spielergilden, eine Zeitung auf newsgroup-Basis und eine eigens eingerichtete e-mail-Funktion, was darauf hindeutet, dass neben der Spiel-bezogenen Ebene auch die Spieler-bezogene von großer Bedeutung ist.

ULTIMA ONLINE
In Ultima Online (UO) werden die Spieler in einem dreidimensionalen *environment* durch visuelle Avatare repräsentiert, welche mit Hilfe von Maus und Tastatur bewegt werden. Anders als in *1st person shootern* [4] beobachten die Spieler ihr Spielhandeln aus der *third person*-Perspektive. Neben reiner Textkommunikation sind - im Gegensatz zu TextMUDs - auch visuelle und akustische Signale wahrnehmbar und nicht - wie in Silberland - der Imagination der Spieler überlassen. Ultima Online läßt sich als internationales, vorwiegend englischsprachiges, kampforientiertes Internet-Spiel mit starkem Rollenspielcharakter beschreiben, in welchem es keine fix vorgeschriebenen Regeln einzuhalten gilt, d.h. grundsätzlich ist alles erlaubt (auch Selbstjustiz). Ultima Online gehört zu den wenigen kommerziell vermarkteten MUDs (neben den CD-Anschaffungskosten von ca. 75.- EUR. muss auch der monatliche account mit US$ 10.- bezahlt werden).

---

[4] *1st person shooter* sind interaktive Computerspiele, bei deren Spieler ihre Handlungen aus der subjektiven (Kamera)perspektive sehen, d.h. ihre Spielfigur ist am Computerschirm nicht visualisiert.

Das Spielambiente in UO ist mittelalterlich mystisch (respektive *gothic*, oder wie es ein weiterer Spieler ausdrückt: "dem *sword&sorcery*-Genre zuzuordnen") in einer sehr realistisch und detailreich programmierten Landschaft angesiedelt. Grundsätzlich ist, wie in fast allen *combat-styles*, auch das Angreifen, Anpöbeln, Bestehlen und Töten von Spielern erlaubt; Allerdings entstehen den Spielern dadurch Nachteile; ab dem Töten von fünf Spielern wird man zum gefürchteten *playerkiller* (PK) und ist von sämtlichen sozialen Aktivitäten im Spiel ausgenommen. UO basiert ebenfalls auf keiner durchgängigen Spielgeschichte/Handlung, vielmehr geht es (wie in fast allen MUDs) um das Stärken von Charakteren. Spielerkarrieren funktionieren nach dem *skill*-System (je mehr *skills* desto besser). Für 'normale' Spieler ist es dezidiert unmöglich, in einen Administratorenrang aufzusteigen.

Die Zahl der wählbaren Charaktere ist unbegrenzt, allerdings dürfen nicht mehrere Charaktere gleichzeitig gespielt werden. Als hilfreich wird von befragten Spielern beschrieben, Freundschaften zu schließen oder einer Gilde beizutreten, da somit die Chancen auf Aufstieg, respektive der Schutz vor Gefahren (z.B. vor PKs), eher gewährleistet ist. Eine Besonderheit von UO ist mit Sicherheit die Nachhaltigkeit des Spieles: so verliert man beispielsweise sein (mit einer erheblichen Anzahl Goldstücke - eigentlich Onlinezeit - erkauftes) Gildenhaus, wenn es nicht mindestens einmal pro Woche benutzt wird. Schon aus diesem Grund ist es hilfreich, sich einer Gilde anzuschließen: "Sonst wäre Urlaub ein echtes Problem..." (Zitat einer Spielerin).

PALAZZO

Diese österreichische Version von *palace* (weltweit existieren um 2000 eine Vielzahl dieser - nach einer Software benannten - *palaces*) ist ein deutschsprachiges, zweidimensionales Chat-environment, das eindeutig den *social* bzw. *tiny* styles zuzuordnen ist. Die Spieler navigieren ihre visuellen Avatare ähnlich wie in UO mittels Maus und Tastatur aus der *third person*-Perspektive: Neben Schreiben und Lesen von *messages* sorgen visuelle und akustische Eindrücke für 'intensiveres' Erleben. Die Spieler *loggen* sich via World Wide Web (palazzo.at) ein, wählen einen *nickname* und unterschiedliche *props* (Verkleidungen), um der gespielten (oder eigenen) Persönlichkeit besser Ausdruck zu verleihen, und flanieren auf der Suche nach geeigneten Gesprächspartnern durch die Räume von Palazzo. Jeder Spieler darf sich nur mit einem *nickname* anmelden. Das Führen von zwei und mehreren Charakteren (sog. *fakes*) ist streng verboten und wird von den Administratoren mit dem Hinauswurf geahndet. Palazzo ist ein virtueller Ort, um sich kennenzulernen oder zu treffen, ohne Geschichte und Hintergrund, und bietet für Spieler im Administratorenrang (*wizards*) die Möglichkeit, eigene Räume nach persönlichen Präferenzen zu gestalten, d.h. zu programmieren. Darüber hinaus sorgen die *wizards* für ein freundliches Klima: Verstöße gegen die 'Hausordnung', wie Diskriminierung von *chattern* (sexistische oder rassistische Äußerungen), aber auch exzessive Streitereien und *flames* werden nicht geduldet.

Die unterschiedlichen Chat-Kanäle (man kann bspw. andere Personen 'wegschalten', sich für alle bemerkbar äußern oder einer ausgewählten Person zuflüstern) werden mit Vorliebe durch ein weiteres Internet-Instrument, ICQ, ergänzt (ein messanger, der online Freunde und Bekannte in Echtzeit verbindet).

Auch in Palazzo wird man (wie in Silberland) von anderen, hochrangigen Spielern zum *wizard* ernannt: das Spieler-Punktesystem ist hier durch Sympathiewerte ersetzt. Die Stammbelegschaft von Palazzo gilt als freundlich und hilfsbereit, aber stark von der Motivation geprägt, neue Bekanntschaften zu schließen. Auch im Rahmen dieses *environments* sind unterschiedliche Gruppen und Zusammenschlüsse auszumachen, beispielsweise die Gruppe 'Bouces', ihres Zeichens Haus- bzw. Raumbesetzer (die übrigens von den wenigsten Spielern geschätzt wird).

Wie aus den Beschreibungen ersichtlich wird, existieren je nach Environment differenzierte Funktionen für die Repräsentation der virtuellen Charaktere, für Kommunikationsmodalitäten und Navigation, wobei spezielle Milieus (*combat-, adventure-, social* style) oder Inszenierungen von Wirklichkeit (Fantasy- oder Comic-Welten), sowie unterschiedlich ausgeprägte Repräsentationsformen (textuell imaginär versus grafisch prädeterminiert) und Interventionsmöglichkeiten (Programmiertätigkeiten) eine jeweils spezielle Klientel von Spielern anziehen. Zur Prüfung dieser These liegen nunmehr RL(Real Life)-Daten vor.

Grundsätzlich verweisen Forschungsarbeiten im Rahmen der Identifizierung jugendkultureller Milieus auf unterschiedliche Sozialräume und spezifische Raumaneignungsversuche (Becker, Eigenbrodt, May, 1983: 451 ff.), zumal grundlegend *subkulturelle Milieus, gegenkulturelle Milieus, manieristische Strömungen* und sog. *'normale'* [5] Milieus abgegrenzt werden. Die verschiedenen Ausdrucksformen lassen sich anhand spezieller Parameter aufgliedern: an der Binnenstruktur der Gruppe, ihren gemeinsamen Orientierungen und deren Verräumlichung, den sozial vermittelten Mustern und Herkunftskulturen, wie auch den spezifischen Außenbeziehungen der Gruppe. (Vgl. Becker, Eigenbrodt, May, 1983: 454)

Obwohl die Befragtengruppe (40 Personen) eindeutig den *early adaptors* und *heavy usern* von Computertechnologie zuzuordnen ist, bildet sie insgesamt gesehen keine Gegenkultur, sondern steht vielmehr dem 'normalen' Milieu nahe. Die Befragtengruppe insgesamt identifiziert sich nicht mit 'gegenkulturellen Strömungen' innerhalb der *virtual community* (wie z.B. *hackern* oder *cyberpunks*). Diesbezüglich einschlägige Belletristik, wie beispielsweise der Roman "Neuromancer" von William Gibson, werden nur bei einem, "Illuminatus" von Robert R. Wilson lediglich bei zwei Befragten auf der Literaturliste benannt.

---

[5] Als 'normale' Milieus beschreiben Becker, Eigenbrodt, May diejenigen Milieus, die nach einer Selbstdefinition der Befragtengruppe als 'normal' galten. Sie sind zudem durch 'Familienzentriertheit' und Distanziertheit zum 'sozialen Unten' (Unterschicht) gekennzeichnet.

Die interaktiven Environments haben eher therapeutische und Escape-Funktion: hier werden ersatzweise 'Prüfungen für den Alltag' bestanden, Probehandlungen vollführt und Verhaltensweisen angeeignet: "(...) die man für das wirkliche Leben brauchen kann." In dieser Hilfestellungsfunktion sind die untersuchten MUD-Milieus und ihre 'Bewohner' eher 'systemstabilisierend' einzuschätzen. Daneben bestehen manieristische Strömungen.

Dies bedeutet aber nicht, dass herkömmliche (überkommene) *Pflicht- und Akzeptanzwerte* in der Befragtengruppe vorherrschend wären. Vielmehr gilt, dass diese Werthaltungen als Faktor zusammengefasst durchschnittlich nur im mittleren Zustimmungs- bzw. Ablehnungsbereich liegen. Dieses Ergebnis entspricht aber durchaus den beobachtbaren und dokumentierten Werteverschiebungen innerhalb der Gesamtgesellschaft und natürlich dem Alter, sowie den spezifischen Lebensumständen der Befragten. Die Faktorenananlyse (Hauptkomponentenanalyse, 36% erklärte Varianz) einer Item-Batterie, wie sie bei repräsentativ angelegten Studien (vgl. Klages, 1984; 1993; Gensicke, 1998) zum Einsatz kommt, zeigt jedoch, dass neben den Pflicht- und Akzeptanzwerten (die in der Befragtengruppe einen stabilen Faktor bilden) Selbstentfaltungs- und liberale Werthaltungen, die auf mehrheitliche Zustimmung stoßen und in ganz spezifischen Kombinationen auftreten. Ein Splitting in Selbstentfaltung und Engagement einerseits, sowie Hedonismus und Materialismus andererseits (Gensicke, 1998) ist nicht gegeben, ebensowenig eine Dreiteilung in: Selbstentfaltung mit Bezug auf die Gesellschaft (Emanzipation, Partizipation etc.), Hedonismus (Genuss, Abwechslung etc.) und Individualismus (Kreativität, Spontaneität, Eigenständigkeit etc.) (Klages, 1993). Die für die Gruppe der befragten MUDer geltende Lösung unterscheidet in diesem Bereich zwischen einem Faktor, der am besten als *Bürgerschaftlichkeit und Engagement* zu bezeichnen ist (Gleichbehandlung, Gleichheit, Demokratie, Partizipation und Eigenständigkeit) und einem Paradigma, das unter *Selbstentfaltung und Spannung* zu subsummieren ist (Emanzipation, Kreativität, Spontaneität, Selbstverwirklichung, Abenteuer, Spannung, Abwechslung und Ausleben emotionaler Bedürfnisse).

3.2 RL-styles

Die Befragtengruppe (40 Personen) ist durchschnittlich 27 Jahre alt und mit einem Frauenanteil von etwas unter 40% nicht repräsentativ für Österreichische Internetnutzer. Dieser (für das Jahr 1999) relativ hohe Frauenanteil wird durch das vergleichsweise hohe Bildungsniveau erklärbar, zumal sich zwei Drittel in (überwiegend) universitärer Ausbildung befinden, und so in jedem Fall Maturaniveau (Abitur-Niveau) haben.

Ein Befragtendrittel ist ausschließlich berufstätig, aber auch ein Gutteil der Studierenden geht nebenbei einer - nicht immer in fest geregelten - beruflichen Tätigkeit nach. Dennoch verfügt ein gutes Drittel über weniger als 800.- Euro Gesamteinkommen pro Monat und nur ein knappes Drittel über mehr als 1453.- Euro (Beträge wurden ursprünglich in Schilling erhoben), womit die Befragten eher im mittleren bis unteren Einkommensbereich liegen.

Auffallend ist der einschlägige EDV-background: mehr als die Hälfte haben beruflich oder im Rahmen der Ausbildung mit EDV (Programmierung, Systemadministration, IT-security, Animation etc.) zu tun. Das Leben der Befragten ist überdurchschnittlich von Computertätigkeiten geprägt, im Schnitt verbringen sie 50 Wochenstunden vor dem Bildschirm, davon durchschnittlich 26 Stunden im eigenen Haushalt (wobei nur einige der Befragten auch zu Hause ihrer Berufstätigkeit nachgehen). 18 Stunden werden für Aktivitäten in den MUDs aufgewendet, mit 3,7 Stunden Privat-PC Nutzung und durchschnittlich 2,6 Stunden MUD-Teilnahme täglich (zumeist in der Nacht) sind die Befragten zur Gruppe der *heavy user* zu zählen. MUDing ist ein vorzugsweise privates - in den eigenen vier Wänden vollzogenes - Vergnügen; jedoch nutzen einige finanzschwächere Studierende auch universitäre Einrichtungen. Demgegenüber fällt die äußerst geringe Fernsehdauer bei gleichzeitiger Rezeption eines sehr schmalen Angebotsspektrums (hauptsächlich Sitcoms, Nachrichten, Dokumentationen und selten Spielfilme), sowie die relativ geringe Radiohör- und Lesedauer auf.

Fast alle Befragten verfügen über einen (eigenen) Computer im Privathaushalt (90%) und grundsätzlich mehrere Computerzugangsorte (Privathaushalt, Ausbildungsplatz, Arbeitsplatz oder zusätzlich im Freundeskreis), wodurch Computer in vielen Lebenslagen greifbar und für viele Befragte mittlerweile auch unverzichtbar sind. Einige äußerten, dass sie Urlaub und Freizeitaktivitäten deziert nach Computernutzungsmöglichkeiten ausrichten.

Erwähnenswert ist darüber hinaus der hohe Anteil an Single-Haushalten (über 50%) im Gegensatz zu traditionellen familiären Wohnformen (nur ein Viertel lebt mit Partnern oder Kindern). Einige bevorzugen studentische Wohngemeinschaften oder Heime, ein Viertel der Befragten lebt hingegen noch im elterlichen Haushalt; einerseits ist dies mit 'finanziellen' Erwägungen zu begründen, andererseits wird dieser Umstand mit einem Aufschub von Lebens-Verantwortung (Moratorium) erklärbar (Kellermann, 1990).

3.2.1 Silberland-MUDer

Die im Schnitt jüngste Gruppe [6] (22 Jahre) lebt in studentischem Milieu, weist einen eindeutigen Schwerpunkt auf technische und naturwissenschaftliche Sudienrichtungen (Informatik, Biochemie etc.) auf und zeichnet sich (wie auch die anderen Gruppen) durch exzessive Computernutzung aus - vorwiegend am Ausbildungsplatz, aber auch im Privathaushalt. Mit 23 Stunden wöchentlicher MUD-connecttime verbringen sie über 50% ihrer 40stündigen Computeraktivitäten in Silberland; 3,3 Stunden pro Tag liegen deutlich über dem Schnitt der Gesamtgruppe. MUDing findet für diese Befragten nicht primär in häuslicher, aber doch in vertrauter Umgebung statt. Die Entscheidung für die Universitäts-Computerräume beruht auf der gesuchten Nähe zur Universität und dem studentischen Milieu, ebenso der Möglichkeit, Leerzeiten zwischen Lehrveranstaltungen auszufüllen, aber auch dem Umstand, gemeinsam mit anderen in das MUD einzusteigen. Darüber hinaus werden MUDs auch in Lehrveranstaltungen als Beispiele für objektorientiertes Programmieren herangezogen und somit eine ideale Verbindung von Lernen und Spiel geschaffen.

Silberland-MUDer sind finanziell großteils von ihren Eltern abhängig. Obwohl einige diese Unterstützungsleistung mit Nebenjobs aufbessern, sind sie insgesamt eher einkommensschwach. Alle Befragten aus Silberland sind ledig, (bis auf drei Befragte) kinderlos und leben häufig (wenn nicht in Heimen oder Wohngemeinschaften) noch bei den Eltern.

Auffällig ist die eindeutige Affinität zu Science Fiction- und Fantasy-Filmen und -Literatur. Hervorstechend sind "Star Wars" sowie "Star Trek" und die Romantrilogie "Herr der Ringe" von J. R. R. Tolkien. Nicht verwunderlich, ist doch das Milieu von Silberland ein Tolkiensches: vormittelalterlich, mystisch, mit phantastischen Elementen (Magier, Elfen, Hobbits, Monster etc.) und eindeutig moralischem Unterton (gegen Krieg und Herrschsucht).

Fast alle befragten 'Silberländler' besuchten bereits eines der zahlreichen *real life* Treffen (nur zwei von 16 Befragten versagten sich bisher dem face-to-face Gruppenkontakt), wobei ein harter Kern von kolportierten 15 Silberland-Spielern regelmäßig zweiwöchentlich bei den *real life* Treffen erscheint, um vorwiegend programmiertechnische Belange zu bereden und über MUD-Abenteuer zu berichten. Von einigen Befragten wurde diese Runde als Freundeskreis bezeich-

---

[6] An dieser Stelle wird der Terminus 'Gruppe' nicht im gruppensoziologischen, sondern vielmehr im alltagssprachlichen Verständnis verwendet. Im weiteren Verlauf des Beitrages ist der Gruppenbegriff in Abgrenzung zu egozentrierten sozialen Netzwerken genauer herausgearbeitet.

net, aber auch als Kreis von "Computer-Fuzzis, die sich total hineinsteigern und oft den ganzen Tag online sind." (Zitat eines Spielers).

Interessanterweise lernten viele einander erst über Silberland, BBSs oder Internet-chats kennen. Eine Gruppe, die sich vorwiegend im Computerraum der Technischen Universität Wien einloggt, hat sich das MUD im Laufe der Zeit "gemeinschaftlich angeeignet" (Zitat eines Spielers): für diese Gruppe spielt die direkte face-to-face Kommunikation und physische Präsenz bzw. Nähe während des Spielverlaufs eine entscheidende Rolle. Dies Vorliebe wurde auch von einer Gruppe Medizinstudierender berichtet, die ebenfalls vorwiegend das kollektive Spielerlebnis suchen. Diese Praxis hat sich auch bei sog. LAN-Parties durchgesetzt, im Rahmen derer sich eine Vielzahl Jugendlicher in angemieteten Hallen mit ihren eigenen Computern zum Online-Spielen treffen. (vgl. Vlach, 2001).

3.2.2 Ultima Online-Spieler

Auffallend an der durchschnittlich 30jährigen Befragtengruppe der "UO-Spieler" (so bezeichnen sie sich selbst) ist das unausgeglichene Geschlechterverhältnis (nur eine Frau) sowie die Einkommensstärke und 'Etabliertheit' einiger Auskunftspersonen: sie sind in gehobenen Positionen oder Selbstständig. Zwei Drittel der befragten UO-Spieler leben in Partnerschaften, und die Hälfte hat auch eigene Kinder. Sie verfügen großteils über Computer am Arbeitsplatz, darüberhinaus hat fast die Hälfte auch an anderen Orten Zugang zu einem Computer.

Mit 60 Computerstunden pro Woche haben diese Befragten die längste Nutzungsdauer, wobei jedoch 'nur' ein Drittel der Zeit (nämlich 19 Stunden) für UO aufgewendet wird (Tagesschnitt 2,7 Stunden). Einstiegsort ist vorwiegend der private Haushalt, aber auch das Büro.

Real life (RL) Treffen sind in Form von Gildentreffen keine Seltenheit. Fast alle befragten Spieler gehören einer Gilde an und kennen die Gildenmitglieder zumeist auch face-to-face. Die befragten UO-Spieler knüpfen ihre Kontakte zu anderen Spielern vorwiegend in der virtuellen Welt - anders als manche 'Silberländler', die in den Computerräumen der Universität Kontakte aufbauen.

3.2.3 Palazzo-chatter

Auch die Palazzo-chatter zeichnen sich überwiegend durch Berufstätigkeit aus und sind bei relativ ausgeglichenem Geschlechterverhältnis im Schnitt 30 Jahre alt. Mit einer Palazzo-connecttime von 13 Wochenstunden (1,9 Stunden täglich) liegen sie deutlich hinter den beiden anderen Befragtengruppen. Der überaus hohe Anteil an Singles (nur ein Befragter lebt in einer Partnerschaft; 50% kommen aus geschiedenen Ehen) entspricht der eigentlichen Funktion von Palazzo, als einer Kommunikatons- und 'Kennenlern'-plattform.

Nahezu 80% der Palazzo-chatter steigen im eigenen Haushalt in das Environment ein, obwohl im selben Maß Zugang zu Arbeitsplatz-Computern besteht. Für diese Gruppe hat Chatten eine Ausgleichsfunktion: sie beschreiben ihren Lebensvollzug als von Arbeit und Beruf dominiert, mit zu knappen Zeitressourcen für aufwendige Freizeitaktivitäten. Das virtuelle Kennenlernen stellt dennoch nur eine Ersatzfunktion dar: Viele Chatter monieren die unzufriedenstellende Unverbindlichkeit von reinen Online-Beziehungen und sind sehr daran interessiert, sich im Rahmen von *real life* Treffen kennenzulernen. Sie nutzen den Chat als 'Sprungbrett' für persönliche Beziehungen und brauchen generell die Gewißheit, sich neben virtuellen auch in *real life* Zusammenkünfte einklinken zu können. Die *real life* Treffen finden regelmäßig (ca. alle zwei bis drei Wochen) mit durchschnittlich 15 Teilnehmern statt.

3.3 MUD-communities

Hinsichtlich der sozialen *Binnenstruktur* der einzelnen MUD-communities (resp. Spielergemeinschaften) lässt sich festhalten, dass innerhalb der MUDs überwiegend klassische Karrieremodelle vorherrschen und sich das Fortkommen an meritokratischen Prinzipien (Eliten- und Leistungsprinzipien) orientiert. Disziplinäre Hierarchien in den Environments (Punkte-, skill- und Sympathiesystem) machen die Durchsetzung sog. regelgerechten Verhaltens relativ einfach und etablieren soziale Konventionen, die von den Spielern selbst als "law and order-Politik", "Selbstjustiz-Modell" oder "Gerechtigkeits-Ordnung" beschrieben werden. Verstöße gegen Sitte und Moral werden zumeist von hochrangigen Spielern geahndet, die wiederum von sich aus geltend machen, was als Verstoß zu identifizieren ist.

Gemeinsame Orientierungen der einzelnen MUD-communities sind einerseits an den Gildenkonstellationen erkennbar, andererseits auch an dem gemeinsamen Interesse am speziellen Spielmilieu (z.B. dem Fantasy Genre) sowie der programmiertechnischen und inhaltlichen Weiterentwicklung der Spiele. Als Beispiele seien zwei Ultima Online Gilden erwähnt: eine der Gilden hat sich auf die Jagd nach *playerkillern* spezialisiert, eine andere Gilde bildet eine realweltlich existente Familie (Vater, Mutter und drei Söhne) virtuell im Spiel ab - die Familie verhält sich: "(...) wie im wirklichen Leben. Wir lieben und streiten uns, aber gemeinsam sind wir eben stark".

Darüber hinaus werden gemeinsame Orientierungen im Rahmen von *real life* Treffen der Gilden und Gruppen vertieft.

Die speziellen *Handlungsräume* der MUD-communities lassen sich sowohl im virtuellen, als auch im realen Raum einigermaßen gut beschreiben. Virtuell haben sie sich einerseits in den MUDs selbst Handlungsräume geschaffen (zumeist eigene Zimmer, Orte, Gildenhäuser, oft ganze Territorien etc.), es wurden aber auch, über das MUD hinausgehend, Homepages oder Chat-Kanäle etabliert.

Im realen Leben lassen sich die Handlungsräume Universität, Privatwohnung oder Büro und kommerzielle Räume (Lokale) unterscheiden. Je nach Vorliebe treffen sich die einzelnen Gruppen eher in der Öffentlichkeit (Palazzo-chatter), an der Universität (Silberland-MUDer) oder in eher privatem Rahmen (im eigenen Haushalt) oder Büro (Ultima Online-Spieler).

Außenbeziehungen der einzelnen MUD-Spielergemeinschaften, bzw. deren Mitglieder ließen sich nur in Ansätzen erheben. Insbesondere problematisierten einige Spieler ihre Beziehungen zu Partnern oder der Familie, wenn diese nicht an den MUDs teilnehmen, was nicht verwundert, handelt es sich dabei doch um ein relativ zeitaufwendiges 'Hobby'. Eine Spezialform von Außenbeziehungen unterhalten einzelne Gilden, indem sie versuchen, andere Gilden zu *real life* Treffen zu motivieren. Eine weitere Form des Außenkontaktes ist das Missionieren des realweltlichen Freundeskreises: eine nicht unbeträchtliche Zahl der Befragten wurde von Freunden, Bekannten, Familienmitgliedern oder Arbeitskollegen zum MUDen überredet.

Die Kohäsion einzelner Spielergemeinschaften wird darüber hinaus durch den Aufbau *kollektiver Rationalität* gewährleistet, das meint, durch die kongruente Interpretation von Spielsinn und Performanz im MUD (vgl. Becker, 1998), sowie durch *spezifische Spielermotivationen*. So sind Palazzo-chatter fast ausschließlich am Beziehungsaufbau, UO-Spieler auch am Rollenspiel und 'Silberländler' am Bespielen, Entdecken und Programmieren des Environments interessiert. Diese Spielermotivationen haben *gesellschaftliche Vorbedingungen*, zumal sich die einzelnen Spielergemeinschaften aus ähnlichen gesellschaftlichen Milieus mit einschlägigen Lebensstilen rekrutieren (z.B. studentisches oder 'normales' Milieu).

Als weiteres bestimmendes Moment der Gruppenkohäsion ist die *Identitäts-Persistenz* der Mitglieder zu benennen: Avatare werden kontinuierlich entwickelt und gehen dauerhafte Beziehungen ein, wobei in den untersuchten Spielergemeinschaften Anonymität (oftmals als einschlägiges Argument für die Teilnahme an MUDs und Chats angeführt, vgl. u.a. Turkle, 1996; Bruckman, 1992) eine untergeordnete Rolle spielt (man kennt einander sowohl online als auch RL). Die *Gebundenheit an geographische Orte* (als Vorbedingung sozialer Gruppen) scheint bei den 'Silberländlern' und Palazzo-chattern einigermaßen gegeben, zumal die Spielergemeinschaften auf Österreich konzentriert sind; in Ultima

Online - einem internationalen Spiel - kommt dieser Aspekt weniger zum tragen: hier gilt der Mittel- und Nordeuropäische Raum als Bezugsgröße. Die UO-Gilden operieren RL sowohl national als auch international.

Unter dem analytischen Blickwinkel systemtheoretisch inspirierter, gruppensoziologischer Perspektiven (vgl. Neidhardt, 1983), handelt es sich in den untersuchten Fällen jedoch nicht um Primär-, sondern eher um Sekundärgruppenkonstellationen, die allerdings umfassender und gezielter mit dem Ansatz egozentrierter sozialer Netzwerke umrissen werden können:

Primärgruppen zeichnen sich durch face-to-face Kommunikation aus, was auf die untersuchten Spielergemeinschaften nur in Ansätzen zutrifft. Hauptsächlich findet indirekte - computervermittelte - Interaktion statt, was auch den Emotionalitätsaspekt in diesen Gruppen etwas einschränkt: via Computer vermittelte Emotion ist zumeist ausschließlich sprachlicher Natur und weniger authentisch (visuell, auditiv, haptisch, respektive gestisch vermittelt). [7] Die Beziehungen innerhalb der Spielergemeinschaft sind nicht unbedingt auf eine lokale Gemeinde beschränkt und wesentlich instabiler als angesprochene Primärgruppenbeziehungen: RL Treffen sind eher unverbindlich: "Gildenmitglieder kommen und gehen" (Zitat eines Befragten). Der Geselligkeitsaspekt steht im Vordergrund.

Auch der Terminus der 'secondary groups' aus der gruppensoziologischen Tradition erfasst das beobachtete Phänomen nicht vollständig: zwar können schwächere Beziehungen analysiert werden, die vorrangig auf der Verfolgung eines kollektiven Ziels aufbauen und den Bedarf an zusätzlichem Wir-Gefühl decken, wobei in den untersuchten Spielergemeinschaften vor allem der Aspekt der sozialen Positionierung als 'Spieler' in einem bestimmten Environment, gemeinsame Aktivitäten, sowie die Realisierung spezifischer Interessen, auffallen. Dabei sind jedoch die unterschiedlichen Qualitäten der Beziehungen in persönlichen sozialen Netzwerken außer Acht gelassen. Unterschiedliche Netzgrößen und Netzdichten, insbesondere die Überlappung von sozialen Teilnetzen (in unserem Fall von RL-Netz und MUD-Netz), geben zusätzlich Aufschluss über die Integriertheit der Individuen in gemeinschaftliche Gefüge. Der Gruppenansatz im allgemeinen greift vor allem deshalb zu kurz, da als Ausgangspunkt die Multiplexität von Beziehungen vorausgesetzt wird: insbesondere in differenzierten Gesellschaften finden sich jedoch zunehmend schwache Beziehungen (weak ties), die auch als uniplexe, interessengeleitete, weniger dichte Beziehungskonstellationen zu beschreiben sind (vgl. Fischer, 1982; Schenk, 1983). Aus diesem Grund ist auch das Primat der Binnenbeziehung, das etwa Neidhardt

---

[7] Insbesondere ist die inflationäre Verwendung starker Gefühlsausdrücke in den untersuchten MUDs erwähnenswert, wie z. B. kollektives "Knuddeln" als Begrüßungsritual.

hervorhebt, schwächer ausgeprägt: die Mitglieder von Spielergemeinschaften sind darüber hinaus in andere soziale Teilnetze integriert.

3.4 Soziale Netzwerke und MUDing

Wie oben dargestellt, wurde, um Aussagen über den Zusammenhang zwischen Sozialverhalten in Internet-Spielen und jenem in real life (IRL) treffen zu können, im Rahmen der Befragung vor allem das Konzept des egozentrierten sozialen Netzwerks verfolgt. Dabei geht es einerseits darum zu klären, inwiefern zwischen realweltlichem Netzwerk und Netzwerken in Internet-Spielen Überlappungs- bzw. Durchdringungszonen gegeben sind. Darüber hinaus sollen auch Ausdehnung und Zusammensetzung der egozentrierten Netzwerke beschrieben werden.

Es wurde versucht diesen Ansprüchen mittels zweier Befragungsstrategien zu entsprechen. Zum einen waren die Gesprächspartner aufgefordert, Auskunft über die summarische Anzahl an MUD-Spielern zu geben, die auf unterschiedlichen Beziehungsebenen für sie relevant sind (siehe 1). Zum anderen wurde die Zusammensetzung der egozentrierten sozialen Netzwerke IRL mittels Fischer-Namensgenerator eruiert (siehe 2).

1) 50% der Befragten kennen mehr als 40 Mitspieler in den MUDs namentlich (nicknames). Das arithmetische Mittel liegt bei 68 Personen. Davon wurde mit durchschnittlich 59 Personen im Rahmen eines Spiels auch kommuniziert, und mit 24 Spielern über Privates gesprochen. Der nächst engere Kreis bekannter Internet-Spieler ist durch jene definiert, mit denen immer kommuniziert wird, wenn sie zeitgleich online sind. Dieser Personenkreis beinhaltet durchschnittlich 14 MUDer, wovon 10 als Freunde bezeichnet werden und zu durchschnittlich 5 Personen enge Beziehungen bestehen.

Anhaltspunkte über die Größenordnung der wechselseitigen Durchdringung von Freundeskreis in Internet-Spielen und IRL liefern die folgenden Daten: Von den insgesamt durchschnittlich 68 namentlich Bekannten in Internet-Spielen kennen die Befragten durchschnittlich rund ein Drittel auch IRL. Davon waren zuvor nur 20% IRL bekannt. Durch die Partizipation an Internet-Spielen wurden die Auskunftspersonen durchschnittlich mit rund 17 Personen IRL bekannt. Weitere 4 Personen waren schon bekannt, bevor man sie in Internet-Spielen wieder getroffen hat. Als Freunde IRL werden durchschnittlich rund 7 MUDer bezeichnet. Das ist ein Drittel der gesamten Überlappungszone.

2) Als zweiter Bezugspunkt zur Problemstellung wurde der Namensgenerator von C. S. Fischer (vgl. Schenk, 1995) gewählt und eine für die spezifischen Forschungszwecke relevante Zusatzfrage angefügt. Das Fischer-Instrument ist ein vergleichsweise aufwendiges Erhebungsverfahren, das allerdings durch namentliche Nennung der Netzpersonen und deren Zuordnung zu sozialen Dimensionen (wie Hilfestellung, Vertrauen und Geselligkeit), genaue Aufschlüsse über die Zusammensetzung egozentrierter Netzwerke liefert.

Unter Anwendung des Namensgenerators wurden bei der Zusatzfrage durchschnittlich 5 Personen genannt, die auch in MUDs bekannt sind. Dies sind 2 Personen weniger als bei der summarischen Quantifizierung, wobei dort eher die Tendenz besteht 'aufzurunden', während durch die namentliche Nennung und nicht zuletzt, weil alle elf vorangegangenen Fragestellungen des Fischer-Instruments als Filter dienen, der resultierende Wert tendenziell unter dem faktischen liegt.

Im Vergleich zu einer 1985 durchgeführten, für die BRD repräsentativen ZUMA-Studie, die bei Anwendung desselben Erhebungsverfahrens auf eine durchschnittliche Zahl insgesamt genannter Netzpersonen von 7 bis 8 kam (Schenk, 1995), verfügen die befragten Internet-Spieler IRL mit durchschnittlich 16 bis 17 Netzpersonen (!) über ein doppelt so großes egozentriertes Gesamtnetz. Die Verteilung der Zahl der Netzpersonen kumuliert um diesen Mittelwert im Bereich von 10 bis 20 Nennungen (25 Befragte). Auf 5 bis 10 Nennungen kommen nur 6 Befragte, und mehr als 20 Genannte liegen für 8 Befragte vor.

In Anlehnung an die erwähnte ZUMA-Studie wurde eine Faktorenanalyse mit acht Einzelitems des Namensgenerators vorgenommen, wodurch drei Beziehungselemente voneinander abgegrenzt werden können (64% der Gesamtvarianz erklärt, Hauptkomponentenanalyse): *Beziehungen mit sozialem Unterstützungscharakter* (Haus/Wohnung versorgen bei Abwesenheit; Hilfe bei Arbeiten im Haushalt, aber nicht "normale" Hausarbeit; Geld leihen), dann *Beziehungen mit Vertrautheitscharakter* (Arbeits-/Studienangelegenheiten, Persönliches/Sorgen besprechen, bei wichtigen Entscheidungen zu Rate ziehen) und weiter *Kontakte mit Geselligkeitscharakter* (gemeinsame Aktivitäten der letzten drei Monate, gemeinsame Hobbys und Freizeitaktivitäten).

In den Teilbereich Geselligkeit fallen durchschnittlich rund 14 Netzpersonen, dem Faktor Vertrautheit sind 8 der Genannten zuzuordnen und dem Element Hilfestellung rund 5 Personen eines egozentrierten Netzwerks. (Netzpersonen, Einzelitems siehe nächste Seite)

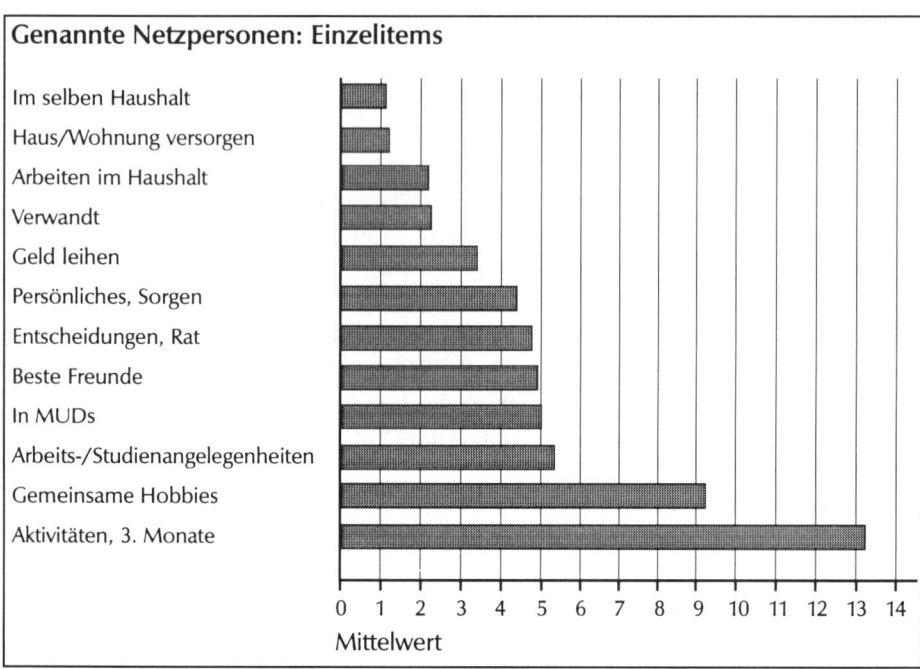

Die beiden Stimuli des Freizeitbereichs produzieren auch getrennt die meisten Nennungen. Die durchschnittlich 5 auch in Internet-Spielen bekannten Personen liegen nach den Freizeit-Items und Personen, mit denen Arbeits- oder Studienangelegenheiten besprochen werden an vierter Stelle, noch vor den weiteren Fragestellungen des Vertrauensschemas und jenen Stimuli, die Unterstützungsleistungen repräsentieren. Festzuhalten ist, dass Hilfestellung und Geselligkeit einander tendenziell ausschließen, während Hilfe und Vertrautheit einander eher bedingen.

Dies führt zur Fragestellung, inwieweit in den persönlichen Netzwerken uniplexe oder multiplexe Beziehungen vorhanden sind. Als uniplexe Beziehung soll in diesem Zusammenhang jene verstanden werden, die ausschließlich in einer der drei Beziehungsdimensionen gegeben ist. Als multiplex ist eine Beziehung dann zu bezeichnen, wenn ein und dieselbe genannte Person in zumindest zwei der drei Beziehungskonstellationen genannt wird. Verkürzt dargestellt, sind von den insgesamt 16,5 Personen eines durchschnittlichen, egozentrierten Netzwerks 8,3 Personen mittels uniplexer Beziehung mit den Befragten verbunden. Darunter befinden sich 6,9 Personen, die ausschließlich dem Geselligkeitsschema zuzuordnen sind. Dieses Beziehungselement trägt den Großteil zur Ausweitung der Netzwerke bei. Sobald Bindungen entweder mit dem Element Vertrautheit oder mit konkreten Hilfestellungen verknüpft sind, liegen tendenziell auch multiplexe Beziehungsstrukturen vor, allerdings verkleinert sich das Netzwerk dann entsprechend von durchschnittlich rund 17 Netzpersonen auf 10 Genannte. Aber auch diese Zahl stellt, verglichen mit Repräsentativdaten, noch einen hohen Wert dar, zumal hier schon von engen Beziehungen gesprochen werden kann.

Im Zusammenhang mit der Überlappung von MUD- und RL-Netzwerk ist unter Einbeziehung der Zusatzfrage erkennbar, dass von den insgesamt 199 Bekannten aus Internet-Spielen 23% auch für Hilfeleistungen angesprochen werden. Zu 53% besteht ein Verhältnis der Vertrautheit, und 96% trifft man im Rahmen von RL-Geselligkeiten. Womit klar zutage tritt: Bekannte aus Internet-Spielen sind Teil des Geselligkeitsschemas, repräsentieren aber zur Hälfte auch einen Vertrautheits- und zu einem Viertel unterstützende soziale Kontakte.

Eine weitere Verdichtung der Informationen über egozentrierte Netzwerkstrukturen der befragten MUDer erfolgt mittels Clusteranalyse, in der die wesentlichen Strukturdaten der persönlichen Netzwerke in Verbindung mit den Daten über die Überlappungszonen zwischen Internet-Spiel-Bekannten und RL-Bekannten eingehen. Als zusätzliche Variable - gewissermaßen als Kontrollgröße - findet der Faktor *Outdoor-Orientierung* in die Typenbildung Eingang.

Die *Outdoor-Orientierung* misst die Frequenz von Aktivitäten wie Kinobesuch, Besuch kultureller Veranstaltungen, Ausgehen und Besuche von Freunden, Bekannten oder Verwandten. Diese Komponente geht aus einer Faktorenanalyse hervor (mit 57%-Anteil erklärter Varianz an der Gesamtvarianz der aufgenommenen Items, Hauptkomponentenanalyse), in welcher sie von den Faktoren *Indoor-Orientierung* (Handarbeiten/Basteln, Zeichnen/Malen etc., Pflanzen-/Blumenpflege, Briefe schreiben), und einer Facette der *Outdoor-Orientierung*, allerdings eindeutig *mit Organisationsbezug* (Vereinstreffen/Clubabende, Aktivitäten in Organisationen), abzugrenzen ist. Der in die Typenbildung aufgenommene Faktor ist jene Komponente, die gegenüber den beiden anderen Faktoren, die eindeutig dominante Form des RL Freizeitverhaltens der Befragten darstellt. (Siehe die Kennwerte der Netztypologie, nächste Seite).

Kennwerte der Netztypologie					
	Mittelwerte				
	Cluster 1	Cluster 2	Cluster 3	Cluster 4	Gesamt
insgesamt genannt	10.86	15.00	15.22	23.00	16.52
Outdoorskala	3.36	2.27	3.00	2.36	2.65
Hilfeleistung	4.29	5.15	3.33	5.00	4.55
Vertrautheit	6.29	9.46	7.67	8.00	8.10
Geselligkeit	6.43	12.92	13.67	21.73	14.38
Anteil Hilfeleistung	48.36	35.92	23.94	24.98	32.39
Anteil Vertrautheit	61.57	62.53	57.69	34.38	53.53
Anteil Geselligkeit	57.80	86.32	88.86	93.21	83.80
in MUDs	2.00	4.38	9.67	3.73	4.97
Anteil in MUD	16.31	28.67	61.64	14.04	30.18
in MUDs und Hilfe	.29	1.77	1.22	.91	1.15
in MUDs und vertraut	.86	3.54	4.00	1.55	2.63
in MUDs und gesellig	1.71	4.00	9.67	3.64	4.78
Anteil in MUD an Hilfe	2.86	35.11	32.41	23.27	25.60
Anteil in MUD an vertraut	10.22	37.47	50.54	16.82	29.96
Anteil in MUD an gesellig	20.79	31.34	70.10	15.68	33.91
uniplexe Beziehung	4.71	5.08	8.00	14.64	8.30
multiplexe Beziehung	6.14	9.92	7.22	8.36	8.23
triplexe Beziehung	1.14	3.69	2.22	3.36	2.83
Anteil uniplexe Beziehungen	39.41	34.31	44.95	61.76	45.14
Anteil multiplexe Beziehungen	60.59	65.69	55.05	38.24	54.86
Anteil triplexe Beziehungen	15.08	25.54	15.44	14.33	18.35

Die Netztypologie scheidet die Gesamtgruppe in vier Fraktionen, die bezüglich ihrer Outdoor-Orientierung und ihrer Netzwerktypik signifikant voneinander abweichen (siehe nächste Seite).

Netztypologie				
Faktoren	Cluster 1	Cluster 2	Cluster 3	Cluster 4
Netzgröße	klein	mittel	mittel	sehr groß
Outdoor-Aktivitäten	selten	häufig	eher selten	häufig
Netzstruktur	hohe Anteile an Hilfe und Vertrautheit, sehr geringe an Geselligkeit	hohe Anteile an Vertrautheit	geringe Anteile an Hilfe	geringe Anteile an Hilfe und Vertrautheit, hohe an Geselligkeit
Überlappung IRL-MUD	gering	durchschnittlich	sehr stark	gering
Struktur der MUD-Bekannten IRL	generell geringe Anteile, vor allem bei Hilfe	hohe Anteile an Hilfe und Vertrautheit	generell hohe Anteile, vor allem an Vertrautheit und besonders an Geselligkeit	geringe Anteile an Vertrautheit und Geselligkeit
Uni-/Multi-/Triplexität	große Mulitplexität	sehr große Multi- und Triplexität	Multiplexität auf mittlerem Niveau	geringe Multiplexität
N	7 Befragte	13 Befragte	9 Befragte	11 Befragte

Eine Kurzcharakteristik der Netztypologie muss berücksichtigen, dass die Netz-
umfänge der Befragten generell groß sind. Die nur vergleichsweise kleinen Netze, wie sie in Cluster 1 repräsentiert sind, resultieren aus einem geringen Maß an
Outdoor-Aktivität und begrenzten Überlappungszonen mit MUD-Bekannten. Im
allgemeinen ist festzustellen, dass die Beziehungselemente 'Hilfestellung' und
'Vertrautheit' jene Komponenten sind, die sich, in absoluten Zahlen ausgedrückt, über alle Gruppen verteilt relativ stabil verhalten, während vor allem im
Bereich 'Geselligkeit' starke Schwankungen gegeben sind, die sich in Kombination mit der gesamten Größe der Netze wiederum auf die Maßzahlen für Multi-
plexität auswirken. Insofern können der Zusammenhang von Multiplexität, Vertrautheit und Hilfestellung einerseits sowie die stärker variierenden Anteile im
Bereich der Geselligkeit zu einem Faktor zusammengefasst werden, der hier als
Dichte des persönlichen sozialen Netzwerks bezeichnet werden soll. Die Ausge-
prägtheit der Durchdringungszonen zwischen MUD und RL sowie das Maß für
Outdoor-Orientierung müssen weiterhin getrennt davon betrachtet werden.
Dadurch können die vier Gruppen folgendermaßen charakterisiert werden:

- Schwach ausgeprägte Outdoor-Orientierung und ein geringes Maß an RL-MUD Überlappung führen zu vergleichsweise geringem Netzumfang (rund 11 Nennungen im Durchschnitt) bei gleichzeitig großer Dichte (Cluster 1, 7 Befragte).
- Bei ebenfalls schwächer ausgeprägter Outdoor-Orientierung, aber starker Überlappung der Bereiche RL und MUD (rund 10 Nennungen), entstehen mittelgroße persönliche Netzwerke (durchschnittlich 15 Nennungen) - allerdings solche, die durch ein geringeres Maß an Dichte gekennzeichnet sind (Cluster 3, 9 Befragte).
- Stark ausgeprägte Outdoor-Orientierung mit mittlerer RL-MUD Überlappung resultieren entweder in mittelgroße Netze mit großer Dichte (Cluster 2, 13 Befragte).
- oder in große Netze (Netzumfang beträgt durchschnittlich 23 Personen) mit geringerer Dichte (Cluster 4, 11 Befragte).

3.5 Spielertypologie

Hinsichtlich der Motivation, an Internet-Spielen teilzunehmen, lassen sich drei nach statistischen Kriterien klar abgrenzbare Komponenten herausarbeiten (Faktorenanalyse, 60% der Gesamtvarianz erklärt, Hauptkomponentenanalyse):

- Die Komponente *Rollenspiel* (verschiedene Identitäten annehmen können, der Vielfältigkeit der eigenen Persönlichkeit Ausdruck verleihen können, verschiedene Verhaltensweisen ausprobieren können, Begrenztheit des eigenen Körpers überwinden, beliebiges Geschlecht annehmen können), in der auch Aspekte einer Alltagsflucht enthalten sind (aus dem Alltag ausbrechen, Ausgleich zum Alltag).
- Ein Aspekt, der unter *Entgrenzung* subsummiert werden kann (Überwindung kultureller Grenzen, ideologischer Grenzen, räumlich-geographischer Grenzen).
- Sowie die Komponente *Kommunikation* (Reiz einer neuen Form von Kommunikation, Kommunikation mit mehreren Beteiligten gleichzeitig),

wobei der Kommunikationsaspekt in der Gesamtgruppe der Befragten gegenüber den beiden anderen Faktoren eindeutig im Vordergrund steht.

Weitere Aufschlüsse über Erwartungshaltungen und Einstellungsmuster liefern standardisierte Item-Batterien zu Wunschvorstellungen - einmal mit eher allgemein gehaltenen Stimuli, und in einer zweiten Batterie mit Bezug auf spezifische Handlungsweisen.

Die allgemein gehaltenen Stimuli können in zwei Gruppen zusammengefasst werden (Faktorenanalyse, 57% erklärte Varianz, Hauptkomponentenanalyse):
- Die Komponente *Entspannung* (entspannend, freundlich, nützlich, vertraut, entlastend, angenehm)
- und die Komponente *Herausforderung* (herausfordernd, spannend, wettbewerbsorientiert, anstrengend, bedrohlich, komplex).

Die Dimensionenreduktion jenes Merkmalraums mit Ausrichtung auf spezifische Handlungsweisen führt ebenfalls zu einer Zweikomponenten-Lösung (Faktorenanalyse, 68% erklärte Varianz, Hauptkomponentenanalyse).

- In der ersten Komponente sind Verhaltensweisen subsummiert, die einen eindeutigen *Spiel-Bezug* haben (Abenteuer bestehen, fremde Welten erkunden, Aufgaben absolvieren, kämpfen, Punkte sammeln).
- Die zweite Komponente versammelt Handlungsbezüge mit *Spieler-Bezug* (mit anderen kommunizieren, Freundschaften schließen, einander helfen).

Die vorliegenden sieben Faktoren dienen zur Generierung einer empirischen Spielertypologie mittels Clusteranalyse. (Die Lösung führt zu signifikant abweichenden mittleren Faktorwerten.)

Spielertypologie			
Faktoren	Typ 1	Typ 2	Typ 3
Rollenspiel Entgrenzung Kommunikation	zutreffend zutreffend zutreffend	nicht zutreffend	zutreffend nicht zutreffend nicht zutreffend
Herausforderung Entspannung	zutreffend	nicht zutreffend zutreffend	zutreffend nicht zutreffend
Spiel-Bezug Spieler-Bezug	zutreffend zutreffend	nicht zutreffend zutreffend	zutreffend nicht zutreffend
N	15 Befragte	11 Befragte	14 Befragte

Spielertypus 1 ist vorrangig durch die starke Betonung des Kommunikationsaspekts gekennzeichnet. Weiter wird in dieser Gruppe als einziger der Entgrenzungsaspekt als zutreffende Motivation eingestuft. Generell liegt diese Gruppe

aber bei allen Faktoren, außer bei Herausforderung, im Bereich der Zustimmung. Die Bezeichnung *kommunikativ-entgrenzter Mischtyp* könnte diesen Cluster passend beschreiben.

Spielertyp 2 sucht eindeutig Entspannung und Spieler-Bezug. Der Rollenspielaspekt wird abgelehnt. Es handelt sich also um einen *Entspannungs- und
Spieler-bezogenen Typus.*

Vom Spielertypus 3 wird Herausforderung eindeutig über den Entspan-
nungsaspekt gestellt. Zudem ist der Spieler-Bezug geringer ausgeprägt als in den
beiden anderen Gruppen, dafür tritt der Spiel-Bezug deutlicher hervor. Der
Kommunikationsaspekt liegt auf niedrigerem Niveau. Wir nennen diese Gruppe
den *Herausforderungs- und Spiel-bezogenen Typus.*

Es wird deutlich, wie vor allem Cluster 2 und Cluster 3 unterschiedliche, einander entgegengesetzte Spielphilosophien vertreten.

Eine ergänzende Differenzierung nimmt Bezug auf eine von Richard Bartle
vorgelegte Typologie (Bartle, 1996), in welcher die Befragten nach Aktions- bzw.
Interaktionsaspekt und Spieler- bzw. Environment-Bezug eingestuft werden. Im
Rahmen unserer Studie wurden diese Orientierungen aus qualitativem Material
gewonnen (offene Fragen, Mehrfachzuordnungen).

players	acting	*world*
ROLEPLAYERS & KILLERS		ACHIEVERS
SOCIALIZERS		EXPLORERS
players	interacting	*world*

Auch in der Übertragung dieses Schemas ist kennzeichnend, dass sich die meisten Auskunftspersonen als *socializer* einstufen (Kommunikationsaspekt, interacting with other players). 14 Auskunftspersonen deklarieren sich als *achiever* (acting on the world), 13 als *Rollenspieler* (und *killer*, acting on other players), weitere 10 Befragte sind als *explorer* (interacting with the world) zu bezeichnen. Einzelne Befragte sind mehrfach zugeordnet, da die Spielertypen einander nicht
ausschließen. (*Rollenspieler* neigen auch zu *achievement* und *socializing* und
umgekehrt, *explorer* ebenfalls zu *socializing*.)

Im Vergleich zur jener Clusterlösung, die aus der standardisierten Abfrage
hervorgeht, sind die *Rollenspieler* und die *achiever* jeweils auf den kommunikativ-entgrenzten Mischtypus, sowie den Herausforderungs- und Spiel-bezogenen
Typ verteilt, was für die Rollenspieler unmittelbar aus der Typologie der Clusterlösung hervorgeht, denn Rollenspielaspekt und Spiel-Bezug verbindet diese beiden Cluster. Dass die *achiever* ebenfalls über dieselben Cluster verstreut auftreten, steht auch in Einklang mit der Clustertypik, da sich der Faktor Spiel-Bezug

vorrangig aus *achievement*-Items ableitet. Die *socializer* sind in allen drei Clustern anzutreffen. Dies ist darauf zurückzuführen, dass einerseits Spieler-Bezug und vor allem Kommunikation generell hoch bewertet werden, und in der Clusterlösung auf diesem insgesamt hohen Niveau unterschieden wird. Die kleinere Gruppe der *explorer* deckt sich vorrangig mit dem kommunikativ-entgrenzten Mischtypus.

4. Schluss

Überträgt man die beiden korrespondierenden Spielertypologien auf die untersuchten MUD-styles, so werden signifikante Unterschiede zwischen Palazzo-Chattern (MUD-style: Chat-environment, tiny; Spielertyp: Entspannungs- und Spieler-bezogen bzw. socializer) und UO-Spielern (MUD-style: combat; Spielertyp: Herausforderungs- und Spiel-bezogen bzw. Rollenspieler) erkennbar. Darüber hinaus fallen UO-Spieler hinsichtlich der Typik ihrer egozentrierten Netzwerke aus der Teilmenge jener Befragten heraus, deren Netze große Durchdringungszonen zwischen RL- und MUD-Netzwerk aufweisen (Cluster 3).

Bei Palazzo-Chattern existieren wiederum keine mittelgroßen Netze, die aus starker Outdoor-Orientierung resultieren und durch ein hohes Maß an Dichte gekennzeichnet sind (Cluster 2). Sie weisen sich als jene aus, die am stärksten daran interessiert sind, Kontakte via virtual reality aufzubauen.

Bei UO-Spielern tritt im Vergleich zu den anderen der Rollenspielaspekt am deutlichsten hervor, während Silberland (MUD-style: adventure, textbasiert) auch Spieler anzieht, die an Interventions- und Gestaltungsmöglichkeiten des Environments interessiert sind. Hinsichtlich weiterer Motivlagen und ihrer egozentrierten Netzwerktypik erweist sich diese Gruppe als relativ heterogen. Allerdings sind die RL-styles (eindeutig studentisches Milieu mit EDV-background) gegenüber den beiden anderen Befragtengruppen klar abgrenzbar.

Es kann also davon ausgegangen werden, dass spezifische Settings von MUDs (MUD-styles) auch unterschiedliche Spielertypen anziehen, die allerdings eines gemein haben: hohe Kontaktbereitschaft. Nur ein schmales Segment der Gesamtstichprobe ersetzt realweltliche Beziehungen durch Interaktion und Kommunikation (*socializing*) in digitalen Welten bzw. gebraucht MUDs als Kompensationsmedium zum Aufbau sozialer Netzwerke. Diese Verhaltensweise geht einher mit knappen Zeitbudgets, die aus hoher Leistungsbereitschaft im Rahmen der Berufstätigkeit resultiert. Für die große Mehrheit führt MUDing allerdings zu einer Erweiterung eines bereits breit angelegten sozialen Netzwerks.

Die Überlappungszonen von RL- und MUD-Netzwerk sind eindeutig von Geselligkeit geprägt, was aber Vertrautheit zu Netzpersonen, die man über MUDs kennengelernt hat, keinesfalls ausschließt.

Insgesamt gesehen können die untersuchten MUDs am besten als integrative Teilsysteme der Freizeitkultur beschrieben werden, und sind nicht als Agenturen unmittelbarer Vermittlung von Werten anzusehen. Die synchronen Kommunikationsmodalitäten spielen als Motivation, sich an Internet-Spielen zu beteiligen, generell eine große Rolle, mehr als der Rollenspiel- bzw. Lebenssimulationsaspekt.

MUDing erweist sich als Ausdruck einer auch in realweltlichen Bezügen nachweisbar ausgeprägten Kommunikations- und Kontaktbereitschaft und weniger als Form der Kompensation realweltlicher 'Defizitlagen'. Allerdings ist extensive Computernutzung, eine Vertrautheit mit dem Medium in allen Lebenslagen, als Voraussetzung für den Zugang zu diesen virtuellen Welten anzusehen. Zuerst ist es das Medium selbst, mit all seinen Konnotationen, das als Bezugsobjekt kongruenter Erfahrungshorizonte und geteilter Wissensbezüge dient. Nur vor diesem Hintergrund können die differierenden Motivlagen und Interessen der MUDer adäquat interpretiert werden.

Literatur

R. Bartle, 1996: Hearts, Clubs, Diamonds, Spades: Players Who Suit MUDs in: Journal of MUD Research 1, 96. Online: http://mellers1.psych.berkeley.edu/~jomr/vlnl/bartle.html

B. Becker, 1997: Virtuelle Identitäten - Die Technik, das Subjekt und das Imaginäre, in: B. Becker, M. Paetau (Hrsg.): Virtualisierung des Sozialen - die Informationsgesellschaft zwischen Fragmentierung und Globalisierung. Frankfurt, New York. S. 163-185.

B. Becker, G. Mark, 1998: Constructing Social Systems through Computer-Mediated Communication. Sankt Augustin. Unveröffentlichter Beitrag (via e-mail: Barbara.Becker@gmd.de)

H. Becker, J. Eigenbrodt, M. May, 1983: Cliquen und Raum. Zur Konstituierung von Sozialräumen bei unterschiedlichen sozialen Milieus von Jugendlichen, in: F. Neidhardt (Hrsg.): Gruppensoziologie. Sonderheft Nr. 25 der KZfSS.. Opladen. S. 451-483.

P. Bourdieu, 1982: Die feinen Unterschiede. Kritik der gesellschaftlichen Urteilskraft. Frankfurt/M.

H. Bromberg, 1996: Are MUDs Communities? Identity, Belonging and Consciousness in Virtual Worlds, in: R. Shields (Hrsg.): Cultures of Internet - Virtual Spaces, Real Histories, Living Bodies. London, Thousand Oaks, New Delhi. S. 143-152.

A. Bruckman, 1992: Identity Workshop: Emergant Social and Psychological Phenomena in Text Based Virtual Reality. Online: ftp://ftp.media.mit.edu/pub/asb/papers/identity-workshop.txt

A. Bruckman, 1993: Gender Swapping on the Internet. Online: ftp://ftp.media.mit.edu/pub/asb/papers/gender-swapping.txt

H. Buddemeier, 1993: Leben in künstlichen Welten. Cyberspace, Videoclips und das tägliche Fernsehen. Stuttgart.

A. Bühl, 1997: Die virtuelle Gesellschaft - Ökonomie, Politik und Kultur des Cyberspace, in: L. Gräf, M. Krajewski, (Hrsg.): Soziologie des Internet. Handeln im elektronischen Web-Werk. Frankfurt, New York. S. 39-59.

P. Curtis, 1992: Mudding: Social Phenomena in Text-Based Virtual Realities. Online: http://www.oise.on.ca/~jnolan/muds/pavel.html

N. Döring, 2000: Geschlechterkonstruktionen und Netzkommunikation, in: C. Thimm (Hrsg.) 2000: Soziales im Netz. Sprache, Beziehungen und Kommunikationskulturen im Internet. Opladen, Wiesbaden. S. 182-207.

C. Funken, 2000: Körpertext oder Textkörper - Zur vermeintlichen Neutralisierung geschlechtlicher Körperinszenierungen im elektronischen Netz. In: B. Becker, I. Schneider (Hrsg.): Was vom Körper übrig bleibt- Körperlichkeit - Identität - Medien. Frankfurt/New York. S. 103-130.

P. Fleissner, 1997: Multi-User-Dungeons. Online: http://igw.tuwien.ac.at/igw/personen/fleissner/papers/muds/multi-user_dungeons.html

T. Gensicke, 1998: Wertewandel in den neunziger Jahren - Trends und Perspektiven. Unveröffentlichter Beitrag.

K. Goritschnigg, B. Musil, R. Pezzey, N. Wilhelm, 2003: Spielerclans: Eine Analyse von Clanverhalten am Beispiel der "Magnificant Pimps". Seminararbeit PKW Universität Wien.

G. Götzenbrucker, 2001: Soziale Netzwerke und Internet-Spielewelten. Eine empirische Analyse der Transformation virtueller in realweltliche Gemeinschaften am Beispiel von MUDs (Multi User Dimensions). Opladen, Wiesbaden.

L. Gräf, 1997: Locker verknüpft im Cyberspace - Einige Thesen zur Änderung sozialer Netzwerke durch die Nutzung des Internet, in: L. Gräf, M. Krajewski (Hrsg.): Soziologie des Internet. Handeln im elektronischen Web-Werk. Frankfurt, New York. S. 81-99.

V. Grassmuck, 1995: Der elektronische Salon oder: Die Geburt des Tele-Sozialen aus dem Geist des Computer-Games, in: F. Rötzer, (Hrsg.): Schöne neue Welten? Auf dem Weg zu einer neuen Spielkultur. München. S. 42-56.

J. C. Herz, 1996: Surfen auf dem Internet. Reinbeck. Zitiert nach: W. Rejzlik, 1998: Konstruktion und Nutzung textbasierter virtueller Welten. Diplomarbeit, Wien.

S. Helmers, 1994: Internet im Auge der Ethnographin. WZB Paper, Berlin.

J. R. Höflich, 1996: Technisch vermittelte interpersonale Kommunikation. Opladen.

St. G. Jones (Hrsg.), 1995: CyberSociety - Computer Mediated Communication and Community. London, Thousand Oaks, New Delhi.

P. Kellermann, 1990: Studienmotive und Arbeitsplatzperspektiven 90´. Projektbericht, Klagenfurt.

H. Klages, 1993: Traditionsbruch als Herausforderung. Perspektiven der Wertewandelgesellschaft. Frankfurt, New York.

H. Klages, 1984: Wertorientierungen im Wandel. Rückblick, Gegenwartsanalyse, Prognosen. Frankfurt, New York.

M. Kühl, 2003: Selbstinszenierung von Online-Rollenspielern. Seminararbeit PKW Universität Wien.

F. Neidhardt (Hrsg.), 1983: Gruppensoziologie. Sonderheft Nr. 25 der KZfSS.. Opladen.

D. Th. Nguyen, A. Jon, 1996: The coming of Cyberspacetime and the End of Polity, in: R. Shields (Hrsg.), 1996: Cultures of Internet - Virtual Spaces, Real Histories, Living Bodies. London, Thousand Oaks, New Delhi. S. 99-124.

M. R. Parks, L. D. Roberts, 1997: "Making MOOsic": The development of personal Relationships On-line and a Comparison to their Off-line Counterparts. Washington. Online: http://weber.u.washington.edu/~drweb/spcom/faculty/fac-mp.htm

E. Reid, 1994: Cultural Formations in Text Based Virtual Realities. Online: http://www.ee.mu.oz.au/papers/emr

W. Rejzlik, 1998: Konstruktion und Nutzung textbasierter virtueller Welten. Diplomarbeit. Wien.

H. Rheingold, 1994: Virtuelle Gemeinschaft. Soziale Beziehungen im Zeitalter des Internet. Bonn et al..

M. Sandbothe, 1997a: Interaktivität - Hypertextualität - Transversalität. Eine Medienphilosophische Analyse, in: S. Münker, A. Roesler (Hrsg.): Mythos Internet. Frankfurt/M.. S. 56-82.

M. Sandbothe, 1997b: Digitale Verflechtungen. In: K. Beck, G. Vowe (Hrsg.): Computernetze - ein Medium öffentlicher Kommunikation? Berlin. S. 145-157.

M. Schenk, 1995: Soziale Netzwerke und Massenmedien. Tübingen.

M. Schenk, 1983: Das Konzept des Sozialen Netzwerkes. in: F. Neidhardt (Hrsg.): Gruppensoziologie. Sonderheft Nr. 25 der KZfSS. Opladen. S. 88-104.

J. Sempsey, 1998: The Therapeutic Potentials of Text-Based Virtual Reality. Online: http://journal.tinymush.org/~jomr/v3n3/sempsey.html

J. Sempsey, 1995: The Psycho-Social Aspects of Multi-User-Dimensions in Cyberspace - a Review of the Literature. Online: http://journal.tinymush.org/~jomr/v3n3/sempsey.html

C. Stegbauer, 2000: Beziehungen und Strukturen internetbasierter Kommunikationsgruppen, in: C. Thimm (Hrsg.): Soziales im Netz. Sprache, Beziehungen und Kommunikationskulturen im Internet. Opladen, Wiesbaden. S. 18-38.

K. Tasche, 1997: Das Internet - ein weiteres Unterhaltungsmedium?, in: K. Beck, G. Vowe (Hrsg.): Computernetze - ein Medium öffentlicher Kommunikation? Berlin. S. 127-143.

S. Turkle, 1984: The Second Self - Computers and the human Spirit. New York.

S. Turkle, 1998: Leben im Netz. Identität in Zeiten des Internet. Reinbek.

S. Utz, 1996: Kommunikationsstrukturen und Persönlichkeitsaspekte bei MUD-Nutzern. Diplomarbeit. Online: http://www.tu-chemnitz.de/phil/psych/professuren/sozpsy/Mitarbeiter/utz/diplom1.htm

S. Utz, 1999: Soziale Identifikation mit virtuellen Gemeinschaften - Bedingungen und Konsequenzen. Lengerich.

V. Vlach, 2001: Quake II - Soziale Gruppen und virtuelle netzwerke zwischen den Welten. Seminararbeit PKW Universität Wien. Online http://www.unet.univie.ac.at/~a9804335/tutorium/Quake.pdf

W. Vogelsang, 2000: Ich bin, wen ich spiele. Ludische Identitäten im Netz, in: C. Thimm (Hrsg.): Soziales im Netz. Sprache, Beziehungen und Kommunikationskulturen im Internet. Opladen, Wiesbaden. S. 240-259.

Das Selbst und das Internet:
Wandlungen der Illusion vom einen Selbst[1]

Elizabeth Reid-Steere

Einleitung

Soziale Online-Interaktionen basieren auf einem Prinzip, das Lynn Cherny (1998) als WYSIWIS: "What You See Is What I Say" (was Sie sehen, ist was ich sage) bezeichnete. Daraus folgt, dass die Benutzer von Online-Medien die Freiheit haben, nur das zu projizieren, was andere sehen sollen. Im Zusammenhang mit der relativen Anonymität und der Nutzung von Pseudonymen (pseudonymity) bei Online-Interaktionen, kann diese Freiheit die Benutzer veranlassen, ohne Hemmungen zu agieren. Die enthemmende Wirkung von computergestützer Kommunikation (CMC) wurde besonders ausführlich von 'Sandy' Stone (1991) und Sherry Turkle (1995) beschrieben. In ihren Arbeiten wurden die Möglichkeiten, sich den engen Grenzen der Gesellschaft im weiteren Sinne zu entziehen diskutiert, die Online-Gemeinschaften ihren Mitgliedern dadurch eröffnen, dass sie Distanzen, Klassenschranken, sowie die Differenzen von Geschlecht und Rasse außer Kraft setzen. Autorinnen wie Stone und Shannon McCrae (1996) haben über die amorphe Natur des Cyberspace geschrieben, über die Fragmentierung der physischen Persönlichkeit und die Auflösung der sozio-kulturellen Anhaltspunkte, die uns informieren, in welchem Kontext wir uns befinden, und auf die wir uns in traditionellen Medien verlassen.

Die Mehrzal der Autoren sieht diese Merkmale der Online-Medien in einem positiven Licht. So betont Turkle (1995) das positive Potential von Online Interaktionen, indem sie auf die Vielzahl an Erfahrungen mit virtuellen Gemeinschaften und Persönlichkeitsbildern verweist, über die die Nutzer verfügen. Ihre Persönlichkeitsprofile von Julee (op. cit.: 186) und Matthew (op. cit.: 190) veranschaulichen Wege, wie die Flexibilität der Online-Identität benutzt werden kann, um die Herausforderungen der face-to-face Welt zu bewältigen. Julee und Matthew nehmen an virtuellen Gemeinschaften teil, um sowohl die Vorstellung von ihrem Selbst zu vertiefen und weiter auszugestalten, als auch, um ein emotionales Gleichgewicht im realen Leben zu schaffen. In den meisten Studien über

---

[1] Originalbeitrag veröffentlicht 1998: The Self and the Internet: Variations on the Illusion of One Self, in: Jayne Gackenbach (Hrsg.): Psychology of Internet Use. Academic Press. Kap. 2. Übersetzung und Abdruck mit freundlicher Genehmigung des Verlags.

Online-Interaktionen wird die Möglichkeit zum Experimentieren und Spielen mit einer Vielzahl von freien Aspekten zum Ausdruck des Selbst als eine befreiende Erfahrung dargestellt.

Viele der Probleme, die in virtuellen Gemeinschaften auftreten, sind jedoch gerade auf diesen opportunistischen Aspekt der Cyberpersönlichkeiten zurückzuführen. Ich möchte mich daher an dieser Stelle mit den weniger erfreulichen Themen der Interaktionen im Cyberspace auseinandersetzen, und verweise auf die Möglichkeiten, wie fragmentierte Projektionen des Selbst rigide und unveränderlich werden und somit flexible gesellschaftliche Interaktionen verhindern können. Im Gegensatz zu anderen Autoren, die sich auf positive individuelle Effekte und Affekte konzentrieren, liegt mein thematischer Schwerpunkt bei der manchmal problematischen Beziehung zwischen der konstruierten Identität im Cyberspace und der Entstehung von Online-Gemeinschaften. Virtuelle Personae und gesellschaftliche Projektionen können ein hohes Maß an Erstarrung und Inflexibilität entwickeln. Virtuelle Gemeinschaften sind gerade dadurch vielen Problemen ausgesetzt, weil Internet-Nutzer dazu neigen, in ihrer Projektion dessen, was enthemmte Aspekte ihres Selbst sein können, zu erstarren. Den mannigfaltigen Erklärungen für das Scheitern von Online-Gemeinschaften möchte ich daher die Ansicht hinzufügen, dass solche Zusammenbrüche sowohl eng mit der Singularität, als auch mit der Inflexibilität von Online-Persönlichkeiten zusammenhängen.

Die individuelle psychologische Flexibilität hängt von der Anpassungsfähigkeit ab, d.h., von der Fähigkeit, das persönliche Auftreten einer neuen Situation anzupassen und sich neue Erscheinungsbilder auszudenken, um den wechselnden Umständen gewachsen zu sein, ohne die Kohärenz und die ununterbrochene Verbindung zwischen diesen vielfältigen Erscheinungsbildern aufrechtzuerhalten. Gerade unsere große Komplexität, unsere vielfältigen Stimmungen und wechselnden Meinungen sind die Grundlage für das Entstehen einer kraftvollen und lebendigen Kultur. Und so ist es vor allem die Singularität der Online-Persönlichkeiten, von der die größte Gefahr für Online-Gemeinschaften ausgehen kann. In virtuellen Gemeinschaften wurde nur allzu leicht die Entstehung multipler Persönlichkeiten gefördert, nicht jedoch die Kohärenz zwischen ihnen, was dazu führte, dass jede individuelle Persönlichkeit einen definierten und undifferenzierten gesellschaftlichen Bereich einnimmt. Aufgrund dieser kulturellen Schizophrenie ist eine virtuelle Gemeinschaft brüchig und schlecht darauf vorbereitet, sich im Rahmen wechselnder Anforderungen weiterzuentwickeln. Der menschliche Körper kann ein erhöhtes Wachstum undifferenzierter Zellen nicht aushalten - er erkrankt an Krebs. Der 'kulturelle Körper' braucht die Mannigfaltigkeit ebenso, wie die Anpassungsfähigkeit. Allzu oft sind die die Online-Gemeinschaften zum Scheitern verurteilt, weil ihnen eben diese Fähigkeiten fehlen.

2. Das Scheitern von Online-Gemeinschaften
2.1 Gewalt

Berichte von Online-Vergewaltigungen und anderen virtuellen Vergehen gehören heute zu den alltäglichen Meldungen aus der Online-Welt. Die relative Anonymität und körperliche Sicherheit in der virtuellen Umwelt können durch ihre enthemmende Wirkung aggressives und beleidigendes Verhalten fördern. Die scheinbare Sicherheit virtueller Foren kann einige Leute dazu veranlassen, sie als eine Plattform für Feindseligkeit zu nutzen. Genauso wie die Enthemmung: "Befangenheit reduziert und die intime Vertrautheit fördert" (Kiesler et al., 1984: 1127), kann sie den Online-Nutzer dazu verführen, Zorn und Hass frei zu äußern. Dies kann in Form von 'Flaming' geschehen, einem Phänomen der computergestützten Kommunikation, das als haltlose und ungehemmte Äußerung von: "Bemerkungen, die Flüche, Beschimpfungen, Verunglimpfungen und feindselige Kommentare enthalten", (op. cit.: 1129) charakterisiert wurde. Da es dem Online-Nutzer mit sehr geringem Aufwand möglich ist, seine wahre Identität und seinen Wohnort hinter Pseudonymen zu verbergen, scheint die Möglichkeit üblicher Sanktionen nahezu ausgeschlossen. Die vermeintliche Sicherheit des Mediums lässt die Bestrafung von körperlicher Gewalt im Rahmen virtueller Aktionen irrelevant erscheinen, obwohl ich nachfolgend noch beschreiben werde, dass soziale Sanktionen auch hier vorkommen und oft in einer Textform auftreten, die körperliche Gewalt nachahmt. Dennoch ermutigt die Sicherheit der anonymen Äußerung von Feindseligkeiten und Obzönitäten, die in einer face-to-face Situation üblicherweise gesellschaftliche Sanktionen - oder gar eine Ohrfeige - nach sich ziehen würden, einige Leute, das Netz zu nutzen, um ihrem Groll völlig ungehemmt Luft zu machen.

Das auffallendste Beispiel virtueller Gewalt, das mir begegnet ist, trat im JennyMUSH auf. JennyMUSH war (das System wurde vor einigen Jahren geschlossen) ein virtuelles Beratungszentrum für Personen, die sexuellen Angriffen oder Missbrauch ausgesetzt waren. Die Benutzer dieses MUSH waren infolge ihres gemeinsamen Traumas durch ein starkes soziales Band miteinander verbunden. Für viele von ihnen stellte der MUSH die einzige Quelle sozialen Rückhalts dar. In seinen besten Tagen konnte JennyMUSH als beeindruckendes Beispiel für den Einsatz des Internets als wertvolles soziales Hilfsmittel gelten. Trotzdem reichte ein einziger Nutzer des JennyMUSH aus, um die fragile soziale Balance des Systems zu zerstören, indem er sowohl technische, als auch soziale Mittel benutzte, um anonyme Angriffe zu starten, die letztendlich auf eine virtuelle Vergewaltigung hinausliefen. Zwei Wochen nach Zuweisung eines virtuellen Charakters begann ein Nutzer, oder eine Nutzerin des Systems, die MUD-Kommandos einzusetzen, um sich in die virtuelle Manifestation der Ängste aller anderen

Nutzer zu verwandeln. Dieser Nutzer oder diese Nutzerin veränderte 'ihr' ursprüngliches, virtuelles weibliches Geschlecht in ein männliches, und gab 'ihm' den virtuellen Namen 'Daddy'. Dann nutzte er den <shout> Befehl, um Nachrichten an jeden der anderen Nutzer zu versenden, der mit dem MUD verbunden war. In bildhafter und gewalttätiger Sprache beschrieb er virtuelle sexuelle Übergriffe. Zur Zeit, als diese Angriffe begannen, war keiner der Administratoren oder 'Zauberer' des MUD's mit dem System verbunden, ein Umstand, der möglicherweise vom Angreifer einkalkuliert worden war. Fast eine halbe Stunde lang fuhr er fort, anderen Teilnehmern obszöne Nachrichten zu senden. Während dieser Zeit verließen einige seiner Opfer das System und wählten damit den einfachste Ausweg, um dem Angriff zu entgehen. Diejenigen, die blieben, versetzten ihre virtuelle Persönlichkeit an den gleichen Ort, an dem sich auch der Angreifer befand. Viele der Angegriffenen flehten den Aggressor an, aufzuhören, viele drohten ihm, aber sie waren letztlich nicht in der Lage, seine Attacken zu unterbinden.

Nach Ablauf einer halben Stunde nahm einer der 'Zauberer' Verbindung mit dem System auf. Er sah, dass zwölf Benutzer mit dem System verbunden waren und sich alle an einem Ort versammelt hatten. Als er sich selbst an diesen Ort begab, fand er elf Nutzer vor, die den obszönen Angriffen des zwölften ausgesetzt waren. Schnell wurde dem 'Zauberer' klar, was vor sich ging, und er rächte sich auf eine Art und Weise an dem auf Abwege geratenen Nutzer, die nur in der virtuellen Realität möglich ist. Er übernahm die Kontrolle über die virtuelle Manifestation des Nutzers, raubte ihr die Fähigkeit zu kommunizieren, veränderte ihren Namen in 'Ungeziefer' und veränderte die Beschreibung der virtuellen Persönlichkeit in folgenden Wortlaut: "Dies ist der widerlichste Abschaum, das Traurigste und Erbarmungswürdigste, was aus einem Menschen werden kann."

War der Vorfall schon schmerzhaft und abstoßend gewesen, so wurden mir seine Folgen als "virtuelles Blutbad" beschrieben. Die elf Benutzer, die von diesem einen, nun impotenten Nutzer, schikaniert worden waren, fielen nun über ihn her, und nahmen furchtbare virtuelle Rache an ihm. Sie beschrieben die grausamsten Bestrafungen, die sie sich ausmalen konnten, und die sie gerne an ihm und an allen anderen Angreifern vorgenommen hätten. Auf emotionale Weise - sowohl im konventionellen Sinn, als auch in Bezug auf die Verwendung des <emote> Befehls, der es den MUSH-Benutzern erlaubte, textlich emotionale Reaktionen zu simulieren - kam all der Hass und die Wut, zu deren Bewältigung JennyMUSH eigentlich eingerichtet worden war, offen zum Ausbruch.

Als Reaktion auf diese Vorfälle schloss der Administrator des JennyMUSH die 'Tore' des MUD, und bediente sich restriktiver technischer Mittel zur sozialen Kontrolle der Teilnehmer. So war es den Nutzern von JennyMUSH fortan nicht mehr möglich, den anderen Benutzern globale Online-Mitteilungen zu senden. Das Verfahren zur Einrichtung eines Zuganges zum MUD wurde verschärft und technische Möglichkeiten eingerichtet, die es jedem Benutzer erlaubten, andere zu ignorieren. Trotz dieser Vorkehrungen - oder vielleicht gerade wegen der Art und Weise, wie sie die Atmosphäre von Vertrauen und Freiheit, die bislang im System vorgeherrscht hatte, veränderten - löste sich der JennyMUSH auf. An die Stelle eines Gefühls von Sicherheit und Geborgenheit waren jetzt Misstrauen und Vorsicht getreten. Die Häufigkeit der Kontakte zum System nahm ab, und die engen Interessengemeinschaften, die das System ausgezeichnet hatten, zeigten Zeichen der Ermüdung. Innnerhalb weniger Monate ging die Häufigkeit der Kontakte zum System mehr und mehr zurück, und so wurde JennyMUSH vor ungefähr drei Jahren geschlossen.

Was im JennyMUSH geschah, ist kein Einzelfall. Berichte aus dem Lambda-MOO spiegeln ähnliche Ereignisse wider. Julian Dibbels Artikel "A Rape in Cyberspace" (1993) ist vielleicht die bekannteste Beschreibung aus dem LambdaMOO. Auf den ersten Blick befasst sich seine Darstellung mit dem Entstehen einer Gemeinschaft, bei genauerem Lesen zeigt sich jedoch, dass diesem Schöpfungsprozess eine Auflösung zugrunde lag. Es handelte sich hierbei um einen Fall von sozialer Devianz, der Ähnlichkeiten mit den Vorfällen im Jenny-MUSH aufwies und vergleichbare Konsequenzen der Vergeltung und regulativen Einschränkung nach sich zog - Vorgänge, die Dibbell als Ursache für die Kohäsion des LambdaMOO ansieht. Im Laufe seines Berichts beschreibt Dibbell den außerordentlich raschen Zerfall der Gemeinschaft infolge einer Online-Belästigung, wobei er die daran anschließenden Versuche, Ordnung zu schaffen und Normen aufzustellen, positiv hervorhebt. Spätere Untersuchungen des Lambda-MOO belegen jedoch, dass diese Stabilisierungsversuche letztlich fehlschlugen. So beschreiben Jennifer Mnookin (1966b) und Charles Stivale (1995), dass die Versuche der Online-Kontrolle von LambdaMoo letztendlich nicht ausreichend waren, Zerwürfnisse zu schlichten, ohne in der Gemeinschaft Groll hervorzurufen.

Mnookin richtet dabei ihr Augenmerk besonders auf die Entwicklung einer "Lambda-Gesetzgebung", während Stivale Fälle von Belästigung beschreibt. Ein neuerer Artikel, von Stivale und Beth Kolko (Kolko, 1998), befasst sich ebenfalls mit einem Zusammenbruch einer Online-Gemeinschaft - es handelte sich in diesem Fall um ein Online-System, das ausschließlich Wissenschaftlern aus dem Bereich der computergestützten Kommunikation zugänglich war - wobei er sich mit dem Misslingen von Schlichtungs- und Problemlösungsversuchen nach einer Online-Belästigung auseinandersetzt. All diese Beispiele zeigen deutlich, dass die Vision des Cyberspace als einem öffentlichem Raum, wie er von Autoren wie Howard Rheingold (1993) und William Mitchell (1995) beschrieben wurde, (bis heute) nicht verwirklicht wurde.

Sowohl der 'Mr. Bungle'-Zwischenfall im LambdaMOO, als auch der geschilderte 'Daddy'-Zwischenfall im JennyMUSH wirkten auf die Mitglieder aufhetzend, letztendlich polarisierend. Die Mitglieder beider virtueller Gemeinschaften wendeten viel Energie für die Analyse der Ereignisse auf, um die philosophischen und normativen Folgen der Zwischenfälle und der Reaktionen der Beteiligten darauf, im Hinblick auf die Entwicklung angemessener Verhaltensregeln bei zukünftigen Angriffen, zu ergründen. Als Folge dieser Ereignisse veränderte sich das Erscheinungsbild dieser Online-Gemeinschaften grundlegend und auf eine Weise, die die Sichtweise der virtuellen Gemeinschaften als demokratische und positive, transformationsfördernde Kraft Lügen straft. Diese Fälle des Scheiterns von Gemeinschaften verdeutlichen, dass virtuelle Gemeinschaften nicht als Agora, als Stätten freier öffentlicher Diskurse, anzusehen sind. Es ist ein Fehler, zu glauben, dass das Internet eine von Natur aus demokratische Institution sei, oder dass es notwendigerweise dazu beitrage, die persönlichen Freiheiten, oder das gegenseitige Verständnis zu fördern. Schließlich war es doch so, dass die Internet-User, sobald sie merkten, dass sie weder das Alter noch das Türschild der anderen Benutzer sehen konnten wenn sie Online waren, anfingen, die Leute in neue Kategorien einzuteilen, mit neuen Statussymbolen und neuen Redewendungen die soziale Dominanz und Unterordnung zum Audruck brachten. IRC-Betreiber, MUD-Zauberer und die Hüter der FAQ-Listen betraten die Bühne. Sie sind es, die jetzt soziale Hierarchien erzeugen, die genauso einschränkend und erdrückend wirken können, wie manche gesellschaftlichen Hierarchien in der physischen Welt.

2.2 Öffentliche Bloßstellung

Das Schauspiel der Durchsetzung von gesellschaftliche Normen innerhalb von Gemeinschaften ist auch in der virtuellen Praxis allgemein üblich. So fällt die öffentliche Bestrafung eines abtrünnigen Mitglieds der virtuellen Gemeinschaft durch die Autoritäten dieser Gemeinschaft auf das Niveau vorindustrieller Bestrafungsrituale zurück. Die Vergeltungsmaßnahmen der Gemeinschaftsmitglieder, die sich gegen ein deviantes Mitglied richten, erinnern an die historische Praxis der Bestrafung durch öffentliche Bloßstellung am Pranger.

Die Strafe durch den Pranger, die u.a. im spätmittelalterlichen Frankreich äußerst populär war, bestand darin, dass ein Individuum, das die Grenzen der gesellschaftlichen Konventionen überschritten hatte, dem öffentlichen Spott preisgegeben und körperlich erniedrigt, gelegentlich auch gefoltert wurde. Im Normalfall traf die öffentliche Bloßstellung Ehemänner, die Ehebruch begangen hatten, ungehorsame Ehefrauen und junge Männer, die wohlhabende Witwen geheiratet hatten, die das gebärfähige Alter überschritten hatten. Die vielleicht bekannteste Darstellung der Prangerstrafe in neuerer Zeit ist in dem Film "The-Return of Martin Guerre" (1982) zu sehen, eine genauere Untersuchung dieser Form der Bestrafung findet sich in den Arbeiten von Natalie Zemo Davis (z.B. 1971; 1984).

Benutzer, die online ein gemeinschaftsgefährdendes Verhalten an den Tag legen, können Ritualen der Erniedrigung und Bestrafung unterworfen werden, die häufig die Form einer öffentlichen Bloßstellung annehmen. In MUDs (ein MUSH ist eine Unterform der Programme, die als MUDs bekannt sind) kann ein Teilnehmer, der andere beleidigt, zur "Kröte" gemacht (toaded) werden. Damit wird ein Vorgang bezeichnet, bei dem der Systemadministrator den Namen und die virtuelle Erscheinung dieses Nutzers in etwas abstoßendes (traditionell eine warzige Kröte) verwandelt, und ihn gleichzeitig an einen sehr belebten Ort des MUD versetzt, wo die anderen ihn verspotten und bestrafen können. Bei diesen Ritualen wird die virtuelle Strafe an einem Ort vollzogen, der im Cyberspace üblicherweise ausgeblendet ist - dem Körper. Foucault (1980: 125) hat einflussreiche Macht als diejenige beschrieben, die es den Mächtigen ermöglicht: "Zugang zu den Körpern der Individuen zu erlangen, zu ihren Handlungen, Einstellungen und alltäglichen Verhaltensweisen" Diese Art der Macht kommt auch online zum Ausdruck, wo der physische Körper zwar nicht präsent ist, die virtuelle Manifestation des Körpers jedoch dem Gutdünken der Systemadministratoren ausgeliefert ist. Auch der bedrohliche Vorfall im JennyMUSH provozierte bei den Nutzern eine Reaktion, die die Qualität einer unmittelbaren Bestrafung hatte, der kein angemessener Prozess vorausging. Die Bestrafung erfolgte in Form einer Nötigung, einem Ritual der Erniedrigung und einem kollektiven Angriff. Die Reaktion auf den 'Daddy'-Vorfall im JennyMUSH ist ein klassisches Beispiel für eine soziale Online-Bestrafung, das eine auffallende Ähnlichkeit mit der historischen Praxis der Bestrafung durch Bloßstellung am Pranger aufweist.

Online-Bestrafungen weisen häufig eine Tendenz zum Rückfall in mittelalterliche Formen der Strafe auf. Während das Strafrecht der westlichen Nationen, wie den Vereinigten Staaten [mit Einschränkung, siehe Todesstrafe; Anmerk. d. Ü.], West-Europa, Großbritannien und Australien, die das Rückgrat des Internet bilden, den Körper der Verurteilten nicht mehr als Ort der Strafe betrachtet und statt dessen die 'humanere' Alternative der Bestrafung durch Haft oder die soziale Wiedereingliederung in den Mittelpunkt der Rechtspraxis stellt, wird bei der Ausübung von Online-Autorität die alte Praxis der öffentlichen Demütigung und Folter wiederbelebt. Das theatralische Auftreten der Online-Autorität erfordert und erleichtert ein in höchstem Maße dramaturgisches Element. So müssen alle Online-Aktionen sichtbar sein, jede Nuance persönlicher Erfahrung muss deutlich erkennbar dargestellt werden, um als Teil des allgemeinen Schauspiels wahrnehmbar zu sein, und daher muss auch eine Bestrafung drastisch ausfallen. Die virtuelle Welt eines MUD, eines IRC-Kanal oder eine graphische, virtuelle Welt existieren in ihrer dramatischen Bedeutung in erster Linie in den Vorstellungen ihrer Benutzer, aber das Schauspiel, das in der virtuellen Welt stattfindet, ist eher eine Nachahmung der körperlichen, als der geistigen Wirklichkeit. Das öffentliche Schauspiel der Strafe, dessen Verschwinden von der politischen Bühne des Westens Foucault (1986: 8) in der Zeit zwischen dem achtzehnten und neunzehnten Jahrhundert ansiedelt, ist online wieder eine lebendige und akzeptierte Realität.

Es gibt jedoch einen entscheidenden Unterschied zwischen diesen modernen, virtuellen Ritualen und der historischen Bestrafung am Pranger. In der modernen, industrialisierten Welt sind wir nicht gezwungen, ständig mit den Tätern (oder Opfern) eines solchen Strafrituals zusammenzuleben. Selbst in der face-to-face Welt sind wir viel mobiler, als es der durchschnittliche französische Bauer des sechzehnten Jahrhunderts jemals war, und die delokalisierte Natur des Internet schwächt die Notwendigkeit täglichen sozialen Umgangs zusätzlich ab. Kein Internet-Benutzer ist letztendlich gezwungen, seine Teilnahme an irgendeiner der vielen Online-Welten aufrechtzuerhalten, um sein tägliches Überleben zu sichern. Die Initiatoren der Pranger-Strafen nutzten hingegen dieses soziale Mittel der Bestrafung zum Teil auch deshalb, weil niemand die Siedlungen verlassen konnte, in denen die Strafrituale stattfanden. Da heute allen Teilnehmern die Möglichkeit offensteht, ihre Mitgliedschaft aufzukündigen, wird die ursprüngliche Absicht hinter der Anwendung der Prangerstrafe als Instrument zur Erzwingung von Konformität fragwürdig. Folglich scheint das Ritual der Bloßstellung nun nicht mehr auf eine Verhaltensänderung des Missetäters, sondern vielmehr auf eine Erleichterung der verletzten Gefühle der Opfer hinauszulaufen. Das 'verirrte Schaf' muss nicht unbedingt in die Herde zurückgebracht werden. Der wesentliche Grund des Strafrituals ist der Schutz der Gemeinschaft durch Ausschluss des Regelverletzers und die Bekräftigung der Solidarität unter den verbliebenen Mitgliedern.

Strafen durch Bloßstellung können nur dann wirken, wenn das körperliche Selbst unlösbar mit dem gesellschaftlichen Selbst verbunden ist. Das war z.B. in der erwähnten Siedlung im mittelalterlichen Frankreich der Fall, und die öffentliche Strafe war eine Möglichkeit zur Disziplinierung, die von der Herrschaft deshalb genutzt werden konnte, weil körperliche Identität und gesellschaftliche Psyche unteilbar waren. Ohne die Möglichkeit der körperlichen Flucht, konnte sich auch die Psyche nicht aus dem gesellschaftlichen Drama befreien; das soziale Milieu, in dem die Menschen lebten, war demnach die einzig mögliche Gemeinschaft, in der sie weiterleben konnten. Sowohl die körperliche Bedrohung, als auch die körperliche Strafe konnten nicht umgangen werden. Durch die Pranger-Strafe konnte einem Individuum deshalb der Gemeinschaftswille aufgezwungen werden, weil es keine Möglichkeit hatte, sich aus der Gemeinschaft zurückzuziehen und sich einer neuen anzuschließen.

Virtuelle Strafen durch Bloßstellung versuchen, auf die Psyche über die Online-Repräsentation des Körpers einzuwirken. Sie versagen jedoch oft, weil die Beziehung zwischen der virtuellen Manifestation des Körpers und der Psyche bestenfalls schwach ausgeprägt ist. Zwar können Stolz und Verlangen ein Individuum an einen bestimmten virtuellen Ort binden, doch bleibt das Verlassen dieses Ortes immer eine praktikable Möglichkeit des Online-Verhaltens. Virtuelle Bloßstellung zielt daher häufig nicht darauf ab, die auf Abwege geratenen Individuen wieder in die Gemeinschaft einzugliedern, sondern dient als psychisches Ventil für die Opfer der Vergehen. Kurzfristig mag zwar eine positive kathartische Wirkung auf die in der virtuellen Gemeinschaft Verbliebenen zu verzeichnen sein, vom soziologischen Standpunkt aus betrachtet wirkt das Strafritual jedoch eher fragmentierend, als vereinigend. Die Freisetzung bösartigen Hasses und unkontrollierter Gewalt kann die Grundlage für das Gefühl von Vertrauen und die soziale Zusammengehörigkeit unwiderbringlich zerstören, die für jede Gemeinschaft, ob virtuell oder real, lebenswichtig ist. Die Unmöglichkeit, das auf Abwege geratene Mitglied durch ein solches Strafritual tatsächlich auf effektive Weise zu erreichen, verdeutlicht auf krasse Weise das größte Problem vieler Online-Gemeinschaften: die Fragmentierung und Vereinzelung der Online-Persönlichkeit.

3. Multiple und fragmentierte Persönlichkeiten
3.1 Fluidität

Die Freiheit, Aspekte der eigenen Identität online zu verschleiern, oder neu zu erschaffen, ermöglicht die Erforschung und den Ausdruck multipler Aspekte der menschlichen Existenz. So dokumentiert die Forschung über virtuelle Gemeinschaften die Verwendung vielfältiger Masken für Alter, Rasse, Geschlecht und Klasse - Masken für fast jeden Aspekt der Identität (Vgl. McCrae, 1996; Stone, 1991). Die berühmte enthemmende Wirkung der computervermittelten Kommunikation wurde zur Genüge dargestellt. Viele Studien über virtuelle Gemeinschaften befassen sich mit der Art und Weise, wie diese Gemeinschaften ihren

Mitgliedern die Erfahrung erlauben, sich den Zwängen unserer Gesellschaft zu entziehen. Darüber hinaus wurde viel über die amorphe Natur des Cyberspace geschrieben: über die Fragmentierung des Körperlichen, die Verschriftlichung von Körpern in den virtuellen Medien, und über den Verlust der Anhaltspunkte für die sozio-kulturellen Kontexte, auf die wir uns in den traditionellen Medien verlassen. Die Projektion des Selbst in die virtuelle Wirklichkeit wurde als Befreiung der Identität von den Grenzen der Unmittelbarkeit der realen Gegenwart dargestellt - als neue Möglichkeit der Erforschung und Entdeckung - als etwas Begrüßenswertes, das es zu feiern gelte. Die tatsächlichen Geschichten haben allerdings nicht immer ein Happyend. So gipfeln die Berichte von verbindungstiftenden Online-Beziehungen häufig in Verrat (Vgl. Stone, 1991: 82ff.; Rheingold, 1993: 164ff.). Im angesammelten Forschungsmaterial finden sich Aussagen von Beteiligten, die besagen, dass ihre Vorstellungen von der Welt und von ihrer Identität destabilisiert und bis zur Unkenntlichkeit zerrüttet wurden, bis sie schließlich emotional und gesellschaftlich völlig orientierungslos waren. Ein derartiger Zustand desorientierter Haltlosigkeit führt zur Auflösung der Grundlagen aller sozialen Konventionen: die Online-Teilnehmer glauben dann, dass alles in der Online-Welt eine bewusste Täuschung sein kann, und dass niemand dem anderen mitteilt, wer er wirklich ist:

"Die Empörung, die der Enthüllung von "Joans" Identität folgte, erklärte sich zum einen durch den direkten Angriff auf die persönlichen Beziehungen zwischen "Joan" und den anderen, die eine tiefe Intimität erreicht hatten, welche, wie sich nun herausstellte, auf völliger Irreführung beruhte. Der damit verbundene indirekte Angriff auf das unentbehrliche gegenseitige Vertrauen innerhalb jeder Gruppe, die sich als eine Gemeinschaft versteht, erschien als ein zusätzlicher Vertrauensbruch." (Rheingold, 1993: 165)

Warnungen vor solchen Zwischenfällen sind inzwischen im Cyberspace gang und gäbe. Auch die Informationen zur Einführungen in virtuelle Gemeinschaften, die viele Internet-Provider inzwischen anbieten, warnen neue Mitglieder davor, nicht immer den virtuellen Erscheinungen zu vertrauen. Die Vorstellungen von der fluiden Online-Identität beruhen in ihrem Kern auf dieser Loslösung von der scheinbaren Starrheit des Selbst in der 'realen Welt'. Sie ist damit auch für die Beschreibung sowohl der befreienden, als auch der gefährlichen Auswirkungen auf die Netzbenutzer anzusehen, die abwechselnd duch populäre Presseberichte geistern. Während der fließende Charakter der Identität die ganze Aufmerksamkeit der Forschung auf sich gezogen hat, haben nur wenige Arbeiten untersucht, in welcher Form die fließenden Übergänge des Raums in Online-Umwelten zu einer Aufsplitterung der Identität beigetragen haben könnten.

Meine Hypothese geht dahin, dass immer dann eine Beziehung zwischen dem fließenden Charakter der Online-Identität und der Erzeugung von virtuellen Räumen besteht, wenn es dort zu einer Aufsplitterung der virtuellen Projektion des realen Benutzers kommt. Da Online-Experimente mit der eigenen Identität häufig sehr punktuell und von kurzer Dauer sind, erschwert dies die Entwicklung flexibler Online-Persönlichkeiten und Gemeinschaften. Es ist z.B. für Benutzer von MUDs allgemein üblich, mehrere Charaktere zu haben. So mag der 'Intellektuelle' im LambdaMOO, der 'steile Zahn' im FurryMUCK und der 'sardonische Vulcanier' im TreckMUSE als Charakter angemessen erscheinen - für jede Stimmung und jeden Tag eine jeweils andere Identität. Generell mögen diese multiplen Ausprägungen des Selbst dem Individuum eine größere Vielfalt des Erlebens erschließen, jede dieser Verkörperungen des Selbst agiert jedoch auf sehr beschränktem psychologischem und sozialem Niveau.

3.2 Fragmentierung

Durch die Fragmentierung des Individuums wird die Entstehung flexibler und wandelbarer Online-Persönlichkeiten verhindert. Zur Lösung zwischenmenschlicher Probleme und zur Stabilisierung von Beziehungen sind Flexibilität, Kompromißfähigkeit, der Wille zur Veränderung, Einfühlsamkeit und die Fähigkeit zur Aushandlung jedoch unabdingbare Qualitäten. Ohne diese Fähigkeiten sind alle Beziehungen gefährdet. Gleichzeitig muss die Offenheit für Veränderung die Fortsetzung der Beziehungen erlauben. Das Auftreten als virtuelles Selbst schließt jedoch Veränderungen häufig aus, oder macht sie nur auf Kosten der Kontinuität der Beziehungen möglich. In gewisser Weise erscheint unser Handeln in der physischen 'Realität' in ähnlicher Weise fragmentiert: Viele von uns treten im Berufs- und Privatleben als völlig verschiedene Personen auf. Allerdings sind diese fragmentierten gesellschaftlichen Masken für die meisten von uns instinktiv in einer einzigen Selbst-Identität integriert. Das praktische Problem, das darin besteht, dass wir unsere gesellschaftlichen Masken nicht von unserem Körper trennen können, da sie alle den gleichen Raum bewohnen, und von den anderen als eine Person wahrgenommen werden, fördert diese Integration. Im Gegensatz dazu sind die Online-Persönlickeiten nicht alle im selben Raum integriert. Vom individuellen Standpunkt aus kann ein definitiver psychischer Bruch zwischen den Erfahrungen als verschiedene Persönlichkeiten vorliegen. Dieser psychische Bruch wird durch die Trennung der Online-Räume voneinander provoziert. Verschiedene soziale Online-Räume können sich in der 'realen' Identität der Teilnehmer überschneiden, die verschiedenen Online-Persönlichkeiten können jedoch nicht ohne weiteres von anderen mit einem einzigen körperlichen Individuum identifiziert werden.

Dieser Mangel an Integration schränkt die Flexibilität von interaktiven Aushandlungsprozessen mit anderen Online-Personen ein. Das Spektrum der Ausdrucksmöglichkeiten, die jeder Online-Persönlichkeit zur Verfügung stehen, ist
im allgemeinen begrenzter, als die des Individuums in der wirklichen Welt, während andererseits die gesamte psycho-soziale Auswahl an Masken, die einem
Individuum zur Verfügung stehen, in der virtuellen Wirklichkeit die seines realen
Lebens weit überschreiten können. In der Realität ist es unsere Vielschichtigkeit -
unsere Stimmungs- und Meinungsvielfalt -, die sowohl Grundlage individueller
psychischer Beweglichkeit, als auch der Entstehung einer pulsierenden und
lebendigen Kultur ist. Virtuelle Gemeinschaften fördern häufig nur eine breite
Vielfalt multipler Persönlichkeiten, nicht jedoch deren Flexibilität, so dass jeder
einzelnen Online-Identität nur ein begrenzter, undifferenzierter gesellschaftlicher Ausschnitt zur Verfügung steht; diese kulturelle Schizophrenie macht Online-Gemeinschaften brüchig und schlecht darauf vorbereitet, sich zusammen mit
den wechselnden Umständen zu entwickeln.

Virtuelle Gemeinschaften versäumen es häufig, die Erfahrungen zu berücksichtigen, die bereits von den Entwicklern des kommunikationstechnischen
Internet-Protokolls gemacht wurden. Während es etwa Paul Baran bewusst war,
dass ein widerstandsfähiges Netzwerk über vielfältige Verbindungen verfügen
muss, versäumen es viele Administratoren von Online-Gemeinschaften darauf
zu achten, dass multiple Aspekte der Online-Persönlichkeiten und multiple
soziale Beziehungen zwischen den Online-Persönlichkeiten möglich sein müssen, wenn eine Online-Gruppe überleben soll.

3.3 Flame Wars

In diesem Zusammenhang ist die selbstbezügliche Natur digitaler Interaktionen
von entscheidender Bedeutung. Virtuelle Unterhaltung und virtuelle Aktionen
weisen nicht nur die Spontaneität und Unmittelbarkeit des traditionellen, nicht
verschriftlichten, gesellschaftlichen Gesprächs auf, sondern die Unauslöschlichkeit schriftlicher Dokumente. Ein wichtiges Merkmal der Flame Wars - dieser in
Online-Umwelten regelmäßig ausbrechenden, hasserfüllten Auseinandersetzungen - ist daher die Geschwindigkeit, mit der Individuen auf ihre Meinung
festgelegt und polarisiert werden. Die oft minutiösen Analysen der gesendeten
Worte, wie sie im Usenet und in Mailinglisten stattfinden, lassen dem Verfasser
keinen anderen Ausweg, als das zu verteidigen, was er gesagt hat. Online sind
wir das, was wir schreiben, und zwar auf eine weit eindringlichere und unfle-
xiblere Weise, als wenn wir etwas definitiv in einer face-to-face Situation betonen. Es kann Online sehr leicht geschehen, dass man man auf eine Position festgelegt wird, die immer schwieriger zu verteidigen ist, oder die man nur ungern

beibehält; ebenso leicht ist es jedoch, diese Position zu verlassen, indem man die Persönlichkeit aufgibt, auf die diese Position projiziert wurde. In diesem Falle leidet aber die Kontinuität der Gemeinschaft. Die Unverrückbarkeit der Worte füllt die Lücke, die durch die Fragmentierung des Selbst entstanden ist auf eine Art und Weise, die sich negativ auf die Gemeinschaftsbildung auswirkt.

Im alltäglichen Leben sprechen wir oft sehr ungenau. Wir täuschen Gewissheiten vor, obwohl wir nur eine vage Ahnung haben, wir berufen uns auf unsere Autorität und verfügen in Wirklichkeit nur über die vage Erinnerung an einen alten Zeitschriftenartikel, wir geben vor, für eine soziale Schicht zu sprechen, obwohl wir nur eine singuläre Meinung vertreten. Je nach Bedarf reformulieren und verwerfen wir unsere eigenen Argumente. Je nach eigener Charakterstärke und dem guten oder schlechten Erinnerungsvermögen unserer Gesprächspartner haben wir einen Spielraum, unsere Positionen neu zu definieren, um uns neuen Gesprächssitutationen anzupassen.

In Online-Dialogen finden sich ebenfalls diese informellen und ungenauen Kommunikationsformen, zugleich weisen sie aber die Unauslöschlichkeit der formalen, schriftlichen Kommunikation auf. Häufig rufen sich die Kontrahenten in den Flame Wars gegenseitig dazu auf, ihre Aussagen durch Quellenangaben und Dokumente zu belegen, und sehr häufig werden frühere Aussagen zitiert, um dem Verfasser zu schaden. Vergessene Worte tauchen wieder auf und verfolgen ihren Urheber, der gezwungen ist, diese unglücklichen Äußerungen zu verteidigen, um sein Gesicht zu wahren. Zwanglose Dialoge, besonders bösartige Auseinandersetzungen, basieren auf Ungenauigkeit und Zufälligkeit; bei formalen Erörterungen ist hingegen Exaktheit und Überprüfbarkeit erforderlich. Obwohl Online-Debatten eigentlich nach dem ersteren Muster ablaufen, wird diese Charakteristik durch ihre spezifische Art der Selbstdokumentation konterkariert. Flexibilität ist unmöglich, wenn die leicht zugängliche Dokumentation all unserer Worte jede Veränderung als Scheinheiligkeit erscheinen läßt. Die Widersprüche, die durch diesen Mangel an Flexibilität entstehen, fördert jedoch auch die Feindseligkeit der Gegner, da sie gezwungen sind, ihre eigenen Worte 'wiederzukäuen' und beim Verteidigen ihrer Aussagen in immer seltsamere sprachliche Verstrickungen geraten. Unter diesen Umständen hat der unterlegene Kontrahent möglicherweise den Wunsch, sich aus der Auseinandersetzung zurückzuziehen, wobei die Natur der Online-Interaktionen einen solchen Rückzug leicht und konsequenzenlos ermöglicht. Die individuelle, virtuelle Persönlichkeit ist damit gleichzeitig zu sehr auf die Besonderheit des Online-Selbst festgelegt und zu wenig verpflichtet, für das Fortbestehen dieses Selbst zu sorgen. In einer meiner früheren Arbeiten (Reid, 1992: 11) wurde ein Benutzer des IRC zitiert, der anmerkte, dass es einfach sei, sich auszuloggen, unter einem anderen Namen wieder einzuloggen und neu anzufangen, wenn eine Online-Interaktion zu schwierig oder zu unangenehm würde. Zur damaligen Zeit schien mir vor allem die Freiheit von Bedeutung zu sein, die diese Möglichkeit der Interaktion impliziert; heute machen mir hingegen die sozialen Einschränkungen Sorgen, die aus diesem Verhalten erwachsen.

4. Der Aufbau widerstandsfähiger Online-Gemeinschaften
4.1 Flexibilität

Die Lösung zwischenmenschlicher Probleme, die Online genauso auftreten, wie in face-to-face Beziehungen, erfordert ein hohes Maß an Flexibilität. Kompromissfähigkeit, den Willen zur Veränderung, Einfühlsamkeit und die Fähigkeit zur Aushandlung sind entscheidende Qualitäten für den Fortbestand von Beziehungen. Ohne diese Qualitäten können die Beziehungen zwischen Ehegatten, Freunden, Kollegen und Verbündeten scheitern. Gleichzeitig muss der Entschluss zur Veränderung die Fortsetzung der Beziehung erlauben. Das Auftreten als virtuelles Selbst schließt jedoch Veränderungen häufig aus, oder macht sie nur auf Kosten der Fortsetzung der Beziehungen möglich.

Vor diesem Hintergrund werden die Ursachen für die eingangs dargestellte Auflösung des JennyMUSH deutlicher. Die Administratoren des MUD begingen, dadurch dass sie auf die Krise reagierten, nicht einfach einen taktischen oder politischen Fehler. Das Problem lag vielmehr darin, dass die individuellen Persönlichkeiten, die diese Gemeinschaft konstituierten zu singulär, und das Gefühl der Verpflichtung der Benutzer gegenüber der Gemeinschaft zu schwach ausgeprägt war. Die virtuelle Bloßstellung des Angreifers verfehlte ihr Ziel, den Zusammenhalt der Gemeinschaft zu stärken, da es sich um eine Vergeltungsmaßnahme handelte, die gegen eine Schimäre gerichtet war: eine schattenhafte Person, die in der Lage war, grossen Einfluß auf die Gemeinschaft auszuüben, ohne sich aus Gründen der Sozialität oder des Überlebens an die Gemeinschaft binden zu müssen. Bei dem Versuch, diesen flüchtigen Schatten zu fassen zu bekommen, wurde zugleich die Flüchtigkeit aller Online-Identitäten im MUSH offenkundig. Das zunehmende Misstrauen unter den verbliebenen Mitgliedern, das daraus folgte, spiegelte diese Erkenntnis wider. Prosaischer ausgedrückt: JennyMUSH existierte nur zu einem Zweck, und als dieser Zweck gefährdet wurde, brach das ganze System zusammen. In dieser virtuellen Gemeinschaft gab es keine redundanten Verknüpfungen im sozialen Netzwerk - ein einziger Schlag reichte aus, das ganze Gefüge zu zerstören.

Durch die Bildung von virtuellen Gemeinschaften werden sowohl atomisierte Räume, als auch atomisierte Identitäten erzeugt. Eine zergliederte Architektur sozial voneinander trennbarer Welten, die von psychologisch in verschiedene Identitäts-Masken aufspaltbaren Persönlichkeiten bevölkert werden, verstärkt das Gefühl, dass die multiplen Ausprägungen des Selbst jeweils für nur eine Art von Interaktion existieren. Die Vielfalt wirkt in diesem Fall der fließenden Tendenz entgegen, da die Spieler ihre Macht, verschiedene Identitäten zu erschaffen, zum Anlass nehmen, um die verschiedenen Aktions- und Reaktionsweisen nicht in ein und dasselbe Selbst integrieren zu müssen. Das Ergebnis ist eine ausgesprochen eigentümliche Singularität des virtuellen Selbst, die die Benutzer letztendlich unfähig macht, einen sinnvollen Beitrag zum Gleichgewicht und zur Dauerhaftigkeit einer virtuellen Gemeinschaft zu leisten.

4.2 Verantwortlichkeit

Dauerhaftigkeit und Beständigkeit des Selbst sind von entscheidender Bedeutung für einen sinnvollen sozialen Austausch - ohne Dauerhaftigkeit kann es keine Konsequenzen geben, und ohne Konsequenz ist die Motivation zur Übernahme von Verantwortung äußerst gering. In gewisser Hinsicht bewegt sich diese Argumentation gefährlich nahe an der Grenze zu einer Bestätigung der modernistischen Auffassungen des Selbst, und zu einer Verwerfung der Realisierbarkeit eines postmodernen Selbst, das in mehrere Identitäten aufgespalten ist. Ich würde allerdings lieber eine Sichtweise vorschlagen, die die tiefe Kluft überbrückt. Beständigkeit und Flexibilität müssen nicht unvereinbar sein. In einem modernistischen Sinn votiere ich für die Verantwortlichkeit und Beharrlichkeit der Identität, aufgrund der Erfahrungen der Postmoderne würde ich jedoch gleichzeitig für eine Anerkennung des Werts der verteilten Anwesenheit, der Fluidität und Flexibilität, sowie der gleichberechtigten Berücksichtigung aller historischen Erfahrungen plädieren. Es stellt keinen Widerspruch in sich dar, zu akzeptieren, dass ich heute eine andere Person bin, als ich vor 10 Jahren war oder in 10 Jahren sein werde, und gleichzeitig zu erwarten, dass all diese verschiedenen Erscheinungsformen des Selbst im zeitlichen Ablauf ihres Auftretens Verantwortung und Verläßlichkeit an den Tag legen. Die Vorstellungen von integrierten und fragmentierten Identitäten müssen nicht zwangsläufig konkurrieren. Sie können faktisch zusammenwirken, um die Vorstellung von einem Selbst zu erzeugen, das auf Wechselbeziehungen zwischen getrennten Personas basiert, von denen jede zum Ganzen beiträgt, das von keiner auf Dauer dominiert wird.

4.3 Beharrlichkeit

In praktischer Hinsicht ist es von entscheidender Bedeutung, die Benutzer zu ermutigen, sich in Online-Gemeinschaften in einer Form zu verkörpern, die Bestand hat, sei dies zum Beispiel durch eine gut dokumentierte und leicht abrufbare Datenbank der Beiträge, oder durch klar dargestellte 'Spielregeln'.

Darüber hinaus ist es äußerst wichtig, die Darstellungsvielfalt der Verkörperungen eines jeden Nutzers zu fördern.

Der erste Punkt versteht sich inzwischen fast von selbst. Viele MUD-Administratoren wissen, dass der beste Weg, einen Nutzerstamm zu bilden, darin besteht, unbeschränktes Konstruieren zu ermöglichen. Viele der neuen webbasierten Konferenz-Systeme bewahren die Mitteilungen der Teilnehmer unbegrenzt lange auf, so dass die Nutzer immer historische Spuren von sich selbst und anderen finden können, durch die die Kontinuität der Gemeinschaft aufrechterhalten wird. Die Vielfalt scheint jedoch weitaus häufiger als eine Frage der Anzahl der verschiedenen Nutzer, oder der Nutzer-Identitäten verstanden zu werden, und nicht so sehr als Vielfältigkeit der Beiträge der einzelnen Nutzer.

Genauso leicht, wie man einen virtuellen Raum verlassen kann, zu dem man selbst nichts beigetragen hat, kann man eine Web-Site verlassen, wenn der Inhalt des individuellen Beitrags nicht mehr als ein Fragment des realen Individuums widerspiegelt. Eine wesentliche Voraussetzung für eine erfolgreiche soziale und physische Entwicklung ist die Entbehrlichkeit von Fragmenten. Wir können dieses alltägliche Prinzip des Überlebens durch Überfluss und Entbehrlichkeit beispielsweise an der Anzahl von unterschiedlichen Kätzchen in einem Wurf beobachten. In einer unvollkommenen Welt, egal ob real oder virtuell, müssen die Fragmente des Ganzen austauschbar sein, wenn eine Bedrohung oder Krise gemeistert werden soll. Wenn die virtuelle Gemeinschaft jedoch nur aus schwachen und segmentären Beziehungen zwischen ihren Fragmenten besteht, ist das eine äußerst schlechte Voraussetzung für ihre Widerstandsfähigkeit. Die Nutzer müssen mehr als ein 'Eisen im Feuer' haben, und dazu ermutigt werden, auf vielfältige Weise zu partizipieren, anstatt sich auf eine bestimmte Rolle festlegen zu lassen.

5. Schlussfolgerung

Wie Mark Poster (1995), Sherry Turkle (1995), 'Sandy' Stone (1991) und andere gezeigt haben, sind wir im Cyberspace mit einem Selbst konfrontiert, das fragmentiert ist und multiple Persönlichkeiten verkörpert. Die Freiheit im Cyberspace, Aspekte des Selbst zu verschleiern oder neu zu erschaffen, wurde in der Vergangenheit als eine Möglichkeit zum größeren Selbstausdruck beschrieben. Zumeist wurde die damit einhergehende Enthemmung als eine zu begrüßende Form der virtuellen Freiheit charakterisiert. Die Projektion des Selbst in die virtuelle Welt wurde als Generierung von Möglichkeiten der Selbsterforschung und -erkenntnis beschrieben. Trotz all des positiven Potentials dieser Möglichkeiten der Neuerschaffung, Überschreibung und Befreiung des Selbst, machen die Berichte über die unter diesen Umständen gebildeten Beziehungen auch auf die

Schattenseiten aufmerksam. Online-Gemeinschaften können der Ort sein, an dem sich Betrug, Tätlichkeiten und - letztlich - der Zerfall sozialer Bindungen ereignen.

Es scheint durchaus wahrscheinlich, dass die delokalisierten Räume und die fragmentierten Projektionen des Selbst auch in Zukunft Bestandteile der Online-Erfahrung bleiben. Einrichtungen wie anonyme Remailer [= spezielle Computer, die beim Versand von Online-Nachrichten, die Absenderangabe anonymisieren; Amerkung d. Ü.] und pseudonyme MUD-Persönlichkeiten stellen populäre Medien dar, durch die Individuen vorher unbekannte Aspekte ihres Selbst erforschen können; von ihnen geht eine Attraktion aus, die nicht nachzulassen scheint. Es war genau diese Möglichkeit, eine unverbundene Vielfalt von Identitäten des eigenen Selbst in virtuelle Räume zu projizieren, die viel zum wachsenden Interesse am Internet beigetragen hat. Vielfältige Facetten des Selbst zu besitzen ist etwas, das nur dem Menschen eigen ist - trotzdem, wenn virtuelle Gemeinschaften tragfähig sein sollen, müssen sie eine holistische Projektion des Selbst in die virtuelle Landschaft zulassen und fördern.

Zum Schluss noch eine positive Nachricht: Es gibt in der Tat Anzeichen dafür, dass sich die Internet-Seiten für Online-Interaktionen in diese Richtung entwickeln. Die Beschaffenheit der Kommunikationsmittel im Internet, die dem Aufbau sozialer Verbindungen dienen, verändert sich derart, dass sie zukünftig das Zurückverfolgen von multiplen Beziehungen zwischen individuellen Persönlichkeiten erlauben. Als Beispiel sei hier 'Dejanews' angeführt, ein Online-Dienst, der es jedem Internet Benutzer erlaubt, sich das Profil eines jeden Usenet-Teilnehmers anzusehen. Über 'Dejanews' kann eine Liste aller Newsgroups abgerufen werden, in denen die Person Mitteilungen verschickt hat, und die den Zugang zu Archiven erlaubt, in denen alle Beiträge gespeichert sind. Mit diesem einfachen Werkzeug wird dem Gefühl von Anonymität der Boden entzogen, das beim Verschicken von Mitteilungen innerhalb der riesigen, unarchivierten Informationsmenge von Usenet immer aufkam. Marc Smith vom Center for the Study of Online Community an der University of Califonia in Los Angeles hat diese Idee weiterverfolgt, und entwickelt derzeit 'NetScan', ein Werkzeug für die Analyse sozialer Beziehungen und Ähnlichkeiten zwischen Datenbeständen aus dem Usenet, dem World Wide Web, IRC oder einem MUD.

Es bleibt zu hoffen, dass die Ermutigung des vielfältigen und situationsbezogenen Ausdrucks einer Online-Präsenz einzelner Individuen zum Standard für virtuelle Gemeinschaften wird. Bei all diesen Bestrebungen dürfen wir nicht vergessen, dass das virtuelle Selbst zwar körperlos und vielgestaltig sein mag, dass es aber dennoch mit einem körperlichen Punkt verbunden bleibt: der Online-Raum mag zwar virtuell sein, doch die Online-Äußerung kommt von einer Identiät, die in einem Körper wohnt. Es ist notwendig, eine kohärente Vorstellung von diesen Zusammenhägen zu bekommen, um zu verstehen, warum virtuelle Gemeinschaften manchmal scheitern, und daraus neue Ideen zu entwickeln, wie sie besser funktionieren könnten.

Literatur

L. Cherny, 1998: Papier für das SIGGRAPH '98 Komitee, als Teil eines geplanten Panels: "Human Factors in Virtual World Design: Psychological and Sociological Considerations".

N. Z. Davis, 1984: Charivari, Honor, and Community in Seventeenth-Century Lyon and Geneva, in: J. J. MacAloon (Hrsg.): Rite, Drama, Festival, Spectacle: Rehearsals Toward a Theory of Cultural Performance. Philadelphia: Institute for the Study of Human Issues.

N. Z. Davis, 1971: The Reasons of Misrule: Youth Groups and Charivaris in Sixteenth-Century France, in: Past & Present. Februar 1971. S. 41-75.

J. Dibbell, 1993: Rape in Cyberspace or How an Evil Clown, a Haitian Trickster Spirit, Two Wizards, and a Cast of Dozens Turned a Database Into a Society, in: Village Voice, 38/51. Online: http://www.levity.com/julian/bungle.html

M. Foucault, 1980: Power/Knowledge: Selected Interviews and Other Writing 1972-1977. Hrsg. v. C. Gordon. Aus dem Französischen von C. Gordon, L. Marshall, J. Mepham, K. Soper. Brighton, Sussex.

M. Foucault, 1986: Discipline and Punish: The Birth of the Prison. Aus dem Französischen von A. Sheridan. Harmondsworth, Middlesex.

S. Kiesler, J. Siegel, T. W. McGuire, 1984: Social psychological aspects of computer-mediated communication, in: American Psychologist 39/10. S. 1123-1134.

B. Kolko, E. Reid, 1998: Dissolution and Fragmentation: Problems in Online Communities, in: St. G. Jones (Hrsg.): CyberSociety2. Thousand Oaks, CA. S. 212-229.

S. McCrae, 1996: Coming Apart at the Seams: Sex, Text and the Virtual Body, in: L. Cherny, E. R. Weise, (Hrsg.): Wired_Women: Gender and New Realities in Cyberspace. Seal.

W. Mitchell, 1995: City of Bits: Space, Place and the Infobahn. Cambridge, MA.

J. Mnookin, 1996a: Bodies, Rest and Motion: Law and Identity in Virtual Spaces. Cyberlaw Arbeitsgruppe des: Virtue & Virtuality: Gender, Law & Cyberspace Symposiums. Cambridge, MA. 20. April 1996.

J. Mnookin, 1996b: Virtual(ly) Law: The Emergence of Law in LambdaMOO, in: Journal of Computer-Mediated Communication, 2/1. Online: http://www.ascusc.org/jcmc/vol2/issue1/lambda.html

M. Poster, 1995: The Second Media Age. Oxford.

E. Reid, 1992: Electropolis: Communication and Community on Internet Relay Chat, in: Intertek, 3/3. S. 7-15.

E. Reid, 1996: Informed Consent in the Study of On-Line Communities: A Reflection on the Effects of Computer-Mediated Social Research, in: The Information Society, 12/2.

H. Rheingold, 1993: The Virtual Community Homesteading on the Electronic Frontier. Reading, MA.

J. Ch. Stivale, 1995: 'help manners': Cyber-Democracy and its Vicissitudes. Präsentiert auf der MLA Koferenz am 29. Dezember 1995 in San Diego.

A. R. Stone, 1995: The War of Desire and Technology at the Close of the Mechanical Age. Cambridge, MA.

A. R. Stone, 1991: Will the Real Body Please Stand Up?: Boundary Stories about Virtual Cultures, in: M. Benedikt (Hrsg.): Cyberspace: First Steps. Cambridge, MA.

S. Turkle, 1995: Life on the Screen: Identity in the Age of the Internet. New York.

Übersetzt von Udo Thiedeke und Helga Schenk

Vom Heimatdorf zum Großstadtdschungel: die Urbanisierung der Online-Gemeinschaft[1]

Nancy K. Baym

Die Veränderungen des Internet in den 90er Jahren lediglich als Wachstum zu bezeichnen wäre eine gewaltige Untertreibung. Für den Zugang zum Internet war Anfang der 90er Jahre im allgemeinen ein Account im Rahmen des Arbeitsplatzes oder eines Universitätsstudiums, bzw. ein Ehepartner mit einem solchen erforderlich. Die überwiegende Mehrheit der User war männlich. America Online - das Ende 1998 über 13 Millionen Mitglieder und einen Frauenanteil von 52% aufwies - war ein noch kleines, junges Unternehmen, das nur durch E-Mail mit dem Internet verbunden war. Das World Wide Web, das für viele inzwischen zum Synonym für das Internet überhaupt geworden ist, existierte nur in Ansätzen (frühe Versionen des Browsers 'Mosaic', aus dem sich später der 'Navigator' von Netscape entwickeln sollte, begannen jedoch bereits zu zirkulieren). Geisteswissenschaftler, die im Rahmen einer akademischen Konferenz sozialwissenschaftliche Analysen vorstellten, mussten einen Großteil ihrer Zeit darauf verwenden, den Zuhörern, die noch nie davon gehört hatten, das Internet zu erklären. Inzwischen ist der Internet-Zugang erheblich einfacher geworden und nach einer Anfangsinvestition von etwa 800 $ für einen einfacheren oder gebrauchten Computer sowie bei monatlichen Kosten von etwa 20 $ für einen Internet Service Provider (falls ein solcher am Wohnort zur Verfügung steht) in vollem Umfang zu haben.

Obwohl das Wachstum des Internet allgemein bekannt ist, wurde bisher nur wenig darüber nachgedacht, welche Auswirkungen dieses Wachstum auf Tausende von Gemeinschaften hat, die sich im Internet gebildet haben. Es gibt zwar eine Reihe von Veröffentlichungen (z.B. Baym, 1998; Cherny, 1995; Ito, 1997; Myers, 1987; Reid, 1995; Rheingold 1993; Tepper, 1997) und Sammelbände (z.B. Jones, 1995; 1998; Porter, 1997) zum Thema Online-Gemeinschaft, meist wird hier jedoch nur ein relativ begrenzter Zeitraum betrachtet, so dass eine Beurteilung, inwieweit eine Gruppe durch das Wachstum des Internet - wenn überhaupt - verändert wird, nur schwer möglich ist. Der vorliegende Beitrag ist eine vergleichende Analyse zweier Untersuchungen - die eine wurde zu Anfang, die

---

[1] Beitrag für den vorliegenden Band übernommen aus: Nancy Baym. 1999: Tune In, Log On: Soaps, Fandom, and On-Line Community. Sage Press Inc. Übersetzung und Nachdruck mit freundlicher Genehmigung.

andere am Ende der 90er Jahre durchgeführt - in einer Diskussionsgruppe im Usenet mit dem Namen "rec.arts.tv.soaps" (r.a.t.s.), in der tagsüber im amerikanischen Fernsehen ausgestrahlte Soap Operas diskutiert werden. Das Wachstum des Usenet und der Diskussionsgruppe r.a.t.s. weist einen parallelen Verlauf mit dem des Internet auf. Nach einer kurzen Darstellung dieses Wachstums, sowie der hier verwendeten Untersuchungsmethoden, soll näher betrachtet werden, inwieweit die Gruppe über den untersuchten Zeitraum stabil geblieben ist, und ob ihr Wachstum zu neuen sozialen Spannungen geführt hat. Zum Schluss soll der Frage nachgegangen werden, ob der Begriff "Gemeinschaft" auf diese Gruppe noch zutrifft.

Das Wachstum des Usenet läßt sich deutlich anhand der von Rick Adams zusammengestellten statistischen Auswertungen nachvollziehen, in denen die im Uunet - einem der größeren Netze, durch die das Usenet betrieben wird - verschickten Beiträge gezählt werden. Als r.a.t.s. im Herbst 1984 ins Leben gerufen wurde, gab es lediglich 158 Gruppen und in allen Gruppen zusammen 303 Beiträge pro Tag. 1990 umfasste das Usenet bereits 1231 Newsgroups, in denen durchschnittlich 6055 Beiträge pro Tag verschickt wurden. 1997 lassen die vom Internet Service Provider Erol's erhobenen statistischen Daten zur Größe des Usenet auf durchschnittlich 682.144 Beiträge pro Tag schließen, d.h. 113mal mehr als 1990 und 2251mal mehr als 1984.

Die zahlenmäßigen Steigerungen für r.a.t.s sind ähnlich dramatisch. 1984 gab es in r.a.t.s. durchschnittlich nur einen Beitrag pro Tag. 1990 wurden in 14 Tagen durchschnittlich annähernd 700 Beiträge verschickt. Im Herbst 1993 wurden in r.a.t.s. täglich so viele Beiträge gepostet, dass ihr Ausdruck auf Standardbriefpapier einen Stapel von fast 4 cm Höhe ergeben hätte. 1994 war der Online-Schriftverkehr in r.a.t.s. derart unkontrollierbar geworden, dass die Gruppe, nach Fernsehsendern geordnet, in drei Untergruppen aufgeteilt wurde - "rec. arts.tv.soaps.abc", "rec.arts.tv.soaps.cbs" und "rec.arts.tv.soaps.misc". In diesen drei Untergruppen werden heute in 14 Tagen durchschnittlich 6194 Beiträge (jeweils 2744, 1568 und 1792 Beiträge) verschickt (vgl. tile.net, 1997). Da sich die vorangegangenen Untersuchungen auf eine Diskussionsgruppe mit Bezug zu der auf ABC ausgestrahlten Soap Opera "All My Children" (AMC) konzentriert hatten, geht es auch in dem vorliegenden Artikel um die Diskussionsgruppe r.a.t.s.a., die sich auf den Sender ABC bezieht. Direkt nach der Teilung von r.a.t.s. kam es in jeder der drei Gruppen zu einem exponentiellen Anwachsen der Teilnehmerschaft, was wiederum eine irreversible Veränderung der Gemeinschaft mit sich brachte. Lisa, eine Software-Entwicklerin, die zu den frühen und produktivsten Mitgliedern der Gruppe gehört, drückt es folgendermaßen aus:

"Die Gemeinschaft hat sich eindeutig verändert, und zwar schneller, als dies ohne Teilung der Fall gewesen wäre. Das kam durch den plötzlichen Zustrom neuer Teilnehmer - nach meiner Schätzung bestanden in den ersten ein bis zwei Monaten nach Teilung der Gruppe mindesten 50% von r.a.t.s.a. aus 'Newbies' (Neulingen)". (1998).

Diese Untersuchung von r.a.t.s.(a.) folgt einem praxisorientierten Ansatz (vgl. z.B. Bourdieu, 1990; Hanks, 1996; Ortner, 1984). Dieser erfasst soziale Lebenswelten als kontinuierliche Konstruktionen, die durch gemeinschaftliche Handlungsweisen konstituiert werden, und denen sowohl gewohnheitsmäßige, als auch dynamische Muster zugrunde liegen.

Ein solcher praktischer Ansatz bietet sich für ethnographische Methoden an. Bei der Untersuchung kamen Teilnehmerbeobachtung (vor der eigentlichen Forschungsarbeit war die Autorin selbst Teilnehmerin und hatte eine Zeitlang beide Rollen inne), Diskursanalyse, Inhaltsanalyse, demographische Statistik und ausführliche Online-Befragungen (Baym, 1993; 1995; 1996) zum Einsatz. In der 1998 durchgeführten Nachfolgestudie wurden wiederum die Gruppe und eine Reihe relevanter neuer Websites genauer beobachtet, die Autorin selbst trat jedoch nicht mehr als Teilnehmerin auf. Im Zuge der Beschreibung von r.a.t.s.a. werden meine Beobachtungen durch 41 ausführliche Antworten in einer qualitativen Befragung ergänzt. Diese wurde an die Gruppe gerichtet, sowie an solche derzeitigen oder ehemaligen Einzelmitglieder per E-Mail verschickt, die von herausragenden, langjährigen Mitgliedern als besonders wichtig eingestuft wurden. In diesen Antworten zeigt sich ein erstaunlich konsistentes Bild der Gruppe und ihrer Entwicklung. Bei den hier wiedergegebenen Zitaten der Antworten werden die Namen durch Pseudonyme ersetzt, die mit dem Geschlecht der Person übereinstimmen.

Die Antworten kamen vorwiegend von Frauen (35 Frauen, 6 Männer), die so unterschiedliche Berufe ausübten, wie Studenten höherer Semester, Sekretärinnen, Systemverwalter, Software-Entwickler, Leiter von Geburtsvorbereitungskursen und Redakteure (neben etwa 13 weiteren Berufen). 26 dieser 41 Teilnehmer gehörten der Gruppe seit mindestens 1993 an. Das Alter der Teilnehmer lag zwischen 23 und 54 Jahre, der Altersdurchschnitt betrug 37 Jahre. Zwar läßt sich nicht feststellen, inwieweit diese Stichprobe für die Gruppe repräsentativ ist, jedoch stimmt sie mit einer anderen Reihe nicht randomisierter demographischer Erhebungen im AMC-r.a.t.s.a.-Kontingent überein, die von Sean Griffin durchgeführt werden (persönliche Korrespondenz vom 14. Mai 1998). Von den 219 Personen, die auf seine wöchentlichen Umfragen bisher geantwortet haben, sind 87% Frauen, 57% sind 36 Jahre oder älter, 31% haben mindestens einen niedrigen akademischen Grad, und 66% verfügen über ein jährliches Einkommen von über 35 000 $. Diese Zahlen lassen vermuten, dass die Gruppenmit-glieder trotz des freien Zugangs zum Internet eher aus dem oberen Bereich des Bildungs-, Alters- und Einkommenssegments kommen. Außerdem besteht die Gruppe nach den von Griffin erhobenen Daten zu etwa 87% aus Weißen, die größte Minderheit wird als "Chicano/Hispanic/Latin-American" bezeichnet.

Kontinuität
Konventionen und Konventionalisierung

Eines der auffälligsten Merkmale von r.a.t.s., und möglicherweise einer jeden Online-Gemeinschaft, ist die Art und Weise, wie sich in den Beiträgen der Gruppe mit der Zeit konventionalisierte Muster herausbilden, die von Insidern erkannt und verstanden werden, für Außenseiter jedoch häufig hermetisch und unverständlich bleiben. Viele dieser Konventionen haben sich seit den Anfängen der Gruppe kaum verändert. Das bereits 1991 bestehende Label-System für unterschiedliche Beitragstypen (Baym, 1993) wird auch heute noch verwendet. Außer der Kennzeichnung der Soap Opera durch Akronym gibt es konventiona-lisierte Label für sogenannte Updates (kurze Zusammenfassungen der Tageser-eignisse), TANs (nur am Rande interessierende Diskussionsbeiträge) und Spoilers (Vorschauen auf kommende Sendungen). Was von mir als "Unlurking" ('lurk' bedeutet hier: anonym lesen, selbst aber keine Beiträge scheiben) bezeichnet wurde, d.h. Beiträge, durch die ein neues Mitglied vorgestellt wird, hat zumin-dest in der AMC-Gruppe den formaleren Titel "Einführung von Neulingen" ("Newbie Introduction") erhalten, Inhalt und Funktion sind jedoch gleich geblie-ben. Spekulationen und andere Interpretationen machen nach wie vor den größten Teil der Beiträge aus und werden auch heute noch nicht mit einem Label versehen. In der Gruppe besteht weiterhin eine Vielzahl weiterer Konven-tionen wie Abkürzungen, gruppenspezifischer Jargon und ausschließlich in der Gruppe verwendete Nicknames.

Während das Fortbestehen bestimmter Konventionen über größere Zeit-räume die Stabilität der Gruppe gewährleistet, wird diese Stabilität durch das Entstehen neuer Konventionen dynamisch und lebendig gehalten. In r.a.t.s.a. haben sich mehrere neue Konventionen (dazu gehört auch die wöchentliche Umfrage von Sean Griffin) herausgebildet, was zeigt, dass die Dynamik, die zur Konventionalisierung von Diskurspraktiken führt, keineswegs abgenommen hat. Die auffälligsten - und umstrittensten - dieser neuen Konventionen sind die FACs (*Favorite All My Children Character*), sowie die entsprechend den anderen Soap Operas zugeordneten FOCs (*One Life to Live*), FGCs (*General Hospital*) und FPCs (*Port Charles*). Teilnehmer nehmen einen F*C für sich in Anspruch und machen diese Verbindung in der Regel in ihrer Unterschrift deutlich; somit ist die Online-Identität vieler Teilnehmer durch die Zugehörigkeit zu einer bestimmten Person der Soap Opera gekennzeichnet (auch wenn es im einzelnen Beitrag vielleicht gar nicht um diese Person geht). Hier die Beschreibung des FAC in der *All My Children Newbie Sponsorship Page* (auf die gleich näher eingegangen werden soll):

> "Wir haben in der Gruppe ein Konzept namens FAC (Favourite Allmychildren Character), der Dein Pine Valley Alter ego [Pine Valley ist der Ort der Handlung; Anm. d. Ü.] darstellt, falls Du eines möchtest -- Du musst keineswegs). Du brauchst nicht vorzugeben, dieses FAC zu sein, wenn Du keine Rolle spielen willst, viele Teilnehmer haben jedoch gerne ein FAC, zumindest in ihrer Unterschrift. Ein FAC kann eine Person, ein Ort, ein Gegenstand, ein Szenarium, oder eine dumme Angewohnheit sein - alles kann in Frage kommen. Es gibt ein FAC 'Erica', jedoch auch die FACs 'Janet's Lovely Locks' und 'Pine Valley's Treacherous Roads'. Die Hauptregel lautet: 1 FAC pro Person und 1 Person pro FAC."

Wie dies zeigt, können und werden FACs für Rollenspiele eingesetzt, eine Möglichkeit, die von einigen Teilnehmern mehr, von anderen weniger genutzt wird. So entwickelte z.B. ein in der Gruppe inzwischen recht bekanntes Mitglied seine Online-Persönlichkeit teilweise durch die witzige Darstellung der „betrunkenen Brooke". Für die AMC-Teilnehmer gilt zwar die Regel 1 Person pro FAC, was als FAC gilt, ist jedoch so offen gelassen, dass genügend Auswahl bleibt. Im Gegensatz dazu sind FGCs auf Personen beschränkt. Der erste Teilnehmer, der auf einen FGC Anspruch erhebt, wird sozusagen der "Generaldirektor" dieses FGC; er kann anderen die Genehmigung erteilen, diesen FGC nach Belieben zu benutzen. Wie zu erwarten war, führen die offensichtlich ausgrenzenden Kleingruppen-FCGs in der *General Hospital-Untergruppe* zu vielen Auseinandersetzungen.

Eine zweite beachtenswerte neue Konvention sind die innerhalb der AMC-Gruppe verliehenen "Frango Awards". Anfang der 90er Jahre erwähnten verschiedene r.a.t.s.-Mitglieder wiederholt ihre Vorliebe für Frango Schokolade (die in exklusiveren Geschäften erhältlich ist). Einige Jahre später führte dies zu:

> "(...) einer TAN-Diskussion über diese Schokolade und viele Teilnehmer begannen, sie zu kosten, zu genießen, zu Treffen mitzubringen und an andere Mitglieder zu senden; irgendwann entschloss sich Whitney, Preise für kreative Beiträge einzuführen, seien es nun Unterschriften oder Beiträge zum Thema, witzige Reaktionen auf "Flaming" (als Ablenkungsmanöver), eine richtige Voraussage oder ähnliches. Damit waren die "Frango Awards" ins Leben gerufen. Ich glaube, sie bestehen nun bereits das dritte Jahr. Einmal im Jahr bittet Whitney Freiwillige, die Besten der Besten auszu-

wählen, und die Preise werden dann meines Wissens im Januar verliehen. Die Frango-Awards-Feierlichkeiten (die wie Emmy-, Oskar- oder andere Preisverleihungen aufgezogen sind) für 1998 können unter http://www.interchg.ubc.ca/budgplan/ frango98.htm abgerufen werden." (Anne, 1998).

Zu den Frango Awards gehört auch der Lifetime Achievement Award, der das erste mal an eine Frau verliehen wurde, die über Jahre die FAQs (Frequently Asked Questions) der Gruppe bearbeitet hatte. Das zweite Mal ging dieser Preis an die am längsten zur Gruppe gehörende und gleichzeitig produktivste Teilnehmerin.

Zentrale Werte

Bei einer Praktik wie den Frango Awards wird besonders deutlich, dass Verhaltensmuster auf zugrundeliegende Wertesysteme schließen lassen. Hier zeigt sich, dass in r.a.t.s. die Diskursmuster der Gruppe eindeutig auf einige zentrale Werte zurückzuführen sind. In den Angaben der Teilnehmer, was ihnen am meisten an r.a.t.s.a. gefällt, ist zu erkennen, dass die Anfang der 90er Jahre wichtigen zentralen Werte - Intelligenz, Multiperspektivität, Freundlichkeit, Humor und Spaß - immer noch einen Großteil der Anziehungskraft der Gruppe ausmachen.

"Die allgemeine Kamaradschaft (ich glaube, ich habe das falsch geschrieben!) und die Tatsache, dass ich über meine Soaps diskutieren und Fragen stellen kann, ohne runtergemacht oder verachtet zu werden ." (Courtney, 1998)

"Ich LIEBE den manchmal skurrilen Sinn für Humor. Außerdem gefällt es mir, all die unterschiedlichen Standpunkte zu hören." (Agnes, 1998)

"Kameradschaft, Humor und die Gelegenheit, mit einer Gruppe unerschrockener, intelligenter und gut informierter Freunde über Soaps zu diskutieren." (Tia, 1998)

"Am meisten gefällt mir an Ratsa, dass ich viele Freundschaften über große Entfernungen hinweg, und sogar außerhalb der USA geknüpft habe (...). Wir sprechen nicht nur über AMC, wir erhalten von unseren Freunden auch Hilfe in guten, wie in schlechten Zeiten. Es ist wirklich erstaunlich! Außerdem finde ich gut, dass die Teilnehmer so verschieden sind, jeder einzelne ist einzigartig und hat seinen eigenen Standpunkt, so dass der Horizont durch den Standpunkte der anderen ständig erweitert wird. Und das fast immer ohne die geringste Feindseligkeit, eher so wie 'ich verstehe Deinen Standpunkt, aber ich denke ein bisschen anders darüber ...' Bei vielen Ratsa-Leuten findet man echten Respekt vor anderen Menschen. Mir gefallen auch die freiwilligen Beiträge, die verschiedene Teilnehmer einbringen. Ob das nun ein Update, eine Vorschau, ein Spoiler (vorausgesetzt, sie werden richtig verschickt) oder ein Leckerbissen aus einem Soap-Magazin, einem Trivia-Spiel oder einem anderen auf AMC bezogenen Spiel ist, wir lassen uns von der Kreativität beflügeln und haben alle sehr viel Spaß daran." (Anne, 1998)

Verkürzt gesagt lassen sich die zentralen Werte der Gruppe zwei Arten von dynamischen Beziehungen zuordnen - die Beziehungen der Fans zur Serie, und die Beziehungen der Fans untereinander. Wie bereits an anderer Stelle angeführt (Baym, 1998), dienen alle diese Werte einem primären Zweck, nämlich der Vervielfachung der Interpretationen der Soap Opera.

Die Beziehung der Fans zur Serie hat sich seit Beginn der 90er Jahre nicht verändert (Baym, 1995). Zwar wird die Serie regelmäßig gesehen und das Spiel der Interpretation gründlich ausgekostet, sie wird jedoch aus einer gewissen Distanz betrachtet, aus der man sich über sie lustig machen, sie kritisieren und kreativ bearbeiten kann. Die Fans sind sowohl begeistert, als auch frustriert. Sie haben gemeinsam eine beachtlich breite Wissensbasis zur Serie zusammengetragen, und diese wird durch die Einrichtung von Fan-Webseiten für einzelne Charaktere und Sendungen noch weiter ausgebaut (nicht alle Fan-Webseiten sind jedoch positiv orientiert; so gibt es z.B. eine Webseite für Teilnehmer, die Brooke aus der Serie AMC hassen). Diese besondere Fachkenntnis ermöglicht den Teilnehmern höchst fundierte Interpretationen, die dazu beitragen, dass die Qualität des Genres als unbeständig erlebt wird. Die von den Fans deutlich wahrgenommenen Mängel der Serie führen dazu, dass sie sich nun gegenseitig die Unterhaltung bieten, die ihnen von der Serie vorenthalten wird. Eine Teilnehmerin trifft wahrscheinlich den Nagel auf den Kopf, wenn sie einen möglichen Grund für die Stabilität von r.a.t.s.a. darin sieht, dass "die Erwartungen der Zuschauer/Leser/Fans an die Serie ziemlich beständig sind". (Hannah, 1998)

R.a.t.s.a.-Mitglieder scheinen nicht nur bezüglich ihrer Erwartungen an die Serie, sondern auch in Bezug auf die Erwartungen aneinander beständig zu sein. In einer Umgebung, die Soap Operas verächtlich betrachtet, behandeln sie sich wie Freunde - sie halten einander für intelligent, falls nicht das Gegenteil bewiesen wird, unterhalten einander, gehen offen miteinander um und bieten einander soziale Unterstützung. Der private Lebensbereich, in dem sich die Handlung der Soap Operas abspielt, läßt persönliche Erfahrungen auf einfache Weise und beinahe zwangsläufig in die Interpretation einfließen. Glorias anschauliche Beschreibung dieses Phänomens könnte auch 1991 geschrieben worden sein:

"Wir sehen zwar alle die gleiche Sendung, jedoch je nach Lebenserfahrung, Prioritäten und beruflichem Hintergrund durch ganz unterschiedliche Filter. Wenn es um ein medizinisches, juristisches oder soziales Thema geht, bringen Teilnehmer, die am meisten, oder die überhaupt Erfahrungen in diesem Bereich haben, ihre Sicht der Situation in die Diskussion ein. Es ist interessant, Lösungen oder Komplikationen aus dem wirklichen Leben zu hören, und einer ansonsten sehr banalen Handlung damit mehr Tiefe zu geben. Als mein Mann mich fragte, warum ich [die Newsgroup; Anmerk. d. Ü.] denn lesen würde, und ich ihm über den von einem Teilnehmer eingebrachten medizinischen oder juristischen Gesichtspunkt und das von einem anderen Teilnehmer zur Verfügung gestellte Kamera- und Fernsehwissen zu einer bestimmten Szene erzählte, sagte er: 'Alle Achtung, das sind ja gar nicht nur alles Hausfrauen, die sich in eine Phantasiewelt flüchten wollen'. Zuerst habe ich ihm eine reingehauen (obwohl ich natürlich wusste, dass er mich nur necken wollte), doch dann wurde mir klar, dass dies ein wichtiger Aspekt von ratsa ist. (...) Durch das regelmäßige Lesen der Beiträge lerne ich viel über die Persönlichkeit, Kindheit, derzeitige Familiensituation und Lebenserfahrung der einzelnen Teilnehmer kennen. Dadurch kann ich mir ein besseres Bild von der Person machen und nicht nur ihren Standpunkt, sondern auch die Gründe für diesen Standpunkt besser verstehen." (1998)

Ebenso wie r.a.t.s. bietet auch r.a.t.s.a. einen sicheren Rahmen für persönliche Offenheit und ermutigt damit Teilnehmer mit relevanten persönlichen Erfahrungen, ihre Interpretationen bestimmter Sendungen einzubringen:

"Es ist erstaunlich, wie offen die Leute in RATSA sind. Als es in 'All My Children' vor einigen Jahren um die Diskriminierung von Homosexuellen ging, klinkten sich einige offensichtlich unreife Newbies ein und machten Stunk. Die Reaktionen der vielen schwulen Männer (und wenigen Lesben) auf diese Typen reichten von defensiv bis humorvoll belehrend, was mich jedoch verblüffte, war die große Anzahl bestärkender und verständnisvoller Beiträge, die von den Heterosexuellen innerhalb der Gruppe kam. Leute, die man nicht für progessiv gehalten hätte, ärgerten sich über die Intoleranz und verteidigten die Gefühle von Lesben und Schwulen." (Bill, 1998)

R.a.t.s.a. hat auch weiterhin eine aufgeschlossene Haltung Neulingen gegenüber, insbesondere in der All My Children-Untergruppe, obschon, wie später deutlich wird, die Oldtimer/Newbie-Beziehung gespannter geworden ist.

Alles in allem hat r.a.t.s.a. die in r.a.t.s. bereits vorhandenen zentralen Ziele und damit verbundenen Werte beibehalten, auch wenn sie weiterentwickelt wurden. Stabil gehalten werden diese Organisationsprinzipien durch dauerhafte Konventionen und übereinstimmende Beziehungen zum Genre Soap Opera sowie untereinander, Beziehungen und Konventionen, die in einem ununterbrochenen Strom dynamischer Kommunikationspraktiken manifest und kodifiziert werden. Neben diesen Kräften schreiben viele Teilnehmer die Stabilität der

Gruppe auch jenen langjährigen Mitgliedern zu, die sich in der Gruppe nach wie
vor engagieren:

> "Viele dieser Oldtimer haben über Jahre hinweg durchgehalten und tragen zur
> Bewahrung des Umgangstons in der Gruppe bei." (Amanda, 1998).

> "Auch Anne gehört IMMER NOCH dazu! Viele kommen und gehen, aber es gibt
> einen festen Kern von Leuten, die die ganze Zeit über regelmäßig Beiträge geschickt
> haben, und das, glaube ich, sichert langfristig die Kontinuität des Stils innerhalb der
> Gruppe." (Lark, 1998)

Neue Spannungen
Oldtimer gegen Neulinge

Viele der neuen Teilnehmer in r.a.t.s. haben sich den Normen, Werten und Konventionen der Gruppe bereitwillig angepasst und ihre Teilnahme wird von den
bereits länger zur Gruppe gehörenden Mitgliedern mit Begeisterung unterstützt.
Ariel eine 37jährige Studentin im höheren Semester vergleicht r.a.t.s.a. mit einer
privaten Soap-Opera-Diskussionsgruppe im Internet Relay Chat (IRC), an der sie
teilgenommen hatte, und kommentiert die Bedeutung, die neue Mitglieder für
jede Gruppe haben, folgendermaßen:

> "Nach einem Monat kannte jeder die Vorlieben und Abneigungen der anderen, und
> ich fand es, offen gestanden, total langweilig. In einem frei zugänglichen, öffentli-
> chen Forum wie r.a.t.s.a. gibt es dagegen einen ständigen Zustrom von 'frischem
> Blut'." (1998)

> Später fügt sie hinzu, dass "einiges davon zwar 'schlechtes Blut' ist... doch zumindest
> ist es *fremdes* Blut!"

Viele Oldtimer sind ebenfalls der Ansicht, dass der Zustrom neuer Teilnehmer
zur Vermeidung von Stagnation notwendig ist und dass neue Mitglieder häufig
eine Bereicherung für die Gruppe darstellen. Andererseits hat der Zustrom nicht
nur neuer Mitglieder, sondern auch anderer Typen von Mitgliedern in r.a.t.s.a zu
verschiedenen neuen Spannungen im Umgang innerhalb der Gruppe geführt. In
einem sehr realen Sinne war der Zugang zum Internet zu Beginn dieses Jahr-
zehnts ausschließlich auf die Bildungselite beschränkt. Wie r.a.t.s.-Mitglieder es
im Rückblick beschreiben:

> "Das klingt unwahrscheinlich versnobt, aber vor 4 Jahren war zum Lesen einer News-
> group einiges an Computerkenntnis erforderlich. Ich glaube, dass dies heute nicht
> mehr zutrifft." (Carine, 1998)

"Heute nehmen ganz verschiedene Typen von Leuten teil; früher waren das in erster Linie Computerspezialisten." (Darla, 1998)

Das Internet ist gewachsen, weil sich die Teilnehmer in Bezug auf Alter, Fachwissen und soziale Schicht stärker voneinander unterscheiden (was nicht bedeutet, dass das Internet die demographischen Verhältnisse der Gesamtbevölkerung widerspiegeln würde - dies ist offensichtlich nicht der Fall). Die Bewahrung der Gruppenwerte ist heute nicht mehr so einfach wie früher, als praktisch jeder Neuling die Gruppe so, wie sie war, akzeptierte:

"Nach der 'Öffnung' des Internet durch AOL wurden wir jede Woche von Dutzenden von Newbies und Flaming-Beiträgen überschwemmt." (Lexine, 1998)

"Im letzten Jahr oder so sind anscheinend immer mehr Leute Online gegangen, die keine Ahnung von Grammatik, Rechtschreibung, Groß- und Kleinschreibung usw. haben. Schlimmer noch, sie haben auch inhaltlich nichts Wertvolles beizutragen. (...) lange Zeit wurden sie von den intelligenten Gesprächen übertönt. Heute scheinen diese idiotischen Beiträge die Norm zu werden, während die intelligenten Gespräche verloren gehen. Natürlich passiert dies überall im Netz und ist nicht nur ein isoliertes Phänomen." (Violet, 1998)

"Ich gebe AOL, WebTV und anderen 'Diensten', die das Netz extrem leicht zugänglich gemacht haben, die Schuld. Einige dieser Newbies haben nun scharenweise ins usenet gewechselt, wo viele von ihnen noch nicht einmal die grundlegendsten Regeln der Netiquette beherrschen (und schlimmer noch, auch nicht lernen wollen). Ich habe nichts gegen neue Teilnehmer, die etwas Hilfe benötigen, aber ich hasse diese Idioten, die wie Eroberer einfallen und glauben, die Newsgroup komplett umkrempeln zu müssen, wie es ihnen in den Kram passt." (Ariel, 1998)

Das Hauptproblem, das in diesen Reaktionen zur Sprache kommt, scheint darin zu liegen, dass zu viele neue Teilnehmer weder verstehen, noch darauf Rücksicht nehmen, dass es sich um eine Gruppe mit langjährigen, von der Gemeinschaft als äußerst wertvoll angesehenen Traditionen handelt. Viele lernen dies schnell und passen sich an, andere jedoch "erwarten aus Bequemlichkeit, dass die Welt (d.h. ratsa) sich ihren Vorstellungen anpasst." (Lisa, 1998)

Die Verletzung oder die Anfechtung von Konventionen, auf die früher mit sanfter Ermahnung geantwortet wurde, provoziert heute "Flame Wars" (aggressive verbale Auseinandersetzungen), auf die wiederum mit expliziten "Regeln" reagiert wird. Auf die Frage, was den Teilnehmern am wenigsten an r.a.t.s.a. gefallen würde, wurden wiederholt diese Flame Wars genannt. Ein typisches Beispiel war ein großer Flame War über die Frage, wer einen bestimmten General

294 Nancy K. Baym

Hospital FGC für sich beanspruchen dürfe und wer nicht. Ariel beschreibt diesen Flame War folgendermaßen:

> "Es gab eine Menge Anschuldigungen, die etablierten langjährigen Teilnehmer würden klüngeln und wollten r.a.t.s.a kontrollieren. Mir kam es so vor, als ginge es den Leuten, die diese Anschuldigungen vorbrachten, nur darum, zur Befriedigung ihrer eigenen (ziemlich ungenau definierten) Bedürfnisse, bereits seit 10 Jahren bestehende, gut ausgestaltete Traditionen zu stürzen. Der nächste Schritt ist dann, dass sich alle vom Flaming anstecken lassen, und am Ende gibt es mehr Beiträge zum Thema, was mit r.a.t.s.a. und seinen Mitgliedern nicht stimmt, als zu den Ereignissen in den Sendungen selbst. (...) Meiner Meinung nach zeigt sich hier, dass die Newsgroup ihr ursprüngliches zentrales Thema verloren hat (und an dem neuen zentralen Thema - die Vorgänge innerhalb der Gruppe zu diskutieren - bin ich eigentlich nicht besonders interessiert.)" (1998)

Die 42-jährige Sekretärin und Teilzeit-Redakteurin Marla gab mir einen Beitrag zu lesen, den sie zu diesem Flame War geschrieben hatte, und der sich explizit mit der Aufrechterhaltung der Gemeinschaft angesichts solcher Angriffe beschäftigt. Zur Verteidigung der Oldtimer schrieb sie:

> "In unserer Gemeinschaft gibt es sehr unterschiedliche Mitglieder. Einige sind von Anfang an dabei gewesen, andere wie ich seit Beginn der 90er Jahre, und einige sind neu. Wie in jeder Gemeinschaft gibt es Leute, an die wir uns um Rat oder Hilfe wenden. Diese Leute haben sich dieses Recht VERDIENT. Sie haben ´Newbies´ geholfen, Unterstützung angeboten und wenn jemand Sorgen hatte, haben sie die Gelegenheit ergriffen, per E-Mail mit ihm zu sprechen. Das sind Leute, die in den meisten Kulturen als ʼÄlteste' bezeichnet würden und die Euren Respekt verdienen. Sie sind es auch, die gekämpft und organisiert haben, die Grundlagen geschaffen und festgelegt haben, wie die Kultur (oder Gemeinschaft) aussehen soll. Sie sind es, die die ʼschriftlichen' Aufzeichnungen (Listen und FAQs) unterhalten und im Handumdrehen Auskunft darüber geben können, wo bestimmte Informationen zu finden sind. Sie sind die ʼGeschichtenerzähler' oder 'Anführer' der Gemeinschaft und daran läßt sich nichts ändern.
> Es gibt aber auch Gewohnheiten und Traditionen, die zu einer Gemeinschaft gehören. Auch wenn dies Leuten, die neu in die Gemeinschaft hereinkommen, nicht gefällt, oder wenn jene, die das Gefühl haben, ihre Rechte würden verletzt, sich gekränkt fühlen, sind das Dinge, die immer so sein werden. Durch sie erhält eine Gruppe Beständigkeit. Dazu gehören für mich auch die FGCs und die net.parties. Beides gehörte zu RATS (später zu RATSA), seit ich dabei bin. (...)" (12. März, 1998)

Es gibt also anhaltende Spannungen zwischen den althergebrachten Verhaltensweisen, verkörpert in den Oldtimern und neuen Teilnehmern, die diese Traditionen entweder nicht kennen oder nicht akzeptieren. Die dadurch entstehenden

Flame Wars werden zwar als negative Erscheinung betrachtet, einige Teilnehmer sprechen ihnen jedoch einen gewissen Wert bei der Aufrechterhaltung der Gemeinschaft zu, wie es Gloria in folgender Antwort verdeutlicht:

"Ich habe eine Abneigung gegen die Tendenz der Oldtimer, sich gegen das zu verbünden, was sie als Angriffe von Leuten ansehen, die nicht zur alten Ratsa-Gruppe gehören. Ich verstehe ihr defensives Verhalten und das Bedürfnis, Personen, mit denen man stabile Beziehungen aufgebaut hat, zu schützen und zu verteidigen. Manchmal ist es jedoch nicht notwendig, dass gleich alle über einen aus der Reihe tanzenden Neuling herfallen. Der Angriff fällt manchmal sehr heftig aus, wenn eine Verwarnung durch die betroffene Partei vielleicht ausgereicht hätte. Ich muss andererseits sagen, dass sich Ratsa allem Anschein nach seine leichte, (größtenteils) respektvolle und freundliche Atmosphäre bewahrt hat, und das angesichts eines Internet, in dem sich immer mehr Leute tummeln, die Anonymität als Freibrief für anstößiges Verhalten betrachten. Vielleicht ist dies auf die strenge Kontrolle und konsequente Haltung zurückzuführen." (1998)

Zu Beginn der 90er Jahre waren "Troller", d.h. Personen, die nur mit dem Ziel zu stören in die Gruppe kamen, nur gelegentlich anzutreffen (damals gab es allerdings noch keinen Namen für sie). Heute sind sie ein häufiger auftretendes Phänomen, ebenso wie Neulinge (Newbies), die sich einfach nicht an die Regeln halten wollen. Durch diese Entwicklung kommt es häufiger als jemals zuvor zu Flaming und eindeutigem Ausgrenzen einzelner Teilnehmer. Die Normen der Gemeinschaft bleiben auf diese Weise zwar erhalten, gelegentlich geschieht das jedoch auf Kosten der von allen so hochgeschätzten Freundlichkeit.

Konflikte dieser Art zwischen etablierten und neuen Mitgliedern sind im Laufe der Zeit auch in anderen Internet-Gruppen aufgetreten. So stellt Stivale (1997: 139) bei der Beschreibung eines MUD fest, dass: "die fehlende Eindeutigkeit, was angemessen ist oder nicht, ein weiterer Hinweis ist auf die bestehende Auseinandersetzung zwischen zentripetalen und zentrifugalen Dialogkräften, d.h., zwischen Kräften, die eine Art einheitliche, zentrale 'Befehlsgewalt' anstreben, und jenen, die eine solche Vereinheitlichung von außen her anfechten". Connery (1997: 177) vertritt die Auffassung: "Neulinge müßten sich das Recht nehmen, sich der scheinbaren Autorität etablierter Gruppen entgegenzustellen, um diese Gruppen vor ihrer eigenen Verknöcherung zu bewahren", und schreibt weiter, dass „die Freiheit einer Gruppe als einem öffentlichen Bereich nur dadurch neues Leben erhält, dass aufsässige Neulinge, die in lange bestehenden Gruppen unausweichlich entstehenden Konventionen und Autoritäten missachten." Viele r.a.t.s.a.-Teilnehmer würden der Auffassung von Connery sicherlich zustimmen, dass neues Blut, selbst wenn es schlecht ist, eine Gemeinschaft vital erhält, andere würden jedoch bestreiten, dass das Sprengen von Konvention immer ein notwendiger Prozess ist. Tatsächlich scheint es die Diskussionsgruppe r.a.t.s.a. geschafft zu haben, die eigene Vitalität zu bewahren, wobei die Gruppe sowohl an ihren zentralen Konventionen festgehalten, als auch neue entwickelt hat, wenn auch einige Neulinge verärgert wurden.

Besonders erfolgreich in der Bewältigung dieser Spannungen war der r.a.t.s.a.-Bereich *All My Children* durch die Schaffung eines expliziten Sozialisationsprogramms zur Einweisung lernwilliger, aber unwissender Neulinge. Das sogenannte "Newbie Sponsorship Program" ist als Seite im World Wide Web organisiert und dient einerseits als Hilfe für Neulinge, andererseits der Durchsetzung der von Oldtimern entwickelten Traditionen (wodurch deren Autorität als Gruppe, wenn nicht sogar als Individuen bestätigt wird). Anne schreibt zur Entstehung dieses Programms:

"Das Newbie Sponsorship Program (NSP) wurde durch eine Teilnehmerin (von der man heute nicht mehr viel hört) aus Dallas, Mona, ins Leben gerufen. Es gab zu viele Newbies, die ihre Beiträge falsch verschickten, sich nach der empfohlenen Netiquette der Newsgroup erkundigten, Fragen stellten usw., weshalb Mona schließlich die Urform des NSP schuf. Irgendwann entstand die Idee, FAQs und viele andere Hinweise für Newbies einschließlich der Zuordnung eines Sponsors in einer Website zusammenzustellen. Shelly und Whitney entwickelten die Seite zusammen mit einem Komitee von Freiwilligen aus der RATSA-Gruppe, zu denen auch ich gehörte. Ich erhielt den Auftrag die Links und Grafiken für die Seite zu beschaffen. Die Seite ist unter http://www.terindell.net/ratsa/nspmain.htm zu finden und enthält alle Informationen über das NSP." (1998)

Hier ein Auszug der Einstiegsseite des NSP:

"Die Newsgroup rec.arts.tv.soaps.abc, auch bekannt unter dem Namen RATSA, ist eine der freundlichsten Gruppen des Internet! (Das glauben wir zumindest!). Hier im Newbie Sponsorship Program (NSP) für Fans der Serie All My Children (AMC) haben wir alle FAQs (Frequently Asked Questions) zusammengestellt, um Euch positive Erfahrungen mit RATSA zu ermöglichen. Falls durch die FAQs nicht alle Fragen beantwortet werden, kann Euch bestimmt einer unserer freundlichen Sponsoren weiterhelfen.
Wie man an einen Sponsor kommt?
Nichts einfacher als das. Falls Du Dich nach der Lektüre dieser Seiten immer noch etwas verloren fühlst, kannst Du per E-Mail einen Sponsor anfordern. Wir geleiten Dich gerne durch die RATSA-Gewässer."

Neben der Verbindung zu einem freiwilligen Helfer, der den Neuling persönlich mit den Normen der Gemeinschaft vertraut macht, bietet die Website einen Überblick über die Normen und eine Reihe weiterer Hinweise, die es erleichtern, ein akzeptables Mitglied zu werden. Die vier besonders betonten Regeln sind "lurk first" (zuerst umschauen), "use spoiler space" (Spoiler durch Leerzeilen kennzeichnen) „attack ideas, not people" (Inhalte angreifen, nicht Personen) und "get a sponsor if you need one" (bei Bedarf einen Sponsor beantragen). Es ist unmöglich abzuschätzen, inwieweit das Newbie Sponsorship Program für die Kontinuität der Freundlichkeitstradition der in r.a.t.s.a. (AMC) verantwortlich ist, es wird jedoch in den Antworten auf die Befragung mehrfach als eine der wichtigsten Neuerungen angeführt:

"Das Newbie Sponsorship Program hat viel verändert. Ich habe erlebt, wie Leute, die sich sonst überhaupt nicht gemeldet hätten, großartige Beiträge eingebracht haben." (Carine, 1998)

"Ich bin total froh, dass wir das Newbie Sponsorship Program haben. Es begrüßt die Neuen und hilft ihnen, sich zurecht zu finden. Wenn man sich einer neuen Gruppe anschließt, fühlt man sich oft hilflos und unwillkommen, wenn keiner antwortet. Hier weiß man, dass man beachtet wird, und man kann die ganzen dummen Fragen an einen netten Helfer, statt an die ganze Gruppe richten. Wir richteten eine Website für Newbies ein, und das war eine gewaltige Verbesserung, denn nun konnten Leute diese Seite abrufen und sofort Antworten auf ihre Fragen finden und sich erst später, wenn sie immer noch nicht durchblickten, an uns wenden." (Shelly, 1998)

Einerseits ist das NSP ein Beispiel für die Tradition der freundlichen Gemeinschaft in r.a.t.s.(a.). Andererseits wäre ein solches Programm früher, als die Gruppe noch kleiner war, gar nicht nötig gewesen, wie Samantha, eine 41jährige Programmiererin und langjährige Teilnehmerin darlegt:

"Damals waren wir noch eine echte Gemeinschaft. Man brauchte sich nicht mit Newbie Sponsorship, Einweisungen und ähnlichem Zeug abgeben. Man lernte die Leute durch ihre Beiträge kennen, und es gab immer jemand, der in einem Flame War zu vermitteln versuchte." (1998)

Die bloße Existenz des NSP zeigt einerseits, wie sehr diese Gemeinschaft durch ihren eigenen Erfolg bedroht ist, andererseits jedoch auch, dass sie ihre Widerstandskraft keineswegs verloren hat.
Cliquen

Das NSP veranschaulicht noch einen weiteren neuen Konflikt, außer jenem zwischen Newbies und Oldtimern, und zwar die Entstehung eines Prozesses, der von manchen als "Cliquenbildung" angesehen wird. Die bekannten Oldtimer werden von den neueren Mitgliedern häufig als exklusive Insider-Gruppe abgestempelt:

"Am wenigsten gefällt mir die Neigung von Neulingen, hasserfüllt von den 'Stamm-spielern', dem 'Status quo' usw. zu sprechen und diese Gruppe (die keiner genau definieren kann) abzulehnen, weil sie ihnen alle möglichen Regeln auferlegt." (Heather, 1998)

"Ich glaube, es ist zum großen Teil eine Gemeinschaft der langjährigen Teilnehmer. Wie ich bereits sagte, besuchen sie einander, schicken sich E-Mails und tauschen freundschaftliche Sticheleien, Rezepte und Ratschläge aus. Neue Mitglieder (die innerhalb der letzten zwei Jahre hinzugekommen sind, sowie Lurker) sind wie neue Nachbarn, die zwar höflich willkommen geheißen werden, aber immer noch auf die Einladung zur Privatparty warten." (Gloria, 1998)

Die bittere Antwort von Samantha, die seit 1992 Teilnehmerin ist, zeigt die nega-tiven Gefühle, die im Zusammenhang mit diesem Phänomen auftreten können:

"Neuerdings scheint es so, als bekämen Leute, die nicht zum inneren Kreis gehören, nur noch selten eine Antwort, wenn sie sich zeigen und tatsächlich einen Beitrag senden. Oder jemand taucht unerwartet auf und fragt, wer zum Teufel man sei, und man müsse ein Newbie sein und brauche einen Sponsor usw. Wer ein paar Monate lang keinen Beitrag mehr geschickt hat, wird behandelt, als müsse er an die Hand genommen werden oder so etwas. Es ist enttäuschend, früher hat mir wirklich sehr gut gefallen, dass die Gruppen ein Spielfeld darstellten, auf dem alle Teilnehmer gleichberechtigt waren." (1998)

Wie Heather andeutet, scheint das, was eine Gruppe zu einer Clique, oder einen Teilnehmer zum Mitglied einer solchen macht, im allgemeinen auf einer undefi-nierbaren Wahrnehmung zu beruhen. Teilnehmer beschreiben eine Reihe unter-schiedlicher Diskursformen als Beweise für die Existenz von "Cliquen". Samantas Beschreibung der Wahrnehmung, dass Teilnehmer, deren Namen man nicht kennt, Hilfe bräuchten, gehört dazu. Amanda (1998) ist mit ihrer Meinung, dass "viele Insider-Beiträge, die nur für wenige eine Bedeutung haben, die Gruppe überschwemmen", keineswegs allein. Der eindeutigste Beweis für die Existenz von Cliquen sind wahrscheinlich jedoch die Mailing-Listen nur für Eingeladene, die sich innerhalb der Newsgroup heraus gebildet haben, im öffentlichen Dis-kurs der Newsgroup jedoch verborgen bleiben.

Es besteht aber nicht nur Unsicherheit darüber, was eine Clique ausmacht, es ist ebenfalls weitgehend unklar, wer genau Mitglied einer bestimmten Clique ist, und wer nicht. Die 31jährige Bibliotheksassistentin Lydia schreibt z.B., dass sie keiner r.a.t.s.a.-Clique angehöre, obwohl diese ihr: "zumindest teilweise Respekt und Wohlwollen entgegenbringen"; sie wäre: "schon eine lange Zeit dabei und habe so viele Beiträge geschickt, dass Lurker oder Newbies den Eindruck haben könnten, ich gehöre dazu." (Lydia) Tatsächlich hat sich niemand in den Antworten selbst als Mitglied einer Clique dargestellt, auch wenn von einigen auf die Existenz dieser Cliquen hingewiesen wird. Anne könnte mit ihrer Vermutung, die Cliquen seien gar nicht so exklusiv, wie sie erscheinen, recht haben:

> "Ich habe andere von 'Cliquen' sprechen hören; ich glaube, dass spielt sich alles nur in deren Kopf ab! Oberflächlich betrachtet mag das so aussehen, in wirklichkeit trifft es jedoch nicht zu. Wenn man zu einer 'Clique' gehören will, stellt man sich einfach vor, antwortet den vermeintlichen Cliquen-Mitgliedern und schickt einen ausgefallenen Beitrag. Man kann in die Clique kommen, wenn man will!" (1998)

Tabatha, eine 43jährige Sekretärin, Teilnehmerin seit 1994, weist darauf hin, dass für einige der neueren Teilnehmer das Cliquenwesen, wenn auch aus anderen Gründen, kein Problem sei:

> "(...) gelegentlich wird die Anschuldigung vorgebracht, in Ratsa gäbe es Cliquen, und ich glaube das auch, halte es jedoch für harmlos. Wenn ein Teilnehmer Ratsa nicht einfach so nehmen kann, wie es ist, und aus Spaß mitmacht, kann ich ihn nicht respektieren und es ist mir gleichgültig, was er oder sie denkt. Hier geht es nicht um die Überarbeitung der Bill of Rights!!" (1998)

Angeben

Schließlich geht es um einen letzten neuen Konflikt innerhalb von r.a.t.s.a., nämlich die Spannungen zwischen schlau herausgestellter Individualität und Offenheit in der Gruppe. Schlauheit hatte in r.a.t.s. schon immer einen hohen Stellenwert, sowohl was ihren Unterhaltungswert für andere, als auch ihren Beitrag zur Entwicklung individueller Rollen angeht. Bei einigen besteht jedoch der Eindruck, dass diese zweite Funktion der Kreativität heute zu oft die erste überlagert, und dass manche Teilnehmer ihre Schlauheit nur für den Aufbau ihrer Rollen, und weniger zur Unterhaltung der anderen einsetzen. Einigen Teilnehmern scheint dies (nach ihren Antworten zu urteilen) nichts auszumachen, andere sind jedoch der Ansicht, das Gleichgewicht zwischen Gruppe und Individuum hätte sich zu sehr in Richtung Individuum verschoben. Selbst Anne, die am meisten Beiträge verschickt und deren Status innerhalb der Gruppe wahrscheinlich unumstrittener ist, als der aller anderen, schreibt, dass: "einige so viel kreative Ideen einbringen, dass die übrigen (z.B. ich) das Gefühl bekommen, nichts Witziges beizutragen zu haben und schließlich gar keinen Beitrag schicken" (1998). Ein weiteres langjähriges Mitglied, die 36jährige Ingenieurin Kristin, fühlt sich zwar nicht eingeschüchtert, findet dieses Verhalten jedoch abstoßend:

"Mir gefällt die Entwicklung, die r.a.t.s.a. nach der Abspaltung von r.a.t.s. genommen hat, nicht. Es gibt heute zu viel Kreativität und Beiträge, mit denen andere ausgestochen werden sollen. Ich glaube, die Leute sind zu sehr damit beschäftigt, auf sich selbst aufmerksam zu machen, anzugeben und einen Haufen Geschwätz von sich zu geben, ohne wirklich viel zu sagen." (1998)

Zusammenfassend kann gesagt werden, r.a.t.s.a. hat seine Werte und Praktiken bewahrt, es sind jedoch neue Spannungen entstanden, die diese gleichzeitig in Frage stellen und stärker zur Geltung bringen.

Der Umgang mit Veränderung

Diese weniger erfreulichen gruppendynamischen Prozesse wurden von manchen Oldtimern mit Enttäuschung aufgenommen und haben in einigen Fällen sogar zu Austritten geführt. So macht Kristin ihrer Enttäuschung über die Gruppe ausführlich Luft:

"Mir gefällt r.a.t.s.a. heute nicht mehr. Ich glaube, das einzig Versöhnliche daran ist, dass ich hier Updates bekommen kann, wenn AMC wirklich furchtbar schlecht ist, und ich Teile der Serie einfach überspringe - ich kann in r.a.t.s.a. die entsprechenden Updates bekommen und feststellen, ob ich wirklich etwas verpasst habe." (1998)

Wie Kristin ist auch Maddie, eine 42jährige Verwaltungssekretärin immer noch dabei, obwohl sie sich beschwert:

"ich wollte, es wäre noch so, wie vor vielen Jahren (...) leider ändern sich die Dinge (...) nicht immer zum besseren hin (...) unsere kleine Rats-Gemeinschaft besteht nicht mehr!" (1998)

Obwohl eine ganze Reihe von Oldtimern diese Gefühle ebenfalls ausdrückten, war ihnen anscheinend nicht bewusst, wie viele Teilnehmer denselben Eindruck hatten. Andere Oldtimer stören sich nicht daran, und können nicht verstehen, warum diese Veränderungen für manche zum Problem geworden sind (wenn ihnen das überhaupt bewusst wird). Als ich Anne erzählte, dass einige Oldtimer offenbar der Ansicht waren, es gäbe Spannungen zwischen Newbies und Oldtimern, antwortete sie:

"Aus irgendeinem Grund fühlen sich Leute aus der Gruppe durch Newbies bedroht, wie Du sagst, vor allem durch WebTV-User. Ich verstehe, wie sich die Dinge nach Ansicht anderer, älterer Ratsa-Mitglieder entwickelt haben, ich glaube jedoch, das alles ist nur aus ihrer Perspektive so, oder soll ich sagen, nur in ihrem Kopf? Sie denken, diese Leute sind ´hinter ihnen her´ und wollen ratsa, wie sie es kennen, gewaltsam umkrempeln. Ich glaube nicht, dass das stimmt, ich glaube vielmehr, das ist einfach eine Entwicklung, die eingetreten ist, sei sie nun gut oder schlecht oder keines von beidem. Ich habe nichts gegen WebTV-User (ich habe wohl wirklich gelernt, mich nicht gegen den Wind zu stellen); ich überspringe die Hälfte der Beiträge, wenn sie HTML-Code oder auch nur Spoiler Space enthalten. In meinem Leben gibt es heute Wichtigeres! Wenn Leute von ratsa *so stark* in Anspruch genommen sind, frage ich mich, was wohl sonst in ihrem Leben passiert. Was mich selbst angeht, so sind diese Zeiten vorbei. Ich glaube auch, dass vor allem den älteren, in ihrem Verhalten festgelegten Teilnehmern, die Art und Weise nicht gefällt, wie das Internet gewachsen ist, mit wahnsinniger Geschwindigkeit. Ich habe mich gerade in der Gemeinde der Internet-User umgehört. Sie ist riesig und wird von Sekunde zu Sekunde größer. Ich glaube, "Oldtimer" sehen es wie im wirklichen Leben aus ihrer Perspektive und wollen, dass es so bleibt." (1998)

Lisa schien sogar regelrecht überrascht zu sein, dass Oldtimer r.a.t.s. heute für schlechter halten als früher:

"Es ist interessant, dass in den meisten Antworten gesagt wird, ratsa hätte sich zum schlechten hin entwickelt. Lesen diese Teilnehmer die Beiträge überhaupt noch? Ich hätte zu Beginn der Umstellung vielleicht das gleiche gesagt, aber heute, nachdem ratsa bereits einige Jahre in dieser Form besteht, denke ich nicht mehr so. Vielleicht hatte es einfach etwas mit den Anfangsschwierigkeiten einer Gemeinschaft zu tun." (1998)

Während Anne, Lisa, Samantha, Maddie, Kristin und viele andere Oldtimer r.a.t.s.a. treu geblieben sind, haben andere die Gruppe aufgrund dieser Spannungen letztendlich verlassen. Joan, die 1992 noch mit am meisten Beiträge geschickt hatte, gibt ihre Gründe für das Verlassen der Gruppe an. Ich zitiere ausführlich, da hier Themen zusammengefaßt werden, die in den Antworten sowohl der Ausgetretenen als auch der unzufrieden gebliebenen immer wieder zur Sprache kamen:

"Vor zwei oder drei Jahren hörte ich aus verschiedenen Gründen schließlich auf. Der erste Grund war wahrscheinlich, dass es keinen Spaß mehr machte. (...) Ich glaube nicht, dass die Gruppe nach der großen Internet-Explosion (...) als alle die AOLer und anderen Online gingen, noch einmal das wird, was sie einmal war. Es waren einfach zu viele Leute da, die nur nehmen, nehmen, NEHMEN wollten, ohne jemals zu geben. Und als die Gruppe einmal gespalten war, gab es kein zurück mehr. Die Leute wurden plötzlich viel zu ernst. Zu viele Regeln wurden eingeführt. Zu viele Leute waren zu leicht verletzt, oder gingen zu schnell hoch, wenn jemand nicht ihrer Meinung war.

Und dann ist da noch SPAM. Es wurde einfach zu mühsam, Beiträge zu schicken, da man sofort auf 15 idiotische Mailing-Listen gesetzt wurde, von 'Werden-Sie-reich'-Schneeballsystemen bis zu 'heiße Girls'-Bilderlieferanten. Wer will sich schon mit diesem ganzen Zeug beschäftigen? Ich bekomme sogar heute noch Spam-Mail an E-Mail-Adressen geschickt, die ich seit 4 oder 5 Jahren nicht mehr benutzt habe." (1998)

Neben dem Spaßverlust und Spam (Massenwerbung, die direkt an die aus Usenet-Beiträgen kopierten E-Mail-Adressen geschickt wird) waren andere Austrittsgründe Verlust des Zugangs durch Arbeitsplatzwechsel, Zeitmangel oder strengere Kontrolle der Internet-Nutzung am Arbeitsplatz.

Vom Dorf zur Stadt

Ist r.a.t.s.a. heute noch die Gemeinschaft, die sie früher anscheinend war? Zum größten Teil kann dies mit 'ja' beantwortet werden. Die meisten Traditionen haben überdauert, ebenso der Prozes der Traditionsbildung, viele Oldtimer sind immer noch Mitglied, das Interesse an der Soap Opera und aneinander besteht nach wie vor. Wie Tabatha über die FAQ-Liste der Gruppe schreibt:

"Die FAQ-Liste beschreibt, welche Art von Gemeinschaft ratsa zum Zeitpunkt der Entstehung dieser Liste vermutlich sein wollte, d.h. Ideen angreifen, nicht Personen, Trolls nicht beachten, Meinungen respektieren, auch wenn sie nicht mit Deinen eigenen übereinstimmen, usw.. Ratsa ist diesen Grundsätzen wirklich treu geblieben, und ich glaube, der Begriff Gemeinschaft ist immer noch zutreffend." (1998)

Lark, eine 43jährige Assistentin aus dem Bereich Telekommunikationsforschung, und eine der ersten noch aktiven Mitglieder pflichtet dem bei, weist jedoch darauf hin, dass der Größenzuwachs auch Nachteile mit sich bringt:

"Es gibt Regeln, geschriebene und ungeschriebene, wie man sich in der 'Öffentlichkeit' in Ratsa benimmt. Die Leute lernen, mit ihren Nachbarn zu leben und sich anzupassen. Sie rufen die Ratsa-Polizei, wenn sich jemand daneben benimmt, bilden Empfangskomitees für Neulinge und Komitees für spezielle Projekte (wie das Ratsa-Jahrbuch). Es gibt Interessenverbände, z.B. BABE für Banding Against Brooke English (Verband gegen Brooke English [von AMC]). Es gibt sogar Gemeinschaftstheater (FACs). Die Gruppe ist wie ein riesiger Kaffeeklatsch. Durch die Ausdehnung des Ratsa-Einzugsbereichs kommt es immer häufiger zu Staus. Ich vermisse plötzlich Leute, die "weggezogen" sind." (1998)

Außer Staus gibt es in r.a.t.s.a. weitere neue Belastungen, mit denen sich r.a.t.s. noch nicht auseinander setzen musste, darunter Personen, die: "in der Newsgroup auftauchen, nur um die anderen zu provozieren und zu ärgern" (Lexine, 1998), "Personen, die über Jahre hinweg mit der Gruppe im Clinch zu liegen scheinen" (Louie, 1998), (zumindest scheinbar) exklusive Cliquen und überhandnehmender Individualismus. In fast allen Antworten der Befragten kommt zum Ausdruck, dass der Begriff der "Gemeinschaft" die Selbstwahrnehmung der Gruppe immer noch bestimmt, allerdings ist es eine komplexere Gemeinschaft als früher. So wie ehemalige Kleinstädte von wachsenden Metropolen verschluckt werden, mit allem, was dazugehört, wie Staus und Konflikte zwischen rivalisierenden Gruppen, findet in Internet-Gemeinschaften wie r.a.t.s. ein Prozess der Urbanisierung statt. Um es mit den Worten von Ariel (1998), die seit Beginn der 90er Jahre Mitglied von r.a.t.s.(a.) ist, zu sagen: "Es ist immer weniger wie mein 'Heimatdorf' und wird immer mehr wie ein 'Großstadtdschungel'!"

Literatur

R. Adams, o.J.: Total traffic through uunet for the last 2 weeks. news.lists

N. K. Baym, 1993: Interpreting soap operas and creating community: Inside a computer-mediated fan culture, in: Journal of Folklore Research, 30/2, 3. S. 143-176.

N. K. Baym, 1995: The Performance of Humor in Computer-Mediated Communication, in: Journal of Computer-Mediated Communication. Online: http://shum.huji.ac.il/jcmc/jcmc.html

N. K. Baym, 1996: Agreement and Disagreement in a Computer-Mediated Group, in: Research on Language and Social Interaction, 29. S. 315-346.

N. K. Baym, 1998: The Emergence of On-line Community, In St. G. Jones (Hrsg.): Cybersociety 2.0:Revisiting Computer-Mediated Communication and Community. New Delhi, London, Thousand Oaks, CA. S. 35-68.

P. Bourdieu, 1990: Thelogic of practice. Stanford, CA.

L. Cherny, 1995: The MUD register: Conversational modes of action in a text-based virtual reality. Unveröffentlichte Dissertation. Stanford, Palo Alto, CA.

B. A. Connery, 1997: IMHO: Authority and egalitarian rhetoric in the virtual coffeehouse, in: D. Porter (Hrsg.): Internet Culture. London, New York. S. 161-180.

Erol's, 1997: Usenet Statistics (16/09/1997-17/09/1997). Online: http://thereisnocabal. news.erols.com/feedinfo

S. Griffin, persönliche Korrespondenz vom 14. Mai 1998.

W. F. Hanks, 1996: Language and communicative practices. Boulder, Co.

M. Ito, 1997: Virtually embodied: The reality of fantasy in a multi-user dungeon, in: D. Porter (Hrsg.): Internet Culture. London, New York. S. 87-110.

St. G. Jones, 1995: Cybersociety: Computer-mediated community and communication. New Dehli, London, Thousand Oaks, CA.

St. G. Jones, 1998: Cybersociety 2.0: Revisiting Computer-Mediated Communication and Community. New Delhi, London, Thousand Oaks, CA.

D. Myers, 1987: A New Environment for Communication Play: On-Line Play, in: G. A. Fine (Hrsg): Meaningful Play, Playful Meaning. Champaign, IL. S. 231-245.

S. B. Ortner, 1984: Theory in anthropology since the sixties, in: Comparative studies in society and history, 26/1. S. 126-166.

D. Porter, 1997: Internet Culture. London, New York.

E. M. Reid, 1995: Virtual worlds: Culture and imagination, in St. G. Jones (Hrsg.): Cybersociety: Computer-mediated communication and community. New Delhi, London, Thousand Oaks, CA. S. 164-183.

H. Rheingold, 1993: Virtual Communities. Reading, MA.

Ch. J. Stivale, 1997: Spam: Heteroglossia and harassment in cyberspace, in D. Porter (Hrsg.): Internet Culture. London, New York. S. 133-144.

M. Tepper, 1997: Usenet communities and the cultural politics of information, in: D. Porter (Hrsg.): Internet Culture. London, New York. S.39-54.

Tile.net., 1997: Newsgroup descriptions. Online: http://tile.net/news

Übersetzt von Marianne Brosche

Soziale Normen in virtuellen Gruppen
Eine empirische Analyse ausgewählter Chat-Channels

Nicola Döring und Alexander Schestag

Es sind keine verbindlichen Regeln, aber man muss sich darüber im Klaren sein, was man bei Verstößen gegen diesen lockeren Kodex zu erwarten hat. (#linux.de)

Wer Operator-Status hat, dessen Pflicht ist es, im Channel für Ruhe und Ordnung zu sorgen. (#flirt.de)

Einleitung

Welche Rolle spielen soziale Normen, wenn Menschen sich computervermittelt zu Gruppen zusammenschließen? Manche kritisieren, dass in Computernetzwerken *Anomie* vorherrschend sei: Die Beteiligten befinden sich im Schutze physischer Distanz, ja sie sind sogar dem Blick ihrer Mitmenschen entzogen. Sie können vollkommen anonym bleiben und für ihr Fehlverhalten kaum zur Rechenschaft gezogen werden, denn per Tastendruck oder Mausklick ist es ihnen jederzeit möglich, beim kleinsten Konflikt in ein anderes virtuelles Forum zu wechseln. Oberflächliche, unverbindliche Schein-Beziehungen und Pseudo-Gemeinschaften, in denen antisoziale Verhaltensweisen an der Tagesordnung sind, wären aus dieser Perspektive das Resultat der computervermittelten Kommunikation. Andere dagegen loben, dass in Computernetzwerken gerade die Orientierung an jenen sozialen Normen besonders stark ausgeprägt sei, die *humane Werte* konkretisieren: Egalität und Pluralität, Eigeninitiative und Hilfsbereitschaft, Selbstoffenbarung und Empathie prägen die von idealistischen, polyglotten Pionieren hervorgebrachte Netzkultur, in die neue Nutzergenerationen hineinsozialisiert werden. Enge Freundschaften und identitätsstiftende soziale Gemeinschaften, die nicht selten auch aus dem Netzkontext heraus expandieren, wären aus dieser Sicht eine typische Folge der computervermittelten Kommunikation.

Wer sich längere Zeit in Computernetzwerken bewegt, steht katastrophierenden Bemerkungen über die Beschaffenheit virtueller Sozialität ebenso gelassen gegenüber wie glorifizierenden: Wir haben uns über feindseliges und unverschämtes Verhalten anderer Netznutzer schon gewaltig geärgert und waren sicher, dass sich ein vergleichbarer Vorfall face-to-face niemals ereignet hätte. Wir haben uns jedoch auch schon mit zahlreichen beruflichen und privaten Anliegen an Netzforen gewandt und waren überwältigt von der Großzügigkeit

und Zuvorkommenheit fremder Menschen, die wir außerhalb des Netzes überhaupt nicht erreicht hätten. Wir sind überstürzt zum Rechner geeilt, um Zusammenkünfte auf einem Chat-Channel nicht zu versäumen, und wir sind weite
Strecken gefahren, um Netzbekanntschaften persönlich zu treffen. Wir haben
uns jedoch auch schon bei diversen Netzforen, ohne besondere innere oder
äußere Beteiligung, ganz nach Belieben an- und abgemeldet. Zu vielfältig sind
die *sozialen Rahmenbedingungen* der computervermittelten Individual- und
Gruppen-Kommunikation, als dass im Verhalten und Erleben der Beteiligten
pauschal und technikdeterministisch von verringerter oder verstärkter Normorientierung, bzw. gelockertem oder gefestigtem zwischenmenschlichem Zusammenhalt auszugehen wäre (Reid, 1991).

Das *Chatten* ist eine zeitgleiche Form der computervermittelten Textkommunikation: Die Tastatureingaben der Chattenden erscheinen unmittelbar (d.h.
mit minimaler übertragungsbedingter Verzögerung) auf den Monitoren der
anderen Beteiligten (Beißwenger, 2001). Zum Chatten gehört also eine gewisse
Virtuosität im schnellen Lesen, Verstehen, Formulieren und Tippen. Besondere
sprachliche Konventionen (z.B. Akronyme, Emoticons, Aktionswörter, Actions)
sollen dazu beitragen, dass das Chatten als Schreib-Lese-Kommunikation
ebenso lebendig wie schnell ablaufen kann (Döring, 2003[2]: 88ff.). Als per Tastatur getipptes Gespräch, bzw. als verbalisierte Interaktion kann das Chatten zwischen zwei Personen oder auch in einer Gruppe stattfinden, wobei ganz unterschiedliche Gesprächssequenzen zustande kommen (Debatin, 1997). Typischerweise versammeln sich Chatterinnen und Chatter in öffentlichen oder teil-öffentlichen *Chat-Foren*, um dort alte Bekannte zu treffen und neue Leute kennen
zu lernen. Ein persönlicherer Austausch findet dagegen meist hinter den Kulissen statt - per *privatem Chat*. Personen, die ihren Arbeitstag mit Computertätigkeiten verbringen, nutzen das Chatten zuweilen als Hintergrundmedium; für
andere ist es dagegen eine dezidierte Freizeitaktivität, der sie in den Nachmittags-, Abend- oder Nachtstunden, zu Hause oder in einem Internet-Café nachgehen. Neben den reinen *Text-Chats* existieren im Internet auch *Grafik-Chats*
und *Video-Chats* (Döring, 2003[2]: 94f.; 97f.), bei denen der textbasierte Austausch
in einer grafischen 3D-Umgebung stattfindet bzw. durch eine Audio- und/oder
Video-Übertragung ergänzt wird. Vermutlich können diese stärker bildlich orientierten Chat-Dienste die herkömmlichen, rein schriftsprachlichen Chat-Dienste
nicht ersetzen, sondern werden sie im Sinne funktioneller Differenzierung
ergänzen.

Chat-Channels sind die traditionsreichsten Chat-Foren im Internet. Sie werden mit dem größten, nicht-kommerziellen Chat-Dienst realisiert - dem 1988 in
Finnland entwickelten *IRC* (Internet Relay Chat). Der *IRC-Dienst* bietet den Nut-

zerinnen und Nutzern vielfältige Gestaltungsspielräume bei der Gründung und Verwaltung von Chat-Channels und Privat-Chats, erfordert dafür jedoch auch einigen Lernaufwand und die Installation eines speziellen IRC-Client (O.c.: 83ff.). *Chat-Rooms* im WWW (World Wide Web) dagegen können mit den herkömmlichen WWW-Browsern genutzt werden; ihre leichte Handhabung ist jedoch durch eine erhebliche Einschränkung der Gestaltungs- und Kommunikationsmöglichkeiten erkauft (O.c.: 91ff.). Der IRC-Dienst ist gemäß der ursprünglichen Internet-Philosophie ein dezentraler Dienst. Er wird von Freiwilligen aufrechterhalten, die in verschiedenen IRC-Netzwerken als *IRC-Operators* (kurz: Opers) die Verbindungen zwischen den IRC-Servern pflegen, die als *IRC-Admins* einzelne IRC-Server administrieren und/oder als *Channel-Operators* (kurz: Chanops oder Ops) einzelne Channels verwalten.

Wer im IRC chatten möchte, muss auf dem eigenen Rechner einen IRC-Client installiert haben (z.B. Windows: mIRC oder Pirch; Apple MacOS: Ircle; Unix: ircII; Amiga: AmIRC etc.), über einen Internet-Zugang verfügen, sich für einen Spitznamen (*Nickname*, kurz: Nick) entscheiden und dann ein IRC-Netzwerk anwählen (z.B. Efnet, IRCnet, Undernet, Dalnet). In Europa wählt man typischerweise das *IRCnet* und loggt sich auf einem geografisch möglichst nahe gelegenen Server ein (in Deutschland z.B. <irc.fu-berlin.de> oder <irc.uni-stuttgart.de>). Mit dem Kommando /JOIN lässt sich im IRC-Netzwerk nun sowohl ein neuer Channel gründen, als auch ein bestehender betreten (zur Erläuterung der wichtigsten IRC-Kommandos siehe Seidler, 1999). Auf einem selbstgegründeten Channel hat man automatisch selbst Operator-Status, auf bereits bestehenden Channels kann man ihn unter bestimmten Bedingungen von den dort etablierten Operators verliehen bekommen. In der Teilnehmer-Liste eines Channels sind die Ops immer ganz oben aufgelistet und tragen ein @-Zeichen vor dem Nickname.

Waren 1992 weltweit zu jeder Tages- und Nachtzeit nur rund eintausend Personen in den verschiedenen IRC-Netzwerken eingeloggt, so sind es heute Hunderttausende.

Der vorliegende Beitrag erklärt am Beispiel der Chat-Channels im IRC, dass und wie Netzforen von virtuellen Gruppen als Territorien genutzt werden (Abschnitt 1). Anhand einer Auswahl von n = 12 deutschsprachigen Chat-Channels im IRCnet (Abschnitt 2) wird dann analysiert, welche expliziten Verhaltensregeln sich die Beteiligten auferlegen (Abschnitt 3), und wie sie mit sozialen und technischen Sanktionsmethoden wechselseitige Verhaltenskontrolle beim Chatten ausüben (Abschnitt 4).

1. Chat-Channels als Territorien virtueller Gruppen

Was sind virtuelle Gruppen (1.1)? Inwiefern haben die virtuellen Foren, in denen sie sich zusammenfinden, territorialen Charakter (1.2)? Wie werden wir zum Mitglied einer virtuellen Gruppe (1.3)? Können wir dabei anonym bleiben (1.4)? Was bindet uns an virtuelle Gruppen (1.5)?

1.1 Virtuelle Gruppen

Wenn sich Personen regelmäßig in einem bestimmten computervermittelten Forum miteinander austauschen, dabei Zusammengehörigkeit empfinden, gemeinsame Ziele verfolgen, Aufgabenteilung und Rollendifferenzierung vollziehen und sowohl den Zugang zur Gruppe, als auch das Verhalten innerhalb der Gruppe Regeln unterwerfen, sprechen wir von einer *virtuellen Gruppe* (Döring, 2003[2]: 501.ff.). "Virtuell" an einer virtuellen Gruppe ist also nur die Tatsache, dass die Gruppenmitglieder sich computervermittelt (d.h. in einem Netzforum) kennenlernen und sich vorwiegend - aber nicht ausschließlich - computervermittelt miteinander austauschen. Ansonsten gelten für virtuelle Gruppen dieselben Definitions-Kriterien wie für herkömmliche soziale Gruppen, die primär auf face-to-face Kontakten basieren (zum sozialpsychologischen Gruppen-Konzept siehe Sader, 1996: 39).

Während die virtuelle Gruppe also eine Anzahl von Personen mit spezifischer sozialer Praxis darstellt, ist unter einem *virtuellen Forum* oder *Netzforum* eine technische Infrastruktur zu verstehen, die computervermittelte Kommunikation zwischen mehreren Personen ermöglicht. Netzforen können zeitgleiche oder zeitversetzte Kommunikation unterstützen und sind nach dem Netzwerk-Dienst zu unterscheiden, in dem sie realisiert werden (O.c.: 37ff.): Asynchrone Foren sind etwa Mailinglisten (E-Mail-Dienst), Newsgroups (News-Dienst) und NewsBoards (WWW-Dienst). Synchrone Foren sind Chat-Rooms (WWW-Dienst), Chat-Channels (IRC-Dienst) und MUDs (Multi-User Domains, die über den Telnet-Dienst zugänglich sind). Nicht zu jedem Netzforum gehört auch eine virtuelle Gruppe: Manche Netzforen befinden sich noch in der Rekrutierungsphase. Andere Netzforen werden von Personen frequentiert, die untereinander ein *virtuelles soziales Netzwerk* bilden, indem sie Ressourcen austauschen, ohne dass dabei Gruppenkohäsion entsteht (z.B. die Newsgroup <de.newusers.questions> oder die Mailingliste Sozialarbeit <diskurs@forum.sozialarbeit.de>). Wieder andere Netzforen sind der Kristallisationspunkt *virtueller Gemeinschaften* mit großem aktiven Mitgliederkreis, enormer Zeitstabilität und vielfältigsten Kultivierungsleistungen (z.B. das MUD LambdaMOO). In diesem Beitrag werden nur Foren betrachtet, deren Mitgliederkreis als virtuelle Gruppe aufzufassen ist (O.c.: 489ff.).

Inhaltlich charakterisierend für virtuelle Foren ist jeweils ein *thematischer Fokus*, der am Namen des Forums abzulesen ist: So heißt eine deutschsprachige Newsgroup, die sich mit wissenschaftlicher Psychologie beschäftigt <de.sci.psychologie>, während ein polnischsprachiger Chat-Channel, der sich der Techno-Musik widmet, den Namen <#techno.pl> trägt. Mit dem /LIST-Befehl und seinen Optionen kann man sich die im gewählten IRC-Netzwerk gerade existierenden Channels mitsamt ihrem Namen, ihrer aktuellen Besucherzahl, sowie ihrem aktuellen Topic vollständig oder – wegen der großen Channel-Zahl empfehlenswerter – in Ausschnitten anzeigen lassen. Tippen wir etwa den Befehl "/LIST -min 10 *.de" ein, so erhalten wir eine Liste aller Chat-Channels mit Namens-Endung ".de", die zum Zeitpunkt der Anfrage mindestens 10 Besucherinnen und Besucher aufweisen (siehe Abb. 1).

Abb. 1 Teilmenge deutschsprachiger Chat-Channels im IRCnet (31. März 1999, 8:56 Uhr)

/LIST -min 10 *.de

#bdsm.de	10 (‾`·._(‾`·._(‾`·._ Wir begrüßen den jungen Morgen _·‾) _·‾)_·‾)
#debian.de	10 Blinder: msit
#flirt.de	38 http://www.homepages.de/home/ukeer/icafe.html (InternetcafeListe)
#gaysm.de	12 Wizzard hat heute Purzeltag
#linux.de	41 fnord!
#love.de	14 Alferl hat huet Burzeltach! ...alles Gute von Riven :))
#mp3.de	27 CP Infos: www.mppm.de	Kommt ein Frosch ins Milchgeschäft...	
#politik.de	10 http://www.yahoo.de/schlagzeilen/politik/kosovo.html
#sex.de	20 it must be #sex.de!!! the only great one in Germany!!!
#sexpics.de	27 Pics with girls under 18 and animalsex STRICTLY FORBIDDEN!
#techno.de	11 s o u n d t r o p o l i s

An den Channel-Namen lassen sich inhaltliche Foki ablesen wie etwa Lebensstil, Flirt, Computer, Politik, Sex oder Musik. Das Channel-Topic, das von den Channel-Operators gesetzt und im Laufe eines Tages des öfteren gewechselt wird, dient zur Verbreitung ganz unterschiedlicher Informationen: Geburtstagswünsche werden übermittelt (#gaysm.de: "Wizzard hat heute Purzeltag"), realweltliche Bezüge hergestellt (#bdsm.de: "Wir begrüßen den jungen Morgen"), Nutzungsregeln annonciert (#sexpics.de: "Pics with girls under 18 and animalsex STRICTLY FORBIDDEN!") oder Channel-Parties angekündigt (#mp3.de: "CP Infos: www.mppm.de"). Manche Topics sind für Außenstehende auch schlichtweg unverständlich (z.B. #debian.de: "Blinder: msit").

1.2 Virtuelle Territorien

Belebte Foren dienen den Mitgliedern der jeweils ansässigen virtuellen Gruppen nicht nur als austauschbare Treffpunkte, sondern sie werden als *virtuelle Territorien* aufgefasst, gestaltet und verteidigt: Der Zugang zum virtuellen Forum kann technisch begrenzt werden, etwa indem man nur ausgewählten Personen Zutritt gewährt, die maximale Teilnehmerzahl festlegt, unerwünschte Personen gezielt aus dem Forum ausschließt, oder die Partizipationsmöglichkeiten von Neulingen durch einen dezidierten Gast-Status technisch einschränkt. Auf Chat-Channels haben die Channel-Operators die Möglichkeit, einzelne Personen aus dem Channel zu werfen (Kick) und ihnen auch über mehr oder minder lange Zeitspannen hinweg die Rückkehr auf den Channel zu verwehren (Ban). Channel-Operators haben also quasi das Hausrecht im Channel, bei dessen Ausübung sie sich an sozialen Normen orientieren bzw. orientieren sollten. So wird erwartet, dass der Channel-Öffentlichkeit zu jedem Kick oder Ban eine plausible, bzw. regelkonforme Begründung geliefert wird (vgl. für eine solche Begründung Abb. 4 in Abschnitt 1.3). Zuverlässige Stamm-Mitglieder (*Regulars*) dürfen damit rechnen, von den bereits etablierten Channel-Operators nach einer gewissen Bewährungszeit ebenfalls Operator-Status verliehen zu bekommen. Entstehen massive Konflikte zwischen den Operators eines Channels, so wandert in der Regel ein Teil der virtuellen Gruppe ab und gründet einen neuen Channel (z.B. die Neugründung von #Amiga.de aufgrund von Konflikten auf #AmigaGER).

Der territoriale Charakter von Chat-Foren impliziert nicht nur eine sichere Verortung der virtuellen Gruppe, sondern auch Vulnerabilität gegenüber Eroberung und Vertreibung. Und tatsächlich ist der *Channel-Takeover* Realität. Beim Takeover wird allen aktuellen Channel-Operators eines Channels der Operator-Status entzogen, so dass nur noch die Eroberer Operator-Status haben, was sie z.B. dazu nutzen, den Zugang zum Channel zu schließen (Channel-Mode: "Invite only"). Damit ist die virtuelle Gruppe dann heimatlos geworden. Typischerweise werden sich die Gruppenmitglieder auf einem vorläufigen (namensähnlichen) Ersatz-Channel zusammenfinden und dort abwarten, bis der Channel wieder freigegeben oder mittels Gegen-Takeover zurückerobert ist. Gemäß Territorialitäts-Prinzip ist es verpönt, dass IRC-Operators sich in Channel-Angelegenheiten einmischen, so dass von ihrer Seite im Falle eines Takeover keine große Hilfe für die vertriebene virtuelle Gruppe zu erwarten ist.

Als Schutz gegen Takeovers setzen zunehmend mehr Channels mittlerweile sogenannte Robots (Bots) ein. *Bots* sind Programme, die wie eigenständige User im IRC-Netz agieren und Operator-Funktionen ausführen können. Indem etwa die Vergabe von Operator-Rechten dem Bot überlassen wird, der strikt nach einer definierten Personenliste vorgeht, kann verhindert werden, dass versehentlich oder unvorsichtig Personen 'geoppt' werden, die gar nicht zur virtuellen Gruppe gehören und vielleicht sogar einen Takeover planen. Die Verbreitung von Bots hat großen Einfluß auf die Struktur virtueller Gruppen im IRC, denn im Umgang mit den Bots sind neue, in sich hierarchisch geordnete Netzämter entstanden (Bot-Owner, Bot-Master, Bot-Admin), über die Status und Macht in virtuellen Gruppen vermittelt werden. Neben ihrer *regulativen Funktion* (Op-Vergabe, Kicks und Bans bei definiertem Fehlverhalten im Channel) bieten Bots in der Regel auch *Service-Funktionen* für die virtuelle Gruppe. So kann man sich anzeigen lassen, wann ein bestimmtes Mitglied der virtuellen Gruppe zuletzt auf dem Channel oder im IRC-Netzwerk gewesen ist (Last Seen), oder welche Gruppenmitglieder im Channel die meisten Texteingaben machen (Top Talkers). In die Top Talkers aufzurücken bedeutet einen Zugewinn an Status, zumal einige Channels die entsprechenden Statistiken auch auf ihrer Channel-Homepage publizieren (z.B. #flirtcafe, #rostock). Schließlich sind über die Bots im IRC auch neue virtuelle Kommunikationsforen quer zur Struktur der Channels entstanden. Denn einige Bots verwalten mehrere Channels und tauschen sich zudem mit anderen Bots in sogenannten Bot-Netzwerken (*Botnets*) aus. Personen, die auf demselben Bot eingeloggt sind, können also über die Channel-Grenzen hinweg miteinander kommunizieren, bzw. über sogenannte Partylines auch diejenigen erreichen, die auf anderen (zum selben Botnet gehörenden) Bots eingeloggt sind. Die Kommunikationsstrukturen auf dem IRC sind mit der Popularisierung der Bots und Botnets also sehr viel komplexer geworden.

1.3 Gruppen-Mitgliedschaft

Der *Teilnehmerkreis* eines öffentlichen virtuellen Forums gliedert sich typischerweise in a) einen Kernbereich von Stamm-Mitgliedern und Funktionsträgern, b) ein Mittelfeld von Personen, die sich mit mäßiger Häufigkeit und Intensität beteiligen und c) eine fluktuierende Peripherie von Neulingen und Zufallsgästen (Debatin, 1997). Wer sich gerade eben in eine Mailingliste eingetragen (subskribiert) hat, oder einen Chat-Channel erstmalig betritt, ist damit weder im eigenen Empfinden, noch in der Wahrnehmung der jeweiligen Stamm-Mitglieder selbst bereits ein *Mitglied* der virtuellen Gruppe geworden, die dieses Forum nutzt. Vielmehr sorgen erst regelmäßige Teilnahme, das Kennenlernen und Befolgen der gruppenspezifischen Normen, das Liefern konstruktiver Beiträge und vertiefte Kontakte zu anderen Mitgliedern dafür, dass man vom Outsider zum Insider wird. Es ist also keinesfalls so, dass ein öffentlich zugänglicher virtueller Treffpunkt uns unmittelbar "virtuelle Gemeinschaft" bietet. Vielmehr müssen Zeit und Engagement investiert werden. Unsere Kompetenz und Vertrauenswürdigkeit sind unter Beweis zu stellen, Sympathie und Ansehen zu erringen, um zu der das jeweilige Netzforum kontrollierenden virtuellen Gruppe dazuzugehören. Mangelnde technische und soziale Fertigkeiten führen rasch zu einer Außenseiter-Position, wenn wir nicht gewillt oder in der Lage sind, dazuzulernen.

Als peripher Beteiligte können wir neugierig und zwanglos von Forum zu Forum springen, ohne uns rechtfertigen, ja sogar ohne uns verabschieden oder vorstellen zu müssen. Eine solche *periphere Teilnahme* kann im Einzelfall instruktiv oder unterhaltsam sein. Ein zu schnelles und häufiges Channel-Wechseln ist jedoch als *Channel-Hopping* verpönt und auf manchen IRC-Servern sogar verboten. Zudem wird es in der Regel bald als langweilig empfunden: Man merkt, dass man in einem beliebigen Chat-Forum nicht wirklich mitreden kann. Während die Stamm-Mitglieder des Forums einander enthusiastisch und liebevoll begrüßen bzw. sich aufgrund von Animositäten angreifen oder demonstrativ ignorieren, sich gegenseitig Operator-Status verleihen, den neuesten Klatsch austauschen, Anfragen beantworten, Insider-Witze reißen und sich in ausgedehnte Privat-Konversationen hinter den Kulissen zurückziehen, bekommen erstmals, oder nur sporadisch Vorbeischauende deutlich zu spüren, dass sie noch nicht, oder nicht mehr dazugehören. Für sie ist in erster Linie belangloser Small Talk oder eine schwer nachvollziehbare Insider-Diskussion wahrnehmbar, sie erhalten kaum Aufmerksamkeit oder Zuwendung, ihre Äußerungen bleiben oft unerwidert, vielleicht werden sie wegen versehentlicher Normverletzungen sogar angegriffen. Entweder ziehen sich Zaungäste also bald wieder zurück, oder sie entwickeln Interesse, sich in die Gruppe zu integrieren, wobei sie auch das Risiko eingehen, abgelehnt oder ausgegrenzt zu werden, obwohl sie Anschluss finden möchten. Abbildung 2 zeigt, wie unterschiedlich dieselben 10 Minuten des 18. März 1999 für einen Neuling und einen Regular auf dem Channel #flirtcafe verlaufen. Während die Anwesenheit des Neulings auf dem von mehr als 100 Personen besuchten Channel keinerlei Resonanz auslöst, stehen beim Auftauchen des Regulars stürmische Begrüßungen, ein ritualisiertes Knuddeln und Zurück-Knuddeln (Reknuddel) sowie der Erhalt des Operator-Status ("+o") durch den Bot *Amor* an. (Aus dem Logfile sind jeweils nur die Äußerungen extrahiert, die von den beiden Fokuspersonen selbst stammen, oder an sie adressiert sind.) (Abb. 2 siehe nächste Seite)

Abb. 2 Neuling und Regular betreten zur selben Zeit den Channel #flirtcafe (18. März 1999)

Person mit dem Nickname *ranger* betritt #flirtcafe

[17:23] *** Joins: ranger (~abek@rusxppp147.rus.uni-stuttgart.de)
[17:32] <ranger> wer hat lust mit mir zu chatten?
[17:33] *** Parts: ranger (~abek@rusxppp147.rus.uni-stuttgart.de) (ranger)

Person mit dem Nickname *Bril-li* betritt #flirtcafe

[17:24] *** Joins: Bril-li (~jenny@194.182.170.215)
[17:24] <Bril-li> guten tach
[17:25] *** Amor sets mode: +o Bril-li
[17:25] <Bril-li> merci
[17:29] <Bril-li> evaaaaaaaaaaaaaaaaaaaaa
[17:31] <Bril-li> evaaaaaaaaaa
[17:31] <Bril-li> *knuddeliiiii*
[17:31] <Eva_work> brilli, meinst du mich???
[17:32] <Bril-li> ja eva meine dich
[17:32] <Eva_work> aha...;o)
[17:32] <Eva_work> na dann...
[17:32] <Eva_work> *reeeeeeeeeeeeknuddellllllllllllllllliiiiiiiiiiiiiiiiiiii*
[17:32] <Eva_work> *ggg*
[17:32] <Bril-li> eva ich bin es jenny, menno
[17:32] <Eva_work> jjjjjjjjjjjeeeeeeeeeeeennnnnnnnnnnnnnnnnnyyyyyyyyyyyyyyyyyyyyyyyyyyyyyyyy
[17:32] <Eva_work> *lol*
[17:32] <Eva_work> *nochmalknuddeeeeeeeeeeeeeeeeellllllllllllllllllllllllllllll*
[17:32] <Eva_work> ;o)
[17:32] <Eva_work> na wie geht es denn meiner lieben???
[17:33] <Eva_work> lange nicht gesehen..;o)
[17:33] <MrB> jennnnnyyyyyy????
[17:33] <MrB> Eva_work wo jenny????
[17:33] <Eva_work> BRILLI = JENNY....;o)
[17:33] <MrB> ahhh Bril-li :)))
[17:33] <Bril-li> MrB hier bin ich
[17:33] <Bril-li> *g*
[17:34] <MrB> Bril-li *knudddäääääällllllllllldiichhhhhh*
[17:34] <Bril-li> *Reknuddeli*

Unter den Neulingen und Zufallsgästen befindet sich die kleine Sondergruppe derjenigen, die ganz bewusst provozieren oder stören. Obwohl (oder gerade weil) *Störenfriede* meist sofort sozial und/oder technisch sanktioniert werden (vgl. Abschnitt 4.1), verharren sie mehr oder minder lange in ihrer Rolle. Abbildung 3 (nächste Seite) zeigt, wie eine Person im Channel #flirtcafe allein durch die Wahl ihres Nickname provoziert und daraufhin sanktioniert wird: Zu beob-

achten sind ein wiederholter Channel-Verweis per Kick durch drei Channel-Operators ("kicked"), und einen auf einem Bot eingeloggten Voice-User
("!k") und schließlich ein dauerhafter Channel-Verweis per Ban durch einen
Channel-Operator ("mode +b), wobei jedes Mal als *Begründung der Sanktions-
maßnahme* der Nickname angesprochen wird. Binnen drei Minuten haben auf
dem stark von Jugendlichen frequentierten Channel #flirtcafe also fünf Personen
negativ sanktionierend auf eine Nick-Wahl reagiert, die in diversen anderen (insbesondere in sexualbezogenen) Channels wie etwa #sex.de problemlos akzeptiert würde.

**Abb. 3 Provozierendes Verhalten auf dem Channel #flirtcafe und Sanktionierung
(18. März 1999)**

Person mit dem Nick *geilerER* betritt #flirtcafe

[17:06] *** Joins: geilerER (PC8@pc8.inet-cafe.de)
[17:06] *** geilerER was kicked by Froggy (Change nickname please!!!!!)
[17:07] *** Joins: geilerER (PC8@pc8.inet-cafe.de)
[17:08] *** geilerER was kicked by Froggy (Change nickname please!!!!!)
[17:08] *** Joins: geilerER (PC8@pc8.inet-cafe.de)
[17:08] *** geilerER was kicked by elbe (und tschüss - nickchange)
[17:08] *** Joins: geilerER (PC8@pc8.inet-cafe.de)
[17:08] <geilerER> wolltest doch geil mit mir flirten?
[17:09] <Li-Gong> !k geilerER hör auf das was elbe sagt
[17:09] *** angelique sets mode: +b geilerER!*PC8@pc8.inet-cafe.de
[17:09] *** geilerER was kicked by Twenty (NICKCHANGE)

1.4 Identifizierbarkeit

Das Erkennen, Wiedererkennen und Sanktionieren von Personen im IRC setzt
Identifizierbarkeit voraus. Identifizierbar sind Personen im IRC durch den selbstgewählten *Nickname*, der immer sichtbar, aber nutzerseitig jederzeit veränder-
bar ist, sowie durch die Rechneradresse (Hostmask), die technisch vorgegeben
und nutzerseitig nur mit illegalen Mitteln modifizierbar ist (IP-Spoofing; IP = Internet Protocol). Mit dem /WHOIS-Kommando kann man im IRC-Netzwerk als
Zusatzinformationen zu einem Nickname unter anderem die Hostmask abrufen
(siehe Abb. 4 nächste Seite).

Abb. 4 Allgemein verfügbare Informationen über einen IRC-Benutzer

/WHOIS Oswald

*** Oswald is ~oswald@duplox.wz-berlin.de (Kai Seidler)
*** on channels: @#olymp
*** on irc via server fu-berlin.de (Freie Universitaet Berlin, Germany)
*** Oswald is away: essen...
*** Oswald is an IRC Operator
*** Oswald has been idle 37 minutes 58 seconds.

Diese Angaben sind folgendermaßen zu lesen (Seidler, 1999a): Hinter dem Nickname Oswald verbirgt sich der Benutzer oswald vom Rechner duplox.wz-berlin.de, wahrscheinlicher (nutzerseitig eingegebener) Name Kai Seidler. Er ist Channel-Operator (darauf deutet das: @-Zeichen hin) auf dem Channel #olymp und benutzt den IRC-Server der Freien Universität Berlin: fu-berlin.de. Zudem ist er IRC-Operator. Er ist als abwesend markiert mit dem Kommentar "essen..." und hat seit knapp 38 Minuten nichts mehr im IRC gesagt.

Typischerweise wählen engagierte Chatterinnen und Chatter immer denselben Nick, da sie dadurch für andere Personen im IRC wiedererkennbar und kontaktierbar sind. Wer viel chattet, gibt den eigenen Nick auch in der Signature von E-Mails oder auf der persönlichen Homepage an. Es gilt innerhalb virtueller Gruppen als gravierende Norm-Verletzung, den angestammten Nickname einer anderen Person zu verwenden (sog. *Nick Fake*). Im IRC-Netzwerk Undernet und auch in einigen Chat-Foren von CompuServe wird ein Passwort-Schutz für Nicknames angeboten. Da im IRCnet Nicknames nicht technisch geschützt sind, kommt es hier manchmal auch zu versehentlichem Gebrauch angestammter Nicks. Die daraus resultierenden Verwechslungen lassen sich freilich sofort aufklären, wenn die Beteiligten keine Täuschungsabsichten haben. Ist bei einer face-to-face Begegnung der erste Eindruck, den wir von einer Person gewinnen, durch "Masken" wie Kleidung, Schmuck, Statur oder Frisur bestimmt, so ist es beim Chatten der Nickname, der unmittelbar unsere Aufmerksamkeit wecken, durch seine Konnotationen Interesse, Neugier oder Abwehr erzeugen kann.

Möchten Sie mit bq1432 sprechen oder mit Eva_work, mit MrB, Malte14 oder mit @Hope, mit Calamity, badboy, @wildgirl, biker, Hallo, Lionheart, suppe, LoveMe oder @Soldier? Nicknames sind also Requisiten der Selbstdarstellung, sie können Persönlichkeitsaspekte, Hobbies und Befindlichkeiten anklingen lassen oder auch eine Verlegenheitswahl darstellen. Zudem werden im IRC über das Operator-Zeichen vor dem Nick Status und Insidertum kommuniziert.

Die oft gehörte Aussage, beim Chatten seien die Beteiligten "anonym", ist zu differenzieren: Die Mitgliedschaft in einer virtuellen Gruppe *erfordert* die Benutzung eines festen Nickname, der Wiedererkennbarkeit sicherstellt (Debatin, 1997; Reid, 1991). Diese Pseudonymität *erlaubt* eine Entkopplung des Verhaltens im IRC vom sonstigen Alltag. So kann eine Person regelmäßig mit demselben Nick an einem explizit sexualbezogenen Chat-Channel teilnehmen und in die dort ansässige Gruppe integriert sein, ohne dass bekannt sein muss, wo diese Person lebt, wie sie heißt, wie sie aussieht und welchen Beruf sie ausübt. Eine solche *potentielle* Entkopplung der Kommunikation im Netz vom sonstigen Alltag führt in der Regel nicht zu beliebiger Maskerade, sondern gerade zu verstärkter Offenheit und Authentizität (Döring, 2003²: 325ff.). Dies betrifft insbesondere den Ausdruck jener Selbst-Aspekte, die individuell und/oder kollektiv als heikel betrachtet werden (zur Bedeutung selbstgewählter Anonymität und Pseudonymität im Netz für einen konstruktiven Umgang mit marginalisierten sexuellen Verhaltensweisen und Identitäten siehe z.B. Dittmann, Limberg, Siegle, Wütherich, 1998; Döring, 2000a; McKenna, Bargh, 1998; Shaw, 1997). In den meisten Fällen geben Stamm-Mitglieder virtueller Gruppen jedoch die Pseudonymität auf und tauschen mit anderen Gruppenmitgliedern mehr oder minder intime Informationen über ihr Leben außerhalb des Netzes aus. Die Personen im Kernbereich einer virtuellen Gruppe kennen sich üblicherweise auch persönlich, sei es über Channel-Stammtische und Channel-Parties oder über private Treffen und Besuche. Bei persönlicher Bekanntschaft hat die Nick-Verwendung nur noch expressive Funktion und nichts mit Anonymität oder Pseudonymität zu tun.

Vornehmlich im Zusammenhang mit Sanktionsmaßnahmen relevant ist die Identifizierbarkeit einer Person über ihre via /WHOIS-Kommando abrufbare Rechneradresse. So kann Fehlverhalten damit geahndet werden, dass anhand der Rechneradresse der Zugang zum Channel (Ban) oder zum gesamten IRC-Netzwerk (Kill) temporär oder dauerhaft gesperrt wird. Diese Sanktionen sind nur zu umgehen, indem die Person sich einen neuen Netzzugang verschafft, was unter Umständen sehr aufwändig ist. Bei strafrechtlich relevantem Verhalten kann über die Rechneradresse in vielen Fällen auch die Person ausfindig gemacht werden, die den jeweiligen Account besitzt.

1.5 Gruppen-Bindung

Ist die Integration in die virtuelle Gruppe gelungen, so haben wir teil an den gemeinsamen Aktivitäten, wir haben einen Überblick über die Gruppenstruktur gewonnen, neue Bekanntschaften und Freundschaften geknüpft, durch unsere humorvollen, freundlichen oder fachlich fundierten Beiträge einen gewissen Status erlangt, oder sogar offizielle Funktionen und damit auch Verantwortung für die Gruppe übernommen. Daher sind wir nun keineswegs geneigt, beim kleinsten Konflikt in ein anderes virtuelles Forum zu wechseln und damit eine gerade errungene und gratifikationsreiche *soziale Integration* einfach aufzugeben, die wir an anderer Stelle erst wieder mühsam aufbauen müssten. In eine virtuelle Gruppen integriert zu sein, kann schließlich eine ganze Reihe sozialer Bedürfnisse befriedigen: Wir finden Gesellschaft, knüpfen Bekanntschaften, Freundschaften und manchmal auch Partnerschaften. Wir können Netzämter übernehmen und Macht ausüben. Wir können anderen Mitgliedern, insbesondere Neulingen, Unterstützung zukommen lassen. Wir können unsere Fertigkeiten demonstrieren und uns dabei mit anderen messen. Wir können unseren beruflichen oder Freizeitinteressen nachgehen, Teilaspekte unserer Persönlichkeit weiterentwickeln, flirten, uns entspannen oder von Problemen Abstand gewinnen usw.. Diesen konstruktiven Funktionen der Beteiligung an virtuellen Gruppen stehen freilich auch mögliche Negativkonsequenzen gegenüber: Wir können beispielsweise in heftige Streits oder emotional belastende Beziehungen verwickelt werden oder auf Kosten anderer Lebensbereiche einfach zu viel Zeit mit Netzaktivitäten verbringen (zum Sucht-Potential des Chattens siehe Zimmerl, Panosch, Masser, 1998).

Um den Gruppenzusammenhalt zu fördern, greifen virtuelle Gruppen, die sich in einem bestimmten Forum eines Netz-Dienstes gebildet haben, ergänzend auf andere Netz-Dienste zurück: So können über eine Channel-eigene Mailingliste oder WWW-Site Hinweise und Werkzeuge zur gemeinsamen Aufgabenbewältigung ebenso verteilt werden, wie Informationen über den persönlichen Hintergrund der einzelnen Gruppenmitglieder. Virtuelle Gruppen finden sich zudem außerhalb des Netzes zu Stammtischen oder Channel-Parties zusammen (Seidler, 1994) und nutzen darüber hinaus Briefpost, Telefax und Telefon. Während Netzforen als technische Infrastrukturen Anonymität, Optionalität und Offenheit bieten, treffen die ein Netzforum nutzenden virtuellen Gruppen dezidierte Vorkehrungen, um Identifizierbarkeit, Verbindlichkeit und Geschlossenheit herzustellen. Typischerweise sind auf einer Channel Homepage Stamm-Mitglieder namentlich aufgelistet, meist sogar mit einem kleinen persönlichen Steckbrief (Postadresse, E-mail-Adresse, persönliche Homepage, Geburtstag, Hobbies, Beruf, Foto etc.). Zudem sind auf der Channel-Homepage wichtige Verweise auf andere Internet-Seiten und Programme zum Herunterladen ebenso zu finden, wie Berichte und Fotos zurückliegender face-to-face Treffen und Ankündigungen bevorstehender Channel-Parties. Auch Protokolle denkwürdiger Ereignisse auf dem Channel, Zitate von einzelnen Nutzerinnen und Nutzern sowie Verhaltensregeln fehlen nicht (für eine Liste von IRC-Channels mit Homepages siehe http://www.funet.fi/~irc/channels.html).

Der Zusammenhalt einer Gruppe und die Bindung der Mitglieder an ihre Gruppe werden durch enge, belohnende Beziehungen zwischen den einzelnen Gruppenmitgliedern gestärkt. Wenn diese interpersonalen Bindungen Hauptmotiv der Gruppenmitgliedschaft sind, sprechen wir von *Common-Bond-Groups* (Beispiel: Stammtisch). Differenzen und Konflikte zwischen Mitgliedern würden hier den Zusammenhalt unmittelbar gefährden. Demgegenüber ist bei *Common-Identity-Groups* die Bindung an eine kollektive Gruppen-Identität, die sich etwa über eine spezifische gemeinsame Aktivität (z.B. Chor) oder eine geteilte soziale Kategorie (z.B. Frauengruppe) konstituiert, ausschlaggebender für die Gruppenteilnahme (Döring, 2003[2]: 497; 546). Ist die betreffende Aktivität oder Kategorie wichtiger Bestandteil des eigenen Lebens, so wird die Gruppen-Mitgliedschaft über lange Zeit aufrechterhalten und durch Unstimmigkeiten mit anderen Gruppenmitgliedern nicht so leicht in Frage gestellt. Sind virtuelle Gruppen, die sich auf Chat-Channels zusammenfinden, eher als Common-Bond-Groups oder eher als Common-Identity-Groups aufzufassen?

Chat-Channels lassen sich nach ihren inhaltlichen Foki gruppieren (vgl. Abschnitt 1.1), die als solche eine mehr oder minder exklusive kollektive Identität und eine mehr oder minder spezifische kollektive Tätigkeit nahelegen: Während etwa die Attraktivität eines Flirt-Channels wie #flirt.de vornehmlich über die Attraktivität der dort anzutreffenden Personen vermittelt wird (z.B. adäquate Altersgruppe, ähnliche Freizeitinteressen, passende sexuelle Orientierung), und es sich beim Plaudern und Flirten um eine eher unspezifische Tätigkeit handelt (*Off-Topic Channel*), bietet ein computerbezogener Channel wie #linux.de spezifischen technischen Support, der in dieser Form an anderer Stelle kaum zu finden ist (*On-Topic Channel*) und im wesentlichen auf der Computerkompetenz der Mitglieder, nicht aber ihren sonstigen Personenmerkmalen, basiert. Sassenberg (2002) konnte in einer Online-Fragebogen-Studie (n = 94; systematische Auswahl) zeigen, dass sich virtuelle Gruppen auf den berücksichtigten Off-Topic-Channels eher als Common-Bond-Groups und virtuelle Gruppen auf den berücksichtigten On-Topic-Channels eher als Common-Identity-Groups auffassen lassen (siehe Tabelle 1 für die exemplarische Kategorisierung von 15 Channels, nächste Seite).

Tab. 1 Kategorisierung von Chat-Channels

On-Topic-Channels	Off-Topic-Channels
Fokus: Computer - #linux.de - #Amiga.Ger - #warez.de - #warez.ger - #ccc	*Fokus: Stadt* - #berlin - #bremen - #goettingen - #goe.net - #hamburg
Fokus: Musik - #mp3.de - #mp3.ger	*Fokus: Gespräch* - #talk.de - #germany
	Fokus: Flirt - #flirt.de

Dass sich die für face-to-face Gruppen nachgewiesene Unterscheidung zwischen Common-Bond- und Common-Interest-Groups (z.B. Prentice, Miller, Lightdale, 1994) an virtuellen Gruppen replizieren lässt, liefert weitere Evidenz gegen die technikdeterministische Vorstellung von einer computerbedingten Zerstörung sozialer Bindungsprozesse. Allerdings ist im Auge zu behalten, dass die Einteilung von Chat-Channels in ein dichotomes off-topic-/on-topic-Kategoriensystem eben nur *eine* mögliche Strukturierung darstellt, und die Grenzen zwischen Common-Bond- und Common-Interest-Groups auch bei face-to-face Gruppen fließend sind. Da virtuelle Gruppen oft als *homogene* Sonderkategorie von face-to-face Gruppen abgegrenzt werden, ist es beim aktuellen Stand der Forschung zu virtuellen Gruppen wünschenswert, gerade auch die Heterogenität virtueller Gruppen in verschiedenen Dimensionen herauszuarbeiten, weshalb wir in unserer bewusst gegenstandsnahen Betrachtung die IRC-Channels durch ihre Foki kennzeichnen.

2. Die empirische Analyse der Chat-Channels

Welche Merkmale haben die für die Analyse ausgewählten Chat-Channels (2.1)? Wie wurden Normen-bezogene Daten für die Channels, bzw. für die sie nutzenden virtuellen Gruppen gewonnen (2.2)? Welche ethischen Probleme treten bei der netzinternen, nonreaktiven Datenerhebung auf (2.3)?

2.1 Merkmale der ausgewählten Chat-Channels

Für die vorliegende Analyse haben wir n = 12 gut etablierte deutschsprachige Chat-Channels im IRCnet ausgewählt, denen jeweils eine virtuelle Gruppe zuzuordnen ist (siehe Tab. 2). In der systematischen Stichprobe sind sechs besonders beliebte inhaltliche Foki (Flirt, Computer, Lebensstil, Stadt, Gespräch, Alter) mit jeweils zwei Channels repräsentiert. Die unter "Lebensstil" aufgeführten Chat-Channels #gblf.de (gblf: gays bis lesbians and friends) und #bdsm.de (bdsm: bondage/discipline, dominance/submission, sadism/masochism) widmen sich sexuellen Orientierungen und Lebensweisen. Sie intendieren im Unterschied zu den explizit sexualbezogenen Channels (z.B. #sexpics.de, #sex.de) nicht sexuelle Stimulation oder Kontaktsuche, sondern primär einen Meinungs- und Erfahrungsaustausch, der teilweise sogar den Charakter von Selbsthilfe annimmt (Döring, 2000b) - was natürlich nicht ausschließt, dass sich auf diesen Channels auch erotisch-sexuelle Kontakte und Beziehungen ergeben. Da die Channel-Kategorien nicht überschneidungsfrei sind, haben wir auch einen bifokalen Channel aufgenommen, der sowohl lebensstil- als auch altersbezogen ist (#gblf-teens) und hier in der Kategorie "Alter" aufgeführt wird.

Tab. 2 Merkmale der ausgewählten Chat-Channels (n = 12 / Stand: April 1999)

Channel	Homepage	Regulars	Bestehen (Jahre)	Nutzer (pro Tag)
Flirt				
1. #flirt.de	http://www.irc-flirt.de/	Masters, Ops	6	172
2. #flirtcafe	http://flirt.oft.de/	Stammflirter	2	119
Computer				
3. #linux.de	http://channel.linux.de/	Einwohner	1	50
4. #AmigaGER	http://faq.amigager.de/ amigager.html	People frequently online	7	20
Lebensstil				
5. #gblf.de	http://www.maximum.de/ gblf.de	Nicknames	6	16
6. #bdsm.de	http://www.in.tu-clausthal.de/ ˜fthies/bdsm*de/	Nicknames	3	16
Stadt				
7. #berlin	http://home.pages.de/ ˜berlin/	Die Leute auf #Berlin	5	30
8. #rostock	http://www.irc-rostock.de	members	5	8

**Fortsetzung Tab. 2 Merkmale der ausgewählten Chat-Channels
(n = 12 / Stand: April 1999)**

Channel	Homepage	Regulars	Bestehen (Jahre)	Nutzer (pro Tag)
Gespräch				
9. #talk.de	http://talk.de.home.pages.de/	Userlist	2	12
10. #germany	http://www.is-bremen.de/ ~irc/germany/	Härtefälle auf #germany	11	28
Alter				
11. #38plus-de	http://www.uni-paderborn.de/ ~38plus-de/	Wer ist dabei?	2	8
12. #gblf-teens	http://www.valbon.ch/ gblf-teens/	Who is Who?	3	19
Summe			53	498
Mittelwert			4,4	41,5

Die bisherige Bestandsdauer der Channels, bzw. der sie frequentierenden virtuellen Gruppen rangiert zwischen knapp 2 Jahren und 11 Jahren (das Gründungsjahr haben wir in einigen Fällen der Channel-Homepage entnommen, meistens aber bei Stamm-Mitgliedern per Chat oder Email erfragt, was gewisse Ungenauigkeiten impliziert). Als Indikatoren der Gruppenhaftigkeit des Channel-Teilnehmerkreises ziehen wir die Existenz einer Channel-Homepage, sowie die dort vorgenommene Publikation einer Liste mit Regulars heran. Die Regular-Listen tragen unterschiedliche Überschriften (z.B. "Einwohner" oder "Who is Who?") und enthalten typischerweise zu jedem angegebenen Nickname auch den realen Namen, die Email-Adresse, den Verweis zur persönlichen Homepage, sowie ein Foto - allerdings sind diese Listen nicht immer auf dem neuesten Stand. Auf keiner einzigen Homepage der 12 ausgewählten Channels fehlen Fotos, seien es Portraits der Stamm-Mitglieder oder Gruppenbilder von Channel-Parties. Der Gruppenzusammenhalt kommt auch darin zum Ausdruck, dass das letzte face-to-face Treffen der Gruppenmitglieder (sei es ein Stammtisch oder eine Channel-Party) oft nur wenige Wochen oder Monate zurückliegt und das nächste Treffen nicht selten bereits auf der Homepage angekündigt wird. Zwei Drittel der Channels verfügen ergänzend über ein asynchrones Kommunikations-Forum, sei es eine Mailingliste (#flirt.de, #flirtcafe, #bdsm.de, #berlin, #gblf-teens), eine Mailingliste plus WWW-Archiv (#germany), oder ein Newsboard auf der Channel-Homepage (#gblf.de, #38plus-de).

Die Besucherfrequenz der zwölf ausgewählten Chat-Channels schwankt zwischen durchschnittlich 8 (#38-plus.de) und 172 (#flirt.de) Personen pro Tag: Über 24 Stunden hinweg haben wir im zweistündigen Takt bei allen Channels die aktuelle Zahl der Besucherinnen und Besucher abgerufen und diese über den Tagesverlauf schwankenden Besucherzahlen dann gemittelt. Die so ermittelten Verhältnisse stimmen mit den Frequentierungs-Rangreihen für deutschsprachige Chat-Channels überein, die Seidler (2003) an der Freien Universität Berlin stündlich computergestützt erstellt.

2.2 Datenerhebung

Zur Untersuchung der sozialen Normen der ausgewählten virtuellen Gruppen ziehen wir zum einen die expliziten *Regelwerke* heran, die auf den Channel-Homepages zu finden sind. (Den Channel-Homepages entnahmen wir darüber hinaus weitere Informationen über die jeweiligen Gruppen, wie z.B. die Anzahl der Stamm-Mitglieder.) Da Channel-Homepages mehr oder minder regelmäßig aktualisiert werden, ist es wichtig festzuhalten, dass die den WWW-Seiten entnommenen Daten auf dem Stand von Mai 1999 sind. Um die praktische Umsetzung der expliziten Regeln zu analysieren und implizite Regeln zu extrahieren, haben wir zum anderen das Geschehen auf allen 12 Channels im Februar und März 1999 jeweils eine Stunde lang teilnehmend beobachtet und protokolliert (*Logfile-Recording*). In den Channel-eigenen Mailinglisten sowie in der Newsgroup <de.comm.chatsystems> haben wir ergänzend einige Diskussionen über Verhaltenskontrolle und Macht mitverfolgt. Da wir selbst seit rund viereinhalb Jahren unter anderem im IRCnet chatten, ergänzen persönliche Chat-Erfahrungen die systematische Daten-Erhebung. Sowohl die systematische (d.h. nicht-zufällige) Auswahl der Channels, als auch die Auswahl der Beobachtungszeitpunkte für die Logfiles (Einzelbeobachtungen anstelle von Zeitstichproben) kennzeichnen unsere Untersuchung als *explorative Studie*.

2.3 Ethische Probleme

Die nonreaktive Erhebung von Kommunikations-Daten im Internet ist eine besonders ökonomische und ökologisch valide Form der Datenerhebung, die jedoch mit ethischen Problemen behaftet ist (vgl. Döring, 2003[2]: 236ff.). Kernproblem ist dabei die Tatsache, dass Grenzen zwischen Privatheit und Öffentlichkeit in den meisten Netzkontexten bis heute Gegenstand äußerst kontroverser Diskurse sind. So wird im einen Extrem sowohl von Beteiligten als auch von Außenstehenden behauptet, jegliche nicht-geschlossene Gruppen-Kommunikation im Netz sei grundsätzlich öffentlich und stünde damit qua implizitem Einverständnis allen Interessierten zur Dokumentation und Analyse frei zur Verfügung wie das etwa bei Fernseh-Talkshows oder Podiums-Diskussionen auf politischen Veranstaltungen der Fall ist. Bei der Gegenposition wird proklamiert, dass Netzforen eben gerade nicht eine disperse, breite Öffentlichkeit adressieren, sondern einen internen Austausch vollziehen, der sich nur an die aktuell Beteiligten richtet. Eine verdeckte Protokollierung von Gruppen-Interaktionen im Netz wäre also etwa gleichzusetzen mit dem heimlichen Aufzeichnen einer Tischrunde in einem Lokal und käme damit einer unethischen Verletzung der Privatsphäre gleich.

Wir plädieren dafür, der Heterogenität von Netzkontexten und Forschungsinteressen dadurch Rechnung zu tragen, dass anstelle einer Orientierung an pauschalen Richtlinien jeweils im Einzelfall ethische Probleme bedacht und offengelegt werden. Im vorliegenden Fall haben wir zwecks Überprüfbarkeit und Replizierbarkeit unserer Studie die untersuchten Chat-Channels namentlich aufgeführt und die im WWW publizierten Homepages als frei zugängliches Material betrachtet und ausgewertet. Die Analyse der Logfiles läuft auf summarische Kennwerte oder Beschreibungen hinaus, die keinerlei Rückschlüsse auf einzelne Personen ermöglichen. Wo wir illustrierende Zitate aus den Logfiles nutzen, haben wir zwecks Anonymisierung die Nicknames und Hostmasks aller beteiligten Personen - nicht jedoch der Bots - verändert. Zitate aus asynchronen Diskussionsforen (NewsBoard, Newsgroup) publizieren wir mit Datum aber ohne Namens-Nennung; somit sind die Autorinnen und Autoren nur für diejenigen identifizierbar, die über die notwendige Kompetenz und Motivation verfügen, die entsprechenden Netzforen selbst zu lesen. Wir hoffen, auf diese Weise den Privatheits-Ansprüchen der unwissentlich involvierten Chatterinnen und Chatter zu genügen, ohne auf unsere nonreaktive Forschungsstrategie verzichten zu müssen, die schließlich dazu beitragen will, die kulturellen Leistungen der Chat-Szene besser zu verstehen. Als Chat-Aktive haben wir keine Schwierigkeiten mit der Vorstellung, selbst in der hier beschriebenen Weise zu Forschungsobjekten gemacht zu werden. Vielleicht ist das ja sogar schon der Fall gewesen.

3. Die expliziten Verhaltensregeln der Chat-Channels

In welchem Verhältnis stehen die Regelwerke einzelner Chat-Channels zur vielzitierten Netiquette (3.1)? Wie viele Regeln werden von den ausgewählten Chat-Channels vorgegeben (3.2)? Wie wird der Regelungsbedarf begründet (3.3)? Welche Inhalte haben die Regeln (3.4) und inwiefern sind sie gruppenspezifisch (3.5)? Wie kommt die Diskursivität der Regeln in den Regelwerken zum Ausdruck (3.6)?

3.1 Die Regelwerke

Unter *Netiquette* versteht man die Netz-Etikette, also die expliziten Regeln für korrektes Verhalten im Netz. Es ist jedoch ungenau, von "der" Netiquette zu sprechen. Denn wir treffen in unterschiedlichen Computernetzwerken (z.B. Mailbox-Netze, Online-Dienste, Intranets, Internet), in unterschiedlichen Diensten innerhalb eines Netzes (z.B. Mailinglisten, Newsgroups und Chat-Channels im Internet), sowie in unterschiedlichen Foren eines Dienstes (z.B. Chat-Channel #linux.de versus Chat-Channel #flirt.de) teilweise auf ganz unterschiedliche explizite und implizite Normen für adäquates Kommunikationsverhalten (Djordjevic, 1996). Virtuelle Gruppen, die Chat-Channels nutzen, explizieren häufig einen Teil ihrer sozialen Normen in dezidierten *Regelwerken*, die sie auf der Channel-Homepage publizieren, meist unter der Überschrift "Regeln", "Frequently Asked Questions" (FAQ) oder "Netiquette". Typischerweise sind es besonders engagierte Regulars aus dem Kernbereich der virtuellen Gruppe, die sich um die Pflege der Channel-Homepage kümmern und die in diesem Zusammenhang auch die Regelwerke ausformulieren, wobei sie sich auf einen mehr oder minder ausgeprägten Gruppenkonsens stützen.

Bei den Chat-Rooms im WWW, die häufig von kommerziellen Anbietern kostenlos betrieben werden (z.B. Web-Chat der Frauenzeitschrift Amica oder des Fernsehsenders RTL), hat sich anstelle von Chat-Regeln eher der Begriff *Chatiquette* eingebürgert. Da Web-Chats den Nutzerinnen und Nutzern weniger technischen Gestaltungsspielraum bieten, dominieren in den unterschiedlichen Chatiquetten soziale Regeln. Häufig anzutreffen sind allgemeine Appelle zu respektvollem, höflichem und freundlichem Verhalten, die in diesem Umfang und Detailreichtum in den Regelwerken der untersuchten IRC-Channels nicht auftauchen (Döring, 2001).

3.2 Die Anzahl der Regeln

Von den ausgewählten n = 12 Chat-Channels werden im Durchschnitt 11 Regeln vorgegeben, die im Mittel mit 619 Wörtern ausformuliert sind (siehe Tab. 3, nächste Seite). Bei der Zählung der Wörter wurden nur die Regeln selbst, nicht jedoch zusätzliche Erläuterungen berücksichtigt (Zusammenhang zwischen Regelzahl und Wörterzahl: Kendalls tau = .87, p<.001). Auffällig ist die starke Variationsbreite, die vom völligen Verzicht auf explizite Regeln bei vier Channels, bis zu mehrseitigen Ausführungen reicht. Wodurch sind diese Unterschiede erklärbar? Obwohl es naheliegend ist, dass ein Channel umso mehr Regelungsbedarf hat, je mehr Besucherinnen und Besucher er zählt und je kürzer er besteht (weniger Gelegenheit zur informellen Sozialisierung von Neulingen), zeigte sich kein überzufälliger positiver monotoner Zusammenhang zwischen durchschnittlicher Besucherzahl und Anzahl der explizierten Regeln (Kendalls tau = .13, einseitige p = .29). Hinsichtlich der Bestehenszeit ergab sich anstelle des erwarteten negativen ein tendenziell positiver Zusammenhang (Kendalls tau = .35, einseitige p = .07): Gerade von den in den letzten 2-3 Jahren gegründeten Channels verzichten viele auf die Explikation von Regeln (#flirtcafe, #38-plus.de, #gblf-teens), während traditionsreiche Channels wie #germany und #AmigaGER die umfangreichsten Regelwerke präsentieren. Das umfangreiche Regelwerk von #linux.de (einjähriges Bestehen) lässt sich wohl darauf zurückführen, dass es sich bei diesem Channel um die jüngste Abspaltung des traditionsreichen Channels #LinuxGER handelt (analog präsentiert auch #Amiga.de, der sich vor wenigen Monaten von #AmigaGER abgespalten hat, ein recht umfangreiches Regelwerk). Die auf traditionsreichen Channels ansässigen virtuellen Gruppen haben zwar bessere Gelegenheit, Neulinge informell in die Channel-Regeln zu sozialisieren, sie werden im Laufe der Zeit jedoch auch öfter mit Normen-Diskursen konfrontiert, was womöglich zur Verschriftlichung der Regeln Anlass gibt.

Tab. 3 Anzahl der Verhaltensregeln der ausgewählten Chat-Channels

Channel	Benennung	Weitere Bezeichnungen	Regeln (Anzahl)	Regeln (Worte)
Flirt				
1. #flirt.de	Netiquette	Netiquette, Regeln	16	476
2. #flirtcafe	–		0	0
Computer				
3. #linux.de	FAQ	Empfehlungen, Tips, lockerer Kodex	15	901
4. #AmigaGER	FAQ		32	2970
Lebensstil				
5. #gblf.de	–		0	0
6. #bdsm.de	Regeln	"Was nicht erwünscht ist"	20	753
Stadt				
7. #berlin	FAQ	Verhaltensregeln, Ratschläge	7	241
8. #rostock	Regeln	Regeln	10	155
Gespräch				
9. #talk.de	Regeln	Gebote	9	397
10. #germany	Regeln	Spielregeln, Benimmregeln	23	1539
Alter				
11. #38plus-de	–		0	0
12. #gblf-teens	–		0	0
Summe			132	7432
Mittelwert			11,0	619,3

3.3 Die Begründung der Regeln

Dass die Regeln keine "Schikane" darstellen, sondern allen Beteiligten ein unge-
störtes Chatten ermöglichen sollen, wird in fünf der acht Regelwerke betont
(#flirt.de, #AmigaGER, #berlin, #talk.de, #germany). In ihrer Selbstreflexivität und
Überspitzung besonders anschaulich ist dabei die Begründung von #talk.de:

> "Jeder von uns hat sich bestimmt mal über irgendwelche Gesetze, Regeln oder
> Gebote aufgeregt, einige Male bestimmt auch zurecht! Die Channel-Gebote sind
> nicht böse gemeint und sollen auch niemanden vergraulen! Sie dienen einem besse-
> rem Miteinander im Channel! Wir können ja mal ein Gedankenspiel mit einem
> Channel ohne Regeln machen !
> O.K. Du betrittst den Channel und wirst mit "Hallo Arschloch" begrüßt. Alle 20
> Sekunden schreibt jemand den Satz: "/me sucht Frau zum Ficken!". Alle 30 Sekun-
> den werden dir URLs von Sexpages an den Kopf geschmissen. Von 30 Minuten im
> Channel, verbringst du 10 Minuten mit Warten da wieder irgend jemand den Chan-
> nel gefloodet hat. Unter deinen 10 geöffneten Querys sind 8 Mass-Messages usw.
> usw.
> Mal ehrlich! Hast du immer noch Null Bock auf Regeln ??? Alle Gebote haben ihren
> Sinn und sorgen dafür, dass jeder im Channel mehr Fun hat ! Probier's doch einfach
> mal aus und komm in unseren Channel ! Wir freuen uns schon ! *g*" (aus den Regeln
> von #talk.de)

3.4 Die Inhalte der Regeln

Betrachtet man nun die konkreten Regeln, so lassen diese sich zu vier universa-
len *Meta-Regeln* zusammenfassen (siehe Tab. 4, nächste Seite), die diverse Verhaltensweisen im IRC verbieten, die sich:

1. gegen die Gesellschaft als Ganzes,
2. gegen das IRC-Netzwerk,
3. gegen den einzelnen Chat-Channel oder
4. gegen das Individuum

richten bzw. diese vier Systeme beeinträchtigen.

Spezifische Regeln, die nur von einzelnen virtuellen Gruppen formuliert werden
(vgl. Abschnitt 3.5), ergänzen die vier allgemeinen Meta-Regeln. Bei den
angekündigten Sanktionen dominieren die von den Channel-Operators oder
Bots vollzogenen Kicks und Bans, Verweise auf soziale Sanktionierung (#Amiga-
GER: "Deshalb sollte klar sein, dass solche Äußerungen einige *bissige Kommentare* provozieren werden", #linux.de: "Wer sich weigert Anleitungen zu lesen

wird ignoriert!") sind äußerst selten. Für besonders gravierende Normverletzungen (v.a. solche auf der Ebene der Gesellschaft oder des IRC-Netzwerkes) werden neben dem Channel-Ban auch die Benachrichtigung von IRC-Operators, der Ausschluss aus dem IRC-Netzwerk (Kill) und/oder strafrechtliche Verfolgung angedroht.

Tab. 4 Inhalte der Verhaltensregeln der ausgewählten Chat-Channels

Meta-Regel	Beispiel-Regeln	Zitat	Anteile
Gesellschaft Keinen rechtswidrigen Aktivitäten mit Hilfe des IRC-Dienstes nachgehen.	- kein Rassismus - kein Sexismus - kein Antisemitismus - keine Nazi-Parolen - keine illegalen Pornos	Leute, die auf #preeteen oder #kidsexpics [Kinderpornographie, Anmerk. d. Verf.] und ähnlichen Channels sind, haben mit einem permanenten Ban zu rechnen - und evt. mit einer Anzeige, wenn ein OP mal den Channel auf solche Leute überprüft! (#flirt.de)	11 Regeln (8%) 5 Chans
IRC-Netzwerk Keine unnötige Netzlast im IRC-Netzwerk erzeugen und IRC-Server nicht destabilisieren.	- keine häufigen Mode- oder Topic-Wechsel - keine Warscripts - keine kommerzielle Werbung (WerbeBots, Spams)	Es sollte jedem klar sein, daß unnötig häufige topic-Änderungen das Netz belasten und deshalb unterbleiben sollten. (#Germany)	16 Regeln (12%) 4 Chans
Chat-Channel Keine Störungen der Channel-Kommunikation herbeiführen oder zulassen.	- keine unleserlichen, unnötigen oder überauffälligen Textströme im Channel erzeugen (z.B. Farb-Codes, Floods, Auto-Greetings, Capslock) - keine Unterminierung der Gruppen-Hierachie (z.B. Op-Vergabe nach Sympathie) - keine kollektiven technischen Angriffe oder Gefährdungen (z.B. Takeover, Idling) - kein Verbreiten unangenehmer Stimmung (z.B. Fäkalsprache, kollektive Beleidigungen)	Nicht aus Sympathie OPs verteilen! Schon gar nicht, wenn gebettelt wird. OPs sollten nur an Stammchatter oder sehr vertrauenswürdige User verteilt werden, für deren korrektes Verhalten man sich auch verbürgen würde. Einige Takeovers in naher Vergangenheit haben uns gezeigt, daß einige User zu leichtfertig mit den OPs umgehen. Auf diesem Wege Grüße aus Hamburg, Nürnberg und Estland. (#rostock)	61 Regeln (46%) 8 Chans

Fortsetzung Tab. 4 Inhalte der Verhaltensregeln in den ausgewählten Chat-Channels

Meta-Regel	Beispiel-Regeln	Zitat	Anteile
Individuum Keine Beeinträchtigung einzelner Chatterinnen und Chatter verursachen.	- keine technischen Angriffe (z.B. Nukes, Spaß-Kicks, Viren) - keine verbalen Angriffe (z.B. unerwünschte Anmache) - keine Nick-Fakes (Benutzung des angestammten Nicknames einer anderen Person)	Angraben per /MSG ist auch NICHT erwünscht! (#bdsm.de)	12 Regeln (9%) 4 Chans
Spezifische Regeln	#linux.de (7 Regeln) #AmigaGER (16 Regeln) #bdsm.de (8 Regeln) #germany (1 Regel)		32 Regeln (24%) 4 Chans
Summe			132 Regeln (100%)

Bei der Zuordnung von einzelnen Verhaltensregeln zu den vier Meta-Regeln ist zu beachten, dass zuweilen Doppel-Zuordnungen notwendig sind. So kann eine bestimmte Verhaltensweise sowohl das Channel-Geschehen beeinträchtigen als auch das IRC-Netzwerk belasten (z.B. mehrfaches Wechseln des eigenen Nickname binnen weniger Minuten), oder sie kann Individuen belästigen und gleichzeitig Netzlast erzeugen (z.B. Spaß-Kicks im Ausmaß von "Kick-Orgien" oder Spamming in Form von massenhaften privaten Messages). Bei der hier vorgenommenen Inhaltsanalyse (siehe Tab. 5) wurde jede Regel nur jeweils einer Meta-Regel zugeordnet, wobei die in den Regelwerken genannten Begründungen der Regeln (d.h. Beeinträchtigungen welches Systems sollen verhindert werden) ausschlaggebend waren.

Tab. 5 Struktur der Regelwerke der ausgewählten Chat-Channels

	#flirt.de	#flirtcafe	#linux.de	#AmigaGER	#gblf.de	#bdsm.de	#berlin	#rostock	#talk.de	#germany	#38plus-de	#gblf-teens	Summe
1. Gesellschaft	2			1		4		3		1			11
2. IRC-Netzwerk	2		2	4						8			16
3. Channel	9		6	11		4	7	5	9	10			61
4. Individuum	3					4		2		3			12
Spezifische Regeln			7	16		8				1			32
Summe	16	0	15	32	0	20	7	10	9	23	0	0	132

Alle untersuchten Regelwerke konzentrieren sich schwerpunktmäßig auf die *Ebene des öffentlichen Channel-Geschehens:* Der Inhalt von 46% aller Regeln der untersuchten Regelwerke bezieht sich auf die Lesbarkeit des Channels, den Erhalt der Gruppenstruktur durch selektive Op-Vergabe, die Verhinderung technischer Angriffe und Gefährdungen des Channels, die Sanktionierbarkeit einzelner Chatterinnen und Chatter bei Fehlverhalten auf dem Channel sowie die Gruppenatmosphäre. Verhaltensnormen auf der *Ebene des IRC-Netzwerkes* werden nur von 12% der hier untersuchten Regeln adressiert. Sie spielen eine weitaus größere Rolle, wenn wir nicht die Regelwerke betrachten, die auf den Homepages einzelner Chat-Channels, sondern auf den Homepages von IRC-Servern (z.B. <irc.fu-berlin.de>) zu finden sind. Solche IRC-Benutzungsregeln werden von IRC-Operators formuliert und behandeln vorrangig Probleme der Netzbelastung. Probleme auf der *Ebene des Individuums* (privater Chat) sind in den Regelwerken von untergeordneter Bedeutung (9% der Regeln). Zur Vermeidung persönlicher Konflikte zwischen Einzelnen wird häufig auf den /IGNORE-Befehl verwiesen, mit dem man unliebsame Personen stumm schalten kann, so dass man sich nicht mehr mit ihren Äußerungen auseinandersetzen muss. Die soziale Sanktionierung des Ignorierens wird im IRC also technisch unterstützt. Auf der *Ebene der Gesellschaft* adressieren 8% der Regeln strafrechtlich relevante Verhaltensweisen, und demonstrieren so die im Anti-Zensur-Diskurs oft angesprochenen Bestrebungen zur Selbstregulierung innerhalb der Netzkultur. Wie häufig IRC-externe Sanktionierungen tatsächlich initiiert werden, ist jedoch unbekannt.

3.5 Gruppenspezifische Regeln

Spezifische Regeln spielen in den untersuchten Regelwerken trotz ihres nominellen Anteils von 24% insgesamt keine so große Rolle, wenn man einmal von #AmigaGER absieht, der allein mit 16 Regeln in dieser Kategorie zu Buche schlägt (vgl. Tabelle 5 in Abschnitt 3.4). Lediglich vier Channels (#linux.de, #AmigaGER, #bdsm.de und #germany) explizieren in ihren Regelwerken gruppenspezifische Normen, die jeweils mit der inhaltlichen Zielsetzung des Channels zusammenhängen. #linux.de und #AmigaGER, die als On-Topic-Channels (vgl. Abschnitt 1.5) der Beratung in Computerfragen dienen, legen beispielsweise besonderen Wert auf die präzise Formulierung von Fragen und distanzieren sich von bestimmten Phänomenen der Computer- bzw. IRC-Szene, sei es Slang (#linux.de) oder die Verwendung von Raubkopien (#AmigaGER). Man beachte, dass hier im ersten Fall eine soziale und keine technische Sanktionierung angedroht wird:

> "Wieso spricht der wie mit einem Baby mit mir?
> <UnixGod> Adeideidei! Funzelt das arme Proggielein nichtchen?
> Wie man in den Wald hineinruft, so schallt es hinaus. Wer also unbedingt Babysprache (Proggy, Funzen, ...) benutzen will, der sollte sich nicht wundern, wenn man als Kleinkind eingestuft wird. (aus den Regeln von #linux.de)

> Da auf #AmigaGER Raubkopierer unerwünscht sind, testen einige Leute gerne, ob Du eine Raubkopie von AmIRC benutzt. Weist der Version-Reply Dich als Raubkopierer aus, wirst Du meist recht schnell wieder verabschiedet. Alle möglicherweise folgenden Diskussionen lassen sich auf den Endpunkt "Du kannst ja die Demo-Version benutzen" reduzieren." (aus den Regeln von #AmigaGER)

Auf #bdsm.de, wo es um den Austausch über BDSM bezogene Lebensweisen (vgl. Abschnitt 2.1) und Hilfestellung beim Coming-Out gehen soll, wird offensive Kontaktsuche strikt abgelehnt ("Hier ist KEIN Cybers*xchannel!", "Dies ist auch KEIN Kontaktchannel zur Partnersuche!") und auf eine offene, vertrauensvolle Atmosphäre besonders viel Wert gelegt. Entsprechende Appelle im Regelwerk des Channels sind insofern auffällig, als sie erwünschte Verhaltensweisen beschreiben, während ansonsten in den Regelwerken Verbote dominieren.

> "1. Vertrauen bieten und haben. (Den gesunden Menschenverstand sollte man dabei aber nicht außer acht lassen!)
> 2. Achtung vor den Fantasien und Gedanken der anderen.
> 3. Offen reden und offen seine Meinung sagen, unter der Berücksichtigung von Punkt 2." (aus den Regeln von #bdsm.de)

Deutschsprachige Channels sind im IRC häufig am Topic und am Channel-Namen erkennbar, an den zuweilen auch eine länderspezifische Endung wie ".de" oder "GER" (Deutschland) bzw. ".at" (Österreich) oder ".ch" (Schweiz) angehängt ist (vgl. Abb. 1 in Abschnitt 1.1 und Seidler, 1999b). Die Sprachnorm ist zudem beim Betreten des Channels sofort erkennbar - mehrsprachige Channels sind kaum anzutreffen. Erwähnenswert ist deswegen, dass im Regelwerk von #germany als einzige Sonderregelung explizit Mehrsprachigkeit erlaubt wird:"#germany ist offen *für alle Sprachen*, nicht nur für Deutsch!". Demgegenüber verbietet #AmigaGER als einziger Channel in seinem Regelwerk ausdrücklich die Verwendung von Fremdsprachen, insbesondere von Englisch: "#AmigaGER ist *explizit deutschsprachig*. Wer sich auf englisch unterhalten möchte, soll doch einfach einen englischsprachigen Kanal oder /MSG benutzen. Viele der Anwesenden können nicht so gut Englisch oder wollen es einfach nicht."

3.6 Die Diskursivität der Regeln

Fünf Channels (#flirt.de, #AmigaGER, #berlin, #rostock, #talk.de) sprechen die Diskursivität der explizierten Regeln an, indem sie auf *Meinungsverschiedenheiten* hinweisen (#berlin: "Es sind auch einige – z.T. auch langjährige – Channelbewohner nicht durchgehend mit dem Folgenden einverstanden."; #talk.de: "Du sollst niemanden Hand-oppen!! (nur für Ops) Diese Regel stößt auf die meiste Kritik.") oder *Modifizierbarkeit* betonen (#flirt.de: "Diese Regeln können im Laufe der Zeit ergänzt oder gar verändert werden"). Konflikthaft sind jedoch bei den virtuellen Gruppen, die sich auf Chat-Channels treffen, weniger die Inhalte der explizierten Regelsysteme, als vielmehr die konkreten Sanktionierungspraktiken. Diese werden etwa in der Newsgroup <de.comm.chatsystems>, aber auch auf den Channel-eigenen Mailinglisten recht häufig kritisch und kontrovers diskutiert. Zentral ist dabei immer wieder die Frage, unter welchen Bedingungen Kicks und Bans überhaupt angemessen sind, und inwieweit Channel-Operators und Bot-Owners/-Masters/-Admins die ihnen zur Verfügung stehenden Kontrolltechniken missbrauchen, um private Konflikte auszutragen, oder einfach ihre Macht auszuspielen (z.B. durch sog. Fun-Kicks oder eine intransparente Op-Vergabe-Politik).

4. Die Verhaltenskontrolle auf den Chat-Channels

Welche technischen und sozialen Sanktionsmethoden stehen auf Chat-Channels zur Verfügung (4.1)? Wie verbreitet sind sie auf den ausgewählten Channels (4.2)? Inwieweit ist auf Chat-Channels die Sanktionierbarkeit der beteiligten Personen medienbedingt begrenzt oder erweitert (4.3)? Welche Rolle spielen Macht und Machtmissbrauch auf Chat-Channels, bzw. in den sie nutzenden virtuellen Gruppen (4.4)? Welche impliziten Normen lassen sich aus dem beobachtbaren Channel-Geschehen erschließen (4.5)?

4.1 Die Sanktionsmethoden

Auf Chat-Channels werden eine Reihe von Sanktionsmethoden eingesetzt, die Normkonformität belohnen (*positive Sanktionen*) und Normabweichung bestrafen (*negative Sanktionen*), und somit für die Durchsetzung expliziter und impliziter Normen sorgen. Positive Sanktionierung bedeutet auf Chat-Channels einen Zugewinn an Status, Macht und Partizipationsmöglichkeiten, der durch technische (z.B. Op-Vergabe) oder soziale (z.B. Zuwendung) Maßnahmen vollzogen werden kann. Negative Sanktionierung läuft auf den Entzug von Status, Macht und Partizipationsmöglichkeiten hinaus, wobei wiederum technische Methoden (z.B. Op-Entzug, Channel-Kick) und soziale Mittel (z.B. Spott, Beschimpfung) zum Einsatz kommen (siehe Tab. 6).

Tab. 6 Sanktionsmethoden auf Chat-Channels

	Technische Sanktionierung	Soziale Sanktionierung
Positive Sanktionierung	OP-Vergabe (Bot-Master-Vergabe)	Zuwendung Anerkennung etc.
Negative Sanktionierung	Channel-Ban Channel-Kick Op-Entzug (Bot-Master-Entzug) (Streichung aus den Top Talkers) /IGNORE	Ignorieren Spott Zurechtweisung Beschimpfung etc.

Technische Sanktionsmethoden obliegen mit Ausnahme des /IGNORE-Kommandos neben den Bots nur den Channel-Operators, die sich untereinander durch Op-Vergabe oder Op-Entzug sanktionieren, während das wechselseitige Kicken unter Ops der Ausdruck von Ärger, aber auch dezidiertes Spiel sein kann (Reid, 1991). An der *sozialen Sanktionierung* sind alle Gruppenmitglieder beteiligt. Regulars bzw. besonders beliebte, gut in die virtuelle Gruppe integrierte und häufig auf dem Channel präsente Personen können soziale Sanktionsmethoden dabei freilich effektiver einsetzen als periphere Mitglieder.

Während die sozialen Sanktionsmethoden relativ medienunabhängig sind, variieren die technischen Sanktionsmethoden von Netzdienst zu Netzdienst erheblich. So ist es in MUDs (Multi User Domains), jenen rein textbasierten oder grafisch unterstützten interaktiven virtuellen Realitäten, erforderlich, dass die Beteiligten über virtuelle Objekte verfügen, die sie beispielsweise kaufen, tauschen, finden, stehlen oder selbst erzeugen (Döring, 2003[2]: 98ff.). Unter diesen Bedingungen steht dann der Entzug von virtuellem Besitz (z.B. das Löschen des virtuellen Hauses einer Person aus der Datenbank des MUD) als eine weitere technische Sanktionsmethode zur Verfügung (MacKinnon, 1997; Reid, 1999). In MUDs, in denen Spielpunkte gesammelt werden, lassen sich Personen bestrafen, indem man ihnen Spielpunkte abzieht. In einigen Chat-Channels (z.B. #flirtcafe, #rostock, #talk.de) wird mit Hilfe von Bots eine Rangreihe der *Top Talkers* aufgestellt, die im Dialog mit dem Bot jederzeit abgefragt werden kann. Die Rangreihe der Top Talkers ist eine - dem Punktestand in MUDs vergleichbare - mehr oder minder ernstgenommene Möglichkeit, Status im Wettstreit mit anderen Gruppenmitgliedern zu erringen. Wer sich durch zahlreiche Wortbeiträge auf dem eigenen Stammchannel in die oberen Plätze der Top Talkers vorgearbeitet hat, kann durch Zurückstufung oder Streichung aus dieser Rangreihe gemaßregelt werden. So kündigen die Regeln von #talk.de an: "Flooden wird mit Kick, bei schwereren Vergehen mit Ban und *Streichung aus den !topten* bestraft".

Mit der Verbreitung der Bots im IRC sind also in jüngster Zeit neue technische Sanktionsmethoden entstanden, zu denen insbesondere auch das Vorenthalten oder der Entzug der Bot-bezogenen Netzämter (z.B. Bot-Master-Entzug; vgl. Abschnitt 1.2) gehören. Ob und inwiefern die Vergabe von Bot-bezogenen Ämtern eine positive Sanktionierung darstellt, ist von der Bot-Politik in der jeweiligen virtuellen Gruppe abhängig. So kann man sich auf manchen Bots per Selbstanmeldung eintragen, während auf anderen Bots die Bot-Masters und Bot-Owners persönlich kontrollieren, wer dazugehören darf.

4.2 Die Verbreitung der Sanktionsmethoden

Um Verletzungen jener Verhaltensnormen zu ahnden, die in den Regelwerken festgeschrieben sind, dienen in erster Linie die technischen Sanktionsmethoden Kick und Ban. Im Beobachtungszeitraum (jeweils eine Stunde für alle zwölf Channels) traten nur auf fünf Channels Kicks und Kick-Bans auf (siehe Tab. 7, nächste Seite). Gut die Hälfte (33) dieser insgesamt 61 Kicks und Kick-Bans wurden von Bots ausgeführt.

Tab. 7 Verbreitung von Kicks und Kick-Bans in den ausgewählten Chat-Channels

Channel	Users (pro Tag)	Gesprächs-Beteiligte	Joins	Kicks	Bot-Aktivität	Bot-Kicks
Flirt						
1. #flirt.de	172	158	444	23	ja	16
2. #flirtcafe	119	114	313	10	ja	2
Computer						
3. #linux.de	50	26	22	0	nein	–
4. #AmigaGER	20	18	6	0	nein	–
Lebensstil						
5. #gblf.de	16	21	27	0	ja	0
6. #bdsm.de	16	32	23	0	nein	–
Stadt						
7. #berlin	30	41	70	7	ja	1
8. #rostock	7	8	6	0	ja	0
Gespräch						
9. #talk.de	12	9	4	1	ja	1
10. #germany	28	30	61	20	ja	13
Alter						
11. #38plus-de	8	8	4	0	nein	–
12. #gblf-teens	19	14	37	0	ja	0
Summe				61		33
				5 Chans	8 Chans	

Die These, dass der Regelungsbedarf mit der Gruppengröße steigt, konnte zwar anhand der Anzahl der expliziten Regeln nicht bestätigt werden (vgl. Abschnitt 3.2), wird aber anhand der Anzahl der vollzogenen Sanktionen gestützt: Es waren umso mehr Kicks und Kick-Bans zu beobachten, je höher die durchschnittliche tägliche Besucherzahl des Channels lag (Kendalls tau = .50, einseitige $p = .01$), je mehr Personen sich während des einstündigen Logs aktiv am Channel-Gespräch beteiligten (Kendalls tau = .54, einseitige $p = .005$) und je mehr Fluktuation stattfand (Kendalls tau = .51, einseitige $p = .01$; der angegebenen Zahl von ´/JOINS´ steht jeweils eine etwa ebenso große Zahl von /PARTS und ´/QUITS´ gegenüber). Die drei hier verwendeten Frequentierungs- bzw. Fluktuationsmaße sind dabei weitgehend redundant (für alle drei Interkorrelationen gilt: tau > .67, einseitige $p < .01$). Der positive monotone Zusammenhang zwischen Frequentierung und Sanktionierung, den #talk.de, #berlin, #flirtcafe und #flirt.de erzeugen, wird nur von #germany mit seinen überproportional vielen Kicks bzw. unterproportional wenigen Channel-Teilnehmern gestört. Diese Sonderrolle ist Resultat des seit Mitte der 1990er Jahre zu verzeichnenden Mitgliederschwundes auf #germany, welcher nicht zuletzt auf die dort stattfindenden Machtkämpfe zurückgeht (vgl. Abschnitt 4.4).

Betrachtet man die 61 Kicks bzw. Kick-Bans, die auf fünf der beobachteten zwölf Channels vorkamen, so zeigt sich, dass a) früheres Fehlverhalten (User ist auf einer sogenannten Shitlist registriert), b) Äußerungen mit sexuellem Bezug und c) Flood (Eingeben von unsinnigem Text oder von Textwiederholungen) insgesamt die häufigsten Kick-Gründe waren (siehe Tab. 8). Deutlich erkennbar sind die Channel-spezifischen Unterschiede in der Kick-Politik - sowohl was das Spektrum der Kick-Gründe angeht, als auch die inhaltlichen Schwerpunkte. Mit Ausnahme der vier Kicks, die im Rahmen persönlicher Streitigkeiten angewandt wurden, sind alle anderen Kick-Gründe regelkonform und beziehen sich auf die Channel-Ebene (vgl. Abschnitt 3.4).

Tab. 8 Anzahl und Gründe der Kicks durch Ops und Bots (B)
(Auswertung eines jeweils einstündigen Logfiles pro Channel)

Channel	#flirt.de	#flirtcafe	#berlin	#talk.de	#germany	
Grund des Kicks						Summe
1. früheres Fehlverhalten (Shitlist)	8 (8 B)	2 (2 B)			4 (4 B)	14
2. sexualbezogene Äußerung	5 (1 B)	7				12
3. unsinnige Texteingabe (Flood)	4 (4 B)	1		1 (1 B)	2 (1 B)	8
4. schweigende Channel Teilnahme (Idle)					6 (6 B)	6
5. Grund ist unklar	5 (2 B)		1			6
6. Streit zwischen Einzelnen			3		1	4
7. beleidigende Äußerungen			1		2	3
8. Werbung für andere Channels			1		1	2
9. farbige Texteingaben					1	1
10. Fehler bei der Bot-Bedienung					1 (1 B)	1
11. AutoRejoin nach Kick					1 (1 B)	1
12. Skript-Verwendung					1	1
13. Kick eines Operators			1 (1 B)			1
14. Häufiger Nickwechsel (Nickflood)	1 (1 B)					1
Summe	23 (16 B)	10 (2 B)	7 (1 B)	1 (1 B)	20 (13 B)	61 (33 B)

Die beiden flirtbezogenen Channels #flirt.de und #flirtcafe gehören zu den meistfrequentierten Channels im IRCnet. Sie werden insbesondere von Jugendlichen aufgesucht, die sich in Cybercafés treffen (dies ist z.b. an der Vielzahl von Hostmasks wie " ̃i-cafe@pc2.i-cafe-frankenthal.de" erkennbar). Da Äußerungen mit sexuellem Bezug unter Teenagern auch in anderen Gruppen-Kontexten verbreitet sind, wäre es voreilig, sexuelle Provokationen auf jugenddominierten Chat-Channels als ein anomisches Netz-Phänomen zu interpretieren. Viel eher scheint uns hier die Netzspezifik in der strengen und wirkungsvollen Sanktionierung entsprechender Äußerungen zu bestehen. Betrachten wir also Chancen und Grenzen der Sanktionierbarkeit im IRC etwas genauer.

4.3 Sanktionierbarkeit

Physische Distanz und die Benutzung eines Nickname (vgl. Abschnitt 1.4) implizieren keineswegs, wie die Anomie-These behauptet, dass die Chattenden nicht sanktionierbar seien. Allerdings gibt es - wie im sonstigen Leben - natürlich Grenzen der Sanktionierbarkeit. Generell gilt: Je stärker das Interesse einer Person an der Channel-Teilnahme und an der Gruppenmitgliedschaft, umso sensibler wird sie auf technische und soziale Sanktionsmaßnahmen reagieren, weil für sie wertvolle Ressourcen auf dem Spiel stehen (vgl. Abschnitt 1.5). Gelegenheits- und Zufallsgäste dagegen kann es weniger treffen, wenn sie sich die Sympathie einiger Stamm-Mitglieder der virtuellen Gruppe verscherzen, oder wenn sie vom Channel gekickt werden - denn die Partizipation auf dem konkreten Channel ist für sie ja gar nicht so wichtig. Dennoch kann der für alle auf dem Channel Anwesenden beobachtbare Kick oder Ban als Ausgrenzungsgeste auf psycho-sozialer Ebene wirksam sein und z.B. Hilflosigkeit oder Wut erzeugen. Ebenso mögen harsche Zurechtweisung oder Spott bei Neulingen oder Zufallsgästen auch dann Beschämung erzeugen, wenn sie nicht unbedingt anstreben, Mitglied der virtuellen Gruppe zu werden. Die Vorstellung, dass bei der Chat-Kommunikation nicht Personen mit ihren herkömmlichen Verletzlichkeiten und Empfindlichkeiten miteinander in Kontakt treten, sondern über jegliche soziale Zurechtweisung erhabene, anonyme virtuelle Gestalten, geht am Erleben der meisten Nutzerinnen und Nutzer völlig vorbei (Reid, 1991). Es hängt von individuellen Dispositionen und den eigenen Motiven bei der Channel-Teilnahme ab, wieviel Dickhäutigkeit gegenüber negativen sozialen Sanktionierungen und wieviel Empfänglichkeit für positive soziale Sanktionierungen wir entwickeln. Die Möglichkeit zur technischen Immunisierung gegen technische Sanktionierung (z.B. AutoRejoin als Reaktion auf Kicks, Nick-Fakes oder IP-Spoofing zur Verhinderung von Bans) ist zwar gegeben, zieht aber bei Entdeckung gravierendere Sanktionen nach sich (dauerhafter Ban oder Kill).

Sanktionsmethoden in virtuellen Foren und Gruppen sind jedoch nicht nur unter der Perspektive ihrer Begrenztheit zu betrachten. Vielmehr vermag der Kontext der computervermittelten Kommunikation durch technische Mittel die Sanktionierbarkeit bestimmter Verhaltensweisen oder Personengruppen sogar zu erleichtern - bis zu dem Punkt, an dem Macht-Missbrauch durch die Personen, die über die technischen Sanktionsmethoden verfügen, zum zentralen Thema wird. Wer sich etwa in einer face-to-face Gruppe provokativ äußert, kann durch Kritik, Beschimpfung usw. sanktioniert, aber nicht ad hoc ohne Widerspruchsmöglichkeit vom Ort des Geschehens entfernt werden. In Chat-Channels dagegen ist es durch eine entsprechende Operator- und/oder Bot-Politik möglich, das Eintippen bestimmter Wörter mit sofortigem Channel-Verweis zu ahnden. Somit ist dann weder eine kontextspezifische Nuancierung in der Verwendung provokativer Begriffe möglich, noch kann mit der entsprechenden Zielperson ein situationsspezifischer Aushandlungsprozess über die Bedeutung der Äußerung stattfinden. Der sozio-technische Kommunikationskontext erlaubt über technische Sanktionsmaßnahmen die Implementierung von ausnahmslosen und unmittelbaren Bestrafungen (siehe Abb. 5).

Abb. 5 Sanktionierungspraxis bei provokativen Äußerungen auf #flirt.de

Aus den Regeln von #flirt.de:

Keine "versauten" oder "sexistischen" Wörter/Nicks (einige OPs haben ne Abneigung gegen bestimmte Wörter - und diese Liste ist echt lang *ächz*

Aus dem Channel-Log von #flirt.de (25.2.1999)

[17:57] <Billy> jemand bock auf cybersex?????????????????????????????????????
[17:57] *** Billy was kicked by abBa (noe)
[17:57] * guppy hat bock *lol*

[18:00] <wixi> wixxxxxxxxxxxxxxxxxxxxxxxxxxxxxxxxxxxxxxxxxxxxxxxxst euch
[18:00] *** wixi was kicked by tabana (http://flirtregeln.home.pages.de)

Wenn regelverletzendes Verhalten auf einem Chat-Channel zum Channel-Ban führt, so kann dieser individuell über die komplette Hostmask (ggf. mit UserID und Nick) verhängt werden, und betrifft dann nur eine einzelne Person (vgl. Abschnitt 1.4). Bans können aber auch auf Domains bzw. Subdomains (also Teile der Hostmask) bezogen werden: Fallen etwa mehrere Personen mit Netzadresse an der Technischen Universität Berlin oder mit Netzadresse in Finnland negativ auf, so kann zukünftig allen Personen mit entsprechenden Adressen der Channel-Zugang verwehrt werden. Obwohl eine solche kollektive Ausgrenzung auch außerhalb des Netzes anzutreffen ist (z.b. wenn tatsächlichen oder vermeintlichen Türken unter Berufung auf frührere Schlägereien der Einlass in eine Berliner Diskothek verwehrt wird), so erlaubt doch erst der sozio-technische Kontext eine ausnahmslose Durchsetzung entsprechender Ausgrenzungswünsche ohne Channel-öffentliche Widerspruchsmöglichkeit. Zwar kann man sich im Falle kollektiven Bans per privatem Chat an Operators wenden und um eine individuelle Ausnahmeregelung bitten - ob dieses Vorgehen erfolgreich ist, hängt dann aber vom individuellen Gutdünken des Operators ab.

Textbasierte Kommunikationsforen wie Chat-Channels sind insofern kontextarm, als sie eine Reihe von Merkmalen über die beteiligten Personen herausfiltern (z.B. Aussehen, Alter, Dialekt usw.), was aus sozialpsychologischer Sicht teilweise als Egalisierungs-Chance zu würdigen ist (zu Theorien der computervermittelten Kommunikation siehe Döring, 2003[2]: 127ff.). Andererseits gewinnen durch diese Filter-Effekte die wenigen im Medium kommunizierten Personen-Attribute umso stärkeres Gewicht, was wiederum Stereotypisierung begünstigen kann. So gehört im angeblich "globalen" Internet gerade auch *nationale Zugehörigkeit* zu den prominentesten Personen-Merkmalen, da sie häufig der Rechneradresse zu entnehmen ist. Die Chat-Channels #berlin und #germany werden aufgrund ihrer Namen häufig auch von Personen aus anderen europäischen Ländern aufgesucht, was immer wieder Anlass nationaler Ausgrenzung ist. Abbildung 6 zeigt, wie eine Person mit dem Nick kapor und Rechneradresse in der Domain ".it" (Italien) den Channel #germany betritt und vom Bot Tic sofort gekickbannt wird, wobei aus der diskriminierend formulierten Begründung zu schließen ist, dass einige Personen mit Rechneradressen in der Domain Italien früher im Channel durch Spamming negativ aufgefallen waren. (Unter Spamming versteht man das massenhafte Verbreiten von unerwünschten Mitteilungen wie z.B. kommerzieller Werbung.)

Abb. 6 Nationaler Ban auf #germany durch einen Bot (18.2.1999)

[18:47] *** Joins: kapor (alessandro@b-ag2-23.tin.it)
[18:47] *** Tic sets mode: +b *!*@*.it
[18:47] *** kapor was kicked by Tic (banned: Geht Spaghetti fressen aber spammed uns nicht voll)

Bemerkenswert ist diese Form der offensiven, kollektiven Sanktionierung auch deswegen, weil sie den expliziten Regeln von #germany widerspricht, die im Zusammenhang mit Sprach-Normen für Toleranz werben:

"Eine Einstellung wie "Das ist ein deutscher Kanal, sprecht alle deutsch" ist ein Armutszeugnis, deshalb sollte man gerade hier Toleranz üben. Schließlich kann hier der erste Eindruck auf #germany oftmals ausschlaggebend sein für ein (Vor?)Urteil, das sich ein Fremder von uns bzw. allen Deutschen bildet." (aus den Regeln von #germany)

4.4 Macht-Missbrauch

Channel-Operators und Bot-Owners/-Masters/-Admins verfügen über technische Sanktionsmethoden und damit über Belohnungs- und Bestrafungs-Macht. Beschwerden über ungerechtfertigte Kicks und Bans, oder das unbegründete Vorenthalten von Operator-Rechten oder Bot-Einträgen tauchen in Channel-eigenen Mailinglisten und in der Newsgroup <de.comm.chatsystems> häufiger auf. In den sich daran anschließenden Diskussionen stehen einander in der Regel zwei Positionen gegenüber: Anhänger der *egalitären Position* interpretieren die Chance zur Partizipation an öffentlichen virtuellen Foren als ein Recht, das niemandem ohne guten Grund vorenthalten werden sollte. Folglich werden Transparenz und Gerechtigkeit in der Operator- und Bot-Politik gefordert. Von Seiten der *elitären Position* wird die Chance zur Partizipation dagegen als ein Privileg interpretiert, das ganz nach Belieben der Operators individuell vergeben oder entzogen werden kann. Bei der egalitären Position ist ein technisch offenes virtuelles Forum als öffentlicher Ort konzeptualisiert. Die Ausgrenzung von einzelnen Personen wird als Diskriminierung betrachtet. Bei der elitären Position hingegen wird der Channel häufig mit dem privaten Haushalt verglichen, in den man nur Freunde einlädt. Die folgenden Ausschnitte aus einer Diskussion in <de.comm.chatsystems> illustrieren, in welchem Stil machtbezogene Auseinanderungen oft geführt werden:

"Anfrage (2.1.1999):
Habe folgendes Problem, habe mich unter mIRC eingeloggt auf den Server Uni Stuttgart im Channel #wuppertal. Die Verbindung lief eine Zeit lang und jetzt kriege ich die Meldung durch die status-anzeige "can't join channel #wuppertal (you are banned)" wieso? wer kann da helfen (ich habe im channel #wuppertal mich an die regeln gehalten)

Antwort (2.1.1999):
Zu jeder Regel gibt es die Ausnahme. IRC ist kein Recht. IRC ist eine Ansammlung von Nettigkeiten, die man dir zur Verfuegung stellt und die man dir auch kommentarlos wieder wegnehmen kann.

Antwort (5.1.1999):
Im IRC kann jeder tun und lassen, was er will, solange dies nicht das eigentliche Netz
instabilisiert. Und wegen einem popeligen Ban ist meines Wissens nach auch noch
niemand gestorben. Wenn dir eine Channelpolitik missfaellt (und es gibt auch Channels mit "boesen" Menschen, die an wirklicher Kommunikation nicht interessiert
sind), kannst du dir jederzeit einen eigenen aufmachen und selber Gott spielen oder
dich deoppen, damit keiner Op hat. Bessere Loesung kann ich mir in einem demokratischen Gebilde nicht vorstellen."

Der Hinweis, man könne sich doch einfach einen anderen Channel suchen, ist
als Immunisierung gegen Kritik zu verstehen, denn er negiert die soziale Ebene
der Gruppen-Zugehörigkeit: Ein Channel-Ban kann für ein Mitglied der ansässigen virtuellen Gruppe den Entzug wertvoller Ressourcen bedeuten. Sicherlich
steht es allen frei, neue Channels zu gründen und hier nach eigenem Belieben
Op-Politik zu betreiben. In bestehenden Channels, die von gewachsenen virtuellen Gruppen genutzt werden, sind die Channel-Operators jedoch den Gruppennormen verpflichtet. "Demokratische Verhältnisse" in virtuellen Gruppen
implizieren nicht Op-Losigkeit, sondern eher die Bereitschaft der Operators,
über ihre Sanktionierungspraxis untereinander und mit den "normalen" Chatterinnen und Chattern in einen Diskurs einzutreten, in dem Argumente zählen.
Regelsysteme, die sich speziell an Operators richten, sind nur bei zwei der zwölf
untersuchten Channels zu finden (#flirt.de und #talk.de). Beide greifen das Problem des Macht-Missbrauchs auf und appellieren an das Verantwortungsgefühl
der Operators:

"Zunächst einmal @ zu sein ist nicht alles! Es ist lediglich dazu gedacht, dass einige
Chatter dafür sogen, dass andere sich "ungestört" unterhalten können! Also frei von
irgendwelchen Spinnern. Das heißt, dass die, die kein @ haben nicht weniger wert
sind, als welche mit @. Wer in unseren channels @ als Status-Symbol oder aus Macht-
gefühl sucht, ist HIER FALSCH !" (aus den Regeln von #talk.de)

"Wer Op ist, hat nicht nur einige Befugnisse, sondern vor allem die Pflicht, Sorge
dafür zu tragen, dass alles im Channel friedlich und ohne große Störungen abläuft.
Dazu gehört hauptsächlich das Entfernen von Usern, die andere beleidigen oder am
Chatten behindern sowie ggf. es zu verhindern, dass ein erneutes Betreten des Channels unterbunden wird. Jedoch soll es nicht so sein, dass jeder, der einmal "Scheiße"
sagt oder sich einmal im Ton vergreift sofort zum Teufel gejagt werden soll. Doch
offensichtlich machen einige Leute das IRC zu einer Mehrklassengesellschaft, in dem
sie der Ansicht sind, ohne OPs nicht ernst genommen zu werden. Diese (leider häufig vertretene) Meinung ist falsch, da man als Op ständig darauf zu achten hat, was im
Channel abgeht und ggf. einzuschreiten und dadurch häufig beim Chatten gestört

wird! [...] Noch etwas: Wer OPs hat, sollte dies auch nutzen. Ein OPs ist weder Presti-
geobjekt der Sorte "Hey, ich bin besser als Ihr", noch ein P****verlängerer... Wer OPs
hat, dessen Pflicht ist es, im Channel für Ruhe und Ordnung zu sorgen. Dies sollte
selbstverständlich nicht nur in kicken und bannen ausarten, sondern in höflicher,
aber bestimmter Ansprache an einen über die Stränge geschlagenen User mit dem
Hinweis, sich zu zügeln (es sei denn, ein sofortiger Channelverweis erscheint notwendig)." (aus den Regeln von #flirt.de)

Wie stark die Machtposition der Operators ist, zeigt sich am Beispiel des Channels #germany, der durch überproportional viele Kicks im Verhältnis zur Teilnehmerzahl auffällt (vgl. Tab. 7 in Abschnitt 4.2). Mit der Kampagne *#germany ist für
alle da* und einer zugehörigen Unterschriftenaktion versuchten sich diverse
Regulars (76 Unterzeichnende; Stand: 8.2.1999) gegen das Verhalten einiger
Operators zu wehren, wobei sie nicht nur ihren Protest netzöffentlich äußerten,
sondern auch gleich ein ausformuliertes Regelwerk zum korrekten Op-Verhalten
mitlieferten (Decker, 1999):

"Einige wenige betrachten #germany offenbar als ihren Privatchannel, in dem sie
möglichst viel Spaß haben wollen, egal ob das auf Kosten anderer geht oder nicht.
Kicks und Bans ohne jeden vernünftigen Grund sind an der Tagesordnung. Private
Kleinkriege werden auf #germany ausgetragen, und alle Versuche, diese Leute zur
Vernunft zu bringen sind bisher gescheitert. Deops, Kicks und Bans gegen sie helfen
nur kurzfristig, da sie von einigen wenigen immer wieder Ops bekommen, und führen höchstens zu Op-Wars, die das Gespräch in #germany völlig unmöglich machen.
Viele IRCer, die schon lange in #germany sind, wollen sich das nicht länger bieten lassen. Wenn genügend Leute einer Meinung sind, und auch dementsprechend handeln, müßte sich dieses Problem doch lösen lassen, ohne dass Unbeteiligte einge-
schaltet werden müssen, wie z.B. die IRC-OPs. Wir - die hier unterzeichnet haben -
verlangen daher, dass ein paar grundlegende Regeln von allen in #germany eingehalten werden, damit #germany das bleibt, was es bisher war: ein freundlicher und welt-
offener Channel. (...)"

Was manche noch als amüsantes Spiel betrachten mögen, ist für andere uner-
freuliche Macht-Demonstration. So hat es sich auf #AmigaGER eingebürgert,
unbedarfte Neulinge - die sogenannten DAUs (Dümmsten Anzunehmenden
Users) - systematisch zu "quälen", indem man ihre Unkenntnis zur Belustigung
des gesamten Channels ausspielt (SpyDanny, 1999).

Neben den Macht-Diskursen, die mit den offiziellen Netzämtern und Grup-
penhierarchien zusammenhängen, finden im IRC auch Macht-Kämpfe statt, in
denen es darum geht, dass und wie Einzelpersonen dank ihrer vertieften Netz-
kenntnis und mittels spezieller Angriffs- und Spionier-Programme andere Chatterinnen und Chatter belästigen (vgl. Schestag, 1998: 63f.; 2001). So kann man im

IRC mit speziellen *Nuke-Programmen* den Rechner einer anderen Person zum Absturz bringen. Während erfahrene IRCerinnen und IRCer nicht nur wissen, was Nukes sind, sondern auch, wie man sich gegen sie schützt, können Neulinge hier erst einmal böse Überraschungen erleben. Wo sich in face-to-face Situationen durch Körperkraft oder Besitz imponieren und einschüchtern lässt, ist im IRC vor allem verbale und technische Überlegenheit gefragt. Dies bedeutet für einige Personen Macht-Gewinn, für andere Macht-Verlust.

4.5 Implizite Normen

Welche Merkmale haben adäquate Nicknames? Wonach sollte man andere Chatterinnen und Chatter lieber nicht fragen? Ist expressive Parasprache gern gesehen? Wie sind Begrüßungen und Verabschiedungen im Channel zu gestalten? Hinsichtlich dieser Fragen sind deutliche Unterschiede zwischen den Gruppen zu beobachten, ohne dass in den Regelwerken entsprechend klare Vorgaben zu finden wären. Unterschiede im Gruppenklima lassen sich bereits anhand kurzer Ausschnitte aus den Channel-Logs gut demonstrieren.

Gemäß Channel-Fokus steht auf #flirt.de und #flirtcafe das Anknüpfen von (in der Regel heterosexuellen) Flirt-Kontakten für die jugendlichen Beteiligten im Zentrum, wobei oft das Interesse geäußert wird, Personen in lokaler Nähe kennen zu lernen (siehe Abb. 7 nächste Seite). Nicknames haben häufig Alters-, Geschlechts- und/oder Flirt-Bezug (z.B. stefan_17, sandy18, DrLove, sexygirls, sugarboyy). Nicht selten sitzen im Internet-Café auch zwei Jungen oder zwei Mädchen gemeinsam an einem Rechner. Gleich am Beginn der Kontaktaufnahme steht hier typischerweise der berüchtigte *Age-Sex-Location-Check*. Zudem ist eine besonders expressive Parasprache mit vielen Exklamations-Zeichen und Buchstabendopplungen vorzufinden (vgl. auch Abb. 2 in Abschnitt 1.3).

Abb. 7 Ausschnitte aus #flirt.de (25.2.1999)

[17:32] <Muecke> kommt jemand aus REUTLINGEN
[17:33] <Rose_> Reutlingen, da ist auch die Sendung auf RTL "Der Frauenknast"
[17:33] <maxi> komme aus tuebingen
[17:33] <foxi> wer ist von reutlingen?????????
[17:34] <Muecke> hallo foxi ich bin aus reutlingen
[17:35] <foxi> und wer ist von den reutlingern w?????
[17:36] <ALDI> keine
[17:36] <Rose_> Wir sind w, aber nicht aus Reutlingen
[17:36] <snoopy> foxi: *lol* jetzt werd ma net so anspruchsvoll hier :))
[17:36] <Denver> ist hier jemand ueber 23 und w ?
[17:36] <Rose_> Wir nicht
[17:36] <Rose_> Wir sind erst 22
[17:37] <Eddi> Rose_: ..zusammen 22?
[17:38] <Tommy> hallo hier sind 2 süüüüüüüüüüßßßßßßßßßßßßeeeeeeeee jungs aus
stuttgart!!!!! Sind hier ein paar Mädels die mit uns chatten wollen!!!!!

Auf Channels wie #gblf.de und #gblf-teens sind altersbezogene Nicks ebenfalls anzutreffen, was sich womöglich als Indiz dafür werten lässt, dass hier der Aspekt der Kontaktaufnahme gegenüber dem Aspekt des Erfahrungsaustauschs zuweilen zurücktritt. Der folgende Erfahrungsbericht aus dem NewsBoard von #gblf.de deutet zumindest in diese Richtung:

"Ich bin über #gblf.de vor ca. 5 Jahren ins IRC gekommen, und der Channel hat mich im Coming Out sozusagen begleitet, zumindest eine Zeit lang. Stimmt, ich bin nicht mehr so oft da wie früher, aber das hat auch seine Gründe. Mit der Internetanschlußflutung deutscher Wohnzimmer hat nun mal auch die Zahl der Chatter immens zugenommen, und von den alten Hasen sind kaum noch welche dabei. #gblf.de ist zwar immer noch der mir sympathischste deutschsprachige "gblf" Channel, aber auch hier hat sich etliches verändert. Manchmal kommt ja noch eine richtig nette Diskussion auf, aber im Vergleich zu früher ist das wesentlich seltener geworden, und ein großer Teil der Leute im Channel nehmen an solchen Ereignissen nicht teil. Das ist eine logische Folge, es sind einfach zu viele geworden. Nicht als Wertung gemeint, ist ja was wunderbares, aber es verändert die Chat-Bedingungen halt! Mal abgesehen davon, dass so etwas natürlich auch mehr fragwürdige Subjekte anzieht (wie alt, woher, größe, gewicht, schwanzgröße, sex.vorlieben???), aber nach meiner Erfahrung halten die sich in der Minderheit, in diesem Channel. Naja, genug von es war schon immer so, es ist so, und wird auch immer so bleiben: früher war alles besser. War es nicht, es war halt nur anders." (Posting vom 26.4.1999 im NewsBoard von #gblf.de)

Auf #bdsm.de ist die Geschlechterverteilung verhältnismäßig ausgeglichen, wobei die Regular-Liste mit 22 Frauen und 43 Männern den Frauenanteil eher unterschätzt, da Frauen häufiger auf die offizielle Registrierung in der Regular-Liste verzichten, um Stigmatisierung oder Anmache vorzubeugen. In den expliziten Regeln distanziert man sich davon, ein Sex- und Kontakt-Channel zu sein. Dementsprechend sind flirt-, sex- und altersbezogene Nicks oder Fragen, die auf einen Age-Sex-Location-Check hinauslaufen, ungern gesehen. Status wird hier unter anderem über den BDSM-bezogenen Wissens- und Erfahrungsschatz vermittelt. Sich an einer aus Insiderperspektive (z.B. Verwendung von Fachbegriffen, starke Psychologisierung) geführten Diskussion zu beteiligen und eigene Sichtweisen beizusteuern, stärkt die sexuelle Identität, zumal die Beteiligten mit divergierenden Positionen betont ausgleichend umgehen. Über die gesamte Zeit des Logs hinweg - und noch darüber hinaus - konzentrierte sich das Channel-Gespräch auf die Frage, ob und inwiefern "Die Geschichte der O" (Pauline Réage) eine Vorlage für die Gestaltung von realen SM-Beziehungen liefern kann (siehe Abb. 8). Die stark fokussierte und persönliche Diskussion findet vor dem Hintergrund diverser Alltagsreferenzen statt: Einige verfolgen das Geschehen vom Arbeitsplatz aus, werden gerade zum Chef gerufen, kämpfen mit Computerproblemen, begrüßen einander ausgiebig oder machen Rauchpausen. Der Channel hat trotz Themenbezug den Charakter einer geselligen Anlaufstelle.

Abb. 8 Ausschnitte aus #bdsm.de (22.2.1999)

[17:12] * Ludwig hat noch immer nicht ganz verstanden, wie man das Buch von Pauline Reage zum Vorbild nehmen kann.
[17:14] <annette_O> annette wollte keine diskusion entfachen
[17:15] <Ludwig> Oh, annette -- es war nur ein guter Anlass.
[17:15] <Ludwig> Aber vielleicht bist Du ja so nett und schilderst uns mal Deine Sicht?
[17:16] <Owl> ludwig: *soifz* dummerweise fehlt vielen dieser unbedingten verfechter einer Sir&O-Bezoiehungs die notwendige distanz, um einen kritischen blick auf diese strukturen zu werfenn und alternativen zu finden.
[17:16] <annette_O> was soll ich dazu sagen
[17:17] <annette_O> mein Herr hat es so gewollt, sonst wären wir nicht zusammen
[17:17] <Owl> konrad: und bei mangelnden alternativen... was soll man machen. wenn du die wahl hast zwischen kein sm oder sm a la O, was nimmst du?
[17:17] <Ice> hmmm Owl ich tät kein SM nehmen..
[17:18] <Ice> immerhin kann ich mir ja auf meine SM-vorstellungen noch einen runterholen :)
[17:18] <klm> ich galub, ich tät die O nehmn (bei rollentausch zugegebenermaßen)
[17:18] <Ludwig> Owl: Die Frage ist schon auch, wie sehr die Leute dann doch das ganze adaptieren, um zu einer Beziehung zu kommen.
[17:18] <fenzy> Eule: kein sm und weitersuchen.
[17:19] <Miracle> wohl wahr ice und ehe man sich zur sache herabwürdigen läßt, sagt man lieber nein.
[17:19] <Ludwig> annette: Du sagst das so, als haettest Du darin keine Wahl gehabt, bzw. stellst Du Deinen Willen als irrelevant dar -- das befremdet mich.

#linux.de und #AmigaGER dienen der Klärung computerbezogener Fragen, die in lockerer Folge gestellt und (teilweise) beantwortet werden. Im Kern der virtuellen Gruppen befinden sich männliche Personen, die privat und/oder beruflich mit Linux bzw. Amiga arbeiten (Regular-Liste von #linux.de: 27 Männer, 0 Frauen; #AmigaGer: 143 Männer,1 Frau). Sie unterstützen sich untereinander und helfen ggf. auch Außenstehenden bzw. Gelegenheitsgästen. Small Talk ist auf diesen Channels eher verpönt, und die Kommunikation läuft überwiegend nüchtern und sachbezogen ab (#AmigaGER: "wir sind keine Laberchannel"). Ausnahmen bilden auf #AmigaGER unter anderem die Episoden mit DAUs (vgl. Abschnitt 4.4). Expressive Parasprache und überschwängliche Begrüßungen sind nicht zu finden, das Eintreffen von Regulars wird häufig einfach mit stillschweigender Op-Vergabe quittiert. Abbildung 9 zeigt, welche Reaktionen zwei Channel-Operators auf #linux.de auf ihre Fragen erhalten: Während die erste Frage in weniger als einer Minute zufriedenstellend beantwortet wird, bleibt die zweite Frage mehr als 20 Minuten lang unbeantwortet.

Abb. 9 Ausschnitte aus #linux.de (10.3.1999)

[11:17] <uno> gibts ein tool zum files vergleichen=
[11:17] <uno> ?
[11:17] <zum> uno: comm
[11:17] <uno> thx

[11:19] <francois> njum, now for something completely different: Ich will in Java mit ner JTable das Ganze so haben, das alle Columns bis auf eine eine feste Breite haben und die eine nur resized wird. Wenn diese eine die letzte waere, waer's kein Problem (AUTO_RESIZE_ALL_COLUMNS), aber es muesste die 2. Columns sein...
[11:19] <francois> hat da jemand ne Idee (abgesehen von JTable selbst neu implementieren?)
[11:42] *** Quits: francois (Connection timed out)

5. Schlussbemerkung

Nicht die oft zur Gretchen-Frage der Netzkultur hochstilisierte Frage, *ob* bei der Netzkommunikation eine Verhaltenskontrolle ausgeübt werden kann oder soll, bewegt in der Praxis die Mitglieder virtueller Gruppen, sondern vielmehr die Frage, *welche* konkreten Regeln *wie* und von *wem* durchgesetzt werden. Dass das Chatten einfach keinen Spaß macht, wenn "alles komplett drunter und drüber geht" (aus den Regeln von #AmigaGER) scheint allgemein konsensfähig.

Virtuelle Gruppen nutzen virtuelle Foren als ihre Territorien. Durch ihre (teilweise auf explizierten Regelwerken basierende) Sanktionierungspraxis regulieren sie den Zugang zum Forum und zur Gruppe, sowie das dort gezeigte Verhalten. Der soziale und technische Gebrauch des Chat-Mediums wird sowohl mit sozialen, als auch mit technischen Interventionsmethoden kontrolliert. Diejenigen, die an der Chat-Kommunikation im IRC interessiert sind und virtuellen Gruppen angehören (wollen), bewegen sich in komplexen Normensystemen und hierarchischen Gruppenstrukturen, in denen sie nicht nur nicht über jegliche Sanktionierung erhaben sind, sondern zuweilen sogar unter Macht-Missbrauch zu leiden haben.

Obwohl die hier vorgelegte Analyse sich auf gut etablierte, deutschsprachige Chat-Channels im europäischen IRCnet beschränkt, zeigt sich eine bemerkenswerte Heterogenität der virtuellen Gruppen. Diese Heterogenität bleibt verborgen, solange virtuelle Gruppen vorwiegend mit face-to-face Gruppen und nicht stärker auch untereinander kontrastiert werden.

6. Literatur

M. Beißwenger (Hrsg.), 2001: Chat-Kommunikation. Sprache, Interaktion, Sozialität & Identität in synchroner computervermittelter Kommunikation. Perspektiven auf ein interdisziplinäres Forschungsfeld. Stuttgart.

B. Debatin, 1997: Analyse einer öffentlichen Gruppenkonversation im Chat-Room. Referenzformen, kommunikationspraktische Regularitäten und soziale Strukturen in einem kontextarmen Medium. Vortrag gehalten auf der Jahrestagung der Fachgruppe Computervermittelte Kommunikation der DGPuK in München 1997. Online: http://www.uni-leipzig.de/~debatin/German/Chat.htm

Decker, 1999: Die #germany-ist-für-alle-da-Seite. Online: http://www.is-bremen.de/~irc/germany/gifad.html [2003 nicht mehr verfügbar].

M. Dittmann, A. Limberg, D. Siegle, P. Wütherich, 1998: Schöne rosa Welt? Eine Studie über Schwule im Internet, in: I. Neverla (Hrsg.): Das Netz-Medium. Opladen. S. 175-196.

V. Djordjevic, 1996: Von "emily postnews" zu "help manners" Netiquette im Internet. WZB Discussion Paper FS II 98-105. Online: http://duplox.wz-berlin.de/texte/vali/

N. Döring, 2000a: Cybersex aus feministischen Perspektiven: Viktimisierung, Liberalisierung und Empowerment, in: Zeitschrift für Frauenforschung & Geschlechterstudien, 18. Jhg., Heft 1+2/2000. S. 22-48. Online: http://www.nicola-doering.de/publications/ZfFG_doering-2000.pdf

N. Döring, 2000b: Selbsthilfe, Beratung und Therapie im Internet, in: B. Batinic (Hrsg.), Internet für Psychologen. Göttingen. S. 509-548.

N. Döring, 2001: Belohnungen und Bestrafungen im Netz: Verhaltenskontrolle in Chat-Foren, in: Gruppendynamik und Organisationsberatung - Zeitschrift für angewandte Sozialpsychologie, 32/2. S. 109-143.

N. Döring, 2003[2]: Sozialpsychologie des Internet. Die Bedeutung des Internet für Kommunikationsprozesse, Identitäten, soziale Beziehungen und Gruppen. Göttingen.

M. C. MacKinnon, 1997: Punishing the Persona: Correctional Strategies for the Virtual Offender, in: St. G. Jones (Hrsg.): Virtual Culture. Identity and Communication in Cyberspace. London. S. 206-235.

K. McKenna, J. Bargh, 1998: Coming out in the age of the Internet: Identity "de-marginalization" from virtual group participation, in: Journal of Personality and Social Psychology, 75/3. S. 681-694.

D. Prentice, D. Miller, J. Lightdale, 1994: Asymmetries in Attachments to Groups and to their Members: Distinguishing Between Common-Identity and Common-Bond Groups. Special Issue: The Self and the Collective. Personality and Social Psychology Bulletin, 20. S. 484-493.

E. M. Reid, 1991: Electropolis: Communication and Community On Internet Relay Chat. Online: http://www.aluluei.com/

E. M. Reid, 1999: Hierachy and power. Social control in cyberspace, in: M. A. Smith, P. Kollock (Hrsg.): Communities in Cyberspace. New York. S. 107-133.

M. Sader, 1996: Psychologie der Gruppe. Weinheim.

K. Sassenberg, 2002: Common Bond and Common Identity Groups on the Internet: Attachment and Normative Behavior in On-Topic and Off-Topic Chats, in: Group Dynamics, 6. S. 27-37.

A. Schestag, 1998: Chatten wie wild - das IRC., in: Th. Krüger, J. Funke (Hrsg.): Psychologie im Internet. Weinheim, Basel. S. 56-66.

A. Schestag, 2001: Macht und Machtmißbrauch im IRC aus ethnomethodologischer Sicht, in: M. Beißwenger (Hrsg.), Chat-Kommunikation. Sprache, Interaktion, Sozialität & Identität in synchroner computervermittelter Kommunikation. Perspektiven auf ein interdisziplinäres Forschungsfeld. Stuttgart. S. 187-200.

K. Seidler, 1994: Computerfreaks like 2 party Relay Parties zwischen Virtualität und Realität. WZB Discussion Paper FS II 94-104. Online: http://oswald.pages.de/chat/rps/

K. Seidler, 1999: Internet Relay Chat - Eine möglichst kurze Einführung. Online: http://irc.fu-berlin.de/einfuehrung.html

K. Seidler, 2003: top *.at,*.ch,*.de Kanäle. Diese Seite ist der Versuch eine dynamische und aktuelle Liste deutschsprachiger Kanäle automatisch zu erstellen. Online: http://irc.fu-berlin.de/kanaele.html

D. Shaw, 1997: Gay Men and Computer Communication: A Discourse of Sex and Identity in Cyberspace, in: St. G. Jones, (Hrsg.): Virtual Culture. Identity and Communication in Cybersociety. London. S. 133-145.

SpyDanny, 1999: DAU-FAQ. Online: http://home.htwm.de/gmoeller/cakes/daufaq.html[2003 nicht mehr verfügbar].

H. Zimmerl, B. Panosch, J. Masser, 1998: "Internetsucht" - eine neumodische Krankheit? Versuch einer Antwort anhand einer Untersuchung der Applikation: Chatroom, in: Wiener Zeitschrift für Suchtforschung, 21/4. S. 19-34. Online: http://gin.uibk.ac.at/gin/freihtml/chatlang.htm

Arbeit und Gemeinschaft bei computervermittelter Kommunikation[1;2]

Caroline Haythornthwaite, Barry Wellman und Laura Garton

I. Einführung: Zusammenarbeit und Gemeinschaftsbildung mit Hilfe computervermittelter Kommunikation

Der Computer wird häufig als technisches Phänomen betrachtet, bei dem es um die Herstellung von Software und Hardware geht. Die Kommunikation über Computernetzwerke ist im Grunde jedoch ein soziales Phänomen, dessen Bedeutung und Umsetzung von den Anwendern - nicht den Systementwicklern - definiert wird. Wesen und Form der genutzten Medien werden mehr durch soziale Beziehungen und soziale Netzwerke beeinflusst, als durch die technischen Attribute dieser Medien selbst. Ein Überblick über die Forschung zur computervermittelten Kommunikation (CMC = computer-mediated communication) zeigt, dass das Soziale im Angesicht des Technischen weiterhin besteht und dass, trotz früherer Befürchtungen hinsichtlich der "Armut" von CMC, in der Online-Welt Kommunikationsreichtum herrscht.

Kommunizieren über Computernetzwerke ist nicht nur die Handlung eines Individuums. Vielmehr sind sowohl Sender als auch Empfänger erforderlich, die als 'kritische Masse' auftreten (vgl. Markus, 1990). Computernetzwerke unterstützen spezialisierte und breit angelegte Beziehungen, Bindungen zwischen Kollegen, engen Freunden, Bekannten und Unbekannten, räumlich naher und verstreuter Paare, Gruppen und Organisationen. Die Nützlichkeit eines Mediums hängt von komplexen Wechselbeziehungen zwischen verschiedenen Faktoren ab, wie z.B.:

[1] Der Originalbeitrag wurde veröffentlicht in: Jane Gackenbach (Hrsg.), 1998: Psychology and the Internet. San Diego. Academic Press, Übersetzung und Abdruck mit freundlicher Genehmigung.
[2] Unsere Arbeit wurde unterstützt vom Social Science and Humanities Research Council of Canada und den Cavecat/Telepresence-Projekten der Universität von Toronto. Die Graduate School of Library and Information Science der Universität von Illinois bot uns eine hilfreiche vertraute Arbeitsumgebung; weiter wurden wir vom Centre for Urban and Community Studies, der Fakultät für Information Studies und dem Knowledge Media Design Institute der Universität von Toronto unterstützt. Sehr anregend waren die Gespräche mit Ronald Baecker, William Buxton, Keith Hampton, Emmanuel Koku, Marilyn Mantei und Joanne Marshall.

- Den Kommunikationsbeziehungen und -inhalten (vgl. Haythornthwaite, 1996a, Haythornthwaite, Wellman, im Druck; El-Shinnawy, Markus, 1997).
- Der Verfügbarkeit unterschiedlicher Medien (Rice, 1992).
- Der Beziehung zwischen Gruppennormen und -einflüssen und der Mediennutzung (vgl. Fulk, Steinfield, Schmitz, Power, 1990; DeSanctis, Poole, 1994; Poole, DeSanctis, 1990).
- Der Kommunikationsnormen beim Austausch mit unterschiedlichen Personentypen (vgl. Markus, 1994a, 1994b; Haythornthwaite, 1996a).

Der folgende Beitrag zeigt, dass Computerkommunikationsnetzwerke als Computerunterstützte soziale Netzwerke (CSSSNs = computer-supported social networks) betrachtet werden können, die viele Formen des sozialen Austauschs erleichtern, und es den Teilnehmern ermöglichen, zusammen zu arbeiten und Gemeinschaften zu bilden (vgl. Wellman, et al., 1996). Er gibt einen Überblick über die Forschung zur computervermittelten Kommunikation und zeigt, wie der ursprünglich, auf technischen Eigenschaften liegende Schwerpunkt allmählich einer sozial orientierten Sicht der Online-Beziehungen gewichen ist. Am Anfang steht die Definition von CMC und die Beschreibung ihrer häufigsten Erscheinungsformen. Danach folgt ein Überblick über die Literatur und eine genauere Untersuchung, wie sich Online-Beziehungen zu sozialen Online-Netzwerken und -Gemeinschaften zusammenfügen.

A. Die Definition von CMC

Computervermittelte Kommunikation umfasst den über Computer kontrollierbaren Austausch von Text-, Ton-, und Video-Beiträgen. Sie dient der Überbrückung räumlicher und zeitlicher Distanzen und dadurch der Verbesserung der Kommunikationsumgebung von Gruppen (vgl. Kiesler, Siegel, McGuire, 1984; Kiesler, Sproull, 1992). Zu den CMC-Hilfsmitteln gehören textbasierte E-Mail, Bulletin-Boards, Internet Relay Chat (IRC Chat-Lines und Chat-Rooms), Multi-User-Dungeons (MUDs und MOO = MUD Objekt Oriented), sprachgesteuerte Telekonferenzen und Voice-Mail-Systeme, Videokonferenzen und Video-Mail, Hypertext- und Multimedia-Systeme. Weniger gebräuchliche CMC-Werkzeuge sind 'virtuelle Eingangshallen' (vgl. Fish, et al., 1993) und Videowände, die zufällige face-to-face Begegnungen nachbilden sollen, sowie CSCW-Programme (CSCW = computer-supported cooperative work), die ein gemeinsames Arbeiten ermöglichen, z.B. gemeinsam genutzte Schreib- oder Zeichen-Werkzeuge, virtuelle Tafeln und Planungsmittel für Arbeitsprozesse. (Weitere Einzelheiten zu diesen verschiedenen Anwendungen finden sich zusammenfassend bei: Baecker, 1993, oder in den Konferenzberichten zu CSCW, z.B.: Ackerman, 1996, Hughes, Prinz, Rodden, Schmidt, 1997.)

Medienräume (vgl. Mantei, et al. 1991; Stults, 1989) sind sorgfältig geplante, ständig betriebsbereite audiovisuelle Einrichtungen, die zu einer Steigerung beruflicher Interaktionen führen, indem sie es: "einer Person ermöglichen, mit anderen, weit entfernten Personen zu kommunizieren, zu kooperieren und zu erfahren, was im Bürogebäude oder an anderen Orten vor sich geht, ohne den Raum verlassen zu müssen" (Bellotti et al., 1996: 361). Während nur wenige Einrichtungen die technische Allgegenwart eines Medienraums erreichen, ist die Nutzung mehrerer Medien die Regel, wobei das Kommunikationsrepertoire von Organisationen Fax, Telefon, Videokonferenzen, E-Mail, Bulletin-Boards, das World Wide Web und face-to-face Begegnungen umfasst. Systeme zur Unterstützung von Gruppenentscheidungen (GDSS = Group Decision Support Systems) oder Systeme zur Unterstützung von Gruppenarbeit (GSS = Group Support Systems) bieten das Rüstzeug für das Management kollektiver Arbeit. Sie unterstützen Gruppen mit Mechanismen für die Generierung neuer Ideen (z.B. durch den anonymen Input und die zentrale Darstellung von Ideen), für die elektronische Aufzeichnung von Arbeitssitzungen und Hilfsmitteln für die Abstimmung. Studien zum Einsatz dieser Werkzeuge sind besonders wichtig für die Untersuchung der Auswirkungen von Anonymität auf Gruppeninteraktionen (zur Übersicht: Finholt, Sproull, 1990; Garton, Wellman, 1995).

Obschon es viele Formen von CMC gibt, konzentriert sich der vorliegende Beitrag auf textbasierte CMC-Systeme, die inzwischen eine 'kritische Masse' und weite Verbreitung erreicht haben, d.h. auf Systeme wie E-Mail, Bulletin-Boards, Chat-Rooms, etc.. Obwohl viele CMC-Studien auch andere Medien, inbesondere Voice-Mail- und Videokonferenz-Systeme berücksichtigen, sollen sie hier nicht schwerpunktmäßig behandelt werden. Das gleiche gilt für Studien zu GDSS-Systemen, auch wenn diese die gegenwärtigen Debatten über CMC beherrschen, insbesondere wenn es um Arbeitsgruppen geht.

Der vorliegende Beitrag konzentriert sich außerdem auf unstrukturierte CMC-Foren, auf jene Technologien also, die Galegher und Kraut (1990) als "permissiv" statt "präskriptiv" bezeichnen. Diese Foren ermöglichen es den Anwendern, den Gebrauch der Systeme selbst zu definieren und bieten die größte Flexibilität für neue und überraschende Anwendungen. Solche: "zweitrangigen Wirkungen [nach den Effizienz-Effekten] von Kommunikationstechnologien können in erster Linie dadurch zustande kommen, dass neue Kommunikationstechnologien die Ursache dafür sind, dass die Leute auf andere Dinge achten, Kontakt mit anderen Leuten aufnehmen und dass sie in anderer Weise aufeinander angewiesen sind" (Sproull, Kiesler, 1991: 4). Die Diskussion präskriptiver E-Mail-Systeme (wie z.B. des 'Coordinator'), die Einrichtungen bieten, um die Art der Mitteilung (z.B. Handlungsaufforderung oder Handlungsreaktionen) formal zu identifizieren (vgl. Flores, et al., 1988; Malone, et al., 1989; Winograd, 1988; zur weiterführenden Diskussion siehe: Suchman, 1994; Winograd, 1994) wird daher ebenfalls ausgeklammert.

Eine weitere wichtige Unterscheidung ist zwischen den Publikations-Medien und den interaktiven Medien - zwischen dem "Web" und dem "Net" zu machen. Publikations-Medien bieten den Nutzern keine Möglichkeit für Feedback, Kontrolle oder Interaktionen. Sie liefern einen Strom von Informationen, ohne dass der Nutzer etwas hinzufügen, löschen oder nachfragen könnte (zumindest nicht im elektronischen Forum). Obwohl das World Wide Web (WWW) auch interaktiv genutzt werden kann, dienen die meisten Websites nur der Publikation, d.h. der Beitrag wird präsentiert, dem Nutzer stehen jedoch keine Mechanismen zur Verfügung, um darauf zu reagieren; es liegt nicht im Interesse der Person, die den Beitrag ins Web stellt, eine interaktive Diskussion anzuregen. Diese Seiten dienen der Präsentation von Informationen vor einem breiten, unspezifischen Publikum. Selbst interaktive Medien wie E-Mail können trotz der bestehenden Dialogfähigkeit auch für die Publikation eingesetzt werden. Mitteilungen des höheren Managements können z.B. wie Sendungen empfangen werden, wobei der Empfänger durch den höheren Status des Senders in seinen Möglichkeiten zu antworten eingeschränkt ist. Dennoch unterscheiden sich Sendungen per E-Mail immer von Web-Publikationen, da im ersten Fall der Empfänger durch Eingabe einer Einzel- oder Gruppenadresse bestimmt werden muss, und damit die grundsätzlich ungerichtete Natur der Publikation keine Rolle spielt.

Ungerichtete Publikations-Sendungen waren keineswegs von Anfang an der Zweck des Webs, das ursprünglich dem wissenschaftlichen Informationsaustausch in einer Gemeinschaft von Forschern diente, die sich kannten. Tim Berners-Lee legte 1990 im Labor für Hochenergiephysik des europäischen Kernforschungszentrums CERN den Grundstein für das World Wide Web, mit dem Ziel, verstreut arbeitenden Wissenschaftlern die Möglichkeit zum Informationsaustausch zu geben (Holloway, 1997a). Solche Gemeinschaften nutzen das Web, um Informationen auszutauschen, eine gemeinsame Wissensbasis zu entwickeln[3] und Personen mit ähnlichen Ansichten miteinander zu verbinden. Wo das WWW in dieser Weise, als Konnektor zum Aufbau eines sozialen Netzwerks genutzt wird, ist es Gegenstand dieses Beitrags. Auch bei E-Mail sind Publikations-Sendungen nicht der Hauptzweck. Diese Fälle stellen vielmehr eine *Zweckentfremdung* des Mediums dar, d.h. die Nutzung steht der ursprünglich beabsichtigten Nutzung konträr gegenüber, statt ihr zu entsprechen (vgl. Chidambaram, Bostrom, 1997a; 1997b).

Obwohl auch Telearbeit (vgl. Dimitrova, Salaff, im Druck; Salaff, Dimitrova, Hardwick, 1996), die private Computernutzung und der Einsatz von CMC zur Verbindung von Familienmitgliedern stark zugenommen haben (vgl. Kraut, 1996), liegt der Fokus dieses Beitrags auf den Auswirkungen von CMC, auf Arbeit und Arbeitsplatz, sowie auf den online entstehenden Gemeinschaften.

B. Definition und Erscheinungsformen

Der Austausch von Texten ist die bekannteste und älteste der CMC-Anwendungen. Tatsächlich tauschen CSSN-Mitglieder bereits seit den 60er Jahren Botschaften aus (vgl. Hiltz, Turoff, 1993). Elektronische Post (E-Mail) ist am weitesten verbreitet, steht an den meisten Arbeitsplätzen zur Verfügung, und wird am häufigsten zur Verbindung von Personen innerhalb einer Organisation (d.h. in den internen Datennetzen, den sog. Intranets) eingesetzt. Sie dient der Kommunikation in der Konstellation 'Einer an Einen' oder 'Einer an Viele' mit Hilfe einer textbasierten Schnittstelle. E-Mail-Systeme erlauben häufig auch die Übertragung begleitender Textdateien und Grafiken, auf die von der Arbeitsoberfläche des Empfängercomputers aus immer einfacher zugegriffen werden kann. Hypertext und WWW-Links können in den E-Mail-Text integriert sein. Auf diese Links kann zugegriffen werden, wenn Sender und Empfänger die gleiche Software benutzen, was innerhalb von Organisationen zwar meist zutrifft, über Organisationsgrenzen hinweg oder außerhalb jedoch häufig nicht der Fall ist, es sei denn, es werden gemeinsame Standards entwickelt und verwendet.

---

[3] Gemeinsam genutzte Speicher sind ein weiterer Aspekt des WWW, der vielleicht bald in den Bereich der CMC fällt. Bisher lagen gemeinsam genutzte Datenbanken und das 'organisatorische Gedächtnis', das durch sie aufrechterhalten werden kann, im allgemeinen außerhalb des Blickfeldes der CMC-Forschung; da diese Datenbanken auf der Basis einer freiwilligen Kooperation jedoch durch das WWW (d.h., nicht als Teil der Intranets von Organisationen) immer mehr unterstützt werden, können sie zum zentralen Bestandteil für die Definition solcher Gemeinschaften werden. Durch die Art und Weise, wie sich Personen nach den gespeicherten Informationen ausrichten (vgl. Farace, Monge, Russell, 1977), kann der Grad bestimmt werden, nach dem sie als Gemeinschaft zu bezeichnen sind (vgl. Johnson-Lenz, Johnson-Lenz, 1994; Holloway, 1997b).

Die Hauptattraktivität von E-Mail liegt in der asynchronen und schnellen Übertragung über große Entfernungen hinweg; dadurch wird sie zum geeigneten Ersatz für face-to-face Begegnungen und traditionelle "Schnecken Post" ("Snail Mail"). E-Mail-Nutzer brauchen keine räumliche Nähe, um zu kommunizieren, Nachrichten können jederzeit hinterlegt und von jedem Ort aus gesendet werden. Außerdem treffen Sendungen fast ohne Verzögerung beim Empfänger ein, der sie jedoch, je nach Belieben, auch später lesen kann. Durch diesen Aspekt der zeitlichen und räumlichen Unabhängigkeit, sowie die hohe Übertragungsgeschwindigkeit, können Terminprobleme überwunden werden, besonders wenn die Mitglieder eines Teams an verschiedenen Orten, nach verschiedenen Terminplänen, und in unterschiedlichen Zeitzonen arbeiten (wie die Autoren dieses Buches bzw. dieses Beitrags). Berufliche Kommunikation kann fortgesetzt werden, selbst wenn die Teilnehmer keinen gemeinsamen Termin für ein face-to-face Treffen finden, oder die Post streikt (Bedingungen, die auch beim Entstehen dieses Beitrags herrschten).

E-Mail sollte nicht isoliert, sondern als Teil eines ganzen Repertoires zur Wahl stehender Medien analysiert werden. E-Mail dient in vielen Fällen der Unterstützung von face-to-face Begegnungen. Face-to-face Interaktionen werden durch sie also weniger verdrängt, als vielmehr ergänzt und verbessert (vgl. Garton, Haythornthwaite, Wellman, 1997; Haythornthwaite, 1996a, 1998; Haythornthwaite, Wellman, 1998; McKenney, Zack, Doherty, 1992; Rice, 1992; Rice, Case, 1983; Rice, Shook, 1990b; Sproull, Kiesler, 1991; Wellman et al., 1996).

Durch die E-Mail Funktionen 'Senden' und 'Weiterleiten' werden Teilnehmer ermutigt, ein größeres Publikum anzusprechen, und Informationen mit vielen anderen zu teilen. Diese Eigenschaften können das Engagement von Mitarbeitern steigern. Weit entfernte Mitarbeiter haben die Möglichkeit, den Kontakt zu den Aktivitäten der Zentrale aufrechtzuerhalten, und Mitarbeiter mit geringerem Status können sich stärker in der Organisation einbringen (vgl. Eveland, Bikson, 1988; Finholt, Sproull, 1990; Sproull, Kiesler, 1991). Pliskin und Romm (1994) beschreiben, wie mit Hilfe von E-Mail die Motivation von 4500 streikenden Fakultätsmitgliedern über zweieinhalb Monate aufrecht erhalten wurde, wobei sich viele von ihnen niemals face-to-face begegnet wären. Durch E-Mail entwikkelten die Mitarbeiter ein Gefühl der Zusammengehörigkeit und Zweckgemeinschaft, und schafften es, trotz des öffentlichen Drucks, an ihre Arbeitsstellen zurückzukehren, den Streik fortzusetzen. In ähnlicher Weise unterstützt die von Anita Borg ins Leben gerufene "Systers"-Mailingliste gegenseitige Hilfeleistungen für räumlich entfernt und in unterschiedlichen Organisationen arbeitende Frauen in der Computerbranche (1994 etwa 1500 Mitglieder). 1993 konnte diese

Gruppe mit vereinten Kräften durchsetzen, dass der Satz "Mathe ist schwer" aus dem Wortschatz einer sprechenden Barbiepuppe der Firma Mattell gestrichen wurde (vgl. Camp, 1996).

Die relative Anonymität der E-Mail-Kommunikation, die fehlende Kenntnis von der Größe der angesprochenen Gruppe (wenn z.B. Gruppenadressen verwendet werden), und die fehlenden Hinweise auf den Status des Empfängers können Kommunikation und Engagement stärken, da die Hemmungen, mit anderen in Kontakt zu treten, geringer sind (vgl. Sproull, Kiesler, 1986; 1991). Dies kann auch die sozialen Kosten, die mit der Kontaktaufnahme mit relativ Unbekannten einhergehen, verringern, und damit die Integration der einzelnen Mitarbeiter in der Organisation erleichtern, seien diese nun durch Abteilungsgrenzen, hierarchische oder räumliche Grenzen voneinander getrennt (vgl. Constant, Kiesler, Sproull, 1996; Feldman, 1987; Pickering, King, 1995). Inwieweit dies möglich ist, kann jedoch von Normen, Vorschriften, Strukturen oder Arbeitsplatzeinteilungen der jeweiligen Organisation abhängen.

Ähnliche Bedingungen der Anonymität herrschen im IRC, in MUDs und MOOs (Beschreibung von IRC siehe: Werry, 1996; MUD und MOO siehe Curtis, 1997), wobei es sich hierbei allerdings um synchrone Medien handelt. Die Teilnehmer belegen virtuelle Räume und Orte zur gleichen Zeit, und erhalten ein sofortiges Feedback auf ihre Beiträge. Diese Medien unterscheiden sich von E-Mail dahingehend, dass sie größtenteils der Freizeitbeschäftigung dienen, was sich bei zunehmender Nutzung von Einrichtungen wie Chat-Lines für den Fernunterricht allerdings noch ändern könnte (vgl. Harasim et al., 1995; Hiltz, Wellman, 1997). Spieler können neue und fiktive Rollen annehmen, und ihre virtuellen Orte können das Aussehen phantastischer Schlösser und Burgverliese annehmen. Es überrascht keineswegs, dass die Auswirkungen der Anonymität in diesen Umgebungen deutlicher und dramatischer sind, als im Umfeld von Organisationen; ein Beispiel ist der Fall der "Vergewaltigung im Cyberspace", bei der Gewalt im Cyberspace ausgelebt wurde (vgl. Dibbell, 1994) und der "seltsame Fall des elektronischen Liebhabers", in dem sich ein Mann als behinderte Frau ausgab (vgl. Gelder, 1985; 1996). Solche Fälle ziehen zwar viel Aufmerksamkeit auf sich, Curtis (1997) geben jedoch zu bedenken, dass MUD-Spieler nur selten eine Identität annehmen und aufrecht erhalten, die sich völlig von ihrer eigenen unterscheidet, es sei denn, sie tauchen vollkommen in die Nachbildung einer alternativen Welt ein, wie dies z.B. beim PernMUSH, einem MUD, der Fall ist, der Ann McCaffreys 'Welt von Pern' und ihre Drachen nachbildet.

Bulletin-Boards, Listservers, Newsgroups und *Webboards* bieten, wie ihre Namen bereits sagen, Arenen für das Senden von Botschaften an viele andere, und unterstützen damit Verbindungen von 'Vielen an Viele'. In einigen Anwendungen wird die 'Betreff'-Zeile der Beiträge genutzt, um thematische 'rote

Fäden' (Threads) zu erzeugen, denen die Leser folgen können; die Teilnehmer erhalten dadurch die Möglichkeit, unter den vielen gesendeten Beiträgen auszuwählen. Die automatische Formierung (Streaming) von Beiträgen setzt die Einführung sozialer und technischer Neuerungen voraus. Da Beiträge den Threads nach ihren 'Betreff'-Zeilen zugeordnet werden, bewirkt die falsche Benennung von Beiträgen Threads, die nicht interpretierbar sind. In solchen elektronischen Foren haben sich soziale Normen entwickelt, die dieses Streaming nutzen (vgl. Baym, 1995) und jene bestrafen, die sich über die Konventionen hinwegsetzen (vgl. McLaughlin, Osborn, Smith, 1995; Smith, McLaughlin, Osborne, 1996). So entscheiden z.B. die Mitglieder der Newsgroup "rec.arts.tv.soaps" anhand der Informationen im Kopf (Header) eines bestimmten Beitrags, ob sie ihn lesen oder nicht. Die Gruppe hat Normen für die Verwendung der 'Betreff'-Zeile aufgestellt. Diese soll Aufschluss darüber geben, ob ein Beitrag von einer bestimmten Soap Opera handelt, eine bestimmte Person zum Thema hat, Nacherzählungen, oder eine Vorschau auf den Inhalt von Sendungen enthält, Treffen mit Serienstars diskutiert oder Material beinhaltet, das die Soap Opera nur am Rande tangiert (vgl. Baym, 1995; 1997).

C. Die Verbreitung von CMC

Die Nutzung von CMC breitet sich immer schneller aus. Kommerzielle Provider wie AOL ersticken bei zunehmender Überlastung der Kommunikationsnetze an ihrem eigenen Erfolg. Am Arbeitsplatz beschäftigen sich die Menschen mit E-Mail, Bulletin-Board, Voice-Mail, sowie dem Erstellen und Herunterladen von WWW-Beiträgen. Mittels E-Mail wird der Kontakt zu Familienmitgliedern, entfernt lebenden Freunden und Kollegen gepflegt. Diese Entwicklung beschränkt sich keineswegs nur auf Einzelfälle. Umfragen zeigen, dass sowohl die Zahl der Personen, die Zugang zum Internet haben, als auch die Zahl der Nutzer sowie die Häufigkeit der Nutzung überproportional ansteigen.

Während die Definitionen von "Internet-Nutzung" variieren können, steht ihre zunehmende Verbreitung außer Zweifel. Matthew Gray vom Massachusetts Institute of Technology (1996) verzeichnete von 1993 bis Januar 1996 einen Anstieg von 0,4 auf 1,7 Millionen Hosts (Computer auf denen Internet-Seiten liegen) im Internet, wobei eine konservative Definition, die sich auf das Vorhandensein von Hostname und IP-Adresse auf einem Nameserver bezieht, zugrunde gelegt wurde. Bei einer weniger konservativen Definition, die nur jene Hosts umfasst, die aufgelistet waren und auf Kontaktaufnahme reagierten, erhöhte sich die Zahl der Hosts von 1,3 Millionen im Jahr 1993 auf 9,5 Millionen im Januar 1996.

Hoffman, Kalsbeek, Novak, die eine 1995 von 'ComerceNet/Nielsen Internet Demographic Survey' durchgeführte Umfrage zur genaueren Schätzung der US-Bevölkerung im allgemeinen neu bewerteten und gewichteten, kamen zu dem Schluss, dass: "28,8 Millionen der über 16jährigen US-Bürger Zugang zum Internet haben, 16,4 Millionen das Internet nutzen, 11,5 Millionen das Web nutzen und 1,51 Millionen über das Web bereits etwas gekauft haben" (1996: 43). Von den 16,4 Millionen Internet-Nutzern werden 30% (4,94 Millionen) als "High Internet/High Web user" eingestuft, d.h. sie nutzen das Internet mindestens einmal pro Woche und geben an, dass sie das Web häufig benutzen.

Nach einer aktuelleren Schätzung, die auf einer 1997 von 'Find/SVP' durchgeführten Umfrage zur Internet-Nutzung basiert, gibt es in den USA 31,1 Millionen Nutzer (einschließlich 9 Millionen früherer Nutzer) und 55 Millionen sind "bereit, Internet-Nutzer zu werden".

In Kanada zeigte eine zwischen Oktober und Dezember 1996 von Nielsen durchgeführte Umfrage, dass ungefähr 13,3% der Haushalte das Internet nutzen (Information Highway Advisory Council IHAC, 1997). Es wird jedoch davon ausgegangen, dass weitere Personenkreise über Beruf oder Ausbildungseinrichtung ebenfalls Zugang zum Internet haben (IHAC, 1997). Die kanadische Regierung räumt Programmen zur Bereitstellung einer entsprechenden Infrastruktur hohe Priorität ein, damit Schulen und Bibliotheken im gesamten Land und insbesondere in abgelegenen Orten Zugang zum Internet erhalten (IHAC, 1997).

Vor einiger Zeit erschien im Wall Street Journal ein Artikel, der weitere Belege für dieses Wachstum liefert: Deja News, ein Webservice, der USENET-Beiträge archiviert, meldet, dass: "die Zahl der täglichen Beiträge (im USENET, einem Teilbereich des Internet, der die sog. Newsgroups enthält) im letzten Jahr um etwa 25% auf ungefähr 250.000 angestiegen ist, während sich die Zahl der Newsgroups auf ungefähr 40.000 verdoppelt hat. Alle 24 Stunden wird im USENET eine Textmenge gesendet, die 360.000 Seiten entspricht" (Hanrahan, 1997: R26). Nach 'Dataquest Inc.', einem in San José angesiedelten Marktforschungsunternehmen, wird gegen Ende 1997 die "Zahl der ans Internet angeschlossenen PCs 82 Millionen überschreiten, was einen Anstieg um 72% gegenüber dem Vorjahr bedeutet". (S. R26)

Wie auch immer gemessen wird, das Internet boomt, und die Folgen dieses Wachstums auf Kommunikation und Konnektivität sind bislang noch nicht absehbar.

D. Theorien und Forschungsansätze zu CMC

1. Face-to-face Kommunikation im Vergleich zu CMC

Ansätze zur Untersuchung von CMC entwickelten sich von 1) Analysen, der *individuellen* Medienauswahl (vgl. Daft, Lengel, 1986), über 2) Untersuchungen, zur Aushandlung der Medienauswahl von *Paaren* (vgl. Clark, Brennan, 1991), bis hin zu 3) Untersuchungen, *gruppenspezifischer*, gemeinsamer Definitionen der Mediennutzung (vgl. DeSanctis, Poole, 1994; Poole, DeSanctis, 1990), die in gemeinsamen Kommunikationsräumen (vgl. Mantei et al., 1991; Bellotti et al., 1996) und an gemeinsamen Kommunikationsplätzen realisiert wird (vgl. McLaughlin, Osborn, Smith, 1995; Smith, McLaughlin, Osborne, 1996). In jüngster Zeit haben sich die Ansätze dahingehend weiterentwickelt, dass die Entstehung neuer und unterschiedlicher Formen von Gemeinschaft stärker berücksichtigt wird (vgl. Baym 1995, 1997; Wellman, 1999; Wellman, Gulia, 1998; Wellman, Hampton, Koku, 1998). In einigen Fällen handelt es sich hierbei um Orte, an denen Individuen ihre Identität ablegen und andere Rollen annehmen können (vgl. Curtis, 1997; Reid, 1995; Rheingold, 1993; Turkle, 1995).

Grundlegend bei diesen Forschungsansätzen ist die Berücksichtigung technischer, psychologischer und soziologischer Unterschiede zwischen face-to-face Kommunikation (FTF) und computervermittelter Kommunikation (CMC). Frühere Forschungen beschäftigten sich mit den Mängeln von CMC im Vergleich zur face-to-face Kommunikation, da befürchtet wurde, dass die Instrumentalisierung und Depersonalisierung bei CMC eine andere Form der Automatisierung am Arbeitsplatz darstellen würde (vgl. Zuboff, 1988). Im Gegensatz dazu stehen in aktuellen Forschungsarbeiten mehr die neuen Kommunikationsmöglichkeiten und die Freude an den online (wieder-)entdeckten Emotionen und der Gemeinschaft im Vordergrund.

Frühere Forschungsansätze konzentrierten sich auf die Katalogisierung physischer Unterschiede zwischen CMC und FTF-Interaktionen (vgl. Daft, Lengel, 1986; Kiesler, Siegel, McGuire, 1984; Rice, 1987; Short, Williams, Christie, 1976; für einen Überblick: Culnan, Markus, 1987). Computergestützte Medien und die Kommunikation über diese Medien wurden bei diesen frühen Vergleichen schlecht bewertet, da die Analytiker befürchteten, dass textbasierte CMC sich nur für unpersönliche, aufgabenorientierte Mitteilungen eignen würde und die Emotionen und Nuancen nicht vermitteln könnte, die für komplexe soziale Beziehungen im Beruf und in der Gemeinschaft unabdingbar sind. Sie gingen außerdem davon aus, dass textbasierten Mitteilungen die *redundanten verbalen Anhaltspunkte* (z.B. Stimmklang und -volumen), die *nonverbalen Anhaltspunkte* (z.B. Blickkontakt, Körpersprache) und die *kontextuellen Anhaltspunkte* (z.B.

Treffpunkt, Sitzordnung; vgl. Mantei, 1989) fehlen würden, die die Sicherheit hinsichtlich des Kommunikationsinhalts vermitteln (vgl. Culnan, Markus, 1987; Garton, Wellman, 1995; Sproull, Kiesler, 1991). Es wurde weiterhin festgestellt, dass die ersten textbasierten, asynchronen Medien, wie E-Mail, Bulletin-Boards und Listserver wenig Informationen über *soziale Merkmale* (Geschlecht, Alter, ethnische Zugehörigkeit), *persönliche Merkmale* (Aussehen, Kleidung) und *soziale Stellung* (Stellung in der Machthierarchie, Zentralität in einer Gemeinschaft) boten.

2. *'Media Richness' und soziale Präsenz*

Nach der 'Media-Richness'-Theorie (der Theorie medialer Reichhaltigkeit), und dem daraus entstandenen Ansatz der "Übereinstimmung von Mitteilung und Medium" (message-medium fit) erfordert "reichhaltige Information" (rich information) das unmittelbare Feedback und die Interaktivität eines "reichhaltigen Mediums" (rich medium) (vgl. Daft, Lengel, 1986). 'Reichhaltige Information' ist mehrdeutig, unbestimmt, enthält sozial heikles oder intellektuell schwer zu verstehendes Material, oder erfordert zeitaufwendige Verhandlungen, Konsensbildung und Motivation um handeln zu können (vgl. Fish, et al., 1993; Kiesler, Sproull, 1992; Rice, 1987). Andererseits wird "nicht-reichhaltige Information" (lean information) am effektivsten über "nicht-reichhaltige Medien" (lean media) wie z.B. CMC vermittelt. 'Reichhaltig' sind jene Medien, die viele redundante Anhaltspunkte und damit mehr "soziale Präsenz" vermitteln (vgl. Short, Williams, Christie, 1976); außerdem unterstützen sie direktes Feedback und Interaktivität (vgl. Daft, Lengel. 1986). 'Nicht-reichhaltige' Medien sind stärker an Regeln und Verfahren gebunden. Forschungsarbeiten, denen dieser Ansatz zugrunde liegt, gehen davon aus, dass die Effektivität eines Individuums als Kommunikator eng mit seiner Fähigkeit verknüpft ist, das richtige Medium (reichhaltig oder nicht -reichhaltig) für seine Mitteilung zu wählen. Analog dazu geht die Effektivität eines Mediendesigns mit der Fähigkeit des Mediums einher, das richtige Maß an 'Reichhaltigkeit' bzw. 'Nicht-Reichaltigkeit' zu bieten. In der Regel bedeutet das bislang, dass eine "reiche" Kommuniktionsumgebung angeboten wird, d.h. dass versucht wird, eine face-to-face Umgebung nachzubilden.

Die 'Media-Richness'-Theorie wird durch Untersuchungen über Managementleistung, Bewertungen, inwieweit Medien für unterschiedliche Mitteilungsarten geeignet sind, sowie durch Laborstudien gestützt. So wählten z.B. erfolgreiche Manager eher das 'richtige' Medium für ihre Mitteilung, nutzten also z.B. ein 'reichhaltiges' Medium zur Vermittlung 'reichhaltiger' Information (vgl. Daft, Lengel, Trevino, 1987; Mintzberg, 1973; Trevino, Daft, Lengel, 1990). Für problematische soziale, oder schwierige intellektuelle Informationen wurden face-to

-face Begegnungen als angemessenere Kommunikationsform eingestuft als CMC (vgl. Fish, et al., 1993), das gilt ebenso, wenn es darum geht jemanden zu überzeugen, Dinge auszuhandeln oder soziale Kontakte herzustellen (vgl. Rice, 1987). Elektronische Medien wurden hingegen für aufgabenorientierte Aktivitäten wie den Informationsaustausch oder für Anfragen als angemessener bewertet (vgl. Rice, 1987). Gruppen, die E-Mail nutzten, hatten größere Schwierigkeiten, zu einem Konsens zu kommen, als Gruppen, die sich face-to-face trafen, d.h. dieses 'nicht-reichhaltige' Medium war für diese Art von Aufgabe weniger geeignet (vgl. Kiesler, Sproull, 1992; Garton, Wellman, 1995).

Obwohl Forschungsarbeiten aus der Perspektive der 'Media-Richness'-Theorie immer noch weitverbreitet sind, wurde dieser Ansatz inzwischen doch von vielen Studien in Frage gestellt. Forschungsarbeiten über computervermittelte Entscheidungsfindung wurden häufig unter Laborbedingungen, wie sie in psychologischen Experimenten üblich sind, durchgeführt und zwar mit (hauptsächlich aus Studenten zusammengesetzten) Gruppen, die früher noch nie zusammengearbeitet hatten, deren Mitglieder nicht damit rechneten, dass die Gruppe nach der Studie weiter bestehen würde, die keine alternativen Kommunikationsmöglichkeiten hatten und keine Verantwortung für die von ihnen getroffenen Entscheidungen übernehmen mussten. Diese Untersuchungsbedingungen wurden als nicht repräsentativ für 'realweltliche' Gegebenheiten kritisiert (vgl. Culnan, Markus, 1987; McGrath, 1984; McGrath, Hollingshead, 1994; Walther, 1995). In Feldstudien zur E-Mail-Nutzung konnte außerdem nicht nachgewiesen werden, dass die Entscheidungsfindung hier mehr Zeit in Anspruch nimmt, was nahelegt, dass sich Laborbedingungen und natürliche Bedingungen tatsächlich unterscheiden (vgl. Kiesler, Sproull, 1992).

Wird der Ansatz der 'Übereinstimmung von Medium und Mitteilung' unter realweltlichen Bedingungen betrachtet, so stellt sich das Problem, dass eine einzige Mitteilung häufig viele Arten von Informationen enthält und vielen Zwecken dient; so kann z.B. die Arbeitsplanung auch Verhandlungen umfassen, zur Problemlösung kann auch die Ideenfindung gehören, Arbeitstreffen können auch gesellig sein, Mitglieder einer Gemeinschaft können sowohl Dienstleistungen, als auch emotionale Unterstützung anbieten (vgl. McGrath, 1984, 1991; Haythornthwaite, 1996a, 1998; Haythornthwaite, Wellman, Mantei, 1995; Short, Williams, Christie, 1976; Wellman, Carrington, Hall, 1988). Unter realweltlichen Bedingungen kann die Mediennutzung durch Vorgesetzte vorgeschrieben sein. In einer Organisation nutzten Manager E-Mail häufiger als andere Medien, weil dies durch die Leitung gefördert wurde (vgl. Markus, 1994a; 1994b). Personen richten sich in der Praxis demzufolge nicht immer nach den theoretischen Überlegungen zur Angemessenheit eines Mediums.

Das strenge Festhalten an der Übereinstimmung von nicht-reichhaltiger Information und nicht-reichhaltigem Medium wurde durch Forschungsarbeiten von Rice (1992) in Frage gestellt. Nachdem er die Ergebnisse von 5 Studien analysiert hatte, kam er zu dem Schluss, dass sich die Leistung signifikant steigern ließ, wenn reichhaltige Medien sowohl für die Mitteilung nicht-reichhaltiger, als auch reichhaltiger Information gewählt wurden; bei der Verwendung von reichhaltiger Information fiel diese Steigerung allerdings deutlicher aus. Dieses Ergebnis steht im Widerspruch zur 'Media-Richness'-Theorie, nach der die Leistung sich verschlechtern müßte, wenn ein reichhaltiger Kanal für das Senden von nicht-reichhaltiger Information 'verschwendet' würde. Rice stellte benenso fest, dass die Empfehlung von Daft, Lengel, Trevino: "ungewohnte, schwierige Kommunikation über ein 'reichaltiges' Medium zu ralisieren", die Leistung zwar verbessert, diese Wirkung jedoch nur etwa 10-14% der Varianz erklärt, und dass es: "unklug wäre, [diese Empfehlung] sklavisch zu befolgen" (vgl. Rice, 1992: 496).

Walther (1995) vertritt die Auffassung, dass die für E-Mail-Kommunikation typische Umgebung mit ihren reduzierten sozialen Anhaltspunkten, den Prozess der Gruppenbildung nur verlangsamt, und dass "normale Mitteilungen" und Beziehungen wieder aufgenommen werden, sobald die Teilnehmer Zeit für Interaktionen haben. Bei einer Überprüfung dieser Hypothese konnte er jedoch keine klaren Beweise für die Konvergenz der Beziehungen beim Vergleich von face-to-face Gruppen und E-Mail Gruppen finden. Er verglich die Beziehungsaspekte der Interaktionen in 16 FTF Gruppen, die jeweils aus drei Personen bestanden (mittels Videoaufzeichnungen) und in 16 CMC Gruppen, die ebenfalls aus jeweils drei Personen bestanden (mittels E-Mail Transkripten), wobei jede Gruppe innerhalb von 5 Wochen drei Entscheidungsaufgaben löste. Dort, wo im Laufe der Zeit mit einer Zunahme der Intimität, Geselligkeit und sozialen Orientierung der Beziehungen, sowie einer zunehmenden Konvergenz der CMC- und FTF-Werte zu rechnen gewesen wäre, erfüllten sich diese Erwartungen nicht. Vielmehr zeigte sich bei diesen Messungen in der CMC Gruppe eine größere "Nähe". Obgleich verschiedene Faktoren für die Unterschiede zwischen den Gruppen verantwortlich sein könnten (es fiel besonders auf, dass die CMC Gruppe ständigen E-Mail-Zugang hatte, während die FTF Gruppe nur drei Treffen anberaumte), zeigt die Studie von Walther, dass es wichtig ist, beim Vergleich von FTF-Kommunikation und CMC Interaktionen über längere Zeiträume hinweg zu beobachten. Dies gilt auch dann, wenn die Ergebnisse der Untersuchung zur Korrelation von Umweltbedingungen und Medien, vermischt und unvorhersehbar auftreten können und weder den Erwartungen der 'Media-Richness'-Theorie noch jenen der Theorie von Walther entsprechen.

Auch durch die Untersuchung von Haythornthwaite zur Nutzung von Medien für den Informationsaustausch in einem akademischen Umfeld wird die 'Media-Richness'-Theorie nur bedingt gestützt (1996; 1998; siehe auch: Haythornthwaite, Wellman, 1998). Stattdessen spielten die berufliche oder die soziale Orientierung des Informationsaustausches, sowie die mit beruflicher Kommunikation (z.B. Vorlesungen, Forschungstreffen und E-Mail) assoziierten Gruppennormen für die Wahl des Mediums eine größere Rolle. Die Kontrolle über den Zeitpunkt der Interaktionen erwies sich ebenfalls als ein wichtiger Faktor: so wurden terminierte face-to-face Treffen anberaumt, wenn für Demonstrationen der Arbeit ein Publikum erforderlich war. Paare in formalen Arbeitsbeziehungen bedienten sich häufiger eines Mediums, das ihnen die Kontrolle über den Zeitpunkt der Interaktion ermöglichte (terminierte face-to-face Treffen und E-Mail). Bei sozialer Kommunikation war die Spontaneität nicht terminierter face-to-face Treffen wichtig, bei Personen, die häufig kommunizierten, breitete sich die soziale Kommunikation jedoch auch auf andere Medien aus. Insgesamt nutzten Personen, die häufig miteinander kommunizierten, mehrere ihnen wichtig erscheinende Medien für die Kommunikation, und für die verschiedenen Arten des Informationsaustauschs.

3. Verbesserung und Erweiterung

Weist CMC trotz der reduzierten kommunikativen Anhaltspunkte kompensierende Eigenschaften auf, die sie "reichhaltiger" als face-to-face Interaktionen machen? Es wäre darauf zu achten, wo CMC nicht weniger, sondern mehr Reichhaltigkeit als face-to-face Kommunikation bieten könnte, da sie diese erweitert und nicht einfach nachahmt (vgl. Sproull, Kiesler, 1991). Als Medienattribute, die zu einer Verbesserung der Kommunikationsmöglichkeiten führen, sind: Asynchronität, Überwindung von Distanzen, Speichermöglichkeit für Mitteilungen, Kompatibilität oder Transparenz gegenüber anderen Kommunikations- oder Arbeitsplattformen, Fähigkeit zur Mehrfachadressierung, simultane Übertragung und Anonymität zu nennen (vgl. Huber, 1990; Rice, 1987; Sproull, Kiesler, 1991).

Im Idealfall bewirken diese technischen Eigenschaften, dass Teilnehmer zu jedem Zeitpunkt und an jedem Ort ihrer Wahl Beiträge lesen und darauf antworten können, dass sie Kontrolle über den Informationsfluss erhalten (vgl. Rice, 1987; Trevino, Webster, 1992), Kontakt mit den Vorgängen in der Zentrale aufrecht erhalten und in diese einbezogen bleiben können (vgl. Eveland, Bikson, 1988; Finholt, Sproull, 1990; Sproull, Kiesler, 1991) sowie, dass sie geringere soziale Kosten beim Austausch riskieren (vgl. Constant, Kiesler, Sproull, 1996; Haythornthwaite, Wellman, Mantei, 1995). Äußere Faktoren können jedoch die

Freiheit der Teilnehmer, nach Belieben auf Beiträge zu antworten, und ihre Möglichkeit, den Informationsfluss zu kontrollieren, beeinträchtigen. Personen fühlen sich vielleicht gezwungen, auf E-Mails zu antworten, und auf das "Sie haben eine Nachricht"-Signal reagieren zu müssen, wie auf das Klingeln des Telefons (z.B. Markus, 1994a; 1994b). Die Überladung mit E-Mail, das Spamming und die kommerzielle Werbung können das Gefühl des Anwenders das Medium kontrollieren zu können, herabsetzen (vgl. McLaughlin, Osborn, Smith, 1995; Whittaker, 1997). Die Informationsüberladung kann auch zur Folge haben, dass Mitarbeiter die Lust verlieren, den Kontakt zu den Arbeitsvorgängen in der Zentrale aufrecht zu erhalten.

Ebenso häufig werden die positiven Effekte der Anonymität durch die negativen aufgewogen. Eine intensivere Teilnahme und ein besseres Generieren und Teilen von Ideen sind mit längeren Diskursen verbunden, ein Effekt, der vielleicht gerade auf die fehlenden Hinweise zum sozialen Status, und eine ungeregelte Gesprächsreihenfolge zurückzuführen ist (vgl. Garton, Wellman, 1995; Hiltz, Johnson, Turoff, 1986; Kiesler, Sproull, 1992; Valacich, et al., 1993). Dem offeneren Austausch von Ideen steht das "Flaming", d.h. der Gebrauch extremer und aggressiver Sprache, gegenüber (vgl. Finholt, Sproull, 1990; Lea, O´Shea, Fung, Spears, 1992; Sproull, Kiesler, 1991). Die größere Offenheit in E-Mail-Therapiesitzungen (vgl. Cullen, 1995; King, 1994) wird durch das Risiko relativiert, sich jemandem zu öffnen, der eine falsche Identität angenommen hat (vgl. Gelder, 1985; 1996) oder die Informationen dazu nutzt, um Zugangskonten zu manipulieren oder Zugang zu privaten Daten zu erhalten (vgl. Gilboa, 1996).

Diese technischen Eigenschaften können sich auch auf die Wahrnehmung der "Reichhaltigkeit" eines Mediums auswirken. Durch die hohe Übertragungsgeschwindigkeit können Austauschprozesse via E-Mail häufiger stattfinden und interaktiver, sein als face-to-face Interaktionen, insbesondere dann, wenn Teilnehmer weit voneinander entfernt sind; dadurch kann das Medium als sozial "reichhaltiger" erlebt werden (vgl. Finholt, Sproull, 1990). Dies kann auch zutreffen, weil Verbindungen zu einem größeren Netzwerk von Gleichgesinnten möglich werden und sich dadurch die Chancen des Teilnehmers erhöhen, eine Antwort auf seine Anfragen zu erhalten (vgl. Constant, Kiesler, Sproull, 1996; Feldman, 1987).

Durch die Theorie der 'Sozialen Präsenz' und die 'Media-Richness'-Theorie wurden eine Fülle von Forschungen initiiert und eine anhaltende Debatte über Mediennutzung - in erster Linie mit Bezug auf die individuelle Ebene - angestoßen. Obwohl neuere Forschungsergebnisse die Sicherheit, mit der eine Übereinstimmung von Medium und Mitteilung erreicht werden kann, in Frage stellen, steht dieses Thema nach wie vor im Zentrum vieler Forschungsarbeiten. Während die "Reichhaltigkeit" eines Mediums oder der Mangel an "Reichhaltigkeit" möglicherweise nicht direkt aus einem Katalog seiner Eigenschaften ableitbar ist, geht die Suche nach dem, was ein Medium besser, erfolgreicher oder nützlicher als andere macht, weiter. Eine aktuelle Definition der "Reichhaltigkeit" läßt sich jedoch mit gleicher Wahrscheinlichkeit aus der Häufigkeit und der Nutzungsart durch Paare, Gruppen oder sogar Fremde, wie aus den Medienattributen ableiten.

E. Die Untersuchungsperspektive sozialer Netzwerke

Bei der Untersuchungsperspektive sozialer Netzwerke werden Art und Reichweite von Online-Bindungen und -Beziehungen untersucht (vgl. Haythornthwaite, Wellman, Mantei, 1995; Haythornthwaite, Wellman, 1998; Garton, Haythornthwaite, Wellman, 1997; Rice, 1994; Wellman, 1997; Wellman, Gulia, 1998). Inzwischen beschäftigen sich einige Forschungsarbeiten auch mit der CMC-Nutzung über längere Zeiträume hinweg; untersucht werden dabei gruppendynamische Prozesse und die Nutzung von Unterstützungssystemen für Gruppen (vgl. Garton, Haythornthwaite, Wellman, 1997; Chidambaram, Bostrom, 1997a; 1997b), die Entwicklung von Netzwerken in Organisationen (vgl. Monge, Contractor, 1998; Contractor et al., im Druck) sowie die Entstehung von Online-Gemeinschaft (vgl. Baym, 1995, 1997).

Da Computernetze zugleich soziale Netzwerke sind, eignet sich die Untersuchungsperspektive sozialer Netzwerke besonders gut für die Untersuchung von CMC. So wurde bislang z.B. der Begriff "face-to-face" ohne Berücksichtigung der Teilnehmerzahl verwendet. Solch eine am Individuum orientierte Perspektive berücksichtigt nur die Unterscheidung zwischen Senden und Empfangen von Mitteilungen über CMC, und Senden und Empfangen von Mitteilungen face-to-face. Vorausgesetzt wird eine Verteilung von 'Einem an Eine' oder 'Einem an Viele'. Durch den Wechsel zur Perspektive sozialer Netzwerke wird eine 'Viele an Viele'-Orientierung eingeführt und die Spielregeln verändert. Das Forschungsinteresse verlagert sich von dyadischen Interaktionen, starken interpersonalen Bindungen, namentlich bekannten Teilnehmern und feststehenden Beziehungen hin zu Gruppen- und Netzwerkverbindungen, multiplen Aufgaben und Zielen, dem Einbezug sowohl schwacher als auch mittlerer und starker, sowie von belastenden neben bereichernden Bindungen.

Das face-to-face Treffen einer Gruppe kann je nach ihrer Dynamik mehr oder weniger Reichhaltigkeit aufweisen. So können z.B. Gruppen, die ungeachtet der Teilnehmerzahl von einem einzelnen Sprecher abhängen, durch geringe Reichhaltigkeit und Bindungen vom Typ 'Einer an Viele' charakterisiert sein. In weniger formalisierten Gruppen können die Interaktionsmöglichkeiten mit steigender Teilnehmerzahl anfangs noch zunehmen, bei Erreichen einer bestimmten Größe jedoch wieder abnehmen. Der Wechsel von einer Kommunikationssituation der Konstellation 'Einer an Einen' zu einer Kommunikationssituation, die mehrere Teilnehmer umfasst, kann mit mehr Ideen, weiterem Blickwinkel und größerer Meinungsvielfalt, sowie der Tendenz zu interpersonalen Koalitionen und Spaltungen einhergehen (vgl. Rice, Shook, 1990a). Wenn sich mehre Teilnehmer gleichzeitig treffen, sind die Chancen, Fragen zu stellen oder detaillierte Antworten zu bekommen, geringer, d.h., die Interaktionsmöglichkeiten des Einzelnen und die Wahrscheinlichkeit, ein direktes Feedback zu erhalten, nehmen ab.

Im Vergleich dazu nun die Situation in einem E-Mail-Forum oder Bulletin-Board. Hat das CMC-System zu wenig Nutzer, kann vielleicht keine kritische Masse aufrecht erhalten werden. Mit steigender Teilnehmerzahl steigt jedoch auch das Potential für ein direktes Feedback. Da Mitglieder die Möglichkeit haben, an jedem Ort und zu jeder Zeit zu antworten, kann das E-Mail-Forum die Qualität (oder zumindest die Quantität) des Feedback erhöhen. Mitgliederzahl und Medientyp können also einen Einfluss auf die Interaktivität haben. Steigende Teilnehmerzahlen könnten bei synchronen Medien wie face-to-face Gruppentreffen und Videokonferenzen mit mehreren Teilnehmern geringere Reichhaltigkeit, bei asynchronen Medien jedoch höhere Reichhaltigkeit bewirken. Zur Zeit gibt es keine Untersuchung, die sich speziell mit der Größe von face-to-face und CMC Foren beschäftigt, das Thema ist jedoch bereits in der Diskussion (vgl. Rice, 1987; Rice, Shook, 1990a).

Es ist anzunehmen, dass Aufgabe und Informationsart ebenfalls mit der Teilnehmerzahl korrelieren, und dass ein Gleichgewicht zwischen Reichhaltigkeit und Überlastung angestrebt werden muss. Mit steigender Teilnehmerzahl kann es in elektronischen Foren im Bereich routinemäßiger Information zu Überlastungen kommen, während im Bereich neuer, nicht routinemäßiger Information gerade erst die erforderliche kritische Masse erreicht ist. Ein ausgedehntes Teilnehmerspektrum, das über ein asynchrones elektronisches Forum ansprechbar ist, stellt eine gute Grundlage dar, um Unbekannte und Bekannte zu erreichen, die vielleicht Zugang zu anderen, im Rahmen der eigenen sozialen Kreise nicht ereichbaren Informationsquellen haben (vgl. Constant, Kiesler, Sproull, 1996; Feld, 1982; Granovetter, 1973; 1982; Haythornthwaite, 1996b). Die Nützlichkeit eines Mediums korreliert also mit der Zahl der Teilnehmer im Forum, deren Bindungen untereinander und der Informationsart, die es transportiert.

Die Nutzung eines bestimmten Mediums hängt nicht nur von der Wahl zweier Personen ab. Alle Bindungen zwischen den Gruppenmitgliedern beeinflussen die Entscheidung für ein bestimmtes Medium und die Art seiner Nutzung. Den theoretischen Ansätzen zur CMC-Nutzung durch Gruppen zufolge entwickelt sich die Nutzungsart aus Gruppeninteraktionen, sowie aus der Entschlossenheit der Gruppe heraus, das geeignete Medium und die angemessene Nutzung zu finden. Sozialer Einfluss und lokaler Kontext sind Schlüsselfaktoren, die das Muster der Mediennutzung bestimmen (siehe die gesammelten Beiträge in: Fulk, Steinfield, 1990). Die Gruppe eignet sich die Technologie an und gibt ihr ihre eigene lokale Bedeutung (vgl. DeSanctis, Poole, 1994; Poole, DeSanctis, 1990). Durch permanente Nutzung des Mediums wird seine Bedeutung verstärkt oder neu definiert, so dass die Definition der richtigen Nutzung ein permanenter Entwicklungsprozess ist (vgl. Contractor, Eisenberg, 1990; Krone, Jablin, Putnam, 1987; Monge, Eisenberg, 1987).

In einigen CMC-Gruppen ändert sich die Definition mit der Zeit, so z.B. auch im "Young Scientists' Network", als es seine Inhalte von Tips für die Jobsuche und Zeitungsartikeln zu informeller sozialer Unterstützung hin ausweitete (vgl. Sproull, Faraj, 1995). Andere Gruppen widersetzen sich dem Wandel, indem sie Verhaltensregeln aufstellen und abweichendes Verhalten bestrafen. So beschreiben z.B. McLaughlin, Osborne, Smith (1995) sieben Kategorien von Verletzungen der USENET-"Netiquette", deren Folge Maßnahmen zur Verhaltenskorrektur sind (siehe auch: Smith, McLaughlin, Osborne, 1996):

- Falsche oder unbedarfte Nutzung der Technik
- Überlastung der Bandbreite
- Verletzung allgemeingültiger Konventionen
- Verletzung newsgroup-spezifischer Konventionen
- Verletzung ethischer Grundsätze
- Unangemessene Sprache
- Sachliche Fehler

Unter newsgroup-spezifischen Konventionen sind z.B. der richtige Gebrauch des Headers um den Inhalt eines Beitrags anzuzeigen (vgl. Baym, 1995), sowie Standards für eine akzeptable Diskursführung zu verstehen. Was in einer Umgebung als "Flaming" gilt, kann in einer anderen, z.B. in der von Finholt, Sproull, 1990, beschriebenen E-Mail-Gruppe "Rowdies", als normaler Diskurs gelten; andere Standards legen fest, in welchem Maß die Gruppe vom Thema abschwelfende Beiträge akzeptiert. In einer E-Mail-Gruppe für die Analyse sozialer Netzwerke, der auch die Autoren angehören, wurde das Weiterleiten einer weiteren Warnung vor dem "Good Times"-Virus (einer Falschmeldung) als Weiterleiten einer belästigenden Mitteilung mehrfach getadelt. Eine zweiter Fall rief jedoch weniger grundsätzliche Kritik hervor, und führte zu einer Diskussion, wie das Verbreitungsmuster dieser E-Mail-Warnung zurückverfolgt werden könnte, um den Ursprung der Falschmeldung und ihre Verbreitungswege zu ermitteln. Gruppenmitglieder begreifen sich im Hinblick auf solche Interaktionen und Konventionen als Gemeinschaft und richten ihr Verhalten daran aus. Somit spielen Bindungen zwischen allen Nutzern nicht nur eine wichtige Rolle bei der Entscheidung, welches Medium genutzt oder wie es definiert wird, sondern auch für die Definition der Gruppe selbst.

F. Gemeinschaft

Die Frage, ob man online so etwas wie "Gemeinschaft" finden kann, wird vor allem von jenen gestellt, die noch niemals ein Gemeinschaftserlebnis hatten. Engagierte Teilnehmer von E-Mail, Bulletin-Boards, Chat-Lines, MUDs und MOOs haben keine Probleme zu akzeptieren, dass Online-Gemeinschaften existieren, und dass sie diesen angehören (z.b. Curtis, 1997; Rheingold, 1993; Reid, 1995, Baym, 1995; Kling, 1996). Sogar "Außenseiter" sprechen sich dafür aus: "Der Metapher [der Gemeinschaft] liegt eine offensichtliche Wahrheit zugrunde: die Teilnehmer an computervermittelter Kommunikation selbst nehmen ihre Aktivität als grundsätzlich sozial wahr. Darüber hinaus findet diese Aktivität in einem konzeptuellen, wenn nicht sogar perzeptionellen Raum statt" (McLaughlin, Osborne, Smith, 1995: 93). Somit lautet die Frage nicht, ob online Gemeinschaft existiert oder nicht. Vielmehr stellt sich: "die noch nicht erforschte Frage, 'wodurch konstituiert sich die virtuelle Gemeinschaft?'" (op. cit.: 93).

Die virtuelle Gemeinschaft wird gegenwärtig unter dem selben Aspekt von: "face-to-face versus computervermittelt" untersucht wie CMC. Die Online-Welt wird auf ihre Übereinstimmung mit den Offline-Definitionen von Gemeinschaft hin überprüft. Bei diesem Vergleich schneidet sie gut ab. In Online-Gemeinschaften zeigen sich Verhaltensweisen, die mit denen von Offline-Gemeinschaften übereinstimmen. Die Mitglieder von Online-Gemeinschaften halten Sprachkonventionen ein (z.B. Jargon, Emoticons, Akronyme), füllen soziale und berufliche Rollen (z.B. Hacker, Moderator, Webmaster, Spieler, Kreuzritter, Vollstrecker und Verkehrspolizist; vgl. Rout, 1997) aus, errichten mit Hilfe von Domainnamen Grenzen, vollziehen Rituale wie Trauungen und Beerdigungen, zeigen Engagement für Gemeinschaftsziele und folgen den Normen der Netiquette (vgl. Curtis, 1997; McLaughlin, Osborn, Smith, 1995). CMC schließt auch, sowohl bei der Arbeit (vgl. Fish, et al., 1993; Haythornthwaite, Wellman, Mantei, 1995; Haythornthwaite, Wellman, 1998; Rice, Love, 1987), als auch in der Freizeit (vgl. Rheingold, 1993) sozioemotionale Inhalte mit ein.

Virtuelle Gemeinschaften erweitern überdies die Möglichkeiten von Gemeinschaft, genauso wie CMC die Möglichkeiten der Kommunikation erweitert. Technische Eigenschaften von MUDs und ähnlichen Systemen erlauben es den Individuen, in neue Rollen zu schlüpfen und in Welten mitzuspielen, die offline 'IRL' ("in real life") kein Gegenstück besitzen (vgl. Curtis, 1997; Danet, et al., 1995; Danet, Rudenberg, Rosenbaum-Tamari, 1998; Reid, 1995; Rheingold, 1993; Smith, im Druck; Wellman, Hampton, Koku, im Druck). Fehlende geographische Beschränkung und die zunehmende Reichweite des Internet verbessern die Chancen, Gleichgesinnte mit ähnlichen Interessen und Sorgen zu finden, die vielleicht Zugang zu neuen oder anderen Informationsquellen haben, die von den unseren abweichen. Somit können sich Gemeinschaften bilden, deren Basis gemeinsame Interessen, und nicht der gleicher Wohnort, oder der gemeinsame Arbeitgeber sind (vgl. Coate, 1994; Hiltz, Turoff, 1993; Jones, 1995; Kollock, Smith, 1996; Sproull, Kiesler, 1991). Diese Gemeinschaft ist vielleicht nicht einmal größer als unsere face-to-face Gemeinschaft. So kam z.B. Kanfer (1997) in einer Studie mit 30 E-Mail-Nutzern und 30 Personen, die keine E-Mail nutzten, zu dem Ergebnis, dass E-Mail-Nutzer pro Woche zwar häufiger kommunizierten, jedoch mit der gleichen Anzahl an Personen. Wenn aber jemand eine Gemeinschaft mit Personen eingehen möchte, die - im engeren oder weiteren Sinne - ähnliche Interessen haben, kann das Internet die einzige Möglichkeit sein, um die dafür notwendige 'kritische Masse' von Personen zu erreichen.

Obwohl einige Online-Gemeinschaften ihre Teilnehmer so stark vereinnahmen, dass sie dicht verwobenen, eng abgegrenzten Dörfern gleichen, verbringt kaum jemand seine gesamte Freizeit online. Von Bindungen so zu sprechen, als bestünden sie nur online, heißt zu ignorieren, dass viele Bindungen sowohl online, als auch offline aufrecht erhalten werden. Die in einem Medium eingegangenen Bindungen können in anderen erweitert werden.

Bereits bevor virtuelle Gemeinschaften entstanden, wechselten Personen zwischen mehreren Gemeinschaften hin und her. So wie moderne Nachbarschaftsbindungen heute nicht mehr alle Bedürfnisse nach Gemeinschaft befriedigen, erfüllt die Mitgliedschaft in einer einzigen Online-Gemeinschaft nur noch selten alle Bedürfnisse nach Information, Unterstützung, Geselligkeit und Zusammengehörigkeit. Virtuelle Gemeinschaften sind nur ein Teil der vielfältigen, auf Interessen, Verwandtschaft, Freundschaft, Arbeit und Wohnort basierenden Gemeinschaften, denen eine Person angehört. CMC ist kein isoliertes soziales Phänomen, sondern überschneidet sich mit anderen Aspekten des Lebens. Teilnehmer tragen ihr "Gepäck" wie Geschlecht, Lebensphase, kulturelles Umfeld, sozioökonomischer Status und Offline-Beziehungen in die Gemeinschaft mit hinein (Wellman, 1999; Wellman, Gulia, 1998).

II. CSSNs: Computernetzwerke als Grundlage sozialer Netzwerke

A. Der Ansatz des sozialen Netzwerks

Viele der Themen, wie die Kontaktaufnahme zu anderen, der Austausch von Informationen, sowie die Unterstützung und das Aufrechterhalten von Gemeinschaft können aus der Perspektive sozialer Netzwerke diskutiert werden. Aus dieser Perspektive sind die Bindungen und der Austausch zwischen CMC-Nutzern als Schlüsselelemente der Analyse zu betrachten. Analyseprinzipien sozialer Netzwerke wie: Relationen, Reichweite und Stärke der Bindungen bieten neue Möglichkeiten für die Erforschung und Konzeptualisierung der Online-Umgebung. Zwar würde eine umfassende Darstellung der Analyse sozialer Netzwerke den Rahmen dieses Beitrags sprengen, eine kurze Darstellung des Netzwerkansatzes soll jedoch im folgenden gegeben werden.[4]

Die Analyse sozialer Netzwerke befasst sich mit Mustern des Ressourcenaustauschs, um festzustellen, wie und welche Ressourcen von einem Akteur zum anderen fließen. Regelmäßige Muster dieser *Relationen* - d.h. spezifischer Arten des Ressourcenaustauschs - stellen sich als *soziale Netzwerke* dar, wobei die Akteure als *Knoten* im Netzwerk und die Relationen zwischen Akteuren als *Konnektoren* zwischen den Knoten erscheinen. Ziel der Analyse sozialer Netzwerke ist es, die soziale Struktur durch Beobachtung des Austauschs zwischen den Akteuren empirisch abzuleiten (vgl. Bates, Peacock, 1989). Während in anderen Forschungsansätzen die Gruppe über eine *a priori* festgelegte Klassifikation ihrer Grenzen definiert wird, wird hier untersucht, welche Relationen zwischen den Akteuren bestehen, bevor sie als Gruppe eingestuft werden. Die Nützlichkeit der Kategorie der Gruppe als Konstrukt resultiert aus den Beziehungsmustern der Art: "Wer tauscht welche Ressourcen mit wem".

Soziale Netzwerke können sind mit einer Verkehrs-Infrastruktur zu vergleichen, auf der Güter über Straßen von einem Zentrum zum anderen fließen. So gesehen ist die Analogie des "Informations-Highway" passend: Informationsressourcen fließen auf diesem 'Highway' über die physischen Infrastrukturverbindungen zwischen den Knoten des Computernetzes. Dieser Wandel der Infrastruktur ist ausschlaggebend für das neue Informationszeitalter:

---

[4] Eine detaillierte Darstellung der Analyse sozialer Netzwerke bei der Untersuchung von CMC findet sich bei Garton, Haythornthwaite, Wellman (1997), Wellman (1997) und Rice (1994). Eine Einführung in die Analyse sozialer Netzwerke gibt Haythornthwaite (1996b). Für umfassendere Beschreibungen der Untersuchungsmethoden sozialer Netzwerke und ihrer Anwendung siehe: Scott, 1991; Wasserman, Faust, 1994; Wellman, Berkowitz, 1988.

"Genauso wie Straßen, Schienen und Flughäfen die Infrastruktur der Industriegesell-schaft bildeten, so werden Kommunikationswege, Computer und eine ganze Reihe weiterer neuer Technologien die Infrastruktur der Wissensgesellschaft und der Wirt-schaft des 21. Jahrhunderts konstituieren ... Die Transportinfrastruktur der Indu-striegesellschaft beförderte Personen und Güter von einem Ort zum anderen; die Infrastruktur der Wissensgesellschaft wird die weniger greifbaren Produkte des elek-tronischen Zeitalters befördern - Information, Wissen und Intelligenz." (IHAC, 1997: 9).

Straßen, die Menschen verbinden, ermöglichen es dem Einzelnen, geogra-phisch verstreute soziale Netzwerke aus Freunden, Bekannten und Familienan-gehörigen aufrecht zu erhalten (vgl. Wellman, Carrington, Hall, 1988). Computer-netzwerke, die Menschen verbinden, ermöglichen es dem Einzelnen, Arbeitsbe-ziehungen und Freundschaften mit Personen einzugehen und aufrecht zu erhal-ten, die er vielleicht noch nie face-to-face getroffen hat.

Ein soziales Netzwerk ist jedoch mehr als eine Infrastruktur. Die bloße Exi-stenz von Straßen läßt noch nicht erkennen, wo die Nachfrage nach bestimmten Gütern entstehen wird. In gleicher Weise hängt die Nutzung der Infrastruktur des Information Highway davon ab, welche Informationen von den Akteuren an jedem Computernetzwerkknoten angefordert und gesendet werden.

"Ebenso wie ein Computernetzwerk aus einer Reihe von Maschinen besteht, die durch eine Reihe von Kabeln verbunden sind, besteht ein soziales Netzwerk aus einer Reihe von Menschen (oder Organisationen, oder anderen sozialen Entitäten), die durch eine Reihe sozialer Beziehungen wie Freundschaft, Kooperation oder Informationsaustausch verbunden sind." (Garton, Wellman, Haythornthwaite, 1997).

Somit kann ein soziales Netzwerk genauso durch Computernetzwerke unter-stützt werden, wie der Handel durch das Straßensystem unterstützt wird.

Wellman et al. (1996) nennen diese Arten sozialer Netzwerke "computerun-terstützte soziale Netzwerke" (CSSN = computer-supported social networks). CSSNs können vollständig auf Computernetzwerken basieren, wobei es keine face-to-face Interaktion zwischen den Individuen gibt. Dies ist häufig bei Mitglie-dern von Online-Gemeinschaften der Fall, wenn vor allem Anonymität und Rol-lenspiel gefördert werden. Am Arbeitsplatz sind solche Netzwerke in der Regel computer-assistiert, wobei die Computermedien nur einen Teil des ganzen Repertoires an Kommunikationsmöglichkeiten darstellen (vgl. Garton, Haythorn-thwaite, Wellman, 1997; Haythornthwaite, 1996a; Rice, 1992). Das Maß, in dem Computermedien in diesen Fällen zur Kommunikation genutzt werden, kann von der Art der persönlichen Freundschaft oder Arbeitsbeziehung zwischen den

Kommunikationspartnern, vom Inhalt und Zeitpunkt der Kommunikation, sowie von den Normen der Mediennutzung, die in einer Organisation gelten, abhängen (vgl. Haythornthwaite, Wellman, 1998).

Die *soziale Struktur* des Internet entwickelt sich aus den Mustern der Interaktionen zwischen den Netzwerknutzern (für Software-Werkzeuge zur Beurteilung der sozialen Struktur des USENET, siehe: Smith, im Druck). Menschliche Akteure können sich als lebende 'Knoten' für das Speichern und Weiterleiten elektronischer Informationen erweisen, wenn sie z.B. eintreffende Nachrichten über die einfache E-Mail-Funktion 'Weiterleiten' verteilen. Diese Personen fungieren als 'Gatekeeper' für elektronische Informationen. Andere können den Informationsfluss blockieren oder steuern, wenn sie regelmäßig Informationen erhalten, aber weder weiterleiten noch beantworten, oder wenn sie einer geschlossenen Gruppe wie z.B. einer E-Mail-Management-Gruppe angehören. Akteure können innerhalb eines größeren elektronischen Netzwerks aus Kollegen, Freunden, Bekannten oder sogar Unbekannten eine zentrale Position einnehmen; oder sie können innerhalb einer Netzwerk-Clique eine Randstellung einnehmen und dürfen Informationen zwar anfordern, jedoch nicht am alltäglichen Dialog teilnehmen.

Wie oben dargestellt, beschäftigt sich ein großer Teil der CMC-Forschung mit *Gruppen*-Interaktionen die online ablaufen. Eine Gruppe ist eine Form des sozialen Netzwerks, dessen Merkmale sich als *eng abgegrenzt* (durch restriktive Maßnahmen der Mitgliederinklusion oder -exklusion begegrenzt), *dicht verknüpft* (d.h., zwischen den meisten Paaren der Gruppe bestehen Verbindungen) und *multiplex* (d.h. die Bindungen basieren auf vielen verschiedenen Austauschformen) beschreiben lassen. Die Arbeitsgruppe ist das wichtigste Beispiel eines solchen Netzwerks. Individuen sind Mitglied dieser Gruppe, weil sie einer Organisation, einer Abteilung, einem Komitee usw. angehören. Solche Gruppen konstituieren sich explizit zum Zwecke der Zusammenarbeit, und die Interaktionen der Mitglieder untereinander dienen der Erfüllung ihrer Aufgabe. Im Rahmen ihrer Arbeit tauschen sie wichtige Ressourcen aus, z.B. Informationen, Designspezifikationen, Produktmaterialien und Halbfertigprodukte. Sie planen, verhandeln, lösen Probleme und generieren Ideen (vgl. McGrath, 1984). Sie trinken auch zusammen Kaffee, klatschen und gehen gemeinsam aus, erweisen sich kleine Dienste und gewähren sich soziale Unterstützung (vgl. Haythornthwaite, Wellman, 1998; Haythornthwaite, Wellman, Mantei, 1995; Wellman, Carrington, Hall, 1988). Ihre Arbeitsbeziehungen werden somit durch viele verschiedene Arten des beruflichen und sozialen Austauschs, d.h., viele Arten sozialer Relationen aufrecht erhalten.

Nicht alle Netzwerke weisen jedoch eine solch hohe Konnektivität auf; nur diese eng abgegrenzten Netzwerke zu untersuchen, hieße, die komplexen sozialen Netzwerke, die durch Computernetze ermöglicht werden, übermäßig zu vereinfachen. Die Netzwerkperspektive erlaubt es uns, die sozialen Online-Interaktionen unabhängig von konventionellen Einschränkungen wie der Begrenztheit durch Geographie, Organisation oder Gruppe, und "alles-oder-nichts"-Definitionen der Mitgliedschaft und des Austauschs zu betrachten. Somit ist die Untersuchung nicht traditioneller Gemeinschaften im Cyberspace möglich, in denen sich all jene tummeln, die: "bewußt mit dem Aufbrechen traditioneller Identitätsbegriffe experimentieren, indem sie in unterschiedlichen virtuellen Umgebungen gleichzeitig mehrere Rollen ausleben" (Rheingold, 1993: 61). Mit Hilfe der Netzwerkkonzepte läßt sich erkennen, wie sich das Netz der Online-Interaktionen von Hauptknoten oder -akteuren nach allen Seiten hin verzweigt, wobei spontan entstehende dichte Cliquen, und die Kommunikation zwischen engen Freunden mit starken Bindungen, sowie schwach aneinander gebundenen Unbekannten und lose verknüpften Organisationen sichtbar werden. Es lassen sich auch Netzwerke erkennen, deren Grundlage nur ein einziges Thema ist (z.B. "Spezialisten"-Gruppen), und Netzwerke, deren Grundlage verschiedene Belange und Themen sind, wie es in vielen beruflichen: "Gemeinschaften in Forschung und Praxis" (Johnson-Lenz, Johnson-Lenz, 1994) und in weniger spezialisierten Gruppen der Fall ist.

1. Starke, mittlere und schwache Bindungen

Die Stärke einer Bindung zeigt die Nähe, Intimität und Verbundenheit zwischen zwei Akteuren an. Was eine "starke Bindung" ausmacht, kann je nach Untersuchungsgegenstand variieren (siehe: Marsden, Campbell, 1984). In Familien können z.B. starke Bindungen vorhanden sein, obwohl die Mitglieder nur selten miteinander kommunizieren, zwischen Kollegen kann jedoch nur dann eine starke Bindung vorliegen, wenn sie sich häufig über zentrale Themen ihrer Aufgaben und Ziele austauschen. Die Maße der Bindungsstärke müssen möglicherweise in Abhängigkeit von folgenden Faktoren als variabel angenommen werden:

- Bindungsart: z.B. Arbeits- oder Freizeitaktivitäten, freiwillige oder angeordnete Zusammenschlüsse (vgl. McPherson, Smith-Lovin, 1986, 1987; Wegener, 1991).
- Art der beteiligten Personen: z.B. Frauen oder Männer, Erwachsene oder Heranwachsende (vgl. Bridges, Villemez, 1986; Lin, Bian, 1991).
- Soziale Positionen der Akteure: z.B. Manager oder Arbeiter, 'Sportskanone', 'Trottel' oder 'Sonderling' (vgl. Haythornthwaite, Wellman, 1998).

- Lebensraum: z.B. Nordamerika oder andere Länder (vgl. Lin, Bian, 1991; Wegener, 1991).
- Aktuelle Mediennutzung: z.B. Online- oder Offline-Medien (vgl. Garton, Haythornthwaite, Wellman, 1997; Rice, 1992).

Die Messung der Bindungsstärke erfolgt in der CMC-Forschung mit Hilfe folgender Parameter: Häufigkeit des Kontakts, Art der interpersonalen Arbeits- und Freundschaftsbindungen, Zahl und Heterogenität der ausgetauschten Informationsarten, und Zahl der zum Austausch dieser Information verwendeten Medien (vgl. Haythornthwaite, Wellman, 1998). Es zeigt sich, dass Personen, die stärkere Bindungen unterhalten, insgesamt häufiger kommunizieren und unterschiedlichere Informationsarten häufiger austauschen. Außerdem nutzen sie mehrere unterschiedliche Medien für die Kommunikation (vgl. op. cit.).

Paare, die starke Bindungen unterhalten, tauschen Informationen und Ressourcen offen aus. Durch ihren engen Zusammenschluss haben sie andererseits jedoch weniger Zugang zu neuen Informationen. Die "Stärke schwacher Bindungen" liegt darin, dass sie Personen aus ansonsten sehr ungleichen Gemeinschaften miteinander verbinden, und diesen dadurch Zugang zu unterschiedlichen Informationen, Meinungen und Ressourcen ermöglichen (vgl. Granovetter, 1973).

CSSNs unterstützen starke, mittlere und schwache Bindungen, die es engen Freunden ermöglichen, soziale Unterstützung auszutauschen, Treffen zu arrangieren und Aktivitäten zu koordinieren; arbeitsorientierte Paare können mit ihrer Hilfe instrumentelle Beziehungen aufrecht erhalten (vgl. Haythornthwaite, Wellman, im Druck) und Unbekannten wird es möglich, technisches Know-how in Netzwerken zu finden, die sich innerhalb und zwischen den Organisationen entfalten (vgl. Constant, Kiesler, Sproull, 1996; Feldman, 1987; Pickering, King, 1995). Bedingt durch wechselnde Mitgliedschaften in Newsgroups und Verteilerlisten, sowie die Leichtigkeit, mit der diese Mitgliedschaften eingegangen und wieder aufgelöst werden können, wird die Anzahl und die Heterogenität der erreichbaren Personen weiter vergrößert (vgl. Lea, Spears, 1995; Wellman et al., 1996).

Der Mangel an sozialer Präsenz erleichtert es einigen Personen, in elektronische Foren einzutreten und sich zu beteiligen, da sie Zeitpunkt und Inhalt ihrer Selbstentäußerung (self-disclosure) frei bestimmen können (vgl. Walther, 1995). CSSNs ermöglichen auch eine Vertiefung interpersonaler Bindungen. Die verstärkte Öffnung der Teilnehmer kann schwache Bindungen in stärkere verwandeln, und aus einem instrumentellen, aufgabenorientierten Austausch können wirkliche Freundschaften werden. Öffnung ist ein zentrales Element reifer Beziehungen (vgl. Gabarro, 1990), und insoweit CSSNs diese Öffnung erleichtern, erhöhen sie die Wahrscheinlichkeit für das Entstehen von Kohäsion und dem Gemeinschaftsgefühl in einer Gruppe.

CSSNs bieten sogar die Möglichkeit, die soziale Distanz bei der Bewältigung belastender Situationen anzupassen, d.h., CSSNs können dazu dienen, die soziale Distanz zu Personen, mit denen wir belastende Bindungen haben, zu erhöhen (vgl. Markus, 1992; Garton, 1997), und die soziale Distanz zu solchen Personen zu verringern, die ebenfalls unter belastenden Situationen leiden (vgl. Emmett, 1982; Mickelson, 1997; Romm, Pliskin, 1994; Zuboff, 1988). Markus (1992) beschreibt, wie Personen, die nicht miteinander zurecht kamen, elektronische Kommunikation nutzten, um die Notwendigkeit von face-to-face Begegnungen zu verringern und dennoch ihre Arbeit fortsetzen zu können. Garton (1997) berichtet, dass Mitglieder einer Organisation Videokonferenzen vermieden, um sich nicht so häufig beim Management der Zentrale zeigen zu müssen. Unzufriedene Mitglieder von Organisationen nutzen E-Mail, um sich bei Belastung durch äußeren Druck gegenseitig zu unterstützten. So wurde z.B. eine elektronische "Meckerecke" für Angestellte genutzt, um der Unzufriedenheit mit organisatorischen Praktiken Ausdruck zu verleihen (vgl. Emmett, 1982); in einem großen Unternehmen bildeten Frauen eine Karriere-Gesprächsgruppe (vgl. Zuboff, 1988) und Professoren einer israelischen Universität richteten ein Netzwerk zur Unterstützung eines Streiks ein (vgl. Pliskin, Romm, 1994). Außenseiter, die keine Beziehungen zu anderen haben, suchen im Internet ebenso nach Unterstützung, wie die Eltern, die der bei Mickelson (1997) beschriebenen Selbsthilfegruppe beitraten.

2. Spezialisierte und breit angelegte, multiplexe Bindungen

CSSNs unterstützen spezialisierte Beziehungen, deren Grundlage ein einziges gemeinsames Interesse, z.B. ein Hobby oder Gesundheitsthema, ist (vgl. z.B. Baym, 1997; Mickelson, 1997). Sie unterstützen jedoch auch breit angelegte Beziehungen wie die zwischen befreundeten Kollegen, die in Projekten zusammenarbeiten und gleichzeitig Geselligkeit pflegen (vgl. Haythornthwaite, Wellman, 1998). Die Eigenart spezialisierter und multiplexer Bindungen korreliert mit der Eigenart starker und schwacher Bindungen. Personen mit intensiveren Bindungen kommunizieren über mehrere und unterschiedlichere Themen (vgl. Haythornthwaite, Wellman, 1998; Gabarro, 1990; Kanfer, 1997; Wellman, Carrington, Hall, 1988). Auch in CSSNs, die auf Arbeit, Freizeit und soziale Unterstützung spezialisiert sind, können die Beiträge vom Thema abschweifen und eine sozioemotionale Orientierung annehmen. Dieses Abschweifen könnte sogar als Signal dafür interpretiert werden, dass die Gruppe sich zur Gemeinschaft entwickelt. Während Gruppen ihre Mitglieder vielleicht ermahnen, beim Thema zu bleiben, unterliegt der private E-Mail-Austausch solchen Beschränkungen nicht, und die Beiträge an die Gruppe stellen vielleicht nur die 'Spitze des Eisbergs' von CMC-Interaktionen zwischen den Mitgliedern dar.

Darüber hinaus können sich Kommunikationsbeiträge auf die Offline-Ebene verlagern. Mitteilungen, die in einem Medium begonnen wurden, werden in einem anderen fortgesetzt, insbesondere wenn Paare die Gelegenheit haben, sich auch face-to-face zu treffen. Gesprächsfäden können die Grenzen von Medien überwinden. Nicht nur, dass Paare mit stärkeren Bindungen mehr verschiedene Informationen austauschen, sie nutzen erwiesenermaßen auch mehr unterschiedliche Medien für ihre Mitteilungen (vgl. Haythornthwaite, Wellman, 1998). Sie zeigen *sowohl* Informations-Multiplexität, *als auch* Medien-Multiplexität.

Es ist also zu erwarten, dass CMC-Umgebungen sowohl spezialisierte, als auch multiplexe Bindungen unterstützen - also die Beschränkung auf ein Thema oder eine solche Weiterentwicklung, bei der schließlich immer mehr Beziehungen und Medien eingeschlossen werden. Die Entwicklung von Netzwerken und das Verstehen der Mechanismen, die den Wandel bestimmen, beginnt gerade erst in den Mittelpunkt des Interesses zu rücken. Contractor et al. (im Druck) bemerken, dass: "in den letzten zehn Jahren viele Wissenschaftler mehr Aufmerksamkeit für die Entwicklung - Entstehung, Aufrechterhaltung und Auflösung - von Netzwerken in Organisationen gefordert haben" (S. 6). Diese Orientierung ist auch eine Herausforderung für die CMC-Forschung.

Chidambaram, Bostrom (1997a; 1997b) stellen fest, dass in vielen Forschungsarbeiten zu Systemen, die Gruppenentscheidungen unterstützen, weitgehend ignoriert wird, dass die Entwicklung der Gruppen Auswirkungen auf: "wichtige Variablen wie Leistung, Konflikt und Kohäsion der Gruppe" haben kann (S. 160). Indem nicht nur die zeitabhängigen Veränderungen gruppendynamischer Prozesse und der CMC-Nutzung, sondern auch das zeitabhängige Wachstum computerunterstützter sozialer Netzwerke untersucht wird, könnte die Forschung in diesen beiden Bereichen zu einem vielversprechenden neuen CMC-Forschungsfeld zusammengeschlossen werden.

III. Schlussbetrachtungen: Die Entwicklung der CSSNs

Werden Computernetzwerke als Infrastruktur für soziale Netzwerke betrachtet, so lassen sich Interaktionsmuster identifizieren, die für das Verständnis, wie sich solche Verbindungen auf einer sozialen Ebene auswirken, entscheidend sind. Diese Muster, die verdeutlichen, wer mit wem über welche Medien verbunden ist, und was über diese Medien ausgetauscht wird, lassen größere Strukturen der

Netzkommunikation erkennen, durch die der Zugang des Individuums zu Informationen und seine Möglichkeiten, Geselligkeit, Unterstützung, Arbeit und Spiel zu finden, beeinflusst wird. "Im Netz" zu sein, bedeutet mehr, als auf einer E-Mail-Liste zu stehen, oder Teilnehmer einer Chat-Line zu sein - es bedeutet Teil eines sozialen Netzwerks zu sein, das sich aus den anderen Personen, die ebenfalls auf der Mailingliste stehen, oder an der Chat-Line teilnehmen, zusammensetzt. Die hier ständig stattfindenden multilateralen Interaktionen unterscheiden das Leben online von der bloßen Mensch-Computer-Interaktion.

Somit unterliegen computerunterstützte soziale Netzwerke einem ständigen Entwicklungsprozess: sie sind keine statischen Einheiten, die ein für allemal feststehen und stabil bleiben (vgl. Contractor, Eisenberg, 1990), vielmehr entwickeln sie sich weiter und verändern ihre Form. In Reaktion auf die Nutzung des Netzwerks durch die Mitglieder, und in Abhängigkeit von den jeweiligen Mitgliedern, werden Kommunikationsnormen ausgehandelt. Das fortgesetzte Festhalten an Normen legitimiert und verstärkt die Norm; das Übertreten der Norm kann Sanktionen nach sich ziehen, oder Neuland eröffnen. Wenn eine geschlossene Gruppe (z.B. eine Arbeitsgruppe) sich weiterentwickelt, verändern sich die Ressourcen, die sie austauscht in Abhängigkeit von ihren Zielen und Absichten, ihrem Entwicklungsstand und ihrem Fortschritt in Richtung auf das gesetzte Ziel (vgl. McGrath, 1984; Chidambaram, Bostrom, 1997a). Ihr Netzwerk verändert sich im Hinblick darauf, welche Ressourcen mit wem im Laufe der Zeit ausgetauscht werden, während die Mitgliedschaft unverändert bleibt. Andererseits ermöglicht die Kommunikation über das Internet offenere, weniger abgegrenzte Gruppen, in denen sich der Mitgliederbestand mit der Zeit verändert und verschiebt. Hieraus ergeben sich einige Fragen: Wie entwickeln sich diese Gruppen im Lauf der Zeit weiter (oder bleiben sie stabil), wenn neue Mitglieder eintreten, und alte die Gruppe verlassen? Welche Muster sozialer Netzwerke entstehen in diesen Gruppen? Entstehen stabile Rollen des sozialen Netzwerks (wie z.B. die eines Moderators) unabhängig davon, ob die Gruppe einem Einzelnen diese Rolle offiziell zuweist, oder nicht? Wie verändert sich der Austausch von Ressourcen unter Mitgliedern dieser Gruppen über längere Zeiträume hinweg?

Trotz, oder vielleicht gerade wegen ihrer mangelnden sozialen Präsenz unterstützt CMC starke, multiplexe Bindungen, die den Austausch instrumentaler, sozialer und emotionaler Mitteilungen erlauben, wirkungsvoll. CMC erhöht auch die Reichweite sozialer Netzwerke, und ermöglicht es damit dem Einzelnen, mehr Personen zu kontaktieren, ob es ihm nun darum geht, ein einzelnes spezialisiertes Interesse zu verfolgen, oder andere zu treffen, um starke Bindungen einzugehen. CSSNs entwickeln sich gleichzeitig in Richtung von zunehmender Multiplexität und stärkerer Spezialisierung, sowohl im Hinblick auf die ausgetauschten Informationsarten, als auch auf die eingesetzten Medien. Manchmal ist CMC das einzige Medium, das zur Aufrechterhaltung der Bindung genutzt wird; in anderen Fällen ist CMC nur ein Medium unter vielen, wobei sich Offline- und Online-Austausch mischen. Die Nutzung mehrerer Medien kann mit der Entwicklung stärkerer Bindungen einhergehen (vgl. Haythornthwaite, Wellman, im Druck), obwohl die durch CMC überbrückte physische Distanz in vielen Fällen dazu beiträgt, dass dieses Medium auch bei stärker werdender Bindung das einzige Kommunikationsmittel bleibt. Nicht alle Bindungen müssen sich außerdem zu starken, multiplexen Bindungen entwickeln; die vielen Gruppen mit spezialisierten Interessen im USENET zeigen, dass die Spezialisierung des Austauschs im Netzwerk dieser Gruppen von den Individuen als wichtigster Faktor ihres Erfolges angesehen wird.

Bei der Untersuchung von CMC aus der Perspektive des sozialen Netzwerks ergeben sich neue Sichtweisen auf ein emergentes Phänomen. Da die Protokolle und Etiquette von CMC noch neu sind, und sich gerade erst entwickeln, ist es sinnvoll, dieses Wachstum aus einer Perspektive zu betrachten, die nicht nach der Wiederholung von Offline-Verhaltensweisen sucht, sondern dafür offen ist, neue Strukturen, neue Beziehungen und eine schöne neue Welt zu zeigen.

IV. Literatur

M. Ackerman, 1996: CSCW 96: Verhandlungen der ACM 1996 'conference on computer supported cooperative work', USA.

R. Baecker (Hrsg.), 1993: Readings in groupware and computer-supported cooperative work. San Masteo, CA.

F. L. Bates, W. G. Peacock, 1989: Conceptualizing social structure: The misuse of classification in structural modelling, in: American Sociological Review, 54. S. 565-577.

N. K. Baym, 1995: From practice to culture Usenet, in: S. L. Star (Hrsg.): The Cultures of Computing. Oxford. S. 29-55.

N. K. Baym, 1997: Interpreting soap operas and creating community: Inside an electronic fan culture, in: S. Kiesler (Hrsg.): Culture of the Internet, Mahwah, NJ. S. 103-120.

V. Bellotti, A. Blanford, S. Duke, A. MacLean, J. May, L. Nigay, 1996: Interpersonal access control in computer-mediated communications: A systematic analysis of the design space, in: Human-Computer Interaction, 11. S. 357-432.

W. P. Bridges, W. J. Villemez, 1986: Informal hiring and income in the labour market, in: American Sociological Review, 51. S. 574-582.

L. J. Camp, 1996: We are geeks, and we are not guys: The Systers mailing list, in: L. Cherny, E. R. Weise (Hrsg.): Wired_Women: Gender and new realities in cyberspace. Seattle, WA. S. 114-124.

L. Chidambaram, R. P. Bostrom, 1997a: Group development (I): A review and synthesis of developmental models, in: Group Decision and Negotiation, 6. S. 159-187.

L. Chidambaram, R. P. Bostrom, 1997b: Group development (II): Implications for GSS research and practice, in: Group Decision and Negotiation, 6/3. S. 231-254.

H. H. Clark, S. E. Brennan, 1991: Grounding in Communication, in: L. B. Resnick, J. M. Levine, S. D. Teasley (Hrsg.): Perspectives on socially shared cognition. Washington, D.C. S. 127-149.

J. Coate, 1994: Cyberscape innkeeping: building online community. Als Online-Dokument: texsfgate.com

D. Constant, S. B. Kiesler, L. S. Sproull, 1996: The kindness of strangers: The usefullness of electronic weak ties for technical advice, in: Organization Science, 7/2. S. 119-135.

N. S. Contractor. E. M. Eisenberg, 1990: Communication networks and new media in organizations, in: J. Fulk, C. W. Steinfeld (Hrsg.): Organizations and Communication Technology. Newbury Park, CA. S. 143-172.

D. L. Cullen, 1995; Psychotherapy in Cyberspace, in: Clinician, 26/2: 1. S. 6-7.

M. J. Culnan, M. L. Markus, 1987: Information technologies, in: F. M. Jablin, L. L. Putnam, K. H. Roberts, L. W. Porter (Hrsg.): Handbook of Organizational Communication: An Interdisciplinary Perspective. Newbury Park, CA. S. 420-443.

P. Curtis, 1997: MUDDING: Social phenomena in text-based virtual realities, in: S. Kiesler (Hrsg.): Culture of the Internet. Mahwah, NJ. S. 121-142.

R. L. Daft, R. H. Lengel, 1986: Organizational information requirements, media richness and structural design, in. Management Science, 32/5. S. 554-571.

R. L. Daft, R. H. Lengel, L. K. Trevino, 1987: Message equivocality, media selection, and manager performance: Implications for information systems, in: MIS Quarterly, 11. S. 355-366.

B. Danet, L. Rudenberg, Y. Rosenbaum-Tamari, 1998: Hmmm...Where's all that smoke coming from? Writing, play and performance on Internet Relay Chat, in: F. Sudweeks, M. L. McLaughlin, S. Rafaeli (Hrsg.): Network and Netplay. Virtual groups on the internet. Cambridge, MA. Online: http://www.ascusc.org/jcmc/vol2/issue4/danet.html

B. Danet, T. Wachenhauser, H. Bechar-Israeli, A. Cividalli, Y. Rosenbaum-Tamari, 1995:Curtain Time 20:00 GMT: Experiments in Virtual Theater on Internet Relay Chat, in: Journal of Computer Mediated Communication, 1/2. Online: http://www.usc.edu/dept/annenberg/vol1/issue2/

G. DeSanctis, M. S. Poole, 1994: Capturing the complexity in advanced technology use: Adaptive structuration theory, in: Organization Science, 5/2. S. 121-147.

J. Dibbell, 1994: A rape in cyberspace: Or, how an evil clown, a haitain trickster spirit, two wizards, and a cast of dozens turned a database into a society, in: M. Dery (Hrsg.): Flame Wars. Durham, NC. S. 237-261.

D. Dimitrova, J. Salaff 1998: Telework as social innovation: How do remote employees work together?, in: P. Jackson, J. Von der Wielen (Hrsg.): Telework: From Telecommuting to the virtual organization. London. Part 4.

M. El-Shinnawy, M. L. Markus, 1997: The poverty of media richness theory: Explaining people's choice of electronic mail vs. voice mail, in: International Journal Human-Computer Studies, 46. S. 443-467.

R. Emmett, 1982: VNET or GRIPNET, in: Datamation, 4. S. 48-58.

J. D. Eveland, T. K. Bikson, 1988: Work group structures and computer support: A field experiment, in: ACM Transactions on Office Information Systems, 6/4. S. 354-379.

R. V. Farace, P. R. Monge, H. M. Russell, 1977: Communication and organization. Reading, MA.

S. Feld, 1982: Social structural determinants of similarity among associates, in: American Sociological Review, 47. S. 797-801.

M. Feldman, 1987: Electronic mail and weak ties in organizations, in: Office: Technology and People, 3. S. 83-101.

Find/SVP, 1997: The 1997 American internet user survey. Online: http://etrg.findsvp. com/internet/overview.html

T. Finholt, L. Sproull, 1990: Electronic groups at work, in: Organization Science, 1/1. S. 41-46.

F. Flores, M. Graves, B. Hartfield, T. Winograd, 1988: Computer systems and the design of organizational interaction, in: ACM Transactions on Office Information Systems, 6/2. S. 153-172.

R. Fish, R. Kraut, R. Root, R. Rice, 1993: Video as a technology for informal communication, in: Communications of the ACM, 36/1. S. 48-61.

J. Fulk, C. Steinfield, 1990: Organizations and communication technology. Newbury Park, CA.

J. Fulk, C. Steinfield, J. Schmitz, J. G. Power, 1990: A social influence model of technology use, in: J. Fulk, C. W. Steinfield (Hrsg.): Organizations and communication technology. Newbury Park, CA.

J. J. Gabarro, 1990: The development of working relationships, in: J. Galegher, R. E. Kraut, C. Egido (Hrsg.): Intellectual teamwork: Social and technological foundations of cooperative work. Hillsdale, NJ. S. 79-110.

J. Galegher, R. E. Kraut, 1990: Technology for intellectual teamwork: Perspectives on research and design, in: J. Galegher, R. E. Kraut, C. Egido (Hrsg.): Intellectual teamwork: Social and technological foundations of cooperative work. Hillsdale, NJ. S. 1-20.

L. Garton, 1997: Desktop video-conferencing as buffer and bridge to new interactions, Papier zur International Sunbelt Network Conference. Februar 1997. San Diego, CA.

L. Garton, B. Wellman, 1995: The social implications of electronic mail in organizations: A research review, in: Communications Yearbook, 18. S. 434-453.

L. Garton, C. Haythornthwaite, B. Wellman, 1997: Studying online social networks, in: Journal of Computer-Mediated Communication, Juni, 3, 1. Online: http://207.201.161.120/jcmc/vol3/issue1/garton.html

L. V. Gelder, 1996: The strange case of electronic lover, in: R. Kling (Hrsg.): Computerization and controversy. San Diego, CA. S. 533-546. (1985).

N. Gilboa, 1996: Elites, lamers, narcs and whores: Exploring the computer underground, in: L. Cherny, E. R. Weise (Hrsg.): Wired_Women: Gender and new realities in cyberspace. Seattle, WA. S. 98-113.

M. Granovetter, 1973: The strength of weak ties, in: American Journal of Sociology, 78. S. 1360-1380.

M. Granovetter, 1982: The strength of weak ties: A network theory revisited, in: P. Mardsen, N. Lin (Hrsg.): Social structure and network analysis. Beverly Hills, CA. S. 105-130.

M. Gray, 1996: Internet growth summary. Online: http://www.mit.edu//people/ mkgray/net/printable/internet-growth-summary.html

T. Hanrahan, 1997: The Internet Behind the Scenes: The Moderator, in: Wall Street Journal. 8. Dezember 1997. S. R26.

L. Harasim, S. R. Hiltz, L. Teles, M. Turoff, 1995: Learning networks. Cambridge, MA.

C. Haythornthwaite, 1996a: Media use in support of communication networks in an academic research environment. Unveröffentlichte Dissertation. Universität von Toronto. Toronto.

C. Haythornthwaite, 1996b: Social network analysis: An approach and technique for the study of information exchange, in: Library and Information Science Research, 18/4. S. 323-342.

C. Haythornthwaite, 1998: Media richness, group norms, and par ties: Competing explanations for message-media fit. (Zur Veröffentlichung vorbereitet).

C. Haythornthwaite, B. Wellman, M. Mantei, 1995: Work relationships and media use: A social network analysis, in: Group Decision and Negotiation, 4/3. S. 189-207.

C. Haythornthwaite, B. Wellman, 1998: Work, friendship and media use for information exchange in a netwoked organization, in: Journal of the American Society for Information Science, 49/12. S. 1101-1114.

S. R. Hiltz, M. Turoff, 1993[2]: The network nation. Cambridge, MA.

S. R. Hiltz, B. Wellman, 1997: Asynchronous learning networks as a virtual classroom, in: Communications of the ACM, 40/9. S. 44-49.

S. R. Hiltz, K. Johnson, M. Turoff, 1986: Experiments in group decision making: Communication process and outcome in face-to-face versus computerized conferences, in: Human Communication Research, 13/2. S. 225-252.

P. Hinds, S. Kiesler, 1995: Communication across boundaries: Work, structure, and use of communication technologies in a large organization, in: Organization Science, 6/4. S. 373-393.

D. L. Hoffman, W. D. Kalsbeek, T. P. Novak, 1996: Internet and web use in the U.S., in: Communications of the ACM, 39/12. S. 37-46.

M. Holloway, 1997a: Molding the Web, in: Scientific American, 277/6. S. 34-36.

M. Holloway, 1997b: Pattie, in: Wired, 5/12. S. 236-239; 290-293.

G. P. Huber, 1990: A theory of the effects of advanced information technologies on organizational design, intelligence, and decision making, in: J. Fulk, C. W. Steinfield (Hrsg.): Organizations and Communication Technology. Newbury Park, CA. S. 237- 274.

J. A. Hughes, W. Prinz, T. Rodden, K. Schmidt, 1997: ECSCW' 97: Verhandlungen der Fith European Conference on Computer Supported Cooperative Work. Dordrecht, Niederlande.

Information Highway Advisory Council (IHAC), 1997: Preparing Canada for a Digital World: Final report of the Information Highway Advisory Council. Industry Canada. Ottawa. Online: http://strategis.ic.ge.ca/SSG/ih01650e.html

P. Johnson-Lenz, T. Johnson-Lenz, 1994: Groupware for a small planet, in: P. Lloyd (Hrsg.): Groupware in the 21st Century: Computer Supported Cooperative Working Toward the Millenium. Greenwich, CT. S. 269-285.

St. G. Jones, 1995: Understanding community in the information age, in: St. G. Jones (Hrsg.): Cyber Society: Computer- Mediated Communication and Community. Thousand Oaks, CA. S. 10-35.

A. Kanfer, 1997: Future Talk: Do more communication tools lead to more communication?, Papier zur Globecom'97. Phoenix, AZ. Online: http://www.ncsa. uiuc.edu/edu/trg/email/

S. Kiesler, J. Siegel, T. W. McGuire, 1984: Social psychological aspects of computer-me-diated communication, in: American Psychologist, 39/10. S. 1123-1134.

S. Kiesler, L. Sproull, 1992: Group decision making and communication technology, in: Organization Behavior and Human Decision Processes, 52. S. 96-123.

S. King, 1994: Analysis of electronic support groups for recovering addicts, in: Interpersonal Computing and Technology, 2/3. S. 47-56.

R. Kling, 1996: Social relationships in electronic forums: Hangouts, salons, workplaces and communities, in: R. Kling (Hrsg.): Computerization and controversy. Zweite Auflage. San Diego, CA. S. 426-454.

P. Kollock, M. Smith, 1996: Managing the virtual commons: Cooperation and conflict in computer communities, in: S. Herring (Hrsg.): Computer-mediated communication. Linguistic, social, and cross-cultural perspectives. Amsterdam. S. 109-128.

R. Kraut (Hrsg.), 1996: The Internet@home, in: Communications of the ACM, 39/12. S. 33-74.

K. J. Krone, F. M. Jablin, L. L. Putnam, 1987: Communication theory and organizational communications: Multiple perspectives, in: F. M Jablin, L. L. Putnam, K. H. Roberts, L. W. Porter (Hrsg.): Handbook of organizational communication: An interdiciplinary perspective. Newbury Park, CA. S. 18-40.

M. Lea, R. Spears, 1995: Love at first byte? Building personal relationships over computer networks, in: J. T. Wood, S. Duck (Hrsg.): Understudied relationships: Off the beaten track. Thousand Oaks, CA. S. 197-233.

M. Lea, T. O'Shea, P. Fung, R. Spears, 1992: 'Flaming' in computer-mediated communication: Observations, explanations, implications, in: M. Lea (Hrsg.): Contexts of computer-mediated communication. New York. S. 89-112.

N. Lin, Y. Bian, 1991: Getting ahead in urban china, in: American Journal of Sociology, 97/3. S. 657-688.

T. W. Malone, K. R. Grant, K.-Y. Lai, R. Rao, D. A. Rosenblitt, 1989: The information lens: An intelligent system for information sharing and coordination, in: M. H. Olson (Hrsg.): Technological support for work group collaboration. Hillsdale, NJ. S. 65-88.

M. Mantei, 1989: Observation of executives using a computerized supported meeting environment, in: International Journal of Decision Support Systems, 5. S. 153-166.

M. Mantei, R. Baecker, A. Sellen, W. Buxton, T. Milligan, B. Wellman, 1991: Experiences in the use of a media space. Papier zur CHI´91 Conference, April-Mai 1991. New Orleans. S. 203-208.

M. L. Markus, 1990: Toward a "critical mass" theory of interactive media, in: J. Fulk, C. W. Steinfield (Hrsg.): Organizations and communication technology. Newbury Park, CA. S. 194-218.

M. L. Markus, 1992: Asynchronous technologies in small face-to-face groups, in: Information Technology & People, 6. S. 29-48.

M. L. Markus, 1994a: Finding a happy medium: Explaining the negative effects of electronic communication on social life at work, in: ACM Transactions on Information Systems, 12. S. 119-149.

M. L. Markus, 1994b: Electronic mail as the medium of managerial choice, in: Organization Sciences, 5. S. 502-527.

P. V. Marsden, K. E. Campbell, 1984: Measuring tie strength, in: Social Forces, 63. S. 482-501.

J. E. McGrath, 1984: Groups, interaction and performance. Englewood Cliffs, NJ.

J. E. McGrath, 1991: Time, interaction and performance (TIP): A theory of groups, in: Small Groups Research, 22. S. 147-174.

J. E. McGrath, A. B. Hollingshead, 1994: Groups interacting with technology. Beverly Hills.

J. McKenney, M. Zack, V. Doherty, 1992: Complementary Communication Media: A Comparison of Electronic Mail and Face-To-Face Communication in a Programming Team, in: N. Nithin, R. Eccles (Hrsg.): Networks and Organizations: Structure, Form and Action. Boston. S. 262-287.

M. L. McLaughlin, K.K. Osborn, C. B. Smith, 1995: Standards of conduct on usenet, in: St. G. Jones (Hrsg.): CyberSociety: Computer-Mediated Communication and Community. Thousand Oaks, CA. S. 90-111.

J. M. McPherson, L. Smith-Lovin, 1986: Sex segregation in voluntary associations, in: American Sociological Review, 51/1. S. 61-79.

J. M. McPherson, L. Smith-Lovin, 1987: Homophily in voluntary organizations: Status distance, and the composition of face-to-face groups, in: American Sociology Review, 52. S. 370-379.

K. D. Mickelson, 1997: Seeking social support: Parents in electronic support groups, in: S. Kiesler (Hrsg.): Culture of the Internet. Mahwah, NJ. S. 157-178.

H. Mintzberg, 1973: The nature of managerial work. New York.

P. R. Monge, S. Contractor, 1998: Emergence of communication networks, in: F. M. Jablin, L. L. Putnam (Hrsg.): Handbook of organizational communication. Zweite Auflage. Thousand Oaks, CA.

P. R. Monge, E. M. Eisenberg, 1987: Emergent communication networks, in: in: F. M. Jablin, L. L. Putnam, K. H. Roberts, L. W. Porter (Hrsg.): Handbook of organizational communication: An interdisciplinary perspective. Newbury Park, CA. S. 304-342.

J. M. Pickering, J. L. King, 1995: Hardwiring weak ties. Interorganizational computer-mediated communication, occupational communities, and organizational change, in: Organization Science, 6/4. S. 479-486.

N. Pliskin, C. T. Romm, 1994: Empowerment effexts of electronic group communication: a case study. Arbeitspapier des: Department of Management, Faculty of Commerce an der Universität von Wollongong.

M. S. Poole, G. DeSanctis, 1990: Understanding the use of group decision support systems: The theory of adaptive structuration, in: J. Fulk, C. W. Steinfield (Hrsg.): Organizations and communication technology. Newbury Park, CA. S. 173-193.

E. Reid, 1998: Hierachy and power: Social control in cyberspace, in: P. Kollock, M. Smith (Hrsg.): Communities in Cyberspace. London.

K. Reid, 1995: Virtual worlds: Culture and imagination, in: St. G. Jones (Hrsg.): CyberSociety: Computer-mediated communication and community. Thousand Oaks, CA. S. 164-183.

H. Rheingold, 1993: The virtual community: Homestanding on the electronic frontier. Reading, MA.

R. E. Rice, D. Case, 1983: Electronic message systems in the university: A description of use and utility, in: Journal of Communication, 33/1. S. 131-152.

R. E. Rice, G. Love, 1987: Electronic emotion: Socioemotional content in a computer-mediated communication network, in: Communication Research, 14/1. S. 85-108.

R. E. Rice, D. E. Shook, 1990a: Relationships of job categories and organizational levels to use communication channels, including electronic mail: A meta-analysis and extension, in: Journal of Management Studies, 27/2. S. 195-229.

R. E. Rice, D. E. Shook, 1990b: Voice messaging, coordination, and communication, in: J. Galegher, R. E. Kraut, C. Egido (Hrsg.): Intellectual teamwork: Social and technological foundations of cooperative work. Hillsdale, NJ. S. 327-350.

R. E. Rice, 1987: Computer mediated communication and organizational innovation, in Journal of Communication, 37/4. S. 65-94.

R. E. Rice, 1992: Task analyzability, use of new media, and effectiveness: a multi-site exploration of media richness, in: Organization Science, 3/4. S. 475-500.

R. E. Rice, 1994: Network analysis and computer-mediated communication systems, in: S. Wasserman, J. Galaskiewicz (Hrsg.): Advances in social network analysis: Research in the social and behavioral sciences. Thousand Oaks, CA. S. 167-203.

L. Rout (Hrsg.), 1997: The Internet Behind the Scenes, in: Wall Street Journal, 8. Dezember 1997. S. R1-R23.

J. Salaff, D. Dimitrova, D. Hardwick, 1996: Bureaucratic telework: Hot and cool jobs, in: Notiziario del lavoro: Review of corporate organization and culture, 81. S. 48-52.

J. Scott, 1991: Social network analysis. London.

J. Short, E. Williams, B. Christie, 1976: The social psychology of telecommunications. London.

C. B. Smith, M. L. McLaughlin, K. K. Osborne, 1996: Conduct control on Usenet, in: Journal of Computer Mediated Communication, 2, 4. Als Online.-Dokument: http://www.ascusc.org/jcmc/vol2/issue4/smith.html

M. A. Smith, 1998: Measuring the social structure of the Usenet, in: P. Kollock, M. Smith (Hrsg.): Communities in cyberspace. London.

L. Sproull, S. Kiesler, 1986: Reducing social context cues: Electronic mail in organizational computing, in: Management Sciences, 32/11. S. 1492-1512.

L. Sproull, S. Kiesler, 1991: Connections. New ways of working in the networked organization. Cambridge. MA.

L. Sproull, S. Faraj, 1995: Atheism, sex and databases: The net as social technology, in: B. Kahin, J. Keller (Hrsg.): Public Access to the Internet. Cambridge, MA. S. 62-81.

R. Stults, 1989: The experimental use of video to support design activity (Technical Report Number SSL-89-19). Xerox Palo Alto Research Center. Palo Alto, CA.

L. Suchman, 1994: Do categories have politics? The language/action perspective reconsidered, in: Computer Supported Cooperative Work (CSCW), 2. S. 177-190.

L. K. Trevino, R. L. Daft, R. H. Lengel, 1990: Understanding managers' media choice: A symbolic interactionist perspective, in: J. Fulk, C. W. Steinfield (Hrsg.): Organizations and communication technology. Newbury Park, CA. S. 71-94.

L. K. Tevino, J. Webster, 1992: Flow in computer-mediated communication: Electronic mail and voice mail evaluation and impacts, in: Communication Research, 19. S. 539-573.

S. Turkle, 1995: Life on the screen: Identity in the age of the Internet. New York.

J. S. Valacich, D. Parantha, J. F. George, J. F. Nunmaker Jr., 1993: Communication concurrency and the new media, in: Communication Research, 20. S. 249-276.

J. B. Walther, 1995: Relational aspects of computer-mediated communication: Experimental observations over time, in: Organization Science, 6/2. S. 186-203.

S. Wasserman, K. Faust, 1994: Social network analysis: Methods and applications. Cambridge, MA.

B. Wegener, 1991: Job mobility and social ties: Social resources, prior job, and status attainment, in: American Sociological Review, 56. S. 60-71.

B. Wellman, 1997: An electronic group is virtually a social network, in: S. Kiesler (Hrsg.): Culture of the Internet. Mahwah, NJ. S. 179-205.

B. Wellman, 1999: The network community, in: B. Wellman (Hrsg.): Networks in the global village. Boulder, CO. S. 1-47.

B. Wellman, S. D. Berkowitz (Hrsg.), 1988: Social structures: A network approach. Cambridge.

B. Wellman, P. Carrington, A. Hall, 1988: Networks as personal communities, in: B. Wellman, S. D. Berkowitz (Hrsg.): Social structures: A network approach. Cambridge, England. S. 130-184.

B. Wellman, K. Hampton, E. Koku, 1998: Electronic communities, in: Encyclopedia of psychology. New York.

B. Wellman, J. Salaff, D. Dimitrova, L. Garton, M. Gulia, C. Haythornthwaite, 1996: Computer networks as social networks: Collaborative work, telework, and virtual community, in: Annual Review of Sociology, 22. S. 213-238.

B. Wellman, M. Gulia, 1998: Net surfers don't ride alone, in: P. Kollock, M. Smith (Hrsg.): Communities in Cyberspace. London. S. 163-190.

C. C. Werry, 1996: Linguistic and interactional features of Internet Relay Chat, in: S. Herring (Hrsg.): Computer-mediated communication. Amsterdam. S. 47-63.

S. Whittaker, 1997: Email overload: Exploring personal information management of email, in: S. Kiesler (Hrsg.): Culture of the Internet. Mahwah, N.J. S. 277-301.

T. Winograd, 1994: Categories, disciplines, and social coordination, in: Computer Supported Cooperative Work (CSCW), 2. S. 191-197.

S. Zuboff, 1988: In the age of the smart machine: The future of work and power. New York.

Übersetzt von: Marianne Brosche und Udo Thiedeke

(Tele)Beschäftigte auf virtuellen Pfaden: zur Philosophie des Virtuellen und elektronisch gestützter Arbeitsformen

Michael Jäckel und Christoph Rövekamp

1. Auf dem Weg zu einem neuen Gleichgewicht? Zum Wandel der Arbeitswelt

Vielleicht ist es die Abstraktheit des Begriffs "virtuell", der Gesellschaften, die an analoges Denken gewöhnt sind, fragend und staunend auf die aktuellen Entwicklungen in modernen Industriegesellschaften blicken lässt. Gerade diese aktuellen Entwicklungen sind es auch, die den Skeptikern Vorschub leisten und ihre Überzeugung, dass es sich in vielen Bereichen um Eintagsfliegen gehandelt habe, nachhaltig unterstützt. Auf die Frage, ob die sogenannte "New Economy" bereits am Ende sei, antwortete der amerikanische Zukunftsforscher Alvin Toffler in einem Interview der Wirtschaftswoche:

> "Auch am Anfang der industriellen Revolution sind Gründer gescheitert. Leute, die noch im Agrarzeitalter aufgewachsen waren, wussten nicht, wie sie in der neuen Welt ihr Geschäft organisieren sollten. Die ersten Fabrikbesitzer setzten ihre eigene Familie als Arbeitskräfte ein - so wie sie es zuvor auf ihren Bauernhöfen getan hatten. Das funktionierte nicht: Die Alten kamen mit dem Tempo der Maschinen nicht zurecht, und den Kindern war die Arbeit so zuwider, dass sie an Maschinen gekettet werden mussten. Ähnliches passiert heute: Wir wissen nicht, welche Geschäftsmodelle für die Informationsgesellschaft geeignet sind." (Gersemann, 2001: 59)

Natürlich werden heute Kinder nicht mehr an Maschinen gekettet - aber der beschriebene Sachverhalt beschreibt ein bekanntes historisches Phänomen, das der amerikanische Kulturanthropologe William Ogburn mit dem Begriff "Cultural Lag" beschrieben hat. Danach befinden sich technologische und soziale Entwicklungen nicht immer im Gleichklang, sondern schreiten mit unterschiedlichem Entwicklungstempo voran. Die Definition dieses Begriffs verdeutlicht die Relevanz für den vorliegenden Zusammenhang: Ein "Cultural Lag" tritt ein, "wenn von zwei miteinander in Beziehung stehenden Kulturelementen das eine sich eher oder in größerem Maße verändert als das andere, so dass der Grad der Anpassung zwischen den beiden Elementen geringer wird als zuvor." (Ogburn, 1969: 134). Man könnte auch noch hinzufügen: Und somit zwischen ihnen das

bisher vorhandene Gleichgewicht gestört wird. Die Dampfmaschine forderte
also neue Formen der industriellen Organisation, die Entwicklung des Automobils erforderte eine Anpassung der Verkehrsinfrastruktur. In diesem Fall war es
noch die Zunahme der Geschwindigkeit, die eine Anpassung der Infrastruktur
verlangte. In Bezug auf virtuelle Organisationsformen müsste man eigentlich
sagen, dass die Geschwindigkeit der elektronischen Datenwege eine sukzessive
Anpassung in allen Bereichen der Wirtschaft und Gesellschaft nach sich zieht.

Im Jahr 1997 konnte in dem Beitrag "Wie das Internet unsere Welt verändert" noch auf die Schwierigkeit der Vorhersage hingewiesen werden, die nach
George Bernhard Shaw bekanntlich immer schwierig ist und im Falle des Internets wohl auf besondere Probleme stieße. Die einleitende Passage dieses Beitrags verdeutlicht nachdrücklich, dass gerade im Bereich sich sehr rasch wandelnder Technologien Beurteilungsmaßstäbe von gestern mit den Einschätzungen von morgen nur noch wenig zu tun haben: ">>Der Normalbürger<<, der
nicht das Glück hat, einen Internet-Zugang sein eigen zu nennen - und damit
gehört er in Deutschland immer noch zu weit mehr als 95% der Bevölkerung -
wird sich angesichts des weltweit grassierenden Internet-Fiebers gelegentlich fragen: >>Was geht mich das eigentlich an?<<" (Zorn, 1997: 14) Die bisherige und
prognostizierte Entwicklung von Internettechnologien (vgl. Abbildung 1) bestätigt auch in diesem Falle einen Kernsatz der Innovationsforschung: "So diffusion
is a very social process." (Rogers, 1995: 18).

**Abb. 1 Entwicklung von E-Commerce, Videokonferenzen, E-Mail und Internetzugängen
im Bürobereich** (Expertenumfrage im Jahr 2000)

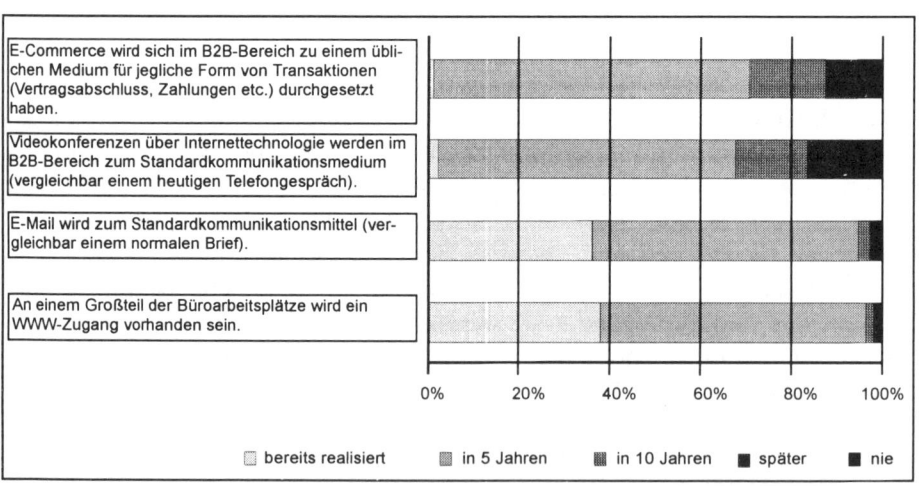

Quelle: Eigene Erstellung. Unter Bezugnahme auf Bauer et al., 2001: 20

Die jeweiligen Akzeptanzentscheidungen stellen sich auf geschäftlicher und privater Ebene unterschiedlich dar. Aber dass diese Entscheidungen in unterschiedlichem Ausmaß auf Interessen und Notwendigkeiten beruhen, verdeutlicht eben auch, dass es jenseits rein optionaler Entscheidungen Entwicklungsprozesse in Wirtschaft und Gesellschaft zu beobachten gilt, die lapidare Antworten auf die gerade formulierte Kardinalfrage nicht mehr zulassen.

Die vorhandenen technischen Möglichkeiten neuer Internet- und Computertechnologien scheinen vielerorts noch Integrationsbarrieren im Sinne von Schnittstellen-Problemen aufzuweisen. Das mehr oder weniger selbstbestimmte Reengineering unterliegt bislang besonderen Anpassungsprozessen, die aus dem Wechselspiel von Mensch, Technik und Organisation resultieren. Interessanterweise hat einer der Pioniere der Reengineering-Idee, James Champy, in einem Interview mit dem Handelsblatt darauf hingewiesen, dass er den Faktor Mensch selbst weit unterschätzt habe. Seinem eigenen Erstaunen über die Resistenz gegenüber vermeintlich revolutionären Veränderungen (Stichwort: Restrukturierungsrevolution) gab er wie folgt Ausdruck:

"Es ist verblüffend, dass man einen Geschäftsprozess zwar in ein paar Tagen neu strukturieren kann, es aber immer noch Jahre dauert, ihn zu verankern. Peter Drucker argumentierte, dass es genauso schwierig ist, die Unternehmenskultur, das Verhalten in einem Unternehmen, zu ändern, wie die Mentalität eines Landes zu beeinflussen. Ich wollte das nie wahrhaben und hielt daran fest, dass es viel leichter umzusetzen ist. Jetzt aber bin ich der Überzeugung, dass die Zyklen der Veränderung um einzelne Prozesse herum und die Art und Weise, wie wir Geschäfte führen, in Jahrzehnten und nicht in Monaten oder einzelnen Jahren gemessen werden sollten." (Dearlove, 2002: K2)

Im Grunde genommen verdeutlicht Champy mit dieser Einschätzung die Grundidee, die eingangs mit dem Begriff "Cultural Lag" beschrieben wurde.

Vor diesem Hintergrund thematisiert der vorliegende Beitrag das Zusammenspiel unterschiedlicher Integrationsebenen (Mensch, Technik, Organisation). Organisation meint in diesem Zusammenhang die Gesamtheit der wirtschaftlichen Handlungsweisen, die in einer elektronisch vernetzten Wirtschaftswelt von zentraler Bedeutung sind. Dass Interaktions-, Kooperations- und Austauschprozesse (z.B. Kommunikation, Leistungserstellung) nicht ohne weiteres auf elektronischem Weg organisiert werden können, zeigt sich auch im Falle der alternierenden Telearbeit. In diesem Fall ermöglicht der Einsatz moderner Informations- und Kommunikationstechnologien eine zeitweise Abwesenheit der Beschäftigten vom Betriebsgeschehen vor Ort. Die Tele-Arbeitnehmer sind nicht mehr ausschließlich im Betrieb tätig, sondern arbeiten in der Regel mit einem Computer zeitweise an einem häuslichen Arbeitsplatz, der mit dem eigentlichen

Unternehmensstandort vernetzt ist. Hier vollzieht sich ein Präsenzwechsel, der eine virtuelle Komponente aufweist. Es entsteht der Eindruck, dass Beschäftigte nur scheinbar im Unternehmen sind ("Als ob"-Effekt) (vgl. Jäckel, Rövekamp, 2000: 404). Die Nutzung innovativer Kommunikationstechnologien setzt hier neue organisatorische Rahmenbedingungen, die die Funktionsweise und Arbeitsorganisation von Unternehmen verändert. Auch hier darf die sofortige und breite Akzeptanz der Akteure nicht erwartet werden. Bisherige Erfahrungen aus diesem Handlungsfeld erlauben auch Hinweise zum Stellenwert und zu den Entwicklungslinien so genannter virtueller Organisationsformen.

2. Jenseits von Hierarchie und Bürokratie? Neue Leitbilder der Organisation und organisationaler Wandel

Als Max Weber (1864-1920) die Merkmale einer effizienten Organisation analysierte, kam er Mitte der 1920er Jahre zu der Auffassung, dass die Bürokratie allen anderen Verwaltungsformen technisch überlegen sei. Die Effizienz und "volle Rationalität" entfalte sich insbesondere dann, wenn feste Zuständigkeiten, die klare Abgrenzung von Autorität und Verantwortung, ein festgelegtes System von Über- und Unterordnung bestehe. Daneben werde die Aufgabenerfüllung vom "Prinzip der Aktenmäßigkeit" bestimmt. Dies impliziert die Erfordernis bzw. die Vorschrift zur Schriftlichkeit im Arbeitsalltag. Zudem habe auch der einzelne Beamte bestimmte Anforderungen zu erfüllen. Dieser verfüge über eine spezielle Fachqualifikation, sei strikt neutral und verfolge lediglich die Sache (Amtspflichten) selbst. In "Wirtschaft und Gesellschaft" folgert Weber (1976: 128) in §5 (Abschnitt: "Typen der Herrschaft"):

> "Die rein buereaukratische, also: die buereaukratischmonokratische aktenmäßige Verwaltung ist nach allen Erfahrungen die an Präzision, Stetigkeit, Disziplin, Straffheit und Verläßlichkeit, also Berechenbarkeit für den Herrn wie für den Interessenten, Intensität und Extensität der Leistung, formal universeller Anwendbarkeit auf alle Aufgaben, rein technisch zum Höchstmaß der Leistung vervollkommenbare, in allen Bedeutungen: formal rationalste, Form der Herrschaftsausübung."

Die hier angenommene Effizienz der zweckrational organisierten Arbeitsweise dominierte vielerorts nicht nur die Verwaltungsabläufe selbst. Der Weber'sche Bürokratieansatz prägte ebenfalls die Organisation und Struktur des wirtschaftlichen Geschehens in Großunternehmen. Die Ausdifferenzierung einer solchen Produktionsorganisation ist eng mit dem Namen von Frederick W. Taylor (1856-1915) verknüpft. Seine "Grundsätze der wissenschaftlichen Betriebsführung" des Jahres 1911 verfolgten das Ziel einer rationalen Arbeitsorganisation.

Abb. 2 Wandel der Arbeits- bzw. Wirtschaftswelt und Organisationsmuster

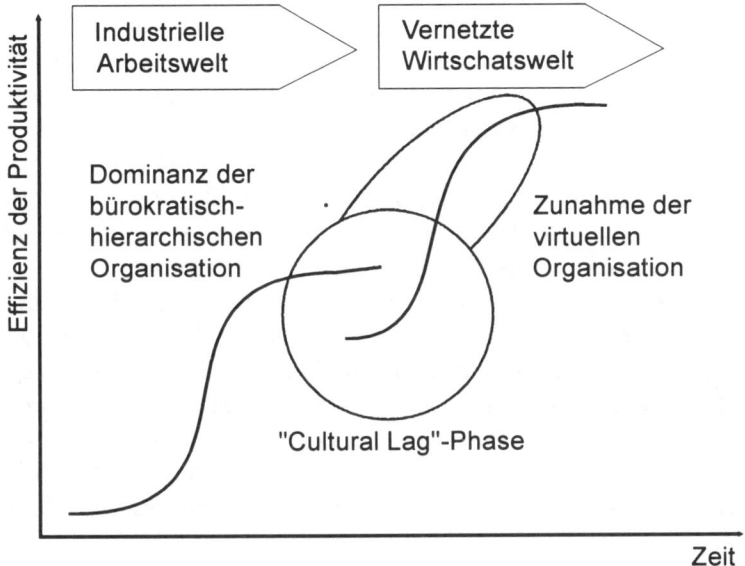

Quelle: Eigene Erstellung

Eine stark technokratisch geprägte Denkweise prägte und prägt bisweilen immer noch das betriebliche Geschehen und Unternehmensführungs-Philosophien. Im Kern des tayloristischen "One best way"-Prinzips steht die Trennung von Kopf- und Handarbeit, also die Aufteilung in dispositive und ausführende Arbeiten. Daneben bildete die hierarchische (vertikale) Arbeitsteilung im Sinne einer Arbeitssteuerung, -planung und -kontrolle ein bedeutsames Moment. Eine solche Organisation beruhte typischerweise auf der (fordistischen) Massenproduktion und stark formalisierten Abläufen (vgl. Ford, 1923: 74ff.). Diesbezüglich gab und gibt es immer wieder kritische Stimmen. Bereits die so genannte Human-Relations-Bewegung kritisierte in den 1920/30er Jahren die Dominanz bürokratisch-hierarchischer Tendenzen in Organisationen (vgl. zur Bürokratiekritik auch den Überblick von Mikl-Horke, 1991: 101ff.). Als einen bedeutsamen Ausgangspunkt dieser Diskussion darf man die Hawthorne-Studien (siehe auch Abschnitt 2.3.) interpretieren. Die seinerzeitigen Ergebnisse der Arbeitsgruppe um Elton Mayo deuteten darauf hin, dass zwischenmenschliche Beziehungen in Arbeitsgruppen bzw. zwischen Vorgesetzten und Mitarbeitern in der Regel dem subjektiven Wohlbefinden und der Produktivität zuträglich sind.

Das Berücksichtigen von Emotionen und persönlichen Interessen ist demnach eine bedeutsame Dimension im Kontext einer produktiven Arbeitsgestaltung. Auch die gegenwärtige Erprobung neuer Formen der Arbeitsorganisation
impliziert (und fordert) in mehrfacher Hinsicht eine Berücksichtigung des Faktors
Mensch. Vor diesem Hintergrund ist auch Abbildung 2 zu lesen. Die starke Formalisierung, Spezialisierung und Arbeitsteilung sowie die Dominanz bürokratisch-hierarchischer Prinzipien der industriellen Arbeitswelt geraten gegenwärtig
immer häufiger unter Veränderungsdruck. Die Stagnation betrieblicher Effizienz
(z.B. Produktivität) und der vermehrte Wunsch nach Flexibilität (z.B. Arbeitszeiten) deuten auf die Notwendigkeit flexibler Strukturen hin. Hier ist auch das vermehrte Interesse an virtuellen Organisationsprinzipien zu verorten.

Eine neue Gleichgewichtsethik liegt hierbei darin, ökonomische Notwendigkeiten (z.B. Nähe zu relevanten Märkten, kurze Weisungs- und Entscheidungswege, ganzheitliche Aufgaben, abgeflachte Hierarchien) mit den Anforderungen,
Fähigkeiten und Ansprüchen der Beschäftigten (z.B. Flexibilität, Selbstkontrolle)
zu harmonisieren. Ein neues Gleichgewicht entsteht im Zuge des Wandels aber
erst dann, wenn technologisch bedingte Optionen mit den immateriellen
Bedingungen (z.B. organisatorische Regeln, individuelle Kompetenzen) korre-
spondieren.

Wo Anpassungsprozesse industrieller Formen der Arbeitsgestaltung an die
technologischen Rahmenbedingungen stattfinden, verändern sich Ablauf, Struktur und Gestaltung der betrieblichen Leistungserstellung. Als Anzeichen dieser
Umbrüche darf auch das Leitbild des "empowerment" (Blanchard, 1998; Babson
1995) gelesen werden. Nach diesem ambitionierten Führungsprinzip sollen Mitarbeiter neue Kompetenzen entwickeln, um ihren Alltag jenseits bürokratischer
Strukturen organisieren zu können.

Im Kern ist hier die Forderung nach neuen Steuerungs-, Kontroll- und Koor-
dinationsformen zu verorten, die ohne eine Zunahme der Selbst- bzw. Eigen-
verantwortlichkeit und eine stärkere Entscheidungsautonomie kaum zu verwirk-
lichen sind. Hier kann eine interessante Brücke zu den Anfängen der Industrialisierung geschlagen werden. Seinerzeit begünstigte die verinnerlichte Hand-
lungsmaxime der rationalen Lebensführung den Durchbruch der mechanisch-
maschinellen Produktion. In "Protestantismus und kapitalistischer Geist" wies
Weber (1992: 379) kritisch darauf hin, dass die "Askese der Mönchszellen" in das
Berufsleben übertragen wurde, wenn er kritisch anmerkt: "Der Puritaner *wollte*
Berufsmensch sein, - wir *müssen* es sein." (Hervorhebung im Original) Sein Hinweis beruhte wohl auch auf der Beobachtung, dass das Leistungsverhalten nach
und nach durch den äußeren Zwang der industriellen Ordnung gewährleistet
worden ist. Weber sprach in diesem Kontext von einem "stahlharten Gehäuse".

Während die puritanische Ethik ein "dünner Mantel"[1] sei, den man jederzeit leicht "abwerfen" könne, bestimme der ökonomische Zwang der industriellen Produktionsmethode die Lebensweise wohl bis der "letzte Zentner fossilen Brennstoffs verglüht" sei (Weber, 1992: 379).

Dieser Zeitpunkt scheint vielerorts gegenwärtig erreicht zu sein. Vielleicht sprach Fukuyama (2002) auch deshalb von einem "großen Aufbruch". Sein Untertitel "Wie unsere Gesellschaft eine neue Ordnung erfindet" bildet nicht nur eine Reaktualisierung der Analysen zur Bürokratiekritik, sondern schließt auch die Konsequenzen organisatorischer Innovationen in verschiedenen Handlungsfeldern des gegenwärtigen Strukturwandels der Erwerbswelt ein. Die bisherigen Umfeldbedingungen sind von Umbrüchen gekennzeichnet, die sich beispielsweise in immer kürzer werdenden Produktlebenszyklen oder einer Zunahme der Wettbewerbsdynamik niederschlagen. Die vorherrschenden hierarchischen Denk- und Organisationsmuster konkurrieren infolgedessen mit der Idee eines "kooperativen Individualismus" (Nefiodow, 1999: 147).

Der Begriff verweist auf neue Kooperations- und Kommunikationsformen, die eine stärkere Autonomie des Einzelnen, demokratisierte Entscheidungsregeln und eine Stärkung der Arbeitsintegration (z.B. Team, Gruppe) mit sich bringen sollen. Neben einer Balance zwischen Eigennutz und Firmenloyalität sowie Egoismus und Solidarität geht es um die notwendige Suche nach neuen Koordinationsmethoden zwischen Markt und Hierarchie. Hier lässt sich neben einer Zunahme von Selbstorganisation im Beruflichen und Privaten auch der Hinweis auf neue organisationale Strukturen finden. "Virtualität statt Bürokratie" (Zuberbühler, 1998: 44) lautet eine dieser provokanten Forderungen. Im Kern geht es um die wachsende Erfordernis flexibler Formen der Arbeitsgestaltung (z.B. Zeit- und Kundenwettbewerb) sowie eine stärkere Integration von Beschäftigteninteressen in die Arbeitswelt. Die angenommene Notwendigkeit und Dynamik dieser Entwicklung mag man auch daran ablesen, dass Hartz (2001: 15) sogar von einer "Job Revolution" spricht.

Ob nun freiwillig oder nicht - im Zuge dieses Szenarios wird Flexibilität zu einem dominanten Leitbild mit neuen Zumutbarkeiten für die Beschäftigten erklärt. Dies bleibt nicht ohne Folgen für die Art und Weise des Arbeitens: "Wir werden teils von zu Hause, teils im Betrieb, teils unterwegs und auf Reisen arbeiten; dank der neuen Kommunikationsmittel ist es nicht mehr so wichtig, wo wir gerade sind." (Hartz 2001: 15) Unlängst wies auch die Prognos AG im Rahmen des Report Deutschland 2002-2020 (vgl. Eitenmüller et al., 2002: 18ff.) auf den Bedeutungszuwachs virtueller Organisationen hin. "Temporäre Unternehmenskooperationen" seien eine effiziente Antwort auf organisatorische und

---

[1] Diese Bezeichnung spielt auf Überlegungen des puritanischen Predigers Baxter an.

marktbedingte Herausforderungen. Diese Philosophie vertraten auch Davidow und Malone (1992: 26ff.), als sie bereits Anfang der 1990er Jahre die Notwendigkeit einer virtuellen Unternehmung vermuteten. Die Autoren sprachen in diesem Kontext von einem "ökonomischen Muß" und einem "wirtschaftlichen Schlüsselfaktor" des 21. Jahrhunderts.

Ihre weitreichende Forderung scheint trotz einer hohen kollektiven Aufmerksamkeit bislang nur wenige reale Praxisbeispiele hervorgerufen zu haben. Virtuelle Strukturen dominieren nach Ergebnissen einer Fraunhofer-Studie (vgl. Hofmann et al., 2003: insbesondere S. 23ff.) in der Anfangsphase einer unternehmerischen Tätigkeit (im Sinne einer Risikominimierung der Gründungsphase), im Umfeld von Unternehmensdienstleistern mit einem hohen Grad digitalisierter Produkt- bzw. Dienstleistungen, insbesondere der IT-Dienstleistungsbranche. Diese Konstellationen scheinen bislang auch im Falle US-amerikanischer Fallbeispiele eine Herausbildung virtueller Organisationen zu fördern (vgl. z.B. Lipnack, Stamps, 1998).

2.1 Zum Begriff des Virtuellen

Wer die Abstraktheit des 'Virtuellen' fassbarer, konkreter oder wirklicher machen möchte, muss ein Spezifikum des zu beschreibenden Phänomens bedenken, da das Virtuelle in hohem Maße selbst virtuell bleibt. Diesen Hintergrund haben Littmann und Jansen zum Anlass genommen, bisherige Diskussionsstränge nach inhaltlichen Begriffsauslegungen zu analysieren. Das Resultat ihrer Untersuchungen lässt sich wie folgt zusammenfassen:

- Ableitung vom lateinischen "virtus = Tüchtigkeit, Vermögen Kraft"
- "der Kraft nach vorhanden, scheinbar"
- "produktive Ungegenständlichkeit"
- "Eigenschaft einer Sache, die zwar nicht real, aber doch in der Möglichkeit existiert"
- "besonders zugespitzte Interaktivität"
- "existing in the mind, especially as a product of imagination"
- "quasi, eigentlich, praktisch, nahezu, mehr oder weniger, so gut wie"
- "physisch nicht existent, aber durch Software geschaffen"
- "Virtuality is a way of accounting for the disposition of social resources."
- "etwas, das möglich oder künstlich ist, etwas das wirkt, als ob"
- "entspricht dem Als-Ob-Charakter des Radikalen Konstruktivismus"
- "etwas, das - in Form eines Abbildes - nur scheinbar vorhanden ist"

- "simulierte Abbildung [...] wie echt"
- "nicht etwa ein Gegensatz zu real oder zu materiell, sondern eine Modalisierung des Realen und Materiellen. [...] Ausgeschlossen bleibt das Fiktive." (2000: 34).

Eine wesentliche Eigenschaft des Virtuellen liegt darin, dass Bezüge zu 'wirklichen', d.h. bereits bekannten Phänomen bestehen. Insofern lassen sich Virtualisierungsprozesse im Kontext neuer Formen der Arbeitsorganisation wohl dann transparenter machen, wenn man Merkmale und Eigenschaften des bereits Bekannten mit den Möglichkeiten (im Sinne von Potenzialen) des Neuen vergleicht. Im folgenden Abschnitt 2.2 wird dieser Gedanke der Kontrastierung weiter ausgeführt.

2.2 Prinzipien und Erscheinungsformen virtueller Organisationsmuster

Gegenwärtig zeichnet sich ein Kontinuum verschiedener Organisationsformen der Arbeit ab, das auf den vermehrten Einsatz neuer Informations- und Kommunikationstechnologien zurückzuführen ist. Theoretisch erlaubt dies auch ein zeitlich begrenztes Zusammenwirken unterschiedlicher unternehmensinterner und -externer Einheiten im Zuge der Leistungserstellung. Diese Entwicklungen münden in die Idee so genannter virtueller Organisationen. "Der außenstehende Betrachter", so Davidow und Malone bereits vor zehn Jahren (1993: 15), "sieht ein fast konturloses Gebilde mit durchlässigen und ständig wechselnden Trennlinien zwischen Unternehmung, Lieferanten und Kunden. Von innen ist das Bild nicht weniger formlos: Herkömmliche Arbeitsgruppen, Abteilungen und Unternehmensbereiche reformieren sich ständig je nach Bedarf. Aufgaben und Einflussbereiche verschieben sich immer wieder - selbst der Begriff des Mitarbeiters gewinnt eine neue Facette, weil einige Kunden und Lieferanten mehr Zeit im Unternehmen verbringen als manche Betriebsangehörige." Unternehmen zeichnen sich hier weniger durch interne Struktur und damit korrespondierende Prozesse organisationaler Schließung aus, sondern vielmehr durch ihre Leistungen, Produkte sowie die Art und Weise der Leistungserstellung.

Im Kontext virtueller Organisationsformen werden die Veränderungen der Ablauf- und Aufbauorganisation als wesentliche Merkmale des Wandels hervorgehoben. Reichwald und Möslein (1996: 223ff.) führen aus diesem organisationstheoretischen Blickwinkel verschiedene konstitutive Merkmale und Realisierungsprinzipien einer virtuellen Organisation an, die deutliche Unterschiede zu klassischen Unternehmensstrukturen erkennen lassen. Diese sind in Übersicht 1 im Überblick dargestellt (nächste Seite).

Übersicht 1: Charakteristika und Realisierungsprinzipien virtueller Organisationen

Charakteristika	Realisierungsprinzipien
Modularität - Kleine überschaubare Systeme - Dezentrale Entscheidungskompetenz - Unterschiedliche rechtliche Organisation	*Offen-Geschlossen-Prinzip* - Geschlossenes Auftreten am Markt - Offene, dynamische innere Struktur - Prozessorientierte Zusammensetzung
Heterogenität - Unterschiedliche Leistungsprofile - Beschränkung auf Kernkompetenzen - Qualitative unterschiedliche Komponenten	*Komplementaritätsprinzip* - Komplementäre Leistungsprofile - Ergänzung und Symbiose der jeweiligen Kompetenzen
Räumliche und zeitliche Verteiltheit - Einheiten arbeiten räumlich verteilt - Dynamische Rekonfiguration - Telekooperative Aufgabenbewältigung	*Transparenzprinzip* - Virtuelle Unternehmung ist für den Kunden eine "black box" - Ort der Leistungserbringung ist aus Kundensicht irrelevant - Zuschnitt des (Markt-)Auftritt auf Kundenwünsche

Quelle: Eigene Zusammenstellung. In Anlehnung an Reichwald/Möslein, 1996: 223ff.

In diesem Umfeld ist auch das Phänomen der Telearbeit anzusiedeln. Die Bezeichnung 'Telearbeit' subsumiert eine Vielzahl elektronisch gestützter Formen der Arbeitsorganisation. Unterschiedliche Definitionsansätze (z.B. Bundesministerium für Arbeit und Sozialordnung/Bundesministerium für Wirtschaft/ Bundesministerium für Bildung, Wissenschaft, Forschung und Technologie, 1998; Glaser, Glaser, 1995; Godehardt, 1994; Kilz, Reh, 1997; Lenk, 1989) erfassen einen Kernbereich von Varianten, die in Abbildung 3 (nächste Seite) zusammengefasst sind.

Abb. 3 Organisationsformen von Telearbeit und elektronisch gestützter Arbeitsmodelle nach Grad der räumlich-zeitlichen Einbindung

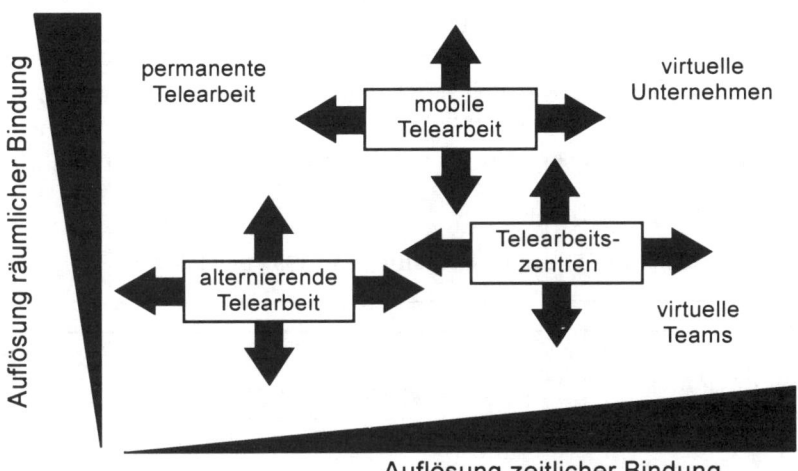

Quelle: Eigene Erstellung

Im Falle jeder Form von Telearbeit ändert sich die Einbindung in das Unternehmensgeschehen besonders in räumlicher und zeitlicher Hinsicht (z.B. Präsenz und Anwesenheit am betrieblichen Arbeitsplatz). Somit lassen sich verschiedene Varianten des standortverteilten Arbeitens in einer ersten Annäherung auch anhand dieser Dimensionen verdeutlichen. Gleichwohl liefert die bisherige Praxis ein sehr heterogenes Bild. Stundenweise, halbtags, ganztägig und/oder mehrmals in der Woche - so lauten nur einige der Varianten, die Beschäftigte hinsichtlich des Umfangs ihrer Erwerbszeiten im häuslichen Umfeld nutzen. Eineindeutige Zuordnungen in einem (zweidimensionalen) Koordinatensystem sind somit schwer möglich. Diese Variationen in der räumlich-zeitlichen Einbindung in die betrieblichen Abläufe sollen die Pfeile veranschaulichen (siehe z.B. alternierende Telearbeit). In einem weiteren Sinne wird das Leitprinzip des Arbeitens an einem Ort immer häufiger aufgehoben: Ein "Same place, Same time"-Modell soll sich zu einer "Right place, Right time"-Philosophie wandeln. Die ohnehin bereits unscharfe Kategorie des 'mobilen Telearbeiters' dürfte sich unter diesen Bedingungen allmählich zur Sammelbezeichnung für alle elektronisch gestützten Arbeitstätigkeiten entwickeln, die außerhalb des Unternehmensstandorts und der Wohnung ausgeübt werden (z.B. Kundenbesuch, Arbeiten in öffentlichen Verkehrsmitteln und Wartehallen). Hierzu zählt auch das ver-

mehrte Nutzen von Pendelzeiten für berufliche Arbeiten (z.B. Geschäftsreisen). [2]
Die Eckdaten der jüngsten empirica-Erhebung des Jahres 2002 veranschaulichen
deutlich diese Entwicklungen (vgl. Abbildung 4). Hierzulande lassen sich deutliche Zuwächse im Bereich der supplementären und mobilen Telearbeit erkennen; die durchschnittlichen jährlichen Wachstumsraten betragen 58 bzw. 57 Prozent. Im Falle der Telearbeit von Selbstständigen beläuft sich dieser Wert auf 50
Prozent. Interessanterweise stieg der Anteil der alternierenden und permanenten Telebeschäftigten kaum (+1% durchschnittliches jährliches Wachstum). Im
Jahr 2002 lassen sich 1,6% der Erwerbstätigen diesen Organisationsformen
zuordnen.

Abb. 4 Entwicklung von Telearbeit in Deutschland 1999 und 2002

Quelle: Eigene Erstellung. Unter Bezugnahme auf empirica, 2002: 16

Offensichtlich resultiert aus der Verfügbarkeit neuer Technologien noch keine
vollständige Substitution traditioneller Arbeitskonstellationen. Vielmehr favorisieren Beschäftigte zeitliche Arrangements, die eine teilweise oder befristete Flexibilisierung der Erwerbszeiten erlauben. Es dominieren somit immer noch
Beschäftigungsformen mit klaren Trennungen verschiedener Bezugskontexte

---

[2] Nach Angaben von Lufthansa sollen nach einer Untersuchung in den USA 84% der befragten Flugpassagiere den Wunsch haben, während des Flugs E-Mails schreiben und empfangen zu können (siehe: "Lufthansa: Surfen in der Luft", Wirtschaftswoche vom 12. März
2002 Online: http://www.wiwo.de.)

(z.B. Beruf-Privatleben), die vielfach vermutete "Grenzenlosigkeit" im Sinne einer Integration von Dritten in die Leistungserstellung (Stichwort: "Insideration of outsiders") ist nicht die Regel, aber auch keine Ausnahme mehr. Dieser Hinweis darf auch dahingehend gelesen werden, dass zwar in den letzten Jahren diese Organisationsmodelle eher überschätzt wurden, allerdings für eine wachsende Zahl von Unternehmen flexible Modelle der Arbeitsgestaltung an Bedeutsamkeit gewonnen haben. Die Anzahl der Beschäftigten aller Telearbeits-Varianten bildet in der Summe insofern keine quantité négligiable. Darüber hinaus hängt das Herausbilden inter- und intraorganisationaler Gruppenbeziehungen mit den Möglichkeiten und wahrgenommenen Qualitäten der Kommunikationsmedien zusammen (vgl. Jäckel, Würfel, 2003). Dieser Aspekt der Virtualisierung des Unternehmensgeschehens berührt Vor- und Nachteile technisch vermittelter Kommunikation.

2.3 Elektronisch gestützte Gruppenbildung

Der Einsatz moderner Informations- und Kommunikationstechnologien ist (fast) zu einem konstitutiven Merkmal betrieblicher 'Kommunikationslandschaften' geworden. Dies hat auch zur Folge, dass in vielen Fällen unterschiedliche Möglichkeiten zur Übermittlung einer Nachricht bzw. zur Erledigung eines bestimmten Sachverhalts zur Verfügung stehen. Nach Ergebnissen von empirica nutzten im Jahr 2001 bereits 86% der untersuchten Betriebe E-Mail und 89% Internet (Intranet: 54%). Betrachtet man ausschließlich Unternehmen mit mehr als 500 Beschäftigten, so ist E-Mail- bzw. Internetnutzung annähernd zu 100% gegeben.
    Die Diffusion als solches sagt gleichwohl noch nichts über den Nutzungsgrad und die Konsequenzen hinsichtlich neuer Formen der elektronisch gestützten Gruppenbildung aus. Wenngleich engere und weitere Auslegungen des Gruppenbegriffs existieren, wird häufig die Möglichkeit einer Interaktion (vgl. hierzu Jäckel, 1995: 463ff.) der Mitglieder angeführt. Homans (1978: 29) versteht unter einer Gruppe "eine Reihe von Personen, die in einer bestimmten Zeitspanne häufig miteinander Umgang haben und deren Anzahl so gering ist, daß jede Person mit allen anderen Personen in Verbindung treten kann, und zwar nicht nur mittelbar über andere Menschen, sondern von Angesicht zu Angesicht." Folgt man dieser Auffassung, so sind regelmäßige Treffen von Personen eine Voraussetzung für ihren Zusammenschluss zu einer Gruppe. Gerade in größeren Organisationen wie Unternehmen und Verwaltungen werden diese Prozesse erleichtert, da die Arbeitsteilung und Spezialisierung vielfach zu eigenen Organisationseinheiten führt. Zwar bestehen in der Regel auch Kontakte

zwischen den jeweiligen Einheiten, allerdings dürfte die Häufigkeit innerhalb einer Abteilung höher sein. Nicht nur die Häufigkeit von Interaktionen begünstigt die Konstitution einer Gruppe, sondern auch die wahrgenommene Ähnlichkeit der Tätigkeiten (vgl. Homans, 1978: 59ff.).

Wie Roethlisberger und Dickson (1970) in den sogenannten Hawthorne-Studien nachweisen konnten, schlossen sich diejenigen Personen zu einer Gruppe zusammen, die jeweils räumlich näher miteinander arbeiteten und ähnliche - von der anderen Gruppe differierende - Aufgaben verrichteten. Trotz ähnlicher Aufgaben können sich in bestehenden sozialen Einheiten auch neue Beziehungsgeflechte herausbilden, die zu - nicht geplanten - Untergruppen führen. Diese Abweichungen von formalen Einheiten werden auch als informelle Strukturen bezeichnet (z.B. Rosenstiel, 1992: 280ff).

Im Hinblick auf elektronisch gestützte Arbeitsformen, wie die bereits erwähnten Telearbeitsvarianten, könnte die Form der Arbeitsorganisation ein auslösendes Moment für neue Gruppenbildungen sein. Nicht der Arbeitsinhalt, sondern die neue Organisationsform der Arbeit ist eine Gemeinsamkeit, die das Bedürfnis der Beschäftigten nach einem Informationsaustausch weckt. Aus der Unterschiedlichkeit des Arbeitsablaufs könnte sich eine Art "Kollektivbewusstsein" entwickeln, das von nicht mehr ausschließlich im Unternehmen arbeitenden Personen getragen wird. Möglicherweise kann die Kenntnis der neuen gemeinsamen Arbeitssituation und der daraus resultierenden Probleme die Entstehung informeller Zusammenschlüsse fördern.

Zugleich kann sich hier auch ein neues innerbetriebliches Konfliktpotential aufbauen. Sofern Beschäftigte zumindest noch zeitweise miteinander arbeiten, erkennt man die Verschiedenheit der Arbeitsabläufe und die Sonderstellung einer Teilgruppe. Eine gegenseitige Distanzierung von den jeweiligen "Nicht-Mitgliedern" könnte sich verstärken. Homans (1978: 147) beschreibt ein ähnliches Verhalten der Beschäftigten im "bank wiring observation room" der Hawthorne-Studien: "Das Verhalten der Cliquen war nicht verschieden, weil jede ihrem eigenen Stil den Vorzug gab, sondern auch, weil jede *von der anderen verschieden sein wollte.*" (Hervorhebung im Original).

Sproull und Kiesler (1991b: 117) wiesen bereits Anfang der 1990er Jahre auf die Herausbildung einer eigenen Gruppendynamik von elektronisch vernetzten Personen hin, wenn sie feststellten: "Sie unterhalten wechselseitige Beziehungen, entwickeln ihre eigenen Verhaltensnormen und erzeugen Gruppendruck. Andererseits haben sie oft mehr als hundert Mitglieder und umfassen Beziehungen zwischen Menschen, die zwar Interessen teilen, aber einander nicht unmittelbar kennen." Der Hinweis auf die Größe dieser Gruppe macht die Differenz zu Organisationseinheiten deutlich. Dennoch könnten unternehmenseigene Informations- und Kommunikationsnetze sowie entsprechende Optionen (z.B.

Intranets, E-Mail, Mailinglisten, Elektronische Schwarze Bretter, Konferenzsysteme) die Entstehung neuer Gruppenstrukturen einleiten, die von bestehenden organisatorischen Einheiten abweichen. Aufgrund einer relativ hohen Arbeitsteilung in Organisationen ist der Informationsaustausch von Beschäftigten eine wesentliche Voraussetzung für die Koordination der betrieblichen Tätigkeiten. Im Falle computerbasierter Kommunikationsprozesse geht es im Kern um die Analyse des Verhaltens und der Beziehungen von Teilnehmern und daher letztlich wiederum um die Frage, ob Unterschiede zwischen Face-to-Face-Kontakten und computervermittelter Kommunikation zu beobachten sind.

2.4 "Analoge" und "digitale Kommunikation"

Grundsätzlich benötigt jede Form der Kommunikation ein Medium, das in der Lage ist, Informationen zu übertragen. Die "(t)echnisch vermittelte interpersonale Kommunikation umfaßt jene Situationen, in denen ein technisches Medium in den Prozeß der Kommunikation zwischengeschaltet wird." (Höflich, 1996: 57) Die Möglichkeiten der Kommunikation bleiben an die technischen Optionen gebunden. Verfechter des Internets behaupten, dass die Netz-Kommunikation gesprächsähnliche Situationen erlaube. Dies verdeutlichen auch die gewählten Bezeichnungen "Chat", "Dialog" oder "Konversation" (vgl. Rheingold, 1994: 55ff.). Der Austausch von Informationen erfolgt im Falle elektronischer Gruppenkontakte vorwiegend über das Lesen und Schreiben von Nachrichten. Insofern bleibt Textbasiertheit ein wesentliches Merkmal. Im Falle von "Voice-Mails" wird diese Schriftbezogenheit aufgehoben, da das gesprochene Wort übermittelt wird. Die Bandbreite der Ausdrucksmöglichkeiten bleibt aber typischerweise auf die Schriftform begrenzt. Indem verbale Mitteilungen digitalisiert werden, gehen wesentliche Beurteilungskriterien wie Körper- bzw. Augensprache und parasprachliche Reize (z.B. Sprechtempo, Lautstärke) verloren. Nach Watzlawick et al. (1974: 56ff.) erhält jede übermittelte Nachricht zwei Seiten: einen sachlichen Inhaltsaspekt und den Beziehungsaspekt, der angibt, wie die Information vom Empfänger aufzufassen ist. Schulz von Thun (1981: 25ff.) führte diesen Ansatz weiter, indem er die Beziehungsseite einer Nachricht zusätzlich in einen Selbstoffenbarungs-, Beziehungs- und Appellaspekt untergliederte (vgl. Abbildung 5 nächste Seite). Demzufolge ist nicht nur der Inhalt, sondern auch die Position der Kommunikationspartner für die Wahl eines Mediums von Bedeutung. Zwischen den Zeilen kann also nicht alles vermittelt werden, was wichtig und interessant sein könnte. Hier wird zugleich ein weiterer Grund für den hohen Stellenwert der Face-to-Face-Kommunikation illustriert und auf die informellen Elemente formeller Kommunikation hingewiesen.

Diese technischen Restriktionen versucht man über Hilfskonstruktionen (z.B. Emoticons, Grafiken, Aktionswörter) auszugleichen. So können sich dem "Leser" zumindest begrenzt weitere Informationen zum "Autor" erschließen. Schon Maletzke (1963: 22) stellte in seiner "Psychologie der Massenkommunikation" fest: "Der Schrift (wie dem gedruckten Wort) fehlt in zweifachem Sinne der Ausdruck, nämlich einmal der Ausdruck des visuellen Gegenübers, zum anderen der akustische Ausdruck; ihr fehlen damit zwei Faktoren, die der direkten Kommunikation die gegenseitige Verständigung in hohem Maße unterstützen und erleichtern."

Abb. 5 Die vier Seiten einer Nachricht nach Schulz von Thun

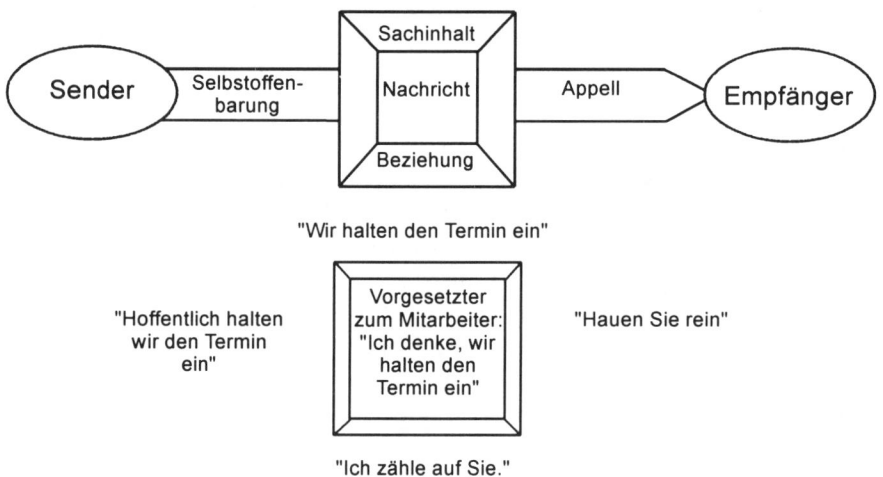

Quelle: Schulz von Thun, 1991: 30

Die "Revitalisierung der Schriftlichkeit" (Höflich, 1996: 91) kann unter bestimmten Umständen aber auch Hierarchien vorübergehend ausschalten und den Informationsaustausch erleichtern. In elektronischen Gruppen kann sich eine Dynamik entfalten, die herkömmliche Konferenzen aufgrund eines relativ starren Soziogramms nicht ermöglichen. "The dynamics of electronic group meetings, however, differ from those of face-to-face meetings and are less predictable", meinen Sproull und Kiesler (1991a: 58). So fehlen in der Regel Angaben zu Berufsbezeichnung, Alter und hierarchischer Position oder Personenmerkmale (z.B. Aussehen, Stimme, Kleidung) sind nicht ersichtlich. Auch sollen reine

Textbotschaften rationalere Diskussionen ermöglichen. Die Vernetzung in Unternehmen und Organisationen kann aufgrund dieser "Entkontextualisierung" ein effektives Instrument zur Ideensammlung sein. Auch können Entscheidungen vorbereitet werden, die sich auf einen breiten Wissensfundus stützen. Elektronische Konferenzen gleichen dann einer neuen Variante des betrieblichen Vorschlagswesens.

Im Vergleich zu Face-to-Face-Konferenzen deuteten erste Laboruntersuchungen zu elektronischen Konferenzen auf eine größere Offenheit der Teilnehmer, eine gleichmäßigere Verteilung der Redebeiträge und eine höhere Anzahl von Ideen hin (vgl. Sproull, Kiesler 1991b: 115f.). Im Gegenzug verlangsamte sich die Entscheidungsfindung. Neue Konflikte entstanden, da z.B. einige Teilnehmer auch in diesem Umfeld versuchten, die Diskussion zu beherrschen. Die Computernutzung scheint auch vorhandene Hemmschwellen der Teilnehmer zu senken, die sich in unsachlichen oder persönlich verletzenden Kommentaren äußern ("flaming" = Aufflammen). Diese Verhaltensweise ist unter der Bedingung der Anonymität möglich, im betrieblichen Kontext gilt aber die Prämisse einer wiederholten Interaktion. Daneben ist es eine unrealistische Annahme, dass sich die Teilnehmer einer elektronischen Konferenz im betrieblichen Kontext nicht kennen. "Flaming" bleibt nicht ohne innerbetriebliche Folgen. Einen rauheren Umgangston nehmen überwiegend Beschäftigte mit geringerer E-Mail-Erfahrung wahr (vgl. Jäckel, Würfel, 2003). Regeln des Umgangs müssen offensichtlich neu definiert werden, klare Beurteilungsmuster fehlen häufig noch. Ebenso kann die Nicht-Berücksichtigung von Entscheidungsträgern den Protest der Unberücksichtigten nach sich ziehen. So konnte Holland (1997) zwar eine schnellere Überwindung vorhandener hierarchischer Barrieren im Falle der E-Mail-Nutzung feststellen, zugleich entgegnete die mittlere Vorgesetztenebene aber mit Hinweisen auf Einhaltung des Dienstweges. Diese Verhaltensweise kann als Antizipation eines Verlusts der (Führungs-)Verantwortung interpretiert werden. Insofern sind positive Medieneffekte auch von einer entsprechenden organisatorischen Einbindung und Akzeptanz abhängig. Connolly (1997: 274) fasst diesbezüglich zusammen: "(...) the effectiveness of an EBS [Electronic Brainstorming, Anmerk. d. Verfasser] Group is jointly influenced by aspects of the individuals involved, the task they are working on, the group process imposed, and the technology of interaction."

Diese allgemeinere Darstellung vermittelt bereits einen Eindruck von Chancen und Risiken, die mit dem Einsatz neuer Kommunikationsmedien in unterschiedlichen sozialen Kontexten einhergehen können. Die nachfolgenden Ausführungen konzentrieren sich wieder auf die von vielen Flexibilisierungsversprechungen begleitete Arbeitsform der alternierenden Telearbeit. Wie bereits einleitend (vgl. Abschnitt 1) erwähnt, weist diese Variante des elektronisch gestützten

Arbeitens eine virtuelle Komponente auf, indem durch die Zwischenschaltung von Technik ein "Als ob"-Effekt erzeugt wird. Es entsteht der Eindruck, dass Beschäftigte nur scheinbar nicht im Unternehmen sind. Wenngleich das dezentrale Arbeiten durch bestimmte Software-Produkte teilweise aufeinander abgestimmt werden kann (z.B. gemeinsame Bearbeitung eines Dokumentes, Instant Messaging), erfordert die elektronische Arbeitsteiligkeit vielfältige Koordinations- und Organisationsleistungen. Die einzelnen Arbeitsergebnisse der Teilnehmer eines Netzwerks müssen letztlich wieder zu einer Gesamtleistung zusammengefügt werden. Wenn alle koordinieren müssen, jeder aber auf seine Art und Weise, wird ein kontinuierliches Arbeiten in einer elektronischen Konferenz zu einem unwahrscheinlichen emergenten Phänomen.

3. Der "Als ob"-Effekt. Erfahrungen mit alternierender Telearbeit[3]

3.1 Auswahlmechanismen, Führung und Bedeutung von Vertrauen

Wo verhaltensorientierte Leistungskontrollen seltener oder gar nicht möglich sind oder die Bedeutsamkeit hierachischer Strukturen abnehmen (sollen), scheinen sich quasi spiegelbildlich Fragen zu Anreiz- und Steuerungsformen zu stellen. Diese aus der Prinzipal-Agenten-Problematik stammende Beobachtung gilt auch im Falle neuer Arbeitsformen. Neue Entscheidungsfreiheiten bieten nach diesem Ansatz auch Gelegenheiten für opportunistische Verhaltensweisen. Vorhandenes Vertrauen gewährleistet eine effiziente Form der Koordination. Luhmann (1989³: 39) merkte hierzu an: "In sozialen Zusammenhängen, die so strukturiert sind, nämlich durch relative Dauer der Beziehung, wechselnde Abhängigkeiten und ein Moment der Unvorhersehbarkeit ausgezeichnet sind, findet man einen günstigen Nährboden für Vertrauensbeziehungen. Es herrscht das Gesetz des Wiedersehens." Dieses "Gesetz des Wiedersehens" gilt auch im Falle der alternierenden Telearbeit. In der Regel sind die Beschäftigten im Durchschnitt an drei Arbeitstagen im häuslichen Umfeld beschäftigt, die verbleibende Erwerbszeit wird am betrieblichen Arbeitsplatz gearbeitet. Bislang werden Telebeschäftigte daher selten mit den Worten "Schon lange nicht mehr gesehen!" im Büro begrüßt.

---

[3] Die folgenden Ausführungen beruhen weitgehend auf Ergebnissen des Forschungsprojekts "Telearbeit und Zeitökonomie. Die Auswirkungen der Telearbeit auf die Gestaltung von Arbeit und Freizeit", das von beiden Autoren von August 1998 bis Dezember 2000 an der Universität Trier durchgeführt wurde. Vgl. hierzu ausführlich Jäckel, Rövekamp, 2001 und http://www.uni-trier.de/~telework. Im Rahmen der Studie sind 277 Telebeschäftigte zu ihren Lebens- und Arbeitsbedingungen befragt worden.

Daneben deuten die Befunde der Trierer Studie auf ein gutes Vertrauensklima und ein gewachsenes Vertrauensverhältnis zwischen Mitarbeiter und Vorgesetztem hin: Lediglich fünf Prozent der befragten Telebeschäftigten waren zum Zeitpunkt der Untersuchung weniger als ein Jahr für den jetzigen Arbeitgeber tätig. Wer gerade erst eingestellt wurde, kann diese Option in der Regel nicht wahrnehmen. Im Falle der zeitweisen Heimarbeiter scheint sich ein Management-by-Confidence herausgebildet zu haben, hier ersetzt der Vertrauensvorschuss die Kontrolle. Fast jeder vierte Projektteilnehmer (22,9%) gibt an, dass die häuslichen Arbeitszeiten nicht erfasst werden. Es dominieren selbstgeführte Arbeitszeitlisten, die knapp 74% der befragten Telebeschäftigten für ihre Dokumentation nutzen. In diesem Zusammenhang ist auch interessant, dass die Mehrheit der Beschäftigten (71,3%) eine geringere Kontrolle der häuslichen gegenüber der betrieblichen Arbeit wahrnimmt. Dieses Empfinden der Befragten darf als Bestätigung eines impliziten Commitments gelesen werden, wonach Vertrauen Vertrauen weckt und Misstrauen Misstrauen erzeugt. Vielleicht sollte man hier noch hinzufügen: und eine höhere eigene Erfolgskontrolle hervorruft. Vor dem Hintergrund der in der Regel langjährigen Betriebszugehörigkeit der Telebeschäftigten dürfte aber eine relativ hohe Loyalität vorhanden sein, in deren Folge Unternehmen ein vergleichsweise kalkulierbares Risiko, etwa hinsichtlich opportunistischer Verhaltensweisen der Beschäftigten, eingehen. Diese Eintrittsvoraussetzung, also die lange Zugehörigkeit zu einem Unternehmen, galt vor allem in der Anfangsphase dieser Arbeitsform. Kürzere Einarbeitungsphasen setzen sich mehr und mehr durch, insbesondere dann, wenn diese Arbeitsform erfolgreich in die betrieblichen Abläufe integriert wurde und sich somit als etwas Gewöhnliches etabliert hat.

3.2 Kommunikation und Koordination

Telearbeit erfordert Koordination. Der Aufwand, die berufliche Arbeit mit den im Betrieb verbliebenen Kolleginnen und Kollegen zu koordinieren, wird aber von ca. 60 % der Beschäftigten als unverändert eingestuft. Höhere Anteilswerte zeigen sich im Falle weiblicher Sachbearbeiter, die gerade in der Anfangsphase ihrer Telearbeitstätigkeit nicht immer alle erforderlichen Unterlagen zur Verfügung haben. Letztlich sind diese Probleme auch Resultat von Arbeitsabläufen, die sich nicht vorab in allen Details vorstrukturieren lassen. Dies bedeutet auch nicht, dass Telebeschäftigten, die sich auf Projektstellen befinden, diese kurzfristig auftretenden 'Versorgungslücken' unbekannt wären. Hilfestellung bieten in diesem Kontext insbesondere die Möglichkeiten der elektronischen Kommunikation. Insofern ist es nicht überraschend, dass die elektronische Post nun wesentlich häufiger im Rahmen der Kommunikation mit Kolleginnen und Kollegen zum Einsatz kommt. Auch Telefon und Telefax verlieren ihre Bedeutung nicht, dagegen findet das informelle Gespräch (erwartungsgemäß) nun viel seltener statt. Berücksichtigt man die Erfahrungzeiträume mit Telearbeit, so werden bezüglich der Konsultation und der zum Einsatz kommenden Medien Effekte erkennbar, die im Sinne eines routinierteren Umgangs mit den Koordinationserfordernissen interpretiert werden können (Stichworte: Lerneffekte, Gewöhnung). Anrufe im Unternehmen, weil wichtige Unterlagen fehlen, sind für Personen, die seit mehr als zwei Jahren Telearbeit praktizieren, seltener erforderlich, ebenso der Transport von Unterlagen oder die Rücksprache mit einem Vorgesetzten. Letzteres kann auch das Resultat eines gewachsenen Vertrauens in die Effektivität der (auch) häuslichen Arbeit sein. In jedem Falle erfordert die Nicht-Anwesenheit im Unternehmen für beide Seiten (Telebeschäftigte und Nicht-Telebeschäftigte) Erreichbarkeit. Auch in diesem Zusammenhang kommt der E-Mail eine besondere Bedeutung zu, da sie - so die Erwartung - eine relativ sichere Konsultation gewährleistet, den Arbeitsablauf des Empfängers aber im Gegensatz zum Telefon nicht sofort unterbricht. Der Empfänger kann selbst entscheiden, wann er seine elektronische Post bearbeitet. In diesem Sinne kann das Abrufen eingegangener Mails als eine selbstgewählte Unterbrechung gesehen werden, die aber auch zu einer Gewohnheit werden kann. Auch aus diesem Grund ist die Diskussion um die Effizienz bzw. Effektivität der elektronischen Post wohl in vollem Gange. Ungeachtet dessen müssen vor allem Führungskräfte sich im Zuge der Ausweitung von Telearbeit zu Kommunikations-Managern wandeln, andernfalls dürften Produktivitätseinbußen und ein größerer Koordinationsaufwand die Folge sein. Für das Management dezentraler Arbeitsplätze gilt daher: "Leadership is electronically-based relationship." Kommunikationstalente, -fähigkeiten und -regeln müssen letztlich auf beiden Seiten, also zwischen Führungskraft und Telearbeiter, entwickelt werden.

3.3 (Selbst-)Organisation und Selbstdisziplin

Flexibilität organisiert sich nicht von allein. Den Stellenwert von Organisationsleistungen im Kontext des auch häuslichen Arbeitens veranschaulicht deutlich der folgende Kommentar:

> "Leider musste ich in den mehreren Jahren meines 'Telearbeits-Lebens' feststellen, dass ich offenbar nicht der geeignete Mensch für diese Arbeitsform bin. Es bedarf dazu offensichtlich eines so hohen Grades an Selbstdisziplin, wie ich ihn einfach nicht aufbringen kann. Ich neige dazu, die Arbeit vor mir herzuschieben, so dass ich am Schluss immer verzweifelt vor einem riesigen Pensum [an Arbeit] sitze, das dann in kurzer Zeit zu bewältigen ist."

Diese selbstkritische Einschätzung einer Projektteilnehmerin (Hochschulabschluss, 36 Jahre, verheiratet, keine Kinder, Sachbearbeiterin) deutet darüber hinaus auch auf Folgendes hin: Telearbeit verlangt die Übernahme von Selbstverantwortung und (Selbst-)Organisation. Wer sich dazu entschließt oder damit konfrontiert wird, muss sich mit einer zunächst vergleichsweise ungewohnten Arbeits- und Lebenssituation arrangieren. Der (mehr oder weniger) regelmäßige Wechsel zwischen einem häuslichen und betrieblichen Arbeitsplatz stellt eine Herausforderung dar, die ein hohes Maß an Selbstdisziplin und neues Organisationstalent erfordert.

Die Philosophie der Eigenverantwortung entspricht somit auch einer internalisierten Autorität, die sich in einer rationalisierten Lebensführung niederschlagen kann. In Praxis-Leitfäden zur Telearbeit sind wohl auch aus diesen Gründen häufig Verhaltensregeln für Beschäftigte zu finden (vgl. Bundesministerium für Arbeit und Sozialordnung/Bundesministerium für Wirtschaft/Bundesministerium für Bildung, Wissenschaft, Forschung und Technologie, 1998: 27), denn wer sich auf diese ungewohnte Arbeitssituation nicht einstellt, läuft Gefahr, das betriebsübliche Arbeitspensum nicht beizubehalten. Darüber hinaus sind vereinbarte Ziel- und Zeitvorgaben (Stichwort: Management-by-Objectives) zu beachten. Insofern kann eine eigenverantwortliche Gestaltung der häuslichen Erwerbszeiten eine organisatorische Leistung darstellen, die von den Beteiligten unterschiedlich wahrgenommen und bewältigt wird. Knapp ein Drittel der Befragten stimmt folgender Aussage bezüglich der häuslichen Arbeitsweise zu bzw. eher zu: "Ich muss mich stärker selbst disziplinieren." Insbesondere Beschäftigte mit längerer Telearbeits-Erfahrung nehmen die Notwendigkeit zur Selbstdisziplin häufiger wahr als die 'Anfänger'. Lediglich jeder Zehnte, der weniger als ein Jahr auch zu Hause beruflich tätig ist, stimmt dieser Beurteilung voll zu. Dieser Anteil steigt auf 32,4% im Falle derjenigen, die über mehr als zwei Jahre Telearbeits-Erfahrung verfügen. Interessant ist in diesem Zusammenhang die vergleichsweise starke Polarisierung im Antwortverhalten der Befragten mit kürzerer bzw. längerer Erfahrung.

Dieses Ergebnis spricht einerseits für eine kritisch-reflexive Selbstwahrnehmung der Befragten mit einer längeren Telearbeitspraxis. Andererseits nutzen diese Beschäftigten in der Regel auch häufiger die sich bietenden Handlungsspielräume für private Interessen. Unter diesen Bedingungen bedarf es anscheinend einer vergleichsweise stärkeren Fähigkeit zur Selbstmotivation, um den vielfältigen Ablenkungsmöglichkeiten im privaten/familiären Umfeld entgegenzutreten. Eine entsprechende innere Haltung trägt wesentlich dazu bei, den gewohnten produktiven Rhythmus beizubehalten. Grundsätzlich dürften bisherige Arbeitsmuster der Kollegen strukturgebende Kräfte entfalten. 'Der lange Arm des Betriebs' beeinflusst mal mehr, mal weniger die Organisation beruflicher und nicht-beruflicher Tätigkeiten. Industriegesellschaftliche Arbeitszeitstrukturen (z.B. Anwesenheitspflicht, Kernarbeitszeiten) bestimmen somit oftmals den Gestaltungsspielraum für Beruf und Freizeit. Zeitliche Spielräume im Tagesverlauf werden nur teilweise genutzt.

4. Zwischen Beharrung und Wandel: flexible Formen der Lebensführung und 'Vitalität' in Organisationen

Ogburn (1969: 138 ff.) verdeutlichte das "Cultural Lag"-Phänomen unter anderem mit folgendem Beispiel: In der frühen Industrialisierungsphase versäumte die Rechtssprechung eine Anpassung an die neuen Arbeitsbedingungen. In den Vereinigten Staaten kam es um 1870 vielerorts zur Einführung neuer Produktionsverhältnisse, die mit einer steigenden Zahl von Arbeitsunfällen einhergingen. Die vorindustrielle Gesetzeslage zu Entschädigungsregelungen reagierte aber erst rund 40 Jahre später auf die neuen Bedingungen. Auch der im vorliegenden Beitrag skizzierte Wandel der Arbeitswelt wird sich - gemessen an den bisherigen Erfahrungen - eher träge als rasch vollziehen. Im Jahr 2050 mögen die heutigen Diskurse Geschichte sein. Gegenwärtig aber sind die Konsequenzen der Veränderungen noch nicht signifikant genug. Signifikant ist indes die Wahl von Organismus-Metaphern im Umfeld des gegenwärtigen Unternehmenswandels. Hier steht die aktive Suche nach geeigneten Formen und Maßnahmen der Anpassung von Organisationsabläufen bzw. -strukturen im Vordergrund, die durch technologische Innovationen induziert werden. "Atmende Unternehmen" (Hartz, 1996) oder der Hinweis, dass Unternehmen wie "lebende Organismen" (Habbel, 2001: 204) agieren müssen, sind entsprechende Beispiele.

Diese Vergleiche werden ergänzt durch Beobachtungen, die die Binnenstruktur der Unternehmen betreffen. Zwischen "Spontaneität und Hierarchie" (Fukuyama 2002: 281) erhalten Gruppendynamiken und zwischenmenschliche Beziehungen eine größere Bedeutung, meint beispielsweise Fukuyama (vgl. O.c.). Eine Ausweitung der Individualisierung der Arbeitswelt (z.B. Zunahme der Selbstentfaltungswerte, aber auch Zunahme der Eigenverantwortung) könnte daher zu einer Wiederaufwertung von Werten wie Disziplin, Ordnung, Leistung und Bescheidenheit führen. Dies bringt es mit sich, dass auch Verhaltenscodes und Spielregeln im Umgang zu entwickeln sind, die von der Mehrheit der Beschäftigten getragen werden, z.B. ein Verzicht auf direkte Einflussmöglichkeiten. Ein amerikanischer Erfahrungsbericht zu neuen Arbeitsmodellen nennt als Erfolgskriterium für "the boss's view of success (..) the number of bodies in the office." Im Jahr 2000 hieß es in einem kurzen Bericht über die Telearbeitssituation in den USA, dass Führung immer noch im Sinne von "counting heads" interpretiert wird. Das mag eine Übertreibung sein. Aber da immer wieder die Bedeutung des Selbst betont wird, wäre hinsichtlich der Rolle von Führungskräften vielleicht folgende Interpretation gerechtfertigt: Die Führungskraft muss dafür sorgen, dass die nur scheinbar vorhandenen (= virtuellen) Mitarbeiter allen Beteiligten als immer anwesend erscheinen. Bezüglich der erforderlichen Arbeitstreffen hat ein Autor festgestellt: "Paradoxically, the more virtual an organization becomes, the more its people need to meet in person. The meetings, however, are different. They are more about process than task." (Handy, 1995: 46f.) Solange sich die Zahl der Telebeschäftigten in einem überschaubaren Rahmen bewegt, muss die Führungskraft - wenn sie es denn unbedingt will - wohl etwas weniger zählen, aber kaum anders führen. Auch nach Auffassung von Nefiodow (1999: 148) ist das Arbeiten im bevorstehenden sechsten Kondratieff ohne ein Umdenken der Akteure kaum möglich. Er weist auf die Erfordernis einer neuen "Gruppenethik" und die Notwendigkeit psycho-sozialer Kompetenzen im Alltag hin (z.B. Empathie, Verbundenheit). Vorrangige Leistungseinheit werde die Gruppe.

Als Keimzelle mit interessanten Experimental- und Beobachtungsoptionen können jüngere Erscheinungen wie Ich-AG, Selbst-GmbH, Ich&Co, Ein-Mann-Unternehmen, Electronic-Lancer oder Netrepreneure dienen. Diese Begriffe lassen nicht nur die Relevanz der Eigeninitiative anklingen, sondern stehen häufig auch für Loslösungprozesse von traditionellen Erwerbsformen unter Rückgriff auf technologische Innovationen. Vielfach sind hier Wünsche nach einer flexiblen Lebensführung bzw. Anpassungsmöglichkeiten an die eigenen Lebensumstände auslösende Momente. Das Verbessern klassischer Hygiene-Faktoren (im Sinne von Herzbergs Zwei-Faktoren-Theorie) wäre in diesen Fällen wohl nicht als alleiniger Anreiz ausreichend, um diese Beschäftigten in einem traditionellen Unternehmen von 'Exit'-Bestrebungen fernzuhalten.

Eine Extremvariante dieser flexiblen Menschen bezeichnet man gelegentlich etwas euphorisch als 'Helden der digitalen Ökonomie'. Diese suchen Abwechslung, Spaß, Sinn, und vor allem auch zeitliche Flexibilität. Um Akronyme ist man in diesem Zusammenhang nicht verlegen. YET steht für Young Entrepreneurial Technocrats. Für diese Menschen wird der Arbeitsplatz zu einem zentralen Wohlfühlfaktor. Unterscheidungen wie Arbeit und Freizeit werden als überkommene Vorstellungen der Industriegesellschaft empfunden. Auch hier wird suggeriert, dass sich im Arbeitsprozess eine produktive Lebensgemeinschaft mit familiärem Charakter entwickelt. In der Regel wird noch während der Gründungs- und Aufbauphase das Ein-Mann-Vorhaben in eine Kleingruppe überführt (so genannte "Start-Ups"). Den Gedanken der "Firmenheimat" beschreibt Englisch (2001: 86) in ihrem Buch "Jobnomaden" und führt auch Originalstimmen wie diese an:

"Es ist eben wie in einer guten Familie: Da kennt jeder seine Aufgaben und seine Pflichten, und jeder weiß, dass er die erfüllen muss. (...) Das Team kontrolliert sich untereinander und die Mitarbeiter sind am Umsatz beteiligt. Wenn einer einen Fehler macht, dann betrifft das gleich die ganze Gruppe. Deshalb versucht jeder dem anderen zu helfen."

Erste Erfahrungen belegen, dass diese Art des Lebens und Arbeitens - wobei das Arbeiten im Grunde genommen das Leben ausmacht - kein Modell ist, mit dem man sich auf Dauer anfreunden möchte. Es dürfte eher einem Lebensab-schnitts-Modell entsprechen. Auch diese Beschäftigten werden ein Bedürfnis nach einigermaßen stabilen Strukturen und einem neuen Gleichgewicht zwischen stabilen (sicheren) und flexiblen Erwerbsbedingungen entwickeln. Insofern ist auch - um einen Begriff von Richard Sennett (1998) aufzugreifen - von Anti-Drift-Phänomenen auszugehen. Zudem schließen solche Varianten der Zusammenarbeit Dysfunktionalitäten nicht aus. Das Arbeiten in der Gruppe bringt neue Abhängigkeiten und Formen der Macht- und Herrschaftsausübung mit sich. Ende der 1950er Jahre sprach Whyte (1958) in "Herr und Opfer" bereits von der "Tyrannei der glücklichen Arbeitsgruppe" (vgl. hierzu auch Pekruhl 2000: 173ff.).

Nach Ogburn ist die immaterielle Kultur zumeist das trägere Element. Insofern bedürfen Phänomene des Virtuellen im Kontext der Arbeitswelt wohl noch zahlreicher sozialer Innovationen, damit sie einen "take-off" erfahren. Wer in diesem Kontext das Ziel einer "dolce vita virtuale" (Englisch, 2001: 166) verfolgt, hat es also zu guten Teilen auch 'selbst in der Hand', diese umzusetzen und andere für eine Virtualisierung des Sozialen zu begeistern. Bereits das Zusammenführen von Angebot und Nachfrage löste Adam Smith (1723-1790) mit einem "invisible hand"-Mechanismus, der einer Personifizierung des Preises im Sinne eines Auktionators für Marktakteure gleichkommt. Der Glaube an die Überzeugungskraft der eigenen Idee führte ebenso zum Erfolg eines signifikanten Symbols der industriellen Gesellschaft und zum Durchbruch einer neuen Produktionsmethode: des Automobils und der Fließbandproduktion. Zu Beginn des 20. Jahrhunderts wollte Henry Ford (1863-1947) entgegen dem vorherrschenden Zeitgeist nicht einen "Vergnügungswagen" und "Luxusartikel" einführen, sondern das "Universalmodell T". Die Idee, dass "jeder Kunde seinen Wagen beliebig anstreichen lassen [kann], wenn der Wagen nur schwarz ist" (Ford, 1923: 85), fand zunächst bei seinen Verkäufern keine Zustimmung. Doch bereits in der Saison 1908/09 wurde "Modell-T" fast zu einem Massenprodukt. Das letzte Kapitel aus "Mein Leben und Werk" von Henry Ford (1923: 328) handelt interessanterweise "Von künftigen Dingen" und schließt mit der Feststellung: "Alles ist möglich - der Glaube ist die Substanz der Dinge, die wir erhoffen, der Beweis des Unsichtbaren."

Literatur

S. Babson [Hrsg.], 1995: Lean work. Empowerment and exploitation in the global auto industry. Detroit.

W. Bauer, H.-J. Bullinger, J. Hofmann, B. Klein, V. Weiss, 2001: Die Zukunft der Arbeit. Ergebnisse einer nationalen und internationalen Expertenbefragung. Stuttgart.

K. H. Blanchard, 1998: Management durch Empowerment. Das neue Führungskonzept. Mitarbeiter bringen mehr, wenn sie mehr dürfen. Reinbek.

Bundesministerium für Arbeit und Sozialordnung; Bundesministerium für Wirtschaft; Bundesministerium für Bildung, Wissenschaft, Forschung und Technologie (Hrsg.), 1998: Telearbeit. Ein Leitfaden für die Praxis. Bonn.

T. Connolly, 1997: Electronic Brainstorming: Science Meets Technology in the Group Meeting Room, in: Kiesler, Sara (Hrsg.): Culture of the Internet. Mahwah et al., S. 263-276.

W. H. Davidow; M. S. Malone, 1993: Das virtuelle Unternehmen. Der Kunde als Co-Produzent. Frankfurt/M.

D. Dearlove, 2002: Jäger des verlorenen Vertrauens. Gespräch mit James Champy, in: Handelsblatt, 11./12. Oktober 2002, S. K2.

G. Englisch, 2001: Jobnomaden. Wie wir arbeiten, leben und lieben werden. Frankfurt/M.

Empirica, 2002: Verbreitung der Telearbeit in 2002. Internationaler Vergleich und Entwicklungstendenzen. Bonn. (unveröffentlichter Forschungsbericht).

S. Eitenmüller et al., 2002: Prognos Deutschland Report 2002-2020. Basel.

H. Ford, 1923[27]: Mein Leben und Werk. Leipzig.

F. Fukuyama, 2002: Der grosse Aufbruch. Wie unsere Gesellschaft eine neue Ordnung erfindet. München.

O. Gersemann, 2001: Turbulenzen, Rückschläge, Zufälle. US-Zukunftsforscher Alvin Toffler über die Zukunft der New Economy, in: Wirtschaftswoche, Nr. 25, 14. Juni 2001, S. 59.

W. R. Glaser, M. O. Glaser, 1995: Telearbeit in der Praxis. Psychologische Erfahrungen mit Außerbetrieblichen Arbeitsstätten bei der IBM Deutschland GmbH. Neuwied et al.

B. Godehardt, 1994: Telearbeit. Rahmenbedingungen und Potentiale. Opladen.

R. Habbel, 2001: Faktor Menschlichkeit. Führungskultur im Zeichen der Net-Economy. Frankfurt/M.

C. Handy, 1995: Trust and the Virtual Organization. In: Harvard Business Review, Mai-Juni 1995, S. 40-50.

P. Hartz, 1996: Das atmende Unternehmen. Jeder Arbeitsplatz hat einen Kunden. Frankfurt/M., New York.

P. Hartz, 2001: Job Revolution. Wie wir neue Arbeitsplätze gewinnen können. Frankfurt/M.

J. Hofmann, 2003: Besser arbeiten in Netzwerken: Wie virtuelle Unternehmen Erfolg haben. Aachen.

J. R. Höflich, 1996: Technisch vermittelte interpersonale Kommunikation. Grundlagen, organisatorische Medienverwendung, Konstitution "elektronischer Gemeinschaften". Opladen.

G. Holland, 1997: Electronic Mail in der Arbeitswelt. Frankfurt/M.

G. C. Homans, 1978[7]: Theorie der sozialen Gruppe. Opladen.

M. Jäckel, 1995: Interaktion. Soziologische Anmerkungen zu einem Begriff, in: Rundfunk und Fernsehen 43/4, S. 463-476.

M. Jäckel, C. Rövekamp, 2000: Wie virtuell ist Telearbeit? Zu den Konsequenzen einer elektronisch gestützten Form der Arbeitsorganisation, in: U. Thiedeke (Hrsg.): Virtuelle Gruppen. Charakteristika und Problemdimensionen, Opladen, Wiesbaden. S. 393-420.

M. Jäckel, C. Rövekamp, 2001: Alternierende Telearbeit. Akzeptanz und Perspektiven einer neuen Form der Arbeitsorganisation. Wiesbaden.

M. Jäckel, A. Würfel, 2003: Individuelle oder organisationsspezifische Mediennutzung? Ein empirischer Beitrag zum Umgang mit neuen Informations- und Kommunikationstechnologien in Unternehmen und Verwaltungen, in: K. Beck, W. Schweiger, W. Wirth (Hrsg.): im Druck.

G. Kilz, D. A. Reh, 1997: Einführung in die Telearbeit: Ökonomische, rechtliche und soziale Aspekte. Berlin.

T. Lenk, 1989: Möglichkeiten und Grenzen einer telekommunikativen Dezentralisierung von betrieblichen Arbeitsplätzen. Berlin.

J. Lipnack, J. Stamps, 1998: Virtuelle Teams. Projekte ohne Grenzen. Wien.

P. Littmann, S. A. Jansen, 2000: Oszillodox. Virtualisierung. Die permanente Neuerfindung der Organisation. Stuttgart.

N. Luhmann, 1989[3]: Vertrauen. Ein Mechanismus der Reduktion sozialer Komplexität. Stuttgart.

G. Maletzke, 1963: Psychologie der Massenkommunikation. Theorie und Systematik. Hamburg.

G. Mikl-Horke, 1991: Industrie- und Arbeitssoziologie. München.

L. A. Nefiodow, 1999[3]: Der Sechste Kondratieff. Wege zur Produktivität und Vollbeschäftigung im Zeitalter der Information. 3. überarbeitete Auflage. Sankt Augustin.

W. F. Ogburn, 1969: Die Theorie der kulturellen Phasenverschiebung (lag), in: O. D. Duncan (Hrsg.): Kultur und sozialer Wandel. Ausgewählte Schriften. Neuwied, Berlin, S. 134-145.

U. Pekruhl, 2000: Macht Gruppenarbeit glücklich? Arbeitsstrukturen, Belastungssituation und Arbeitszufriedenheit von Beschäftigten, in: J. Nordhause-Janz, U. Pekruhl (Hrsg.): Arbeiten in neuen Strukturen? Partizipation, Kooperation, Autonomie und Gruppenarbeit in Deutschland. München. S. 173-201.

R. Reichwald, K. Möslein, 1996: Auf dem Weg zur virtuellen Organisation. Wie Telekooperation Unternehmen verändert, in: G. Müller, U. Kohl, R. Strauß, (Hrsg.): Zukunftsperspektiven der digitlaen Vernetzung. Heidelberg, S. 209-233.

H. Rheingold, 1994: Virtuelle Gemeinschaft. Soziale Beziehungen im Zeitalter des Computers. Bonn.

F. J. Roethlisberger, W. J. Dickson, 1970[15]: Management and the Worker. Cambridge.

E.M. Rogers, 1995[4]: Diffusion of innovations. New York et al.

L. v. Rosenstiel, 1992[3]: Grundlagen der Organisationspsychologie. Basiswissen und Anwendungshinweise. Stuttgart.

F. Schulz von Thun, 1991: Miteinander reden 1. Störungen und Klärungen. Allgemeine Psychologie der Kommunikation. Bd. 1. Reinbek.

R. Sennett, 1998[3]: Der flexible Mensch. Die Kultur des neuen Kapitalismus. Berlin.

L. Sproull, S. Kiesler, 1991a: Connections: New ways of working in the networked organization. Cambridge.

L. Sproull, S. Kiesler, 1991b: Vernetzung und Arbeitsorganisation, in: Spektrum der Wissenschaft, November 1991, S. 112-120.

P. Watzlawik, J. H. Beavin, D. D. Jackson, 1974[4]: Menschliche Kommunikation. Formen, Störungen, Paradoxien. Bern et al.

M. Weber, 1976[5]: Wirtschaft und Gesellschaft. Grundriss der verstehenden Soziologie. Mit textkritischen Erläuterungen hrsg. von Johannes Winckelmann. 1. Halbband. Tübingen.

M. Weber, 1992[6]: Asketischer Protestantismus und kapitalistischer Geist, in: J. Winckelmann (Hrsg.): Soziologie. Universalgeschichtliche Analysen. Politik. Stuttgart, S. 357-381.

W. H. Whyte, 1958: Herr und Opfer der Organisation. Düsseldorf.

W. Zorn, 1997: Wie das Internet unsere Welt verändert, in: Süddeutsche Zeitung, Nr. 143, 25. Juni, Beilage SZ-Technik Telekommunikation, S. 14.

M. Zuberbühler, 1998: Virtualität statt Bürokratie. Virtuelle Arbeits-, Führungs- und Kooperationsformen, in: io Management 1998, Nr. 11. S. 44-48.

Dank

Auch bei dieser zweiten Auflage von "Virtuelle Gruppen" gilt, dass ein solcher Band nur aufgrund der Zusammenarbeit und Mithilfe vieler Beteiligter entstehen kann. Ihnen ist, besonders aber den Autorinnen und Autoren, Dank zu sagen. Mein Dank gilt darüber hinaus unzähligen Leserinnen und Lesern, sowie meinen Studentinnen und Studenten, die immer wieder wichtige Fragen stellten und Impulse vermittelten, die in die Überarbeitung des Bandes einflossen.

Besonderer ist auch Frau Barbara Emig-Roller vom Westdeutschen Verlag zu danken, die das Projekt möglich machte und mit großer Geduld und Nachsicht dem Eintreffen des Manuskripts entgegensah.

Udo Thiedeke im Mai 2003

Autoren und Autorinnen

Dr. Nancy K. Baym, ist Professorin für Kommunikationswissenschaft an der Universität von Kansas, wo sie "Computer-Mediated Communication" und "Interpersonal Communication" unterrichtet. Ihren Doktor der Philosopie erwarb sie 1994 in "Speech Communication" an der Universität von Illinois in Urbana-Champaign. Ihr nächstes größeres Projekt ist eine Studie über die Online-Dimensionen längerfristiger interpersonaler Freundschaften.
E-Mail: nbaym@wayne.edu

Dr. Barbara Becker, studierte Philosophie und Soziologie in Marburg, Münster und Bochum, promovierte über philosophische und soziologische Probleme der Künstlichen Intelligenz-Forschung und arbeitete danach einige Jahre im Fachbereich Philosophie an der Universität Dortmund über kognitionswissenschaftliche Fragen. Danach war sie als wissenschaftliche Mitarbeiterin an der GMD (Forschungszentrum Informationstechnik) in St. Augustin bei Bonn beschäftigt wo sie aus sozialphilosophischer Perspektive Probleme und Chancen der neuen elektronischen Medien erforschte. Seit 2001 ist sie Professorin für Medienwissenschaft an der Universität Paderborn, wo sie das Themenfeld Medien und sozialer Wandel in Lehre und Forschung bearbeitet.
E-Mail: Barbara.Becker@gmd.de

Andreas Brill, Dipl. Volkswirt sozwissenschaftliche Richtung; Studium an der Universität zu Köln, von 1993-1995 selbstständige Tätigkeit im Kunst- und Kulturmanagement und Marketing-Unternehmensberatung; seit 1996 wissenschaftlicher Mitarbeiter am 'Lehrstuhl für Theorie der Wirtschaft und ihrer Umwelt' und am 'Institut für Wirtschaft und Kultur' an der Fakultät für Wirtschaftswissenschaft der Universität Witten/Herdecke. Er initiierte und realisierte 1997 mit Michael de Vries das Forschungsprojekt 'Virtuelle Wirtschaft' und eine gleichnamige Internet-Konferenz (URL: http://www.uni-wh.de/de/wiwi/virtwirt); Dissertation zum Thema 'Die Produktwelt der Informationswirtschaft - Zwischen Virtualitätsrobotern und Kulturevents'; Veröffentlichungen (u.a.): Virtuelle Wirtschaft: Virtuelle Unternehmen, Virtuelle Produkte, Virtuelles Geld und Virtuelle Kommunikation, Opladen: Westdeutscher Verlag (1998, Hrsg. mit Michael de Vries); Forschungsschwerpunkte: Systemtheorie der Wirtschaft, Internet-Kommunikation-Wirtschaft, Medienökonomik, Kunst- und Kulturökonomik, Eventmanagement.
E-Mail: andreb@uni-wh.de

Dr. Karin Dollhausen, Studium der Soziologie und Anglistik in Aachen; von 1991 bis 1994 wissenschaftliche Mitarbeiterin in einem von der Volkswagen-Stiftung geförderten Forschungsprojekt zum Thema "Neue Informationstechniken und soziale Kommunikation in Organisationen"; 1995 Promotion, danach Postgraduiertenstipendium; seit 1997 wissenschaftliche Mitarbeiterin am Institut für Soziologie der RWTH Aachen; Lehraufträge an verschiedenen Fachhochschulen im Fach Soziologie; seit 2001 wissenschaftliche Mitarbeiterin am Deutschen Institut für Erwachsenenbildung, Bonn; wichtigste Veröffentlichungen: Metamorphosen der Technik, Opladen: Westdeutscher Verlag 1997 (zusammen mit K. H. Hörning); Technik-Konstruktionen. Neue Technologien als soziologisches Theorieproblem, Pfaffenweiler: Centaurus 1997; Die kulturelle Produktion der Technik, in: Zeitschrift für Soziologie 25, S. 37-57 (zusammen mit K. H. Hörning).
E-Mail: Karin.Dollhausen@die-bonn.de

Dr. Nicola Döring, Studium der Psychologie und Promotion in Berlin. Wissenschaftliche Mitarbeiterin am Institut für Psychologie der TU Berlin (Psychologische Methodenlehre) und am Psychologischen Institut der Universität Heidelberg (Pädagogische Psychologie, Projekt VIROR "Virtuelle Hochschule Oberrhein"). Gastprofessur an der TU Chemnitz (DFG-Forschergruppe "Neue Medien im Alltag) und Vertretungsprofessuren an der Universität Erfurt (Kommunikationswissenschaft mit Schwerpunkt Medienintegration) und an der Universität der Bundeswehr Hamburg (Quantitative Methoden). Derzeit wissenschaftliche Assistentin am Institut für Medien- und Kommunikationswissenschaft der TU Ilmenau. Arbeitsschwerpunkte: Soziale Aspekte der Online- und Mobilkommunikation, Lernen und Lehren mit neuen Medien, Geschlechterforschung, Evaluationsforschung. Wichtige Publikationen: "Sozialpsychologie des Internet" (2003[2], Hogrefe-Verlag); "Forschungsmethoden und Evaluation" (mit Jürgen Bortz; 2002[3], Springer-Verlag).
E-Mail: mail@nicola-doering.de
URL: http://www.nicola-doering.de oder: http://www.nicoladoering.de

Laura Garton ist Doktorandin am 'Department of Sociology' der Universität von Toronto. Grundlage ihrer Dissertation ist eine Studie des gesamten Netzwerks (whole network study) der computervermittelten Kommunikation innerhalb des Kontexts einer Organisation. Aus der Perspektive des sozialen Netzwerks untersucht sie, inwieweit die Einführung von Multimediaraum-Technologien neue Chancen, aber auch neue Belastungen für die Beziehungen und Interaktionsmuster unter weit verstreuten Arbeitsgruppen mit sich bringt.
E-Mail: garton@chass.utoronto.ca

Gerit Götzenbrucker, Kommunikationswissenschafterin, Universitätsassistentin am Institut für Publizistik- und Kommunikationswissenschaft der Universität Wien. Forschungsschwerpunkte: Technologieentwicklung und Kommunikationskulturen (Lern-, Spiel- und Arbeitszusammenhänge); Computervermittelte soziale Netzwerke und Arbeitsprozesse; Organisationsentwicklung und Kommunikation; Medien- und Lebensstilforschung; Arbeitsmarkt- und Berufsforschung.
E-Mail: gerit.goetzenbrucker@univie.ac.at
URL: http://www.univie.ac.at/publizistik/Goetzenbrucker.htm

Robin B. Hamman, ist Doktorand und freier Internet-Berater am Hypermedia Forschungszentrum der Universität von Westminster, London. Er untersucht derzeit die offline Auswirkungen der online Kommunikation und gibt ein kritisches Webmagazin (webzine) mit dem Titel: "Cybersociology Magazine" heraus. International bekannt wurde er durch Forschungsarbeiten zu: Cybersex-Chat, digitalen dritten Welten, und Online-Gemeinschaft. Einen Großteil seiner Online-Zeit widmet er zusammen mit anderen der Betreuung der: "Life Online conference at Brainstorms".
E-Mail: robin@cybersoc.com
URL: http://www.cybersoc.com

Dr. Caroline Haythornthwaite, ist Professorin an der Graduate School of Library and Information Science, der Universität von Illinois in Urbana-Champaign. Im Zentrum ihrer Forschungs- und Lehrtätigkeit steht der Informationsaustausch über computergestützte Medien, Informationssysteme und Organisationen. Zur Zeit arbeitet sie an der Untersuchung computervermittelter Kommunikation, die sich auf die Analyse sozialer Netzwerke stützt. Ihre laufende Forschungsarbeit untersucht den Informationsaustausch und die Entwicklung von Gemeinschaft unter Teilnehmern von Fernkursen, die Reziprozität und die gemeinsame Orientierung bei computervermittelter Kommunikation.
E-mail: haythorn@uiuc.edu

Dr. Bettina Heintz, studierte Soziologie und Sozialgeschichte in Zürich. Promotion 1991 in Zürich. Habilitation 1996 an der FU Berlin. 1987-1995 Assistentin an den Universitäten Zürich, FU Berlin und Bern. 1992/93 Fellow am Wissenschaftskolleg Berlin. Seit 1997 Professorin für Soziologie an der Universität Mainz. Forschungsschwerpunkte: Wissenschafts- und Techniksoziologie, Geschlechtersoziologie. Wichtigste Buchpublikationen: Die Herrschaft der Regel. Zur Grundlagengeschichte des Computers, Frankfurt/M.: Campus 1993; Ungleich unter Gleichen. Studien zur geschlechtsspezifischen Segregation des Arbeitsmarktes

(zus. mit E. Nadai, R. Fischer, H. Ummel), Frankfurt/M.: Campus 1997; Die Innenwelt der Mathematik. Zur Kultur und Praxis einer beweisenden Disziplin, Wien et
al.: Springer 1999.
E-Mail: heintz@soziologie.uni-mainz.de

Dr. Ute Hoffmann, ist wissenschaftliche Mitarbeiterin am Wissenschaftszentrum
Berlin für Sozialforschung. Sie hat sich bevorzugt als Grenzgängerin in den
Schnittfeldern von Frauen- und Technikforschung, Medien- und Techniksoziologie betätigt. Mitglied der Projektgruppe: "Kulturraum Internet" am Wissenschaftszentrum Berlin. Gegenwärtig beschäftigt sie sich u.a. mit der Informatisierung der Dinge.
E-Mail: uteh@media.wz-berlin.de

Dr. Michael Jäckel, 1995 Habilitation im Fach Soziologie an der Universität
Mainz, seit 1996 Professor für Soziologie an der Universität Trier. Arbeitsschwerpunkte: Neue Kommunikationstechnologien, Mediensoziologie, Konsumsozio-
logie, empirische Sozialforschung, Allgemeine Soziologie. Publikationen u.a.:
Politik und Medien. München 1994 (mit Peter-Winterhoff-Spurk); Wahlfreiheit in
der Fernsehnutzung. Opladen 1996; Mediale Klassengesellschaft? München
1996 (mit Peter-Winterhoff-Spurk); Die umworbene Gesellschaft. Opladen 1998
(2. vollst. überarb. u. erw. Aufl. 2002); Alternierende Telearbeit. Wiesbaden 2001
(mit Christoph Rövekamp).
E-Mail: jaeckel@uni-trier.de

Bernd Löger, Diplomsoziologe, Stellvertretender Leiter des Zentrums für Alterns-
wissenschaften und Sozialpolitikforschung (ZENTAS) an der Niederösterreichi-
schen Landesakademie, Abteilung Gesundheit und Soziales. Freiberuflich tätiger
Sozialwissenschaftler. Schwerkunkte: Sozialpolitikforschung, Evaluationsforschung, Neue Medien, Gerontologie.
E-Mail: post.zentas@noe-lak.at

Elizabeth Reid-Steere, forscht seit 1990 zu sozialen Online-Interaktionen. Sie ist
Doktorandin am Royal Melbourne Institute of Technology (Australien), und war
Postgraduierten-Fellow der Telstra Forschungs-Laboratorien. Derzeit beendet sie
als Gastdozentin an der Universität von Californien LA. ihre Dissertation. Aktu-
ell beschätigt sie sich mit der Bildung von Gemeinschaft in text-basierten
Umwelten, und mit Gestaltungswerkzeugen in grafischen virtuellen Welten. Ihre
Arbeiten wurden in Bänden wie: "High Noon on the Electronic Frontier (Hrsg.
Peter Ludlow) und CyberSociety (Hrsg. Steven G. Jones) veröffentlicht.
E-Mail: elizrs@mediaone.net

Christoph Rövekamp, Dipl.-Kaufmann, 1989-1992 Studium der Wirtschaftswissenschaften an der Universität Bielefeld, 1992-1996 Studium der Betriebswirtschaftslehre an der Universität Trier (im Schwerpunkt Absatz, Markt, Konsum). 1998-2000 wissenschaftlicher Mitarbeiter an der Universität Trier im Forschungsprojekt "Telearbeit und Zeitökonomie. Die Auswirkungen von Telearbeit auf die Gestaltung von Arbeit und Freizeit". Gegenwärtig wissenschaftlicher Angestellter am Competence Center Electronic Business (ceb) der Universität Trier.
E-Mail: roevekam@uni-trier.de

Dr. Udo Thiedeke, Studium der Politik-Wissenschaft, Soziologie und Psychologie in Heidelberg. Dortselbst 1996 Promotion. Von 1990-1996 wissenschaftlicher Mitarbeiter an den Universitäten Heidelberg und Mainz. Ab 1997 wissenschaftlicher Projektleiter am DIE in Frankfurt/M. Ab 2000 dortselbst Forschungsbeauftragter für Medien. Lehrbeauftragter am Institut für Soziologie der Universität Mainz. Seit 1986 Leiter der Projektgruppe ArtBit. Forschungsinteressen: Soziologie der Medien, Soziologie der Kultur und Soziologie der Politik.
E-Mail: thiedeke@artbit.de

Dr. Josef Wehner, Studium der Soziologie und Philosophie an den Universitäten Hamburg und Bielefeld. Mitarbeiter im Forschungszentrum Informationstechnik der Gesellschaft für Mathematik und Datenverarbeitung (GMD). Arbeitsschwerpunkte: Technik- und Kultursoziologie. Publikationen u.a.: Das Ende der Massenkultur? Visionen und Wirklichkeit der neuen Medien, Frankfurt/M. 1997; zusammen mit Werner Rammert u.a.: Wissensmaschinen. Soziale Konstruktion eines technischen Mediums. Das Beispiel Expertensysteme, Frankfurt/M. 1998.
E-Mail: wehner@gmd.de

Dr. Barry Wellman, Professor der Soziologie an der Universität von Toronto. Wellman gründete 1976 das International Network for Social Network Analysis und ist derzeit Electronic Advisor für die American Sociological Association, Chair-Elect der Abteilung Community and Urban Sociology der American Sociological Association, und Leiter des "Virtual Community"-Schwerpunktbereichs für SIG GROUP/ACM. Neben seinen Arbeiten über Gemeinschaft, CSCW und Analyse sozialer Netzwerke ist Wellman Mitherausgeber von "Social Structures: A Network Approach" (2. Auflage, JAI Press, 1997) und Herausgeber von "Networks in the Global Village" (Westview Press, 1998).
E-Mail: wellman@chass.utoronto.ca

Zusammenfassungen/Abstracts

Virtuelle Gruppen:
Begriff und Charakterstika
Udo Thiedeke

Die soziologische begriffliche Einordnung virtueller Beziehungsformen ist sehr ungenau. Häufig werden hierbei Bezeichnungen wie "virtuelle Gruppe" oder "virtuelle Gemeinschaft" synonym verwendet. Die Ursache für diese Indifferenz scheint in der Charakteristik virtueller Beziehungen selbst zu liegen. Virtuelle Beziehungen, die auf computerbasierter Kommunikation beruhen, sind durch Anonymität, Selbstentgrenzung, Interaktivität und Optionalität gekennzeichnet. Sie erscheinen daher als unscharfe, und zeitlich instabile Beziehungsformen.

Dennoch sind bei computervermittelter Kommunikation soziale Beziehungen zu beobachten, die durch enge, emotionale und zeitlich relativ stabile Austauschprozesse zwischen den virtuell repräsentierten Teilnehmern gekennzeichnet sind. Die Besonderheit dieser virtuellen Gruppen liegt jedoch in ihrer soziotechnischen Verfasstheit und einer sozialen Orientierung, die paradoxerweise sowohl diffuse emotionale Kontakte, als auch formale organisatorische Regelwerke umfasst. Virtuelle Gruppen repräsentieren somit eine eigenständige Form sozialer Gruppen, die sich unter spezifischen Bedingungen der Kohäsion und Interaktion konstituieren.

Virtual Groups:
Concept and Characteristics
Udo Thiedeke

The sociological classification of the concept of virtual forms of relationship is very imprecise. Terms such as "virtual group" or "virtual community" are often used interchangeably. The cause of this indifference appears to be rooted in the characteristics of virtual relationships themselves. Such relationships, which are founded on computer-based communication, are characterized by anonymity, the breakdown of clear boundaries of self, interactivity, and optionality. For this reason, they appear as indistinct and temporally unstable forms of relationship.

Nonetheless, in computer-mediated communication one observes social relationships that are marked by processes of exchange between the virtually represented participants that exhibit close ties and are emotional in character and relatively stable over time. The exceptional feature of these virtual groups lies, however, in the way they are constituted by a social technology and in a social orientation, which paradoxically includes both diffuse emotional contacts and a formal code of organizational rules. In this way, virtual groups represent an autonomous form of social group, which constitutes itself under specific conditions of cohesion and interaction.

Virtuelle Gruppen -
Integration durch Netzkommunikation? Gesellschafts- und medientheoretische Überlegungen
Karin Dollhausen und Josef Wehner

Das sozialwissenschaftliche Interesse an neuen elektronischen Medien ist eng verknüpft mit der Frage, ob und wie die neuen Medien die Herausbildung und Stabilisierung sozialer Beziehungen und Bindungen unterstützen. Es scheint allerdings fraglich, ob das Entstehen sozialer Formationen im Cyberspace anhand von vertrauten Konzepten des sozialen Miteinanders, darunter speziell dem Konzept der sozialen Gruppe, hinreichend erfasst werden kann. Es sind vor allem zwei Argumente, die gegen ein Reden über 'virtuelle Gruppen' sprechen: Zum einen belegen alle derzeit geläufigen Gesellschaftsdiagnosen eine weitreichende Erosion von tradierten Mustern und Formen sozialer Integration, die implizit oder explizit die Annahme zugrundelegen, dass soziale Beziehungen und Bindungen letztlich auf der Basis gemeinsam geteilter, sich wechselseitig aufeinander beziehender Einstellungen zur Welt und zur Gesellschaft zustandekommen. Zum anderen sind mit den neuen Medien vielfältige Möglichkeiten zur individuellen Teilnahme an, und Mitgestaltung von virtuellen Kommunikationsprozessen in Sicht, die das Konzept der sozialen Gruppe bei weitem übersteigen. Dies betrifft insbesondere die Möglichkeiten, soziale Beziehungen 'im Netz' zu etablieren und sich - als Sender, wie auch als Empfänger virtueller Botschaften - eine größtmögliche Raum- und Zeitsouveränität zu erhalten. Insofern lassen sich 'virtuelle Bindungen' zugleich als Resultat, als Ausdruck und als konstruktive Nutzung eines sozialstrukturell wie technisch gesteigerten Auflösungs- und Rekombinationspotentials sozialer Formationen begreifen.

Virtual Groups -
Integration by networked Communication? Social and media theoretical Reflexions
Karin Dollhausen and Josef Wehner

The social scientific interest in new media is closely linked up to the question of wether and how electronic media contribute to the emergence and stabilization of social relations. However, it seems difficult to explain social formations, that emerge within electronic networks with traditional concepts, particularly the concept of the social group. There are at least two argumets against this idea: Ongoing individualization and pluralization processes as well as the fragmentation of the social world lead to the erosion of conceptions of 'the social', which implicitly or explictily refer to a common worldview. Furthermore the traditional conception of the 'social group' offers a rather narrow framework that is hardly suited to the consideration of the manifold opportunities to take part in virtual communication processes. Above all, this affects the opportunities to establish social relations within cyberspace without losing spacial and temporal souvereignity in the 'real world'. In the sense proposed here, 'virtual bonds' can seen as a result, an expression and a constructive application of a structurally as well as technically heightened potential to dissolve and to rekombine social formations.

Paradoxe Kommunikation im Netz:
zwischen virtueller Gemeinschaft, Cyberspace und virtuellen Gruppen
Andreas Brill

Das Ideal einer Virtuellen Gemeinschaft wird häufig als ein wesentlicher Attraktor für die Partizipation in Newsgroups und Chatforen ausgemacht. Es prägt aber nicht nur die Kommunikation in diesen Medien, es zählt auch zu den am meisten artikulierten Hoffnungen auf eine neue, im Netz realisierbare Form der Sozialität.

Der Artikel untersucht die Tragfähigkeit solcher Überlegungen mit den Mitteln der soziologischen Systemtheorie. Am Anfang steht die Frage, welchen Systemoperationen - und damit zugleich: welchen ermöglichenden Einschränkungen - sich das Konstrukt "Virtuelle Gemeinschaft" verdankt. Im historischen Rückblick erweist sich die Soziale Bewegung des Cyberspace mit ihrem radikalen Freiheitsideal, und der mobilisierenden Unterstellung, uneingeschränkte Freiheit ließe sich durch die Beherrschung der Neuen Medientechnik realisieren, als der Kontext, in dem auch die Ideenwelt der Virtuellen Gemeinschaft generiert wurde.

Durch die Verbindung von Freiheits- und Gleichheitsideal gerät das Konstrukt der Virtuellen Gemeinschaft allerdings unter den Druck einer Vielzahl immanenter Paradoxien. Diese Paradoxien werden in der Bewegung weder aufgelöst, noch verdeckt: Mit den Formeln vom 'Global Village', der bereits 'gegenwärtigen Zukunft' und der Möglichkeit des 'erfolgreichen Scheiterns' werden sie sogar als Kern der Verheißungen einer Virtuellen Gemeinschaft zelebriert. Dass Virtuelle Gemeinschaft trotz ihrer Widersprüche machbar erscheint, wird in der Kommunikation der Bewegung durch den Verweis auf bereits funktionierende Virtuelle Gruppen nahegelegt. So entsteht ein zirkuläres Wechselspiel der gegenseitigen Plausibilisierung von Virtueller Gemeinschaft und Virtuellen Gruppen, das einerseits die Widersprüchlichkeiten einer auf Optionalität, Anonymität und Offenheit basierenden Kohäsion von Gruppen, respektive Gemeinschaft, verdeckt, und so andererseits die ambivalente Dynamik dieser Systeme entscheidend prägt.

Paradox Web-Communication:
Caught Between The Virtual Community, Cyberspace und Virtual Groups
Andreas Brill

It is often observed that the ideal of a Virtual Community strongly attracts newsgroup and chat participants. Its notion does not only shape the communication of these media, but has also become one of the most popular concepts of how to build a new form of sociality on the Web.

The validity of such hopes is here analyzed by the means of social systems theory. The respective considerations are based on the question of what type of system has allowed for the emergence of the ideal of a Virtual Community. By a brief historical analysis it is shown that the social movement of 'Cyberspace' and its radicalized ideal of absolute freedom through the use of new media has provided the context that has generated the notion of the Virtual Community.

By linking the ideals of absolute freedom and equality the construct of the Virtual Community reproduces a multitude of immanent paradoxes. Its contradicitons are neither dissolved nor concealed in the communication of the Cyberspace movement: Its formulas of the 'global village', a 'present future' and 'succesful breakdown' are even celebrated as the very merits of its ideals. These paradoxes are treated as unproblematic by pointing to the existence of a number of already existing Virtual Groups which are supposed to prove the viability of the whole concept. Since Virtual Groups are themselves strongly shaped by immanent contradictions a circular interplay of warranting the plausibility of both concepts is constituted, which, at the same time, accounts for the highly ambivalent dynamics of both Virtual Groups and the social movement of the all encircling Virtual Community.

Kommunikationskulturen im Internet: dargestellt am Beispiel virtueller Netzwerke in MUDs und MOOs
Barbara Becker

Der Beitrag konzentriert sich auf die Untersuchung von drei unterschiedlichen Fragen: erstens wird überprüft, ob in elektronischen Netzen, speziell in in sogenannten MOOs, ein sozialer Zusammenhalt durch die Bildung von Kommunikationskonventionen hergestellt wird; zweitens wird analysiert, ob und in welcher Weise die jeweiligen technischen Voraussetzungen eine spezifische Kommunikationskultur erzeugen, und drittens wird zur Diskussion gestellt, inwieweit es sinnvoll ist, derartige soziale Formationen in elektronischen Netzen als virtuelle Gruppen zu bezeichnen, oder ob nicht vielmehr von sozialen Netzwerken gesprochen werden sollte, um problematische Analogisierungen zwischen realweltlichen und virtuellen Formen von Sozialität zu vermeiden. Es werden die Ergebnisse einer umfangreichen empirischen Studie dargestellt, in der zwei graphische und ein texbasiertes MOO auf der Basis einer partizipativen Beobachtung untersucht wurden.

Communication-Cultures in the Internet: shown at the Example of Virtual Networks in MUDs und MOOs
Barbara Becker

Three different questions are adressed in this paper: first we investigate whether social coherence in electronic environments is generated by the development of social conventions which regulate communication; second we analyze if the specific technology of an on-line-environment is creating a particular culture of communication; and third we are discussing whether it is useful and adequat to regard social structures in the net as virtual groups/communities or whether it is more appropriate to speak about social networks to avoid a problematic analogy between reallife and virtual social configurations. We present the results of an empirical investigation where we investigated as participant oberservers the communication processes in two graphical and in one text-based MOO.

Die elektronische Gruppe als soziales Netzwerk
Barry Wellman

Ein Computernetzwerk, das Personen miteinander verbindet, ist ein soziales Netzwerk. Ebenso wie das Computernetzwerk aus einer Reihe von Geräten besteht, die durch eine Reihe von Kabeln miteinander verbunden sind, besteht ein soziales Netzwerk aus einer Reihe von Individuen (bzw. Organisationen oder anderen sozialen Einheiten), die durch eine Reihe von sozial bedeutungsvollen Beziehungen miteinander verbunden sind. Im Beitrag soll gezeigt werden, wie soziale Netzwerkanalyse dazu beitragen kann, die Beziehungen zwischen Personen in der computervermittelten Kommunikation besser zu verstehen (siehe auch: Wellman, Gulia, in Druck; Wellman et al., 1996).

An Electronic Group is Virtually a Social Network
Barry Wellman

When a computer network connects people, it is a social network. Just as a computer network is a set of machines connected by a set of cables, a social network is a set of people (or organizations or other social entities) connected by a set of socially meaningful relationships. I show how social network analysis might be useful for understanding how people relate to each other through computer-mediated communication.

Neues vom Baron Münchhausen.
Die institutionelle Selbstorganisation bei der Bildung virtueller Gruppen im Usenet
Ute Hoffmann

Der Beitrag befasst sich am Beispiel des Usenet mit der Bedeutung, die die Technizität telematischer Interaktivität für die Bildung und soziale Organisation virtueller Gruppen besitzt. Kommunikationsprotokolle definieren einen Handlungsrahmen für Interaktionen im Netz, der ebenso für menschliche, wie für nichtmenschliche Akteure gilt. Die Akteure werden damit in eine "moralische Geographie" von Verantwortlichkeiten eingebunden. Institutionelle Felder regeln die Modalitäten, nach denen innerhalb einzelner Selbstverwaltungsbezirke des Netzes "wichtige Entscheidungen" wie etwa die Bildung neuer Gruppen getroffen werden. Stellvertretendes Handeln durch Technik stellt ein wesentliches Element innerhalb der institutionellen Selbstorganisation virtueller Beziehungen im Usenet dar. Technische Stellvertretung weitet den Kontrollbereich der Teilnehmer aus, hat aber ihren Preis: Die Nutzer des Usenet sehen sich in erheblichem Ausmass genötigt, sich im kommunikativen Handeln der Funktionsweise und Materialität des Netzes selbst zuzuwenden. Das Rauschen des Mediums ist eine dauerhafte Begleiterscheinung virtueller Beziehungen.

Something New About Baron Muenchhausen.
The Institutional Self-Organization in the Formation of Virtual Groups in Usenet
Ute Hoffmann

The paper focuses on technical aspects of telematic interaction using Usenet as an example. The Netnews software participates in building virtual groups as well as in their social organization. Protocol specifications such as the Usenet article format simultaneously define both human and non-human actors, equipped with prescriptions and permissions. Institutional domains, usually restricted to particular hierarchies, are venues for administrative issues such as namespace management and group creation. Delegation to nonhumans is an important element of Usenet self governance. Technically delegated competencies enlarge the agency of users, albeit at a price: On Usenet, users see themselves forced to deal with the medium's function and its materiality when communicating. Noise, i.e. the manifestation of the medium as technical object, present in its use, is possibly a permanent aspect of virtual relationships.

Gemeinschaft ohne Nähe?
Virtuelle Gruppen und reale Netze
Bettina Heintz

Der Beitrag geht der Frage nach, inwieweit es im Internet zu einer "virtuellen Ver-gemeinschaftung" kommt und was "Gemeinschaft" unter den Bedingungen einer Gesellschaft, die in zunehmendem Maße durch indirekte Beziehungen gekennzeichnet ist, überhaupt meinen kann. In den ersten beiden Teilen wird ein begrifflicher Rahmen skizziert, der es erlaubt, die Frage nach dem theoreti-schen und empirischen Status von virtuellen Gruppen in einem größeren Zusammenhang zu verorten. Im Mittelpunkt steht die Frage, inwieweit Moderni-sierung zu einem Abbau, bzw. zu einem Gestaltwandel von Beziehungsstruktu-ren führt. Als Brücke zwischen den verschiedenen theoretischen Perspektiven dient Craig Calhouns relationaler Ansatz und seine Überlegungen zur techni-schen Infrastruktur der Moderne. Das Fazit ist eine Revision des Gemeinschafts-begriffs: anstatt unter Gemeinschaft eine spezifische Lebenform zu verstehen, wird Gemeinschaft als Kontinuum aufgefasst, das von lockeren Netzwerken, bis hin zu gruppenförmig organisierten Beziehungen reicht. Die Integration in Grup-pen bildet so gesehen eine Extremform von Vergemeinschaftung, die im virtuel-len Bereich eher selten ist. Im Anschluss an diese theoretischen Überlegungen werden erste Ergebnisse einer Studie präsentiert, in der die persönlichen Netz-werke von Personen, die die Kommunikationsdienste des Internet intensiv nut-zen, erhoben wurden.

Community Without Proximity?
Virtual Groups and Real Networks
Bettina Heintz

Do virtual communities exist and what does "community" mean in view of a society in which more and more depends on indirect relationships? These are the questions central to this contribution. I first briefly sketch out a conceptual framework, allowing the question of the theoretical and empirical status of virtual groups to be situated in a larger context. - Here, Craig Calhoun's relational approach as well as his thoughts on the technical infrastructure of modernity serves as a bridge between different theoretical perspectives. What results is a concept of community that uses a network analysis perspective in lieu of the traditional culture-base one. Here, community is no longer understood as a specific human life form, but rather as a continuum that ranges from loose networks to relations organized within groups. Seen in this light, group integration is an extreme form of "communitizing" (*"Vergemeinschaftung"*), and this is rather rare in the virtual sphere. Following these theoretical reflections I then present the first results of an investigation of the personal networks of persons who make extensive use of the telecommunication services of the Internet.

Computernetze als verbindendes Element von Gemeinschaftsnetzen.
Studie über die Wirkungen der Nutzung von Computernetzen auf bestehende soziale Gemeinschaften
Robin B. Hamman

Viele Sozialwissenschaftler haben über die Entwicklung von Online-Gemeinschaften geschrieben. Online-Gemeinschaften sind Gemeinschaften, die sich im Cyberspace bilden. Häufig bestehen diese Online-Gemeinschaften nur aus Personen, die einander niemals Offline begegnet sind. Die Forschungsergebnisse, die ich in diesem Artikel vorstelle, zeigen allerdings, dass viele Nutzer des Internet-Dienstes AOL (America Online) sich ein AOL-Zugangskonto verschaffen, um Informationsrecherche zu betreiben, und mit Personen aus ihren bereits vorhandenen sozialen Netzwerken zu kommunizieren. Dieses Verschwinden der Unterscheidung zwischen Online- und Offline-Gemeinschaften steht im Kontrast zur Mehrzahl der 'gängigen' Vorstellungen über Online-Gemeinschaften und deutet auf weitreichende Veränderungen hin, die auch für unser Verständnis des Begriffs "Gemeinschaft" von Bedeutung sind.

Computer Networks Linking Network Communities.
A Study of the Effects of Computer Network Use Upon
Pre-existing Communities
Robin B. Hamman

Many social scientists have written about the development of online communities. Online communities are communities which are formed in cyberspace and, many times, these online communities consist entirely of people who have never met each other offline. However, the research presented in this article suggests that many AOL users first obtain an AOL account to conduct research and to communicate with people from their pre-existing network communities. This breaking down of the boarders between online and offline communities stands in contrast to most existing notions of online communities and points to wider changes important to our understanding of the term "community".

Online Communities:
Struktur sozialer Beziehungen und Spielermotivationen am Beispiel von Multi User Dimensions
Gerit Goetzenbrucker und Bernd Löger

Spieler- und Konversationsgemeinschaften im Internet erfreuen sich zunehmender Beliebtheit. Die Teilnahme an sogenannten Multi User Domains/Dimensions (MUDs) führt nicht nur zur Konstituierung virtueller Gruppen, sie beeinflusst auch Struktur und Umfang realweltlicher persönlicher sozialer Netzwerke. Ergebnisse einer Befragung von 40 österreichischen MUDern im Rahmen der empirischen Forschungsarbeit "Integrationspotentiale Neuer Technologien am Beispiel von MUDs" zeigen, dass unterschiedliche Spiel-Milieus (im vorliegenden Fall das textbasierte MUD Silberland, die 3D Welt von Ultima Online, sowie das 2D Chat-environment von Palazzo) jeweils spezifische Spieler-Typen anziehen, die sich auch hinsichtlich ihrer Lebensstile und ihrer sozialen Stellung unterscheiden. Ein hohes Maß an Kommunikationsbereitschaft trifft allerdings auf alle MUDer zu, und die Vertrautheit mit dem Computer kann als Voraussetzung für den Zugang zu MUDs gelten.

Mit Hilfe des Fischer-Namensgenerators wurden die sozialen Netzwerke der Befragten erhoben, und einer Typologie zugeordnet. Die in virtuellen Environments aufgebauten sozialen Beziehungen tragen zur Erweiterung und Verdichtung des engeren (durch die Faktoren Hilfeleistung und Vertrautheit charakterisierten) sozialen Netzwerkes der Befragten bei, sind aber hauptsächlich als Beziehungen mit Geselligkeitscharakter einzustufen, die zu einer Ausweitung des Bekanntenkreises führen.

Online Communities:
Structur of Social Relationship and Player-Motivations at the Example of Multi User Dimensions
Gerit Goetzenbrucker und Bernd Löger

Player and conversation communities in the Internet do increasingly enjoy greater popularity. The participation at the so called Multi User Domains/Dimensions (MUDs) does not only lead to the establishment of virtual Groups, but also influences structure and extent of real worldly individual, social networks.

Opinion poll results at 40 Austrian MUDers within the bounds of the empiric piece of research "Integration Potentials of new technologies according to the representative model of MUDs" indicate the attraction of varying player-environments (in the actual case the text based MUD 'Silberland', the 3D world of 'Ultima Online' as well as the 2D chat environment by 'Palazzo') at the particular player character, varying in their ways of life and respectively their social position. However, one characteristic shared by all MUDers is their high grade of communication willingness, while the familiarity with the computer may be regarded as a pre-condition for the entry to MUDs.

By means of the 'Fischer' names generator the networks of collective action have been gathered and related to a particular typology. The interpersonal relations built up in virtual environments contribute to the extension and intensification of the closer social network of the questioned (interviewed) persons, but can in summary be regarded as relationships with company specific character causing an expansion of the circle of acquaintances.

Das Selbst und das Internet:
Wandlungen der Illusion vom einen Selbst
Elizabeth Reid-Steere

Der Beitrag behandelt vier Aspekte der Internet-basierten Kommunikation – ihre Selbstbeschreibung, die Tendenz zur Auflösung der Gemeinsamkeiten zwischen den Internet-Nutzern, die inhärente Erschöpfung im Leben der Kommunikatons-teilnehmer, sowie die Fähigkeit der Nutzer zur selektiven Projektion ausgewählter Personae - und verdeutlicht ihren Anteil an den sozialen Online-Problemen. Im ersten Teil des Beitrags werden anhand verschiedener Beispiele die Dynamiken des Zusammenbruchs von Online-Gemeinschaften untersucht. Im zweiten Teil soll ein entscheidender Aspekt dieser Probleme behandelt werden: Die Fragmentierung und Spezialisierung der Online-Personae.

The Self and the Internet:
Variations on the Illusion of One Self
Elizabeth Reid-Steere

This paper takes four aspects of Internet-based communication - its self-documentation, the tendency toward disinhibition common among Internet users, its inherent expendability in the lives of participants, and users' ability to selectively project chosen personae - and addresses their contribution to social problems online. In the first half of this paper I examine the dynamics of several instances of online community breakdown. In the second half I will examine in detail one crucial aspect of these failures: the fragmentation and specialization of online personae.

Vom Heimatdorf zum Großstadtdschungel:
die Urbanisierung der Online-Gemeinschaft
Nancy K. Baym

Der vorliegende Beitrag beschäftigt sich mit der Frage, inwieweit das explosions-artige Wachstum des Internet eine Online-Gruppe mit ausgeprägtem Gemein-schaftsgefühl beeinflusste. Hierfür wurden Teilnehmer der Newsgroup "rec.arts. tv.soaps" (R.A.T.S.), in der bereits um 1993 mehrere Untersuchungen durchge-führt wurden, 1998 erneut befragt und beobachtet. Weiter wird untersucht, inwieweit zentrale Werte der Gruppe, sowie deren vorherrschende Diskursakti-vitäten unverändert geblieben sind. Die enorm gestiegene Zahl und zuneh-mende Heterogenität der Teilnehmer führte jedoch auch zu neuen Spannungen zwischen alten und neuen Teilnehmern, "Cliquen"-Mitgliedern und Außensei-tern, sowie Teilnehmern, die ihre Kreativität eher zur Selbstdarstellung, als zur Unterhaltung der Gruppe einsetzten. Die Gruppe entwickelte innovative Strate-gien zur Überwindung dieser Differenzen, so dass ihre Hauptaufgaben weiterhin erfüllt werden konnten. Die meisten Mitglieder hielten den Begriff "Gemein-schaft" zwar nach wie vor für zutreffend, mit ihrer Charakterisierung der Gruppe als: "weniger wie ein Heimatdorf und mehr wie ein Großstadtdschungel" beschrieb eine Teilnehmerin jedoch ganz treffend, wie das Wachstum der Gruppe zu ihrer Urbanisierung im metaphorischen Sinne geführt hat, mit sehr realen Folgen für die Harmonie unter den Teilnehmern und Auswirkungen auch für andere Online-Gruppen.

From Happy Valley to East L.A.
The Urbanization of Online-Community
Nancy K. Baym

This paper examines how the explosive growth of the Internet has affected one on-line group with a strong sense of community. After writing several papers about the newsgroup "rec.arts.tv.soaps" (R.A.T.S.) circa 1993, I returned in 1998 to conduct interviews and do participant-observation. This paper explores how core values of the group remained unchanged, as did their dominant discourse activities. However, the enormous increases in quantity and diversity of partici-pants created new tensions between old and new participants, members of "cliques" and outsiders, and people who are creative for purposes of self-en-

3hancement rather than group-amusement. The group has found innovative strategies for reconciling their differences so that the group's primary purposes can still be served. Though most participants still felt the term "community" was apt, one person's description of the group as "less like Happy Valley and more like East L.A." captured the spirit of how growth has lead to a metaphorical urbanization of this group with very real consequences for interpersonal harmony and implications for other on-line groups

Soziale Normen in virtuellen Gruppen:
eine empirische Analyse am Beispiel ausgewählter Chat-Channels
Nicola Döring und Alexander Schestag

Welche Rolle spielen soziale Normen, wenn Menschen sich computervermittelt zu Gruppen zusammenschließen? Führen physische Distanz und Anonymität zu weitgehenden Norm-Verlusten bei der Netzkommunikation? Oder fördert die Netzkultur nicht gerade die Orientierung an hochgeschätzten sozialen Normen wie Egalität, Hilfsbereitschaft und Offenheit?
Der Beitrag erläutert, warum Fragen der sozialen Normierung im Netz nicht pauschal, sondern nur auf der Ebene der virtuellen Gruppen zu beantworten sind. Analysiert wurden n = 12 deutschsprachige Chat-Channels im IRCnet, die jeweils einer virtuellen Gruppe als Territorium dienen. Entgegen der Anomie-These zeigten die untersuchten Gruppen erhebliches Engagement bei der Formulierung und Durchsetzung von Verhaltensregeln. Personen sind als Gäste auf Chat-Channels, und erst recht als Mitglieder der dort ansässigen virtuellen Gruppen, in vielfältiger Weise sozial und technisch sanktionierbar. Entgegen der Gemeinschafts-These läuft soziale Normierung im Netz jedoch keinesfalls automatisch auf ein besonders harmonisches und freundliches Zusammensein hinaus. Virtuelle Gruppen sind hierarchisch strukturiert und Personen, die Netzämter innehaben (z.B. Channel-Operators oder Bot-Masters), nutzen ihre Macht nicht nur, um Verletzungen der Gruppennormen zu unterbinden, sondern zuweilen auch, um ihre eigene Agenda durchzusetzen.

Social Norms in Virtual Groups:
An Empirical Analysis of Selected Chat-Channels
Nicola Döring und Alexander Schestag

Which role does social norming play in computer-based group formation? Do physical distance or anonymity create a general dissolving of norms in net-based communication? Or does on the contrary the upcoming net culture further highly valued social norms like equality, cooperativeness and openness?

This study departs from the assumption that social norming in computer net-works cannot be treated in a general way, but has to be assessed on the level of virtual groups. We looked at n = 12 German-speaking chat channels within the IRCnet. Each of these chat channels is used by one virtual group as their territory. In contrast with the "anomie-hypothesis" the participating groups revealed a remarkable interest in the establishment of behavioral norms. Regular group members as well as casual guests on the channels are faced with a diversity of very effective social and technical sanctions. In contrast with the "community-hypothesis" social norming in virtual groups does not always imply harmonic and friendly ways of interacting. Virtual groups do have hierarchic structures, and members with special functions (like channel-operators or bot-masters) use their power not only to prevent violations of group norms but also to enforce their own agendas.

Arbeit und Gemeinschaft bei computervermittelter Kommunikation
Caroline Haythornthwaite, Barry Wellman und Laura Garton

Der Computer ist mehr als ein technisches Phänomen. Er umfasst komplexe Interaktionen zwischen Individuen; Interaktionen, die sich zu sozialen Netzwer-ken verbinden - computerunterstützten sozialen Netzwerken. Im folgenden soll beschrieben werden, wie Computerkommunikation die Mittel für den Aus-tausch sozialer Ressourcen - wie neue oder routinemäßige Informationen, emo-tionale Unterstützung, oder die Elemente des Spiels - bereitstellt, die soziale Online-Netzwerke in Beruf und Gemeinschaft aufrecht erhalten. Der Austausch solcher Ressourcen über den Computer ermöglicht weitreichende Kontakte zwi-schen Individuen, von denen sich viele vielleicht nie, oder nur selten persönlich treffen.

Computerkommunikation kann jedoch auch als Teil eines ganzen Repertoi-res von Kommunikationsmitteln verwendet werden, wie dies oft in Arbeitsum-gebungen der Fall ist. Auf diese Weise bilden sich unterschiedliche Interaktions-muster sozialer Netzwerke heraus: In einem Extremfall lassen die Interaktions-muster auf spezialisierte Netzwerke schließen, in denen die Mitglieder nur über Computer mit einer großen Bandbreite anderer Personen interagieren, und ihre Kommunikation auf ein einziges Thema beschränken; im anderen Extremfall las-sen die Interaktionsmuster auf eng abgegrenzte Netzwerke schließen, in denen die Mitglieder alle verfügbaren Medien zur Kommunikation nutzen und viele verschiedene Themen, sowohl der beruflichen, als auch der sozialen Kommuni-kation einbeziehen.

Work and Community Via Computer-Mediated Communication
Caroline Haythornthwaite, Barry Wellman and Laura Garton

Computing is more than a technical phenomenon. It involves complex inter-actions among individuals, interactions that build social networks - computer-supported social networks. This article describes how computerized com-munication provides the means for the exchange of social resources that sustain work and community online social networks, resources such as new or routine information, emotional support, or the elements of play. The exchange of such resources via computer allows for wider ranging contact among individuals, many of whom may never or only rarely meet face-to-face.

However, computerized communication may also be used as one in a repertoire of communication means as is often the case in work environments. Thus, different social network patterns of interaction emerge: at one extreme the patterns reveal spezialized networks in which members interact only through computers, with a wide range of others, and confine their communication to a single topic; at the other extrem the patterns reveal thightly-bounded networks in which members use any and all available media to communicate and cover many different types of topics, including both work and social communication.

(Tele)Beschäftigte auf virtuellen Pfaden:
zur Philosophie des Virtuellen und elektronisch gestützter Arbeitsformen
Michael Jäckel und Christoph Rövekamp

Die Nutzung moderner Internet- und Computertechnologien setzt neue organi-satorische Rahmenbedingungen für die Funktionsweise von Unternehmen. Arbeitsabläufe und -strukturen geraten zunehmend unter Veränderungsdruck. Gleichwohl trifft die Umstellung der Interaktions-, Kooperations- und Austausch-prozesse (z.B. Kommunikation, Leistungserstellung) nicht die sofortige und breite Akzeptanz der beteiligten Akteure. Vor diesem Hintergrund betrachtet der Beitrag zunächst die Entstehung und Bedeutung hierarchisch-bürokratischer Prinzipien. Anschließend werden die Merkmale und Erscheinungsformen so genannter virtueller Organisationen diskutiert. Dies umfasst auch eine Analyse der Entwicklung und Merkmale verschiedener Varianten von Telearbeit (z.B. Ver-breitung, Akzeptanz). Auch wird der allgemeine Stellenwert und die Rolle elek-tronisch vermittelter ("digitaler") bzw. "analoger" Kommunikationsabläufe in die-sem Umfeld betrachtet. Im Anschluss beleuchtet der Beitrag - unter Rückgriff auf Forschungsergebnisse zur alternierenden Telearbeit - damit einhergehende Veränderungen im Arbeitsalltag (z.B. Führung, Koordination, Selbstdisziplin).

Durch die Zwischenschaltung moderner Technologien weist diese Arbeitsform eine virtuelle Komponente auf. Es entsteht der Eindruck, dass Beschäftigte nur scheinbar im Unternehmen sind ("Als ob"-Effekt). Abschließend wird gefragt, ob und in wie weit sich im Kontext der Einführung elektronisch gestützter Formen der Arbeitsorganisation neue Gruppen- und Teamstrukturen herausbilden. Dies umfasst auch die Frage nach sozialen Konsequenzen einer solchen "Virtualisierung" des Unternehmensalltags.

(Tele)Workers on Virtual Paths:
Reflections concerning Virtuality and Electronically Supported Work
Michael Jäckel and Christoph Rövekamp

The usage of modern internet and computer technologies is an important factor while changing companies mode of operation as well as the goods and services. This often exerts pressure to traditional structures and work flows. Implementing technology-based ways of interaction, co-operation and information exchange needs time, particularly because of varying degrees of acceptance. For that reason this paper starts with an outline of the development and relevance of hierarchical systems and administrative regularities for organising business. After discussing the characteristics and appearance of so-called virtual organisations different forms of telework and related aspects (e.g. diffusion, acceptance) are discussed. In this regard the importance and matter of electronically mediated ("digital") as well as "analogue" communication is analysed. This paper especially focus on findings of a study dealing with the phenomenon of alternating telework. Changes in daily work routines (e.g. leadership, coordination, self-discipline) are illustrated. While working (partly) from home the usage of modern technologies serves an important bridging function. Additionally a virtual element results out of the impression that the employee is still staying in the companies' office ("as if"-effect). It is finally asked whether and in what extent the introduction of electronically supported work can establish new team structures. This includes as well the perspective of social consequences of such philosophies like "virtualizing" companies and their everyday business.

Sachregister